U0674009

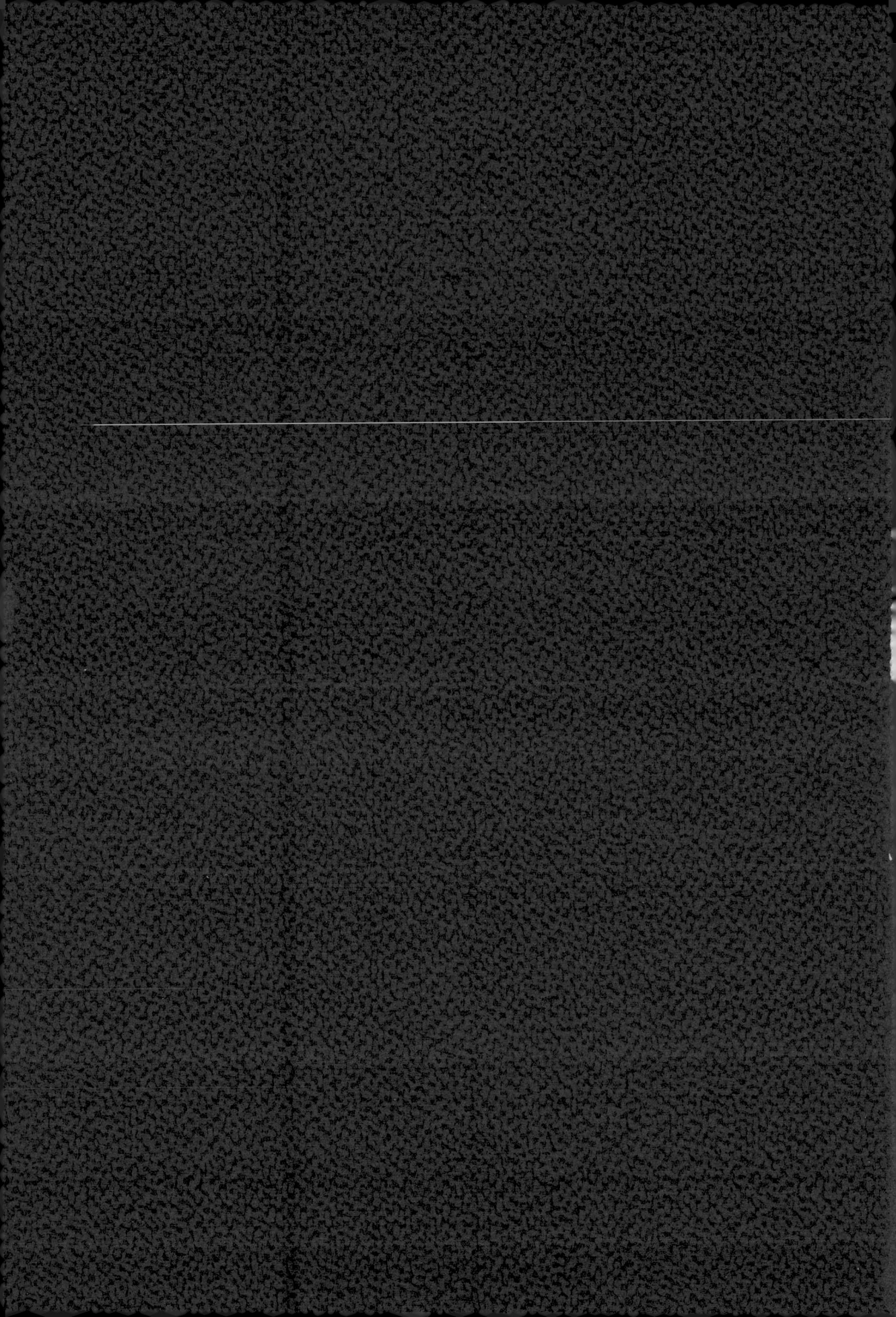

孙文全集

第十一册

谈话（上）

黄彦 主编

SPM
南方出版传媒
广东人民出版社
·广州·

孙文全集编辑委员会

主　　编：黄　彦

学术顾问（以姓氏笔画为序）：

张　磊　张海鹏　金冲及　章开沅　魏宏运

编辑委员（以姓氏笔画为序）：

丁旭光　王　杰　刘路生　李玉贞　李兰萍

李吉奎　李廷江　李振武　张金超　赵　军

柏　峰　莫世祥　倪俊明　高文平　黄健敏

萧润君　蒋海波

本册编纂：黄健敏　漆德红　陈桂明

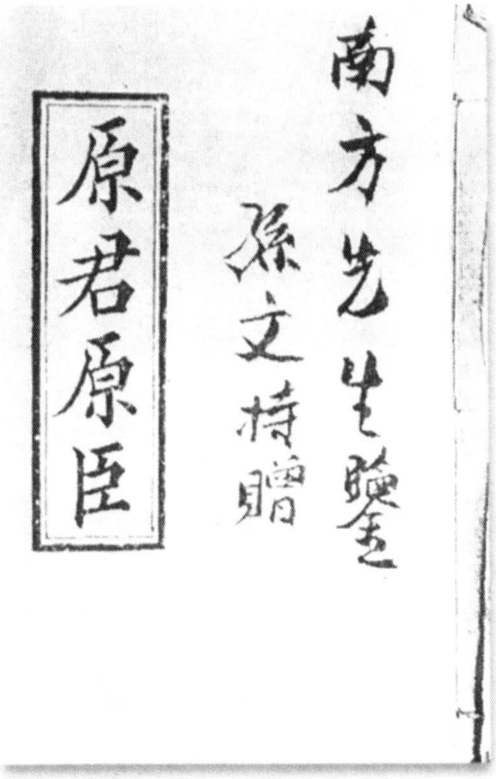

广州起义失败后，孙文流亡海外。流亡期间，他随身携带明末清初志士黄宗羲所著《原君原臣》，用于宣传反清及结交革命同志。

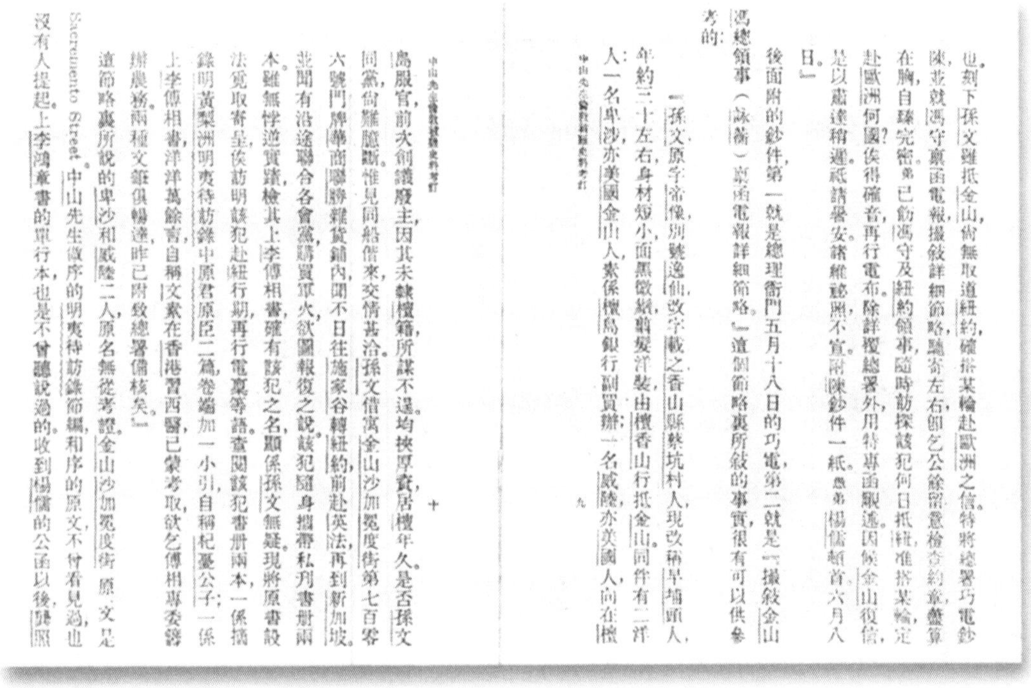

也。刻下孫文雖抵金山，尙無取道紐約，確搭某輪赴歐洲之信。特將總署巧電鈔陳，並就馮守稟函電報，撮敍詳細節略，馳寄左右，卽乞公餘留意檢查約章，豫籌在胸，自臻完密。弟已飭馮守及紐約領事，隨時訪探該犯何日抵紐，准搭某輪，定赴歐洲何國？俟得確音，再行電布。除詳覆總署外，用特專函馳達。因候金山復信，是以稍遲。祇請勛安。諸維鑒照，不宣。附陳鈔件一紙。愚弟楊儒頓首。六月八日。」

後面附的鈔件，第一就是總理衙門五月十八日的巧電，第二就是「撮敍金山馮總領事（詠蘅）稟函電報詳細節略。」這個節略裏所敍的事實，很有可以供參考的：

「孫文原字帝像，別號逸仙，改字載之，香山縣蔡坑村人，現改稱早埔頭人，年約三十左右，身材短小，面黑微鬚，翦髮洋裝，由檀香山行抵金山。同伴有二洋人：一名卑沙，亦美國人，素係檀島銀行副買辦；一名威臨，亦美國人，向在檀

島服官，前大酋議廢主，因其未載檀籍，所謀不遂。均挾厚貲，居檀年久。是否孫文同黨，尙難臆斷。惟見同船偕來，交情甚洽。孫文借寓金山沙加冕度街第七百零六號門牌華商聯勝雜貨鋪內，聞不日往施家谷轉紐約，前赴英法，再到新加坡。並聞有沿途聯合各會黨，購買軍火，欲圖報復之說。該犯隨身攜帶私刊書册兩本，雖無悖逆實跡，檢其上李傅相書，確有該犯之名，顯係孫文無疑。現將原書設法覓取寄呈，俟訪明該犯赴紐行期，再行電稟。等語。査閱該犯書册兩本，一係摘錄明黃梨洲明夷待訪錄中原君原臣二篇，卷端加一小引，自稱杞憂公子；一係上李傅相書，洋洋萬餘言，自稱文素在香港習西醫，已蒙考取，欲乞傅相專委辭辦農務。兩種文筆俱暢達，昨已附致總署備核矣。」

這節略裏所說的卑沙和威臨二人，原名無從考證。金山沙加冕度街（原文是 Sacramento Street。）中山先生做序的明夷待訪錄節編，和序的原文，不曾看見過，也沒有人提起。上李鴻章書的單行本，也是不曾聽說過的。收到楊儒的公函以後，雖照

一八九六年十月，孙文在英国伦敦被清政府驻英使馆人员诱骗劫持进使馆，史称“伦敦被难”。图为《中山先生伦敦被难史料考订》中引用的清政府关于孙文行踪的密电。

一八九六年六月，孙文在美国旧金山留影。此照片后被康德黎提交给英国警探辨认，用以营救孙文。

孙文伦敦遇难时，他的老师康德黎（右）、孟生（左）通过英国的外交和舆论进行干预，最终成功解救出孙文。

一八九六年十月十一日至二十三日，孙文被幽禁在清政府驻英使馆的三楼。图为当时幽禁房间的外观。

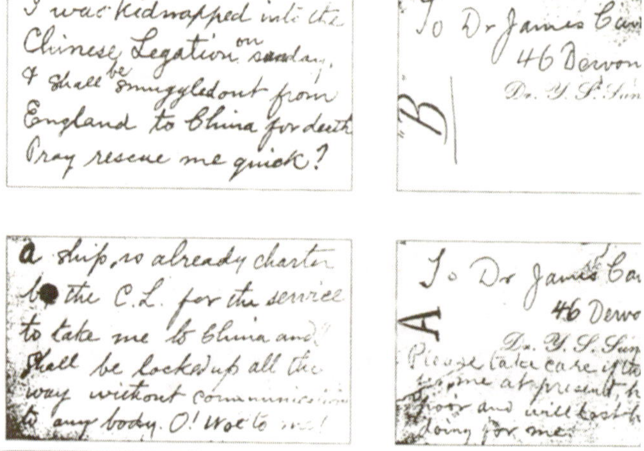

I was kidnapped into the Chinese Legation on sunday, & shall be smuggled out from England to China for death. Pray rescue me quick?

"B" To Dr James Can
46 Devon
Dr. Y. S. Sun

a ship is already charter by the C.L. for the service to take me to China and shall be locked up all the way without communication to any body. O! Woe to me!

A To Dr James Ca
46 Devo
Dr. Y. S. Sun
Please take care of the
me at present, h
poor and will lost h
doing for me.

为了求救，孙文将他被囚之事写在纸片上，托清洁工秘密带给康德黎。图为孙文当时手写的纸片。

孙文领导革命党人进行武装反清斗争的同时，与康有为等保皇派进行坚决的斗争。图为革命党人的主要舆论宣传媒介《中国日报》《檀山新报》《光华报》等。

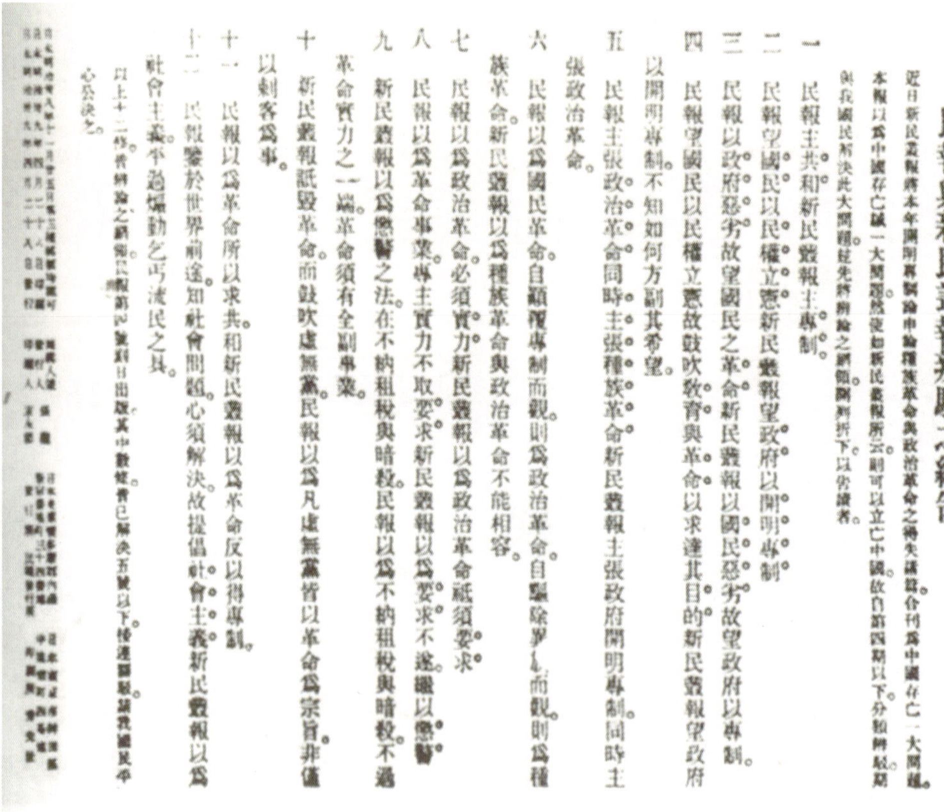

民報第三號號外

民報與新民叢報辨駁之綱領

近日新民叢報將本年開明專制論中論種族革命與政治革命之得失議論合刊為中國存亡一大問題。本報以為中國存亡誠一大問題。然使如新民叢報所云。則可以立亡中國。故自第四期以下分類辨駁。期與我國民所決此大問題。茲先將辨論之綱領。臚列于下。以告讀者。

一　民報主共和。新民叢報主專制。

二　民報望國民以民權立憲。新民叢報望政府以開明專制。

三　民報以政府惡劣。故望國民之革命。新民叢報以國民惡劣。故望政府以專制。

四　民報望國民以民權立憲。故鼓吹教育與革命。以求達其目的。新民叢報望政府以開明專制。不知如何方副其希望。

五　民報主張政治革命。同時主張種族革命。新民叢報主張政府開明專制。同時主張政治革命。

六　民報以為國民革命。自顛覆專制而觀。則為政治革命。自驅除異族而觀。則為種族革命。新民叢報以為種族革命與政治革命不能相容。

七　民報以為政治革命。必須實力。新民叢報以為政治革命。祇須要求。

八　民報以為革命事業。專主實力。不取要求。新民叢報以為要求不遂。繼以懲警。

九　新民叢報以為懲警之法。在不納租稅與暗殺。民報以為不納租稅與暗殺。不過革命實力之一端。革命須有全副事業。

十　新民叢報詆毀革命。而鼓吹虛無黨。民報以為凡虛無黨。皆以革命為宗旨。非僅以刺客為事。

十一　民報以為革命所以求共和。新民叢報以為革命反以得專制。

十二　民報鑒於世界前途。知社會問題。必須解決。故提倡社會主義。新民叢報以為社會主義。不過煽動乞丐流民之具。

以上十二條。皆辨論之綱領。[illegible]心公決之。

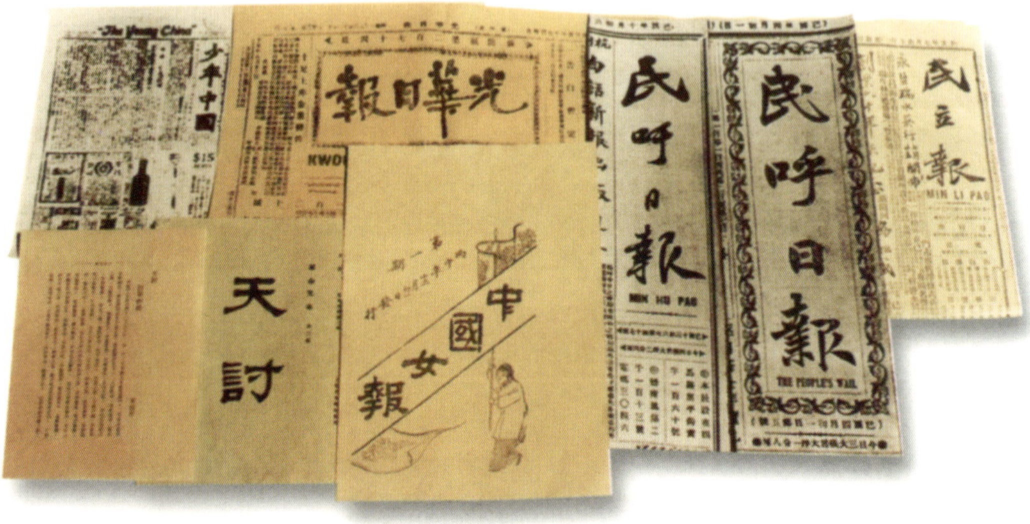

图为孙文领导的中国同盟会机关报《民报》和同盟会在海内外发行的各种革命报刊。

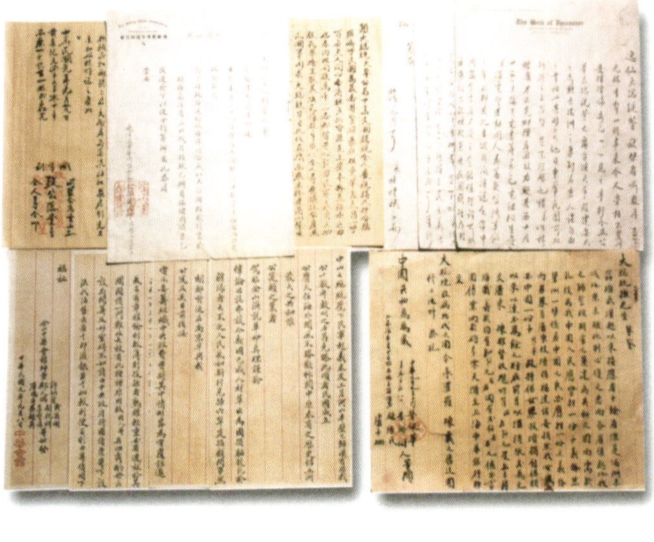

一九一二年一月一日，孙文在南京宣誓就任中华民国临时大总统，宣告中华民国临时政府成立，从而结束了统治中国两千多年的封建君主专制制度。图为孙文的中外朋友宋耀如、容闳、戴德律、飞南第、康德黎夫妇以及海外华侨组织祝贺其荣任临时大总统的贺电。

庆祝中华民国成立的各种纪念章。

一九一二年一月二十一日，孙文召开内阁会议时合影。

孙文在大总统府使用过的办公用具。

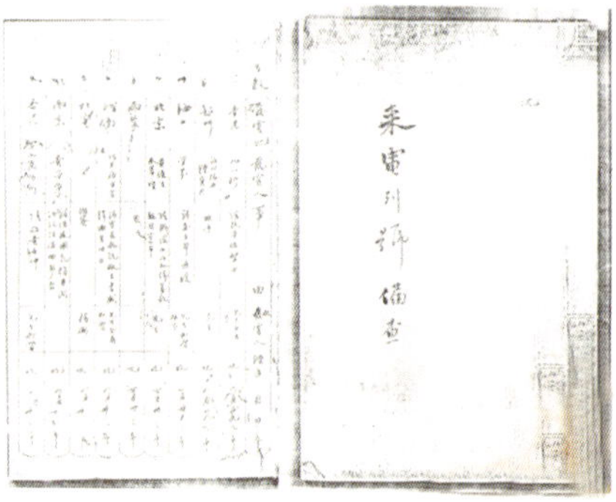

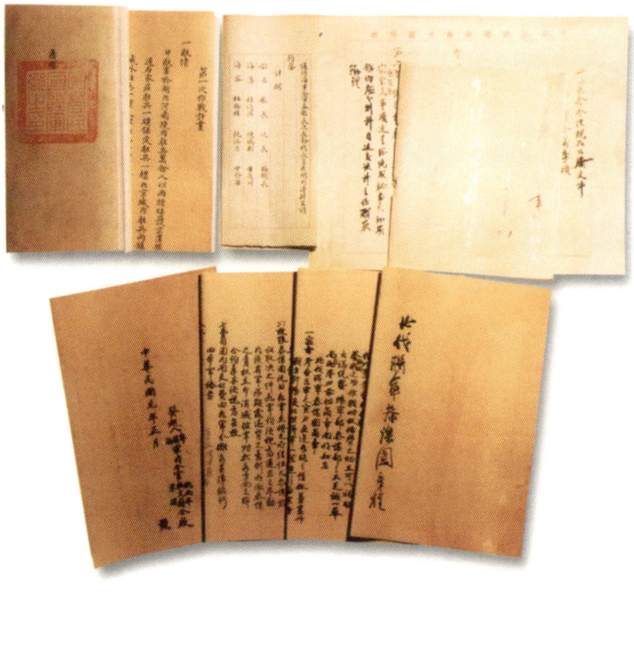

孙文审阅并经过处理的各种公文。

一九〇一年二月十五日，孙文（左三）赴日本和歌山市拜访南方熊楠（左二）时的合影。

一九一二年五月十八日，孙文（前排右一）在香港与何启（后排左一）及港英政府官员合影。

一九一二年五月二十七日，孙文在家门前与亲人合影。前排左起：孙文次女孙婉、秘书宋霭龄、夫人卢慕贞、孙眉、孙眉夫人，右一为孙文长女孙蜓。

一九一二年五月二十八日，孙文在左埗乡与宗亲在孙氏宗祠前合影。

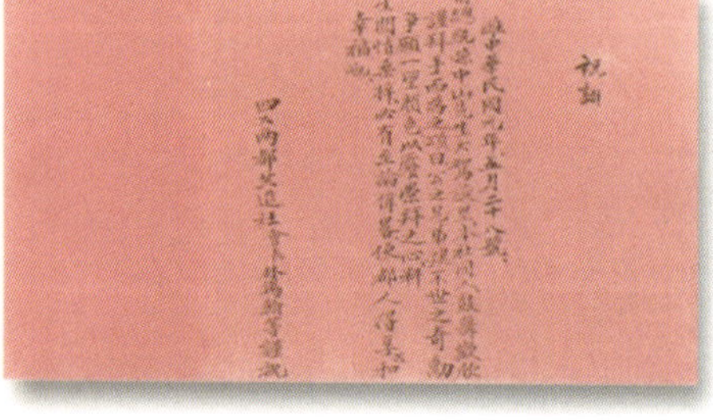

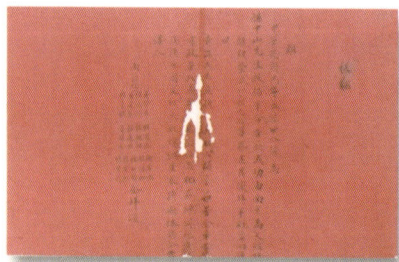

孙文回乡期间，受到家乡人民的热烈欢迎。此为部分欢迎词及颂词。

一九一二年九月十九日，孙文到太原考察矿产及铁路时与山西各界欢迎者合影。

一九一二年九月二十六日，孙文视察津浦铁路及黄河大桥后抵达济南。图为孙文与济南欢迎者合影。

一九一二年十月二十五日，孙文在南昌与军界欢迎人员合影。

一九一二年十月三十日，孙文与安徽芜湖的各界欢迎者合影。

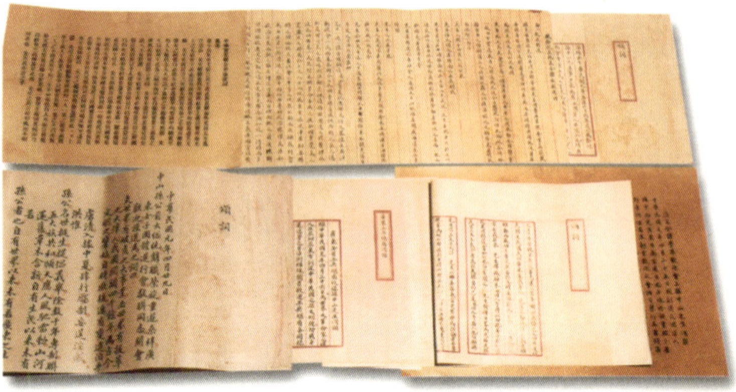

一九一二年，孙文视察各地，宣传民生主义，受到各地人民的热烈欢迎。图为部分欢迎词和颂词。

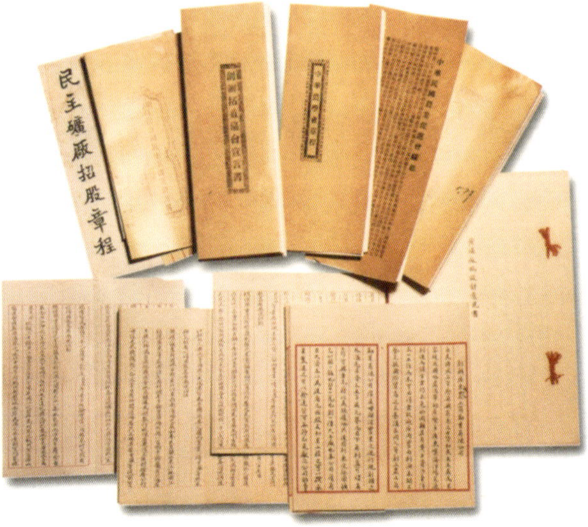

中华民国的成立，为经济建设营造了一定的环境和条件，鼓舞了人们发展实业，振兴经济的热情。图为呈达孙文的各种实业建设章程及请示。

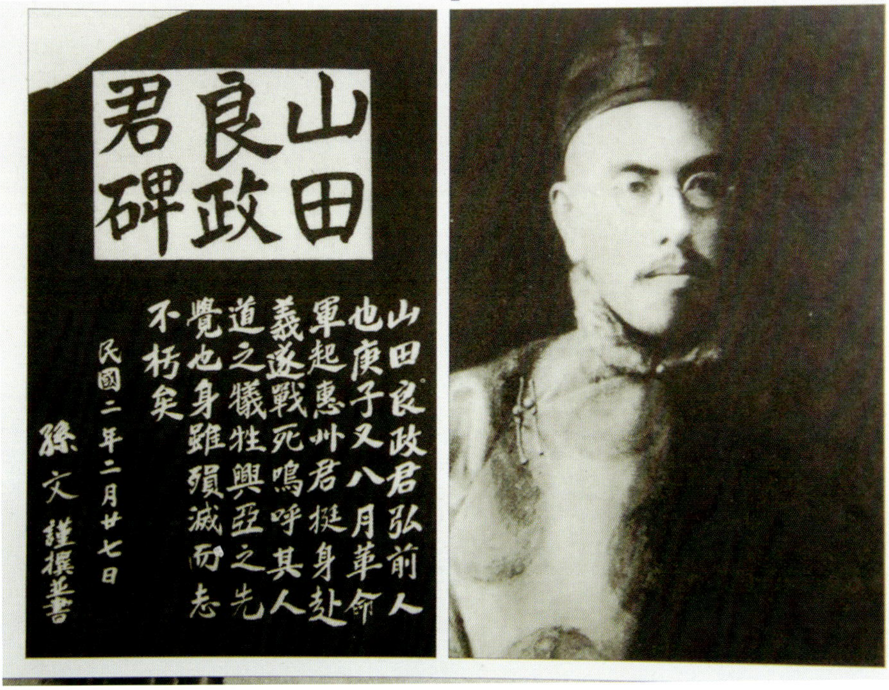

图为在三洲田起义中遇难的日本友人山田良政像和孙文为其撰写的碑文。

一九一三年二月二十七日，孙文在东京谷中全生庵参加追悼山田良政纪念会，并亲自撰碑文致哀。图为孙文在纪念碑前留影。

广州“三二九起义”死难烈士的遗体后殓葬于市郊黄花岗，因此这次起义又被称为“黄花岗起义”。图为广州黄花岗七十二烈士墓。

一九二一年，孙文为黄花岗七十二烈士墓题“浩气长存”。

一九二四年一月，中国国民党第一次全国代表大会在广州召开。图为“一大”会场（今广州市文明路215号广州鲁迅纪念馆内。）

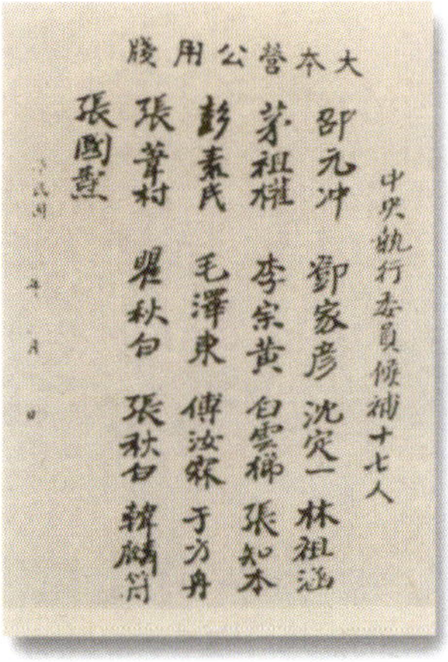

大本營公用牋

中央執行委員候補十七人

邵元冲 鄧家彦 沈定一 林祖涵
茅祖權 李宗黄 白雲梯 張知本
彭素民 毛澤東 傅汝霖 于方舟
張葦村 瞿秋白 張秋白 韓麟符
張國燾

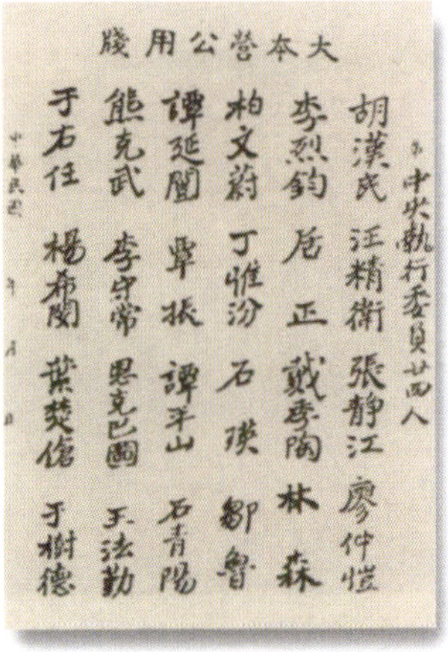

大本營公用牋

中央執行委員廿四人

胡漢民 汪精衛 張靜江 廖仲愷
李烈鈞 居正 戴季陶 林森
柏文蔚 丁惟汾 石瑛 鄒魯
譚延闓 覃振 譚平山 石青陽
熊克武 李守常 恩克巴圖 王法勤
于右任 楊希閔 葉楚傖 于樹德

孙文手拟的中国国民党中央执行委员和候补人员名单。

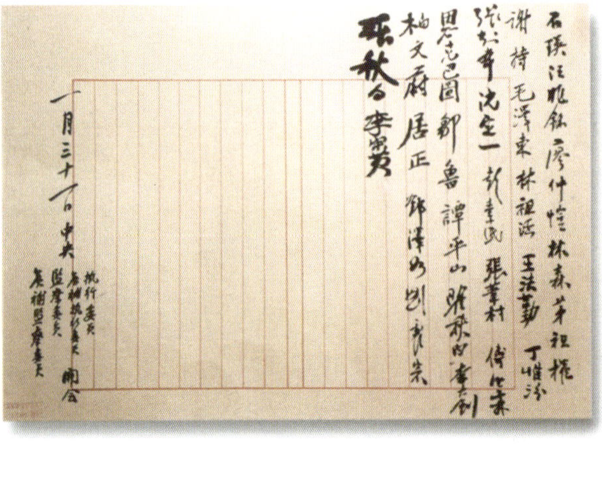

一月三十日 中央執行委員 監察委員 候補執行委員 候補監察委員 開會

含有中国共产党人出席中国国民党“一大”的签到名单。

一九二四年九月二十日，孙文在韶关举行北伐誓师大会，并发表演说，检阅部队。

孙文准备北伐之际，广州商团企图推翻孙文领导的广州政府。图为雇佣来私运军火的外轮“哈佛”号。

本 册 目 录

谈话（上）

谈话（上）

医生救人只几命革命救人无量数

在香港西医书院与江英华等谈话①

（一八八七年至一八九二年间）②

总理在院之时，即善与同学谈革命。辄为余言：“医生救人只几命，革命救人无量数！吾欲革命，吾欲革命，吾此生舍革命莫属矣！”

据郑子瑜：《总理老同学江英华医师访问记》，载一九四〇年一月二十六日孟家锡《华侨日报》第三版（本文同时在香港《大风》旬刊发表）

在香港与关景良之母黎氏谈话③

（一八八九年）

黎氏问：你志高言大，想做什么官？——广东制台吗？

孙答：不！

黎氏问：想做钦差吗？

孙答：不！

黎氏问：然则想做皇帝吗？

---

① 江英华，原籍新安，为英属南美洲归侨，出生后回国。一八九二年香港西医书院毕业后，至婆罗洲山打根行医，并于一九〇四年出版《卫生指南》一书。一九三九年圣诞节，时任孟加锡《华侨日报》记者，后成为著名修辞学家的郑子瑜访问江英华于山打根，遂发表《总理老同学——江英华医师访问记》一文于该报（一九四〇年一月二十六日），同年七月再发表于《大风》半月刊，后重刊于郑氏所著的诗文集。

② 底本未说明日期。今据孙文、江英华在香港西医书院就读时间标出。

③ 黎氏，谙英文，在雅丽氏医院当通事，待人和蔼，有“大众谊母”之称。

孙答：皆不想。我只想推翻满洲政府，还我汉族山河，那事业比皇帝更高大了。

据简又文：《国民革命文献丛录》，载广东文物展览会编印：《广东文物》中册，香港，中国文化协进会一九四一年一月出版

在横滨与陈清谈话①

（一八九五年一月下旬）

孙谓陈曰：此船开行在即，不便登陆。

孙授陈以兴中会章程及讨满檄文一大束，令转交冯镜如等照章设立分会，且谓广州不日起义，陈若有意参加，可到香港投效。

据《兴中会组织史》，载冯自由：《革命逸史》第四集，重庆，商务印书馆一九四六年八月初版

商请日本援助反清武器

在香港与中川恒次郎谈话②

（日 译 中）

（一八九五年三月一日）

据孙称，本拟于去岁北洋舰队大演习后即刻举事，乃以失机，以至于今。现广东省对其党徒注目殊为严密，举事非易。且缺乏兵器，因之前来商讨，目前能

---

① 一八九五年一月下旬，孙文由檀香山返香港，准备策划反清武装起义。船经日本横滨，孙在船上向侨胞演讲“逐满救国”。该埠侨商陈清闻后，走报冯镜如、冯紫珊、谭有发等。冯等奇之，亟派陈复上船邀请孙登陆，商谈国事。

② 孙文为策动反清起义，一八九五年二月在香港建立兴中会总机关，并于三月一日前往日本驻香港领事馆寻求武器援助。本文系日本驻港领事中川恒次郎所记孙文来馆访谈的情况。中川在函中认为，孙文“尚乏阅历”，“其统领中亦无具十分才干、阅历及人望者……终难确信其举事必成”。该文自称“小生”。

协助筹措枪炮二万五千、短枪一千支否？

小生云：小生职在通商贸易方面，概不涉及政治，故有困难。如足下企图可嘉，则小生亦当襄助。愿先详闻足下之目的与方法。

孙答曰，其党称“兴中会”，即振兴中国之会，内有哥老会员等。但党员之数难以言明，因稍许活动，即被发觉。苟非确定起事时日，彼此间不得通信往来。然一旦起事，必四方响应。统领乃广东省海南〔南海〕[①] 人康祖诒[②]（儒者，其著作禁止刊行）、原任神户领事吴（佚名，号汉涛）[③]、曾纪泽之子[④]、某[⑤]等四人。

小生问及成功后谁为总统，则告以尚未考虑及此。倘能承诺前述资助武器等事，则立即四方奔走，募集党员。

据一八九五年三月四日日本驻香港领事中川恒次郎呈外务省通商局长原敬函，载山本四郎编：《原敬关系文书》第二卷，东京，日本放送出版协会一九八四年十月发行（狭间直树、何培忠译）

拟使两广独立而为共和国

在香港与中川恒次郎再次会谈[⑥]

（日 译 中）

（一八九五年三四月间）[⑦]

前已呈兴中会事，其后孙文有时来馆，深望我邦予以声援。我固无干涉之必要，况彼内部诸事尚未妥商，党员人数亦无定算，举事之准备全无。然孙文称，自澳门近旁运进兵器之计划已成功，只需本邦稍示声援，即可起事。

---

① 此处删一衍字“岛”。

② 康有为，原名祖诒。

③ 一八九五年以前，清国驻神户领事未有吴姓者。

④ 指曾广铨。

⑤ “某”指孙文。按：以上所谓四统领者，似属杜撰。

⑥ 文中孙文用第三人称，中川恒次郎用第一人称。

⑦ 底本未说明日期。由编者酌定。

……总之，如孙文等所言，使两广独立为共和国之说，不过空中楼阁耳。然如广东、广西、云南、贵州等省，自古与中央政府联络不通，加之土民性情不驯，故而或有分离之日。

据一八九五年四月十七日日本驻香港领事中川恒次郎呈外务省通商局长原敬函，载山本四郎编：《原敬关系文书》第二卷，东京，日本放送出版协会一九八四年十月发行（狭间直树、何培忠译）

在广州与程璧光谈话

（一八九五年上半年）

孙中山闻程璧光落魄返里①，遂使其弟程奎光约会于西关某机关，语之曰：清廷丧师失地，均由政治不良所致，君身预战事，自无不知，吾今顺天应人，提倡大义，君前年亦赞同此议，即请宣誓入会，共成美举。

据《程璧光与革命党之关系》，载冯自由：《革命逸史》第二集，重庆，商务印书馆一九四三年二月初版

在广州与区凤墀谈话②

（一八九五年十月二十六日）

初九日为王煜初牧师宴会，孙先生与区凤墀赴宴，道中觅见李家焯派来之探勇，凤墀诧曰：何今日所遇营勇之多耶？

孙先生曰：此来侦吾之踪也。

凤墀曰：何故？

---

① 一八九四年广东水师“广丙”舰管带程璧光因率领粤洋军舰北上海军会操而参加中日甲午海战，战败后被革职返里。

② 区凤墀，香港伦敦传道会道济会堂长老，曾受聘德国柏林大学华文讲席，经其婿尹文楷（基督徒，任广州博济医院医务兼译医书）引荐与孙文相识。

孙先生曰：道路皆云孙文举事，汝未知耶？

据邓慕韩：《乙未广州革命始末记》，载丘权政、杜春和选编：《辛亥革命史料选辑》上册，长沙，湖南人民出版社一九八一年九月出版

关于《三国演义》并嘱其加入兴中会①

在横滨与冯自由谈话

（一八九五年十一月下旬）②

中山先生询余好读何书？

余曰："好读小说。"

中山先生曰："好读那部小说？"

余曰："《三国演义》。"

中山先生曰："《三国演义》人物，汝最喜欢何人？"

余曰："孔明。"

中山先生笑曰："汝知喜欢孔明，即是明白古今顺逆之理。我等之兴中会便是汉朝之刘备、诸葛亮，今之满洲皇帝，便是曹操、司马懿。我等之起兵驱逐满洲，即如孔明之六出祁山也。"

因谓余父③曰："令郎能熟读《三国演义》，何不令其入会？"

余父遂命余填写誓约，此余以童年加盟革命党之原因也。

据《自序》，载冯自由：《革命逸史》初集，长沙，商务印书馆一九三九年六月初版

---

① 十一月十三日，孙文等自神户抵达横滨，经友人介绍，下榻于侨商冯镜如所设文经印刷店。数日后，兴中会横滨分会在该店内成立，举冯镜如为会长。又过一星期，在店中午餐时，孙文与冯镜如之子、年仅十四岁的冯自由进行交谈。文中"余"为冯自由自称。

② 据上注酌定为十一月下旬。

③ 余父：即冯镜如。

中国新政府计划的制订以檀香山为蓝本

与《夏威夷星报》访员谈话[①]

（英 译 中）

（一八九六年春夏间）[②]

孙逸仙宣称革命已经在中国的许多省份发起，并正迅速推进到其他省份。一旦时机适合，认同这一运动的人们便会揭竿而起，与帝制抗争到底。当被问及在他看来这一时机何时到来，孙回答会在一八九七年的下半年。

这位年轻人熟知今日世界现存的所有政府形式。他提到他对中国新政府的计划是以檀香山政府为蓝本制订的。“是的，”他说，“我等更青睐于一个与此国施行相类之政府。革命者的管理将给予中国普罗大众之考虑，比其尝瘼瘵所求尤甚。此运动之遍及中华，对清朝廷成见之深，其因之一乃其朝实为篡夺者也，满人乃北方蛮狄。并有一众其他惠利，在自由政府治下将得实现，而中国人正迅疾醒悟此见。”

据 He is a Honolulu Boy. *The Hawaiian Star*, November 21, 1896, Page 1.（《他是檀香山之子》，载一八九六年十一月二十一日《夏威夷星报》第一页）（许瑾瑜译，高文平校）

英文原文见本册第 491—492 页

① 夏威夷群岛（Hawaii Islands）亦译夏威仁群岛，当时华人通称为檀香山（简称檀山），原是君主立宪国家，一八九四年美国基督教传教士发动政变后改建共和国，一八九八年成为美国属地（territory）。其首府火奴鲁鲁（Honolulu），又译火纳鲁鲁、汉那鲁炉，华人称为檀香山正埠或檀香山大埠（简称檀山正埠或檀山大埠）。现今的“檀香山”则通常专指火奴鲁鲁。

② 底本未说明日期，仅称孙文去年和今年到过檀香山。按孙文策动广州起义失败后于一八九五年底逃经日本抵达檀香山，至一八九六年六月始离檀往美国大陆。故酌标为是年春夏间。

广州起义情况

在伦敦清使馆与邓廷铿谈话①

（一八九六年十月十四日）

邓：我以公事扣你，若论私情，你我同乡，如有黑白不分，被人欺你之处，何妨将此事细微曲折，一一告我。倘有一线可原之路，我亦可念同乡之谊，代求钦差②为你申雪，你亦可回籍再谋生业。况广东近事③，我亦略知，且听你说，看与人言合否。

孙：事可明言，但不知钦差愿意排解否?

邓：钦差最喜替人申冤，只要将实情说出，我必竭力代求。……

孙：我是孙文，非陈姓也。号逸仙。再号帝象，此号是母所名。因我母向日奉关帝像，生平信佛，取号“帝象”者，望我将来像关帝耳。“载之”二字，系由成语“文以载道”而来，并无别情。向在广东冼〔洗〕基设西医局，因治病有效，常与绅士来往。其时北京开强学会，我在省设农学会，总会在厢〔双〕门底，分会在咸虾栏。凡入会者，将姓名籍贯登簿，当发凭票一纸，交其人收执。曾托尚书罗椒生④之侄罗古香向前抚台马⑤说情，请其批准开办，因抚台病，后迁延未批。而农学会早先开办，不过教民种植，意欲开垦清远县之荒田。此因系会中所置，以为如有成效，即可将广东官地一并开垦。入会者有绅士、船主、同文馆学生等人。不料前年九月初八九左右，李家焯忽然带勇前来，将总会、分会一概查

---

① 一八九五年秋广州起义失败后，孙文流亡海外。上月三十日抵英国伦敦，本月十一日被清驻英公使馆绑架。邓廷铿，字琴斋，清使馆译员，绑架计划的执行者之一。是日他再次找孙谈话，诱骗孙呈函使馆承认为自愿进入使馆，并许以在广州起义问题上帮助孙解脱责任（参阅后文向英国律师卡夫的陈述词）。孙是在这种处境中向邓谈及广州起义情况的，谈话内容又为邓记录呈报，某些地方难免与事实有所出入。

② 钦差：指清朝出使英、法、意、比四国大臣（即驻英公使）龚照瑗。

③ 广东近事：指上年广州起义。

④ 尚书罗椒生：罗惇衍，号椒生，曾任户部尚书。

⑤ 前抚台马：即马丕瑶，一八九五年广东巡抚，同年病故。

封，在总会查出名册一本，分会查出铁锅二个、大斧多张，并拿去会友数名。其中有一姓陆者①，本系蚕师，过堂苦打，强逼成招，已被正法，其余尚在狱中。所可恨者，绅士如罗古香等则不敢拿。镇涛、广西两船主②托人取保出去，而事亦了。同文馆学生因是旗籍，亦置不问。独以我为首，专意拿我。且三天之后，又闻有西门丁泥六桶，内系洋枪，由香港付至农学会，亦被李家焯拿住，以为我谋反之据。又在火船拿获散勇五十余名，作为我之党羽，后讯知是台湾散勇，因有二人因别案与陆姓同罪，其余均由总督给资回籍，此非谋反之党羽可立明也。查香港买洋枪，非由的保不卖，若往香港，一查便知虚实，此系李家焯私买废枪以坐我罪也。且我暂避藩署，一经事发，方将托人与陆设法，不料他一见刑具即妄招认，无可挽回。倘有军火，何难电阻？三天后寄来，又谁收谁用耶？

邓：李家焯何故与你为仇？

孙：他之仇我，因机房之事也。缘他部下勇丁直入机房抢丝，被人捉住。李家焯得知，派勇夺回，随往抚辕控告，以不服稽查，挟制官长为辞。有人求我替机房定计，与李互讼。李知事败，以故仇我，即借农学会以控我，指为暗藏三合会，有谋反之举。我之误处，误在专讲西学，即以西国之规行于中国，所有中国忌禁概不得知，故有今日之祸。

邓：前日所说富人，何妨明说。③

孙：谋反之事，我实无之。前日说有人商之于我，意图谋反，此人系广东大绅，曾中进士，并且大富，姓某名某是也（按：此人近颇为当道倚重，或系孙之

---

① 姓陆者：即陆皓东。

② 镇涛、广西两船主：一指程奎光，广州起义时任“镇涛”舰管带；一指程璧光，原任“广西”舰管带，该舰在甲午中日海战中沉没。

③ 据同一底本所记，十月十二日邓廷铿与孙文有过如下一段对话：“（邓）问：‘你在广东谋反，因事不密，被人先觉，以致不成，是否属实？’孙答：‘我虽有大志，而时尚未至。惟广东有一富人欲谋是事，被我阻之。’邓云：‘何不同谋，反阻何故？’孙云：‘他是为己，我是为民。’邓云：‘请将为己为民四字，明白告我。’孙云：‘他之为己，欲得天下自专其利。我之为民，不过设议院、变政治，但中国百姓不灵，时尚未至，故现在未便即行。盖该富人不知审时，我所以阻之也。我素重西学，深染洋习，欲将中国格外振兴，喜在广报上发议论，此我谋反之是非所由起也。’”

妥扳，故删其姓名）①。我行医时，素与绅士往来，惟他尤为亲密。平时互发议论，以为即是国计民生之道，只知洋务亟宜讲求。所说之话，他甚为然，以我之才干，可当重任。故于中日相接莫解之时，专函请我回广东相商要事。我在香港得信即回见他，他曰："我有密事告你，万勿宣扬。"乃述其梦云："我身穿龙袍，位登九五，我弟叩头贺喜。故请你商量，何以助我？"我即问曰："你有钱多少？"他答曰："我本人有数百万两，且我承充闱姓，揭晓后始派彩红，现存我手将近千万，如立行谋事，此款可以动用，迟则失此机会。"我又问："有人马多少？"他云："我有法可招四万之众。"我答云："凡谋事者必要先通在上位之人，方得有济，尔于政府能通声气否？"他不能应。况他之品行最低，无事不作，声名狼藉，我早尽知。他之所谋，只知自利，并无为民之意，我故却之，决其不能成事也。他寄我之函，的系亲笔，虽未将谋反之言说出，其暗指此事可以意会之词，亦可为证。是欲谋反者是他，而非我也。乃李家焯故意张大其词，以重我罪，藩署官场中人及绅士等均有意替我申雪，因事关重大，不敢干预，即递公呈代办亦恐无济。其时制台②派兵搜查，我由藩署坐轿而出，直至火船，径赴香港，幸无人知。此我真有莫白之冤也。李家焯此次害我，不独家散人亡，我所有田地均已被封，不知尚能复见天日、得雪此恨否？况我曾上禀请设内河轮船公司，已蒙张香帅③批准，不遇此事，我早往上海开办矣。李家焯之害我，其毒无穷，自我避往香港之后，去年又造谣言，说我私买军火，在外国招募洋匠五千，进攻粤省。我不得已，潜往各国游历。及抵英国，我所往各处均系游玩之所，凡制造军火各厂我概未去，此亦可见我非有谋反之事也。万望钦差代为申雪，俾得回国，另谋事业，断不敢再行为乱。况中国近来颇讲洋务，我意中主意甚多，不难致富，又何必行险耶，你果念同乡之谊，还当代我力求钦差。

据吴宗濂：《随轺笔记四种》卷二，光绪二十八年著易堂印本摘《龚星使计擒孙文致总署总办公函》，光绪二十二年九月二十九日附录《邓翻译与孙文问答节略》

① 此富绅指刘学询，原写上姓名，被删去。按语为邓廷铿所加。

② 制台：即两广总督谭锺麟。

③ 张香帅：即张之洞，号香涛，湖广总督，一度署任两江总督。

被清使馆拘禁的经过

与伦敦各报记者谈话①

（英 译 中）

（一八九六年十月二十三日）

关于我自愿进入中国公使馆的说法，是不真实的。当我走近中国使馆时遇到一个中国人，他问我是中国人还是日本人，我说：“我是中国人。”他问我的家乡是哪一省，我说是广东。他便说：“你是我的同乡，我也是广东人。”他和我走了一小段路，这时又出现另一个中国人，他是从我曾被关押的那座大厦走出来，当时我并不知道那就是中国使馆。当这第二个中国人出现时，那第一个人说，“这是我们的同乡”，于是我和他握了手。他不是广东人，他并没有讲我的方言。我们谈起别的话题。他们说，伦敦有许多中国人，我们找个时间一起去看望他们。和我谈话的第一个中国人，后来知道他姓邓②。我们谈了一会，第三个中国人又来到，而邓却离去。当我们慢步走经使馆时，那两个中国人要求我进去，我还来不及回答，他们就将我推入门内。我寻找那个姓邓的，他已不知去向。大门随即关上，那两个人强迫我上楼。他们都是大汉，而我却如你们看到的并不健壮。他们无需花多大力气，况且我没有抵抗，抵抗是徒劳的。他们把我带到几层楼之上，可能是四楼，即房屋的顶层，将我推入一间房子，锁上了门。

接着进来了一个白胡子绅士，是英国人，我记得他们称他为马格里③。他说：“这里对你来说就是中国。”我并不完全懂得他所说的含意。他坐下，问我的名字是否叫孙文。我回答说，我姓孙，叫做孙逸仙，也就是孙文。这个绅士继续说，

---

① 是月十八日以后，经康德黎等奔走营救及伦敦报界声援，英国政府乃向清使馆提出交涉，清使馆被迫于是日下午释放孙文。孙走出使馆后，在白宫区一旅馆接受各报记者十多人采访。这是他接受采访时发表的谈话。但谈话没有结束，就前往苏格兰场。本文最后一段，是他离开苏格兰场回到原先寄寓的葛兰旅店后继续进行的谈话。

② 邓（Tang）：即邓廷铿。

③ 马格里（H. Macartney）：又译马凯尼，清使馆二等参赞。

中国驻美公使来电说孙文乘“麦竭斯底”轮到英国旅行。这绅士随后离去，走前告诉我，我必须在这里等候十八个小时，直到中国总理衙门发来复电。他走后，我听见锁门声，门外不止一人，他们似乎换上了新锁。直至今天以前，我再也见不到那个绅士。

第二天，邓来到我这里，他说：“昨天拘留你是我的职责，公事公办，但现在我要像朋友那样和你谈谈。”他又说：“你还是照实承认孙文为好，否认也没有用，如今一切都安排好了。”我答道：“我猜，如今一切都安排好了，这是生死相关。”我又问：“你能不能告诉我，他们打算如何处置我？”我还说：“我并不认为他们能够把我从英国引渡出去。”他说：“噢，我们没有这个打算，我们要困住你，封住你的嘴，夜间把你带上我们租用的船。”他说，可能是格来轮船公司的船，因为那个姓马格里的绅士与这家公司有交情。在邓对我谈了这些话以后，我感到有些害怕。我对他说：“干这种事得冒很大的风险。要很久才能到达中国，在到达之前也许我会将他们的所作所为公之于众。”他答道：“噢，你是不可能做到的，我们有四个人监视你，把你锁在船上。”他又说：“如果我们不能把你偷运走，就会在这里杀死你，因为这里就是中国。”

顾虑是如此强烈，以致我有几天寝食不安。你们可以判断一下，当我听到邓的这番话时，我会有什么感想：“你在这里实生死相关，你知道吗？”当时他又谈到将要堵住我的嘴，把我装入某个箱子中，在夜间用船运到中国。他说，我是无望逃脱的。我问他，如果他们用这种办法不能把我弄走，会怎样处置我。他说他们会在这里杀死我，将尸体加以防腐，再送回中国执行死刑。因为你们知道，中国的刑罚是对死人也不放过的。接着我问他：“为什么要这般残忍？”他说：“这是中国政府的命令。”又说中国政府不惜以任何代价捉拿我，不论是死是活。至于这次拘留我的缘由，他说，听说那是因为有一份关于改造中国的请愿书呈报到了中国的总理衙门。

据《中国公使馆的囚徒。一个奇异的故事——沙利斯堡①勋爵进行干预》，载一八九六年十月二十六日《伦敦与中国电讯报》（陈斯骏译，黄彦校）

---

① 沙利斯堡（Salisbury）：又译沙里士堡、沙士勃雷、沙缌伯力、萨里斯伯，今译索尔兹伯里，当时任英国首相兼外交大臣。

向乔佛斯陈述被清使馆拘禁的经过[1]

（英 译 中）

（一八九六年十月二十三日）

我，孙逸仙，陈述如下。

我来自中国，经由美国于一八九六年十月一日抵达伦敦[2]，并往波德兰区覃文省街四十六号探访我的医学老教授康德黎博士[3]。

他介绍我寄寓霍尔庞区葛兰旅店街八号。我来到英国，是为了继续我的医学博士论文。

本月十一日，星期天上午，当我走到波德兰区时，遇见一个身着唐装的中国人。他问我是日本人还是中国人，我对他说是中国人。接着他问我来自中国何地，我答称是广东省，他说他是我的同乡，我们就用粤语进行交谈。我问他姓名，他说是邓琴斋（Tang Kum Chai）。我们边走边谈，直至走近波德兰区四十九号，我不知此处即是中国公使馆。正当这时，门打开了，一个中国人走了出来。邓将我介绍给他，并说他是我的同乡，我和他握了手。另一个中国人从屋里走出来，他们邀请我进内一叙。我四面张望，而邓已不知去向。那两个人挟持我的双臂，把我挽入屋内，并关上大门。

他们将我带到楼上的一个房间，大概是三楼或四楼。他们带我上楼时并未使用暴力。我说我不愿去，他们说你必须上去。我看见他们把门锁上，晓得抵抗是没有用处的。我和那些人进入房间，随即来了一个留着灰白胡子的男人，他便是我现今所熟知的马格里爵士。他说，你现在就在中国，这里就是中国。他接着说，你的名字叫孙文。我说，我姓孙。他又说，中国驻美公使来电说孙文乘“麦竭斯

---

① 是日下午孙文获释后，随同苏格兰场（即伦敦警察厅）侦探长乔佛斯（F. Jafvis）前往苏格兰场，应其要求陈述了被清使馆拘禁的经过。

② 孙文多次自称于十月一日抵伦敦，但据司赖特侦探社的跟踪报告，抵达时间应是九月三十日晚上九时五十分。

③ 康德黎（James Cantline），一八八九年至一八九六年任香港西医书院教务长，孙文的老师。

底”轮来英，并要求驻英公使在他到达之后加以拘留。你必须留在这里，直到总理衙门回复我们的电报为止。我问需要留多长时间，他答称大约要十八个小时。他走了，就把我关在房间里，并安排几个人守在门外。我始终呆在这个房间里，一直到今天下午五点钟为止。房里有床和马桶供我使用。当我需要食物时就敲门，门打开后便送进食物；如果我不提出要求，食物就不会送来。头两天窗户开着，我便写了一些便条投掷到邻屋，希望我的处境能为外界所知。有些便条被使馆人员所发现，于是他们将窗户拧紧，以防我打开。

在我被关押后的第二天或第三天晚上，邓前来找我，说：头一天拘留你是我的职责，但现在我要像朋友那样来和你交谈。我问他，我如今是在英国，中国公使能奈我何。他说，“不”，这使馆就是中国。我说，如果我能离开，我就要穿过街道到外面去，并会为取得别人帮助而叫喊起来。他答道，会把你绑起来，堵住你的嘴，装入箱子或袋子里，在夜间运上船。这里我要提及，邓初次来到我的房间时曾说，你在这里实处于生死关头。我问他这是什么意思。我说，我现今在英国，有英国政府的充分保护。邓是使馆的官方译员。

我问他，怎样把我从英国带走，邓说，已租下一艘船要把我带到中国，那可能是格来轮船公司的船只。我说，他们这样做要冒很大的风险，他答道，将有四个人在船上监视我，而且不准我在船上和任何人通消息。我又说，如果不能把我运走，他们下一步将会怎么办。他说，就在使馆里杀死我，将尸体加以防腐，再送回中国执行死刑。我问，他们为什么要这般残忍，他说，政府不惜以任何代价捉拿你，不论是死是活。

依照中国法律，人即使已死，仍要戮尸。

我对邓说，你像朋友那样来看我，能帮助我脱险吗？他说，今晚或明晚也许能办到。他走了，以后我再也没有见到他，也未发生过什么事。一直到了今天下午五点钟，房门打开了，一个中国人说要我下楼去见马格里爵士。我下楼去见他，当时他把这些钱币递给我，这是我用来包在便条里面的，被拘禁的头两三天我把它们投出窗外，被使馆人员所拾获。马格里爵士没有和我谈话，但我听到他对侦探长乔佛斯说，他代表中国公使行事，他将我交出，并未使公使馆拥有的外交特权或其他权利受到任何损害。

孙逸仙（签名）

以上陈述词是艾伦（P. S. Allen）和我本人在场时作出。曾向孙宣读，他说其内容完全正确。

侦探长乔佛斯（签名）

一八九六年十月二十三日

据乔佛斯：《孙逸仙被中国公使释放》（一八九六年十月二十四日报告书）附件，伦敦、英国外交部档案第一七组一七一八卷（陈斯骏译，黄彦校）

伦敦蒙难经过

与伦敦《每日新闻报》记者谈话

（英 译 中）

（一八九六年十月二十四日）

孙逸仙满是疲惫，很想休息了；然而我抑制不住要问他的故事。对此他插嘴问了一个问题。

“请见谅，但康德黎医生没提您是哪家报社的。”

“《每日新闻报》。”

“既然如此，”孙逸仙笑道：“您想了解什么我理当悉数相告。”

他一边说着，一边拿出半张报纸，上面用墨水写着如下粗体文字：“此书将公之于世：我孙氏，七日来为中国使馆（The Chinese Legation）所囚，且即将由英国偷运回中国处决。有拾得此信者，乞告覃文省街四十六号的詹姆斯·康德黎医生（Dr. James Cantlie）速来营救。”报纸背面还写着如下文字：“请看背面。”

“那就是您被囚时所书？”

“是的。然后我将其掷于窗外。但整件事您怕是想从头听起。周日早十一时，我途遇一中国人，他问我乃日本人抑或中国人。”

“在波德兰（Portland-place）① 还是附近？”康德黎医生突然插话问道：“但是

① 伦敦区名。

他也搞不清楚自己身处何处，因为他对伦敦还是完全陌生的。”

“我告诉他，”孙逸仙继续说道：“我是中国人。‘噢，’他说，‘我们是同乡’；于是他开始与我攀谈，我们便一路同行。我们谈论起中国和其余种种。然后我们行至一处寓所，有另一位中国人上前，先前那位向我介绍了来人。他说‘这是我们同乡’，于是我们握了手，相语几句。接着又有一位上前，我们同样握了手；他们一人一边站于我左右，让我与他们一同进使馆内。我开始找寻最先遇到之人，然他已离去，我遍寻不见。他们让我进内一叙。我与他们前去了，然后门随即锁上，我顿觉不妥。便开始大喊，喊道‘邓！’① ——即第一位我与之交谈之人自称的名字。但这无济于事，我自觉已落入陷阱。他们让我随其上楼，我无从抗拒，寻思还是随他们而去为好。他们将我带进一个房间，然后马格里（Macartney）②随即进来了。”

“您是指哈里德·马格里爵士（Sir Halliday Macartney）？”

“是的。他对我说的第一句话是，‘现你已在中国。此处即为中国。’我不明其意，正欲问，他再次发问：‘你是否名叫孙文？’我答道：‘我是孙。’他说中国驻美公使来电称‘孙文乘“麦竭斯底号”（the Majestic）轮船抵英’，令他于此逮捕我。接着他说，此前有封请愿书上呈至总理各国事务衙门（The Foreign Office of China）③，请求变革。他说我或认为此举甚好，但总理衙门要缉拿我。他说‘我们现已发电给总理衙门，你须得暂留此处以待复电。’我问他需留多久，他称十八小时。然后他便离去，我直至今日未再见过他。”

“那您接下来的经历如何？”

“他走后，门随即上锁，有二至三人受令日夜监守我。”

“在房间内？”

“不是，只于门外。我开始试图通过英仆传信，但他们均被挡在门外。于是我投书窗外。”

---

① 邓（Tang），第一位遇到的中国人，即邓廷铿。

② 马格里（Halliday Macartney），清使馆二等参赞。

③ 总理各国事务衙门，清政府为办理洋务及外交事务而设立的外交机构，于一八六一年一月二十日由咸丰帝批准成立，直到光绪二十七年（一九〇一）。

“那房间是位于楼的前方或侧面，所以投出书信能落到街上吗？”

“不是。房间在后面，我原想书信能掷于另一寓所屋顶。此举被发觉，于是窗户被钉紧。我所及之物尽数没收——笔、墨、纸，所有东西。第二天午夜，邓来看我，说：‘昨日之举实为职责所在，今夜前来则愿秉私谊与君一谈。’于是我表示愿闻其详，他说，‘此番前来可谓事关生死’，他称一切均由总理大臣（The Minister）定夺，若我有何嘱咐最好现在告诉他。我说，‘为何？我身处英国。原以为理应受英国政府全面保护。’他的话与马格里之前所说并无二致——清使馆即中国，英国政府无计可施。我问他们将如何处置我，他说他们意欲将我从此处偷运出去，将我捆起来堵住嘴，置于箱中或袋内，然后趁夜将我运至专门为此租用的轮船上。我对他说，‘此举未免冒险，我或得于途中寻求救助’。他告诉我不可能做到，盖因我将被锁于一室严加看守，与此处无异，一路断无时机可与他人交谈通信。我问他若清使馆此举未能成功，接下来会如何处置。他说我断无可能自行潜逃，他们极可能会将我枪毙于使馆内，再涂尸防腐运回中国处决。”

“处决一具死尸？”我惊呼。

“噢，是的。”他答道。“在中国刑罚延及死者。于是我对他说，‘君为友情而来。可否施以援手？’他允诺当尽力助我脱困，之后便离去了。此后我对于事态发展便一无所知，直到今日下午，邓前来告诉我马格里要见我。我下了楼，当我看到康德黎医生和其余几位绅士便知道，我得救了。”

这便是故事结局。但我依然有几点想要了解。

“您是白莲教（The White Lily Society）成员吗？”

“噢，不是；那完全是另一个组织。我们的运动是一次新的运动，并且仅限于受过教育的中国人圈内，其中大部分都旅居海外。”

“您的运动是在战前就开始了吗？”

“是的，稍先于战争。”

“你们一些成员已经被处死了？”

“是的。大概十二位。他们在中国因各种犯上被砍头了。”

我和他道了晚安。

据 The Prisoner's Story. *The Daily News*（London），October 24，1896，Page 5.（《囚徒故事》，载一八九六年十月二十四日伦敦《每日新闻报》第五页）（许瑾瑜译，高文平校）

英文原文见本册第 492—497 页

我的政治主张

与伦敦《每日新闻报》记者谈话

（英译中）

（一八九六年十月二十六日）

【……】①

“但中国便无改良希望了吗?”

“没有,” 他答道。“中国正在堕落。”

“那贵党打算如何纠正挽救国势呢?”

“革新党之创立,” 他答道，“乃是为了教育众多冀望更好政府的有识之士。……我们得以从少年身上获得回报。【……】”

“但此举并非小事，满洲政府【……】”

“没错，然不足道。革命并不难举。吾党为一大党，且人民、军队皆与吾党同心。甚至部分官员亦为革新党人。我们本计划争取所有革新党官员，使他们成为我们的【……】然而,” 他悲怆地补充道：“计划失败了。”

“怎么会?”

“众人皆知后续行动，有人向更高层官员告密了。于是……我只得逃亡。几位革新党成员被处死了。” 他出神了一阵，接着补充道：“清朝律法规定，一人被判犯上作乱，全部亲友皆被株连……”

“您的亲友都逃脱了吗?”

“是的，他们均已逃往海外，暂时不会再回来。”

“【……】您期待的是一个怎么样的政府?”

【……】

① 最后一条标题及正文第一竖栏内容无法辨识。——译者注

我再次转换了话题。

“婚姻法是否受到尊重？”

“中国的婚姻风俗是，”他说：“您知道中国是一夫多妻制，尽管大部分情况下男人只有一个妻子。”

“Does the tyranny of the ruling classes over involve a violation of the sanctity of domestic【…】①？”（大意：统治阶级的暴政是否会违反家庭的圣洁呢？）

This was enlarging the scope of the interview with a ②【…】but the question elicited an interesting answer.（大意：这已经超出访谈的范围…… 但是这个问题回答起来倒很有趣。）

“这样的事情不会发生，”他说：“人民会拍案而起，罪犯会即刻丧命。”

“在您描绘的凄惨世界我们至少还有一点可取之处。”

“噢，”他惊呼道：“人民的天性善良，只是在目前的体制下他们没有办法。我的同胞们是多么擅长说谎啊——是如何轻易地就脱口而出了！”

【……】

接着我们开始讨论刑罚。我问他一个可怜的人受笞刑之后还要俯拜谢恩的说法是否属实。“是的，”他说：“任何刑罚他们都需谢恩。即便一个人被判死刑，他也要感谢皇帝恩典。”孙让我相信，我所听闻的关于中国刑罚的一切——从上枷到用沸油烫的可怕体验——都无夸张成分。

我问孙是否已婚。

“是的，我有一双儿女。他们与我夫人目前都在桑德韦奇岛（Sandwich Islands），我期待着能前往与他们团聚。”

还有宗教方面的问题没问。【……】

“请问您是一位儒教徒吗？”这是我就宗教问的第一个也是最后一个问题。

“不，”孙逸仙亲切地答道：“我是一个基督徒。”

据 The Politics of Sun Yat-sen, *The Daily News*（London），October 26，1896，Page 3.［《孙逸仙的政治主张》，载一八九六年十月二十六日伦敦《每日新闻报》第三页］（许瑾瑜译，高文平校）

英文原文见本册第 498—500 页

① 原文此句最后一个单词无法辨认。——译者注

② 原文此句最后一个单词无法辨认。——译者注

被清使馆拘禁的经过

与伦敦记者谈话[①]

（一八九六年十月下旬）[②]

我向地温些街[③]欲往教堂，遇有一中国人问我是中国人抑日本人？我答曰："中国广东人。"他认为乡亲。后又来一人，强我同往他等寓所吸烟，对以未暇，因康德黎医生在教堂等候。后又来一华人，先遇者离去。其后我等行至一住宅门口，双扉大开，两人分立身旁，强我进去。讵知足甫入门，即被关禁，不胜惊骇。后察知该处为中国钦署，缘该署已接到华盛顿消息，饬令侦伺于我。该署使人往康德黎医生住宅取我之文件，康宅以我外出却之。若由文件中搜出党员名单，则国内有许多人不免矣。该署又议定办法，在船赁妥船位，载我回国，将我暂时隐藏在此候船。

我被困于一房十二日，看守严密，候船将我作狂疾人解回中国。若无我之教师康德黎医生住在英京，断无逃脱之望。经数次失效，始能通出消息。

据陆文灿：《孙中山公事略》，载广东省孙中山研究会主编：《孙中山研究》第一辑，广州，广东人民出版社一九八六年六月出版

---

① 著者时任檀香山正埠《檀山新报》英文译员。此篇当译自当时伦敦报纸。

② 底本未说明日期。孙文获释后的数天内，伦敦各报纷纷前往采访，谈话时间据此酌定。

③ 地温些街：原文 Devonshire Street，另译覃文省街。

柯尔转孙文谈话

与伦敦《回声报》记者谈话[①]

（英 译 中）

（一八九六年十月下旬至十二月上旬）

柯尔说孙逸仙当时的话是：“我现在就给你二十英镑，并且会在我的便条中提到让他（指他的朋友）关照你。恢复自由后的两三天内我会给你五百英镑。我还向你保证，我在美国和中国的友人会捐助你，工作对你不会再是个问题。”孙的便条及时送达了，接下来就是一段紧张焦虑的日子，所有伦敦和地方报纸都不断持续要求政府释放这个被囚的中国人。柯尔说，在写给朋友的便条中，孙经常提及他担心自己性命堪忧。柯尔收到了两张十英镑的钞票，但他称孙承诺的剩余部分尚未付清，他已经打算提起诉讼追回尾款。……

据 Sun Yat-sen. *The Echo*（London）, December 15, 1896, Page 2.（《孙逸仙》，载一八九六年十二月十五日伦敦《回声报》第二页）（许瑾瑜译，高文平校）

英文原文见本册第 500—501 页

危险与忧虑

与伦敦《每日新闻报》记者谈话

（英 译 中）

（一八九六年十月下旬至十二月下旬）

【……】

① 乔治·柯尔是清政府驻伦敦大使馆雇员，因为救助孙文而失去了工作。这是他接受《回声报》记者采访时转述孙文与他的谈话。

“那篇访谈，”他高兴地说，“想必已奏良效。英国民众不知中国治理之差，该文恰可使周知。吾党同志极为积极活跃，我认为采取进一步行动条件成熟的时机已近。但吾等更忧误解所致英方干涉，甚于中国政府之顽抗。大不列颠其制度何等开明，我确信她既乐见此形势，则必不会打击别国谋求此等惠利之努力。依您所见会否？”

为不违背自己国家的外交政策，我咳嗽一声并不表态。

“因此，”他继续说道，满怀热情，“虽我遭禁不得向同胞宣扬知识，却仍思可告知英国民众情势为何，以此来协助运动”。

“那到桑德韦奇岛见妻儿一事怎么样？”我问道。

“哦，”他答道：“目前已定暂不离英。”

【……】

我们于是出发去往葛兰法学协会场（the corner of wellington-street），一路上谈起了好几件事。我问他是否听说过更多关于被中国使馆羁押的事情。

“前几日，”他答道，“检察官到访，就发生之事做了详情记录。我想可能会采取一些行动，但具体不明。我相信他们仍然在跟踪我。至少康德黎医生前几日收到一份电报，警告他我仍处于监视中。”

对于后续计划的问题，他说：“不，我不会贸然前往伦敦东区，在那儿或会被毫无顾忌的中国人绑架。所以我对伦敦的了解极为片面。我现开始熟悉西区，并已游览了大多景点，当然，尽管尚未去过伦敦塔。”

【……】

正当我准备告辞，孙提起了一件让他颇为困扰的事。

“那位解救我的人，”他说，“正因此遭受磨难。被囚于使馆之时我曾向窗外投书，您之前也见过那张字条。然而如我当时向您所述，我并非藉此最终得以联系吾友。使馆内有位英仆，名乔治·柯尔，回应了我的恳切祈求，答应帮忙捎信给康德黎医生。他救我性命，却丢了职位，雇主得知他的所为后立即解雇了他，尽管他已兢兢业业侍奉他们七年。他本是个小店主，为人聪颖。虽我绝不宽裕，但仍给了他二十英镑，感激他为我所做一切。柯尔先生昨日来访，询问我能否助其另寻工作，盖因无前雇主的推荐信他难以求职。我去了他在伦敦摄政公园（Regrent's Park）小奥尔巴尼街三十六号的住处，发现家有妻儿赖其赡养。我愿尽我所能相助，可，”孙补充道，露出可悲的无助神情，“在此事上我能做些什么呢？请务必提供协助”。

据 Concerning Sun Yat-sen. *The Daily News*（London），December 1，1896，Page 4.（《孙逸仙之忧》，载一八九六年十二月一日伦敦《每日新闻报》第四页）（许瑾瑜译，高文平校）

英文原文见本册第 502—504 页

向卡夫陈述伦敦被难经过①

（英 译 中）

（一八九六年十一月四日）

我住在葛兰旅店街八号。我于一八九五年九、十月间离开香港，途经山域治群岛（Sandwich IsLands）② 和美国，旅行到这里。我在纽约逗留了约一个月，在旧金山两个月。在这段时间里，我始终希望回避中国当局，并不知道中国领事馆在什么地方。我在纽约见到我的许多同胞。我没有想到，他们之中有谁会与中国领事馆发生联系。在美国时，我曾把自己的姓名告诉我的同胞。我搭乘“麦竭斯底”号来英国，用的是“逸仙”这个名字。我姓孙，但中国人有几个名字，“逸仙”是朋友们对我的习惯叫法，我的另一个名字是“文”。

十月一日，我从梨花埠③来到伦敦。在梨花埠，我没有去探望我的任何同胞。我有理由估计到我的行动已受到注意，因为我知道中国政府经常在监视我。我在梨花埠尽量不露形迹。我在美国时便已获悉，有人在特别注意我。我抵达伦敦后

① 卡夫是英国财政部法律顾问，受内务部之托调查绑架孙文事件真相。是日邀约孙到财政部陈述事件经过，由卡夫记录并于十二日呈报内务部。他在调查报告中认为孙所述与事实相符。

② 山域治群岛：夏威夷群岛的别名，今又译桑威奇群岛。

③ 梨花埠（Liverpool）：今又译利物浦。

首先到赫胥旅店投宿，在那里住了两三天。

到达后的当天上午，我首先去拜访康德黎博士。我到达伦敦时很迟，大概是深夜十二点钟。我和康德黎博士商量往何处下榻，他领着我到葛兰旅店街八号，即我目前的住所。

在伦敦最初那几天，我经常去看望康德黎博士和孟生①博士，几乎每天都去康德黎博士家。我和孟生博士有过一次关于去中国公使馆的谈话。我问他，如果我到那里去是否明智。他说“不”。我回想，我首先提出的问题是：“这里的中国公使是谁?”接着又问他：“你以为我去使馆访问任何人是明智的吗?”而孟生博士说：“不。”我没有问使馆在哪里。我并不知道使馆的地址，直到我在那里被捕才知道。我没有问过康德黎博士或孟生博士，使馆在什么地方。

初到伦敦的那些天，我的时间主要是用于游览。我曾到南甘星敦博物院和大英博物院，有一天还到过水晶宫。

星期六，即十日，我到过摄政公园、动物园和植物园。我去那里时是上午十一二点钟，一直逗留到下午三点钟。然后，我去到霍尔庞，四点钟左右返回寓所。从那以后，我除了只在附近进飧外，再没有外出。

星期日那天，我在八点半或九点起床。我在寓所吃早餐，十点半或十一点外出。我打算到康德黎博士家去。我乘公共汽车到牛津广场，然后步行到波德兰区。这是我惯常的走法。约在十点半或十一点我到达波德兰区，在那里遇见了邓。以前我和他素不相识。我是在街上遇见他的。见到一个本国同胞，我颇感惊奇。他走近我的身边，问我是日本人还是中国人。我说，我是中国人。接着他问我的省籍，我说：“我是广东省人。”我们互通姓名，我说“我姓孙”，他说他姓“邓”。我问：“在伦敦有多少中国人?”他说：“有很多。”我问他们居住在哪里，他说：“噢，有的住在码头，有的住在东区（The East②）。”我问他住在何处，他指着对面，即离公使馆远一点的地方，说：“那就是我的住所，那里就是。”接着，我们正好走到使馆门口附近，在那里停下脚步。我们走得很慢。我和他只交谈了几分钟。然后出来了另一个中国人，邓对这人说我是他们的同乡，于是我们互相握握

① 孟生（P. Manson）：又译孟臣、万臣、门森，原香港西医书院首任教务长。

② 应为 The East End，伦敦劳动人民聚居区。

手。我们渐渐走近使馆的门阶，第三个人走了出来和我交谈，要求我入内谈谈。这时邓已不知去向，他从小路走开了。我没想到已经来到使馆，我寻找邓，是要问他这是什么地方。当邓离开我们并让我和那两个中国人在一起时，我们正站在门廊内；而当那两人要求我入内谈谈时，我就开始寻找邓。他们说："噢，让我们进去吧。"还动手挽我，但并未真正使用暴力，他们的态度是友好的。他们半挽着我进去，我还把他们当做朋友。进入屋内时，我听得门被锁上了。我看见里面有不少中国人，一些就在大厅里。我记不起当时是否有英国仆役在场。当那最后一个中国人走出来时，正门原是开着的。在我入内和被锁上门以后，那两个人就要求我上楼。门上锁时我已开始有些怀疑，还想找邓解释此事，但他并不在场。接着那两个人开始强迫我上楼，他们的语调变得生硬起来，从我进屋后他们的友好态度就变了。我得出结论，我已落入了圈套。他们不客气地说："上楼去。"我说："这是怎么一回事?"他们说："不必担心，上楼吧。"这时大约是十一点钟。我走进了一个房间，我想这是二楼，在那里歇了一会。当我进入房间时，里面有一两个中国人。我不知道他们的姓名，他们没有和我交谈。我只在那里停留了很短的时间。接着又要我登上另一层楼。我被那两个带我入屋的人弄到那里，另外还有几个人在前后跟着。进入另一间房子后，只剩下了我一个人。

一个英国人（马格里爵士）走进房来，找我谈话。在场的只有我们两人。这英国人讲的头一个话题是："对你来说，这里就是中国。"这句话他重复了两次。我们两人都坐下，他问我："你的名字叫孙文吗?"我说："我姓孙。"他说："我们接到中国驻华盛顿公使来电，说孙文已乘'麦竭斯底'号来英国。"他问我，在"麦竭斯底"号轮船上有没有别的中国人。我说："没有，只有我一个中国人。"我过去从未见过这个英国人。对此，我完全可以肯定。

我晓得马格里爵士曾投书报界，说我在星期六来过使馆。我可以肯定，不论是星期五或星期六我都没有到过那里。我以前也从不曾到过那里。

马格里爵士说："不久前你曾经上书总理衙门，那会受到很大的重视，而现在总理衙门正需要你，你必须在这里等待我们收到复电。"我问他要等多久，他说："要有十八个小时，我们才能收到复电。"然后，他要求我把行李取来。我说："我的行李在我的朋友家里。"他要我写信给旅店，我说："我并不住在旅店。"他问我住在哪里，我说："孟生博士知道我住在哪里，你可以为我递交一封信给孟生博士吗？他会把我的行李妥帖地捎来。"他说："行，我们可以为你办这件事。"于是他把墨水和笔递给我，我写好了信，他要求我在封口前读一读。我写的是："我被监禁（confined）在中国使馆里。"他说："我不喜欢'监禁'这个字眼。"我说："那我该怎么写？"他说："简单地写上'把我的行李送来'。"我说："他们不知道我在什么地方，是不会把行李送来的。"第二封信我是这样写的："我在中国使馆，请将我的行李送来。"他说："发出这信之前，我必须请示公使。"他拿着信走了。以后直到我离开使馆时，再也没有见过他。他走后，门关上并换了新锁。门外有两三个人日夜守卫。窗户用四、五根铁条接连的竖杆隔住。不久，他们派一个仆人来点灯。到了傍晚，又有一个英国女仆进来整理床铺，我没有和她谈话。她是一个中年妇女，我不知道她是谁。

我认识了柯尔，那天我见到他。我没看见那上锁的人，是在门外上锁的。

星期一，我和柯尔交谈了一会。有两个英国仆役轮流监视我。我给他们几张字条。我还把一些字条抛到窗外，但被使馆人员所拾获，自此以后窗户就拧紧了。就我所知，那些人把我给他们的便条交给了马格里爵士。我把钱币放进一些便条里以增加重量，因为那些仆役说他们无法离开使馆，我便叫他们把便条抛出窗外，我把钱币放在里面好使它们够重。后来当我离开使馆时，马格里爵士把这些钱币交还给我。

我被锁在房里时，看到了一些中国仆役。我没有打算让他们帮助我。我再次见到邓，但记不起在哪一天，那是他们拾获我抛出去的便条之后。邓来找我，对我说，他得到了我写给康德黎博士和孟生博士所有的信件。于是我吃了一惊，知道那些仆役已经把我出卖，同时我想到，如果仆役们不能帮助我，我就别无渠道与外界联系。邓对我说："你来到这里，实生死所关，你知道吗？"他接着又说："什么都不承认对你是没有好处的，你当然就是孙文了。"我一言不发，于是就开始谈一些别的事情。他称赞起我来，说："你的名字在中国是众所周知的，你非常出名，人人都知道你。"这些话是用中国语说的。说完这些话后，他开始对我说，他拘留我是公事公办，但现在就像朋友那样来和我谈话。我问他，他们打算把我怎么样。我说："我不认为他们在这里能够办成任何事情。我不认为英国政府会因政治罪名而把我交出去。”他说：“对，我们并不打算要求英国政府交出你，我们是要把你送去中国。”我问：“用什么办法，”他说：“我们将要堵住你的嘴（他打手势），捆将起来，装入袋中，把你带到我们已租下的轮船上。”我想，他说的是属于格来轮船公司的一艘轮船。我说：“那是一个重大的谋害事件，对英国也将是一种严重的违法行为，我在船上也许能得到一个机会将消息传出去，让人们知道这件事。”他说：“你不会有机会这样做，我们在船上就像在这里一样囚禁你，有几个人监视你，把你锁在房里，我们不会让你在船上和任何人交谈。”他还说：“如果我们不能把你偷运走，就会在这里杀死你。”他说：“使馆就是中国，我们在这里可以为所欲为。”然后他又提出要帮助我，说：“我得设法让你出去。”还说他们打算在使馆杀死我，再把我的尸体送回中国去受刑罚，去履行死刑。于是我问他：“为什么要这般残忍？”他说：“这不是我们的意愿，这是中国政府的命令。中国政府不惜以任何代价捉拿你，不论是死是活。”接着他告诉我，我是没有指望的。我说：“你说你要像朋友那样行事，却没有帮助我。”他说，那正是他来找我谈话的本意——如何帮助我脱险。我问他我该做些什么，公使有什么打算。我问他，我是否可以见见公使。他说：“不行，公使身患重病。”然后，他提出要我写一信替自己辩解，说我不曾参加广州谋反，这样他就可以为我向公使说情。我的笔和墨水已经被拿走，我说：“我非常乐意写，你的考虑好极了。”接着，他给我墨水和纸，我问他怎么不给我毛笔，因为我用中文写会比英文更好些。他说：“写给公使是没有作用的，我要你写给马格里爵士。公使只不过是摆样子的，而马格里事事通晓。我要你写信给马格里，请求他宽恕。”随后，他就开始口授。他要我首先说明，我与广州谋反一事无关；说我参加谋反是不真实的。他说，最后一件事是“你亲身前来这里，打算请求公使帮助，使你的名字在国内不受牵连”。我把这些话写了下来。我这样做，因为我考虑到这是我得以离开那里的惟一途径。我认为他们会把我递解回中国，而从未想到会重获自由。

且莫提监禁了，我不能埋怨我受到的待遇。他们根据我的要求供给食物。

我几乎忘记计算时日，因为我每天晚上都难以入睡，我是如此焦虑不安。

在星期五或星期六，我第一次得知已经替我将那些信送了出去，柯尔告诉我这件事。几天前我曾经请他帮助，搭救我的性命。大概是在星期五早晨，我指望另一个仆人进来，但来的是柯尔。我和他交谈，说："你能帮助我做点事情吗?"他说："我不知道你想做什么。"然后我告诉他，这是一起政治事件。"我是一个好人，并不是疯子。"我把我的处境比作亚美尼亚人（Armenians）①，说明与社会主义者毫无关系。我说："如果你能把信带出去交给我的朋友，我想，我就能够在英国政府帮助下脱险。"他说："我不知道政府是不是会帮助你。"我说："把我关在这里，如此严密地监视我，这是非法的。"我要求他认真考虑这件事，再告诉我是不是愿意帮助我。我说："像你早先那样许诺我是没有用处的，还是告诉我，你究竟是否愿意帮我的忙。"他说："好吧。"

我等到第二天早晨（即星期六），他把一张纸条扔进房里。当时有一个中国仆役在房外监视，门锁上后，我读了柯尔扔进房来的那张纸条。他在纸条上说，他愿意为我送信，要我把信写好，但不要在桌子上写，因为他们从钥匙孔中能瞧见我，可以在床上写。我在我的名片上写了几个字，由他送给康德黎博士和孟生博士。我得到答复，收到康德黎博士一张名片，上面并有孟生博士的签名。这时我的心情愉快一些，但仍有些怀疑。接到这张名片后，我又收到了康德黎博士的几张名片，都是柯尔送来的。孟生博士的签名不能使我完全振作起来，我考虑到，他们可以随便从什么地方弄到康德黎博士的名片，因此，我要求柯尔去请康德黎博士写几个字给我。于是，康德黎博士在一张小纸条上写了几句话给我。

叫我下楼之前，我并不知道我会获释。

当我进入使馆到离开之前，只见过马格里爵士一面。我没有从他那里得到任何讯息。离开时，他没有和我谈过话。在我写了那份书面报告之后，我曾和邓谈过一阵子。我既不责怪他用这种手段把我拘留到使馆，也不责怪他对我提及他本人拘留我的事情。

我所写的那份书面报告是不真实的。我之所以这样做，是因为邓说过，如果我写下那些话，他就可以设法帮助我出去。那些话是他吩咐我写上的。他要我这样说，我从中国逃了出来，打算拜见任何一位中国驻外使节，请求他们为我解脱嫌疑。他要我写这报告，说如果按这个方式写好，他可以帮助我脱险。当时，我

---

① 孙文说明自己作为基督教徒受清廷迫害，就如信奉基督教的亚美尼亚人惨遭土耳其苏丹杀戮一样。因当时英国公众对亚美尼亚人的处境深表同情，故想用这一譬喻来打动柯尔。

没有别的指望，所以就照他的吩咐做了。他对我说，我是从美国来，并要我写上我曾经到过中国驻美使馆，为着去见那里的公使。我在报告中写了这些内容，还写上驻美公使不愿倾听我的意见，所以我来到英国向这里的中国公使提出请求。

我和邓交谈时，他没有提及任何轮船的名称，但是他提到了格来轮船公司，说那个公司的人是马格里爵士的朋友。

离开使馆后，我和侦探长乔佛斯等人去到苏格兰场，康德黎博士陪同前往。在苏格兰场，我没有和康德黎博士同在一间房，而是进入另一间房。房里有一位绅士，他要求我提供一份陈述词。我没有说，“我要求提供一份陈述词”。我是应邀到苏格兰场的，是侦探长乔佛斯要求我去的。我在苏格兰场作了一次简短的陈述。

那时我十分虚弱。我在使馆时很少睡眠。我想，我在苏格兰场大概是逗留了一个小时。要求我陈述的那位绅士把我说的话记录下来。他只是听不清楚时才在很少几点上向我提问。

我现年三十岁。在邓问及我是不是日本人之前，我常常被人误认为日本人。

绑架我的那两个人，从服饰上看，我以为他们是商人。进入那座屋子以后，我感到惊奇，他们怎么会有这样大的房屋。在我们进入这屋子之前，我和这两个中国人很少交谈，因为他们的方言与我并不相同。

我可以肯定，在星期日我被带入使馆之前，我从来没有到过那里。那一次，是我到使馆惟一的一次。那么，我简直无法想象，马格里爵士以前竟曾见过我进入使馆。

孙逸仙（签名）

据英文影印件，英国内务部致外交部公函（一八九六年十一月十六日收到）附件四，一八九六年十一月四日孙逸仙陈述词（陈斯骏译，黄彦校）

在伦敦与李提摩太谈话[①]

（一八九七年二月中旬）

〈对〉你在中国办理赈济灾民以及提倡改革中国种种积弊的论文，表示感谢。但满清王朝官吏的贪赃枉法，都是极恶劣；必须由汉人取代满人执政，情况才可改善。

据吴相湘编撰：《孙逸仙先生传》，台北，远东图书公司一九八二年出版

目前中国的制度以及现今的政府只能加以推翻

与《伦敦被难记》俄译者等谈话[②]

（俄　译　中）

（一八九七年三月十五日）

谈话者：那么，您相信在中国有可能爆发一场进步的人民运动吗？

孙逸仙：噢，当然啦。目前中国的制度以及现今的政府绝不可能有什么改善，也决不会搞什么改革，只能加以推翻，无法进行改良。期望当今的中国政府能在时代要求影响下自我革新，并接触欧洲文化，这等于希望农场的一头猪会对农业全神贯注并善于耕作，哪怕这头猪在农场里喂养得很好又能接近它的文明的主人。

谈话者：您希望在中国有什么样的制度来取代现存的制度呢？

孙逸仙：我希望有一个负责任的、有代表性的政体。此外，还必须使我们的

① 李提摩太（Timothy Richard），英国人。一八九七年二月中旬，孙文得知李提摩太正在伦敦，即前往访谈。

② 据底本说明，此次谈话地点在伦敦英国人克雷格斯（Крэгс）寓所，共六人在座。晤谈中，孙文向一俄国人推荐他的英文著作《伦敦被难记》；年底由后者译成俄文全文发表。此俄译者未署姓名。本文中“俄国人”即指他。其余谈话者姓名亦不详。

国家对欧洲文明采取开放态度。我不是说，我们要全盘照搬过来。我们有自己的文明，但是，因为无法进行比较、选择而得不到发展，它也就停滞不前了。时至今日，这种文明已经和人民群众完全格格不入了。

谈话者：换句话说，您是希望中国大体上能出现日本那样的变化了？

孙逸仙：对。不过，日本的文明其实就是中国的文明，它是从中国传入日本的……

俄国人：嗯，您的党控制的那些秘密会社聚集了许多会员吗？

孙逸仙：要知道，这些会员的人数我恐怕算不准，但我可以告诉您，在我们的中心省份湖南和湖北，有四分之三以上的居民都加入了秘密会社。

谈话者：四分之三的居民?!

孙逸仙：是的。东南各省也遍布着许多秘密组织，甚至在中国的其他地方，这些组织都在蓬勃发展，尽管不像上述省份那样起到举足轻重的作用。这些秘密组织的所有成员，看来正准备拿起武器；但是，要有武器才行，此外还多少需要把握住各种有利的时机。无论如何，人民的起义只不过是一个时间问题而已。

据《比神话还要离奇：中国医生孙逸仙叙述他在伦敦被拘禁的经过》，载圣彼得堡《俄国财富》（*Русское Богатство*）一八九七年第十二期（王超进译，蔡鸿生校）

中国人的养育方式[①]

（英 译 中）

（一八九七年四月十七日刊载）

“关于抚养儿童，中国全无明确的科学观念，对何为益其成长亦一无所知。他们在自然许可的条件下自生自长，”孙逸仙博士在《婴儿》栏目的一次访谈中说道，“得到的一切有意照料实为伤害。通常中国的寒门之子多为健康，夭折率甚低，当然疫年不在此列。反观富家子孙夭折率极高——我想可能远高于英国幼童，

① 底本未说明谈话对象。

存活孩童亦往往体弱多病。盖因贫民抚养子女，或确切说，不过任其自然成长，而富人则照顾太过。中国人无科学育儿原则指导。因此钱财除使其父母提供无用且总体有害的奢侈品和附庸物外也无所助益，此种附加贫民幼童自然没有为好。

以喂养为例，贫民但凡身体允许均哺以母乳；富人则从不亲自哺乳。他们对欧洲所说的人工喂养亦一无所知，而总是雇请奶娘代劳。这些奶娘往往身体不健康，易将自身疾病染及所哺幼儿。即便奶娘是一健康妇人，受聘前通常已奶亲儿一年有余，新生儿喝此乳自然亦是无益的。我是全然反对用奶娘的，因我认为幼儿由非生母哺乳并不健康。”

“几乎没有任何人工喂养，”为回应详细问题，孙博士继续说道：“除非哪家穷苦幼童生母早亡。他们通常便将米粉煮沸呈糊状，加糖喂给婴童。然而，有一种极其怪异且我认为令人反感之习俗，几乎贫富人家中都盛行。在幼儿初生三日内，母乳未出，惯常喂新生儿以小糕点，谓之白饼仔（‘白色的小糕点’），由米粉和白糖制成，约一先令大小。我已尽力阻止喂食新生婴儿此种糕点；但怕此是举国习俗，我想大概中国到处皆如此，广东全省确定如是。”

我们于是接着讨论女童的裹脚问题。“此举，”孙博士说，“乃是普遍传统，且残酷可怖。一举废除此陋习亦是我自己所在革命党改造计划的要务之一。此酷行对五至十岁女童施行，用绷带将脚趾向足底下拉，将前脚掌与足跟缠裹，致其极度痛苦，裹足女童甚至至少四年间无法行走。

中国仅有两个阶层不对女童进行缠足，分别是客家人与高山族，如此命名盖因他们原本来自高山地区和渔家①。他们不与其他中国人通婚。在革命党中间此举自然正趋绝迹。我有一侄女之前亦裹足，但在其父母入党之后便解绑，现今形态已几近恢复如常。”

据 Sun Yat-sen Tells How They Are Reared. *The Western Mail*（Cardiff, Wales）, April 17, 1897, Page 7.（《孙逸仙讲述中国人的养育方式》，载一八九七年四月十七日英国威尔士卡迪夫《西部邮报》第七页）（许瑾瑜译，高文平校）

英文原文见本册第 504—506 页

---

① 这里孙博士大概是将客家与疍家混淆了。

在伦敦与南方熊楠谈话[①]

（一八九七年春）

昔日中国人标记历法时，乃书大岁甲为“阏逢”、乙为“旃蒙”、丙为“柔地”等。而大岁子则为“困敦”、丑为“赤奋若”、寅为“摄提格”等。这种标记法好像都不是汉语，而是外来语的译音似的。据此，我曾请教我所识的汉学家，但没有一位能明确地回答这问题。如今看来，似已成为定说。因此，上述的标记法据西语音而译出的说法，大概是对的。

［日］南方熊楠著，长谷川兴藏校订：《南方熊楠日记》第二卷（一八九七至一九〇四），东京，八坊书房一九八七年出版；又载《质问》，《民俗学》一九三〇年二月号

访问横滨警察署长谈话[②]

（日　译　中）

（一八九七年八月十七日）

本人此次因事于本月十六日搭英轮“印第安”号来抵此地，现寄居于陈璞家中。本人自英国动身时，有清国官员一名跟踪同抵本地。[③] 鉴于日本帝国之国权，本人在日本帝国境内居留期间，当不致发生无故被清国官吏非法逮捕或本人之意志横遭限制等情事，本人对此确信不疑；但既有上述情况，希能给予直接或间接之保护。本人在英国居留期间亦曾得到同样之保护。

据日本外务省档案一八九七年八月二十一日神奈川县知事中野健明给外务大臣大隈重信的报告

---

① 南方熊楠是日本生物学家，一八九七年三月十六日在大英博物馆图书馆与孙文订交。这是在巴比伦古物陈列室里的谈话。

② 八月十六日孙文由加拿大抵日本横滨。是日经陈璞介绍，前往警察署长官邸拜访。

③ 清驻英使馆三等书记官曾广铨跟踪孙文，由伦敦同抵日本。

欲举革命推翻清朝而建立共和政体

与宫崎寅藏谈话①

（日 译 中）

（一八九七年八月下旬至九月下旬间）②

滔天乃先发问曰：君之志在革命，仆曾知之，但未悉其详。愿君将革命之宗主与附属之方法及手段，明以教我。

孙君徐言曰：余以人群自治为政治之极则，故于政治之精神执共和主义。夫共和主义岂平手而可得，余以此一事而直有革命之责任者也。况羁勒于异种之下，而并不止经过君民相争之一阶级者乎？清虏执政于兹三百年矣，以愚弄汉人为治世第一义。吸汉人之膏血，锢汉人之手足，为满奴升迁调补之符。认贼作父之既久，举世皆忘其本来，经满政府多方面之摧残笼络，致民间无一毫之反动力，以酿成今日之衰败。沃野好山任人割取，灵苗智种任人践蹈，此所以陷于悲境而无如何也。方今世界文明日益增进，国皆自主，人尽独立，独我汉种每况愈下，滨于死亡。丁斯时也，苟非凉血部之动物，安忍坐圈此三等奴隶之狱以与终古？是以小子不自量力，欲乘变乱推翻逆胡，力图自主。徒以时机未至，横遭蹉跌，以至于是。

人或云共和政体不适支那③之野蛮国，此不谅情势之言耳。共和者，我国治

---

① 孙文于一八九五年在广州策动反清起义失败后流亡海外，一八九七年八月十六日自加拿大抵达日本横滨。此是日人宫崎寅藏（号滔天）初访孙文的谈话。近数年宫崎对孙文及其革命事业颇为关注，并于一八九六年在香港加入兴中会（按：日籍兴中会员共六位，入会时间各异）。

② 底本未说明日期。按《三十三年之梦》日文版所述，此次晤谈在孙文到横滨约一星期之后则为八月下旬，而另有说法谓宫崎寅藏于九月中下旬自香港返横滨后始得与孙文见面。所标时间即据此。

③ 当时日本人多以“清国”或“支那”指称中国，不少旅日华人亦随之采用“支那”一词。按该词源于古印度梵文 Ciˆna，其后西方各国对中国国名的拼写多据此演化而来。有史料称，中国汉代高僧将梵文佛经中的 Chini 音译为“支那”，唐代来华的日本僧侣又将这一汉译名词移植到日本。

世之神髓，先哲之遗业也。我国民之论古者，莫不倾慕三代之治，不知三代之治实能得共和之神髓而行之者也。勿谓我国民无理想之资，勿谓我国民无进取之气，即此所以慕古之意，正富有理想之证据，亦大有进步之机兆也。试观僻地荒村，举无有浴政〔清〕虏之恶德，而消灭此观念者，彼等皆自治之民也。敬尊长所以判曲直，置乡兵所以御盗贼，其他一切共通之利害，皆人民自议之而自理之，是非现今所谓共和之民者耶？苟有豪杰之士起而倒清虏之政府，代敷善政，约法三章，慰其饥渴，庶爱国之志可以奋兴，进取之气可以振起也。

且夫共和政治，不仅为政体之极则而适合于支那国民之故，而又有革命上之便利者也。观支那古来之历史，凡国经一次之扰乱，地方豪杰互争雄长，亘数十年不能统一，无辜之民为之受祸者不知几许。其所以然者，皆由于举事者无共和之思想，而为之盟主者亦绝无共和宪法之发布也。故各穷逞一己之兵力，非至并吞独一之势不止。因有此倾向，即盗贼胡虏极其兵力之所至，居然可以为全国之共主。呜呼！吾同胞之受祸，岂偶然哉？今欲求避祸之道，惟有行此迅雷不及掩耳之革命之一法；而与革命同行者，又必在使英雄各充其野心。充其野心之方法，惟作联邦共和之名之下，其夙著声望者使为一部之长，以尽其材，然后建中央政府以贺〔驾〕驭之，而作联邦之枢纽。方今公理大明，吾既实行此主义，必不至如前此野蛮割据之纷扰，绵延数纪，而枭雄有非分之希望，以乘机窃发，殃及无辜。此所谓共和政治有命革〔革命〕之便利者也。

呜呼！今举我国土之大，人民之众，而为俎上之肉，饿虎取而食之，以振其蛮力，雄视世界。自热心家用之，以提挈人道，足以号令宇内。反掌之间，相去天壤。余为世界之一平民而人道之拥护者，犹且不可恝然于此，况身生于其国土之中，尝直接而受其苦痛者哉！余短才浅智，不足以担任大事，而当此千钧一发之秋，不得不自进为革命之先驱，而以应时势之要求。若天兴吾党，有豪杰之士慨来相援，余即让渠独步，而自服犬马之劳，不然则惟有自奋以任大事而已。余固信为支那苍生，为亚洲黄种，为世界人道，而兴起革命军，天必助之。君等之来缔交于吾党，是其证也，朕兆发于兹矣。夫吾党所以努力奋发，以期不负同胞之望，诸君又尽力于所以援吾党之道，欲以救支那四万万之苍生，雪亚东黄种之屈辱，恢复宇内之人道而拥护之者，惟有成就我国之革命，即为得之。此事成，其余之问题即迎刃而解矣。

据白浪庵滔天（宫崎寅藏）原著，黄中黄（章士钊）译录：《孙逸仙》（荡虏丛书之一），上海，一九〇三年十月出版①，仅摘译其叙及孙文部分。日文原版为宫崎寅藏：《三十三年之梦》，东京，国光书房一九〇二年八月二十日发行；前此，又以同题连载于是年一月三十日至六月十四日东京《二六新报》②

附：另一译文③

我问他说："我知道你以中国革命为职志，但还不知道它的详细内容，因此请你告诉我，你革命的主旨和方法、手段。"

他开口慢慢地说："我相信人民自己来统治才是政治的极则。所以在政治精神上我采取共和主义。基于这一点，我有革命的责任。何况清虏执政柄三百年，以愚民为治世之第一要义，官吏以绞其膏血为能事，亦即积弊推诿，致有今日之衰弱，因而陷于沃野河山坐任人取的悲境。凡有心者，怎么能忍心袖手旁观？我辈之所以不自量力，欲乘变乱举义而蹉跌，理由在此。"

有如处女的他，在不知不觉之中竟变成脱兔。详而言之，他的一言比一言重，一语比一语熟，而终有猛虎啸于深山之概。他继而说："人或许要说，共和政体不适于中国这种野蛮国。但这是不知情者之言。是以所谓共和，乃是我国治世之精髓，先哲之遗业。亦即我国民之所以思古，皆因慕三代之治，而所谓三代之治，才是共和之精髓的显现。勿谓我国民无理想之资，勿谓我国民无进取之气，是即所以慕古，正是具有大理想之证据，也是将要大事迈进之前兆。请到未浴清虏秕政之僻地荒村去看看，他们现在仍然是自治之民，其立尊长以听诉，置乡兵以御

① 底本无出版时间，此据黄中黄、巩黄（秦力山）于是年十月十日、十二日分别为该书作序。

② 当时另一中文节译本为金一（金天翮）的《三十三年落花梦》（东京翔銮社印刷，上海国学社一九〇四年一月十二日发行），所译内容文字与底本不尽相同。这两种早期译本，在当年宣传孙文及其革命事业方面起过不小作用。本集据各段详略程度等因素，视需要选收其一种。再者，今人又出版有白话文全译本多种，亦酌情兼收一种。

③ 本篇对孙文采用第三人称，宫崎寅藏自用第一人称。

强盗，其他一切共同之利害，皆由人民自己商议和处理，凡此决非简单的共和之民。所以，今日如有豪杰之士起而打倒清虏，代之以善政，就是约法三章，亦随喜渴慕和歌颂。因此应以爱国心奋斗，以进取之气奋起。”

“共和之治为政治之极则，它不仅合乎中国国民之需要，而且有益于行革命。征诸中国古来之历史，国内一旦发生动乱，地方之豪杰便割据要地以互相争霸，长者数十年不能统一。无辜之民，为此不知蒙受多少灾祸。今之世，亦不能保证无乘机营私之外强。避此祸之道，惟有在于进行迅雷不及掩耳之革命，同时令地方之享有盛名者各得其所。如令享有盛名者为局部之雄，并由中央政府予以驾驭，则终不致有太大混乱而底定。我之所以说有益于推行共和政治之革命，就是此意。”

他以一种无法形容的悲壮语气和态度，继续这样说：“呜呼，今日以我邦土之大，民众之多，竟为俎上之肉。饿虎取而食之，将以振其蛮力，雄视世界；有道心者用之，则足以倡人道而号令宇内。我以世界之平民及人道之拥护者，尚且不能旁观，何况我身生于其邦土，直接受其痛痒？我才短智浅，虽不足以担当大事，但今非求重任于人而袖手之秋。因此，我要自告奋勇为革命之前躯，以应时势之要求。天若助我党，豪杰之士来援，我将让出现时之地位，以服犬马之劳；若无，则惟有自奋以任大事。我坚信，为中国之苍生，为亚洲之黄种，更为世界之人道，天必佑助我党，君等之来与我党缔交便是证明。兆朕已发，我党将发奋以不辜负诸君之厚望。请诸君亦能出力以助我党。救中国四万万之苍生，雪东亚黄种之耻辱，恢复并光大宇内人道之大路，惟有完成我国之革命。如能完成此事，其余之问题自可迎刃而解。”

据白浪庵滔天（宫崎寅藏）：《三十三年之梦》，东京，
国光书房一九〇二年八月二十日发行（陈鹏仁译）

日文原文见本册第583—584页

与宫崎寅藏等笔谈[①]

（一八九七年九月至一八九八年八月间）[②]

孙文：何君[③]信内所陈之意，必商之同志多人，并为康先生[④]所许，方敢发此言也。是则此意非一人之私，实中国群贤之公意也。

彼胆小心细。弟深知此等之意，非彼一人所敢言也。

宫崎：使贵国同志深知我辈之意。

此书[⑤]论满清政府之末路，说中国在野志士之有望。

孙文：此书有汉文本否？

宫崎：所谓兴清之说，论中国志士与日本国提携。此书著者元陆军大尉[⑥]，久在清国，六年前兴日清贸易研究所于上海[⑦]，昨[⑧]没于台湾。

孙文：湖南一省昔号为最守旧之地，今亦改变如此，真大奇也。

---

① 笔谈用中文，在横滨或东京分多次进行，孙文的主要交谈对象为宫崎寅藏。谈话时平山周（于一八九六年加入兴中会）间或在场，则笔谈中的某些段落有可能是出自平山而非宫崎之手。原稿由多张纸片组成，后来在战乱中失落一部分，残缺不全，世人亦称“笔谈残稿”。收入本集时，凡各纸片之间意思不甚连贯者，则空一行隔开。

② 各次笔谈日期不详，起讫时间据《宫崎滔天全集》第五册解题“笔谈残稿”所作的说明。

③ 即何树龄，时任澳门《知新报》撰述。

④ 指康有为。

⑤ 此指荒尾精著《对清辩妄》，一八九四年十月发表。文中认为：日本“应当救中国于未亡……使它振兴，以强我之唇，固我之辅，筑起实现兴亚大业的基础。”

⑥ 指荒尾精。“元”与“原”同义。

⑦ 一八九〇年九月，荒尾精在上海创设日清贸易研究所，自任所长。它是一个在日本军方支持下以商贸为掩护的间谍培训机构，因在一八九四年中日战争期间派遣谍报人员和随军记者从事侵略活动而遭清政府取缔。

⑧ 即去年。荒尾精于一八九六年九月病故。

宫崎：陈白①先生之事，弟从亡兄弥藏②之书信闻之。弟着横滨之时，家兄已逝，亦不可寻陈白先生之事。弟心窃求陈白先生而不得。适渡清之前数日面曾根俊虎君，此人诏〔绍〕介陈白兄，后闻曾根氏③之风闻，弟心甚痛之。

孙文：共与陈君见过几次？

宫崎：二次。

孙文：有谈及亚洲大局否？

宫崎：然。

孙文：有谈及现与弟议之事否？

宫崎：陈先生示先生之著书④。弟先略闻先生之事，是赖家兄之书信。

孙文：先生有对陈君言过贵政府欲相助之意否？

宫崎：不敢言，惟诏〔绍〕介于犬养君⑤。今依犬养君闻之，陈君未遇犬养君。

孙文：弟意欲招陈君回来共商此事，先生以为如何？

宫崎：甚是。犬养君曰："说大臣大隈⑥甚容易，故不要急。惟陆军参谋长⑦同意之，则可谓事成也。"

犬养曰"我未见大隈"。然以其语气察之，犬养君既如经与大臣大隈商议，其不公言之弟等者，想慎其秘密者，先生亦宜谅之。

---

① 陈白，字少白。下文亦称陈君、陈先生。

② 即宫崎弥藏。

③ 曾根氏及下文曾君、曾根君，皆指曾根俊虎。此处所谓"风闻"及后文言"曾君名望坠地"者，乃指曾根俊虎曾于一八八六年九月上书总理大臣伊藤博文，对日本处理欧美和中国的外交政策表示不满，并声称派往中国的高官都是"不学无术、恃勇蛮干而对中国一无所知的武夫之流"，因而一度被拘禁审查。

④ 指孙文所著《伦敦被难记》英文本。

⑤ 即犬养毅。

⑥ 即大隈重信：一八九六年九月二十二日至一八九七年十一月五日任"松（松方正义）隈内阁"外务大臣（一八九七年三月二十九日至十一月七日兼农商务大臣）；一八九八年六月三十日至十一月八日任"隈板（板垣退助）内阁"总理大臣兼外务大臣。

⑦ 当时掌管日本军令的机关为参谋本部和海军参谋本部，前者最高长官称参谋总长（不叫陆军参谋长）。一八九五年一月二十六日至一八九八年一月二十日由小松宫彰仁亲王任参谋总长；一八九八年一月二十日至一八九九年五月十一日由川上操六任参谋总长。

孙文：他日举事，弟必亲督士卒攻城袭〈地〉。而陈君当留日本，与贵政府商办各事甚可也。

宫崎：犬养君曰："设广东语学堂甚可也，必不可不设之。"惟曰"广东语学堂"，清人或觉有心广东，故表曰"中国语学堂"，里实学广东语亦〈可〉也。

孙文：甚好。陈白君优于办此等之事，如其有意，弟当早招之回日，克日举办。

宫崎：犬养君曰："设学堂之事，中、日孰可？"

孙文：以日为妥。

宫崎：惟举事之便有设于中国，然少不稳当。

孙文：诚然。

宫崎：但欲学广东〈语〉，则必设于广东。

孙文：惟如犬〈养〉君之所虑，则有不宜也。

又前贵国人士设商业学堂①于上海，清人皆传此实日本欲侦探清国之情形起见。今又步其后尘，则必生疑矣，弟等又有意于兹。

宫崎：此学堂主即是荒尾精君②。昨日先生见其书③，可见其志。惟多数人不知其深意而疑惧之矣。可慎也。

孙文：学堂设于东京甚好，因可招我辈同志过来，名为教习，内可商议举事之策。

宫崎：甚可也，甚可也。

孙文：望对犬养君言此意。

宫崎：敬承，敬承。

曾根君曾谋弟于学堂之事。弟就二三友人谈之，皆可其说，而不可其人，弟知于是撰④人之要。

---

① 此指日清贸易研究所。

② 此处删一衍字"一"。

③ 指《对清辩妄》。

④ "撰"通"选"，皆作选择义。

孙文：正是。

宫崎：现时曾君名望坠地，弟甚痛之。惟当事用之，亦有用之人物也。

孙文：曾君之意，想是承陈君所嘱。陈君久有此志，因限于力，故谋及曾君也。

宫崎：或然，非预谋之人。

先生之心事，弟等肘〔忖〕度之，惟少忍而侍〔待〕机可也。弟等举全力尽先生之事。先生之事，东洋之事；东洋之事，则世界人权之问题也。先生负此重任，须持重也。“德不孤，必有邻”也。

孙文：诚哉言也！

弟入东京住，欲觅一通汉文及善书写之婢，以代抄写及教日语，可否有其人？

宫崎：婢皆是无有文字者，男或可得欤。

孙文：男薪水（工价工钱）如何？

宫崎：有文字而在他家者，多是食客的也。不便薪水则食客也。

孙文：战国之时，信陵君有食客三千人。食客此类也。

宫崎：从薪水之劳者雇一人，而弟等一人居之。而先生学日语、弟等学广东语为甚便。

孙文：雇有文字者甚难。少有文字之少年多是食客，不为一事而徒食而已。

宫崎：从薪水之劳者，一个月壹円五拾钱，男女一样。

孙文：惟无文字，无此则不通言语也。①

宫崎：万无止弟等同居，与先生采薪水之劳可也。弟等惟胸中有大事而已，因不厌薪水之劳也。

孙文：同居甚好，而下一说则不敢当也。

若陈君同住则甚便，彼略晓日语也。弟在横滨已四觅华童而晓日语者，皆不得也。

弟昔在广东之日，亦有此百数十人。何时可寻得一屋，弟当定日迁来也。

---

① 纸片末有一“费”字，难与他字联成句子，姑存于此。

陈白君甚好诗才。弟不能为诗，盖无风流天性也。

邮陈白：百十九服部二郎①方孙逸仙

宫崎：若有可怪者则开封。关国事者，则邮便局政府许开封。不可不慎也。

宫崎：就先生旅行券之事，犬养、尾崎、小村②三君商议，今清国公使③恐先生甚，严侦查其举动，故先生远入内地非得策。暂定住京地，慎交通来往，使清国公使安心，而后宜待时入内地。今甚不便。惟先生住东京，任其自由也。

孙文：清公使侦查之事由何而知？

宫崎：自警视厅报告外务省。

孙文：清国有无行文到贵国政府论及弟事？

宫崎：犹未有。

孙文：有无在此雇侦探窥伺弟之行踪？

宫崎：日清战争④后，此类之人甚多，有侦查先生之行迹者亦难测。故虽日人不可安心。犬养君甚望先生之注意。犬养君亦曰："书函往复，尤不可不慎。"

孙文：可否命警视厅探查何人受清公使之雇，而设法阻之？

宫崎：受清公使之雇而探查者，素秘密之雇，不能得其证。故虽知其人，不能捕拿之。无阻之法，故警视厅亦严探查其人而已。

孙文：君度有无清公使用重贿买人加害之虞？

宫崎：我政府幸允先生之所思，先使长军事之人侦察彼地情况，为作战计画，是弟〔第〕一之急务也。

孙文：此是必然之理。

宫崎：此时贵国同志一人从之可也。

孙文：弟近欲发信上海，请梁启超或其亲信一人到此一游，同商大事。他敢

① 服部次郎（或服部二郎）是陈少白旅居日本时的常用名。

② 即尾崎行雄、小村寿太郎。

③ 即裕庚。

④ 指中日甲午战争。

来与否，弟尚不能料。

宫崎：先生书信所欲言不知何事？惟载大事于书信之为可慎矣。

孙文：吾辈另有秘语，非局外人所能知。

宫崎：大可也。我国政府助先生之事，不言为可也。

孙文：自然不言此。弟惟言有急务，欲见之耳。

宫崎：是也。康先生或梁先生，此两人中一人来此地与先生商议，万事可望也。

孙文：康断不能来。因他在中国亦未有公然出名，此指新闻纸而言。若他来此，必大招物议，因弟在此也。梁氏或别位已可。弟不过欲彼到来，报知中国现在情形耳。因弟离国已有二年，各事已有多变矣。

宫崎：康先生何时回来广东？

孙文：不知。康之所行，欲学战国之鬼谷子，多使其门弟子出来办事，而彼则隐其名。

孙文：倘此事为俄主张，使独人①先发手，则中国危矣。分割之机或兆于此也。我辈为之奈何？

宫崎：瓜分之机已兆，则我辈须静观清政府之所为如何，暗结日、英两国为后劲。我同志之士相率潜入内地，收揽所在之英雄，先据有一二省为根本，以为割据之势，而后张势威于四方，奠定大局也。

孙文：且数处齐起者，不只惊动清虏，且震恐天下。则不只俄人力任救清之责，吾辈亦恐蹈纳波伦②之履〔覆〕辙，惹欧洲联盟而制我也。盖贵国维新而兴，已大犯欧人之所忌矣。中国今欲步贵国之后尘，初必不能太露头角也。

宫崎：虽曰不露头角，而事一发，则不能瞒欧洲明眼人之耳目也。

孙文：万一不幸欧洲有联〈盟〉之举，鄙意必先分立各省为自主之国，各请欧洲一国为保护，以散其盟。彼盟一散，然后我从而复合之。其法，以广东请英保护，广西请法保护，福建请德保护，两湖、四川、中原为独立之国。法、德一

① 独人，即德人。日文汉字中，将 Germany 译为“独逸”（中国译“德意志”）。

② 纳波伦，今译拿破仑。

入我圈套，则必自解其与俄之从，然后我得以利啖之，使专拒俄，或联东西成一大从，以压俄人东向之志。俄势一孤，我可优游以图治。内治一定，则以一中华亦足以衡天下矣。此余一人之见也，足下以为如何？

宫崎：中东合同[①]，以为亚洲之盟主，兴灭国，继绝世。用其方新之力，阻遏西势东渐之凶锋者，天理人心之所会也。断而行之，今之时为然，一日不可宽。

孙文：极是，极是。惟不可先露其机，以招欧人之忌，则志无不成也。

吾合彼亦合，势必然也。惟先合者必胜也。

宫崎："机事不密则害成"[②] 者，《易》之大戒也。及今之时，须在清国南北之要会，设法务收揽所在英雄之心，妥为布置，可以占有为之地步。是为目前之至要。

孙文：欧洲联盟制我之事，或未必有，然不可不为之防。道在我有不可攻，不恃人之不我攻也。

阁下到中国各处，结纳有志之士如此之众，其中有雄才大略、可以独当一面者有几人？可得详而名之乎？

宫崎：之者多在重庆及河南、山东之三处。

孙文：现在何处？是何姓名？

宫崎：才略兼备任大事者才有四人，其他精明强悍充方面之任者约二十七八人。

孙文：在何处为多？

宫崎：四川、河南、山东、江苏交界之地，可举二万之众。

四川廖英初，河南郑、梁、胡、王，江西李，此六员有为之才也。其外二十七八人。

孙文：阁下何不游广东惠、潮、嘉三府[③]之地？

往年英、法入北京，亦在此地招额外之兵。

---

① 中东合同，其意为中日联盟。"东"指日本。

② 语出《易》"系辞上传"第八章。传世的《易》即《周易》，亦称《易经》。

③ 即惠州府、潮州府、嘉应州（直隶州）。

宫崎：弟周游贵国，与真士大夫上下议论，先自兴亚之策而入。兴亚之第一着，在中东之提携。而欲举中东合同之实，非一洗满清之弊政不可。是故，所说无不合也。

孙文：上说之三府，其人民十居八九已入反清复明之会。其人亦最强悍，官府不敢追究之。弟意此地亦可作起点之区，因与台湾密迩，便于接济军火。阁下此到中国，务宜留心此地。

往见两湖张督①，可直以兴亚之策说他。

多是粗蛮之人，虽富家子弟亦不读书，多尚拳勇之徒。

孙文：阁下迟数日再往中国。弟意以为不必泛到多处，只宜往一近海口之处，联络同志为发轫之处可以〔矣〕。盖以弟意所知者，今日有是志者到处皆是，惟不敢言而矣。是以吾辈不忧无同志，只恐不能发一起点而矣。有一起点，即如置一星之火于枯木之山矣，不必虑其不焚也。

惟此起点之地，阁下以何为最善？前者弟以广东为最善，因人地合宜也。在广地，一月之内必可集山林慓悍之徒三四十万。但有前年之失，当地之官已如惊弓之鸟，到处提防，我辈举动较前略难矣。是广东者，今日非善矣。不先择定一地，则无由定经略之策也。

宫崎：还是以四川为负嵎之地，在〔再〕张羽翼于湘、楚、汴梁②之郊而耳。

孙文：但四川不近海口，接济军火为难，为之奈何？

宫崎：军火一项，虽近海口亦所难。无已，开接济之道于浙东之沿岸乎？是亦失太远。

孙文：诚如前之所言，在山东、河南、江苏交界可招二三万众，则以江苏之海州③为最善矣。盖起点之地，必先求得人；其次接济军火之道；其三不近通商口岸，免各国藉口牵制。海州之地，于此三者皆得，且可握运河、绝漕米，此亦

---

① 即张之洞。

② 指湖南、湖北、河南一带。

③ 海州时为直隶州。民国初废州改置东海、灌云二县，一九三三年在灌云境内筑成连云港，一九六一年改称连云港市。

制北京之死命。

宫崎：取道于海州之事，弟已于十余年前思量之。曾到彼地盘桓七八天，细看海口之形势，不便入巨船，只离州城二十里云台山在海中有可靠大船耳。且州城有厘金〈卡〉，每小船通过，稽查甚严。

孙文：到此时不怕厘金卡矣。弟所谓起点者，则先夺取之也，而意亦并指云台山也。先夺云台，结束已成；而入州城，或事可集〔济〕。

宫崎：然是亦不得谓恰好之地。

孙文：盖起点之地，不拘形势，总求急于聚人、利于接济、快于进取而矣。在海州，则进取、接济亦利于广东矣；惟聚人，则弟于此毫无把握。盖万端仍以聚人为第一着。故别处虽有形势，虽便接济，而心仍不能舍广东者，则以吾人之所在也。如阁下云，此地可招二三万众，亦可集事矣。盖海州既有两便，又有其人，则北可进握山东以窥北京，南可夺取准杨〔淮扬〕以通大江，则粮食无忧也。有人、有粮、有器，则成败在乎运筹指挥之策耳。

宫崎：从海州到河南、山东之交界，约要十数天。此间一带之地，土赤民贫，无糗粮之可续。我数千之众，逡巡之间，或为敌之所乘。弟故以为起点之地，先要撰形胜之区。

有敝友主说曰："以台湾南角之火烧岛①为军火顿〔囤〕积之处，用小船暗送运闽越之海口，可以开接济之道。此说以为如何?"

孙文：此说颇有理。惟以小船送运，恐有绝〔劫〕夺之虞。

宫崎：用小船送运者，避人之指目也。

孙文：虽然，但小船不能与厘卡抗衡，故不稳也。

弟之意独有一策：欲在外集人千数，备足军火，暗入中国，袭夺一大名城。

宫崎：入此则用小船，送运军火亦可充用。

孙文：必用大船，作一起齐到方可。若小船必分百数次，则先到者已擒，而在后者亦不能助，而不能知也。

小船运军火之法，广东前年之事②则用之也，甚有成效。运过数十次，关卡

---

① 火烧岛是台湾东南部的附属岛，位于太平洋中。

② 此指一八九五年广州起义。

毫无知觉。后用大汽船所运者，反被搜出。虽然小船前则有效，今必不能用矣。因彼已知所防也。

阁下所言小船之法亦甚是也，可知英雄所见略同，惟余辈有前失耳。

孙文：当时弟已领千二百壮士，九月一日进了内城，已足发手。后有人止之，谓此数不足弹压乱民，恐有劫掠之虞。后再向潮州调潮人三千名，为弹压地方。候至初九，仍未见到。各人会议，定策改期。是午后二时发电下港，止二队人不来。不料该头目①无决断，至四时仍任六百之众赴夜船而来。我在城之众于九日午已散入内地，而港队于十日早到城，已两不相值，遂被擒五十余人。

当时在粤城有安勇三千人，有督标、抚标各营之兵，已有意一起事时即降附我众，及在广河②之水师兵轮亦然。后失事，兵轮统带③被囚，安勇统带自缢。

孙文：其失则全在香港之队到来，使有证据。而其不来，则无据可执也。因当日已合全省绅民反案，因左证确实，逐不能移。

孙文："近有匪首，名曰孙文，结有匪党，曰杨衢云，起意谋反〔叛〕，扰乱省城。〈分遣党羽，到处诱人,〉借名招勇，〈煽惑愚民,〉每人每月，十块洋元〔钱〕。乡愚贪利，应募纷纷……"④

孙逆　匪徒　叛逆　匪首

宫崎：何树龄与先生前年之变否？

孙文：未与。彼无此等胆略，但甚有心耳。

宫崎：何若政府不能助者，结合民间之侠士尤易。未知诸同志之意如之何？又先生之高虑如之何？

容闳　莼甫⑤

---

① 指杨衢云。

② 或称省河，指依傍广州城区的珠江河段。

③ 指兴中会员、镇涛舰管带程奎光，起义失败后被捕，行刑致死。

④ 本段是由两张不同纸片中的两段文字合成，转录自一八九五年十二月七日（光绪二十一年十月二十一日）广东南海、番禺两县告示（摘引其前面小部分内容）。现据告示原文，就引录的范围，订正引文中的错字和补录被删略的字句，以助读者阅览。

⑤ 容闳，号莼甫。

周者文武之邦也　周邦

曾子安　斌卿　冯雪卿　黄开甲

孙文：《申报》是弟之对头。因前在上海，常以〔与〕他之主笔有文字之争论，所以他藉弟有事而复仇也。

孙文：食在广州，着在苏州。

建都，仆常持一都四京镇之说：武汉（都）、西京（重庆）、东京（江宁）、广州（南京）、顺天（北京）。

据宫崎蕗苳家藏手稿整理的《孙中山与宫崎滔天笔谈》影印件（各段笔谈者姓名为编者所加），见中国宋庆龄基金会研究中心编：《宫崎滔天家藏——来自日本的中国革命文献》，北京，人民美术出版社二〇一〇年十二月出版①

自述革命思想起源及初期经历

在日本与宫崎寅藏谈话②

（日　译　中）

（一八九七年至一九〇〇年间）③

我曾问逸仙说："先生的中国革命思想来自何处？"他答说："我革命思想之成为体系乃是以后的事。不过引起我这种念头的，却是幼年时代乡间宿老的谈

① 这篇笔谈整理不易。宫崎蕗苳（宫崎寅藏孙女）家藏档案、宫崎龍介（宫崎寅藏之子）等编《宫崎滔天全集》第五卷（东京，平凡社一九七六年八月发行）以及历来孙中山全集诸本对其编排次序均作过研究整理，从而形成了多种不同的版本。相较之下，《宫崎滔天家藏——来自日本的中国革命文献》一书整理工作的成效尤其显著，在编排上似更合理，故本集决定用为底本（但个别地方有所调整，校勘文字及注释方面亦独立进行）。

② 一八九七年八月，孙文自英国经加拿大抵达日本，寓居横滨、东京。宫崎寅藏是孙文最早结识的日本民间人士，后加入兴中会。两人交往频繁，宫崎将从谈话中了解到的孙文政治主张与身世经历，多次撰成书文介绍。本篇即为其中之一。

③ 底本未说明日期。记录内容止于伦敦蒙难，估计谈话系在两人结识至一九〇〇年惠州起义之前这段时间。所标者据此。

话。”所谓宿老是些什么人呢？就是太平天国的老兵。

…………

我曾与逸仙谈论过土地问题。我问他说：“先生平均地权之说来自何处？是从学问上的研究得来的呢，还是从实际上的考察得来？”逸仙回答说：“我受幼时境遇的刺激，使我感到有从实际上和学理上来研究这个问题的必要。如果我不是出生在贫农的家庭，或许就不会关心这个重大问题。”他又说：“当我到了能够独自思索的时候，在我脑海里首先发生疑问的就是自己的境遇问题，亦即我是否非要在这种境遇中过一辈子不可，以及怎样才能摆脱这种境遇的问题。”

…………

逸仙在十二岁时到夏威夷投靠他的哥哥①，这是为了解决他自己的疑问，即为了探索怎样才能摆脱永远处于奴隶境况的方法。到了夏威夷之后，哥哥要他进英文学堂②，他以天赋英才读三年英文书，此刻他已经不复是吴下阿蒙③了。这时他又遇到了有关人类生死的疑惑，便信奉耶稣，作为解决的办法。他虽然成了基督教徒④，但他的哥哥却不喜欢他信教，所以劝他脱离，他不但不听，反而劝哥哥入教，于是哥哥生气了并命他归国。因此他便回家乡，重返旧时境遇，用锄锹帮助父母工作。

逸仙曾经对我说过当时的心情和感想。他说：“我回到双亲膝下后，乡间宿老和朋友们都要我谈谈在夏威夷的见闻给他们听。而我所说的都很受他们欢迎，他们便推我做资深议员，参与乡政之事，有很多是采纳我的意见，如改修道路，在街道点夜灯，为防御盗贼而用壮丁设置夜警队轮流值班，令这些壮丁带枪等事皆是。当时我如果有今日的思考能力，便不会出于赌注作一举大计之行动，而会逐渐扩充现有的信用和实力，由县及州，由州及省，隐忍持久，藉共同防卫之名以输入武器，训练壮丁，待机起事，大事或者易成。但血气方刚的我，毕竟不能久

---

① 哥哥：即孙眉。

② 此指意奥兰尼学校。

③ 语出《三国志·吴书》“吕蒙传”裴松之注引晋人虞溥《江表传》，鲁肃对吕蒙言：“……今者学识英博，非复吴下阿蒙。”此喻已非无学识之人。

④ 按：此时孙文尚非基督教徒。据史料记载，他拟入教而遭孙眉阻止。

安于此境，居家一年之后，闻广州设有医学堂①，遂得双亲同意进入该校。”

…………

逸仙先生曾经对我谈当时的情况说：“我转到香港医学院②之后，不出两年，便找到三个革命同志：尤列、陈少白和杨鹤龄。这三个人都赞同我的主张，因此有空就放言高谈革命，且不怕被人听到。我们共同起居，亲如兄弟，紧为结合，成为一体，人称‘四大寇’。当时郑弼臣③尚留在广东医学堂，他有时也来加入四大寇的行列，由于交情日密，始知他是三合会头目之一，通过他而得知中国历来秘密结社的内幕，这对我实行革命计划有很大的帮助。这等于说，我由谈论革命时代进入实行革命时代的动机，郑君的贡献甚大。”

…………

他曾经对我说：“我对基督教的信念，随着科学的研究而逐渐减弱。我在香港医学院求学期间，觉得基督教的理论缺乏逻辑，因而开始阅读哲学书籍。当时我的信念颇为倾向于进化论，可是又没有完全放弃基督教。”

…………

一八九五年十月的广州起义终于失败了。这是天不欲中国革命乎？抑或未尽人事耶？逸仙先生自己曾说：“人多败事。我当时拥有出乎意料的势力，而不知利导、驾驭之道，因此反致失败。”其言何等坦白天真！西谚云：“朴素为英雄的本色。”逸仙先生如是乎？

据宫崎寅藏《孙逸仙传》（遗稿），载宫崎龙介、小野川秀美编：《宫崎滔天全集》第一卷，东京，平凡社一九七一年七月发行④（陈鹏仁译）

---

① 此指博济医院。

② 此指香港西医书院。

③ 弼臣：郑士良号。

④ 有史料称一九〇八年五月间发行的《めざまし新聞》曾连载滔天《孙逸仙传》一文。因未能找到该文，其内容是否与遗稿相同，尚待查考。

附：另一译文[①]

（一九〇〇年十月前）

宫崎：先生，中国革命思想胚胎于何时？

孙：革命思想之成熟固予长大后事，然革命之最初动机，则予在幼年时代与乡关宿老谈话时已起。宿老者谁？太平天国军中残败之老英雄是也。

宫崎：先生土地平均之说得自何处？学问上之讲求抑实际上之考察？

孙：吾受幼时境遇之刺激，颇感到实际上及学理上有讲求此问题之必要。吾若非生而为贫困之农家子，则或忽视此重大问题亦未可知。吾自达到运用脑力思索之年龄时，为我脑海中第一疑问题者则为我自己之境遇，以为吾将终老于是境乎，抑若何而后可脱离此境也。

孙：予归侍父母膝下也，乡关之宿老以及竹马之友皆绕予叩听闻见，予尽举以告，无不欣然色喜；遂被推为宿老议员之一。自治乡政之事多采余说，如道路修改，入夜街道燃灯，及为防御盗贼设壮丁夜警团，顺次更代，此等壮丁均须持枪等事是也。当时予若具有今日之思想，不采凭一举而成大事之宏图，仅由此渐次扩张此信用与实力，由县及州，由州入省，隐忍持久，藉共同自卫之名输入兵器，训练壮丁，见机蹶起，大事或易成就亦未可知。然予以年少气盛，遂不能久安此境。家居一年后，闻广东有医学校之设立，请于父母而入斯校。

予转入香港医学校，不出一二年，同学中得革命同志三人，曰尤、曰陈、曰杨[②]。皆志同道合，暇则放言高论，四座为惊，毫无忌惮。起卧出入，均相与偕，情胜同胞。因相结为一小团体，人称曰四大冠〔寇〕。时郑弼臣犹肄业广东医学校，时来加入四大冠〔寇〕之列，及交愈稔，始悉彼为三合会头目之一。于是赖以得知中国向来秘密结社者之内容，大得为予实行参考之资料。然予由谈论时代

① 所据底本与日文手稿《孙逸仙》（《宫崎滔天全集》第一卷）内容相同，估计为一八九七年秋宫崎寅藏认识孙文后不久所作。

② 曰尤、曰陈、曰杨：即尤列、陈少白、杨鹤龄。

入于实行时代之动机，则受郑君所赐者甚多也。

据宫崎滔天（宫崎寅藏）：《孙逸仙传》，载南京《建国月刊》第五卷第四期，一九三一年八月出版

对犬养毅谈生平爱好[①]

（日 译 中）

（一八九七年至一九一〇年间）[②]

有一天，犬养毅问孙先生说：“你最喜欢的是什么？”

他毫不犹豫地回答说：“revolution（革命）。”

“您喜欢revolution，这是谁都知道的。除此之外，您还喜欢什么？”

孙先生边看着犬养毅夫人，边笑而不答。

犬养毅再催问说：“答答看吧。”

孙先生答说：“woman（女人）。”

犬养毅拍着手说：“很好。”并问：“再其次呢？”

“book（读书）。”

据宫崎滔天：《孙逸仙は一代の大人物》（《一代伟人孙逸仙》），载一九一一年十一月号东京《中央公论》（陈鹏仁译）

① 此系孙文在宫崎寅藏陪同下，到东京犬养毅寓所访谈时的一席话。

② 底本未说明日期。今据辛亥革命前孙文先后在东京拜访过犬养毅的起讫时间标出。

在横滨与陈少白谈话①

（一八九八年三月下旬）

陈问：先生同杨衢云在房内的情形，说了什么话？

孙说：我当时真恨极了，我责问他当日的事情。我说："你要做总统，我就让你做总统，你说要最后到广州，我就让你最后到广州。你为什么到了时期，你自己不来，那还罢了，随后我打电〈报〉止你不来，隔一日，你又不多不少派了六百人来，把事情闹糟了，消息泄漏，人又被杀了。你得了消息，便一个人拼命跑掉，这算是什么把戏？你好好把你的理由说来；不然，我是不能放过你的。杨衢云俯首无词，最后他便说：以前的事，是我一人之错，现下闻得你筹得大款，重新再起，故此赶来，请你恕我前过，容我再来效力。我听了又好笑，又好气，见他如此认错讨饶，又如此愚昧可怜，只好作罢，放了他出来。

据陈少白先生遗著：《兴中会革命史要》，
上海，建国月刊社一九三五年印行

中日联盟以对抗俄国

与内田良平宫崎寅藏谈话②

（一八九八年七月）③

我同孙中山先生会面的时候，是在明治三十一年（一八九八年）秋天。我从

---

① 一八九五年广州起义失败，杨衢云从香港亡命南非。一八九七年八月，孙文从欧美回到日本。同年十一月二十五日杨离开南非前往日本见孙。谢缵泰的《中华民国革命秘史》说"一八九八年三月二十一日，杨衢云抵达横滨"。据此酌定谈话时间为三月下旬。

② 孙文在宫崎寅藏陪同下，至东京麹町区元园馆初次造访从俄国归来的日本青年右翼分子内田良平。内田闻说孙文要发起中国革命甚感兴趣，过不久便加入兴中会。本篇摘自一九三〇年中华留日基督教青年会总干事马伯援在东京组织的追怀孙文座谈会上内田的发言纪录。文中用第一人称。

③ 内田良平谓与孙文晤谈于一八九八年秋，而《硬石五拾年谱》（内田号硬石）则称在一八九八年六月他自俄返日不久。因酌定为七月。

俄国回到东京，那时宫崎引导孙先生来到我的旅馆内相会。

……那时，孙先生来了，他说："要复兴中国，除革命以外别无他途，不过要请你们帮助我们的革命。"

在那时，我才听见中国要革命，是非常愉快的，不过我最忧愁的就是日俄战争这个先决问题，因为在起先不把俄国南下之势力打倒，中国革命一定不会成功的。我这次从俄国回来的使命，是要促进日俄战争。我这个意见，孙先生是很佩服的。

孙先生说："俄国若是想侵占中国，至多不过从满洲至直隶、陕西一带。将来革命成功以后，就可以同日本联盟来抵抗俄国，到那时候，定能夺回俄国所占之地。所以无论如何，我是想中日能彼此相助。"

据《马伯援与总理日友谈话纪录》原稿，第五次追怀孙中山座谈会（一九三〇年三月二十七日上午于东京中华留日基督教青年会），台北、中国国民党文化传播委员会党史馆藏

附：另一版本[①]

（日　译　中）

孙向我说明中国必须革命之理由，切望仰仗日本有志者援助。

我说："即使中国有革命之必要，而中国革命有一先决问题，即日俄开战。日俄开战应可挫俄国东侵，若不能挫败俄国东侵之势力，则恐其将趁革命变乱之机侵略中国领土。殷鉴不远，看日中战争之结果，英法联军曾攻陷北京，俄国非得逼迫割让乌苏里江一带地域。"

孙答道："若中国革命成功，收复俄国侵地岂非易事，不足为虑。况且有日中提携。"

据内田良平遗稿：《硬石五拾年谱》（一九二七年撰），载京都《祖国》第六卷第四号"宫崎兄弟特辑号"，一九五四年五月发行（马燕译）[②]

---

① 内田良平在本篇用第一人称。

② 另见《皇国史谈·日本の亚细亚》（福冈，黑龙会出版部一九三二年十二月发行），所叙内容稍有出入。

在横滨与内田良平谈话[①]

（日　译　中）

（一八九八年七月）

孙曰：支那不可不革命之所以，切盼日本有志之士援助。

内田曰：支那虽有革命之必要，然在支那革命之前尚须有先决之条件，曰何？日俄之开战事也。日俄不战无以挫俄国东侵之势力，而俄国东侵势力不挫，彼即有乘革命变乱而侵略支那领土之虞。

孙答：支那革命倘若成功，恢复俄国之侵地当为易事，不足为虑。更况尚有日支提携也。

内田曰：支那革命举事倘先于日俄战争，仆即中止对俄计划以援助君。革命时机到来之前，可各从事其所志之事。

孙大喜。

据内田良平：《硬石五十年谱·内田良平自传》，福冈，苇书房一九二七年出版

附：另一记录

孙先生道：要复兴中国，除革命以外别无他途，请帮助我们的革命。

内田道：我这次从俄国回来的使命，是要促起日俄战争。

孙先生道：俄国若是想侵占中国，可能从满洲至直隶、陕甘西北一带。将来革命成功以后，就可以同日本联盟来抵抗俄国，那时必定能夺回俄国侵占的土地，所以无论如何，我想中日两国必须彼此相助。

据《追怀孙中山先生座谈会》，载丘权政、杜春和选编：《辛亥革命史料选辑》上册，长沙，湖南人民出版社一九八一年九月出版

① 内田良平由俄返国，经宫崎寅藏介绍，第一次与孙文相会。

在横滨与毕永年[①]等谈话

（一八九八年十月）

毕永年介绍唐才常见孙中山，对于湘、粤及长江沿岸各省之起兵策画有所商榷。毕、唐同主张孙、康两党联合进行之议。孙曰：“倘康有为能皈依革命真理，废弃保皇成见，不独两党可以联合救国，我更可以使各同志奉为首领。”唐闻之大悦，愿约梁启超同向有为进言。

据《毕永年削发记》，载冯自由：《革命逸史》初集，长沙，商务印书馆一九三九年六月初版

在东京与宫崎寅藏谈话[②]

（日 译 中）

（一八九八年十一月）

孙问：郑先生在不在这里？

宫崎反问：有急事吗？

孙说：是有急事。我找遍了横滨每个角落，但都没找到。除你这里，他没有其他地方可去，因此我专程来这里找他。

宫崎说：请稍微等一下。

孙说：我不会生气的，我很了解。

宫崎说：请你在这里等，我把他带来。

---

① 毕永年，一八九八年加入谭嗣同、唐才常等在长沙举办的强学会。戊戌变法失败后避走日本。在日本与孙文会面，加入兴中会。

② 一八九八年九月，宫崎寅藏到广东，凭孙文一封介绍信，在香港结识郑士良。宫崎回东京不久，郑便到横滨与孙同住。有时到东京在宫崎处居住。有一天，郑带了一个日本小姐到宫崎处居住，并一再拜托宫崎：“就是孙先生来找也不要告诉他在这里。”第三天，孙突然来东京找郑，并对宫崎介绍有关郑的事。

孙介绍有关郑士良的事，说：在许许多多的同志之中我没见过比他更奇怪的人。他是我广东医学院和香港医学院前后六年的同学，但他却从没来上过课，也不看书。在学业之余，如果有人谈政治论革命的话，他一定来旁听。他绝不自动发言，但他却要旁听到底。

迨至我医学院毕业，在澳门开设医院，他完全没有跟我商量，就退学并到我的医院来。日后，我被葡萄牙医生嫉妒，关掉医院搬到广东的时候，他也跟我一起来，仍然无所事事。我长期地观察他的举动，知道他喜欢革命，所以我跟他商量过一切，但他只说是或不是，因此我无从知道他的真底细。

几乎广东的整个海军和陆军的一部分都联络得上，说一起义他们便要响应，但这起义必须有三合会的支援。只要跟三合会取得联络，便可成立近乎完整的革命军，因此，大家便开始讨论此事。这时郑君笑眯眯地说“我早已联络好了”。前前后后，这似乎是他惟有的一次发言。于是我问他准备怎么办？郑君指他自己说“我就是三合会的头目”，并微笑着。

据陈鹏仁译：《论中国革命与先烈》，台北，黎明文化事业股份有限公司一九八二年十二月出版①

在日本与罗斯基等谈话②

（一八九八年至一九〇一年间）③

孙：无政府党如何？

罗：百年之内能实行无政府主义，吾党满足。恐吾身之不及见也。

罗：中国如何？

孙：中国情形与俄国全反，予及身不成功，中国革命亦归泡影。

---

① 按：刘成禺自言，《先总理旧德录》追录孙文言行，成篇于一九三六年十月十日。收入本集各篇皆同。

② 谈话地点在东京（或横滨）张仁之家。除俄国人罗斯基外，还有菲律宾共和国驻日本外交代表彭西以及刘成禺等在座。他们就中俄两国革命成功的时间问题交换看法。

③ 底本未说明日期。据彭西至日及其与孙文交往的情况，当在一八九八年至一九〇一年间。

孙：俄国尼古拉皇室为斯拉夫本族，无政府党所欲推倒者，极端专制耳。且俄国向无人民革命之历史，人民怨恨贵族较皇室为甚；俄皇室与欧洲列强为婚姻之国，贵党以无政府标题，欧洲各国政府必助俄皇室以压制人民：究竟主张无政府主义者，人民占少数也。

中国则不然。人民揭竿而起，匹夫有天下，历史视为寻常；外族入主中国，人民起而驱逐，所见不鲜，不徒推倒一政府也。今中国人民宜推翻者有两重历史，曰外族满清之入主，曰现代政府之腐败，而皆为数千年起大革命历史所允许。可惧者，满清主立宪党，唱立宪政府，拥戴满洲而授权人民，人民受缓和之欺骗耳。幸满政府视立宪党为革命党。此不二十年，吾得见中国革命大成功也。

据刘成禺：《先总理旧德录》，载南京《国史馆馆刊》创刊号，一九四七年十二月出版

以约法绾合军法与地方自治法

在日本与革命党人谈话①

（一八九八年至一九〇二年间）②

□□③之政府易覆，外人之干涉不惧，所可虑者，吾中国人具帝王之资格，即人怀帝王之思想，同党操戈，外族窥衅，亡吾祖国之先兆也。吾细思数年，厥有一法。

夫拿破仑非不欲为民主也，其势不能不为皇帝，使华盛顿处之亦皇帝矣。华盛顿非必欲为民主也，其势不能不为民主，使拿破仑当之亦民主矣。中国数十行

① 据底本《大陆》杂志未署名笔者称，这篇谈话来自“吾尝闻彼党人述孙氏之言”。其实该杂志主编戢翼翚即为兴中会会员，一八九六年赴日本留学，一九〇二年前数年间与旅日的孙文交往频繁，而曾同在日本的该杂志主笔秦力山等亦与孙关系密切，故极可能是他们亲闻孙所言。

② 底本未说明日期。按孙文系在一八九八至一九〇二年间与戢、秦等相过从，此番言论当发表于其时。今据此标出。

③ 空缺二字当系“满清”或“清虏”之属，因《大陆》杂志发行于上海，故加隐讳。

省之大，欲囊括而恢复之，必有数统帅，各将大军数十百万，各据战地，呜叱往来。即使诸统帅慕共和之治，让权于民，为其旧部者人人推戴新皇，各建伟业，咸有大者王小者侯之思，陈桥之变所由来也。

欲救其弊，莫若于军法、地方自治法间，绾以约法。军法者，军政府之法也。军事初起，所过境界人民，必以军法部署，积弱易振也。地方既下，且远战地，

则以军政府约地方自治。地方有人任之，则受军政府节制，无则由军政府简人任之。约以五年，还地方完全自治，废军政府干涉。所约如地方应设学校、警察、道路诸政如何，每县出兵前敌若干，饷项若干。五年程度不及者，军政府再干涉之，如约则解。此军政府约地方自治者也。地方出兵若干，饷若干，每县连环会议，约于军政府。有战事则各出兵饷赴前敌，战毕除留屯外，退兵各地方。军帅有异志，则撤其兵饷。地方有不出兵饷者，军政府可会和各地方以惩之。此地方自治约军政府者也。军政府所过，地方自治即成，而以约法为过渡绾合之用。虽有抱帝王政策者，谅亦无所施其计矣。

据《孙文之言》，载上海《大陆》（又名《大陆报》）第二年第九号，一九〇四年十月二十八日发行

援助菲律宾抗美战争[①]

与宫崎寅藏平山周谈话

（日译中）

（一八九九年二三月间）[②]

时孙君寓横滨，一日来对阳馆，屏人谓曰：“以君之手段，得无送军器于菲岛

① 一八九九年二月，刚摆脱西班牙殖民统治的阿奎那多（Emilio Aguinaldo）领导下的菲律宾共和政权，向美国入侵者宣战，菲美战争爆发。阿奎那多派遣外交代表彭西（Mariano Ponce，文中称为“委员”）到日本谋求购买军械。孙文在横滨晤见彭西后，至东京对阳馆将此事告知宫崎寅藏和平山周（兴中会会员），并请其设法助菲。本篇对孙文采用第三人称，宫崎自用第一人称。

② 底本未说明日期。此据当时情势酌定。

之能。”

余诘其故，彼潜声答曰：“现独立之委员在横滨，仆与君共有渡菲之志，故往访其人，彼大喜，且托购入军器。仆受重托，义当尽力，而未得其法，愿君为菲岛之义人。”

余遂以门外汉而担任此事，时吞宇君①适宁家，余与南万里②允议不决，遂不得不借决于本翁③之智。

据白浪庵滔天（宫崎寅藏）著，金一（金天翮）节译：《三十三年落花梦》，翔銮社（东京）印刷，上海，国学社一九〇四年一月十二日发行。日文原版为白浪庵滔天（宫崎寅藏）：《三十三年之梦》，东京，国光书房一九〇二年八月二十日发行

附：另一译文④

是时，孙君寄居横滨，有一天访我于对阳馆，避人对我说：“能不能假你之手送军械到菲律宾？”

我问其内情，他小声答说：“现在独立军的委员⑤在横滨，我与你们有渡菲之志，因此去访他，并告之以秘怀，他大喜，且托我一大事，即购买军械。他竟托惟有一面之缘的我以如此重大之事，义当尽力以酬报，何况他们的动机与我们都相同。”我的心为之动跳。

因而遂与孙君和平山君密议，决定向犬养氏说明理由，并借重其智。

据白浪庵滔天（宫崎寅藏）：《三十三年之梦》，东京，国光书房一九〇二年八月二十日发行（陈鹏仁译）

---

① 吞宇，清藤幸七郎号。

② 南万里，平山周号。

③ 木堂，犬养毅号。犬养获悉后，建议由众议院议员中村弥六负责购械事宜。

④ 本篇对孙文采用第三人称，宫崎寅藏自用第一人称。

⑤ 委员，指彭西。

附：另一版本①

（日译中）

这样，孙来到和平山在爱宕山下的对阳馆寄宿处，我们正在睡觉，他说明情况，问能否帮忙。

他说："如果帮助他们，菲律宾实现独立的话，下次我们得到菲律宾同志的帮助攻上广东，卷起风云，那边有金钱，准备也快。我带领中国的同志和部下参加战争，你们也来与中国同志一起，以其声势兴起革命。"

我们听后也很兴奋，这太好了，何其痛快！这就像在美国的肚子上踹了一脚。不过，任何事情不与犬养毅商量的话，力量太小。没有办法，我们与孙三人一起去犬养处拜访。

据《宫崎滔天氏谈》，载宫崎龙介、小野川秀美编：《宫崎滔天全集》第四卷，东京，平凡社一九七三年十一月发行。座谈录原件藏于长崎县立图书馆渡边库辅文库

在横滨与梁启超谈话

（一八九九年秋）

康有为离开日本后，孙中山与梁启超及同门密商孙、康两派合并组党之计画，拟推孙为会长，梁副之。梁诘孙曰："如此则将置康先生于何地？"孙曰："弟子为会长，为之师者，其地位岂不更尊？"梁悦服。

据《梁启超介绍周孝怀书》，载冯自由：《革命逸史》初集，长沙，商务印书馆一九三九年六月初版

---

① 据底本介绍，彭西来日后寓居横滨，从报纸上寻得孙文住所即往拜访，提出助购军械的请求。孙文答应找日本同志商量解决，便来到东京走访宫崎寅藏和平山周。

欲举事[①]

与宫崎寅藏谈话

（日 译 中）

（一八九九年秋冬间）[②]

当时孙君之意，亦决欲举事，一日抚髀而作曰："菲岛再举之准备已整，而因前事受政府之严视，不审以何时得达。而菲岛志士之意气，少就消沈，故其委员以利用军器之事允我，大义无先后，吾党决当立兴义军，遂行夙昔之志望。若吾事成，则菲岛之独立直翻掌间耳。"

及中德〔野〕[③]之誓相援助，孙君之气尤倍于前，曰："事贵速，义不可懈。"由是经营奔走无虚日。

据白浪庵滔天（宫崎寅藏）原著，黄中黄（章士钊）译录：《孙逸仙》（荡虏丛书之一），上海，一九〇三年十月出版。日文原版为白浪庵滔天（宫崎寅藏）：《三十三年之梦》，东京，国光书房一九〇二年八月二十日发行

附：另一译文

当时，孙君亦决心要举义。有一天他来访并抚其髀肉说："菲岛再举的准备已经完成，惟因前事而受日本政府严格监视，所以不知何时始能运出武器，因此当

① 一八九九年七月，中村弥六购置船只"布引丸"运载大批军械，驶至浙江海面遇风触礁沉没，援菲计划落空。彭西拟再试一次，而孙文也毫不气馁，对宫崎寅藏表示将尽快组织反清义军。

② 底本未说明日期。按文中言及"中野之誓相援助"，系指该年十月中野德次郎在东京与宫崎寅藏、末永节（兴中会会员）晤谈时关于资助中国革命的承诺，估计孙文再晤宫崎当为时不久。故酌为秋冬间。

③ 中野德次郎，日本企业家，许以赠五千金作军饷（据底本载）。

地委员同意我们使用这些武器，大义没有先后，我们当唤起风云大兴义军，以实现宿昔的希望。我事若能成功，菲岛之独立自属易如反掌。”

迨至中野君答应援助，孙君的意气遂十倍于前日。孙君说：“事情愈快愈好。”

据白浪庵滔天（宫崎寅藏）：《三十三年之梦》，东京，国光书房一九〇二年八月二十日发行（陈鹏仁译）

在横滨与冯自由谈话

（一八九九年冬）

冯偶谈及梁启超于授课时，言近年科学进步，泰西学者于化学、声光、水电等六十四原质之外，尚发明其他原质多种。据究精化学之某医生言：最近发明较各原质更为微细之一种，名曰“阿屯”，将来有不可思议之力量。

孙曰：梁所称某医生，即我也。“阿屯”之英文为ATOM，乃近代科学家最新发明之一种。其功用如何尚未确知，余于夏间与章枚叔（太炎）等谈话时曾言之①。

据《关于原子及原子弹之史料二则》，载冯自由：《革命逸史》第四集，重庆，商务印书馆一九四五年八月初版

① 一八九九年夏，孙文在横滨结识章太炎，在谈话时曾言“阿屯”之功用，梁启超也在旁听到这一段话。孙所说“阿屯”原为英文译音，即是“原子”，当时尚未有“原子”的名词。

土地国有后授田于耕者而农民不受地主剥削

与梁启超谈话[①]

（一八九九年）[②]

今之耕者，率贡其所获之半于租主而未有已，农之所以困也。土地国有后，必能耕者而后授以田，直纳若干之租于国，而无复一层地主从中朘削之，则农民可以大苏。

据饮冰（梁启超）：《杂答某报》（续完）引述孙文言论，载横滨《新民丛报》第四年第十四号，一九〇六年九月三日发行[③]

在东京与内田良平等谈话[④]

（一九〇〇年一月）

孙曰：现在广东省的革命主要结社有三：即哥老会、三合会、兴中会。三会联合在香港开会，同举余为会长，不日将举兵起义，先占领广东，作为革命根据

---

① 此为在东京精养轩的一次谈话。梁启超虽在底本中猛烈抨击孙文的思想主张，惟独对这番言论“深许”其“颇有合于古者井田之意，且与社会主义之本旨不谬”，仅认为此法在中国“终不可行”。

② 底本未说明日期。按当时妨碍梁启超与孙文交往的主要因素，是康有为对孙文及其排满革命主张极为仇视。从一八九九年三月康有为离日赴加拿大到同年十二月梁启超离日赴檀香山的这段时间，孙、梁两人过从颇密，多次就救国与革命问题交换意见。据此酌为一八九九年。

③ 篇名中的“某报”指东京《民报》。又按：《新民丛报》经常脱期出版，此处标示的发行日期更不可信，因为梁启超一文中所大量援引的孙文演说发生在一九〇六年十二月二日，而登载于十二月二十日《民报》第十号，故《新民丛报》第十四号的实际发行时间应在是年十二月之后。

④ 是月孙文与内田良平、宫崎寅藏、末永节、清藤幸七郎等会晤于日本东京对阳馆，商谈中国革命。

地，诸君协助一切。

内田问：举兵的资金及兵器准备如何？

孙答：没有。但因为广东人仇恨英人占领九龙，非常愤慨，各地富豪拥有民兵，购有枪械弹药，其数量吾党党员已有调查，此种兵力及武器大可作起义之用，更望君等援助，共策进行。

据陈固亭：《国父与日本友人》，台北，幼狮文化事业公司一九六五年九月出版

三派联合将起兵广东①

与内田良平谈话

（日　译　中）

（一九〇〇年一月下旬）

孙文自横滨来东京会面……对我说：“广东省结社向来主要有三个，即哥老会、三合会、兴中会。兴中会为孙某所组织，哥老会历史最长且势力很大。三会首领会聚香港，盟誓三派联合，议决推举孙逸仙为大统领，并派遣代表征求孙应诺。三派联合，成就大事将不足为难。不日欲举兵占领广东，使成为革命根据地。故发电报乞君相助。”

据内田良平遗稿：《硬石五拾年谱》，载京都《祖国》第六卷第四号“宫崎兄弟特辑号”，一九五四年五月发行（马燕译）

① 一八九九年十月，兴中会核心人物陈少白、杨衢云、郑士良等邀约哥老会、三合会首领集会于香港，决定成立三会联合组织“兴汉会”，推举孙文为总会长；会后刻制总会长印章，由陈少白及日籍兴中会会员宫崎寅藏携往日本交给孙文。孙文访内田良平时告知此事。内田在本篇采用第一人称。

请日本朋友帮助中国实现关税自主

在东京与内田良平等谈话①

（一九〇〇年二月中下旬）②

他说：“现在实质上的革命已经成功了，还是请诸位帮忙我们。”

我们回答说：“我们不是已经在帮忙么?”

他又说：“这时虽说不能完全取消不平等条约，不过在最近，无论如何要使关税自主。因为这么一来，我们对于国民才有信望，国民才肯进到我们党里来。所以这件事，请大家仍再帮忙。”

据《马伯援与总理日友谈话纪录》原稿，第五次追怀孙中山座谈会（一九三〇年三月二十七日上午于东京中华留日基督教青年会），台北、中国国民党文化传播委员会党史馆藏

建立义军实现夙愿

与宫崎寅藏谈话③

（一九〇〇年春）

菲律宾再举的准备已经就绪。但因为以前的事件，受到〈日本〉政府严厉的

---

① 孙文到东京后，曾约请内田良平、宫崎寅藏及尾崎行昌（曾参加惠州起义，日本众议员尾崎行雄之弟）至帝国旅馆晤谈。此为一九三〇年中华留日基督教青年会总干事马伯援在东京组织的追怀孙文座谈会上，内田良平的发言纪录。文中对孙文采用第三人称，“我们”为内田等自称。

② 底本未说明日期，仅谓在一九一三年孙文来日访问之时。按孙文于是年二月中旬至三月初在东京居留，估计此次约谈当在他抵达东京后不久。故以二月中下旬标出。

③ 孙文协助菲律宾独立军购械，不幸船触礁沉没。第二次购械为日本政府严密监视，无法运出。时菲独立军失败，孙乃与彭西商借该军械供中国革命之需，彭西欣然赞许。孙决意筹备惠州起义，乃访宫崎谈话。

监视，不知什么时候才能送人马去。因此，驻日委员应允我利用这些武器。大义是没有先后的，我们应该乘机而起，建立义军，实现夙愿。如果我们的大事成功，菲律宾的独立易如反掌。

据宫崎滔天著，佚名初译，林启彦改译、注释：《三十三年之梦》，广州、香港，花城出版社、生活·读书·新知三联书店香港分店一九八一年八月联合出版

乘义和团之乱举事[①]

与内田良平等谈话

（日 译 中）

（一九〇〇年五月）

孙见此形势，认为不能错失良机，乘此清朝失信于列国，建立革命政府号令天下，则不仅容易达成目的，亦可立即获列国政府所承认。故此时不得有半分犹豫，非用非常之手段举事不可，务求同志尽力。

在场者均一致赞同。孙嘱余组织一队日本人，作为他的中坚军队给予援助。

据内田良平遗稿：《硬石五拾年谱》，载京都《祖国》第六卷第四号“宫崎兄弟特辑号”，一九五四年五月发行（马燕译）

---

① 据底本说明，一九〇〇年五月华北局势发生剧变，清朝宗室支持义和团排外，各国驻京公使馆被包围，德国公使及日本使馆书记官被杀害，各国联军向北京进逼……在这种形势下，旅日的孙文向日本同志发表谈话。内田良平在本篇中采用第一人称。

推翻清王朝建立新的社会秩序

与哈马德谈话①

（英 译 中）

（一九〇〇年六月六日）

孙中山要推翻清王朝，建立起一种新的社会秩序；他希望从法国政府得到的不是财政援助，而是武器，或者由法国军事顾问来训练他的追随者。孙中山表示，一旦革命获得成功，他将在南部中国给予法国某些特许权（细节未具体谈到）。

哈马德回答说：敝国政府对于毗邻法国殖民地的中国省区的目前形势极为关切。但是一个政府鼓励旨在反对跟它有良好外交关系的国家的革命，是不符合国际惯例的。法国政府在中国的政策是维持现状；倘若革命成功，那时法国将愿意与新政权建立良好关系。

会晤结束时，哈马德答应给越南总督保尔·韬美写信，希望他能会见即将抵达西贡的孙中山。

据金姆·曼荷兰德：《一九〇〇至一九〇八年的法国与孙中山》，载《辛亥革命史丛刊》编辑组编：《辛亥革命史丛刊》第四辑，北京，中华书局一九八二年十月出版（林礼汉、莫振慧译）

附：另一译文

孙中山在日本东京同法国公使的一次会晤中，曾经提出一个计划的纲要，要求法国允许经由越南的东京把武器运送给当时在广西战场上的起义者。他相信要是获得新的军需补给来源，他们能在广西建立一个革命政府，并在他的领导下向

① 据法国驻日公使朱尔斯·哈马德记述，当时正在日本的孙文要求与他会晤，而他“没有拒绝”。是日哈马德仔细听取了孙扼要地叙述自己的计划。次日，哈马德给印支总督写了信。

广州进军。那时，新政权将威胁云南和福建的边界，迫使这些省份的总督不是参加就是承认一个新的华南联邦共和国。届时，孙中山就能同各国政府谈判国际承认问题。

据杰费里·巴洛：《一九〇〇至一九〇八年孙中山与法国人》，载《辛亥革命史丛刊》编辑组编：《辛亥革命史丛刊》第六辑，北京，中华书局一九八六年五月出版（黄芷君、张国瑞译，章克生校）

离横滨前的谈话①

（日 译 中）

（一九〇〇年六月上旬）

一、我离日本后也不能确保人身安全，所以今后想在星加坡（Singapore）②居住，或根据情势游历南洋各岛。但目前北京风云变幻，是一个亟须注意的时机。如果说清政府最终完全丧失实力之时正是我们成事的好机会，那么，我觉得目前的状况正应特别加以注意。

一、清政府在康有为公开致力于种种运动或采取恐吓政府的手段之际，对他的党派抱有严重警惕，并因而对我们党派的注意逐渐放松，这在某种程度上正是我党的幸事。

一、菲律宾的“乱党”对我们寄予期望，而我们也有希望日后借助他们的力量以成事的想法，故已将数百人员密运往菲律宾，给他们以各种帮助。这些潜往的人员，其中有不少曾在清政府内从事过军务。令人难过的是，前去的退职士官中已有一人为美军所俘虏。尽管如此，我仍然认定今后应给他们以更多的方便和帮助。

一、我们的最终目的，是要与华南人民商议，分割中华帝国的一部分，新建

① 六月八日，孙文偕杨衢云、郑士良、宫崎寅藏、清藤幸七郎等自横滨乘船赴香港，筹划在广东起义。这是临行前的一次谈话摘要，谈话对象和具体日期不详。

② 星加坡（Singapore），亦译新嘉坡、星嘉坡、星架波、新加坡等，别名星洲、石叻，今通称新加坡，时为英属海峡殖民地（Straits Settlements）之一州。

一个共和国。为此计划要汇集众多同志，并徐待时机。

一、此次赴星加坡途中，拟在香港停留一昼夜，因有要事须与陈[①]面商。

据一九〇〇年六月十一日神奈川县知事浅田德则致外务大臣青木周藏，东京、日本外务省档案机密受第一二九号（金世龙译）

谈未来计划[②]

在香港舟中与诸同志谈话

（日　译　中）

（一九〇〇年六月中旬）[③]

孙君乃指示种种之方略，曰："吾于保安条例之期限内不能留香港，故直行西贡以待日北〔南〕[④]之来，来则可向新嘉坡。滔天、吞宇、更〔硬〕石三人先于香港上陆行所云云之事，卒事亦向新嘉坡，同处而视察一切情况。"

孙君继又开议，以定入后之方针："如能醵集多额之军资，则暂留从事，否则引还入广东内地。"此其大要也。

时滔天提议孙康问题，谓可乘此际与康有为握手，而协力起义，以知康适在新嘉坡也。孙君赞此意。同议者皆谓大同团体之必要，力赞之。

据白浪庵滔天（宫崎寅藏）原著，黄中黄（章士钊）译录：《孙逸仙》（荡虏丛书之一），上海，一九〇三年十月出版。日文原版为白浪庵滔天（宫崎寅藏）：《三十三年之梦》，东京，国光书房一九〇二年八月二十日发行

---

① 陈：即陈少白。

② 一九〇〇年六月八日，孙文偕杨衢云、郑士良、宫崎寅藏等多人自横滨乘法国轮船"烟迪斯号"（S. S. Indus）赴香港，过长崎时内田良平等又来汇合。因未能登岸，该轮停泊于海面。孙文向众人谈及此行往越南、新加坡的打算。

③ 底本未说明日期。此据"烟迪斯号"在香港海面停留的时间酌定。

④ 福本诚，号日南，兴中会会员。

附：另一译文[①]

孙君指示将要采取的一般方略说：“在保安条例期间内，我不能留在香港，所以将先直往西贡，以等福本君的到达，然后再到新加坡。内田、清藤、宫崎三君在香港上岸办理所说各事，办完事后即刻到新加坡，在那里会合视察一般情况，然后开会以定尔后的方针。要之，有筹到大量军费的可能性时，就暂留下来以从其事；如果没有，马上回来，进入广东内地。”这是它的大要。

当时，我也奉献一策说：“此时此刻，应该与康有为携手合作。”因为我知道他正在新加坡。孙君赞成我的意见，一行亦认为需要大同团结而赞同此议。

据白浪庵滔天（宫崎寅藏）:《三十三年之梦》，东京，国光书房一九〇二年八月二十日发行（陈鹏仁译）

今后应行的方略

与宫崎寅藏等谈话[②]

（一九〇〇年六月十一日至十六日间）

我在保安条例规定期限以内，不能在香港停留，因此，我先到西贡等候日南，待他到后一同前往新加坡。硬石、吞宇[③]和宫崎三人，先在香港上岸办理应做的某某事，事毕立即赴星加坡，在那里会齐，观察一般情况，然后召开会议决定以后的方针。总之，如果有筹集大量军费的希望，便暂时在那里进行，若否，则应立刻折返，进入广东内地。

据宫崎滔天著，佚名初译，林启彦改译注释：《三十三年之梦》，广州、香港，花城出版社、生活·读书·新知三联书店香港分店一九八一年八月联合出版

---

① 本篇对孙文采用第三人称，宫崎寅藏自用第一人称。

② 六月八日，孙文偕杨衢云、郑士良等自横滨乘船赴香港，筹划在广东起义。过长崎时，内田良平登船同行。这是孙在船行途中对日本友人的谈话。

③ 硬石：即内田良平，吞宇：即清藤幸七郎。

来新加坡的目的

与斯韦顿汉等谈话[①]

（英 译 中）

（一九〇〇年七月十日）

我偕同宫崎、清藤到达香港。我又去西贡，接着来到这里，惊悉他们被捕。他们坚守密誓，没有吐露任何关于我的事情。对我的赏格曾是一千元，现已升为四万元或更多。他们出来是为着保护我。当我离开日本时，我请求他们和我同行，像他们过去保护康[②]那样保护我。福本在西贡与我相晤。宫崎和清藤，一名中国仆役，还有内田[③]，都与我同乘“印度河”号离开日本。宫崎是我的挚友，他是一个正派人，不是坏人。我是通过日本的领袖人物犬养认识他的。宫崎是日本一位富人的门下客，他受该富人及一些大矿主的资助。他在中国的政治事务上是有作用的，我不便加以说明。我的职业是医生，但我不能说明我的身份。我打算回到台湾。我常来会见我的一些同胞。我想要会见康有为，就当前中国的问题征询他的意见，并向他提出我的劝告。

不错，我志在驱逐满洲人，而他支持年轻的皇帝。我希望与他磋商，为我们在共同路线上的联合行动作出安排。宫崎担心会损害我的事业，所以没有吐露真情。一位欧洲人马尔克恩（R. J. Mulkern）先生与我们一起……[④]约在三年前我第一次认识他。我在香港与他相遇，并且一同前来星加坡。我认识中西重太郎

---

① 孙文于九日自西贡抵新加坡。月初，宫崎寅藏、清藤幸七郎先行来此争取与康有为合作，反被诬告以谋刺罪而下狱。孙抵新后即积极营救，十二日获释并同时赴香港。这是孙在新加坡 C. S. O. 接受英国殖民地官员斯韦顿汉（A. Swettenham）、科利尔（W. R. Collyer）、埃杰顿（W. Egerton）三人访问时所发表的谈话，由斯韦顿汉记录，此谈话记录呈英国外交部。

② 康：即康有为。

③ 内田：即内田良平。

④ 原文意思不完整，疑有脱落。马尔克恩是英国人，英外交部档案中现仍保存有他和孙逸仙的英文名片各一张。

(Nakanishi Jutaro)①，他是乘“老挝”号来的。我在西贡见过他，我们一起前来。他是船上的日本乘客。他头一天住在旅店，然后去找康，从此我就没有见过他。

我不能在香港登岸，而我本在香港受过教育。我已经放弃了开业行医。我估计那人②有三万元。其中一些钱是属于我的，另一些是募捐所得。对此我完全可以肯定。这不是平冈③的钱。我们都打算乘搭另一艘日本船返回□□④。

日本政府为了保护我，经常派人尾随我，并监视我的住所。

我认为，中国民众迟早将要起来。我们试图安抚他们。我们认为，要为人民提供更好的领导者。我相信一部分民众肯定会起来，那是不可避免的。我们打算推翻北京政府。我们要在华南建立一个独立政府。我们的行动不会引起大乱；而没有这个行动，中国将无法改造。南方数省人民已经组织好了，目前的平静主要是由于我们没有采取行动。我想，大概除了康党以外，都能够结成一体。我们担心中国被分割。我们当中的一些人力主行动；如果无所作为，他们将会倒向另一方。我认为康指控宫崎和清藤是犯了严重错误。当康等与我来往时，他们的行动便是不寻常的。皇太后悬赏十万两购缉康的头颅，他那头颅的价值三倍于我。中国政府派人处处监视我的行动。我来这里的目的在于会见康，并增加我的中国追随者。

据《斯韦顿汉来自星加坡的备忘录》（一九〇〇年七月十二日），伦敦、英国外交部档案影印件（陈斯骏译，黄彦校）

---

① 底本误作 Nakanishi Utaro（中西右太郎），今予纠正。据有关史料记载，当时中西重太郎在新加坡，他以前与康有为有过密切交往。

② 那人：即指宫崎寅藏。

③ 平冈：即平冈浩太郎。

④ 据英外交部档案中斯韦顿汉的备忘录所载，当时孙文表示他们将于七月十二日乘“佐渡丸”（Sado Maru）轮船返回香港，则此处脱字疑为“香港”。

商议起义方略[①]

在“佐渡丸”上与同志谈话

（一九〇〇年七月十七日）

孙文提议：在香港准备的工作，委托福本诚全权负责，平山周、近藤五郎诸人为辅佐。准备告一段落后，再以郑士良代为领导，高举义旗，以近藤为参谋，日本诸同志加以辅佐，占领某地，然后分兵一半进驻厦门附近。届时本人与宫崎寅藏等由台湾密行入内地与起义部队会合。

福本诚提议：事已引起日本政府注意，回到日本，行动当然得不到自由，留港诸人士气将大为沮丧。我们的行动要一气呵成，乘夜暗从九龙上岸，速入内地，一到广东省城，即采取迅雷不及掩耳的行动。

宫崎等赞成这个意见，孙则坚决反对，说道：“此举何异于飞蛾投火，羊弃虎前！”

宫崎提出赴日的不利，主张应该冒一次危险时，孙厉声说道：“我们不能把自己的生命看得那么不值钱，而胡乱自寻死路。纵使这次的计划成为泡影，也绝对不能采取这样胡来的方法。”

宫崎：“革命不是打算盘，等待有了胜算再进行，那就意味着终生不能成功。‘秀才造反，三年不成’正就是说你！我从今以后决不再与你共事了。”

孙：“难道你疯了吗？何不跳海死去？那比暗夜从九龙潜入内地还要好。我不是个胆小鬼，难道你不知道？我不是个贪生怕死的人，难道你不清楚？现在你竟这样逼我，究竟是什么居心？”

是夜宫崎见警方戒备森严，乃向孙道歉说：“甘拜下风，今后一切惟先生之命是从。”

据宫崎滔天著，佚名初译，林启彦改译、注释：《三十三年之梦》，广州、香港，花城出版社、生活·读书·新知三联书店香港分店一九八一年八月联合出版

---

① 是日孙文等乘“佐渡丸”抵香港海面，香港警吏来船通告对宫崎寅藏、清藤幸七郎的五年放逐令，孙亦不得登岸。于是孙在船中召开紧急会议，商议起义方略。

举事方略之部署

在香港海面“佐渡丸”上与日本同志聚议①

（日 译 中）

（一九〇〇年七月十七日）②

入夜，乃于船中开秘密会议。孙君提议曰：“以准备之全权托日北〔南〕于香港，某某、南万里、遠〔近〕藤③诸人辅之，以了一段落。而后嘱某君④代举义旗，以遠〔近〕藤为参谋，日本诸同志辅助之，以占领某地，犹可进兵一半至厦门附近。而己则由台湾密行，而取联络之势，滔天辈从之。”议毕，无敢可否者。

日北〔南〕乃出议曰：“事至于此，日本政府之所注意者亦明。若孙君归日本，其运动必不能自由，而吞宇、滔天二人又或受缧绁之辱⑤。且诸君而归日本，恐在留同志之意大为沮丧。最要者，惟有一气呵成而已。愿乘此夜暗上九龙，疾走入内地，出广东省城，为迅雷不及掩耳之举动。”〈众〉皆赞之。滔天、吞宇尤踊跃，以归日本之甚不得策，且恐蒙意外之祸故也。

则咨之孙君。孙君止之曰：“此实无谋之极也，直投肉于饿虎之前耳！”

滔天言日本行之不利，不可蹈此危险。

孙君顽而不应，既厉声曰：“吾不欲自弃生命而徒取死，纵此次希望又归水

① 孙文于六月二十一日到西贡，七月九日到新加坡，曾分别拜会法属印度支那总督及英属海峡殖民地代理总督。十二日孙文乘“佐渡丸”离新加坡驶往香港海面，因放逐令之故无法上岸，日本同志闻讯纷纷登轮来会。孙文乃连夜在船上召开紧急会议，商讨起义事宜，然而一时未能取得共识。

② 会议日期不详。按“佐渡丸”系于七月十七日到达香港海面，二十日离港赴神户，鉴于此次聚议之紧迫性，酌定为十七日。

③ 近藤：即近藤五郎。

④ 某君：指郑士良。

⑤ 是月六日，清藤幸七郎与宫崎寅藏二人在新加坡被诬以行刺康有为的罪名入狱，五日后获释。

泡，亦断不用此自弃之策。”

滔天曰：“今余等三人相将归日本，士气已不振，大事复谁与成之？若此策不能用，不如一切中止，以待将来之机。”语气颇激昂。

滔天复骂孙君曰：“革命者非如算盘，可待成算而行之之谓也。若然，是终身无可为矣！秀才造反，三年不成，子之谓也。余自是断不与子共事。”

孙君亦急，曰：“君非狂乎？若从此蹈海面死，不犹胜于乘夜由九龙潜入内地乎！”

久之，议将散，孙叩滔天之膝而言曰：“君儿时有痴疾耶？”

滔天曰：“君儿时有怯疾耶？而直视天下事如儿戏。”

孙君闻是言也，乃厉声曰：“君非不知吾无怯疾者，亦非不知吾非徒惜生命者，而穷吾至此，是诚何心？”言已，续叩其膝，泪涔涔下。滔天无词，乃各起入室。

据白浪庵滔天（宫崎寅藏）原著，黄中黄（章士钊）译录：《孙逸仙》（荡虏丛书之一），上海，一九〇三年十月出版。日文原版为白浪庵滔天（宫崎寅藏）：《三十三年之梦》，东京，国光书房一九〇二年八月二十日发行

附：另一译文[①]

晚餐后，夜风爽凉，人影渐少时，又召开秘密会议。首领孙逸仙提议说：“予福本君以在香港准备的全权，□□、平山、原君辅佐之。告一段落后，嘱郑君代举义旗，以原君为其参谋，由日本诸同志临助以占领某地点，并将一半之兵进至厦门附近。这时，我将由台湾密往取得联络，宫崎君等亦与我同行。”对孙君的提议，没人敢表示意见。

于是福本君则提案说：“事既至此，势必为日本政府所注意。孙君如果回日本，其运动之不能自在非常明显。至于清藤、宫崎两君，或会再次受到缧绁之辱。诸位如回日本，留在此地之同志或将大为沮丧。因此，恐怕只有出于一气呵成之

① 本篇对孙文采用第三人称，宫崎寅藏自用第一人称。

一途，最好能乘夜登陆九龙，疾驱进入内地，出去广东省城，采取‘神风连’①的行动。”大家都赞成他的意见，尤其我和清藤君特别赞同。因为我俩生怕回到日本以后，或会遭遇到意外的灾祸，遂与孙君商量。

孙君摇头说：“这是非常乱来的主意，实无异投肉于饿虎之前。”我对孙君说明回日本的不利，并主张可以冒这个险。但孙君却绝对不赞成，并且摇头厉声说：“我的生命没有便宜到以自弃取死的程度，如果这次企图悉归泡影，我也绝不采取这种自暴自弃的方法。”

我说：“今日我们三人若相偕回日本，士气势将一蹶不振，而不能成大事。如果此策不可取，我倒认为不如停止一切，以待时机的重来。”双方气昂语激，竟演变为一场激烈的争论。

我终于情绪激昂，而说出嘲骂的话。我说：“革命是不能打算盘的，如果说要等有把握时才行动，这意味着终生不为。秀才造反，三年不成，是指你吗？以后我再也不跟你共事了！”

孙君也很激动，他说：“你发疯了吗？为什么不从这里跳海以死？这样做远比乘夜由九龙潜入内地还要好。”

福本君先行回到他的房间。孙君更拍着我的膝盖说：“你什么时候开始变成这样笨？”我答说：“你从什么时候开始变成这样胆小？”两个人宛如小孩子在吵架。

孙君听我这样讲，遂把手高举大力拍我的膝盖，厉声说：“你不是不知道我并非胆小鬼，你更很清楚我之不贪生。而今你竟这样责备我，这是何种居心？”说完这段话的孙君，一直拍着我的膝盖，而潸潸流眼泪。

我俩相对无言。少时，清藤君到房间去了，孙君随后也回他的房间。只剩下我一个人，我擦眼睛捂起头来。万籁寂静，只看到街灯和星光的闪亮。至此我也已不堪沉思熟考，而终于走入房间。

……②我遂前往敲打孙君的房门，他好像也没睡着。他回答一声，开门出来

---

① 一八六七年十月，日本发生一场反对明治维新政府废除士族特权的“神风连之乱”，叛乱者在熊本城残酷杀戮官员和士兵，但被政府军所迅速镇压。此处是指要仿效“神风连”采取果断无情的手段。

② 此处删略宫崎、福本两人重新来到甲板上，发现周围受英国警察及清兵严密监视，甚至有水上警察的小汽艇巡逻，才知道他们刚才的意见根本行不通，于是福本提出应该向孙文道歉。

问我有什么事。我告诉他所见到的情形，同时向他道歉。他说："好。"并跟我出去甲板上散步，看看实际情况后，苦笑着以示其有先见之明。

据白浪庵滔天（宫崎寅藏）：《三十三年之梦》，东京，国光书房一九〇二年八月二十日发行（陈鹏仁译）

与宫崎寅藏商量会晤李鸿章事[①]

（一九〇〇年七月十八日）

孙：现在要告诉你一个消息，并征求你的意见。日前我有一个朋友何启曾和香港总督秘密会晤，商议了一件事。总督想使李鸿章据两广宣布独立，用我来施行新政，他暗中作保护人保证安全。他曾以此事劝李。李为了晚年有所回忆缅怀，也有意独树一帜，因此表示赞成。但以后因"拳匪之乱"日盛，清廷催李北上甚急且切。李无法推辞，今天将启程北上。因此，总督想在此处加以劝阻，约定今天十一点钟和李秘密会晤，如果李愿意中止此行，总督愿意解除保安条例的限制让我上岸，共同密商。因此昨天半夜曾派人前来传达此意，问我是否同意参加秘密会议。你对这事的意见究竟如何？

李这个人既无主义上的信念，又甚缺乏洞察大局的见识，并且年已老迈，对功名事业早亦看透。所以，总督的劝止多数不能为李所接受。但这是旱天的一朵乌云，我不能不预先考虑万一的可能性。故来征求你的意见。

宫崎：问题如果进展到秘密会议的程度，无论如何也得参加。将来的问题，就要靠你的智慧和手腕来决定了。

据宫崎滔天著，佚名初译，林启彦改译、注释：《三十三年之梦》，广州、香港，花城出版社、生活·读书·新知三联书店香港分店一九八一年八月联合出版

① 谈话地点在"佐渡丸"上。香港总督卜力（Henry Arthur Blake，一八九八—一九〇三年任香港总督）原拟借李鸿章奉诏北上过港之便，促成孙李密商合作。但因伦敦英国政府来电反对，未允孙文登岸。

卜力策划两广独立[①]

与宫崎寅藏谈话

（日 译 中）

（一九〇〇年七月十八日）[②]

明日蚤[③]起，孙君引滔天至别室，潜谓之曰："兹有一问题试告于君，征其意见。曩者，吾友与香港总督[④]密会时，提一议：总督之意，以为使李鸿章挈两广宣言独立，用余敷设新政，彼（香港总督）暗为保护，可以无事。乃以此事说李，李既容之，余亦略略允其事，欲以作大计之基础。既而拳匪之乱，声势渐盛，清廷促李北上甚急切，李将以今日就北上之途。而总督者，以之扼于此处，欲以止彼之行，期以今日十一时与李密会。李行若止，余亦解保安条例，登岸共与密议一切。昨夜以人来露此意，问余能否上陆与之密议。君关切余事者，其谓如何？"

孙君又言曰："李无理议之信念，复无观察大局之眼识，年已垂暮，功名亦非其所深愿，故虽有港督之谏止，当必为李所不容。虽然，是亦大旱之片云也，惟作万一之预想，征君意见而已。"

滔天曰："此机大可乘，若出于密会，可极力将顺之，以求吾事之集。将来之局，则惟在君之方寸及手段而已。"

据白浪庵滔天（宫崎寅藏）原著，黄中黄（章士钊）译录：《孙逸仙》（荡虏丛书之一），上海，一九〇三年十月出版。日文原版为白浪庵滔天（宫崎寅藏）：《三十三年之梦》，东京，国光书房一九〇二年八月二十日发行

---

① 谈话地点在香港海面的"佐渡丸"轮上。李鸿章原为两广总督，六月十五日清廷下诏召京，七月八日再诏改任直隶总督，急催其赴京。英属香港总督卜力，一八九八—一九〇三年任香港总督，本拟借李奉诏北上过港之机，促成孙李合作而使两广脱离清廷控制。但因伦敦英国政府来电反对，未允孙文登岸。李乃于七月十七日过港，次日与卜力会晤后即赴京，因时有光绪帝驾崩之谣传。

② 底本未说明日期。今据谈话中提及李的行踪和李自港北上的实际日期订定。

③ "蚤"通"早"，蚤起与早起同义。

④ 指何启（香港立法局议员）与卜力。

附：另一译文[①]

翌晨还没睡醒时，孙君来把我叫醒，并把我带到另外一室说："现在有一个问题，我想听听你的意见。"他更小声地说："前些日子，我友和香港太守[②]密会商议一件事。太守之意要李鸿章以两广为根据地宣布独立（当时李鸿章是两广总督），用我行新政，他暗中为其保护者以策无事。他以此事说服李，李也为了年老后的纪念赞成此举，惟拳匪之乱渐盛，京廷促李急切北上。李不堪其情，将于今日北上。但太守欲扼此处，以阻止其行，并约定今日十一时与李密会。李若停止其行，太守将解除保安条例，拟令我登陆与之密谈。昨日深夜派人来问，我是否有意上岸参加密谈。你对于此事的意见如何?"

孙君继续说："李既无义理之信念，更无洞察大局之眼识，且已年老，功名亦非其所深求。因此，太守之谏止终难以为李所接受。惟此亦如旱天之片云，为预测万一，我愿听听你的意见。"

我答说："事情如果已经进展到密会的阶段，无论如何，那就去参加好了。将来的事，请根据你的方策和手腕去决定。"

他点头称善，并以有可无不可的心情等着消息。到黄昏消息来了，说："李决定暂且到北京。"于是此事又成画饼。

据白浪庵滔天（宫崎寅藏）：《三十三年之梦》，东京，国光书房一九〇二年八月二十日发行（陈鹏仁译）

---

① 本篇对孙文采用第三人称，宫崎寅藏自用第一人称。

② 香港太守：即香港总督卜力。

在香港舟中部署举事方针[①]

（日 译 中）

（一九〇〇年七月二十日）[②]

是日来访者接踵，入夜及议方针，与议者日比〔南〕、吞宇、远〔近〕藤、南万里及滔天也。

皆从孙君之提议，曰日北〔南〕留香〈港〉为准备，若准备不遂，须以现在之兵力举事。举兵则以某君[③]为大将，远〔近〕藤为参谋，日北〔南〕为民政总裁，南万里副之。孙君更命大将某君，授以军事上之方略。

议既决而船遂行。

据白浪庵滔天（宫崎寅藏）原著，黄中黄（章士钊）译录：《孙逸仙》（荡虏丛书之一），上海，一九〇三年十月出版。日文原版为白浪庵滔天（宫崎寅藏）：《三十三年之梦》，东京，国光书房一九〇二年八月二十日发行

附：另一译文

此日来访者接踵而无寸隙，入夜讨论方针，参加讨论者有福本、清藤、原、平山诸君和我。

大家都遵照孙君的提议而说："福本君留在香港从事准备，若果准备不如意，就以现在的力量来举事。"至于举兵，则以郑君为大将，以原、杨飞鸿[④]两君为参谋，以福本君为民政总裁，平山君为副总裁。对这个构想虽然有些意见，但最后

---

① 逗留香港海面的最后一天，孙文在舟中召集会议作起义部署，会后部分同志留在香港进行筹备，部分同志则随孙文赴日本。

② 底本未说明日期。此据"佐渡丸"驶离香港海面的日期。

③ 某君：即郑士良。

④ 杨飞鸿：即杨衢云。

还是服从孙君的意思。

于是孙君更命令大将郑君以军事上的方略，其他的日本同志也决定帮助郑大将进入中国内地。是即玉水君、野田君、伊东君①，都在香港等着风起云涌的时机。

商议至此已有所决定，“佐渡丸”也拔锚动身。

据白浪庵滔天（宫崎寅藏）：《三十三年之梦》，东京，国光书房一九〇二年八月二十日发行（陈鹏仁译）

英国欲在两广立国之图谋

在神户与日本记者谈话②

（日　译　中）

（一九〇〇年七月二十四日）

此次决意南航，是想视察西贡及英属海峡殖民地方面在华北事变③以来的状况，并访问各地所在的同志及友人，更想从旁了解一下英国殖民地当局对清廷将来的政策。在星加坡，虽然也会见了英国代理总督④，并想打听其方策，但在会见时却没有得到任何可以确证的意见。

至于香港，因为我被禁止入境五年，还剩有八个月的期限，所以不能登陆，便只能在船上修函致香港总督卜力，并得到了他的复函。港督的意见是：将广东、广西合并，置于英国保护之下，推举李鸿章为大总统，以孙逸仙为李之顾问。李

① 野田君：即野田兵太郎；伊东君：即伊东知也。

② 孙文于六月二十一日到西贡，七月九日到新加坡，曾分别拜会法属印度支那总督和英属海峡殖民地代理总督。十二日孙文乘“佐渡丸”离开新加坡，在香港海面逗留数日，二十四日上午抵神户，二十六日搭火车到横滨。在神户入住西村旅馆后，曾用英语接受日本各报记者的采访。

③ 此指义和团运动和八国联军侵华战争。

④ 孙文于七月十日拜会英属海峡殖民地代理总督瑞天咸（Frank Athelstane Swetten-ham），谈话内容见本册前篇。瑞天咸不仅在这次会晤中没有提供任何有用的信息，而且随后颁令禁止孙文在五年内入境。

理应收到同样内容的知照，对此也不会没有对策。但在接到北京政府的命令之后，他认为不得不北上。清朝皇帝驾崩等事，现在尚未确认其真伪，不管有人强行阻止，他只能北上。① 如果在途中不幸得知驾崩确有其事，他必定会以赞同宪政的觉悟来推进合并两广这一计划。若李一旦起事的话，张、刘②也会起而仿效。这样或许可以产生目的达成的期待。要之，关于我今后的对策，现在先暂时回到横滨寓所，静观风云如何变化后再作决定。

据《孫逸仙氏の南清策》（《孙逸仙氏之华南方策》），载一九〇〇年七月二十六日《大阪朝日新闻》（一）（蒋海波译，安井三吉校）

附：另一译文

我此次往香港及星加坡，实为视察义和团事变后华南的情势。本次事变确属野蛮鲁莽，殆无评论价值。但我确信，经此事变后定将引起我国大变革。

我于广州起义后逃离香港之际，曾被禁止入境五年，该驱逐令尚剩下八个月的期限，故此次亦不得登岸。为察探英国对华北事变的意向，遂呈书于香港总督卜力，并即时得其复函。其要旨是：英国欲将广东、广西两省合并，使其独立，举李鸿章为总统，我为顾问，并置于英国保护之下，自成一国；其时刘坤一、张之洞亦将作出同样举措。为此，本拟暂驻广东，静观形势，并阻止李之北上，然彼接诏令后最终仍启程北上。依我之见，此次李鸿章北上，如若发生皇帝驾崩事，或可图英国政府所出之策，否则此策并非易行。我的进退皆依北京局势而定，现今无法定夺，拟暂居横滨静观形势发展。

据《逐客孫逸仙の放談》（《流亡客孙逸仙之畅谈》），载一九〇〇年七月二十六日《大阪每日新闻》（一）（关伟译，蒋海波校）

---

① 李鸿章原为两广总督，六月十五日清廷下诏召京，七月八日再诏改任直隶总督，急催其赴京。李乃离粤北上，七月十七日过香港，次日曾与港督卜力会晤，决心往北京。当时有光绪帝驾崩之谣传。

② 张：即湖广总督张之洞，刘：即两江总督刘坤一。

两广独立事

与神户某访客谈话

（日　译　中）

（一九〇〇年七月二十四日）

李鸿章北上途经香港与总督会见之际，总督说以刻下清国时局系由清国分割两广成立独立国之好机会，以孙逸仙为顾问，怂恿李为主权者。李答称：当观察今后时局之趋势，徐决之。

香港总督之说系扩大英属领土利益范围至两广之计略。

据一九〇〇年七月二十五日兵库县知事大森钟一致外务大臣青木周藏，东京、日本外务省档案兵发秘第四一〇号

联合各派力量促成政治改变

与横滨某君谈话

（日　译　中）

（一九〇〇年八月上旬）

多事之秋，清国南部各总督及进步的智能人士在满洲政府存在期间，应当维持现状。但随着时势的变迁，相信他们迟早会同自己的意见相一致。因为身入故国，必有危险，因此，根据场所，为了不出太大危险，作为平和手段来达到目的的方法，与持有这种意见的人会面，很有必要。只有没有危险，也可与李鸿章会谈。

为了在清国南部达到改革政府的目的，根据自己的计划，接受英国有关方面的建议，必须使之遭受与义和团同样的大打击。

此外，李鸿章担心若不北上，北京政府皆为具有排外思想之徒蹂躏，一旦皇

帝自身不遂此徒之愿，则随时可遭杀害之厄。这正是实现自己目的之时。若皇帝势力强力，斥责排外者则更需确定意见。究竟如何尚无法预见。其他南方总督已认识到，满洲政府难以长期存续，分裂灭亡之日可待。内情如此，我们自己也在等待这一天的到来。目前正观察其趋势。

据一九〇〇年八月十日神奈川县知事周布公平致外务大臣青木周藏，东京、日本外务省档案甲秘第三〇八号

归国前与岛田经一谈话①

（日 译 中）

（一九〇〇年八月中旬）

此次归国在视察情形，如时机许可，将一见刘坤一、张之洞。

据一九〇〇年八月二十六日《福冈县报》，东京、日本外务省档案高秘第八四七号

归国前与横滨某君谈话

（日 译 中）

（一九〇〇年八月中旬至二十一日间）

我决定乘二十二日启碇的“神户丸”前往上海。迄今为止，我一直在东京注意观察日本的外交方针和政治状况。但近日国内的动乱，经各国公使出面，似已告一段落。同时，推断日本的外交方针也已大致确定。根据这种情况，目前打算去视察本国情势，并与本国同志进行种种磋商。

在中国的政治改革派的力量中，尽管分成多派，但我相信今天由于历史的进

① 孙文于八月二十二日自横滨乘船秘密赴上海，拟运动容闳等人，集结反清力量。这是他启程前与岛田经一的谈话。

展和一些感情因素，照理不致争执不休，而可设法将各派很好地联成一体。作为众望所归的领袖，当推容闳，他曾任驻美公使，在国内也颇孚人望。此外，对国内的李鸿章等各总督以及康有为一派也应重视，暗中联络，这样料可使政治改革方案得以渐次施行。根据这种考虑，我个人准备从中尽力，故匆匆决定回国。我并不抱任何危险激烈的企图，而是考虑始终采取温和的手段和方法。视情况还有最终赴北京的打算。已离神户前往上海的梁启超，大概也是抱着类似的想法而成行的。

我这次回国，毫不担心会遇到危险。我的归国一事，将会得到日本领事和另一国领事的间接保护。加以北京正处于外国军队的占领之下，更可放心。依我看来，梁启超的决定回国，也是有鉴于此的。

再者，对这次归国，将尽可能保守秘密。故没有同行的人，我决定单身出发①。

据一九〇〇年八月二十二日神奈川县知事周布公平致外务大臣青木周藏，东京、日本外务省档案机密受第一一三二号

反对内田良平等暗杀李鸿章刘坤一的谈话②

（一九〇〇年八九月间）③

我同平山君及山田良政商量杀李鸿章、刘坤一的事，山田说，他正在想法子，要把刘坤一的卧室调查好。

我们商量了一会，就将这种计划告诉孙先生，谁知他不允许，他说："若像这样一来，好像打破了蜂窝，一群蜂子乱飞起来了，那时大家都不能听我们号令，

① 按：孙文航经门司时，平山周、内田良平登船同行。

② 当时一部分参与反清活动的日本人士，一直有用暗杀手段取代（或配合）武装起义的主张。这次积极策划此事的主要是内田良平、平山周和山田良政，时在一九〇〇年八月下旬孙文秘密潜回上海前后，拟暗杀对象为直隶总督李鸿章、两江总督刘坤一。一如既往，这种主张遭到孙文的坚决反对。文中对孙文用第三人称，口述者内田良平用第一人称。

③ 底本未说明时间。兹据上注酌定。

所以我一定反对此举。”后来无论我们怎样说，他总是不听。

据《马伯援与总理日友谈话纪录》原稿，第五次追怀孙中山座谈会（一九三〇年三月二十七日上午于东京中华留日基督教青年会），台北、中国国民党文化传播委员会党史馆藏

与长崎某君谈话

（日 译 中）

（一九〇〇年九月十七日）

此次到日本是为了游览。早先在东京与犬养①、中村②及二六、人民两新闻社员会面。亦曾要求与伊藤侯③会面，未能如愿。

清国状况甚为危急，且此危急将成为对唇齿相依的贵国的将来产生不利影响的原因，实在令人慨叹不已。我等今日无所作为，只有等待时机。自己想再来日本，其时间未定。

据一九〇〇年九月十八日《长崎县报》，东京、日本外务省档案高秘第三六一号

恶分割之言

在神户与某日人谈话④

（日 译 中）

（一九〇〇年九月二十日）

诚如君言，伊侯不过为政策之诡变，不得已而为此反对保全之言，原无唱分

① 犬养：即犬养毅。

② 中村：即中村弥六。

③ 伊藤侯、伊侯：即伊藤博文。

④ 孙文离横滨秘密赴台湾筹划惠州起义，船经神户时笔答某日人的询问。

割之论。仆闻之略安。仆支那孤愤之士，既恨满清之无道，又恨列强之逞雄，联军之进北，守文明之道者独贵国耳。其他实野蛮之行，比团匪之待外人为尤甚。支那人目击心伤，所以不忍闻分割之论。如各国竟出此策，则四百州之地，祸尚未有涯也。

敝国之朝犹贵国之内阁政府，而延长其期耳，每数十年或数百年而一易。吾国自有史鉴以来，数十余朝，每当易朝，有暂分裂者，有不分裂者，而分裂者多生灵涂炭，民不聊生。而自行分裂尚如此，况为他国所瓜分者乎？故有识之士，甚畏分割也；且更畏外国之分割也，何也？有鉴于清之入关也。清入主支那之际，杀人盈城盈野，余威所播，至今民犹畏之，而不敢言恢复，然今日满政府腐败，自生取灭亡，支那之士，方期夫王土恢复，所以喜闻保全之论，而恶分割之言也。

据一九〇〇年九月二十二日《兵库县报》，
东京、日本外务省档案兵发秘第五九三号

与内田良平等谈话

（日　译　中）

（一九〇〇年九月中旬）

容闳声望宿志，富新思想，为实行改革，曾恳切致函李鸿章主持，并促我①归国，与容闳观察南方动静，并等待会见李鸿章。不料事与愿违。

据一九〇〇年《福冈县报》，东京、
日本外务省档案机密受第八一五二号

① 底本为“孙”，今改为“我”。

与平冈浩太郎等谈话[①]

（日　译　中）

（一九〇〇年九月二十五日）

孙文：此次前往台湾，欲在该地观察对岸华南地区形势。

内田良平：平冈浩太郎为与先生话别，特专程来本港，无论如何，应面晤一叙。

平冈浩太郎：先生多年来流寓日本，日本政府对先生之所以冷淡，一是出于对英国外交策略上的考虑；但更主要者，乃因先生对日本尚无任何贡献。此次先生欲去基隆暂居，以观察华南方面形势。在此期间，亟应向儿玉总督提供援助，为平定台湾尽一臂之力。

孙文：当在可能范围内竭尽绵薄。

据一九〇〇年九月二十八日《福冈县报》，
东京、日本外务省档案高秘第一〇〇〇号

传令惠州起义军解散[②]

（日　译　中）

（一九〇〇年十月二十二日）[③]

革命之同志方拔队起程，以向厦门之时，忽有从香港经海丰而至军中之人，

---

① 是日孙文抵门司，内田良平得孙电即于是日登轮晤见，并登陆偕往前竹寓居，与平冈浩太郎等晤谈。

② 十月六日郑士良起义于广东惠州，初时声势颇盛，一度扩展至二万余人。旋遭清廷遣兵围剿，起义军接济困难，乃朝厦门方向转移。而孙文坐镇台湾遥为指挥接应，却因日本更换内阁，禁止台湾总督府及日本人支持反清起义，遂无法接济起义军，故不得不下令解散。其下令方式，是派人到战地口头传达命令，所派之人包括在战场上被清军杀害的日本志士山田良政。

③ 底本未说明日期。此据《三十三年之梦》日文版所载，以发动惠州起义的十月六日为“第一日”，孙文派人传令于郑士良是“第十七日”即十月二十二日。

传孙君之令曰："政情忽变，外援难期，即至厦门，亦无所为。军中之事，请司令①自决进止。"……同志乃谋袭横岗②以擒何长清③，然军无资粮，弹药不继，空抱奇策，英雄无用武之方，不得已而至于解体也。

据白浪庵滔天（宫崎寅藏）著、金一（金天翮）译：《三十三年落花梦》，东京翔鸾社印刷，上海国学社一九〇四年一月十二日发行，节译本。日文原版为宫崎寅藏：《三十三年之梦》，东京，国光书房一九〇二年八月二十日发行

附：另一译文

第十六日出发三多祝④，晚间抵达白沙⑤。第十七日将要起程时，有人从香港经由海丰到达此地，并传孙君命令说："政情突变，外援难期，则到厦门，恐亦如是。军中之事，请司令自决进止。"……因此同志们计划袭击横岗，以便擒拿何长清，惟我既无军资，亦无粮食，更未能购买子弹，而不得不空抱奇计，曲终人散。

据白浪庵滔天（宫崎寅藏）：《三十三年之梦》，东京，国光书房一九〇二年八月二十日发行（陈鹏仁译）

① 指郑士良。
② 横岗圩，时属广东省宝安县，今为深圳市龙岗区之横岗镇。
③ 时任广东水师提督，围剿起义军的清兵首领。
④ 三多祝圩，时属广东省惠阳县，今为惠东县多祝镇。
⑤ 白沙村，时属广东省惠阳县，今隶惠东县。

我的事业依赖于日本

与门司某君谈话①

（日　译　中）

（一九〇〇年十一月十四日）

我近来与平山等在台北台湾总督府保护之下，今日赴东京是要达到在台北难于达到的目的，一方面了解日本政府的行动，一方面便于知道华南的消息。

三合会的事我未与闻，但对此次华北事件，密切注视日本的行动。我认为日本与列国相比占有地理上的优势，并显示出未曾有过的军事力量，震动列国。日本政府的外交亦随之而行，逐渐居于一切事情之主动者地位。我预期其将蹶起，希望现在日本政府态度强硬。如果日本政府优柔，此次被他人夺去利益，我的事业岂不再次蹉跌？

由于我的事业依赖于日本，如果日本不能占据主动，最终难于成事。

据一九〇〇年十一月十五日《福冈县报》，
东京、日本外务省档案高秘第一一三一号

举事的时机和方法

与横滨某君谈话

（日　译　中）

（一九〇〇年十一月十九日至二十七日间）②

自己此次由台湾归来有一秘密要事。关于离台之情况，世传系总督要求公开

---

① 一九〇〇年十月下旬，惠州起义失败。十一月十日，孙文离台湾基隆赴日本，于是日抵门司。

② 十一月十日，孙文离台湾赴日本，十六日到东京，十九日抵横滨。神奈川县知事于二十七日发出报告，说“近日孙曾与某人谈话”。谈话时间据此酌定。

离去。此全系误解。实因自己在台湾停留，认为日本政府对台湾总督有疑心，恐新内阁歧视自己，难免累及总督等，离台对总督等较为方便。来日本离香港、厦门及其他国内地方较近，易于探听本国情势，又便于与同志互通消息，因此感到不便留在台湾。

从本国形势看，目前是举事的好机会，同志又大多同意起事，逐步进行准备，因而略加整备。有些事属秘密。遗憾的是未准备好，因此颇为困难，切忌妄行。且彼三合会起事因缺乏此点，已经中止，增加了困难。

同志者现在都告武器不足。关于弹药验送之事，也需设法解决。此外，举事方法，先依一二强国为后援，至少要得其同意为急务。日本内阁更换后，为日尚短，不明其外交方针。故不如依靠早先曾表示同意之英国为优。而到时日本将施行何种手段，预先也需探究。近来田大仓组约定订购弹药二百五十万发，考虑以专门方法将其运至适当之地。因大仓的仓库在门司港，由该处直接发运易于暴露，目前正在苦思之中。达此目的之日，即系举事之时。

据一九〇〇年十一月二十七日《神奈川县报》，东京、日本外务省档案甲秘第五四四号

惠州起义经过与中国革命前景

在横滨与林奇谈话①

（英 译 中）

（一九〇一年三月二十三日刊载）

孙逸仙乐意地谈及他最近组织的革命活动②。他取下地图，指出作战地点和起义者的进军路线。说明他们失败的原因，仅是由于缺乏弹药，他们指望从一个

---

① 林奇（George Lynch）是美国《展望》杂志（*The Outlook*）记者。孙文于一九〇〇年十月惠州起义失败后寓居日本横滨期间，曾同意林奇来函请求，在宅所接受其访问。林奇的访谈录对孙文使用第三人称。

② 指一九〇〇年惠州起义。

日本承包商[①]那里取得弹药，但那人欺骗了他们。

孙逸仙说："对于斗争的结局，我们毫不气馁，事实上恰好相反。因为起义表明，我们的人一旦获得适当的武装并且作好大举的准备，就能轻易地打败清军。"接着，他谈及起义的详情。战斗仅仅持续了二十天。从不到六百人开始，这些人只有三百支来复枪，每支枪三十发子弹。十天之内，他们从清军手中夺取了一千支来复枪。到二十天结束时，他们的人数也由六百增加到二万。第一场战斗发生在沙湾[②]附近，这里紧靠英国新领土香港对面的边界[③]。边界由英国人管辖，由于英国人偏袒清军，在这里逮捕了不少起义者。因为这个缘故，他们朝东北方向挺进，并在沙湾与三多祝[④]之间进行了十二场战斗，所有这些战斗都打了胜仗。在最后一仗中，他们的弹药完全耗尽。打完了最后的弹药，显然已无法守住阵地，他们便悄悄解散回家。孙说："但即使到了那个时候，他们也不愿意解散，要是我能及时赶到那里，他们没有弹药也将坚持战斗。可是当时我正在邻国忙于准备工作，他们就只好解散了。"起义者一共只牺牲了五个人，而清军有五百人被击毙，一百人被俘。起义者占领了两个重镇和许多村庄，他们严禁任何劫掠和纵火行为，人民很快转而拥护他们。

……在听了孙关于这个小战役经过的叙述以后，我问他是否认为，除进行一次革命外，中国便没有实现改革的希望？他回答说："凡是了解中国朝廷，了解包围和影响皇帝的那些人物的，谁都应当知道，清朝皇帝没有能力去有效地实行中国所需要的激烈改革。"孙逸仙及其朋友们的抱负，是发动一次有如三十年前日本所发生的革命[⑤]，希望在中国实现日本化。他满怀信心地认真谈论这一题目。我问及中国人民是否会像日本人那样，准备实行改革，他答道："如果中国人民得到合适的领袖人物的率领和指导，他们是一定愿意的；大多数人民都会

---

① 指中村弥六，他受孙文之托所购械弹为废品，从中侵吞购款。

② 沙湾镇位于广东省新安县东南大鹏半岛，今属深圳市。

③ 清朝在第一次鸦片战争失败后于一八四二年将香港岛割让给英国，第二次鸦片战争失败后又于一八六〇年将九龙半岛南部割让给英国；此处所称"新领土"，则指一八九八年在《中英拓展香港界址专条》中"租借"给英国的九龙半岛北部及其附近岛屿（即新界）。

④ 三多祝圩，属广东省惠阳县，今为惠东县多祝镇。

⑤ 指明治维新。

依照他们所得到的指示去做。”于是他就以热烈的态度，简直是热情洋溢地谈到了他的同胞的优越性——他们的高超智慧、他们的模仿力以及学习新事物和汲取新思潮的能力，都超过日本人。他说：“日本人用了三十年才办到的事情，我们最多用十五年就能办到。”他并且提出很多技艺和工业的例子来支持他的论点。……他久久地畅谈他的目标和计划。他拥有一批优秀的、被他称为新式中国青年的追随者，他们曾在英国、火奴鲁鲁和日本等地受教育，其中一些人家道殷实，必要时能为革命提供所需的资金，因为他们相信这是拯救祖国的惟一方法。

孙逸仙说：“我们开始下一次努力将会遇到极大的困难。”当一次起义或暴动扩展成革命规模之时，他希望西方国家将保持中立，不要加以干涉。

我评论说：“这确是一个伟大的抱负。”

他喷出一大口雪茄烟，开始在房里踱步，徐缓地说：“是的，这是值得人们为之奋斗终生的理想。”然后他继续谈及中国，谈到它的辽阔土地、众多人口和尚未开发的资源，谈到一旦发生像日本有过的那样一场伟大觉醒时中国未来发展的可能性。

我暗示，实现他的抱负将会酿成真正的“黄祸”。他回答说：“中国人本质上是一个爱好和平的而不是好战的民族。”他说：“我们已达到了这种地步，这是你们正在开始以召开海牙会议①来努力达到的。产生黄祸的惟一可能会是在工业竞争的形式之中，但在变动了的情况下，生活舒适的程度和工资的比率将会很快上升，因此，无需再把中国劳工廉价输出到世界其他地方去。”他以日本近三十年来工资和物价的迅速增长作为例证。他笑着说：“你对新式的中国人有些什么想法？我料想你没有见过我们当中的许多人，尽管他们在美国和日本比你想象的还要多，他们都被共同的希望和抱负所鼓舞。”

我很少碰见过比孙逸仙更有趣的人物了。……以联邦或共和政体来代替帝政统治，这是孙逸仙的愿望。而且，正如他所说的，当外国人劫掠了京城，亵渎了神明，皇权的威信扫地以尽，位于北京中心的神圣不可侵犯的皇宫遭到侵略者铁

---

① 此指一八九九年五月在荷兰海牙（’s-Gravenhage）举行的第一次和平会议。

蹄的蹂躏[1]的时候，变革的时机就成熟了。

据 George Lynch, Two Westernized Orientals. *The Outlook* (New York), Vol. 67, No. 12 (March 23, 1901)（林奇：《两个西化的东方人》[2]，载纽约《展望》周刊第六十七卷第十二期，一九〇一年三月二十三日出版）（陈斯骏译，金应熙、黄彦校）

只有革命党才真正拥有改革力量和进步因素

与《夏威夷星报》记者谈话[3]

（英 译 中）

（一九〇一年四月十九日刊载）

孙逸仙说，保皇会毫无用途，且将在已经出现的内部分裂中无疾而终。一些在新加坡的富商已经撤回他们对保皇会的支持，一些会员也在质询数百万的捐款起到过什么作用。

在中国，只有革命党才真正拥有改革力量和进步因素，孙博士称。革命党在中国各地通过秘密结社，韬光养晦式地扩展着。与其是争取光绪皇帝重返朝政和尝试说服他再次发布理所当然的退位改革诏令，革命派更想彻底废除满族王朝，在中国建立起共和国式的政府。

“中国比一般的外国人所认为地更适合共和主义，”孙博士说，“欧洲和美国认为我们国家是专制君主制，但实际上中国拥有十分民主的公共事务管理体系。国人自己管理自己的事务。官僚阶级的公共活动只是巧取豪夺任何财富，但却放任民众自行管理他们的生活。因此，其实中国更具有管理共和国的基础”。

流亡改革者梁启超在这里组织了保皇会，现在他还在悉尼做着着类似的工作，他高度评价孙博士。但是孙认为梁启超采取的是一个错误的策略。同时，他更相

① 此指一九〇〇年八月八国联军占领北京，将皇宫的珍宝、古董、字画等洗劫一空。

② 该文所记另一被访者是日本人大隈重信。

③ 一九〇一年四月九日，孙文乘“日本丸”由日本横滨赴檀香山。

信梁启超会放弃康有为的改革思想，而成为一名革命者。

"革命党暂时按兵不动，"孙博士说，"当前，中国的动乱尚未被平息之前，革命党也不会采取任何行动。当和平协定缔结之后，才是行动的最佳时机。现在行动去推翻政府、建立共和国，则列强毫无疑问会立刻介入和瓜分中国。从组织方式与开展的工作来看，保皇会在中国显得非常无助。帝国政府拥有包括它所有成员的名字的清单；只要朝廷仍在，他们没有一个人能够进入中国。而加入保皇会的惩罚就是处决"。

保皇会会员以及其他当地华人十分尊重孙博士的见解。他作为一位中国现代化运动的领袖，赢得了国际声誉。这位流亡者被中国政府悬赏甚多。当地保皇会的领导者们都是孙逸仙博士的私人朋友，而在毛伊岛上（Maui）的领头人孙眉，则更是孙逸仙的哥哥。即使他说他与保皇会殊途同归，孙博士反对保皇会的这一事实将会极大地削弱保皇会在当地的力量。改革团体的最终目标是改革与实现中国现代化，而这也是革命党的目标。但是全世界保皇会的资金支持者毫无目标地花费了巨量财富，孙逸仙说。他们没有任何证明而且满族政府知悉他们所有做过的事情与正在做的事情。他们运作的方式与孙博士的革命党截然不同。后者行动是绝密的，因此，它能通过秘密结社渗透中国，像蜂巢一样遍布全国，伺机而动。相反，尽管在新加坡以及海外其他地区拥有百万富翁级支持者和赞助者，保皇会在中国却碌碌无为，未能带来任何变化。

据 Dr. Sun Yat-sen Comes：A Bombshell For Local Bow Wongs-The Famous Chinese Revolutionist Tells Them Their Society is a Mistake and a Waste of Money. *Hawaiian Star*（U. S. A.），April 19，1901，Page 1.（《孙逸仙博士到来——冲击当地保皇会成员——著名中国革命家告诉他们其团体是一个错误和浪费资金》，载一九〇一年四月十九日《夏威夷星报》第一页）（邹尚恒译，高文平校）

英文原文见本册第 506—509 页

对革命成功充满信心

在“亚美利加”上与檀香山某西报记者谈话①

（一九〇一年六月六日）②

……二十日“亚美驾丸”由此开行，以回日本、香港等处，搭客有华人革命党领袖孙逸仙欲回中国。当时西报访事见孙某，问之曰：“君复回中国，果不惧丧元乎？”此言盖欲激孙文，自言其志。

孙答曰：“丧元吾何惧哉！吾到中土大集同志，谅不久尔必闻消息。吾经已购备军火，分派党与〔羽〕屯聚各处，待时而动，将必与现管理中国者决一死战。吾党万死不移，断不肯半途而废。此乃吾第三次起乱，现中外人民已皆闻风来归，故可决必有成功也。今定章程又较胜前时，而且豪杰纷应，兵力壮足，太后与华官闻之亦必魂飞胆落。吾甚愿中国效法美国公举总统，使吾民免专制之苦，而得自主之权，则我中国转弱为强亦指顾间事耳！”

据《孙文回国》，载一九〇一年七月二十三日《香港华字日报》，录自旧金山《中西日报》

在横滨接见某西报记者答问

（一九〇一年六月中下旬）③

孙文前由檀香山至横滨，有某西报访事往见之，问其中国如何维新乃有成效？

据云：欲中国维新，首要改革清朝，灭却顽固官员，国政改用西法，乃于事

① 孙文于四月九日赴檀香山，六月十六日复返横滨。他乘“亚美驾丸”回程之日，在船上接受檀香山某英文报记者的采访。

② 底本未说明日期。虑及当年檀香山至横滨的航程及其所需航行天数，文中所言“二十日”似系阴历四月二十日，即阳历六月六日，据此暂行酌定为该日期。

③ 底本未说明日期。按孙文于六月十六日自檀香山返抵横滨，据此酌定为六月中下旬。下篇同此。

有济。光绪帝原属精明之主，惟为压力所制耳。我曾与美使臣同舟谈及中国时局，据伊亦云，光绪帝柔懦如小孩。然李傅相[①]本是干员，奈满洲气习太深，将来中国维新，似难望此老成硕辅左右助勷必也。后辈继起有人，乃可望纪纲独振也。

据《孙文问答》，载一九〇一年七月一日《香港华字日报》

在横滨接见日本记者答问

（一九〇一年六月中下旬）

据孙文称：檀香山自隶美国版图，生理兴旺，此乃美国善政也。

论及中国偿欵事，据云：必俟联军撤退，乃可改革政治。

至问孙文维新之法，则密而不言，只云他日如能举事，拯斯民于水深火热之中，自必勉为。

又力赞德总帅柯达士善用兵，并和辑各国，此才未易多得。如其旌麾至东瀛，甚愿仰瞻威望。

据《孙文论事》，载一九〇一年七月二日《香港华字日报》

① 指李鸿章。

改革须扫除清王朝与采用西欧方式来实现

在横滨与《日本公报》[①]记者谈话[②]

（英 译 中）

（一九〇一年六月二十二日刊载）

据电讯，孙逸仙博士在檀香山透露他的目标为推翻慈禧太后和满族官僚，为此，他已经得到一支强大的军队支持。

在周日的访谈中说到，他并不否认上述的声明的真实性，实际上，他也证明了情况属实。不过，孙逸仙博士清楚地表示，他并不希望谈论政治。

“中国的境况并不会得到改善”，他预言，“而且，在不久的将来还会持续下去。现在一切并非尘埃落定，到达横滨之前，我还没有时间去彻底了解来自中国的最新消息。我并不认为朝廷有任何重返北京的真诚意图，而朝廷可能会在西安以外的地方选址，且新址会与长江有便捷交通往来。

至于敌对国家的要求，很明显，英国与俄国因利所驱，都公开表示其友好态度。俄国希望得到在中国修建与运营铁路的渠道而英国希望增加贸易。德国也有发展贸易的兴趣。当然，俄国与其他国家相比，从人种上而言更加接近中国，但是，我并不建议中国寄望俄国所公开声称的友好关系。英国的态度更加光明正大，中国的开放通商将使双方收益。我认为日本理应凭借两国的相近语言与习俗，在中国友好地引进现代化方法时获得极大的影响力。

但是，在中国，激进的改革只能通过扫除满族王朝及其腐败的官僚，和采用欧洲的商贸与政府管治方式来实现。如今，皇帝或许是一位好皇帝，但是他过于弱小。不久之前，我与美国驻华大使康格（Conger）共乘一艘蒸汽船，而他也认同皇帝软弱无能，仅仅是一个小孩。李鸿章是一位有能力的大臣，但是已深受满

---

① 译注：原文为ジャパン？ガゼット（*The Japan Gazette*），今译为《日本公报》。

② 一九〇一年六月五日，孙文乘“亚美利加”号轮船离开檀香山赴日本，于十六日上午抵达横滨。

族观念荼毒。中国的改革只能通过其他人来实现。”

孙逸仙博士表达了对美国方法的欣赏，并谈到在美国与夏威夷群岛合并之后，商贸总量增加的情况。至于最新阶段的赔款问题，他对此并不知情，但是坚持在国际联军撤出中国与和平委员的会议（the peace commissioners）完结之前，任何的运动都不会成熟。他否认知悉一位名叫荷马李（Homer leas）的美国学生，这位学生称他为了改革运动——包括孙逸仙博士所领导的运动——到访了中国。当提及此事时，孙逸仙博士友好地转移了话题。他说他与檀香山的美国领导者并无交集——他并没有会见多尔州长（Governor Dole）或者联邦法官埃斯蒂（Federal Judge Estee）——原因显而易见，他希望尽力为他的计划与他自身行踪保密。“你要知道，”他解释道，“我并不希望引起中国政府不必要的不安。”

据 Avoided Dole and Estee-Sun Yat-sen Talks of His Honolulu Visit. *Hawaiian Star*（U. S. A.），July 10，1901，Page 7.（《回避多尔与埃斯蒂：孙逸仙谈檀香山之行》，载一九〇一年七月十日《夏威夷星报》第七页）（邹尚恒译，高文平校）

英文原文见本册第 509—511 页

在最民主的基础上建立共和国

在广州与林奇谈话

（英 译 中）

（一九〇一年八月二十日刊载）

孙逸仙请我们牢记：“因为中国人比日本人更加聪明，而且属于有更高智慧的种族。”

他确信，除了根除当今王朝并把现在的皇帝推翻之外，其他的方法并没有任何机会去完成这个目标。即使他也承认当今皇帝在不久之前也表现出了改革的意愿，但他深信皇帝太局限、太无力、被保守势力所束缚，不可能实现任何改革目标。在朝廷中，慈禧太后一手遮天，她是保守力量的焦点与交汇处。在孙博士看来，即使她同意做些微让步，也绝不会批准改革。当一个暴君变成一个改革家，他倾向于执行得过快。而这就是年轻皇帝犯下的错误，孙逸仙所说。满足他们的要求只能是一个在最民主的基础上建立的共和国。因此，在“日本化”中国的过程，他提议同时美国化。① 可以预见的是，在中国成为联邦总统之前，孙逸仙还会继续很多的“研究”并学习更多他不了解的知识。

据 Sun Yat-sen. *Hawaiian Star* (U. S. A.), August 20, 1901, Page 6. (《孙逸仙》，载一九〇一年八月二十日《夏威夷星报》第六页)(邹尚恒译，高文平校)

英文原文见本册第 511—512 页

为革命而求学

与日本的中国留学生谈话

(一九〇一年至一九〇五年间)②

许多老同志初追随总理革命时，都还在求学时代，都不过二三十岁之间。那时总理常常居留日本，同志们在日本求学的人便较多，大家必须听总理的指导……

总理问起同志们学的什么，有的答法律、政治，有的答陆军、海军。总理说“很好”，但是接着又问：“你们为什么要学法律、政治、陆军、海军等等呢？将来做起官来，带起兵来，打算怎样呢？”凡是已经进党③的人，对总理此问都是一样的答案，或说“我们为革命而学海陆军，将来把军队训练成革命的武力”；或说“以中国法律为对象，研究如何去改革他，使他合于三民主义的原理”。其他学经济、学政治的人，也都说以革命为目的。总理听了，认以为可。

总理如此注意大家求学的目的，可知此层的重要。

据胡汉民：《为革命而学问》(十九年四月在中央政治学校讲演)，载《革命青年》(中华民国十九年五四纪念)“中央对于青年学生之训勖”，南京，中国国民党中央执行委员会宣传部一九三〇年五月出版

① 英文原文是 So in ‘Japanesing’ China he proposes also to Americanizeher.

② 底本未说明日期。此据孙文旅日期间与中国留学生接触较多的时段标出（但其中的一九〇四年整年都在檀香山和美国大陆）。

③ 指加入中国同盟会。

革命者必须战胜眼泪

与宫崎槌子等谈话①

（日 译 中）

（一九〇二年一月）②

透过滔天的翻译，孙先生问我说：“你是来做什么的?”我答说：“因为滔天生病，以及家庭生活困苦③，我把小孩托在娘家，因此想趁这个机会跟滔天好好地商量商量。”

于是，孙先生说着“是的，是的”，并从皮包里拿出一张照片给我看。这是一张孙先生的母亲、胞兄、四位侄子和十二三岁左右的孙科先生一起合影的照片。

孙先生一边让我看这张照片，一边说：“我的家人在夏威夷也正流着眼泪，与穷苦搏斗中。家人能够战胜眼泪，就意味着革命终将成功。凡是从事于革命运动的人，都得战胜眼泪。”

孙先生说话时眼里含着泪花。这是我和滔天看到他眼里有泪的第一次。

据宫崎龙介：《父滔天のことどき》（《关于家父滔天的种种》）中宫崎槌子（滔天妻）忆述，见宫崎滔天著，宫崎龙介、卫藤沈吉校订：《三十三年之梦》，东京，平凡社一九六七年发行（陈鹏仁译）

① 一九〇一年十二月下旬宫崎寅藏患脚气病，其妻宫崎槌子前来东京照料。不久，偕妻及二兄宫崎民藏一行三人到横滨山下町拜访孙文。此是在孙宅晚餐时的谈话情景。谈话用英文，文中“我”为宫崎槌子自称。

② 底本未说明日期。此据上注酌定。

③ 宫崎槌子在本文前面有如下叙述：“帮助中国革命运动之家庭的悲惨，实非笔墨所能形容……我们既将大部分的田地卖光，并将其金钱统统用于滔天的活动费。”

与程家柽刘成禺谈话[①]

（一九〇二年二月）

程往横滨，孙见即问曰：刘某来否？

程曰：此两湖书院同院老友也，来矣，已入成城学校。

孙曰：予急欲见此人。汝可回东京，陪彼来。成城不能外宿，晨来晚归为佳。

刘与家柽造横滨山月寓庐，孙出迎，执刘手曰：寿卿、元丞来日说武昌事件，力助党人出险，尤感太夫人拯救之恩。

据刘成禺《先总理旧德录》，载南京《国史馆馆刊》创刊号，一九四七年十二月出版

土地问题与革命程序论

与秦力山谈话[②]

（一九〇二年春）[③]

秦力山记：知识何以能平等？曰：教育普及，则知识自然平等。教育何以能普及？曰：经济充裕，教育自然能普及。经济何以能充裕？曰：此事虽欧美已难望之，惟吾国尚有此资格。

贫富何以能平等？曰：此事亦详于《与□□□[④]讨论公地笔记》，可为略述于

① 一九〇二年二月十三日孙文自香港抵达横滨。留日学生程家柽乃往横滨见孙，后与刘成禺再次访孙，纵谈竟日，傍晚乘车回东京。刘成禺，兴中会会员，一九〇一年至日本留学，次年与孙文结识并时相往还。

② 一九〇二年二月二十二日，章炳麟乘轮东渡，二十八日抵横滨。时中国留学生疑孙文骁桀难近，不与通。秦力山独先往谒之，章遂偕秦访孙。此后他们互相往来，讨论土地、定都、革命程序论等问题。

③ 底本未说明日期。今据《太炎先生自定年谱》等记载酌定。

④ 即孙逸仙，下同。

左，以免阅者诸君谓我将以虚言给世也。西儒社会学家论公地者甚众，惜东洋无译本。□□□君通西文，尝言之，然尚无成算。鄙人于庚子过金陵时，见城北一带，颓垣破瓦，鞠为茂草，闻其地主，则不公不私，成为一种无用之地。及查其何以至此，则洪杨破金陵，其地主已或逃或死，至大定后，遂任其荒落，洎今不知其主之为谁何。鄙意以为吾国他日若有机动，则举全国之地皆可以江南城北观，以今日之不耕而食之佃主，化为乌有。不问男女，年过有公民权以上者，皆可得一有制限之地以为耕牧或营制造业。国家虽取十之三四不为过多，农民即得十之六七亦可加富。此外可开之垦，可伐之森林，以及其他种种可开之利源，尚不知几何。今日岁入八千万，他日则虽无量恒河沙数之八千万，不过反手耳。苟辨乎此，则知〈识〉与贫富二者，何愁而不平等。盖东西各国之资本家，其所以保护其财产之法，今日已达极点，无术可以破坏之，独吾国为能耳。

孙文还提出了革命程序论的初步设想：□□①之政府易覆，外人之干涉不惧，所可虑者，吾中国人具帝王之资格，即人怀帝王之思想，同党操戈，外族窥伺，亡吾祖国之先兆也。吾细思数年，厥有一法：夫拿破仑非不欲为民主也，其势不能不为皇帝，使华盛顿②处之亦皇帝矣。华盛顿非必欲为民主也，其势不能不为民主，使拿破仑当之亦民主矣。中国数十行省之大，欲囊括而恢复之，必有数统帅，各将大军数十百万，各据战地，呜叱往来。即使诸统帅慕共和之治，让权于民，为其旧部者，人人推戴新皇，各建伟业，咸有大者王小者侯之思，陈桥之变③所由来也。欲救其弊，莫若于军法地方自治法间，绾以约法。

军法者，军政府之法也。军事初起，所过境界人民，必以军法部署，积弱易振也。地方既下，且远战地，则以军政府约地方自治。地方有人任之，则受军政府节制，无则由军政府简人任之，约以五年，还地方完全自治，废军政府干涉。所约如地方应设学校、警察、道路诸政如何，每县出兵前敌若干，饷项若干。五

---

① 即“满清”或“鞑虏”二字。

② 华盛顿（George Washington），一七七五年至一七八一年美国独立战争的领导者，推翻英国殖民统治而创建美国，任首届总统。

③ 五代末期，后周殿前都点检赵匡胤在其部属赵普等策划下，以北上御敌为名，自汴京（今河南开封）率军至东北方之陈桥驿时，被众将黄袍加身拥立为帝，旋即回师灭周而建立宋朝，庙号太祖。史称“陈桥兵变”。

年程度不及者，军政府再干涉之，如约则解。此军政府约地方自治者也。地方出兵若干，饷若干，每县连环会议，约于军政府。有战事则各出兵饷赴前敌，战毕除留屯外，退兵各地方。军帅有异志，则撤其兵饷，地方有不出兵饷者，军政府可会和各地方以惩之。此地方自治约军政府者也。军政府所过，地方自治即成，而以约法为过渡缩合之用，虽有抱帝王政策者，谅亦无所施其计矣。

据《〈上海之黑暗社会〉自序》，载一九〇三年八月十九日《国民日日报》；《孙文之言》，载一九〇四年十月二十八日上海《大陆报》第二年第九号

与哈德安谈话[1]

（一九〇二年十二月）

孙说：一九〇〇年惠州起义时英国人曾提供武器援助……我需要武器，能策动正规军，苏（元春）宫保提督正准备倒戈，那样我就将取得广西，在南方组成一个共和国。……我将要求法国选派军官训练军队，遴选工程师和官吏主持各公共行政部门。孙强调哥老会和三合会已渗入广西清军。孙再次表示：我的新共和国将作出更大的让步，以寻求法国的援助。

据杰费里·巴洛：《一九〇〇至一九〇八年孙中山与法国人》，载《辛亥革命史丛刊》编辑组编：《辛亥革命史丛刊》第六辑，北京，中华书局一九八六年五月出版（黄芷君、张国瑞译，章克生校）；金姆·曼荷兰德：《一九〇〇至一九〇八年法国与孙中山》，载《辛亥革命史丛刊》编辑组编：《辛亥革命史丛刊》第四辑，北京，中华书局一九八二年十月出版（林礼汉、莫振慧译）

---

①　孙文抵达西贡，法国印支总督韬美已卸任。继任总督保尔·博指示他的私人秘书哈德安与孙会谈。双方达成协议：孙获准进入中越边界地区；同时担保促使“绿林游勇”今后不再滋扰东京地区。

嘱撰太平天国革命史以宣传排满

与刘成禺等谈话[①]

（一九〇二年）[②]

先生曰："适与犬养先生论及太平天国一朝，为吾国民族大革命之辉煌史。只有清廷官书，难征文献。曾根先生所著《满清纪事》[③]，专载太平战事，且多目击。吾欲子搜罗遗闻，撰著成书，以《满清纪事》为基本，再参以欧美人所著史籍，发扬先烈，用昭信史，为今日吾党宣传排满好资料，亦犬养先生意也。吾子深明汉学，能著此书，吾党目下尚无他人，故以授子。"

于是，曾根出《满清纪事》；先生出英人伶俐所著《太平天国》二巨册[④]，图凡百幅；犬养亦出英人著 *Taipen Revolution*[⑤]。

曰："此吾党不朽之盛业，子宜参考英、日各书，中国野史及官书，细大皆录之。"

据刘成禺：《先总理旧德录》"感遇第一"，载南京《国史馆馆刊》创刊号，一九四七年十二月出版

---

① 刘成禺是时应约往东京红叶馆，日人犬养毅（众议院议员、宪政本党笔头总务委员）和曾根俊虎（退役海军大尉、前兴亚会主要创建者，年少时曾入李秀成部太平军中）在座。谈话中，孙文嘱刘成禺为太平天国作史。其后刘乃遵嘱撰成《太平天国战史》一书，一九〇四年在东京发行前编，孙文为之作序。本文中"先生"指孙文，"子"指刘成禺。

② 底本未说明日期。谓聚谈于"壬寅"年即一九〇二年。

③ 日文书名原作《清国近世动乱志》，一八七九年在东京发行。

④ 伶俐（Augustus Frederick Lindley），通常译为呤唎，英国海员，曾加入太平军，一八六六年在伦敦出版英文著作 *Ti-Ping Tien-Kwoh*；*The History of the Ti-Ping Revolution*, Including A Narrative of the Author's Personal Adventures 两卷。今有中译本《太平天国革命亲历记》。

⑤ 中文名可译《太平天国革命》，作者不详。

士贵为人民立志

在横滨与刘成禺等谈话①

（一九〇二年）②

士贵立志，有万世之志，有千年之志，有数千百年之志。如耶稣、孔子、释迦牟尼，寿命最长，万世之志也。科学发明家佛兰克林、牛顿③诸人，有功德于人民，数千年之志也。中国如郑康成、伏生④等，亦立数千年之志，绍开古来也。又如神农、大禹利民，其志数千年后可垂不朽。功业如华盛顿者，今虽数百年，其志则数千年也。其余如秦皇、汉武、元世祖⑤、拿破仑，或数百年、数十年而斩，亦可谓有志之士矣。拿破仑兴法典，汉武帝纪赞，不言武功，又有千年之志者。馀子言志，可谓自侩以下，盖为一人立志者，不过百数十年。

为一国人民立志者，可数千年。为世界人民之立志者，可数千年以至万年。

据刘成禺：《先总理旧德录》“学指第四”，载南京《国史馆馆刊》创刊号，一九四七年十二月出版

---

① 谈话地点在横滨山月寓斋，其他参与者不详。

② 底本未说明日期。按刘成禺谓“一日，集横滨山月寓斋，论志士”。一九〇二年春刘成禺与程家柽“造横滨山月寓庐”访孙文。谈话时间据此酌定。

③ 佛兰克林（Benjamin Franklin），今译富兰克林，美国人，在电学以及热学、光学、数学等众多领域有重大发现和发明，同时又是美国独立战争领导者之一；牛顿（Isaac Newton），英国人，在力学、数学、光学、天文学等领域均有卓越贡献，尤以发现万有引力定律著称。

④ 郑玄，字康成，东汉人，遍注儒家群经，融会两汉今古文经学而集大成，世称“郑学”，为后代儒者所宗；伏生即伏胜，秦代及西汉人，秦始皇焚书坑儒之际，私藏《尚书》于壁中，《今文尚书》二十九篇因得以流传于后世。

⑤ 元世祖名忽必烈，成吉思汗之孙，建立元朝并大力扩展中国疆域。

读书人赞成则中国革命可成

在东京中国留学生宴会上发言[①]

（一九〇二年）[②]

先生谓中和、兴中[③]皆为海隅下层之雄，中国士大夫尚无组织。……开秘会于东京竹枝园饭店，分途游说各省学生及游历有志人员。

先生曰："此会可谓中国开天大会。历朝成功，谋士功业在战士之上。读书人不赞成，虽太平天国奄有中国大半，终亡于曾国藩等儒生之领兵，士大夫通上级而令下级者也。马上得之，不能以马上治之。况得之者，尚在萧、曹、陈[④]诸人之定策乎！士大夫以为然，中国革命成矣。"

酒阑，先生为谐语曰："在坐大半帝王后裔，禺生[⑤]可名刘汉，小〔晓〕园（书城字）可名李唐，友如（志泉字）只好名石晋，我则吴大帝也。"后指冯自由曰："自由不是冯瀛王后裔，其冯野王之苗裔乎？"[⑥]后湖北学生予用刘汉、书城用李唐名，本先生谐谈也。

据刘成禺：《先总理旧德录》"排调第八"，载南京《国史馆馆刊》创刊号，一九四七年十二月出版

① 中国留学生刘成禺、冯自由、程家柽、李书城、石志泉等八人在东京竹枝园支那料理店宴请孙文，即底本所谓"秘会"者。文中"先生"指孙文，"予"为刘成禺自称。

② 底本未说明日期。冯自由《革命逸史》第三集（重庆，商务印书馆一九四五年九月初版）皆称时在"壬寅"，即一九〇二年。

③ 即中和堂、兴中会。中和堂，此指创建于一八九八年的横滨华侨工界联谊团体，由兴中会会员尤列、陈少白参与发起，后渐富有反清倾向。不久，尤列亦于英属海峡殖民地各埠华侨下层社会建立中和堂。

④ 萧、曹、陈：即萧何、曹参、陈平，均为汉朝开国谋士，汉初曾相继任丞相之职。

⑤ 禺生，刘成禺字。

⑥ 据冯自由《革命逸史》第三集卷首"题词一"注释孙文谐谈，此处无前句（按指五代后周之冯道，死后被追封为"冯瀛王"），而后句则作"自由其为太平天国南王冯云山乎？"

二十年内得见中国革命大成功

与罗斯基等谈话[①]

（一九〇二年）[②]

先生问俄代表曰：无政府党如何？

俄代表曰：百年之内能实行无政府主义，吾党满足。恐吾身之不及见也。

俄代表问先生曰：中国如何？

先生曰：中国情形与俄国全反。予及身不成功，中国革命亦归泡影。

俄代表请〔问〕其故。

先生曰：俄国尼可拉斯[③]皇室为斯拉夫本族，无政府党所欲推倒者，极端专制耳。且俄国向无人民革命之历史，人民怨恨贵族较皇室为甚。俄皇室与欧洲列强为婚姻之国，贵党以无政府标题，欧洲各国政府必助俄皇室以压制人民。究竟主张无政府主义者，人民占少数也。

中国则不然。人民揭竿而起，匹夫有天下，历史视为寻常；外族入主中国，人民起而驱逐，所见不鲜，不徒推倒一政府也。今中国人民宜推翻者有两重历史，曰外族满清之入主，曰现代政府之腐败，而皆为数千年起大革命历史所允许。可惧者满清主立宪党[④]，唱立宪政府，拥戴满洲而授权人民，人民受缓和之欺骗耳。

---

① 底本谓谈话地点在横滨张仁之家（按横滨华侨张果，字能之，系孙文至交，疑“仁之”为“能之”之误）。除俄国人罗斯基外，尚有菲律宾共和国驻日本外交代表彭西（Mariano Ponce，原译为马子历罗）以及刘成禺等人在座。按：底本称罗斯基为“俄国无政府党住日代表”，其实“无政府党”在当时并不存在，而是泛指俄国近代信奉无政府主义（anarchism）的组织或群体；英文有一专有名词 Nihilist 特指俄国十九世纪末叶之无政府主义者，其中一些人后来分别加入社会革命党和社会民主工党。文中“先生”指孙文。

② 底本未说明日期。按刘成禺初晤孙文乃在一九〇二年二月，同年菲律宾共和国则在美菲战争中失败而瓦解，彭西此后亦不再担任外交代表，故酌定为是年。

③ 尼可拉斯（Никола），今译尼古拉。

④ 指主张君主立宪的维新派。

幸满政府视立宪党为革命党。此不〈出〉二十年，吾得见中国革命大成功也。

据刘成禺：《先总理旧德录》“政事第五”，载南京《国史馆馆刊》创刊号，一九四七年十二月出版

在旧金山召开救国会议的发言①

（一九〇四年五月）

孙文于说明革命主义之后，提议请坐众购买革命军需债券，谓：此券规定实收美金十元，俟革命成功之日，凭券即还本息一百元。凡购券者即为兴中会员，成功后可享受国家各项优先利权。

教友谓：吾辈各有身家在内地，助款则可，入会则不必。

孙乃谓：此举志在筹饷，入会与否，一惟尊便。此项债券票面并不写姓名，可勿过虑。

据《孙总理癸卯游美补述》，载冯自由：《革命逸史》第二集，重庆，商务印书馆一九四三年二月初版

在旧金山与喜嘉理谈话②

（一九〇四年五月）

孙中山曰：中国痼疾已深，除推翻帝政外，别无挽救之法。

喜嘉理解之曰：君曩者主张之改革，中国现已采行矣。

① 孙文在旧金山召集基督教友之有志者开救国会议，在说明革命主义之后，提议请坐众购买革命军需债券。各教友对于购券事，均甚赞成，惟闻凡购券者即为兴中会会员一节，多谈虎色变。孙乃对教友解释，众无异言，于是各教友先后购券。

② 喜嘉理是美国公理会传教士，一八八三年来中国，驻于香港。孙文同年底在香港由他行洗礼，加入基督教。一九〇四年他们在旧金山重遇。

孙中山雅不乐闻，第曰：满清恶政府，必不可使复存。

据喜嘉理：《孙中山先生大半生回观》，载尚明轩、王学庄、陈崧编：《孙中山生平事业追忆录》，北京，人民出版社一九八六年六月出版

在士人中创设革命组织之必要

与刘成禺谈话[①]

（一九〇四年）[②]

先生曰："自《苏报》、邹容《革命军》发生[③]后，中国各省已造成士大夫豪俊革命气象，但无纲领、组织，徒藉筹款，附党于三合会，不足成中国大事也。"

……鄂学生在英、法、德、比者与予通信，询及先生行动，以贺子〔之〕才等最出力。有冯成钧者撰黄笔小报寄美，先生见之曰："此皆好同志也。今吾有创同盟会之意[④]，在美华侨皆粤籍劳工，与中原士大夫毫不生关系。吾其有欧洲之行，见各省豪俊乎。惜此行旅费不足，容徐图之。"

据刘成禺：《先总理旧德录》"名原第二"，载南京《国史馆馆刊》创刊号，一九四七年十二月出版

---

① 底本未说明日期。一九〇四年春刘成禺到美留学，就读于加利福尼亚大学（University of California，简称加州大学），而孙文亦于同年四月抵达旧金山，并介绍刘在当地美洲致公总堂机关报《大同日报》兼任主笔。估计孙刘两人应在旧金山交谈过救国革命问题。但本篇孙的两段言论显非同一时间所发，半年多来他曾到美国数十埠向华侨宣传革命，何时何地作此谈话不详。十二月十四日孙文离纽约赴伦敦，行前获旅美侨胞、留学生资助旅费，鄂籍留欧学生亦据刘成禺电告集资六万法郎汇美。文中"先生"指孙文，"予"为刘成禺自称。

② 底本未说明日期。仅能酌定为一九〇四年。

③ 一九〇三年五月，邹容鼓吹排满革命的《革命军》一书在上海出版；与此同时，《苏报》登载极力赞扬《革命军》的书评并陆续发表不少宣传排满革命的文章。同年六月，上海公共租界工部局徇清政府之请，查禁《苏报》并逮捕撰文者章炳麟等人，邹容亦愤然到巡捕房投案，此即轰动一时之"苏报案"。一九〇四年五月，上海租界会审公廨宣判章炳麟监禁三年，邹容监禁二年。

④ 当时孙文尚无将新创组织命名为"同盟会"的设想。底本此处所记不实。

在布鲁塞尔与朱和中谈话①

（一九〇五年一月上旬）

孙问：汝辈主张革命，其进行方法如何？

朱答：更换新军脑筋，开通士子知识。

孙不以为然，曰：秀才不能造反，军队不能革命。

朱乃将武汉三镇经过的事实详细陈述。

孙以借会党暴动为可靠。

朱又将唐才常等失败之经过反复申言说：会党在长江，自新军成立以后，无有势力。

孙言：我正在改良会章。

朱言：会党之志在抢掠，若果成功，反为所制。会党无知识分子，岂能作为骨干？先生历次革命所以不成功者，正以知识分子未赞成耳。

孙乃列述史坚如、陆皓东诸人之学问以证之。

朱曰：人数鲜，无济于事，必大多数知识分子均能赞成我辈，则事半功倍矣。

孙深以为然，曰：今后将发展革命势力于留学界，留学生之献身革命者，分途做领导人。

据朱和中：《欧洲同盟会纪实》，载中国人民政治协商会议全国委员会文史资料研究委员会编：《辛亥革命回忆录》第六集，北京，中华书局一九六三年六月出版

在巴黎与旅法中国留学生谈话

（一九〇五年一月下旬）

诸君对于革命学说既已明了，且又赞成，是同志矣，应立一凭据，以资信守。

---

① 一九〇四年十二月十四日，孙文离纽约赴欧洲进行革命活动，在比、德、法建立革命团体。这是孙抵比利时布鲁塞尔与留学生朱和中的谈话。

两广军事，不日即动，惟军费拮据，甚望诸同志勉力资助。

诸君加入革命矣，仍应努力求学，即返国后，亦可仍为清廷官吏，他日革命军起，诸君以官吏地位领导民众，更易奏效。如诸君学业未毕，而国内革命军已起事，遇有必要，余当来电，电到盼即返国，为我臂助也。

据刘光谦：《总理在欧洲最初倡导革命之情形》，载丘权政、杜春和选编：《辛亥革命史料选辑》上册，长沙，湖南人民出版社一九八一年九月出版

在巴黎与胡秉柯谈话①

（一九〇五年二月初）

盟据及法国政府致越南总督函被窃，孙先生甚怒，且谓：我早知读书人不能革命，不敌会党。

胡：比京全体同志无一人闻盗盟据之事，并无一人有悔心。

孙：叛党只此四人，全体未叛。既已宣誓，盟据失去也无妨。最不该盗我收存之法国政府致安南②总督之要函。

其时清公使馆差人送来一函，孙拆阅之则所失法国政府致安南总督之原函。③孙谓：原函虽复得，此中秘密已泄露矣。

据朱和中：《欧洲同盟会纪实》，载中国人民政治协商会议全国委员会文史资料研究委员会编：《辛亥革命回忆录》第六集，北京，中华书局一九六三年六月出版

① 留比学生接孙文函责，即公推胡秉柯赴巴黎见孙文，说明盟据虽失，热心不变。

② 安南，十九世纪初改称越南，但在中国民间直至新中国成立之前，仍沿称其为安南。

③ 王发科、王相楚窃去文件后，急携赴清公使孙宝琦处，清公使不加追究，命将盟书和函牍发还本人。

改良会党并使学生加入领导

在布鲁塞尔与贺之才等谈话①

（一九〇五年二月）②

会党③之宗旨本在反清复明，近日宗旨已晦，予等当然为之阐明，使复原状，且为改良其条教〔教条〕，俾尔辈学生亦得参加。盖会党之规章成于明末陈近南先生，当时陈先生以士人无行，往往叛党，故以最粗最鄙之仪式及一切不通之文字为教条，俾士人见而生恶，不肯加入，因以保存至今。今日应反其道而行之，使学生得以加入，领袖若辈，始得有际。

且君等闻张汶祥之事乎？张乃会党之总头目，犯案累累，清廷方悬赏缉拿。左宗棠方为两江总督，忽一日清廷廷寄缉拿张汶祥，时汶祥已至江宁，忽左军纷纷出城，左令中军官查问，则云欢迎龙头大哥，问大哥为谁，则所通缉之张汶祥也。左大骇，乃令其心腹加入会党，从中举左为龙头，势成乃再缉拿张汶祥。予固不愿诸同志为左宗棠，但我同志必须能指挥下等社会有组织之团体，而后于事有济。不然此等团体固在，我辈一动，而彼等出而阻碍，甚妨我辈之

---

① 孙文于一九〇三年九月离日本赴檀香山，一九〇四年四月至美国，十二月往欧洲。一九〇五年二月间自英国伦敦至比利时首都布鲁塞尔，到达当晚与中国留比学生贺之才、史青、魏宸组、胡秉柯及留德学生朱和中等在下榻处史青寓所聚谈，就革命依靠力量及进行方法等问题交换看法。本文为孙文听取各人意见后所发表的一席话。数日后，孙文在留比学生中建立革命团体（未命名），并亲自拟订盟书（入会誓词）及联系暗号，不久又至德国柏林、法国巴黎组织相同团体，此乃成立中国同盟会之先声。

② 底本未说明日期。此据贺之才《中山先生介绍我参加了同盟会》一文（载一九五六年十一月十一日北京《中国青年报》第一版）所记年月。底本朱和中称“时已严冬”，亦与一九〇五年二月的气候相符（该年阳历二月折成阴历，为上年十二月十六日至本年正月十四日）。而孙文所著《孙文学说》及史青《留比学生参加同盟会的经过》等文，则谓时在一九〇五年春间。

③ 清初会党名曰天地会，后来衍生两大支派：哥老会的主要活动地点在长江流域一带，三合会（亦名三点会）的主要活动地点则在华南各省。

进行也。

据朱和中：《辛亥光复成于武汉之原因及欧洲发起同盟会之经过》（续），载上海《建国月刊》第二卷第五期，一九三〇年三月出版①

革命学生应立盟据日后为我臂助

在巴黎与刘光谦等谈话②

（一九〇五年五月上旬）③

某日演讲毕，总理曰：“诸君对于革命学说既已明了，且又赞成，是同志矣，应立一凭据，以资信守。”听讲者均赞成……诸同志即当总理面前宣誓，并盖指印……

既誓，总理云：“两广军事不日即动，惟军费拮据，甚望诸同志勉力资助。”时光谦每月得学费四百佛郎④，乃出其半，计二百佛郎。诸同志亦各有助。

总理又云：“诸君加入革命矣，仍应努力求学，即返国后亦可仍为清廷官吏，他日革命军起，诸君以官吏地位领导民众，更易奏效。如诸君学业未毕，而国内革命军已起事，遇有必要，余当来电，电到盼即返国，为我臂助也。”

据刘光谦：《总理在欧洲最初倡导革命之情形》，抄件，台北、中国国民党文化传播委员会党史馆藏

① 本次谈话其他内容，可参阅中国人民政治协商会议全国委员会文史资料研究委员会编《辛亥革命回忆录》第六集（北京，中华书局一九六三年四月出版）所载朱和中《欧洲同盟会纪实》、史青《留比学生参加同盟会的经过》两文。

② 一九〇五年三月至六月间，孙文在比、英、德、法等国的留学生和华侨中鼓吹革命，法国是此次欧洲之行的最后一个国家。抵法后下榻于巴黎东郊横圣纳（Nincennes）某旅馆，留学生往谒者甚众，孙文屡向他们发表演说及交谈。此系与留法刘光谦等的一次晤面，孙文演说毕即组织他们宣誓加入革命团体，并发表谈话。文中“总理”指孙文。

③ 底本谓孙文于一九〇五年春夏间自柏林到法国，并未说明日期。按有关史料判断，孙文抵法当在是年四月底或五月初，而建立革命团体则是刚到巴黎不久之事，故酌定为五月上旬。

④ 佛郎（franc），今译法郎，法国、比利时等国货币单位。

中国将从中世纪行会制度直接过渡到社会主义

在布鲁塞尔访问社会党国际执行局谈话[①]

（法 译 中）

（一九〇五年五月十五日至十七日间）[②]

本文报道的是《前进报》的一位撰稿人同孙逸仙博士的一次别开生面的谈话，他是到布鲁塞尔来向社会党国际局申请接纳中国革命社会党[③]的。

他说："我以前曾写文章说过：满洲人目前统治着中国，和俄国人统治着波兰而西班牙人在十六世纪统治着你们的先辈的情况一样。"

因此我们天朝[④]的同志们的纲领第一条就是"驱逐鞑虏、恢复中华"。

不应忘记，中国的全部或绝大部分土地是公有财产。也就是说，那里的地主很少，土地按一定的规章租给农民。

中国人实行一种很简便的赋税制度：每个人按其财产多寡纳税，国家开支不像欧洲这里由那些没有财产的阶级即广大居民负担。

我们的黄种同志还打算进一步完善这种税制，给这种制度规定统一的原则，防止一个阶级剥夺另一个阶级。

机器的使用在中国还很不普遍，绝大部分劳动还靠手工。中国工人的处境，

---

① 孙文于一九〇四年十二月自美国至西欧，随后在各国留学生中建立革命组织（中国同盟会前身）。一九〇五年五月在比利时首都布鲁塞尔时，经留学生贺之才介绍而走访社会党国际执行局（International Socialist Bureau，原意是国际社会主义办事处，而通常译为本名或社会党国际局），与该局主席王德威尔得（Emile Vandervelde，比利时工人党党魁）、书记胡斯曼（Camille Huysmans）以及比利时工人党所办佛兰芒文《前进报》（*Vooruit*）记者桑德尔（Sander）用英语交谈。谈话内容为桑德尔所报道，对孙文使用第三人称。

② 底本未说明日期。按该报道最初载于一九〇五年五月十八日《前进报》，五月二十日又译载于比利时工人党所办法文《人民报》（*Le Peuple*），原报道提及这次访谈乃在本星期内，因五月十八日、二十日分别是星期四和星期六，则当在十五日至十七日（星期一至星期三）之间。

③ "中国革命社会党"及下文所述"中国社会党"似为孙文自称，而事实上当时该党并不存在，在西欧各国留学生中建立的革命组织亦尚未命名。

④ 指中国。

类似我们这里的行会和同业公会时期的手工业者。所有的工人都组织起来了，组织得比其他任何国家的都更紧密。工人的物质生活状况还远远不是悲惨的。赤贫的人很少，富裕的人更加少。富人虽然富有，然而他们享受的舒适和奢侈的程度，却不及欧洲资本家的一半。

行会和同业公会一贯激烈反对输入机器和采用欧洲的生产工艺。

中国人清楚地懂得他们在做什么：他们是世界上最幸运的民族之一。

他们深知欧洲无产者在资本主义生产方式下遭受的苦难，他们不愿意成为机器的奴隶。中国社会主义者为采用机器生产，必须同它带来的种种弊端和缺陷作大力的斗争。他们想一举建立新的社会结构，想从文明的进步中取其利而避其害。总而言之，他们深信可以直接从中世纪的行会制度过渡到社会主义的生产组织，而不必经历资本主义制度带来的艰难困苦。

孙先生接着说："几年之内我们就将实现我们最大胆的设想，因为我们的行会和同业公会受社会主义思想的影响。我们将生活在完全的集产主义制度下。你们也将从中受益不浅，不仅因为榜样的说服力，还因为它将表明集产主义并不是虚构和空想。在我们那里完成的事业，将比多年的争论和数以百计的会议更能促使人们改变信仰。

"中国的社会主义已不像以往人们想像的那样还处在襁褓之中，我敢说'它已结束了幼年时代'。所有的行会都赞成我们的主张，只等一声号令便开始战斗。

"此外，中文的社会主义报刊有五十四种①，这个可观的数字，可以使你们认识到我们的读者和信仰我们思想的人数量之多。更何况中国的文盲比你们这儿多得多。"

在谈话结束时，孙逸仙博士宣布中国社会党将派代表出席下一届斯图加特国际代表大会②。

据王以平译：《孙中山访问布鲁塞尔社会党国际局的一篇报道》，载中共中央马克思恩格斯列宁斯大林著作编译局国际共运史研究室编：《国际共运史研究资料》第三辑，北京，人民出版社一九八一年七月第一版，译自一九〇五年五月二十日法文《人民报》载《中国的社会主义》

① 此处当指在国内外发行的反对清朝统治的革命报刊。

② 社会党国际第七次代表大会后于一九〇七年八月在德国斯图加特（Stuttgart）举行。

在布鲁塞尔访问王德威尔得等谈话①

（英 译 中）

（一九〇五年五月中旬）②

这星期我③有幸成为中国革命社会党的领袖、我们的孙逸仙同志，和我们的朋友王德威尔得（E. Vandervelde）及胡斯曼（C. Huysmans）的中介人。

孙同志来比利时，是为了请求接纳他的党为成员，该局的书记是胡斯曼同志。

孙同志首先扼要地解释了中国社会主义者的目标……他们的纲领：第一，驱除篡权的外来人④，从而使中国成为中国人的中国。第二，土地全部或大部为公共所有，就是说很少或没有大的地主，但是土地由公社按一定章程租给农民。而且中国有一种十分简单的财政制度：每人按其财产付税，而不是像欧洲那样，把负担放在大多数没有财产的群众身上。

我们黄种的同志希望改进这种制度，使之同我们党的原则更趋致，防止往往一个阶级剥夺另一个阶级，如像所有欧洲国家都曾发生过的那样……

中国工人发现他们自己还处在过去许多世纪行会一样的地位。他们全组织起来了，境遇比世界上任何国家的都好。像中世纪的工匠一样，今天中国工人的生活是远非可怜的。穷人很少，而真正富有的甚至更少。

行会是反对使用机器的……中国人一点也不笨。他们是世界上最幸福的人之一，他们知道欧洲工人在资本主义制度下多么痛苦，因而不希望自己成为机器的

---

① 孙文再度至布鲁塞尔时，得贺之才介绍，走访社会党国际执行局（第二国际常设执行机构），与该局主席王德威尔得、书记胡斯曼晤谈。谈话经过为比利时工人党机关报《人民报》记者桑德尔（Sander）所报道，对孙采用第三人称。该报道最初载于一九〇五年五月十八日佛兰芒文版的《前进报》（*Vooruit*），两天后又载于法文版的《人民报》（*Le Peuple*）。因所报道有许多并非原话，兼以谈话本用英语，再经辗转翻译，故对有关事实及孙观点的表述不甚准确。

② 底本未说明日期。但报道中提及发生于本星期内，按五月十八日为星期四，故酌定为是月中旬。

③ 即记者桑德本人。

④ 指满族统治者。

牺牲品。这是他们处在落后状况的原因。

另一方面，中国社会主义者要采用欧洲的生产方式，使用机器，但要避免其种种弊端。他们要在将来建立一个没有任何过渡的新社会，他们吸收我们文明的精华，而决不成为它的糟粕的牺牲品。换句话说，由于它们，中世纪的生产方式将直接过渡到社会主义的生产阶级，而工人不必经受被资本家剥削的痛苦。孙同志说："几年内我们将实现我们梦寐以求的理想，因为届时我们所有的行会都是社会主义的了。那时，当你们还在为实现你们的计划而努力的时候，我们将已生活在最纯正的集体主义制度之中了。这对你们将同样是有利的，因为除了这种范例所具有的吸引力外，全世界也会相信，完整的集体主义制度并不是虚无缥缈的梦想或乌托邦。这种办法所取得的转变，将比许多年的著作或成百次会议所取得的还要多。"

据 M. 伯纳尔：《孙中山访问第二国际书记处》，载《近代史资料》总四十号，北京，中华书局一九七九年七月出版

在新加坡与陈楚楠等谈话①

（一九〇五年七月初）

陈楚楠报告与张永福合资创办《图南日报》和种种困苦，总理连说：不要紧，不要紧，革命党总要苦斗，将来自然有好结果。

总理告以欧美和日本各处的留学生，大多数已经参加革命工作，革命的声势已日益膨胀，不久便可大举来推倒满清，建立民国。此行到日本即当组织革命党总部，南洋各埠可设分会，不日当由日本寄来章程及办法，嘱各人预为筹备。

据陈楚楠：《总理与晚晴园》，载尚明轩、王学庄、陈崧编：《孙中山生平事业追忆录》，北京，人民出版社一九八六年六月出版；冯自由：《华侨革命开国史》，上海，商务印书馆一九四七年出版

---

① 一九〇五年七月初孙文乘"东京"号邮船抵新加坡，与尤列、陈楚楠、张永福、林义顺等会晤。陈楚楠时任《图南时报》经理。

联络各地革命力量及会党之重要

在东京与陈天华宋教仁谈话①

（一九〇五年七月二十八日）

逸仙乃纵谈现今大势及革命方法，大概不外联络人才一义。言中国现在不必忧各国之瓜分，但忧自己之内讧。此一省欲起事，彼此一省亦欲起事，不相联络，各自号召，终必成秦末二十余国之争，元末朱、陈、张、明之乱②，此时各国乘而干涉之，则中国必亡无疑矣。故现今之主义，总以互相联络为要。

又言方今两粤之间，民气强悍，会党充斥，与清兵为难者已十余年，而清兵不能平之，此其破坏之能力已有余矣；但其间人才太少，无一稍可有为之人以主持之。去岁柳州之役③，彼等间关至香港招纳人才，时余在美国而无以应之也。若现在有数十百人者出而联络之，主张之，一切破坏之前之建设、破坏之后之建设，种种方面、件件事情皆有人以任之，一旦发难，立文明之政府，天下事从此定矣。

据宋教仁：《我之历史》“开国纪元四千六百零三年七月二十八日”条，湖南桃源，三育乙种农校一九二〇年石印线装本④

---

① 孙文于一九〇五年七月十九日自法国抵达日本。二十八日下午，偕宫崎寅藏到东京《二十世纪之支那》杂志社，约见中国留学生、华兴会会员、该杂志创办人陈天华、宋教仁，就反清革命问题交换意见。

② 指朱元璋、陈友谅、张士诚、明玉珍各支反元武装之间的争斗。

③ 广西三合会发动的反清起义始于一九〇二年六月，至一九〇四年达到高潮，形成柳州地区与南宁地区两个中心，控制数十州县，极盛时曾有广西各族数十万群众加入起义军。

④ 该书为日记体裁，一九二二年再版时改名《宋渔父日记》。相传黄帝为汉族始祖，故作者采用黄帝纪年，以传说中黄帝即位之年为纪元。

在东京与杨度谈话①

（一九〇五年七月下旬）

孙：当今之世，中国非改革不足以图存。但与清政府谈改革，无异于与虎谋皮。因此，必须发动民主革命，推翻这个昏庸腐朽的政府，为改革政治创造条件。

杨：民主革命的破坏性太大。中国外有列强环伺，内有种族杂处，不堪服猛剂以促危亡。度服先生高论，然投身宪政久，难骤改。橐鞬随公，窃愧未能。我们政见不同，不妨各行其是。将来我如失败，一定放弃成见，从公奔走。

据陶菊隐：《筹安会“六君子”传》，北京，中华书局一九八一年出版；章士钊：《与黄克强相交始末》，载中国人民政治协商会议全国委员会文史资料研究委员会编：《辛亥革命回忆录》第一集，北京，中华书局一九六二年六月出版

在东京与熊克武但懋辛谈话②

（一九〇五年八月十九日）③

孙问：你们在日本学什么？

熊、但答：现在在大成中学，暑假后准备考入军事学校。

孙说：列强想瓜分中国，清廷不图振作，我们爱国志士要及时采取行动，准备随时发难。如果必待学成后归国带了兵才干，恐怕不及待吧！革命党人只要学会打枪炮就够了，革命军与正规军所采取的战略战术迥然不同，只有冒险犯难，不畏牺牲，才可望成功。

据熊克武：《孙中山先生永远活在中国人民的心中》，载尚明轩、王学庄、陈崧编：《孙中山生平事业追忆录》，北京，人民出版社一九八六年六月出版。

---

① 孙文在东京发动留日学生，以杨度为才气纵横之士，访杨于其畈田町寓所作彻夜长谈，孙几次劝杨加入革命，未允。

② 这是孙文在日本东京程家柽寓所与来访的熊克武、但懋辛谈话，熊与但时在东京留学。

③ 谈话时间据熊克武加入中国同盟会的时间确定。

附：另一记录

孙问：你们是哪省人、多大年纪，见我何事？

但说：我们都是四川人，并都是二十岁。鉴于戊戌政变以来，清廷腐败，列强侵凌，日益加剧，而民间的抗洋运动又屡次失败，如何救亡图存？要请教先生！

孙欣然表示：青年人有爱国思想，不错，不错！你们来日本学什么？

熊答：我们准备到寺尾亨博士办的东斌学堂去学陆军。

孙说：八国联军之役以后，列强把中国看成一条肥猪，天天在宰割。清政府呢？他们既怕洋人，又怕汉人革命。今天列强正合以谋我，清廷必牺牲国家领土、换取小朝廷以图苟活。爱国志士，宜随时准备发难。若必待学好军事才去革命，来不及了。当革命党的，只要使得来枪炮就行了。革命是破天荒的大胆行动，革命战争是以少胜众，以弱胜强的。

但、熊表示：完全赞同先生的革命主张，愿意听从先生的指示，准备随时为革命效力。

孙说：好！我正运动有志革命人士，共同革命救国。革命党人应冒险犯难，勇往直前，以浩气赴事功，置死生于度外。

据但懋辛：《纪念中山先生》，载一九五六年十一月十日成都《四川日报》第三版

今后应多向留学生鼓吹革命

在东京与中国留学生谈话①

（日 译 中）

（一九〇五年八月中旬）②

从中国古代皇朝变迁的历史来看，颠覆之时必然是国政倾颓之际，必有革新志士出而建国改造，古今无异。目前清国国势不振，盖其时将近。近来中国青年多留学日本、欧美，人数不断增加。其毕业归国之后，必有位居枢要者。他们厌恶旧习，而欲发展新局面，不免与顽固保守势力相冲突。基于此原因，可知改革之势正在鼓荡，及身可见清王朝崩溃，此乃贯彻我多年夙愿之秋，故极有必要在此等学生中注入这些观点。留日学生之中赞成我的计划，闻此说而欲实行者为数不少，我今后应与他们接近，极力鼓吹，期以勉其成功。

又以往在实践过程中，未能利用本国多数人去实行历来宗旨，故应在旧金山、新嘉坡等地开设报馆，向华侨灌输本人的主张。

据日本外务省档案《各国内政関係雑纂/支那ノ部/革命党関係（亡命者ヲ含ム）》[各国内政关系杂纂·中国之部·革命党关系（包括流亡者）] 秘第二〇四七号，一九〇五年八月十六日神奈川县知事周布公平致外务大臣芳川显正的报告《清国亡命者ノ行动》（李吉奎译，马宁校）

① 当时孙文寓居横滨，据底本称，近日无来访者，惟屡赴东京与中国留学生晤面，谈话对象不详。孙文旋于八月二十日在东京正式成立中国同盟会，入会者以留日学生居多。

② 底本未说明日期。当在神奈川县知事报告前数日之内。

在横滨与来访日人谈话[①]

（日 译 中）

（一九〇五年八月下旬）

本人近期到东京，欲借本乡区内一个地方集清国留学生为之演说，该地警察署派员命令停止，本人不得已，服从命令。事出意外，令人吃惊。本人游历欧美各地之际，屡屡对留学生演说，未遇一次受阻，此真言论自由、不背文明之国。然日本对此类言论亦加限制，与清国稍同其趣，实令人慨叹。

据一九〇五年《神奈川县报》，东京、
日本外务省档案秘第二〇四七号

选择革命基地须视该处条件成熟与否而定

与程潜仇亮谈话[②]

（一九〇五年八九月间）[③]

我请面示革命方略，先生指示三点：

“一、首先打倒自己脑海中的敌人，抛弃富贵利禄的观念，树立爱国家爱人民的思想，服膺主义，不与敌人妥协。

二、革命军占领地区，必须立即成立政府以为号召，即使占领地区小至一州

① 八月二十二日，程家柽等印发海报，通告“孙逸仙先生大演说会”于八月二十七日在东京举行。清驻日公使杨枢闻讯，密托日本外务省暨警视总监严行禁阻，孙文即返回横滨，对来访的日本人谈话，“发泄不平”。

② 程潜、仇亮分别是在东京振武学校、陆军士官学校学习军事的留学生，加入同盟会后，至赤阪区日本众议院议员坂本金彌宅谒见孙文。文中“先生”指孙文，“我”为程潜自称。

③ 底本未说明日期。按仇亮、程潜于一九〇五年八月先后加入同盟会，程自称入会后数日偕仇往谒孙文，兹酌定为八九月间。

一县，亦应如此。

三、慎选革命基地，以发展革命力量。”

孙先生言犹未竟，我插问一句：“中国如此之大，选择革命基地究以何处为宜?”

他訏谟在胸，不假思索地说：“革命必须依敌我形势的变化来决定，如形势于我有利，而于敌不利，则随处可以起义。至于选择革命基地，则北京、武汉、南京、广州四地，或为政治中心，或为经济中心，或为交通枢纽，各有特点，而皆为战略所必争。北京为中国首都，如能攻占，那么登高一呼，万方响应，是为上策。武汉绾毂南北，控制长江上下游，如能攻占，也可据以号召全国，不难次第扫荡逆氛。南京虎踞东南，形势所在，但必须上下游同时起义，才有成功希望。至于广州，则远在岭外，僻处边徼，只因其地得风气之先，人心倾向革命，攻占较易，并且港澳密迩，于我更为有利。以上四处各有千秋，只看哪里条件成熟，即可在哪里下手。不过从现时情况看来，仍以攻取广州较易为力。”

此外他还讲了许多有关革命的道理与经过，我都能有所领会。自从我亲聆这次教诲以后，一时思想大为开朗，从此衷心服膺三民主义，并心悦诚服地敬佩先生。

据程潜：《辛亥革命前后回忆片断》，载中国人民政治协商会议全国委员会文史资料研究委员会编：《辛亥革命回忆录》第一集，北京，中华书局一九六一年十月出版

与冯自由谈话

（一九〇五年八月至一九一一年十二月间）

无政府论之理想至为高超纯洁，有类于乌托邦（Utopia），但可望而不可即，颇似世上说部所谈之神仙世界。吾人对于神仙，既不赞成，亦不反对，故即以神仙视之可矣。

据《同盟会四大纲领及三民主义溯源》，载冯自由：《革命逸史》第三集，重庆，商务印书馆一九四五年九月初版

平均地权及民生主义为未来革命所必需

在东京与胡汉民廖仲恺等谈话①

（一九〇五年九月一日）②

先生为余等言中国革命之必要与三民主义之大略，余等皆俯首称善。

先生曰："皆已决心无疑义耶？"

余与仲恺同词对曰："革命本素志，民族主义、民权主义俱丝毫无疑义矣，惟平均地权、民生主义犹有未达之点。"盖是时法政学校所讲授之经济学实为资本主义学说，即所得参考书亦不过至社会改良而止，因举所疑为问。

先生乃更详析，辨正余等之见解，且言："中国此时似尚未发生问题，而将来乃为必至之趋向。吾辈为人民之痛苦而有革命，设革命成功而犹袭欧美、日本之故辙，最大多数人仍受痛苦，非吾人革命之目的也。"

余曰："言至此，则无复疑问矣。"

先生复言革命党之性质、作用，党员对党之义务与牺牲、服从之要求，则俱应曰："惟。"

据《胡汉民自传》原件影印本，台北、
中国国民党文化传播委员会党史馆藏③

---

① 胡汉民、廖仲恺于一九〇三年赴日留学，一九〇五年暑期两人返华办事后重至日本，胡且携家眷偕行，与廖仲恺、何香凝夫妇同租一屋于东京小石川。抵达之日即闻同盟会已成立，何亦入会，当晚乃邀孙文来寓所会晤，畅谈通宵。谈话后，廖仲恺、胡汉民及妻陈淑子、妹胡宁媛均加入同盟会。文中"先生"指孙文，"余"为胡汉民自称。

② 底本未说明日期。按谈话与加盟为同一日，据保存至今的同盟会初期会员名册，廖仲恺的入会日期为一九〇五年九月一日。

③ 按：《胡汉民自传》纪事止于一九一二年夏，当为早年所作，写作时间不详。另见何香凝《回忆孙中山和廖仲恺》（北京，中国青年出版社一九五七年八月出版）所记谈话内容，与底本稍异。

在横滨与潘佩珠谈话[①]

（一九〇五年秋）

潘受中国改良派思想影响，主张驱逐法贼，恢复越南，建立君主立宪国。

孙主张推翻君主制，实现民主共和，极痛斥君主立宪之虚伪，而其结果则欲越南党人加入中国革命党。中国革命党成功之时，则举全力援助亚洲诸被保护国同时独立，而首先着手于越南。

潘虽认为越南尚不能立即实行共和制，亦谓其民主共和政体完全。

据《潘佩珠年表》，载《越南民族革命耆宿潘佩珠先生自传》（中文），越南堤岸《远东日报》一九六二年八月至九月连载

释平均地权

在东京与阎锡山谈话[②]

（一九〇五年秋）[③]

曾记得加入同盟会的誓言中有“驱除鞑虏，恢复中华，建立民国，平均地权”四句话，我对平均地权这一句的意义不甚了解，有一天向中山先生请教。

他告诉我说：“平均地权的‘权’字，不是量，也不是质。这也就是说，不是说地亩多少，也不是说地质好坏，是说他的一种时效价值。”

我听了说：“我还不明白。”

他说：“我给你举一个例子，如纽约原来是个沙滩，可以说不值一个钱，现在

---

① 越南爱国志士潘佩珠在横滨拜访孙文。两人就越南的民族解放及两国革新事业的相互支持问题进行了长时间笔谈。

② 阎锡山于一九〇四年至日本东京留学，一九〇五年十月加入同盟会。文中对孙文使用第三人称，以“我”自称。

③ 底本未说明日期。当在阎锡山加入同盟会不久，故酌为是年秋冬间。

因繁盛起来，一方尺地即值银子七百两。”

当时我未问一方尺的“尺”是英尺还是公尺，但我曾问：“美国也是花银子，说两数么？”

他说：“不是，美国的货币名叫套如①，一套如约等于我们中国一两银子。我说一方尺值七百套如，你一定不晓得是什么价值，所以我和你说是值七百两银子。”

我说：“那么，你所说的平均地权，就是平均这一文不值涨到七百两的地价么？”他笑了笑说：“你说对了。”

他继续说：“原来一文不值，今天值到七百两银子，不是人力为的，也不是造化予的，这纯乎是因国家经营所提高，不应当让地主享有，应该由国家享有。”

我说：“我明白了。”

他又说：“如纽约的这一种事实，世界上太多了。就我们中国说，上海、天津、汉口、广州都是这样，而且还在继续发展，因此我认为应该实行平均地权。”

我接着问：“商埠码头可以如此，普通都市也可以如此吗？”他说：“凡有此种事实者，均应如此。”

我又问：“耕作地是否可以如此？”

他说：“耕作地因国家经营提高价值的事很少。”

我复问：“因人力改良而增涨的地价，可否归国家享有？”

他说：“不可，人力改良的应归出人力者享有。”

据《阎锡山早年回忆录》，台北，传记文学出版社一九六八年十月出版

---

① 套如（dollar），今译元，美国货币单位，亦即美元。惟因加拿大等国亦以 dollar 为货币单位，故美元在国际上称作 U. S. dollar。

革命之始当以约法协调兵权与民权关系

在横滨与汪精卫谈话[①]

（一九〇五年秋）[②]

革命以民权为目的，而其结果，不逮所蕲者非必本愿，势使然也。革命之志在获民权，而革命之际必重兵权，二者常相抵触者也。使其抑兵权欤，则脆弱而不足以集事；使其抑民权欤，则正军政府所优为者，宰制一切，无所掣肘，于军事甚便，而民权为所掩抑，不可复伸，天下大定，欲军政府解兵权以让民权，不可能之事也。是故华盛顿与拿破仑，易地则皆然。美之独立，华盛顿被命专征，而民政府辄持短长，不能行其志；其后民政府为英军所扫荡，华盛顿乃得发舒。及乎功成，一军皆思拥戴，华盛顿持不可，盖民权之国必不容有帝制，非惟心所不欲，而亦势所不许也。拿破仑生大革命之后，宁不知民权之大义？然不掌兵权不能秉政权，不秉政权不能伸民权，彼既藉兵权之力，取政府之权力以为己有矣，则其不能解之于民者，骑虎之势也。而当其将即位也，下令国中民主与帝制惟所择，主张帝制者十人而九。是故使华盛顿处法兰西，则不能不为拿破仑；使拿破仑处美利坚，则不能不为华盛顿。君权、政权之消长，非一朝一夕之故，亦非一二人所能为也。中国革命成功之英雄，若汉高祖、唐太宗、宋艺祖、明太祖[③]之流，一丘之貉，不寻其所以致此之由，而徒斥一二人之专制。后之革命者，虽有

---

① 孙文于一九〇五年八月在东京建立中国同盟会，十月创办机关刊物《民报》，在宣传革命思想的同时，对君主立宪派（即保皇派）在横滨所办《新民丛报》反对革命的观点进行批判。此为同盟会会员汪精卫在《民族的国民》一文中引述孙中山的谈话，驳斥所谓革命结果“有与所蕲相违者，求共和而复归专制，何乐而为此耶”的论调。汪文称，谈话笔录未经孙文核对，“先生今去东京，文成不获往质，有误会否不敢知也”，则谈话地点当在孙之居处横滨。

② 底本未说明日期。按在《民族的国民》一文发表前，汪精卫仅于一九〇五年秋季曾与孙文晤面，谈话时间即据此酌定。

③ 刘邦，庙号汉高祖；李世民，庙号唐太宗；赵匡胤，庙号宋太祖，亦称艺祖；朱元璋，庙号明太祖。所举者汉、宋、明三代为开国皇帝，而唐代开国皇帝为李世民之父李渊（庙号唐高祖）。

高尚之目的，而其结果将不免仍蹈前辙，此宜早为计者也。

察君权、民权之转折，其枢机所在，为革命之际先定兵权与民权之关系。盖其时用兵贵有专权，而民权诸事草创，资格未粹，使不相侵，而务相维，兵权涨一度，则民权亦涨一度。逮乎事定，解兵权以授民权，天下晏如矣。定此关系厥为约法。革命之始，必立军政府，此军政府既有兵事专权，复秉政权。譬如既定一县，则军政府与人民相约，凡军政府对于人民之权利义务，人民对于军政府之权利义务，其荦荦大者悉规定之。军政府发命令组织地方行政官厅，遣吏治之；而人民组织地方议会，其议会非遽若今共和国之议会也，第监视军政府之果循约法与否，是其重职。他日既定乙县，则甲县与之相联，而共守约法；复定丙县，则甲、乙县又与丙县相联，而共守约法。推之各省各府亦如是。使国民而背约法，则军政府可以强制；使军政府而背约法，则所得之地咸相联合，不负当履行之义务，而不认军政府所有之权利。如是则革命之始，根本未定，寇氛至强，虽至愚者不内自戕也。洎乎功成，则十八省①之议会盾乎其后，军政府即欲专擅，其道无繇。而发难以来，国民瘁力于地方自治，其缮性操心作之日已久，有以陶冶其成共和国民之资格，一旦根本约法以为宪法，民权立宪政体有磐石之安，无飘摇之虑矣。

据精卫：《民族的国民》（其二）笔录孙逸仙谈话，
载一九〇五年十一月二十六日东京《民报》第二号

与胡毅生谈话②

（一九〇五年十月十一日）

孙：此为法国在天津驻屯军之参谋长，奉政府命，与吾党联络，彼欲派员赴

---

① 此指清朝在明代原疆域所置十八行省，除此之外，当时尚有东三省（一九〇七年析置奉天、吉林、黑龙江三省）、新疆省，以及蒙古、西藏二特别区和西宁办事大臣所属青海东部地区。

② 十月七日，孙文自日本横滨乘法国邮船赴越南筹款，十一日船过吴淞口，法国陆军上尉布加卑（Paul Boucabeille）登轮求见。他宣称是由法国陆军部长派来与之联系，法国政府有“赞助”中国革命之意，愿先派员协同到中国内地调查革命实力。孙表示同意布加卑的提议，旋召随员胡毅生谈话。

各省调查吾党实力。如确有实力，则法国将欲助吾党独立建国。余已允派人随之同行。惟天津法军营中，须得娴英文者一人长驻，翻译文件，东京本部不知有何人愿往而能胜任者？

胡：廖仲恺。

孙：可。

据胡毅生：《记布加卑与吾党之关系》，载中国国民党中央党史史料编纂委员会编：《中国国民党五十周年纪念特刊》，重庆，一九四四年出版

与陈少白等谈话[①]

（一九〇五年十月中旬）

汝曹既加盟为革命党员，当以身献诸党国，成败利钝，不须顾虑，只有努力进行。譬如煮大镬饭，当以自己作柴薪，拚被燃烧净尽，化为灰烬，而不必作摆合吃饭思想，如此存心，方不愧为真正革命党人。如有丝毫侥幸观念，与希图富贵，便非英雄好汉与铁血男儿。

据邓警亚：《有关孙中山先生史实的点滴回忆》，载尚明轩、王学庄、陈崧编：《孙中山生平事业追忆录》，北京，人民出版社一九八六年六月出版

讨论《民报》发刊词[②]

（一九〇五年十一月）

孙曰：吾国定名民国，党曰民党，报曰民报；现欲将吾平日所提倡之种族革

---

① 一九〇四年，陈少白在香港主持《中国日报》社务，一九〇五年，香港中国同盟会成立，举为会长。

② 胡汉民谓：《民报》序文，为（孙）先生口授而余笔之。邓慕韩记：“一日，请国父撰一发刊词，以冠篇首。国父慨然允诺，爰命汉民记录其意。”

命、政治革命、社会（亦名经济）革命，以一民字贯之。种族则拟为民族，政治则拟为民权。社会则尚未能定。

座中各有献议，均未能当。

邓慕韩提出：吾国常用国计民生，可否定名民生？

众均称善。遂以社会革命定名民生。由是民族、民权、民生三大主义之名词，于《民报》发刊词确定之。

据邓慕韩：《追随国父之回忆》，载南京《三民主义半月刊》第十卷第三期，一九四七年四月出版

与胡汉民谈话

（一九〇五年）①

暗杀须顾当时革命之情形，与敌我两者损害孰甚。若以暗杀而阻我他种运动之进行，则虽歼敌之渠，亦为不值。敌之势力未破，其造恶者不过个人甲乙之更替，而我以党人之良搏之，其代价实不相当。惟与革命进行事机相应，及不至摇动我根本计划者，乃可行耳。

据《胡汉民自传》，台北，传记文学出版社一九八七年八月出版

① 谈话时间在一九〇五年同盟会成立后不久。

依靠会党在华南发动反清起义及争取外国支持

与布加卑谈话①

（法　译　中）

（一九〇六年四月中下旬）②

……从现在起，我还需要汇报同分离党领袖孙逸仙即高野长雄（Takano Nagao）③博士再度会晤的情况。我是在香港遇见他的，从香港到上海途中我们曾是同路。

…………

孙逸仙非常爱国，他肯定考虑到了要把他的国家从欧洲的干涉下解放出来，从现政府特许外国人的不正当特权下解放出来。现政府当把它的习俗、法令强加于人民头上的时候是如此野蛮残忍，而在保护他们时却又是那么软弱无能。

然而孙逸仙也确信，如果他想要获得成功，就必须得到欧洲的照顾，至少也须使欧洲保持中立，因此，他一定会竭尽全力阻止对洋人生命财产的侵犯。

他明确表示说，即使在迟早要建立起来的新政府领导下，我上面提及的那些特权④也必将被取消。应该明白，中国的责任政府不管是什么样子，外国人的地位都将在短期内出现变化。所以他们最好还是随遇而安，回复到普通法，接受一

---

① 陆军上尉布加卑于一九〇五年夏奉法国陆军部派遣来华主持中国情报处（Service des Renseignements de Chine）工作，任该处处长。孙文为谋求法国支持中国革命，前此曾与他会晤和通信。此次孙文自新加坡乘客轮抵达香港海面，拟取道上海前往日本，适与登轮赴沪的布加卑相遇，途中双方晤谈数次（到沪后仍可能晤面）。谈话内容系据布加卑致法国陆军部长艾蒂安（Eugéne Etienne）关于一九〇六年三月至四月中国情况报告中的介绍。报告人以“我”自称，对孙文使用第三人称，援引原话与叙其大意并用，还夹杂有报告人的解释和判断。法国外交部及驻华公使馆对布加卑等联络和同情中国革命党的表现甚为不满，中国情报处后于同年十月被撤销。

② 底本未说明日期。按孙文于四月十六日乘轮至香港，十七日赴上海，二十日前后到达吴淞口，略事逗留后于二十四日抵日本。据此而标为十月中下旬。

③ 高野长雄是孙文此行使用的日本化名。

④ 指在通商口岸设立租界及享有开发矿山、修筑铁路等特权。

个开明政府所提供的保证，这个政府完全有能力制定西方国家能够接受的、能使人奉行的普通法。

…………

孙逸仙是这样估计群众对他的事业的支持率的：分布于国外、远东地区如香港、东京湾（La baie de Tokyo）①、交趾支那（Cochinchine）②、星加坡的华人占十分之九，他们不仅是活动分子，而且以他们的财产为他提供资助，有的财产数额还是很大的。……广东、广西两省民众占十分之九，福建、湖南两省民众占十分之六七，贵州和长江中下游各地民众占半数以上。

这种比例所表示的与其说是数字，不如说是概念，并不令人感到惊讶。犹如我在报告（30M）③ 中所说的，三合会的大首领、哥老会的同盟者孙逸仙认为他的力量已经足够，所以他不再需要吸收新会员。就这个意义而言，亦即他不再寻求获得新的信徒，连他本人都可以退居二线。……

他一边在使已经点燃起来的对清政府的仇恨烈火烧得更旺，一边力求使他的政治纲领广泛传播，这个纲领与华南的社会状况颇为适应，那里的人们至今犹在怀念失去的广州和南京的独立性。他保留了秘密会社"反清复明"口号中的前半句，而对后半部分则有待于作出改变。犹如他已经说过的，建立一个共和国，尊重那些对地方自治的缅怀，力求把未来的国家并入一个联邦，一个仅足以保证共同体权力的联邦④。找不到明朝后裔，北京政府的贪婪凶残，憧憬着独立远景的地方意识、自豪感和利益的满足，这一切都有利于传播他的思想。

在日本和其他国家的留学生有将近一半赞同革命，其余一半除几百名当今政府的官费生外也都同情这一事业。北京最近取消了对四名留法学生的津贴，因为他们在法国报刊上发表了反清文章。

---

① 东京湾乃一海湾，中国称北部湾，位于我国南端与越南之间，此处实指东京（北圻）。

② 当时越南为法属印度支那（Indo-Chine francaise）的主体，被划分成交趾支那（南圻）、安南（中圻）、东京（北圻）三部。

③ 指一九〇六年一月五日布加卑致法国陆军部长关于一九〇五年十二月的中国情况报告。该报告简略介绍孙文与他通信的内容，主要涉及会党情况，并称孙文是三合会首领，还与哥老会首领黄兴结盟。此说与事实有出入。

④ 当时孙文曾经设想在华南建立一个联邦共和国，包括广东、广西、贵州和湖南四省。

在转入行动之前，孙努力积聚资金和必需的军火，以便使他的奋斗能维持足够长的时间，在这方面，自我在报告（30M）中作出的说明和案卷四的情报卡第二、三号以来有很大的发展。

他对我说，星加坡和槟榔屿（Pulau Pinang）① 的同盟会支部最近提供了一笔二百万元的巨额资助。再有二百万或相当于二百万价值的军火，他便会下令起义。而确实，这二百万才是最难找到的。香港、印度支那和海峡殖民地的所有社团，全都已尽力提供了他们的份额。这笔钱将如何筹措呢?

孙考虑到还可求助于欧洲银行，很可能就是法国银行。朋友们的批发商将为他签字担保，直至筹足那个数额，只要贷方允许在几年时间内分期偿还，因为还得考虑到失败的可能。

…………

孙恢复和维持同北方各会社的联络，提醒他们固有的宗旨。今天在那里有他的同盟者，他们即便不直接参加南方起义，也会在有利的时机把当今政府的注意力吸引到北方。

北洋军队和巡警决不会安闲。并不需要花很多钱，因为他不相信他们的力量。在中国目前的交通状况和这支军队的后勤组织情况下，人们不相信存在着它对南方有效介入的实际可能性。北直隶士卒的怯懦更使孙逸仙博士放心。再者，我已曾说过，他善于让支持他的秘密会社成员潜入军队，在士兵、军官直至袁世凯的谋士中间都有他的人。他信得过我，把其中两个人的名字告诉我，我将同他们取得联系。……

这就是孙逸仙的主要资财以及他的力量分布情况。他的计划如何？他信任地给我说了大概。我这就将叙述这个大概，以便特别说明它同军力分布如何协调一致。他的兵力在南方密度较大，长江边上密度较小。……

像这样一场革命，拥护者至少要占本地区民众的半数以上，成功的希望自然就比较大，尤其是要对付像满清王朝这样软弱无能的政府，而革命又将在同一天内在四面八方同时爆发。

---

①　槟榔屿，另名威尔士太子岛（Prince Wales Island），时为英属海峡殖民地之一州。

孙逸仙却不这样考虑。他认为，在南方边远省份采取这样的局部行动可能会失败，而稍有不虞，便会通过反冲而对其他方面的强大优势产生影响。他宁肯进行缓慢、循序渐进的行动，从他最可信赖的地区开始，那是对他的信徒在数量和质量方面都最有把握的地区。

夺取广州这个文化、军事和商业中心，夺取以广州为首府的两广，便会消除可能还在犹豫的福建、湖南和贵州等省人民的顾虑。他说："广州起义获得成功后，我才能在那些地方取得几乎绝对的认同。在初战告捷的声威激励下，长江中下游百分之五十到六十拥护我的人民，很快就会赢得原先对我的计划无动于衷或已有好感的小部分人的支持。在三个月内可以解决一切。"

出于前面已经提到的理由，北京无暇顾及："南京军队已倒向我们一边，他们增援我们的兵力为数有限，但足以占领长江南岸，从此南北形成对峙，民众归向将构成我们的屏障，新的国家便建立起来了。"

因此，一切便取决于在广东、广西两省的发轫，尤其是夺取广州。这项计划是经过最周密的部署的。

官方在这座城市及其附近营寨最多集中一万兵力。而孙逸仙在 Tchou-Tcho 和 Hin-Tchéou① 之间拥有二万条枪，在广西拥有三万条枪，该省正规军差不多将全体加入他的队伍。在西江、三角洲各城镇村庄分布有他的八万兵力，遭人非议的海盗集团也将参加行动。

为了将失败的可能性减少到最小限度，行动将从两处牵制攻击开始，一处是在广州东部的丰顺山地，另一处是在西面即广西的东部地区。他们希望能把守卫广州的一万兵力中的一部分诱向远方，这时再直接进攻广州，西江、三角洲的八万人马在广州的对手差不多就只剩下无足轻重的巡警队，而且敌方要塞中还有内线里应外合。

孙逸仙有些焦急，他需要转入行动，而不能让他的支持者无限期等待，他们等待起义信号已足足一年。

其次，他在官场的那些最可靠的支持者中有几位尽管在执行公务上表现积极，

---

① 此两处中文地名不详，原文照录。

也会受到北京的怀疑，尤其是郭道台①。毫无疑问，他们如被解职将会造成重大损失。

最后，目前国外的政治形势十分有利，这是我在下一节要说明的问题。

出于这种种理由，孙逸仙打算在年底以前，下一个旱季到来之时开始这场战役。

资金问题并不是推迟行动的惟一原因，孙逸仙博士十分清楚，成败首先取决于欧洲列强对他发动起义的态度，而近几个月来，他本人的注意力也首先集中在列强方面。他出访欧洲归来②，主动对我谈及他在欧洲取得的成果。……

实际上，他早就肯定地说，革命将尊重欧洲各国在中国已取得的金融利益，可以对投资商业和工矿企业的命运放心，也可以对所贷款项的息金放心——未来的华南共和国不会否认清帝国借下的债务，共和国将接受与它治下的民众人口数量成比例的债务部分。

另一方面，被孙称作充满活力、今后足以实施的社会经济纲要所包含的内容中，首先便是推翻中国维持至今的保护贸易政策的一切障碍，使国家对欧洲彻底开放，改造旧法规，代之以仿效我们而制定的新法规，等等。简言之，这新的中国半壁江山将完全而又迅速地与西方文明接轨。

就纯政治观点而言，孙逸仙博士认为俄国和德国对他在江南的行动几乎是不感兴趣的，因为这些地区离它们视作自己势力范围的地方太远，与它们有关的利益非常少。

只有三个列强国家可能阻挠他的计划执行，就是英国、日本和法国。他说：

“附带提一下，英国的同盟会远东分部和我们在中国的三合会早有联系，尤其是英国在长江地区作过试探以后。它对于征服中国领土已不再抱有幻想。目前的自由党内阁③已经抛弃了上一届的、应该说是侵略性的野心。这个内阁首先是自由贸易派的内阁，所以如果我们给英国贸易保留有宝贵的自由权，中国打算采用什么样的政治制度与它的关系是不大的。我本人就是一个自由贸易主义者，我早就确信，

① 指广东钦廉道员郭人漳。“道台”是道员的俗称。

② 孙文于一九〇六年一月至三月间到法、英等国访问。

③ 英国自由党在一九〇六年选举中获胜，成立以坎贝尔—班纳曼（Henry Campbell-Bannerman）为首相的内阁。上届内阁在保守党领袖贝尔福（Arthur James Balfour）任首相期间，曾完成一八九九年至一九〇二年的布尔战争，吞并了南非布尔人（Boer）的两个共和国。

在这个基础上同英国是能够达成谅解的。我曾见过爱德华·葛雷（Edward Grey）①爵士，对他阐述了我的观点。不管我成功的可能性有多大，英国肯定不至于让自己牵累进我所尝试的这种冒险。而且，我从英国外交部争取到他们绝不反对我的计划的承诺，如果今后发展对我有利，如果我开始取得成功，他们甚至会采取对我有利的立场。我不可能从大不列颠方面有更多的奢望，只要他们许诺不作出有利于满清皇朝的介入，即像当年太平军时期反对南京太平天国那样②。

“日本的形势同样对我有利，那里也是自由派内阁取代了激进派内阁③。另外，我还得到一些人士的支持，他们过去曾给我宝贵的帮助，使我满怀希望，我的主张能得到他们的赞同。不管欧洲怎么考虑，日本并不想贸然吞并中华帝国。同大不列颠一样，日本只要有商品销路、经济渗透的方便就可以了，而这不仅给日本国创造财富，也给中国创造财富。激进派内阁在这种合理的愿望上附加了一个更加贪婪的政治设想，让中国在某种程度上受它监护，这种设想同西园寺侯爵的观点肯定是格格不入的。因此，不要谋取领土、租界，不要指望答允赔款或给予特权，因为这会煽起中国民族主义的仇恨。我估计，我现在（四月二十八日④）到日本去能够获得成功，如同我在英国获得的成功那样。我有《英日同盟条约》的要素之一作为保证，我完全有理由相信，尤其是在目前赢得另一个要素的可能性。不幸的是，或许可说是幸运，自由派内阁的日子仿佛不长了，我估计它尚能存在到下一次议院复会。而这也需要我在年底前行动，在日本议会作出变化导致恢复激进派内阁之前开始行动。

“至于法国，比起日本来说问题的范围缩小了，也更清楚了。可以肯定，新的华南国短期内将比今日中国更强大，因为它是人民的政府，民族意识的觉醒使它得以支配所有诚心诚意拥护它的人们，这是这里人人都确信的事实。所以，它显

① 今又译爱德华·格雷，时任英国外交大臣。

② 英国军官戈登（Charles George Gordon）曾率领外国干涉武装“常胜军”，配合清军绞杀太平天国起义。

③ 一九〇六年一月，政友会组成西园寺公望内阁（一九〇八年七月解散），取代桂太郎内阁。现任总理大臣西园寺公望在日本曾有自由主义思想家之称，而前任总理大臣桂太郎则是一名积极实施军国主义政策的陆军大将。

④ 日期有误。据宋教仁日记所载，是日孙文在东京民报社与宋等晤谈并共进晚餐。

然将具有清政府所无法比拟的活力。这对法国而言，则可以概括成这样简单的问题：在它的属地的边界上存在一个比现在更强大的国家，究竟对它是否有利。

“因此最先考虑到的问题可能是，这个新国家会不会侵犯远东地区而体现某种外国因素的东西。绝不会的。首先，中国人并不是一个好征战的民族，一百年来中国常常是反抗外国的政治，但从来不是去主动反对外国的政治。另一方面，在很长很长的时期里，这个新国家将进行一系列的内务改革，这项工作将耗尽它的全部精力。最后，那些曾在它的诞生过程中给予帮助的人们，凭什么说它会拒绝承认他们的帮助，除了打仗就不会用别的方式酬答他们呢？

“还请不要忘记，我是最早在中国鼓吹那种同你们的社会主义相仿的思想意识的人之一，我正在把那些寄希望于我的人们往这条路上引导。我可以肯定，新国家将尽一切力量站在文明各国的前列，走在和平的道路上。

“所以，除非法国怀有不可告人的企图，想征服中国的南方各省，否则就不应该觉得在与它的东京湾边界接壤的地方存在这个强国有什么妨碍，甚至危险。这怎么可能呢？法国舆论好像认为近二十五年来取得的殖民范围已经非常足够了，一切对中国的新征战都会令人感到难以理解，况且最近的一些事件表明，欧洲列强显然愿意保持中华帝国的完整性。

“还需要说得更明显吗？要不是军费开支浩大，法国会在印度支那保持一支足以使它免遭任何侵犯的军队，这对谁都不是秘密。而现在，它至多也只能适度幻想拥有一个机制，得以坚持一段时间，具体地说，撑持到援军的到来。这段时间可能长达好几个月，而它又完全限于守势，那么，它能有多少侥幸呢？在这方面，既然我们谈的是战争和征服，同一个在东京湾大门口的强国联盟，对你们的印度支那领地不正是多一个屏障吗？法国贸易在这个新邻国里将能得到安全感，在向世界交往敞开大门的制度下，法国贸易还能做到它想作出的延伸，这我就不多说了。”

据法国陆军部档案：中国情报处处长致陆军部长关于一九〇六年三、四月总报告——在驻华法军总指挥官领导下制订，一九〇六年五月十日于天津，樊尚宫陆军档案馆陆军战史处藏（Les Archives de l’Armée de Terre, Service Historique de l’Armée de Terre, Chateau de Vincennes）（李莉译，乐正、宋安华校）

革命的目的是保国存种

与胡汉民谈话①

（一九〇六年四月下旬）②

恶是何言？革命之目的，以保国而存种，至仁之事，何嗜于杀！彼书生之见，以为革命必以屠人民为第一要着，故以其所梦想者而相诬。以余之意，则中国民族主义日明，人心之反正者日多，昔为我敌，今为我友，革命军之兴必无极强之抵力。吾所主张终始一贯，惟以梁氏反复无恒，故不告以约法。若民生主义，梁氏至今梦如数年前，更难语以实行之方法，彼乃向壁虚造，乌足诬我？

据辨姦（胡汉民）：《斥〈新民丛报〉之谬妄》转引孙文谈话，载一九〇六年六月二十六日东京《民报》第五号

在东京与吕志伊等谈话③

（一九〇六年四月）

云南最近有两个导致革命之因素：一件是官吏贪污，如丁振铎、兴禄之贪污行为，已引起全省人民之愤慨；另一件是外侮日亟，英占缅甸、法占安南，皆以云南为其侵略之目标。滇省人民在官吏压榨与外侮侵凌之下，易于鼓动奋起，故

---

① 据胡汉民《斥〈新民丛报〉之谬亡》一文记述，梁启超著文“伪造孙君之言，谓大革命后四万万人必残其半，及主张大流血以达此目的等语”，胡汉民“以此言质诸孙君?”孙予以驳斥。

② 底本未说明日期。孙文于四月下旬抵日本并见到胡汉民。胡转引孙言论的文章亦在此时写成，六月离日。谈话时间即据此订定。

③ 一九〇六年四月，孙文为了扩大宣传革命的阵地，特地会见云南留日学生吕志伊、杨振鸿、赵伸、李根源、罗佩金，建议他们创办《云南》杂志，并嘱咐陶成章、宋教仁等给予帮助。同年十月十五日《云南》杂志在东京出版。

筹办云南地方刊物为刻不容缓之任务。

据李根源：《〈云南杂志选辑〉序》，载中国科学院历史研究所第三所编：《云南杂志选辑》，北京，科学出版社一九五八年十月出版

在新加坡与张永福谈话

（一九〇六年六月至一九一一年十二月间）

Anarchist（因亚纪）为无头政府，今人译作无政府为误。盖无政府已无一切，统治人民无可系属也。

据张永福：《南洋与创立民国》，上海，中华书局一九三三年十月出版

革命与维新的分别

与芙蓉华侨谈话[①]

（一九〇六年七月十七日）

孙：近一二年，内外造成革命者大不乏人，大有一日千里之势。彼满虏处此，万不能与风潮相抗拒，而又不能守一成不变之成法，以保子孙帝王之业，乃始下诏维新，以觇汉人之志向；继则公然宣布立宪，预备九年之开国会，为笼络人心之手段，实假立宪之美名，以实行中央集权。稍有眼光者，多能知之。是所谓“非我族类，其心必异”，亦无怪其手段之辣矣！

华侨：中国通商口岸无省无之，若革命军起事，外国有无干涉，藉口于内乱而行瓜分中国，何法可以抵御？

① 孙文于一九〇六年六月离日到南洋各埠宣传革命。这是在英属马来联邦森美兰州首府芙蓉（Seremban，今又译塞伦班）的一次座谈会上发表的谈话，华侨朱赤霓、黄心持、李梦生（后均为当地同盟分会骨干）等与会。

孙：瓜分之原因，由于中国之不能自立；以中国不能自立，则世界和平不可保也。《民报》精卫有论说《驳革命可以召瓜分说》，可购一份《民报》，便知其道理也。

据邓泽如：《中国国民党二十年史迹》，
上海，正中书局一九四八年六月出版

与吉隆坡华侨谈话[①]

（一九〇六年八月七日）

促请华侨社会，大家应该团结合作，因为不团结对于侨社全体将造成灾祸，所有的人都将受损；举例说，蜜蜂和蚂蚁身体最弱，力量最小，但因靠团结而生存；强而有力的虎、豹反而易落到猎人所设置的陷阱而被捕捉，乃因缺乏团结的关系。

据邓慕韩：《记孙总理丙午年至吉隆坡事》，载
颜清湟著，李恩涵译：《星马华人与辛亥革命》，
台北，联经出版事业公司一九八二年出版

烟草传入中国的经过

在东京与宋教仁谈话[②]

（一九〇六年十月十三日）

孙谈到烟草传入中国的经过时谓：此物先至日本，盖当葡人殖民美洲时，其商民营业亦甚盛，先运至日本，后乃至中国闽广各处，其后又从日本流入满洲，故明末之际满洲烟草甚盛也。至于淡巴孤、タバコ、吗姑等名称，皆不过随地方之译音而变耳。

据宋教仁：《我之历史》，湖南桃源，
三育乙种农校一九二〇年石印线装本

---

① 是日孙文抵吉隆坡，设立同盟会分会。

② 十月九日，孙文自西贡抵日本，是日孙到东京《民报》社与宋教仁晤谈。

中国宜实施五权分立的共和政治

在东京与格鲁舍尼等谈话①

（日 译 中）

（一九〇六年十一月十五日）②

孙逸仙博士对于格鲁舍尼博士的热心询问，回答说："希望在中国实施的共和政治，是除立法、司法、行政三权之外还设置考选权和弹劾权的五权分立的共和政治。"

格鲁舍尼氏感到诧异，问道："弹劾权本属于国民，并非由议会行使。中国何以需要特别设立这种制度呢？况且，考选事务作为行政的一部分不是足够了吗？还需要另行设立的理由是什么呢？"

孙逸仙博士应声回答说："因为要通过考试制度来挑选国家人才。我期望能根据这种办法，最严密、最公平地选拔人才，用合格的人才来掌管国务。盖观今日共和民主国家，国务被作为政党所承包之事，一旦国务长官更迭，甚至连勤杂敲钟之流的小吏亦随之全部更换，此举不仅不胜其烦，其弊端也不可胜言。再者，单凭选举来确定国家公仆，从表面上看来似乎公平，其实则不然。为何这么说呢？如果单纯通过选举录用取人才而完全不用任何考试的话，就往往会是有擅长口才的人在选民中间运动，得以占其地位。为此，那些不善言词但有学问思想之人恐将会被闲置。美国下院多有愚人，其实就足以证明选举的弊端。

"至于弹劾制度，是在议会的监督之外，希望还要专门监督国家政治，以纠正其违法行为，这也是鉴于当今现行共和政治的缺陷而所为。盖无论哪个立宪国家，

---

① 格鲁舍尼（Г. Герушени），又译该鲁学尼，俄国社会革命党首领，刚从被流放的西伯利亚逃脱，在赴美途中路过东京，是晚偕波德巴赫（L. P. Podpakh）登门拜访孙文。晤谈时，日人池亨吉、宫崎寅藏、萱野长知、平山周、和田三郎、清藤幸七郎等在座。

② 底本未说明日期。今据萱野长知《中华民国革命秘笈》（东京，东京帝国地方行政学会一九四〇年七月发行）第四章所载。

虽说议会有弹劾之权，但其权限也因国家不同而有强弱之别，由此而生出无数弊害。例如美国上议院往往擅用此权，挟制行政机关，呈议院专制之状况。况且从正理上说，裁判人民的司法权独立，而裁判官吏的弹劾权却隶属于其他机关之下，实非合理。

“而且，考选之制与弹劾之制乃是我中国政治上固有的两大优良制度。考选之制为恶劣政府所误用，弹劾之制则久废不用，实令人痛惜之至。我期待在我国共和政治中能复活这些优良制度，创立各国尚没有的五权分立的政治学说，开破天荒之政体，使各机关得以充分发挥其效力。”①

据懷仁（萱野長知）：《歐洲革命の大勢》“新共和主義”，载一九〇七年一月二十五日东京《革命评论》第八号（赵端升译，李吉奎、马燕校）

日文原文见本册第585—586页

附：另一译文

孙逸仙：希望在中国实施的共和政治，是除立法、司法、行政三权外还有考选权和纠察权的五权分立的共和政治。

该鲁学尼：纠察权本属于国民，并非由议会行使。中国为什么需要特别设立这种制度呢？况且，考选事务不是作为行政的一部分就够了吗？凭什么理由还需要单独设立呢？

孙逸仙：因为要通过考试制度来挑选国家人才。我期望能根据这种办法，最严密、最公平地选拔人才，使优秀人士掌管国务。如今天的一般共和民主国家，却将国务当做政党所一手包办的事业，每当更迭国务长官，甚且下至勤杂敲钟之类的小吏也随着全部更换，这不仅不胜其烦，而且有很大的流弊。再者，单凭选举来任命国家公仆，从表面看来似乎公平，其实不然。因为单纯通过选举来录用人才而完全不用考试的办法，就往往会使那些有口才的人在选民中间运动，以占

---

① 萱野长知还在《中华民国革命秘笈》第五章中记述：最后分手之际，格鲁舍尼说：“如果中国革命得以成功，希望帮助我国革命，首先解救被囚禁于西伯利亚监狱及流放之地的同志。”中山予以拒绝，说：“万里长城以外之事，与我们自身没有关系。”（马燕补译）

有其地位，而那些无口才但有学问思想的人却被闲置。美国国会内有不少蠢货，就足以证明选举的弊病。

至于纠察制度，是除了要监督议会外，还要专门监督国家政治，以纠正其所犯错误，并解决今天共和政治的不足处。而无论任何国家，只要是立宪国家，纠察权归议会掌管，但其权限也因国家不同而有强弱之别，由此产生出无数弊端。况且从正理上说，裁判人民的司法权独立，裁判官吏的纠察权反而隶属于其他机关之下，这是不恰当的。

考选制和纠察制本是我中国固有的两大优良制度，但考选制度被恶劣政府所滥用，纠察制度又被长期埋没而不为所用，这是极可痛惜的。我期望在我们的共和政治中复活这些优良制度，分立五权，创立各国至今所未有的政治学说，创建破天荒的政体，以使各机关能充分发挥它们的效能。

据萱野长知：《中华民国革命秘笈》，东京，东京帝国地方行政学会一九四〇年七月发行（赵瑞升译）

中国必须由中国人来统治

在东京与香港《德臣西报》记者谈话

（英译中）

（一九〇六年十二月二十一日刊载）

“中国是中华民族的中国，必须要由中国人来统治。”孙逸仙博士指出俄国人经常在北京接触朝廷，并总结说：“我们改革者不仅要对中国，也要对日本施加影响。”

据 Dr. Sun Yat-sen In Tokyo. *The China Mail* (Hong Kong), December 28, 1906, Page 4.（《孙逸仙在东京》，载一九〇六年十二月二十八日香港《德臣西报》第四页）（邹尚恒译，高文平校）

英文原文见本册第 513 页

再版《红十字会救伤第一法》一书事[①]

在东京与章炳麟谈话

（一九〇六年十二月）[②]

兵者所以威不若，固非得已。攘胡之师，为民请命，庶几前歌后舞，而强寇桀逆未遽倒戈，伤痍者犹不得免。义师之中，庶事草创，固不暇编卫生队，良医又不可得，一受创伤，则能全活者寡矣。其以简易之术，日训将士，使人人知疗治，庶几有济。是书[③]文略易明，以之讲解，不过数日而能通知其意，其为我宣行之。

据《赤十字会救伤第一法》章炳麟“再版序”，《与章太炎的谈话》，载《孙中山全集》第一卷，北京，中华书局一九八二年七月出版

在东京与黄兴谈话

（一九〇六年冬）

孙中山以经济困乏，束手无策，一日语黄兴曰：“吾昔在法轮中邂逅一张姓友人，其人系供职巴黎清使馆，而兼营古董业者，尝告余至急需款时，可随时致彼

---

① 是月初萍浏醴起义爆发，孙文考虑到今后对清作战中救治伤员的需要，提出要将他翻译的《红十字会救伤第一法》一书再版发行（再版时书名改译），这是他持书往访《民报》主笔章炳麟提出上述建议时的谈话。

② 底本未说明日期。据底本有关记述及萍浏醴起义时酌定。

③ 是书：指《红十字会救伤第一法》。

一电，彼必尽力相助，今姑发电一试。”① 黄闻为使馆人员，颇滋疑虑。及孙按地址去电，数日后即有三万佛郎从法汇到，一时东京同盟会本部为之顿呈活气。

据《新世纪主人张静江》，载冯自由：《革命逸史》第二集，重庆，商务印书馆一九四三年二月初版

邀赴华见证反清举事并将亲身见闻笔之于书

在东京与池亨吉谈话②

（日译中）

（一九〇七年一月五日）

如君所知，自去年秋江西省萍乡之乱发生，风云忽急，全国震荡。湖南、曾州、江阴、东阿、辽河以西等地接踵响应，到处箪食壶浆，以迎革命赤旗。蚩蚩之民，今已发出雷霆之威，火焰大的有烧尽爱新觉罗残骸之势。如不乘此时机起事，我党又何时能如陈、吴③之救国！不惜牺牲，我志已决。即将传檄十八省会党，联络声气，立刻举事。可使广东省罗定府的志士为前锋，他们与当地镇台的将弁等密结盟约，不战即可据有广东省城，现在只待领导者号令下达。因此，黄兴君将先期代表我中国革命同盟会，乘搭十一日自横滨启程的便船，匆匆赴会，并可得汪兆铭君同行。

（接着，孙文邀请池亨吉往中国参加起义活动，他表示同意。）④

---

① 张姓友人：即张静江。《新世纪主人张静江》云：“乙巳（一九〇五年）……某月静江乘法轮赴某地，闻总理适与同舟，乃趋谒总理，自道姓名，谓总理曰：‘君非实行革命之孙某乎？闻名久矣，余亦深信非革命不能救中国。近数年在法经商，获资数万，甚欲为君之助，君如有需，请随时电知，余当悉心以应。’总理大喜，乃与之互约通电暗号，约定电文 ABCDE 之次序：A 为一万元，B 为二万元，C 为三万元，D 为四万元，E 为五万元。事后总理犹未敢深信初次相识之静江能有求必应也。”

② 是日，居东京的孙文往日本作家池亨吉隐居处寻访，见面后进行长谈。后来池根据孙在这次谈话中提出的建议，写成《支那革命实见记》一书。

③ 陈、吴：即陈胜、吴广。

④ 按：此处大段删略未译。

请君作为见证人前往。我希望你将亲身见闻，自始至终，笔之于书。当年粤西的洪秀全起义，在即将达到其目的之际，竟不幸为英国人戈登将军所击败，得一大逆不道的长发贼之污名。但后来幸有另一英国人呤唎，以其非凡的侠骨，将目睹事实著成珍贵无比的史书，如实将洪秀全之辈的人格及其理想予以恳切说明，反过来又将支持镇压他们的戈登将军及英国政府的无人道和野蛮无理给以痛斥。任何人读到他所著的《太平天国革命亲历记》，都无不怆然而泣。洪秀全、李秀成等豪杰实赖此书为之辩护，才得脱去逆贼的污名，作为庄重的革命殉国者而为后世识者所悼念。我以这种精神嘱望于君，望你能在此时以日本的呤唎自任。更有嘱望于池君者，务将天下人有所误解之处，为我革命志士阐明，并使他们的值得赞颂地方为世所知。

据池亨吉（另作断水楼主人）著：《支那革命实见记》附录“嗽岩枕涛录”①，东京，金尾文渊堂一九一一年十一月发行②（何若钧译）

日文原文见本册第586—587页

附：另一译文

“欢迎您来。您为什么能够找到这个地方?”我非常高兴他来访。

“我坐火车先到大森去找曾根俊虎君，然后请他带路，否则可能早已迷路了。”孙先生用他那很流利的英语边说边微笑。

“是的，那么曾根君呢?”

“他已经回去了。今天，我有件事情想跟您谈谈。”

孙先生说着，眼观四方，突然看见墙壁上所写：“一笑休忧贫与赢，满清风雪四民饥，且持剑欂啸残日，浮动天涯革命旗。”便用华语开始吟诵起来。

---

① 据池亨吉自注“嗽岩枕涛录”：“据说世人称不肯认输的人，或好强辩的人为‘嗽岩枕涛’，其由来据云出自《晋书》。现在我用‘嗽岩枕涛’这个题目，与孙楚的意向有异，是即我之所以枕涛，乃要听听海外万里的奇谈；所以嗽岩，系欲巩固我生来畏怯的牙根。”

② 该书早有中译本《中国革命实地见闻录》（乐嗣炳译，上海，三民公司一九二七年十月出版），因其翻译质量未尽人意，故本集未收录。

…………

孙先生继而告其来意说："如您所知道，去年秋天江西萍乡之役发生后，风云紧急，四百余县为之震撼，湖南、曾州、江阴、东阿、辽河以西等地大有接踵响应之势，甚至有箪食壶浆以迎革命大旗者。蚩蚩之民于兹发出纯朴的怒吼，义愤之火焰大有烧尽爱新觉罗的残尸之概。如不乘此机，我党又何日能成为救国之陈吴？骰子已经投下去了。我志已决：即羽檄而与十八省的会党通脉络，即时起义。而为其前锋者，乃是广东省罗定府的志士们，他们已与当地镇台的陆军军官秘密结成不战之盟，由之广东省城已在随时能够掌握之势，且在鹤首等待命令之到达。因此黄兴君代表我中国革命同盟会，将于本月十一日搭乘由横滨启程的班轮前往广东与其会师。汪兆铭君亦将同行。"

说到这里，孙先生突然一变其语气而言道："池先生，您想不想到中国去？如果想去的话，我将会为您安排一切。"他的英语还是那么清亮。

我不知不觉地瞪着孙先生的脸，未启口长达十几分钟。

"说实在话，就是您不想去，无论如何我也想请您去一趟。"孙先生更改变其语气而说："怎么样，您能不能接受我的邀请？"

我再次凝视孙先生的脸。如果他只是说'想不想去'，或说'要不要去'，我认为倒很容易答覆；可是像这样正面地邀请我去，我就不得不答应了。我骨虽钝，但却也是个男子汉。顿时，我领悟了所谓"女为悦己者容，士为知己者死"这句话正指这种情况而言。

"孙先生，您既然要我去，我就不能不去"，于是我接受他的雅意，并说："但像我这种人，去又有什么用呢？此间比我更适当的豪杰和勇士多的是，而且如您所知道，我跟那些所谓社会主义者或无政府主义者完全不同，而以做为大日本帝国的良民为荣，因此为日本帝国，我不但愿尽我的本分，而且不分事之大小，举凡对日本不利的，或将增加日本政府麻烦的事，我一概不染指。对于中国革命，我是由衷同情的，但如果我直接来参加这种战斗的话，是否方便呢？我如果这样做，会不会引起日本外交当局或日本这个国家的麻烦呢？一个无名的旅行者，曾经惹引国际问题的事，是大有先例的。我非常担心这一点。但说老实话，我是很想到中国去，很想去看看中国革命战争的。"

"我所说的就是这个意思，池先生。"孙先生点着头说："请您以一个参观者的身份去，并请您能把您所见所闻的一切写出来，我邀请您去的目的就在于此。往昔，粤西的洪秀全起义几乎要达到其目的时，不幸为英国人戈登所击败，因而被人家污为大逆长发贼，永为世人所忘记。可是，后来另外一个侠骨非凡的英国人呤唎写了一本非常出色的传书。他以其亲自见闻的事实，说明洪秀全等的人格、抱负和目的，更痛骂遣派戈登将军以消灭洪秀全等之英国政府的反人道和不辨是非。举凡读过呤唎的《太平天国革命史》的人，几乎无不流泪哭泣者。的确，洪秀全、李秀成等豪杰，实在因为这本书的出现，才被拭去了逆贼的臭名，而成为后人所敬仰的革命殉国者。我所寄望于您的，不外乎这种精神。请您能以日本的呤唎自居。同时，我更盼望池先生能冰释天下对我革命志士的误解。”

听了孙先生这番话，我不觉地流下眼泪，其语何等悲怆……

据池亨吉（另作断水楼主人）著：《支那革命实见记》附录“嗽岩枕涛录”，东京，金尾文渊堂一九一一年十一月发行（陈鹏仁译）

毁誉无足轻重

与东京同盟会员谈话①

（一九〇七年一月）②

常人毁誉，无足重轻者。昔拿破仑战胜欧洲时，违法称帝，法人不特无非之，反尊为神圣。后为列国所败，放逐海外，法人举国骂之。未几，拿氏突由戍所回法，其国又转而欢迎，态度为之大变，终为敌人所执，置之荒岛，法人又怨之。至拿破仑死，灵柩归至巴黎，人民观者，举国若狂。同是一人，后先毁誉若此，则常人评论，实无定准。

吾党行事，一本义理，义理所在，虽毁何伤？悬此目的，务使达到而后已。

① 当时日本报纸就萍浏醴起义一事对同盟会进行诽谤攻击，一些同盟会员甚感气愤。孙文就此发表评论。

② 底本未说明日期。今据上述史实酌定。

天下后世，自有定评。日报所称，何足芥蒂！

据邓慕韩：《本党革命史料》，载韶关《新生路》第八卷第二、三期合刊，一九四二年七月出版

《赤十字会救伤第一法》的意义

与胡汉民等谈话

（一九〇七年二月十七日至三月四日间）①

（在日本同盟会的时候，总理有一本书送给各位同志，书名《赤十字会救护法》，可以随时随地放在衣袋里带着走。）

我没有什么送给你们。这本薄薄的书，你们带着吧！你们不要把这本书的意义疏忽了！一个人被人打伤了，我们如何去救他呢？自己有了毛病，找医生又不方便，用什么方法来医呢？这种实际工作非自己来拿〔那〕不行的。一个人做了革命者，要是对于人民的疾苦不能救死扶伤，那么这个还算得什么革命呢！

据胡汉民述，张振之记：《关于实业计画》，载上海《新亚细亚》第四卷第一期，一九三二年四月出版

在东京与黄兴谈话

（一九〇七年二月）

逸仙自南洋还东京，作青天白日旗张之壁上。克强欲作井字旗，示平均地权意。见逸仙壁上物，争之曰："以日为表，是效法日本，必速毁之。"逸仙厉声曰："仆在南洋，托命于是旗者数万人。欲毁之，先摈仆可也。"克强怒，发誓脱同盟会籍。未几，复还。

据《太炎先生自定年谱》，上海，上海书店一九八六年影印本

① 底本未说明日期。孙文译著《赤十字救伤第一法》于一九〇七年二月十七日在日本东京再版发行，三月四日偕胡汉民离东京赴香港。此番谈话当在这段时间。

附：另一记录

同盟会召集干事会编纂革命方略，并讨论中华民国国旗方式问题，总理主张沿用兴中会之青天白日旗，谓乃陆皓东所发明，兴中会诸先烈及惠州革命军将士先后为此旗留血，不可不留作纪念。黄克强对于青天白日，颇持异议，谓形式不美，且与日本旭旗相近。总理争之甚力，且增加红色于上，改作红蓝白三色以符世界上自由平等博爱之真义。仍因意见分歧，迄未解决，后经章太炎、刘揆一设法调解，暂搁其议。

据《中华民国旗之历史》，载冯自由：《革命逸史》初集，长沙，商务印书馆一九三九年六月初版

在河内与胡汉民谈话①

（一九〇七年三月下旬）

孙中山在华侨方面筹款，叫胡汉民发两个电报，一个电报发给曾锡周，一个电报发给张静江。并说：这两个电报发出一定有款来的。

胡问：这位张静江是什么人？我没有听见先生说起过他的名字。

孙答：他是一个很奇怪很豪爽的一个人，我有一回到欧洲去，在船上碰到了他，我们通候了一下，他就问我："你是主张革命的孙某吗？"我说："我是孙某"。他听了很高兴，就很爽直地说："你是主张革命的，我也是很赞成革命的，我老实告诉你吧：我在法国做生意，赚了几万块钱，你发动革命的时候，我目前可以拿五万元来帮助你，打电报的时候，依着 ABCDE 的次序，A 字要一万元，B 字二万元，E 是要五万元，这就算是你打电报给我要钱和要多少钱的密码呢！"我觉得这个人是一个信实人，不会说诳的，所以我就要试试这个密码灵不灵了！

① 一九〇七年三月下旬，孙文抵河内，设机关于甘必大街六十二号，将兴中会分会改为同盟会分会。筹措款项刻不容缓，曾电西贡曾锡周及巴黎张静江。

胡依照孙的话打了一个 A 字，果然有一万元汇来了。后来用费不够，孙就说：他是很豪直的人，我们就打一个 E 字吧！打了 E 字之后，果然五万元汇来了。

据《胡汉民讲述南洋华侨参加革命之经过》，载冯自由：《革命逸史》第五集，上海，商务印书馆一九四七年十一月初版

日本是亚洲的警卫员

在南洋某地与萱野长知谈话①

（日 译 中）

（一九〇七年三四月间）②

我曾与孙公中山同在南洋，当时中山对我说过：亚洲的存在是因为有了日本，日本努力，小偷就不容易进来。日本如同是亚洲的守门犬。

当我咎其使用“守门犬”太过分时，他说：这是个比喻，是我不好。总之是亚洲的警卫员，托此之福，亚洲得以保全。

他还谈到了日中亲善提携、亚洲复兴等这些他素来的思想。

据萱野长知：《中华民国革命秘笈》自序，东京，东京帝国地方行政学会一九四〇年七月发行（马燕译）

① 萱野长知于一八九五年与孙文结识，后在东京加入同盟会，一九〇七年三月随同孙文到河内策动粤、桂、滇三省反清起义，后又被孙任命为革命军东军顾问。按：萱野仅称此次谈话在南洋而未说明地点，据其谈话内容推测，发生于同到南洋初期的可能性较大，则当时他们到过新加坡及越南的河内、西贡、海防等地，当为其中之一。文中对孙文用第三人称，萱野用第一人称。

② 底本未说明日期。兹据上注酌定。

在河内与黄兴谈话

（一九〇七年三月下旬至八月间）

孙中山与王和顺同寓甘必大街六十一号，解衣推食，礼遇至优。时孙行馆偶乏仆役，各同志内衣咸由孙亲属陈四姑亲自洗濯，王引为不满，见诸辞色，黄兴不能堪，语孙曰："先生以国士待和顺，而和顺不礼，盍稍抑之。"孙曰："和顺出身行伍，举止粗豪，自所不免，吾为国纳贤，安可因细故与之计较。"王闻之，益为感奋。

据《南军都督王和顺》，载冯自由：《革命逸史》第二集，重庆，商务印书馆一九四三年二月初版

在河内与罗德谈话①

（一九〇七年六月八日）②

孙中山在河内向记者证实他要建立一个"社会主义共和国"的意愿，并强调指出"由于中国思想和风俗的特性，这计划将会和欧洲的概念有很大的差别"。

孙在解释要废除礼仪专制之后声明："总之，我们也是要求人权，像法国大革命所作的一样。"

据巴斯蒂：《法国的影响及各国共和主义者团结一致——论孙中山与法国政界的关系》，载中国孙中山研究学会编：《孙中山和他的时代》上，北京，中华书局一九八九年十月出版

---

① 罗德是法国《时代》杂志记者。

② 底本仅标年月，未署日期，杂志名译为《时报》。据《辛亥革命史丛刊》第四辑《一九〇〇年至一九〇八年的法国与孙中山》"注释"为《时代》杂志，日期是六月八日。

希望在三年内建立中华民国

与美国《奥克兰论坛报》记者谈话

（英译中）

（一九〇七年六月九日）

孙逸仙告诉记者他推翻满族王朝、在中国建立共和国的周密计划。他补充道：

“我们资金充足，装备优良，配有来复枪的十万大军随时发起进攻。如果你问我们的火炮在哪里？我的回答是它们现在属于中国政府，但我们行动一开始，火炮就是我们的了，因为在所有军队编制中军官都是我们的兄弟。只要我们取得一连串小规模胜利之后，中国军队一定会加入我们，一起推翻欺凌中国和中国人民二百六十年之久的满族人。”

“在中国的每一个城镇和乡村都布满了我们的间谍。我们的信念是，‘中国属于中国人’。这一信念每天都潜移默化地渗透到整个国家。

“至于我们软弱但好心的年轻皇帝，他不会受到任何伤害；我们只是废除帝制，并遣送他回归他祖籍——满洲，同行还有皇太后。

“中国只是想要和平，而我则希望我能成为一个媒介，中国可以回归和平、终止无休止的内乱和大规模屠杀。同时，最重要的是，为我的国家引入西方思想，不只为启迪国民，更为了开发蕴藏在中国的丰富自然资源。

“我希望三年内整个世界都能认识到中国是‘中华民国’。”

据 Would Make Republic of China In Three Years：Noted Chinese Details Plan. *Oakland Tribune*（California，U. S. A.），June 9，1907，Page 25.（《在三年内建立中华民国——中国人的详细计划显示》，载一九〇七年六月九日美国加利福尼亚州《奥克兰论坛报》第二十五页）（邹尚恒译，高文平校）

英文原文见本册第 513—514 页

在镇南关与胡汉民谈话[①]

（一九〇七年十二月四日）

当孙中山在炮台时，曾亲手发炮，表示反对清政府二十余年，此日始得亲发炮击清军耳。

但当时有座大炮的方位改不过来[②]，枪枝是老式的都不中用，要重配才行。胡汉民就把这种情形对孙中山说：我的意思认为在此无办法的环境中，迁延下去，倒不如下山后另找办法。

孙说：我是不愿意下去！我不愿下去的理由呢，也有两点：第一，我是十多年没有踏过中国的地方，我现在踏在这个山上觉得很高兴，我简直舍不得下去，我认为我们在这里总是有办法的。第二，我们数十人敢占炮台，就是要希望我们来，要是我们走了，这个炮台不是马上失守了吗？

胡仍申述理由：如果我们在这里没有办法呢，我以为坐守在这里是不必的。我们守这个炮，而这个炮也没有战斗的作用；守这数十枝枪也没有最终的目的。至于这些守炮台的将领也会明白我们在这里是无法帮助他们，就必定想我们下去了想方法来策应帮助，决不因此而失望。

据《胡汉民讲述南洋华侨参加革命之经过》，载冯自由：《革命逸史》第五集，上海，商务印书馆一九四七年十一月初版

① 十二月一日，孙文命黄明堂在广西镇南关起义。三日，孙偕黄兴、胡汉民等离河内赴阵地。四日，因炮台、枪枝有问题，即于当晚下山回河内，筹集军械。八日，起义军撤往越南。

② 三个炮台上只有一座炮可以打，还有一座大炮的方向是向越南的，方位改不过来。

与胡汉民谈话

（一九〇八年一月中旬）

在镇南关初举事的时候，越南的法国报纸就载文批评①。事后谈论此事，孙先生对胡汉民说：

“我当时自己亲自走上镇南关，实在是别有怀抱，不料大家也都跟我上关，毫无疑义，现在想起来，假使我们在爬上山或爬下山的时候，只要清军派少数的部队截击，可以把我们统统打完。事后仔细想以下，我觉得我们那一回事情确是很危险的！你说是不是呢？”

胡接着说：“先生所说的话是很对的，不过我们当时有两种想法：第一种，革命者对于自己的性命看得无所谓的，普通所谓不怕牺牲者，有时还为热情所激，就是走入极危险的地方尚且处之泰然，若无其事，何况我们为着革命主义而做事呢！所以我们不管是什么，统统跟着先生上关了！第二点呢，我们去的时候很快，回来的时候也很快，好像是神不知鬼不觉的样子，所以也觉得不会碰到什么危险的。”

孙听了就说：“不错，你说的两点都是很对的。”

据胡汉民述：《南洋与中国革命》，载张永福：《南洋与创立民国》，上海，中华书局一九三三年十月出版

---

① 批评说：“镇南关举事，革命军突然起来了。其实并不是突然起来的，这种酝酿已经很长久了。因为这次起事的人都是革命巨子孙逸仙的部下。关于这件事情，我们是很佩服他们的勇敢，不过事情是不会成功的。何以呢？因为我们从军事学上来观察，他们这种办法是行不通的。他们此回举事，只有最高干部数人，而底下都是一些散兵，中间是空着的。像这样的军事行动，一定没有多大的效果。我们替他们担心着呢！”

与在河内的同志们谈话

（一九〇八年一月下旬）①

中国革命经过此次镇南关起义，已深入国内外同胞的心里，为四万万人心所向，革命胜利快到了，希望各同志继续前进。

据梁烈亚：《镇南关起义回忆》，载《近代史资料》总四十五号，北京，中国社会科学出版社一九八一年八月出版

在新加坡与胡汉民谈话

（一九〇八年一月二十七日至一九〇九年五月十九日间）②

孙：镇南关之战何如？

胡：虽无成功，吾人乃得实战之经验，总觉甚有意趣；惟往复于狭仄之山径，设有敌伏，当无幸免，先生为党领袖，究嫌轻身。

孙：然则子尔时何恃而不恐？子于同行中，最为文弱，且力疾而勇进，又何也？

胡：党于党员，实有牺牲献身之要求，吾人既矢志革命，所谓知死必勇，更不愿于其时提出顾虑，致他人摇动。

孙：此意自不差。然余则确知敌人新失要塞，决不能于此处设伏，故不事搜索而前进耳。

孙：当战争时，为将者能屹立于战线最危之点，则众心自定。

据《胡汉民自传》，台北，传记文学出版社一九八七年八月出版

---

① 底本未说明日期。一九〇八年一月二十四日，孙文被河内法国殖民当局驱逐出境，前往新加坡。临行时与在越南的同志们谈话。谈话时间据此酌定。

② 底本未说明日期。一九〇八年一月二十四日，印度支那法国殖民当局应清政府要求，驱逐孙文出境，前往新加坡，二十七日抵达。一九〇九年五月十九日，孙赴欧洲。谈话时间据此酌定。

在新加坡与邓慕韩等谈话[①]

（一九〇八年五月）

吾人办事，无论成败，于处置外，一有余力，当立事他事，毋令成败之迹，稍留于怀，若略遇失意，即介介不自释，颓然现于颜面，殊非丈夫本色，吾人当力矫此弊，终于有成。

据邓慕韩：《孙中山先生轶闻》，载尚明轩、王学庄、陈崧编：《孙中山生平事业追忆录》，北京，人民出版社一九八六年六月出版

在新加坡与杨振鸿等谈话[②]

（一九〇八年六月）

此时仅能作补助路费，俟发动占据清政府城池后，我们将尽量筹助。

你们进滇西去作革命事业，我有《革命方略》一册，可以遵照办理，决不至错误。

据何畏：《杨振鸿滇西革命纪略》，载中国人民政治协商会议全国委员会文史资料研究委员会编：《辛亥革命回忆录》第三集，北京，中华书局一九六二年九月出版

① 一九〇八年四月三十日河口起义爆发，五月二十六日失败。在此期间，因军饷不继，当事者纷电告筹。邓慕韩等见筹饷困迫，均有沮丧色，孙文极力慰解。

② 河口起义失败，杨振鸿、居正等决计赴滇西革命，是月杨等搭日本邮船抵新加坡，住中兴报馆。越三日会见孙文，谈滇西革命运动，以腾（冲）、永（平）为入手，孙极表赞同。数日后，孙宴请杨等，共三桌，汪精卫、胡汉民陪席。这是孙与杨等谈滇西革命进行的步骤。

在新加坡与张永福等谈话[①]

（一九〇八年夏）

若以清洁论，中国人亦有一部分之人其净洁逾于其他各国，或可谓各国不能及也。

我国好洁净之人，自成一族，不啻有数万人，汝等均所深知熟见者也。其人迩在目前，即广州河下之疍家是也。疍家一族之讲求洁净，自衣服以至寝处，无不惟净惟洁，一尘不染，是其素性，为外国人所不能及。彼等虽穷无立锥，而其爱洁净之习惯并无少懈，此人所常知而你等反忽之，此亦中国人每好舍近求远之弊。如我人能择己之长，去己之短，发扬光大之，则中国人社会乌至于停顿而不能进化也。

据张永福：《南洋与创立民国》，上海，中华书局一九三三年十月出版

在新加坡与张永福谈话

（一九〇八年夏）

张永福购星加坡之电车公司股票千股。间尝向孙中山谈及。

孙：子亦有此癖乎？

张：稍作投机生意而已耳。

孙：汝非此道中人，遽作此道生意，终必受累。凡作股票之人，须有精密观察及计划，亦须有集全力作最后之预备，毕此三者，乃可与言股票之贸易。不然，徒受人愚弄及欺骗而已。

张：请言其详。

孙：以电车公司为例。一须先查其成立原始是否巨大行贿而得专利，又此项

① 一日饭后闲谈，道及外国人之善清洁，或称欧美，或称日本，均不能即决。孙文认为中国一部分人之讲求洁净，为外国人所不能及。

赙款，在全股本中已耗去若干；其次购入价是否较利权为相当；又其次是否由甲获得专利权而过渡于乙，此中辗转甲乙获一度之利，即公司同时耗一大部分之股本。再则甲与乙连串，而故涨高购入专利权，价款均与开办费开销，此等又弊中之弊也。故（一）必先查其根本；（二）由各方面观察；（三）集全力作最后之决胜。

据张永福：《南洋与创立民国》，上海，中华书局一九三三年十月出版

在新加坡与张永福等谈话

（一九〇八年夏）

有一回因为同志中的家内女人小产，张永福等批评动土、冲犯、画安胎符种种神话。孙却说：这还可以用的。这些是有科学原理可以解释的。心理学、精神学二者，均可以造成这小产及安胎的原因。不特有此效果，譬如养有一对黑色的马，你要它受胎将来生出的是别种颜色小马，这亦可以用科学原理把人工使它感化，大凡畜牧家多能明白的。我哥哥在檀香山亦时时把所畜的马匹改变颜色来玩耍。这可以知道凡受妊的孕妇，在精神上须有适当修养，调剂其意志，对妊孕当然有适当的保全；但究竟亦以该妇人平生是否迷信为分别，设若孕妇平素是迷信深重的，还是顺她意志用符法安慰她，那当然亦有可能的效果。

据张永福：《南洋与创立民国》，上海，中华书局一九三三年十月出版

在新加坡与胡汉民谈话[①]

（一九〇八年秋）[②]

胡：会党首领之难用，与其众之乌合不足恃，当注全力于正式军队。

---

① 五月二十六日，河口起义失败。胡汉民匿居河内两月余，处理善后，始微服假装船中侍役，离开越南去香港，转往新加坡。胡到新加坡后，与孙文“计划后此进行方略”。

② 底本未说明时间。谈话时间据上述史实酌定。

孙：会党性质我固知之，其战斗自不如正式军队；然军队中人辄患持重，故不能不以会党发难，诸役虽无成，然影响已不细。今后军队必能继起，吾人对于革命之一切失败，皆一切成功之种子也。

据《胡汉民自传》，台北，传记文学出版社一九八七年八月出版

在暹罗警署的谈话①

（一九〇八年十二月四日）

市长：你②来到曼谷以后，大量华人日益不安分。暹罗处境特殊，因此请你三天内离开曼谷。

孙：时间过于仓促，请再宽限几天，以便安排一下自己的事情。

市长：需要多长时间？

孙：至少一周。

市长逼迫孙要尽快离去时，孙沉着地说：在我答复前还要先同公使商量一下。当局问：公使是谁。孙避而不答。

据斯特林·西格雷夫著，丁中青等译：《宋家王朝》，北京，中国文联出版社一九八六年一月出版

在新加坡与日本某君谈话

（一九〇八年）

日本某君，行箧中携有春宫多张，孙中山适行过室外见之。越日孙向日本某

① 一九〇八年十一月二十日，孙文赴暹罗，以解决财力不足问题。抵暹罗后组织同盟会分会。十二月四月，曼谷市市长和警察局局长召见孙，勒令其离境。十四日孙离曼谷前，面斥英籍暹罗警察总监：“不应为无礼于中华民族之举动。”（《胡汉民自传》）

② 底本为“他”，今改为“你”。下同。

君质问曰：此为有害青年道德，吾人何可藏此坏心术之物。孙饬其取出焚毁。

据张永福：《南洋与创立民国》，上海，中华书局一九三三年十月出版

希望回到日本居住

与山座圆次郎谈话①

（日 译 中）

（一九〇九年九月九日）

孙：本人②自五月份从星加坡出发，在法国停留约三月，二三日前由法国来伦敦，本月末左右去美国，停留两三个月之后，希望得到帝国政府许可回到日本。以前在离开日本之际，在政府当局者与本人之间，诸事由民间有志者斡旋，曾有过一年以后再来麻烦的话。而今，已过去三个年头，因此切望对帝国政府提出此项要求。

山座：今日情况不仅与三年前不同，而清国人民排日思想又处于横溢状态之中，此时若允许其回日本，则彼等清国人攻击日本之气焰不仅必将更为高涨，而且近来北京政府内部已略有警醒，认为须与日本维持良好关系，稍加努力，则可顺利解决满洲悬案，假使允许孙回日本，则必将使彼等再起猜疑，外国又将随而乘机中伤。因此，考虑到日清两国大局之利害，对其回日之事，帝国政府最终将不会批准。所谓民间有志者之话，经过一年再来日本，不会再出现麻烦之事，并非这个意思。事实如上，实难同意，谨此作答。

孙：仅是经过日本赴星加坡如何？

山座：仅是经过问题不大，若作短暂停留则日本政府碍难许可。

孙随即对山座之询问作答。谈到清国国内状态时，孙说政府之腐败，今犹如

---

① 孙文在伦敦访问日本驻英大使馆，由该馆参事官山座圆次郎接待，日使加藤高明将会见情形及会谈纪要，于次日报告外务省。

② 底本为“该人”，今改“本人”。下同。

昔，例如司法制度，数次颁布改善的诏敕，但拷问的恶制仍然不改，反而增加租税，即增加人民的负担，假如任其存在，中国只有灭亡。故各地不满之人，不堪恶政，欲乘机辄发，但草率组织力量，徒舞旗帜，不仅得不到任何成效，且空费气力，并有受内外共同掠夺的危险，结果恐怕极为不利。故我党五六年来对彼等之活动竭力加以节制，告诫其毋为无谋之举，然而实际上难于制止。去年广东汕头附近及广东西部并广西、云南掀起动乱，在汕头地方首先发动，其他地方相隔甚远，不能联络运动，且军费缺乏，最终归于失败。故今后必须准备十分充分，且努力集中于一切大举。我党对于地方人民，着重于政治上的鼓动，如他们在汉口及南京之军队，指挥之将校多数为我党人士，因此时间一到，则必倒戈以投我党；北京军队则自袁世凯罢黜后，气氛大变，对政府不忠。我党之纪律在去年动乱中得到了全面的考验，在云南附近占领了云南铁路，对各车站，用贮藏的巨额资金支付工资，革命军毫无掠夺，法国及其他外国人的生命当然也受到了充分保护。为此，他们对我党纪律之严明颇为感叹，当时法国官宪未给我党任何直接援助，因此我党的行动才能自由，不受任何束缚。其时，清政府请求法国政府保守中立，其后又交涉与法国政府合力打击我党。法国政府答以如承认交战状态，保守中立，那末就不能参与打击。不过因我党不幸，资力不足，不得不退入法境。不久法清两国为解决赔偿事宜纠缠交涉。逃往法境的革命党员，最初，清政府要求引渡。如法国政府不答应，则很难试图再次进入边境，清政府要求将他们从东京地区放逐，送到遥远地区。法国政府首先将若干革命党员，送到星加坡；英国海峡殖民地政府反对，虽一度出现麻烦，但经过协商，终于将六百名革命党员转往该殖民地。海峡殖民地政府对本人的活动历来是放任的，毫无监视情事。康有为改良派没有势力。梁启超在北京有朋友，为促使他归国正在斡旋，尚未解决。张之洞反对梁，故归国问题目前仍不现实。

孙：若革命党有组织地进行策划大举发动，日本政府将持何种态度?

山座：帝国政府不用说是诚心诚意地希望保持远东的和平现状，故对扰乱行为，不论来自任何方面，均将断然反对。然而，若不幸而出现此种局面，届时将采取适当措施以处置之。

孙：英国之对华政策，受日本态度之影响，其他国家亦复如是。日本的态度最为重要，完全可以看出，得到日本的支持是十分必要的，希望能得到日本政府同意，到该国居住。

山座：目前无法实现其愿望，给日本政府造成麻烦，对谁都不利。

据日本驻英大使加藤高明致外务大臣小村寿太郎，东京、日本外务省档案一九〇九年九月九日机密公第六一号

介绍自身革命经历及政治主张

在伦敦某俱乐部与英国金融界某君等谈话①

（英 译 中）

（一九〇九年秋）②

孙逸仙博士是一位非常洒脱和健谈的人，说一口极其纯正的英语。他用精辟和流利的语言，给我们讲述了他那充满变故的流亡生活。

他尤其活灵活现地给我们叙述了他在伦敦被绑架和囚禁的经历。他告诉我们说，他在美国时，不知有多少刺客曾经有多少次企图谋杀他，并告诉我们，大清国是怎样用重金来悬赏他的头颅的。还有在英格兰，他的足迹如何被跟踪。“我被跟踪到你们这家俱乐部，甚至现在还有人在追踪我。”他说道，“你瞧”，他把我们带到窗子跟前，接着说，“那里，那里！”顺着他的手指方向，我们果然看到有一个贼眉鼠眼的清国人走了过去。

针对人们的发问，孙博士宣称，他革命的目的除了“驱除鞑虏，恢复中华”外，还有就是要从根本上改变中国的政治基础，将中国改造成为一个自由、平等和博爱的国家。在达到这个目的之前，要先实行一段军政时期。他说，中国将会

---

① 孙文为筹集革命经费，来到欧美谋求贷款。他在这个俱乐部结识伦敦几位金融界人士，某君则成为他日后联系当地金融大亨的中介人。为着说明贷款用途，孙文在这次会面中对中国革命的纲领和积极意义作了介绍。

② 底本未说明日期。底本是一篇把发生于不同时间的几个内容凑合在一起的文章，每项内容都未说明日期。按辛亥革命前的数年间，孙文仅曾于一九〇九年八月上旬至十月底在伦敦居留，而且十月二十九日发自伦敦的信中还谈及他在当地谋求贷款的有关情况，故酌定为是年秋。

变成由中国人自己当家做主的中国，在中国将建立共和政体，将通过全民投票选举出一位总统。除此之外，整个社会的基础就是要让人人都拥有平等的土地权，废除地主对土地的垄断。奴役、裹脚、吸食鸦片等恶习将会被制止，过三年之后或在更早些时候，如果情况需要，军政将被宪政所取代。孙说，人民的自治将通过国民大会来实现，总统将成为保护和推动民权的中心人物。而革命领袖的目标就是要矢志保护中国人民做国家的主人。孙博士说，这次革命对于在华的外国侨民没有任何敌意，也丝毫不反对外国同中国进行正当的贸易。

据“Sun Yat-sen：Who Planned and Got Money for Chinese Revolution”. *The New York Times*, Oct. 14, 1911, p. 2（《孙逸仙策划中国革命及其贷款》，载一九一一年十月十四日《纽约时报》第二页）；译文见郑曦原等编译：《帝国的回忆——〈纽约时报〉晚清观察记（一八五四——一九一一）》（增订本），北京，当代中国出版社二〇一一年八月第二版

中国可以有两个敌人日本与俄罗斯

在法国与米尔毕恭谈话①

（一九〇九年至一九一一年间）

米尔先生是法国大文学家及名记者，在大战前已为知名之士，现在更负盛名，故他的记述，至足尊重，现将米尔先生此篇回忆文，译述于此，使此段史实，国人均得知之。

…………

他得识孙先生，是由于他的朋友皮西爱先生（CHarlePaix Seaillea）介绍的。大战前数年，一日皮西爱先生来对米尔先生要求道：“孙逸仙，中国的大革命者，目前是在巴黎。我请他和几位朋友午餐，但他仅说英——你愿意来做他的翻译员么?”米尔先生很乐意接受此个请求，于是他获认识孙先生了。

---

① 米尔，法国记者。毕恭，法国外交部长。

…………

米尔先生觉得，总理态度谦恭有礼、言语谨慎，且说话时慢而温柔，因为这样循循儒者的态度，米尔先生在那时不觉得总理是“第一流人物”。

总理在餐时曾对他们陈说其救国计划，但他们在当日是年少的人。好于辩难，曾给总理提出许多难题，使总理难于解释。最后，总理觉他们难以理喻，即很率直对他们说：“你们不能明白：我们比你们有多了四千年的历史！”

餐后，总理邀米尔先生离开众人，而向他要求，是否可能介绍他往见毕恭先生（Stebhen Fichon）。毕恭先生乃当时的外交总长，曾任过驻北京的法使。米尔先生即去请见他的外交总长，问他是否愿意接见中国的革命领袖，毕恭先生那时很高兴，即用这样的口调答应了米尔先生：“为什么我不接见孙逸仙先生呢？中国在如此状态中，无论何事，都可发生的。孙逸仙的计划你们觉得空泛吗？绝无重要。主要的是他有一个党，而这个党即足以推翻满帝制了。”这是毕恭先生的卓见，米尔先生现在很佩服之，因为以后的事实，证明了上述的说话。

孙先生得这位新闻记者的介绍，卒会见了毕恭先生，据米尔先生现对我们说的话，当时总理与法外长的谈话，很有趣味且很投机，因为毕恭先生是知中国情形的人，故对孙先生所提出的问题，很为确切；而孙先生是伟大的奉命者，故对他的问题的解答，亦一样的切当，绝无遁词。

总理别了法外长，面现着很满意之色，他复向米尔先生作如此的要求：你能为我再做别一件事么……这是关于莎苏诺夫先生（Sageenf）的事。他是俄罗斯的外交总长，此时他在巴黎，居于俄国大使馆。我有很多理由，是决定不去看他的，但我想你亲自带此信给他……唉！我应告诉你，此信里所写的是什么——中国可以有两个敌人：日本与俄罗斯。与日本，绝无商议的余地。与俄罗斯，则不同。现在存有数件争案，目前中国的外交官，使之拖延无期，我现向他提议，若我们的革命党成功来办外交，我们预备立即解决这些悬案且予俄国有利，只需俄国许我们清静，和在某情况之下，预备给我们援助。

…………

据米尔先生的记载，孙先生与毕恭外长会谈，是在大战前数年，且在本党未推翻满清以前，复证以上面所述毕恭的小史，则他们会谈的时期，必是在一九〇九年至一九一一年的毕恭外长任内了。

据颜继金：《总理游法时史料》（上、下），（驻里昂办事处报告剪报附件，报名及发表时间不详）台北、中国国民党文化传播委员会党史馆藏，编号〇三〇/一一七

附：另一译文

近有法国人氏发表关于《孙中山先生回忆》一节，足供党国史料之参考，亟译之于后。……

予深荣幸得识孙氏本人，彼曾赠予亲笔签字照相一帧，至今珍藏之。予之识此伟人仅在四五句钟之间，惟以环境关系，给予深刻印象。

大战前数年，友人裴塞亚易访予曰："中国大革命家孙中山先生现正在巴黎，予特邀友设宴，彼善英语，汝为予任通译可乎？"予应之。

孙氏和蔼，不露，发言慢而柔，对于所发问题重复声请曰："外人之不识中国，乃中国较其他国家多四千余年之历史。"

席终，孙氏请予绍介于皮雄（曾任法国驻华公使，时为外交部长）。……予去见皮雄氏，彼应曰："予岂有不接待孙中山先生者乎？中国一国，任何可成。孙氏政纲，汝视为空泛，无关紧要。根本在彼有一政党，而在政党正可推翻清室也。"此言不幸而中。当日两伟人对语，实深印象。皮雄知中国事变甚详，常置以极正确的问题。但孙氏答之亦极准确，不似一般中国人之天花乱坠，不着边际也。孙氏诚"直截了当"。

氏离卢森堡街（现在巴黎之吉勒墨街），表示满意。重复请予曰："再烦君一次可否？此为帝俄外长柴作洛夫，时正在巴黎，请烦代为传递一函。中国有二敌，俄与日也。对日本无可为，俄则略异。目前中俄外交时现裂痕。兹建议若予革命党胜利，准备立与解决之给俄利益，但必须让吾华平安，并报以相当助力。"

据民国二十二年八月十四日驻里昂办事处报告：《孙中山先生旅法事迹》（译文抄件），台北、中国国民党文化传播委员会党史馆藏，编号〇三〇/一一七（黄彦摘录）

在纽约与顾维钧谈话①

（一九一〇年一月中旬）

顾：你的主张，我们青年人大家都赞成的，你可以说说你的推进办法究竟怎么样？

孙：我是有计划的，将来从广州出发，带兵一直往北进攻，先到江西和广东交界的地方，停一夜第二天再爬过山到江西去。

据《文荟》第三十三期，纽约文复会编

与芝加哥同盟会员谈话

（一九一〇年一月下旬至二月上旬间）②

有一次，大家谈论芝加哥华侨的情况，认为上层人物多数参加保皇党，对革命不感兴趣；下层人物为数最多，但经济情况一般较差，所处地位多不受人重视，对革命事业起不了多大作用。孙中山不同意这个看法，说：不能用这种估计去看待下层的侨胞，他们的力量是不可轻视的。泥土下面，我们往往可以找到宝贝啊！

据梅斌林：《孙中山在美国芝加哥》，载尚明轩、王学庄、陈崧编：《孙中山生平事业追忆录》，北京，人民出版社一九八六年六月出版

① 一九一〇年孙文在纽约由在哥伦比亚大学研究矿学的江某介绍，结识时在哥大求学的顾维钧，在学校宿舍共谈话两次。

② 底本未说明日期。孙文于一九一〇年一月十八日从纽约抵芝加哥，旋成立同盟会芝加哥分会，二月十日到了旧金山。谈话时间据此酌定。

国内形势变化与改进党务

与李是男黄伯耀谈话①

（一九一〇年二月上旬）②

现在机会到了。自从西太后和光绪死后，宣统嗣位，载沣监国③。自载沣监国后不久，即另编禁卫军，由载沣自己亲统，同时派载涛（即载沣之弟）、毓朗（亦皇族）、铁良为专司训练大臣。又派耆善〔善耆〕、载泽、铁良、萨镇冰筹办海军。又载沣自己暂行代理大元帅。又设军咨处，派载涛管理④。又派载洵（亦载沣之弟）、萨镇冰为筹办海军大臣；又遣载洵、萨镇冰巡视沿江沿海各省武备，旋又往欧洲各国考察海军。这都是一九〇八年冬天至一九〇九年一整年的事。从这一系列的事实里，可以看出一个问题。

是什么问题？是一个皇族集权问题，而且集中于总揽军政大权。你看他们三兄弟一个是监国摄政，暂行代理大元帅，是一切军权都操纵在手了；一个是管理军咨处，军咨处就是德、日的参谋本部；另一个是筹备海军的海军大臣。这样就可看出，海军、陆军和参谋作战的计划等等大权都在他们三兄弟手中了。这更说明他们也感觉到皇室和满人地位的危险，深恐大权旁落，满人将受汉人的宰制，无以自存，他们就趁今日监国的机会，先把军权抓到自己手里，巩固皇族的大权，

---

① 同盟会成立后数年间，孙文曾在广东和西南边境地区多次组织反清起义，失败后奔走于南洋及欧美各地图谋再举。一九一〇年二月七日，孙文抵达旧金山。当地少年学社及其机关刊物《美洲少年》周报，系华侨爱国青年、同盟会会员李是男、黄伯耀、温雄飞等于一九〇九年所创设。孙文抵埠后，在其下榻旅馆听取李是男、黄伯耀二人的情况介绍，并对党务工作予以指示。随后，少年学社即改组为同盟会分会（内部宣誓加盟时用“中华革命党”名称），并将《美洲少年》周报改为《少年中国晨报》每日出版。

② 底本未说明日期，但称在孙文“大抵初到那一二日间”。故标为二月上旬。

③ 一九〇八年十一月，清光绪帝载湉、西太后那拉氏相继病死；溥仪继帝位（翌年改元宣统），其父、醇亲王载沣以摄政王监国。清代最高军事统帅权历来由皇帝掌握，暂代宣统帝执政的载沣当拥有此权限，下文所谓“代理大元帅”即系此意。但他当时受权臣诸多掣肘，更不存在“大元帅”军衔。

④ 军咨处成立于一九〇九年七月，以毓朗、载涛为管理军咨处事务大臣。

然后渐渐藉政治上的力量来排汉。所以今后的形势，汉不排满，满也排汉了。

我们中国同盟会自一九〇五年成立以来，已经起义若干次了，虽是每次都失败，但排满的大义深入人心。屡败屡起，百折不馁。从前和我们联络通声气伺机爆发起义的，以旧式军队巡防营等为多；近日渐渐不同了，和我们联络通声气伺机爆发起义的不仅是旧式军队，而且发展及于新军了。其发展及于新军，我们应该利用这个时机多与联络，企图达到一夫发难、各处响应的形势。所以，今日海外同志的工作要点应该着眼在此处，务必做到宣传与筹款同时并重。海外同志对内地的实行情形，总多少有点隔膜，当时本部同志曾谈这点，实行工作由内地同志担任，宣传、筹款则由海外同志担任，这是适合的。

你们在此处成立少年学社，内容即中国同盟会，已有一年了，刊发《美洲少年》也有半年了，是有成绩和收效的，这样做是应该的，我也是钦佩的。可是，你们对于少年学社社员的加入采取杜渐防微的态度，恐防混入了什么奸细，在旧年是对的，但在今年可以不必了。因为今年的形势和旧年不同，今年是革命风潮高涨的一年。自从载沣监国以后，他的排汉面目已暴露出来，而同志们之在军队中平时和我们联系通声气的，见此种情形，人人都有自危之感，万一这种排汉的辣手排到他们头上，那他们被迫不能不爆发以图自救。但既有爆发，总须有响应，方成牵一发而动全身之势，这样方能有济。贯穿全局，策划响应，当然在于本部发号施令；而加强此发号施令的效力，还有赖于款项之接济及时。假如接济不能及时，固能误事，或者已经有事发生，需款待用而尚束手无策，不知怎样筹款，那岂不是自己误自己的事吗！所以你们办少年学社采取谨小慎微的态度，在旧年是对的，在今年是不对了。今年应该采取大刀阔斧、明目张胆的态度，不怕汉奸混入，只怕同志不来，而且更要公开称中国同盟会。这样和我们志同道合的同志自然源源而来，省却一切绕弯子、闪闪缩缩的质问与查询。这样人多加入，革命势力自然增加，有起事来，急于筹款也是容易了。

《美洲少年》是适合有思想的少年阅读的，但对于一般华侨而论，好像还有一些不够普遍。最好还是把《美洲少年》改组成为一间每日出版的日报，这样方负起大张旗鼓尽力宣传的义务。你们不要以为办日报资金难筹，其实会员众多，自然容易，向这一条路子想想是通的。扩大少年学社公开为中国同盟会是体，扩大《美洲少年》改组为日报是用，有体有用，我们党的宗旨和作用才发挥出来。两件事就是一件事，你们想办法把这两件事办好，这就是我来金山大埠的宗旨。

据温雄飞：《回忆辛亥前中国同盟会在美国成立的经过》（采自李是男、黄伯耀通讯报告），载中国人民政治协商会议广东省委员会文史资料研究委员会编：《广东文史资料》第二十五辑（孙中山史料专辑），广州，广东人民出版社一九七九年十月出版

在旧金山与伍澄宇谈话[1]

（一九一〇年二月十六日）

伍：金陵自古帝王都，读史者之通论。惟以中国本部论，金陵居中；若合蒙、满各属论，北京居中，故予甚疑虑迁都金陵，北陲空虚，然为涤除官僚政治，非此不能一新天下。故予以为迁都金陵，则在北陲宜置边防之军，以重国防。

孙：此诚然也。但金陵可以建都之外，尚有扬州大舰可以进入，民国首都，以交通为主，因无防于民之反侧。然终以金陵为历史上声威所系，将来宜于齐齐哈尔、蒙古等地置重兵。

据《伍平一先生革命言行录》，香港，华美印刷所一九二〇年出版

① 伍澄宇，字平一，曾留学日本，加入同盟会。后赴美，任同盟会美国总支部长，参与刊行美国《少年中国汉字报》及创办《美洲少年周刊》（后改为《少年中国晨报》），并在斐城教学。是日，孙文来校，适伍教授地理，课毕，他们谈论民国建都问题。

监察考试两权为中国历史所独有

在旧金山与刘成禺谈话①

（一九一〇年二月中旬）②

先生曰：“予常与留日本、欧美习政治法律学生谈倡建五权之原则，闻者骇异曰：‘吾人未闻各大学教授有此讲义。立法、司法、行政三权鼎立，倡自法儒孟德斯鸠，君主民主立宪国奉为金科玉律，〈任〉何人不敢持异议。今先生欲变世界共尊之宪法，增而为五，未免矜奇立异，为世界学者所不许。’”

先生驳之曰：“三权宪法，人皆知为孟德斯鸠所倡，三权以后不得增为五权。不知孟德斯鸠以前一权皆无，又不知何以得成立三权也。宪法者，为中国民族、历史、风俗习惯所必需之法。三权为欧美所需要，故三权风行欧美；五权为中国所需要，故独有于中国。诸君先当知为中国人，中国人不能为欧美人，犹欧美人不能为中国人，宪法亦犹是也。适于民情国史，适于数千年之国与民，即一国千古不变之宪法。吾不过增益中国数千年来所能、欧美所不能者，为吾国独有之宪法。如诸君言欧美所无，中国即不能损益，中国立宪何不将欧美任一国之宪法抄来一通，曰孟德斯鸠所定，不能增损者也！”先生喟然叹曰：“欧美、日本留学生如此，其故在不研究中国历史、风俗、民情，奉欧美为至上。他日引欧美以乱中国，其此辈贱中国书之人也。”

先生论监察、考试两权曰：“吾读《通鉴》③各史类，中国数千年来自然产生独立之权，欧美所不知，即知而不能者，此中国民族进化历史之特权也。祖宗养成之特权，子孙不能用，反醉心于欧美，吾甚耻之。”

---

① 孙文于一九一〇年二月十日抵达美国旧金山，十六日成立同盟会分会。刘成禺是同盟会会员，当时受聘为美洲致公总堂机关报《大同日报》总编辑，曾记录孙文口述内容在该报发表。

② 底本未说明日期，但称于“同盟会初议组织”之时。时间即据此酌定。

③ 宋代司马光主编的《资治通鉴》，简称《通鉴》。

“曰监察权。自唐虞赓歌飏拜[①]以来，左史记言，右史记事[②]，行人采风之官，百二十国宝书[③]之藏，所以立纲纪、通民情也。自兹以降，汉重御史大夫之制，唐重分司御史之职，宋有御史中丞、殿中丞。明清两代御史，官品虽小而权重内外，上自君相，下及微职，儆惕惶恐，不敢犯法。御史自有特权，受廷杖、受谴责在所不计，何等风节，何等气概！譬如美国弹劾权，付之立法上议院议决，上议院三分之二裁可，此等案件开国以来不过数起，他则付诸司法巡回裁判官之处理贪官污吏而已。英国弹劾亦在贵族、平民两院[④]，关于皇室则在御前议政院[⑤]，亦付诸立法也。如我中国，本历史习惯弹劾鼎立为五权之监察院，代表人民国家之正气，此数千年制度可为世界进化之先觉。

“曰考试〈权〉。中国历代考试制度不但合乎平民政治，且突过现代之民主政治。中国自世卿贵族门阀荐举制度推翻，唐宋厉行考试，明清尤峻法执行，无论试诗赋、策论、八股文，人才辈出，虽所试科目不合时用，制度则昭若日月。朝为平民，一试得第，暮登台省，世家贵族所不能得，平民一举而得之。谓非民主国之人民极端平等政治，不可得也！美国考试均由学校教育付诸各省，中央不过设一教育局，管理整齐，故官吏非由考试，而由一党之推用，惟司法有终身保障。英国永久官吏制度，近乎中国之衙门书吏制度，非考试制度。惟唐宋以来，官吏均由考试出身。科场条例，任何权力不能干涉。一经派为主考学政，为君主所钦命，独立之权高于一切。官吏非由此出身，不能称正途。士子等莘莘向学，纳人才于兴奋，无奔竞，无缴〔徼〕倖。此予酌古酌今，为吾国独有，而世界所无也。

“立法、司法、行政三权为世界国家所有，监察、考试两权为中国历史所独

---

① “赓歌飏拜”，或谓“赓飏”，意为连续不断，语出《尚书》“皋陶谟”篇中“乃赓载歌”、“拜手稽首飏言”之句。

② 《汉书》“艺文志”有“左史记言，右史记事，事为《春秋》，言为《尚书》”之说，“左史”即内史，“右史”即大史，皆为周代所设史官，专司记录言行。

③ 孔子修《春秋》，使门徒子夏等十四人搜求史籍，得见百二十国宝书。“国”指当时的大小诸侯国。

④ 英国的贵族院（the House of Lords），今称上议院；平民院（the House of Commons），今称下议院。

⑤ 英国的御前议政院（the Queen in Parliament），亦译君临议会。

有。他日五权风靡世界，当改进而奉行之，亦孟德斯鸠不可改易之三权宪法也。”

据刘成禺：《先总理旧德录》，载南京《国史馆馆刊》创刊号，一九四七年十二月出版

商谈为广东新军起义筹款

在旧金山与黄伯耀李是男等谈话

（一九一〇年二月中下旬）

中山先生于辛亥前二年，第二次到美洲，当时美洲华侨信仰革命主义者尚不多，旧金山《少年中国晨报》同志李是男、黄伯耀、李旺三君，为同志中最热心者，黄君事前得中山先生由纽约市来电，谓某日到埠，黄君等亲至车站接先生上中国街，寓粤东旅馆，招待一切。

先生坐定，问华侨中有富商赞成革命者否，黄君答曰：无，因当时尚未有人大规模宣传革命，《少年中国晨报》出版未及半年，虽系革命党的机关，时间有限。收效未大，多年来华侨中保皇毒极深，欲转其信仰，赞成革命排满，非一朝一夕所能办到。中山先生曰：我要即速筹五万金，预备为广东新军起义之用，有何法能于五天内筹得之？黄李三君答以尽力劝募。

翌日，三人分头往平日深知赞成革命之商人朋友处劝捐，尽一日之力，捐得美金数十，丧气回见先生，面述劝捐之经过。先生焦急万分，即对黄君云，伯耀，我同尔往致公堂，要求开会筹款，或者可达目的（先生与黄君皆致公堂会员）。致公堂者，华侨之排满秘密机关，又名洪门，即中国内地之三点会之支部也。黄君即偕先生同往见其执事者，道达来意，执事者允于明日开会，次日先生偕黄君至致公堂由先生演讲筹款之意旨，请大众帮助，结果只募得美金百〇二元，相去太远，因其时能实行排满主义者极少数，不过数衍先生而已，先生与黄君回旅馆，二位李同志已在房中，坐候消息多时，一见先生归来，均望有好意报告，不料结果如斯，四人多方筹商，无善法可想，因数目过巨，彼此相向而泣，因限期已到，翌日报载，广东新军，由倪映典率领起义，已失败，倪死于阵。

先生闻耗，更加焦急，谓同志失败，须得盘费逃离内地，五万之数不用矣，

能得数千救急亦可。李是男君乃与黄君商，谓彼可以在其商店内将款数百，暗中提出，送与先生，但要秘密，不使其父得知，问黄君能将多少，黄君亦允尽盘所有数百金，凑合可够汇香港币二千元，告知先生。当时先生大喜曰，此二千金可当二万用，起义同志得此可以逃生，免为满虏所捕，嘱即将款电汇交香港金利源李海云同志收。

先生在旧金山居留十余日，慕先生名而来访之华侨日多，又因此次筹款起义失败之证据显然，信仰革命而捐过钱者，恨当日捐得太少，特来访先生谈未来计划者源源而至。旅馆之房间过少，只一床，一桌，二椅，房租每天五角，若有五六人同至，则无立足地矣，黄君请先生换住一元房间，以便多些地方执行来访者。先生不允，谓现在非讲阔的时候，将就即可，先生每日食饭，与黄君等在旅馆食堂，就食西菜，每份二角五分，黄君劝先生多食，或改往中国馆子食中国饭所费不过多二三角而已，先生亦不允，谓能食饱已足，何必多化钱，留为下次起义用可也。

先生之俭朴及无时不念念革命，非今日之同志，所能步其后尘，先生在旧金山十余天，对黄李诸同志讨论革命之计划，及成功后如何建设，对华侨应如何使其信仰我们革命党，先要想法征服其心，然后领导其加入革命工作，革命军起后，对美国外交应如何办理，如何宣传，言之极详，条理井然，迟二年革命果成功，美国首先提出承认中华民国，即先生在美时指导黄君等所办之外交成绩也。

据亚伯：《革命回忆——广州新军之役中山先生在美洲筹饷记》，载一九三一年三月十二日上海《民国日报》（副刊）《民众乐园》第八〇号

排满成功后所忧患在帝王思想

与刘成禺谈话①

（一九一〇年二三月间）②

先生来《大同日报》编辑室谈国内革命情形，谓：自《苏报》、马福益、徐锡麟、洪承点、熊成基各案发生，国内士大夫革命汹涌，大非昔日下层工作可比。吾知排倒满清可告成功，但建立中华民国基础甚远。满清帝国一倒，中国人人皆抱皇帝思想，此后中国民族历史，其中不知经过多少帝制、军人专制途径，乃获真正民国之望。吾颇欲为中国人民上一尊号，名曰“帝民”，副人人欲作皇帝之愿望也。予少年主张，谓汉人作皇帝亦可拥戴，以倒外族满清为主体。杨衢云与予大闹，几至用武，谓非民国不可。衢云死矣，予承其志誓成民国，帝制自为吾必讨之。

…………

予曰：“帝民”二字，在中国古代亦有训解。“天视自我民视，天听自我民听”，皇矣上帝，岂非天乎？西人亦称天为上帝，“帝民”二字并非穿凿。

先生曰：他日中国排满成功，所忧患在帝王思想。名非帝王，拥兵造乱，有过于帝王者，是吾民之大患也。

据刘成禺：《先总理旧德录》“名原第二”，载南京《国史馆馆刊》创刊号，一九四七年十二月出版

---

① 是时，刘成禺在旧金山任美洲致公总堂机关报《大同日报》总编辑。文中“先生”指孙文，“予曰”指刘成禺所言。

② 底本未说明日期。按：孙文曾分别于一九〇四年、一九一〇年前来旧金山并晤见刘成禺，惟本篇提及各案除“苏报案”外均发生于一九〇五年至一九一〇年一月之间，则可知此次谈话当在一九一〇年。孙文于是年二月十日自芝加哥抵旧金山，三月二十二日离旧金山赴檀香山。所标时间即据此酌定。

运用练习演说之法

与旅美留学生谈话①

（一九一〇年二三月间）②

（一）练姿势。登上演说台，风度姿态，即使全场有穆肃起敬之心。开口讲演，举动格式，又使听者有安静详和之气。最忌轻佻作态，处处出于自然。有时严重，唤起注意，不可故作惊人模样。予少时研究演说学，对镜练习，至无缺点为善。

（二）练语气。演说如作文，然以气为主，气贯则言之长短、声之高下皆宜。说至最重要处，言与声，掷地作金石声。至平衍时，恐听者有倦意，宜傍引故事，杂以谐语，提起全场之精神。谠言奇论，一归于正，始终贯串，不得支离、动荡、排阖，急徐随事。故予少时在美听有名人演说，于某人独到之处，简练而揣摩之，积久自然，成为予一人之演说。

（三）笼罩全局。凡大演说会，有赞成必有反对。登台眼观四座，在座有何党何派人，然后发言，不至骂题。吾国所谓“座上有江南”，出言不慎③，座中忽起怪声，此演说家之大忌。必使赞成者，理解清晰，异常欣慰；反对者，理由折服，亦暗中点头；中立者，喜其姿态言语，易为左袒。万不可作生气语，盛气凌人。予在华盛顿，见有议案本可照例通过，某登台议员忽骂及他党，致招否决，此一例也。

演说纲要，尽于此矣。诸公他日归国，有志政治，要在演说，故为汝等告之。

据刘成禺：《先总理旧德录》“学指第四”，载南京《国史馆馆刊》创刊号，一九四七年十二月出版

---

① 此为刘成禺忆述孙文言论之一篇，谈其平素运用练习演说之法。揣其文意及“诸公他日归国，有志政治……”之句，料系辛亥革命前在美国与中国留学生的谈话。

② 底本未说明日期。按孙文曾分别于一九〇四年四五月间、一九一〇年二三月间暂居旧金山，其时刘成禺亦游学于该地并兼任《大同日报》笔政，此番谈话尤以在后一时段的可能性更大。故酌定为一九一〇年二三月间。

③ 唐代郑谷《席上贻歌者》“座中亦有江南客，莫向春风唱鹧鸪”的诗句，谓勿在筵席上唱《鹧鸪曲》，以免勾起南方人思乡情怀。《幼学琼林》卷三“人事”因有“座上有江南，语言须谨”之言。

中国革命即将爆发

与檀香山《晚间公报》记者谈话[①]

（英 译 中）

（一九一〇年四月八日刊载）

只要现在的满洲政府继续存在，中国就没有希望。明智的、爱国的中国人打算推翻现在的外国政府——我指的是满洲政府——并且建立一个他们自己的政府。这意味着民有、民享、民治。

满洲政府的所有官职都可以用钱贿买。这是众所周知的事实。那些为其所追求的官职付出最高价钱的人，能如愿以偿。

现在，正酝酿一场革命，以推翻满洲政府。他们意识到，进行得愈快，愈有益于人民。期待的革命即将爆发，这仅仅是一个时间问题。明智的、有思想的中国人支持这一变动，因为他们不能永远生活在现政体的腐败制度之下。

政府显然害怕在中国爆发革命起义，答应人民建立一个立宪政体。今天的中国是一个专制的君主政体。它并不是真正打算给予人民一个为大众喜爱的立宪政府，却极力抵制革命运动。

这是真实的，有一个明智的、有能力的领导者在策划中国的革命运动。每一个受过现代教育的人都支持这一变动。

中国军队今天相当强大，但是，它没有足够的能力去保卫它的领土。中国的军队有三十六镇。其中的十五个镇已经按照现代的军事制度组成。人们实际上认为，他们赞成革命的主张。士兵们被在外国受过教育和训练的人统率。他们掌握现代军事知识。

正像土耳其所发生的情况那样，中国在时势发展的过程中最终将被这支军队革命化。

---

① 三月二十八日，孙文从旧金山抵檀香山。后对《晚间公报》记者发表谈话。

自从中国军事部门的这十五个镇组成以来，在中国全境内已经爆发了好几次革命。最近的一次，几星期以前发生于广州。由于同情这一运动的人民没有准备，革命党人被政府的力量打败了。

中国应该建立共和国。一旦共和政体建立起来，中国将焕然一新，政府事务将得到正确的管理，最终将成为世界上最繁荣的国家之一。我充分相信，革命运动将成功。

我认为，实际上全世界赞成中国的现代化。今天世界所需要的是和平与贸易。文明国家需要中国向世界贸易开放门户。应当承认，中国人中较好的阶级赞成这样做。但是，不幸的是，它经常被满洲政府干扰。

现在的政府不能维持中国的秩序，也不能抵御外来的攻击，保护自己。这是世界和平受到扰乱的原因，也是某些强国为了最终解决远东问题正在倡议瓜分中国的理由之一。

如果中国人民全体站起来，推翻现在的满洲政府，使局势秩序井然，它的行动可能得到世界列强的赞同。在进行过程中，中国人民无论如何必须与世界列强的政策一致。

我的看法是，列强帮助现在的政府将没有任何益处。任何国家，没有某种利益，却愿和满洲政府这样衰老而腐败的君主政体站在一起，这几乎是不可能的。

正在国外受教育的大多数年轻中国学生是被地方政府派遣的。除了那些正在美国接受教育的学生以外，中央政府没有为他们做过什么事情。长时间以来，中央政府试图干涉年轻有为的海外留学生。但是，迫于正在中国形成的公众舆论，中央政府撤回了对这些海外留学生的异议。这实际上表示它无能为力。

据《中国将发生内部冲突》，载一九一〇年四月八日檀香山《晚间公报》（杨天石译，习五一校）

数年内将推翻清政府建立共和政体

与檀香山《太平洋商业广告报》记者谈话①

（英译中）

（一九一〇年四月二十日）

孙博士相信，彻底改变庞大的中华帝国政体的时机已近成熟。他判定，并且明确地指出，满洲王朝正在削弱，在几年——很有限的几年内，他意味深长地补充说——汉族将要奋起，将满洲人赶出帝国。在王朝宝座的废墟上，孙博士希望看到，建立一个共和政体。

"你是否相信，中国人能在政体方面实行这样一个激进的政策——从一个皇帝到一个总统?"他被询问。

"中国人认为，满洲人是篡位者，是我们的征服者。"孙博士回答。"满洲人从来未能臣服中国人，但是后者因为某些原因也从来未能站起来并推翻他们。如果向他们指示推翻这些外国人——满洲人的方法，我相信他们将会接受任何一种提供给他们的新政体，如果它是中国人的政府。"

…………

昨天晚上，他以平静的语言谈到，他相信，运动正开始削弱满洲王朝，就像水珠滴在石头上一样，逐渐地磨穿它。

孙博士可以被有些人称之为梦想家和理想主义者，不过，他是注重实际的。他提到土耳其的少年土耳其运动，并且说，他在中国领导的运动在精神和计划方

① 一九〇七年以后数年间，孙文曾在广东和西南边境地区多次组织反清起义，失败后奔走于南洋及欧美各地图谋再举。一九一〇年三月二十八日，孙文自美国旧金山抵达檀香山。檀香山是当时中国人对夏威夷群岛（Hawaii Islands）的通称，一八九八年成为美国领地。此次谈话于四月二十日晚在檀香山正埠（Honolulu，音译火奴鲁鲁）自由新报社举行。英文晨报《太平洋商业广告报》（*The Pacific Commercial Advertiser*）创刊于一八五六年，原名 *The Honolulu Advertiser*，当地华侨惯称该报为《鸭扶汰沙》，即 Advertiser 译音。中文《自由新报》则创刊于一九〇八年，时为当地同盟会机关报。访谈录对孙文使用第三人称。

面和它完全相同。这一运动，导致推翻阿布都·哈米德（Abdul Hamid）①，并且建立了一个现代化的政府，它没有倒台的苏丹一度拥有的专制弊病。

“你的党对满洲政权有威胁吗?”他被询问。

“有。不过，超过摄政王②想象的更大危险来自王朝自身的弊病。”孙博士说。

“又要发生一次义和团起义。”这是他的惊人的叙述。“正如第一次起义时，帝国的军队援助排外运动一样，现在的政府将是起义的幕后操纵者。满洲人经常反对外国人——欧洲人和美洲人。中国人也反对外国人，不过，对于我们来说，外国人仅仅意味着满洲人，而不是欧洲人和美洲人。”

“满洲王朝相信，当煽动对欧洲人和美洲人的敌对情绪时，它将使自己受到中国人民的拥护。现在，满洲政府正在建立一支庞大的军队，并且将它置于现代化的基础之上。它计划立即在全国扩展三十六个镇，包括武装部队的所有军种。这意味着近百万人。同时，它计划在六年内拥有三百万现役军人。”

孙博士眯缝着眼睛微笑说：“但是，这支军队不可能全是满洲人。他们可以任命许多满洲军官，但军队的大部分将是中国人。当满洲王朝指望使用这支军队去使政府为人民接受时，这支军队能够颠覆篡位者并压碎他们。在我看来，这样的事即将发生，因为在这段时间内，我们不会睡觉。只要一种思想感情在中国军队中鼓动起来，它将使这支巨大的武装力量去反对政府而不是为它服务。无论如何，‘义和团起义’可能已经开始，这场攻击如果不是由于满洲政府的直接煽动，也将是一种诡计，满洲政府利用它，将攻击矛头指向那里的外国人。”

“当篡位者被赶走并被压倒的时候，我赞成中国建立共和政体，赞成选举人民的总统，赞成在这个伟大国家的发展中进行根本变革。

“我已经在进行反对政府的军事行动吗？是的。主要是在中国南部，紧靠中法边境③。我们的部队常常与政府军交战。我们已经投身于战斗中。是的，我和部队在一起。但是，我们没有力量保持赢得的土地，因为财力有限，获得武器很困难。”

---

① 即土耳其（奥斯曼帝国）苏丹哈米德二世，一八七六年至一九〇九年在位。

② 即清宣统帝之父、醇亲王载沣。

③ 指中越边境，当时越南是法国殖民地。

…………

他经常为了安全而被迫逃亡。在日本，他多次在那里设立指挥部。他被中国特务跟踪。在中国，孙博士把生命捏在手里。但他说，他比较安全，因为各个城市的官吏虽然可以知道他的存在，却不能突破保卫他的中国人强固的警戒线。人民的感情在他这一边。

“帝国政府的庞大军队将援助还是阻止你的运动？”

“我相信，它将有益于我们。我们很高兴，他们正在建立这样一支庞大的军队。因为我们能以这种感情在军队中工作。当伟大的高潮来临时，军队将成为我们的军队。

“至于摄政王周围的官员，现在主要是他的亲属。摄政王解除才智出众的中国人的职务，排挤他们，将满洲贵族提拔到高位上。他们中的一个，他的兄弟载涛上星期为了一项使命经过这里①。另一个将要在八月经过这里②。他派遣他们出使，为了让中国人感到，他关注国家的现代化。”

据 Honolulan with Price on Head. *The Pacific Commercial Advertiser* （Honolulu）， April 21， 1910（《头颅标有赏格的檀香山人》③，载一九一〇年四月二十一日檀香山《太平洋商业广告报》），此为日本外务省档案中日本驻檀香山总领事上野专一致外务大臣小村寿太郎的报告所附剪报，东京、日本外务省外交史料馆藏（杨天石译，习五一校）

---

① 清军咨大臣、贝勒载涛于本年三月赴各国考察，四月到美国。

② “另一个”指清海军大臣、贝勒载洵，本年八月赴美国、日本考察。

③ 底本标题的“檀香山人”指孙文，因他持有檀香山出生证，是一九〇四年三月为方便前往美国大陆而设法向当地政府申请领取。

中国将要发生另一次义和团起义

与檀香山《太平洋商业广告报》记者谈话①

（英 译 中）

（一九一〇年五月二十六日刊载）

孙博士说，在那个时候，他期待着比一九〇〇年规模更大的又一次义和团起义。他预言，这一次起义将要得到拥有三十六镇强大正规军的满洲王朝的支持。接着他宣告，政府正在实施巨大的军事计划。当它变成强大有力之时，当统治者相信，他们可以依靠这支庞大的武装力量时，另一次义和团起义的时机就成熟了。

但是，正如孙博士所断言，长沙暴动②是不成熟的。它虽然是王朝未来计划的一部分，而实际上几乎是一次独立的起义。只是由于它太仓促，没能得到帝国阴谋家的支持。

孙博士说：我仍然断言，中国将要发生另一次直接指向外国人的起义，它将比十年以前的起义更可怕。这些起义或暴动直接指向外国人，甚至连我们革命党人都成了目标，我们已有三个学生被杀。不久以前，他们中的几个被烧死。我们这些进步分子，如同外国人一样，已经被包括在攻击范围中。它向我指示，这一切在义和团起义中仅仅是最初的行动。

满洲核准组建的中国新军包括三十六镇，每一镇一万二千个步兵，加上正在训练的骑兵、炮兵，总计一万五千人。两镇三万人组成一个军团。这支军队将由大约一百万武装的现役和后备人员组成。

至于我自己的计划，我可能在三周左右离开这里，去美国太平洋海岸照料我们党的事务，然后再次去中国旅行。

据《政府支持的暴徒》，载一九一〇年五月二十六日檀香山《太平洋商业广告报》（杨天石译，习五一校）

---

① 谈话内容为《太平洋商业广告报》记者所报道，对孙文采用第三人称。

② 长沙暴动：指一九一〇年四月长沙饥民暴动。事件中，饥民纵火焚烧或捣毁了巡抚衙门、教堂、学堂、洋货店等。

革命主义者必须具有宗教上宽容的德

与宫崎寅藏谈话①

（日　译　中）

（一九一〇年六月十一日）

以为已死的同志今日竟再生，实在太好了。耶稣说，不是敌人就是朋友，何况同情我们的人？我们革命主义者的军事组织之中，必须具有宗教上宽容的德。

据宫崎龙介、小野川秀美编：《宫崎滔天全集》
第二卷，东京，平凡社一九七六年八月发行

关于中国同盟会

与谭人凤宋教仁谈话②

（一九一〇年六月中旬）③

谭人凤要求“改良党务”，中山颔之。

宋教仁往商中山，孙乃曰：同盟会已取消矣，有能力者尽可独树一帜。

宋问故？孙曰：党员攻击总理，无总理安有同盟会？经费由我筹集，党员无过问之权，何得执以抨击？

宋未与辩，归告谭。次日，谭与宋复往，孙仍持此说。谭曰：同盟会由全国志士结合组织，何得一人言取消？总理无处罚党员之规条。陶成章所持理由，东

① 六月十日孙文化名Dokas抵横滨。是日移居宫崎寓所后，受到警察保护。据说儿玉源太郎告诉宫崎，此系中村弥六活动的结果，藉以消除“布引丸”事件造成的不快。对此，孙文有所表示。

② 六月十一日孙文秘密来到东京。谭人凤与宋教仁往见要求“改良党务”，孙文因陶成章、章炳麟、张继等人的攻击，并要罢免孙的总理职务，孙心情沉重，谈话态度不冷静，二十三日，东京小石川区警察署长密令孙二十五日离开日本，前往南洋。

③ 底本未说明日期。兹据上注酌定。

京亦无人附和，何得怪党人？款项即系直接运动，然用公家名义筹来，有所开销，应使全体与知，何云不得过问！

中山语塞，乃曰：可容日约各分会长再议。

据谭人凤：《石叟牌词叙录》，载石芳勤编：《谭人凤集》，长沙，湖南人民出版社一九八五年八月出版

在槟榔屿与胡汉民等谈话[①]

（一九一〇年十一月十三日）

惟积极始有善恶可言，消极则有恶而无善；余对于革命职责，断不容忧伤憔悴以死，余惟继续奋斗耳。

我知子等[②]谋营救精卫，我意再起革命军，即所以救精卫也。夫谋杀太上皇而可以减死，在中国历史亦无前例，况于满洲？其置精卫不杀，盖已为革命党之气所慑矣。子亦尝料满洲必覆，则何不劝仲实、璧君诸人集中致力于革命军事，而听其入京作无益之举，中于感情，而失却辨理力，我不意子亦如是也。

据《胡汉民自传》，台北，传记文学出版社一九八七年八月出版

与卢宝贤谈话[③]

（一九一一年一月）[④]

孙说：你能否通过进步学生来为革命筹款？

---

① 这是孙文在槟榔屿召开秘密会议前，批评胡汉民、陈璧君、黎仲实等放弃主要革命工作，以营救汪精卫为首要任务的错误做法。

② 指胡汉民等。

③ 卢宝贤系旅居加拿大的侨胞。一九一一年初，他正在美国，接到孙文一封来信，约他一周后到底特律的一家中国餐馆晤谈。

④ 底本未说明日期。孙文一九一一年一月十九日自欧洲抵美国纽约，二十三日赴旧金山，三十一日到达，二月四日赴温哥华。时间据此酌定。

卢当即表示同意，并商定把我所筹集的款项寄给洪门致公堂在纽约的代表。

孙说：我们一定要齐心协力。现在，行动的时刻已到，你必须尽力帮助我们。

孙还说：现在正是出力的时候，我们所付出的代价一定会使我们的未来比想象的更好。

据卢宝贤：《与孙中山先生在一起的时候》，
载一九八一年九月二十九日北京《人民日报》

亚洲各国联合起来

在温哥华与日本记者谈话①

（俄　译　中）

（一九一一年三月上中旬）②

孙中山对记者说：“吾人惟一耽心者，乃列强之干涉也。”

关于列强对他的态度问题，孙中山回答是：英、美、法没有给他提供任何物质上的援助或保护，它们只给予他以个人行动的自由。他对日本政府对待中国革命党人的态度深表不满。不过，孙中山打算取得日本舆论界对中国革命党人的同情，并期望日本人能在经济上与中国密切合作。

孙中山强烈谴责移居加拿大的英国人与法国人对当地居民的歧视，强烈谴责加拿大政府歧视亚洲各国侨民的政策，并且号召亚洲各国人民实行自治。他积极支持日本某些政治家提出的召开亚洲各国会议，以建立亚洲各国同盟的计划，并且呼吁日本率领亚洲各国反对英、美、法、德和沙俄。强调要“唤醒亚洲各国，尤其是中国和印度”。

孙中山说：“惟有中国发生革命，印度亦从沉睡中觉醒，亚洲各国方能联合起

① 三月二十五日，北京英文报纸《中国论坛》刊登孙文在温哥华接见日本记者时发表的谈话，标题为《中国革命领袖会见记》。谈话内容为记者所报道，对孙采用第三人称。

② 底本未说明日期。孙文于是年二月六日抵加拿大温哥华，三月十九日往美国。谈话时间据此酌定。

来，实行亚洲门罗主义。”

据齐赫文斯基：《孙中山的外交观点与实践（一九〇五—一九一二）》，载《中国辛亥革命论文集》（*Синьхайская революция в kumae: сборник Статей*），莫斯科一九六二年俄文版，转译自一九一一年三月二十五日北京英文报《中国论坛》（*The China Fourm*）。中译文见《国外中国近代史研究》第四辑，北京，中国社会科学出版社一九八三年八月出版（丁如筠译，邹宁校）

在芝加哥与梅乔林等谈话①

（一九一一年五月五日）

广州三月二十九之役后，以筹饷为急务。芝加哥同志请中山先生指示方策，先生曰：若得美金二百万，为分途发难费，倘一方得手，即就地因粮筹饷，革命成功可翘足而待；至筹饷之法，各地不同，诸君当体察情形，思一善策而筹之可也。

梅乔林提议设立革命公司，每股收美金二百元，若得万股，为数已足。中华民国成立后，股票倍价收回。此办法经中山先生许可，并亲撰《缘起》。

据梅乔林、李绮庵：《开国前美洲华侨革命史略》，载南京《建国月刊》第六卷第四、五期合刊，一九三二年四月出版

附：另一记录

孙中山：筹饷方法，各处不同。南洋筹饷，多为地方政府所限制，秘密而行。美国是自由之邦，筹饷公开，做事较为容易。最好想出一个统筹办法，集合巨款，分途举义，一方得手，就地因粮筹饷，革命事业便可成功。请同志各抒所见。

---

① 是日芝加哥同盟会分会举行会议，孙文应会长梅乔林等的询问，就筹饷再举问题发表了意见。

梅乔林：分途举义，约需款若干？

孙：须款多少，似难预定，暂以一百万美元为目标，想一可行方法进行。

梅：设立革命公司，股份一万股，每股收美金一百元，待革命成功后加倍还之。似此一举而义利兼收，应无不乐为者。欧美、南洋华侨众多，想不难达到目标也。

孙：可。惟股份须认定半数以上，方可收款，以免流弊。

据梅乔林：《广州“三二九”举义前后》，载
一九五六年三月二十九日台北《中华日报》

革命的目标是推翻清王朝并建立共和政府

与美国《每周画报》杂志谈话

（英 译 中）

（一九一一年五月二十六日刊载）

两个政治派别

“在中国，我们有两个政治派别，支持满族统治的维新会，以及以推翻清王朝并建立共和政府为目标的革命派。我说清王朝，是因为准确来说，满族人……只是一个篡位的种族试图统治一个像中国这样的庞大国家，况且他们没有能力管治他们自己的国家。在过去的十年，中国开始重新觉醒，而在海外华人却毫不知情。世界列强要来瓜分中国的传言激发起每一位中国人的赤子之心，决意不让传言成为现实。我们认真研究掌握中国现状，认识到满族人为了自身利益，一直谋求建立稳固的统治谱系。为此，他们想方设法地苛征赋税。”

“中国革命者主张什么？”

“我们革命派人主张，第一，中国属于中国人，第二，共和制政府，避免国家分裂。凭着共和政体，我们可以及时在世界列强中占据合适地位。革命者拥有美国人所熟知的‘公民’的支持。而维新会则是由富商支持，这些商人都是通过满族统治者给他们的特权赚取丰厚利润。”

革命者的目标

当被问及革命者们的目标的时候，他重复了以上的话。当被问及他的伙伴的身份的时候，他回答说，他宁愿牺牲也不会暴露他们。他进一步说道："死亡将会是我的荣幸。鲜血挥洒，我牺牲了，而我的同志仍会追寻他们伟大的事业。据我所知，欧洲的革命中，只有鲜血涌流才可获得胜利。我不是第一个为革命捐躯的；许多人已经面对死亡了。我会把我的理想带到坟墓的。我拒绝回答更多的问题了。快处决我吧！"

"在报纸上发表这些豪言壮志比发行一百万本小册子会更有效地推广革命运动。"在他说话的时候，孙逸仙的脸色变得严肃，他的声音透出最诚恳的坚定信仰。"Kot，"孙逸仙边说边站起来，"一定会获得人们的尊重，毫无疑问，他是一位爱国者，一位为自由而牺牲的烈士"。

据 Sun Yat-sen. *The Hongkong Telegraph*, May 26, 1911, Page 3.（《孙逸仙》，载一九一一年五月二十六日香港《士蔑西报》第三页）（邹尚恒译，高文平校）

英文原文见本册第 515—517 页

与伍澄宇谈话

（一九一一年五月）

崔通约为清领事作报告，实难释疑。其与三月廿九日事前泄漏机密有关，盖是役之前，上海《民立报》有载北京清廷电致粤督张鸣岐严防前山陆军，何以北京得知粤中党人之消息，必系数月前在会仙楼叙宴时，将香港同盟会统筹部之函泄漏。

夫三月廿九日一役，吾党有为之士惨遭杀戮，若崔君果有其事，殊堪痛恨。但以崔君虽阅该函，究来能实证其为此报告，不过是一种怀疑而已。吾人对于怀疑之人，即当去之，此为革命应有之果断也。何则，吾纵怀疑错了，结果不过失了一个党员；若怀疑不错而不去之，因此而牺牲多数同志，陷革命之全局，殊非计也。

据《伍平一先生革命言行录》，香港，华美印刷所一九二〇年出版

与孙科等谈读书与学问

（一九一一年七月）

一九一一年的七月，我从檀香山到美国旧金山，进入加州大学就读。到达旧金山时，国父在码头上接我，当时，国父曾对我说：在大学念书的头二年，要广泛地读，不要单看文学方面的书，社会科学方面的书籍也要看。

有一次有人问国父："先生平日所治甚博，举凡政治、经济、社会、工业、法律，都在阅读范围之内，到底是以哪一样为专攻呢？"

国父答道："我无所谓专攻。"

又问："那末先生所治的究竟是哪一种学问呢？"

国父笑道："我所治的是革命之学问，凡是一切学术对于革命之知识和能力可以有帮助的，我都用来作为研究的原料，而组成我的革命学。"

据孙科：《国父的读书生活》（石敏笔记），载一九六八年十一月十二日台北《中央日报·国父诞辰纪念特刊》

与伍澄宇谈话

（一九一一年七月）

孙：东京之友人？

伍：《教育今语》杂志社为太炎一部分人所组织，自《民报》迁法京，太炎藉此为活。闻"良史"之名即太炎，"独角"即陶焕章也。但陶焕章为人如何？

孙曰：陶君为人予信其亦无他，不过东京党人，以其与太炎接近，遂疑及耳，惟予则不信其有异志[1]。以才干论，陶胜于章也。

---

[1] 一九〇九年，陶成章、章炳麟发动第二次倒孙风潮，攻击孙文"得名"、"攫利"，孙函请巴黎《新世纪》杂志"指出其谬，以解人惑"。

伍：予知陶不容于东京党人，已赴南洋。他有函介绍尹维俊、尹锐志两女士与予通信，两女士系秋瑾之徒，早在沪组织机关也。

据《伍平一先生革命言行录》，香港，华美印刷所一九二〇年出版

与组约华侨同志谈话[1]

（一九一一年十月二十日）

这回革命一起，不旬日已有十三省次第响应独立。独立如斯，太过迅速、容易，未曾见有若何牺牲及流血，更不知前仆后继之人及共和之价值；而满清遗留下之恶劣军阀、贪污官僚及土豪地痞等之势力依然潜伏，今日不能将此等余毒铲除，正所谓养痈遗患，将来贻害民国之种种祸患未有穷期，所以正为此忧虑者也。

据吴朝晋口述，李滋汉笔记：《孙中山三赴纽约》，载《近代史资料》总六十四号，北京，中国社会科学出版社一九八七年一月出版

中国革命军将击败清军攻占北京

在费城与费普谈话[2]

（英　译　中）

（一九一一年十月二十三日刊载）

孙逸仙博士向费普表达了他想立刻回中国的意愿，他说道：

---

① 纽约华侨同志在旅馆晤谈革命军进展之消息，洋洋得意，独孙文面露不愉快之色，华侨同志问其故，孙遂有此答话。

② 一九一一年十月二十日，孙文离华盛顿赴纽约，抵达后，黄芸苏等同志前来商谈革命事，报载孙在纽约出席一个秘密会议，或指与革命同志的聚会。费普（Rev. Dr. Frederick Poole），纽约华人区著名传教士。

“革命党奋身取得的成功远远超过了我原来最乐观的预期。与在场所有运动领袖们一样，我对革命军战斗行动之迅速深感喜悦，然而这也是我们所期待的结果，因为运动领袖们能力卓越。

“攻占武昌、汉口和汉阳助我们打开了通往西部与北部的入口。武昌扼控长江，我方在此扎营筑塞，如获金城汤池，让我们控制了长江上下游。

“现在即将发生的、也很可能决定整个国家命运的最为重要的一场行动，就是清兵与革命军的交会。行动预计于未来两日内在汉口一百五十英里以北展开。革命军已在清兵抵达汉口的并经之路——一处铁路通道部署兵力，此战略位置必使革命军全面击溃清兵。

“革命军正严阵以待，一旦清兵经过此铁路通道，驻扎在北京以北的守卫将收到信号。这些守卫对革命怀有同情心，届时首都将被革命军攻占。”

孙逸仙博士给费普看了一份准备公开的中国人民宣言的译文。①

据 Sun Yat-sen in New York. *New-York Daily Tribune*, October 23, 1911, Page 3.（《孙逸仙在纽约》，载一九一一年十月二十三日美国《纽约每日论坛报》第三页）；Alleged Interview with Sun Yat-sen, *The London and China Telegraph*, October 30, 1911, Page 1055. ［《与孙逸仙的采访面谈（未被确实）》，载一九一一年十月三十日《伦敦与中国电讯》第一千〇五十五页］（廖思梅译，高文平校）

英文原文见本册第517—519页

① 这份宣言饱含人类情感，展现了这场革命目的的真诚。文章主调是人民要推翻奴役老百姓数百年的专制政府，获得自由，而此自由只能在建立一个像美国那样的共和政府的先进制度下方可切实享有。

回国行程计划

在纽约与鹤冈永太郎谈话[1]

（日　译　中）

（一九一一年十月二十六日）

（一）目前华中起义，系由本人所指挥。

（二）当此之际，本人无论如何亦愿前往日本一行，为此曾致电宫崎探询日本政府意向。本月二十四日接到萱野复电，略谓：如肯更名，则登陆或停留均无妨碍。但本人则不论时间如何短促，总愿以公开身份停留。如是，则日本方面所寄予之同情态度，既可鼓舞革命军之士气，又可消除外界认为日本国政府暗中庇护北京政府之疑惑，对双方均为有利。[2]

（三）本人将于最近期内经由伦敦转赴欧洲，此行之目的地是德国。因德国留学生中有不少革命同志，尤以日前德皇曾通过留学生暗示对我国革命运动怀有好意。此次前往，意在取得协助。

（四）预定自欧洲经印度洋返归亚洲。日本国政府如能同意本人不更姓名而登陆，则将再度取道美国，经西雅图前往日本。

（五）俄国官员表示意外宽宏，故曾计划在哈尔滨建立据点指挥同志，但不便之处殊多，终恐难于实现。

（六）日前曾赴华盛顿，意在探索美国政府之底意，并藉以疏通感情。美国政府曾向德国政府征询意见，故决定此次欧洲之行。

据一九一一年十月二十六日水野驻纽约总领事致内田外务大臣电，载外务省调查部编纂：《日本外交文书》第四十四册，东京，日本国际协会一九六二年发行（邹念之译）

日文原文见本册第587—588页

---

① 日人鹤冈永太郎自欧洲到纽约，因与萱野长知素有交谊，遂被日本驻纽约总领事水野幸吉派往密访孙文。

② 底本说明：孙文委托鹤冈将此意转告日本驻美代理大使埴原，电请日本政府考虑。

余足迹所到之处即革命军粮仓所在之地

在芝加哥与华侨谈话

（一九一一年十月中下旬）

武昌起义之时，正值国父游埠演说，筹集革命军饷之日，国父在海外濒年奔走，席不暇暖，为救中国而免瓜分。先是广州辛亥三月廿九之役，国父行抵芝加哥，闻讯，即去电香港胡汉民探听消息。及得胡报告后，国父在芝加哥同盟会商议筹款接济香港党人之急需。国父曰：“余足迹所到之处，即革命军粮仓所在之地，广州举义现虽失败，而其影响所及，举世皆知。革命时势已造成，海外同志如能继续筹集巨款，则分途举义，一方得手，四面响应，革命即可成功。”于是在芝加哥设立一革命公司，企筹巨饷。

四月八日，国父偕朱卓文往波士顿，五月初旬赶赴三藩市，乃与致公总堂大佬黄三赵，及三藩市同盟会同志商议成立筹饷总局，并发行革命军债票，票面美金十元，由国父与同盟会会员李公侠（即李是男）出名发行。

辛亥双十国父在哥罗拉多筹饷总局派员游埠演说筹饷。派赵煜、张蔼蕴为一队，国父与黄芸苏为一队，乃于七月初二日动程分途而行。

国父偕黄芸苏先往砵仑，砵仑同盟会同志谓国父看电影，刚入门，适放映十三州独立，摘自由钟，皆以为好预兆。紧往舍路，士卜顷“抓李抓等埠，及行抵哥罗拉多省与华城之翌日，适值武昌起义，国父着黄芸苏一人，依照筹饷局原定路线而行。国父偕朱卓文赶赴芝加哥，行前致电芝城同盟会，略云：‘武昌已起义，弟准廿一晚六时抵芝。’”

…………

是晚余乘专赴芝加哥，廿一晚，国父莅芝，下榻德皇饭店。国父嘱余准备二十三日下午二时，开预祝中华民国成立大会，庆祝布告由国父亲拟。二十二日，国父迁居萧雨滋牧师家中。二十三日天晴，华侨工商学界，非常踊跃参加，西报访员亦有十余人之多，而教会男女来宾更觉热烈。国父为避免外人知其行踪，是日庆祝会由余代主席。散会后，教会中人请求萧牧师介绍与孙博士相见，微答应之，成群而去。及后余送食物至萧宅，见寮中教会男女满座，有西报访员一人杂在其中。余向国父低声曰：“有事报告。”国父离座，余曰：“左边有某西报访员请先生留意说话。”国父乃向众曰：“彼此皆是同道中人，随便谈谈，余刚才所说，请列位不可告知别人。”齐声曰：“如命。”翌日某西报将当时情形，原原本本披露出来。国父见之颇怒。是晚国父早睡。余回电英煜，即嘱该楼管理预备几味适口西餐，待明晨送孙先生。

二十四日朝，余往搭天面卡车，适报意迎面而来，呼曰：“广东独立。”余闻登车而去，抵步入门未登楼，乃大呼曰：“先生，广东独立。”国父应声曰：“才佚!”“才佚”是台山土语，有音无字，“佚极”之意，国父披睡衣启房门出，余递报他看，国父曰：“酝酿独立。”余曰：“酝酿快成事实，”余转呼大师傅弄朝餐，国父曰：“大师傅买菜未回。”余曰：“我带食物来，我来弄餐好吗?”国父曰：“好。”

据梅乔林：《辛亥武昌起义时国父的行踪》，
载一九四四年十月十日台北《中华日报》

中国革命形势及前途

与法国《朝日新闻》驻美访员谈话

（一九一一年十月）①

孙：吾敢谓斯举当有成矣。曾遍访在美各团体同人，其所报告中国近今消息，而知□□□□②在旦夕间矣。于武汉已占有绝好地位，不啻已为扬子江主人，由此渐进，以取险要，自可得手。但必在汉口之北二百基罗迈当大战一次，以决雌雄，而后定□□之命运。自经此次战后，凡见好于□□者，其意向已多变易，使下次更获大胜，则凡有新知识者，当已尽赞同。且我有干练敏捷之人，散处重要之地，使号令一发，即可响应。今之所言，虽未决定，然已筹之熟矣。

访员：尔何以能组织国民至此耶?

① 底本未说明日期。据谈话内容及孙文活动情况判断，为一九一一年十月。

② 原文如此。似为“满洲政府”。以下各处应为“满洲”或“满虏”。

孙：吾在少年凡遇刑戮之事，必亲往观，因与被刑之家属交接，吾见此等家属皆有革命之念，且群怨政府之黑暗，官吏之舞弊。吾乃亟思除去之。然于初次举动，竟无效力。又尽力以谋者五年，至于不得不逸而离祖国，于是有悬赏以购吾头者，吾想今此头颇当益增价值矣。吾以此时刻慎防之，常作欧、美之游历，而经验与智识日进，今吾驱除稗政之心日益迫切矣。吾故有家资，因得遍游各地，以交通集资赞助之各会，各会之中，以在美华人所组织之规则最为精密。曩以吾主义为过高者，今则亦多从我，更有至贫困之人，亦樽节其用以助吾事者。苟有机会，吾当返国，将来如何措施，斯时不复可言矣。

访员：君此事果有成，则他日即以此手段排外乎？

孙：吾等同志及国中有新知识者，皆深明责任，且知文明来自西方，无论立宪主义、自由主义，皆借取于英、法、义（意）、美诸国，吾国民深负文明债于西方也。故目前举动惟对于□□而已。至一切外交，决无意外冲突。吾意拟于他日试行联邦之中国，另设中央之上、下议院，统筹全局。其于财政，决不令贪婪之吏执掌之。添设公立学堂，并图城市之改革、军事之改革、人民等级之改革，为最大之结束。此次若幸有成，当暂立军政府，然不久即许行自治。至若妇女，亦必令享有应得之权利，则家族亦大可改良也。苟吾革命之旗，飘扬于北京城内，则吾族之新花重发矣。

据《清政府镇压孙中山革命活动史料选——清政府驻美使馆书记生周本培报孙中山与法记者谈话记录》，载北京《历史档案》一九八五年第一期

共和制是最适合中国的政体

在英国与《伦敦与中国电讯》记者谈话

（英　译　中）

（一九一一年十一月六日刊载）

在讨论一个可行的中华共和国的问题上，迪奥西先生（Mr. Diosy）说中国革命党坚决效仿美国模式，在中国建立中华合众国。在多次谈话中，孙逸仙向笔者解释

了促使他选择共和制尤其是以自治省联邦的形式作为最适合中国的政体的原因：

中国省份之间在自然环境、地区优势、经济需求和语言都存在巨大差异，有些体现在宗教方面，有些体现在民族方面；当中十八个省自治程度相当高，不可能通过中央集权来治理一个偌大的疆域；然而更主要的原因是，中国人管理自己当地商务、慈善等事务的能力非凡，他们有地方士绅协商会和执行理事会负责协调、指导和统筹工作。以上这些因素说明中国可以采用联省自治的方式昌盛久安。革命党无疑受到海外留学人士的思想影响，他们把美国的宪法视作典范，但却保留了重要一点，即他们明智的判断力让他们坚决避免因循守旧，拒绝接受僵化教条。美国人在制宪会议起草联邦宪法，共同规定由国会和联邦政府执行的管理办法。外交关系、国家防御、国家金融与财政政策、国际和州际通信交流、州际商务、国民健康、高等法院体系等等，这些都是由联邦立法和行政机关处理的事务。每个州根据自己的宪法通过选举成立自己的立法机关，制定自己的法律，然后由自己推选成立的行政机关执行。而对于这样一个截然不同、全新的政府形式，中国人的接受程度又有多大呢？想必对于一个厌倦了软弱无能、腐败无为、丧权辱国的政府统治的民族而言，只要谁能解放劳苦大众，谁提出的政府形式便是正道。

……笔者惟一能亲自保证的一位正直领袖便是孙逸仙，但他回答如果革命党中也有孙派领袖，他们的事业就是安全的。不久将来历史自有定断。

【……】

据 Rising in China? *The London and China Telegraph*, November 6, 1911, Page 1082.（《中国崛起?》，载一九一一年十一月六日《伦敦与中国电讯》第一千〇八十二页）（廖思梅译，高文平校）

英文原文见本册第 519—520 页

尽速建立中央政府维持中国前途

在伦敦与康德黎谈话

（一九一一年十一月中旬）①

余于共和政府之大统领毫不介意。惟维持中国前途之责任，余可担当。

今之中国似有分割与多数共和国之象，余甚希望国民速建设一善良之中央政府。

据《孙中山之踪迹与言论》，载一九一一年十二月一日上海《神州日报》第二版（译自《大阪每日新闻》）

中国人民须有善良之中央政府

在伦敦与康德黎谈话

（日 译 中）

（一九一一年十一月中旬）②

我的志向不急于当中国之总统，但任此官职苟有益于中国，亦在所不辞。中国此时分崩离析，我甚以为荒诞。盖中国人民万不可无一良善之中央政府。

据《孫逸仙清国に向ふ》（《孙逸仙启程回中国》），载一九一一年十一月二十三日《大阪每日新闻》（二）（关伟译）

---

① 底本未说明日期，只说明孙文当时在伦敦。谈话时间据此酌定。

② 底本未说明日期。按孙文于十一月十一日抵伦敦，二十一日离开赴法，故标为是月中旬。

附载：康德黎夫人谈孙逸仙①

（日 译 中）

（一九一一年十一月二十九日刊载）

曾与孙逸仙有着极亲密关系的康德黎夫人（カントリ－夫人）说："孙逸仙是中国的加里波第（ガリバルヂ－）②"。

夫人进而谈道："孙几乎每年来伦敦时都来看望我们。去年一月来访时③，似乎与以往不同，很高兴的样子，心中似有所期，且非常健康。一月十一日他未言去向，搭上去美国的船④，想必是途经他儿子的所在地夏威夷后马上返回中国了。今年一月孙又来伦敦⑤，其时革命的准备已完毕，他胸有成竹，屡次谈道：'中国有十八万精兵，其中三分之二为吾同志，实现我的宿愿已为时不远。'孙是名副其实的爱国者，他胸怀有彻底打倒腐朽的满清政府、拯救同胞的志向。他认为中国与其像美国合众国那样实行联邦制，倒不如召开国民议会，建立统一的中国，他将此视为自己的使命。他常说：'将中国分割成多个共和国的想法，我甚以为荒诞。中国人民不可无一良善的中央政府。'他认为，推翻满清虽有些过激，但今之皇帝软弱无能，宫廷变革实属难事。惟有革命，别无他途。

目前有报道说，眼下赶回中国的孙，已被推举为中国共和政府的大总统。但是，并非他自己想做大总统，他极为谨慎，并无野心。他毫不介意是否做大总统，而只坚信革命是获得和平与统一的第一步。如果他就任大总统是众望所归，则他也会接受。他一旦成为大总统，期望多年来帮助他的海外中国留学青年，都能回国成为他的有力助手。

---

① 此系载于《大阪每日新闻》的一篇访谈录，文中引述孙文的一些言论。

② 加里波第（Giuseppe Garibaldi），十九世纪意大利著名的爱国者和政治家，为民族独立、统一祖国、建立共和而奋斗终生。

③ 时间有误。当时孙文在美国，孙系于一九〇九年八月到伦敦，住至十月底。

④ 时间有误。孙文系于一九〇九年十月三十日离伦敦赴美国，当时也并未到夏威夷。

⑤ 按：一九一一年一月孙文曾访问巴黎、布鲁塞尔，旋赴美国，未见有到伦敦的记载。

孙最近几年来在英、美的流亡生涯极富戏剧性。比如去年孙闻知老母亲在香港卧病不起，极盼能尽快归国探望，于是他往伦敦向克鲁尤（クルユ－）请求在香港上岸，遭到拒绝。但当思母心切的孙毅然赶到香港海面时，其母已离开人世，据说只由他的同志将其母骨灰带到海上，方得以泪一见。”

据《歸國中の孫中山——カントリ－夫人孫逸仙を評す》（《归国中的孙中山——康德黎夫人谈孙逸仙》），载一九一一年十一月二十九日《大阪每日新闻》（二）（关伟译）

谈清廷腐败

与英国记者谈话①

（日 译 中）

（一九一一年十一月中旬）②

孙逸仙说流利的英语……回答了记者的提问。

对于拥有善良政府的英国国民，向他们解释本国几千万人、流亡在外的几千人抱有革命思想的原因，是件困难的事情。我等因长年恶政而完全丧失希望，起而与满清交战。满人约有五十万至一百万人，汉人有四亿，然而重要官职一半为满人掌握。但此尚属小事，令我等不胜愤恨的是满清的弊政。在清国，政府不像政府，横暴残虐，腐败遍布全国。如英人所说之法律更是不存在，各省长官据一己之好恶需要制定法规，官吏所犯罪行无从追究，没有办法防止任何压迫。官吏在全国迫害国民，榨取血汗，以中饱私囊为能事。如英人所说之税法，在清国是绝对没有的，税目仅为地租一项也有各种榨取苛敛的办法。总督、巡抚等官员上任第一件事就是调查富豪，甄别谁是顺从送钱的，谁是不送钱的。对于不送钱的，罗织罪名拘捕拷问，

---

① 此系英国某杂志记者在伦敦一家旅馆访问孙文的谈话报道，载于日本报纸上。

② 底本未说明日期，但称发表于“近期杂志”。按该日报发行于一九一一年十二月上旬，当是报道孙文归国前在欧洲逗留的活动情况。因他在该年十一月十一日至二十一日居伦敦，故标为十一月中旬。

强行令其服罪，三日内不服罪者，则一再加以追究直至致其死亡，然后没收其财产。地方官握有不可侵犯之大权，中央政府则公认之。各地民怨沸腾，民治思想风靡全国，创立立宪政府成为国民舆论。我等之最大希望是颠覆现今朝廷后，给予国民以欧美式教育，宣传圣经的道德心，使他们知正义为何物，沐浴文明开化。

据《孙逸仙の慷慨谈》，载一九一一年十二月
六日冈山《中国民报》[1] 第三页（马燕译）
日文原文见本册第588—589页

联合各省组织中央政府

与英国记者谈话[2]

（一九一一年十一月中旬）[3]

此次武昌事起过于神速，未能十分预备，故困难之点尚多。然全国上下，风发云涌，四起响应，无不赞助；革党预备虽未完善，然以勇锐无前之气胜之，亦可替代预备。今此满廷忽有讲和之意，特以衰败无力之皇室，已无谈判之价值，非共和党之所屑也。

倘国人召彼前往组织中央政府，以总理一席属之，彼必乐为效力。孙已草定一共和宪法条文，据云先请其友商校，然后呈诸国会，彼固自称其中条文当为全国所赞许也。此次前往上海，专为联合各省回复秩序，当其抵中国海之前，革命必早告成功。彼但尽力劝阻胜利者一面之过于激烈，他非所有事矣。

据《孙中山归国始末记》，上海，
景新书社一九一二年石印本

---

① 报名中的“中国”即日本“中国地方”，位于本州岛西南部，包括冈山（首府冈山市）等五县。

② 谈话地点在伦敦，谈话内容为记者所报道，对孙采用第三人称。

③ 底本未注明日期。此据孙文在伦敦居留时间酌定。

共和的目标是建立一个以自由民意为本的省自治联邦

在纽约与《马丁报》记者谈话①

（英译中）

（一九一一年十一月二十日刊载）

被问到以前是如何走上革命的道路的，孙逸仙回答："在我年少的时候，我曾目睹了死刑的过程。然后我和受害者的家人联系交流，发现到处都有希望改变现状揭竿起义的声音。他们认为清政府腐败无能、横征暴敛，民间的这种仇恨已深入骨髓。我在欧美的游学经历加深了我解救中国于专制之中的强烈愿望。"

"旅美华人的自律性实在让人敬佩，原来认为我思想太激进的人现在已完全接受了我的想法。即便是穷人也会慷慨解囊资助革命活动。时机成熟的时候，我就回国。"

至于在中国的未来进展，孙逸仙说："治理中国的新人深知其责任所在。他们感谢西方文明带来的启蒙。他们了解巴黎、伦敦和美国，并会从它们的制宪理念和个体自由中借鉴精华。这场运动将继续以推翻封建王朝为目标。兴中会不会干扰外交事务的处理。

关于共和目标，孙逸仙说："我们将不遗余力，逐步建立一个以自由民意为本的省自治联邦。我们成立两个议院，审议有关全国大众利益的议题。中国的经济发展不会再为贪官污吏所控制和利用。我们陆续创建公立学校，国家发展纲领里还包括市级改革，重整军队，以及压制阶级特权。

"如果我们宣布了共和，全国将必进入戒严状态，但是随之诞生的就是一个自由体制。妇女被赋予法律地位，家庭生活完全改变，中华复兴的新纪元将在革命旗帜飘扬于北京上空那天真正来临。"

---

① 《马丁报》（*The Matin*）发表了一则由其纽约记者采访孙文的长篇谈话记录，嗣后香港《孖剌西报》转载了该篇报道。

最后，孙逸仙希望各国列强保持绝对中立，以让中华民国做好准备，迎接远东地区新时代的来临。

据 Sun-Yat-sen Interviewed in America. *Hongkong Daily Press*, November 20, 1911, Page 2.（《孙逸仙在美国受访》，载一九一一年十一月二十日香港《孖剌西报》第二页）（廖思梅译，高文平校）

英文原文见本册第 521—522 页

新政府当废除与外人种种不便之障碍物重订海关税则

与巴黎《政治星期报》记者谈话

（一九一一年十一月二十一日至二十三日间）①

中华共和国拟维持官话，为统一语言之基础。而使人民研究各种实业科学，尤为新共和国之行政入手法，英文亦可加入各种科学中，辅助华文之不足。中华共和国当编练国民军，及组织民国完全财政部。新政府于各国通商一层，更为注意，当弃除与外人种种不便之障碍物。而新政府应将海关税则重行编订，务使中国有益，不能徒使西商独受其利。总之，重订税则亦须与西人和衷商议，决不使中国使债主有烦言也。于满清政府从前与各国所立条约，新政府仍然承认；虽日俄强逼清政府所订各种不公平之和约，新政府亦依然遵守也。

据《孙中山之归讯·巴黎〈政治星期报〉载有第三页孙逸仙之政见》，载一九一一年十二月十五日上海《民立报》

① 此篇及下篇谈话，底本未说明日期。孙文于十一月二十一至二十三日在巴黎停留，二十四日由马赛回国。谈话时间据此酌定。

美国共和联邦政体甚合中国之用

与巴黎《日报》记者谈话

（一九一一年十一月二十一日至二十三日间）

中国于地理上分为二十二行省，加以三大属地即蒙古、西藏、新疆是也，其面积实较全欧为大。各省气候不同，故人民之习惯性质亦各随气候而为差异。似此情势，于政治上万不宜于中央集权，倘用北美联邦制度实最相宜。每省对于内政各有其完全自由，各负其整理统御之责任；但于各省上建设一中央政府，专管军事、外交、财政，则气息自联贯矣。此新政府之成立，不必改换其历史上传来之组织，如现时各省本皆设一督或一抚以治理之，联邦办法大致亦复如是。但昔之督抚为君主任命，后此当由民间选举。即以本省之民，自为主人。形式仍旧，而精神改变，则效果不同矣。

此次革命主因，须于民间不平之点求之。满洲入关，屠杀残酷，其恨盖二百六十余年如一日也。如以满人皆享特权，遂至懒不事事，吸汉之膏血，不工作而生活，精神形体两不发达，至今皆成废弃。民间以种恨之深，秘密结社极多，要以灭清复明为惟一之目的。近二十年，革党始起，而与各种秘密结社连合其力，为溃决而不可当。虽然，倘以一中国君主而易去满洲君主，与近世文明进化相背，决非人民所欲，故惟有共和联邦政体为最美备，舍此别无他法也。

现在革命之举动，实为改良政治起见，并非单简狭义之问题。以平和手段促中国进步，实为吾党本愿。如发达商务、整理财政及经济机关、利用天然富源之类，尤为吾党所最注意。然欲达以各目的，真有待拾外助者至多。盖本国资本有限，如开矿及筑路等事不能同时并举，势必愿外债为挹注；况科学专门知识以暨工程上之经验，尚在幼稚时代，亦非取材异域不可。法为共和先进国，当必稍以助中国者矣。

据《孙中山归国始末记》，上海，景新书社一九一二年石印本

附：另一译文[①]

中国革命之目的，系欲建立共和政府，效法美国，除此之外，无论何项政体皆不宜于中国。因中国省份过多，人种复杂之故。美国共和政体甚合中国之用，得达此目的，则振兴商务，改良经济，发掘天然矿产，则发达无穷。初时要借材外国，方能得收此良好之结果。

据《孙先生宣布革命目的》，载美洲中国同盟会编：《最新中国革命史》下册，中华民国六年十月出版发行（译录巴黎来电）

在皮西爱宴会的谈话[②]

（法译中）

（一九一一年十一月二十一日至二十四日间）[③]

席间，先生和蔼凝重，发言柔缓，反复陈说救国之计画。米尔（Pierre Mille）[④]与皮西爱（Charles Paix-Seailles）[⑤]好辩难，先生曰："外人之不识中国，因中国较西方国家多四千余年之历史！"

晤谈历四、五小时，予米尔之印象极为深刻，先生赠以签名照片一帧。并请米尔为绍介于法外交部长皮雄（Stebhen Pichon）[⑥]……皮雄因与先生相晤。……先生复请米尔致意于当时在巴黎之俄国外交部长柴苏诺夫（S. D. Sazonov），然柴未

---

① 此篇似即为上篇与巴黎《日报》记者谈话的摘要。

② 法国人皮西爱闻悉孙文来巴黎，拟设宴款待，因知孙谙英语，乃邀其友、名记者兼作家米尔出席并担任翻译。文中"先生"指孙文。

③ 底本未说明日期，仅谓发生于一九一四年世界大战前数年。按法国外长皮雄仅在一九一一年十一月与孙文会过一次面，而该月孙在巴黎停留三天，故将其起讫日期标出。

④ 今译米勒。

⑤ 今译佩—塞亚勒。

⑥ 亦译毕恭。

拟与先生会晤。

据米尔近作《孙逸仙先生的回忆》法文摘译，见一九三三年八月十四日中国驻里昂办事处关于“孙中山先生旅法事迹”的报告，原件，台北、中国国民党文化传播委员会党史馆藏

关于中华民国的计划

在巴黎与《欧洲信使报》记者谈话①

（英译中）

（一九一一年十一月二十三日②）

孙逸仙说：“成为联邦共和国的中国，将从美国和欧洲的年轻民主政权中获得灵感，同时也不忘传承几千年来累积而成的文化瑰宝。”

“中华民国将继续保留古文，但在为新政权的纲领制定扮演重要角色的科学研习上，英文将被纳入我们的语言使用中，作为对汉语古文这种言简意赅的思想表达形式的一种辅佐补充。正如英文可以通用于四海，中国也将会成立联邦军队和制定联邦财政政策。”

“随着中华民国逐步开放对外通商和经营的大门，我们首先会解除与外国的商禁。民国有权根据自身国情而非外国利益调整海关惯例和关税。当然，这需要与中国的债权国协定后方可生效，我们必会切实尊重债权国享有的权利。”

“中华民国崇尚和平，我们尊重之前所有由清政府签署的条约，包括被迫与日、俄签署的条约。本着维护国家统一和尊严的精神，民国将以政府之威望和全民之拥护履行使命，赢得尊重。民国没有帝国殖民的野心，亦没有军事侵略的计

---

① 一九一一年十一月二十四日，孙文在美国人荷马李（Homer Lea）的陪同下，从马赛乘坐“玛尔塔”班轮前往上海。《欧洲信使报》（*The Courrierd' Europe*）于二十六日发表一则孙文声明。

② 底本未说明日期。根据《孙中山年谱长编》“一九一一年十一月二十三日”条下，有关于是日孙文访问《欧洲信使报》的记载。据此推测谈话时间为一九一一年十一月二十三日。

划，但一旦受到外界威胁，其民众将视死如归，奋身抵抗，击溃外敌。”

据 Sun Yat-sen's Plans for China Republic. *The New York Times*, November 25, 1911, Page 5.（《孙逸仙的中华民国计划》，载一九一一年十一月二十五日《纽约时报》第五页）（廖思梅译，高文平校）

英文原文见本册第 522—524 页

谋求贷款并望法国政府遏制俄国对华野心

在巴黎与西蒙会谈①

（法 译 中）

（一九一一年十一月二十三日）

孙逸仙返回中国路经巴黎时曾来看我。在彼此交换对一般国际情势的看法后，孙要求提出几个问题并请求率直回答，如果此点做不到，也请我作一明确表示。

（一）阁下能否立即或在最短期间内，贷款予革命临时政府？

我回答：不行，至少目前无法立即照办。四国银行团和他们的政府对此态度完全一致，决定就财政金融观点方面严格采取中立。在目前情况下，既不签发贷款，也不先垫款额。他们不仅无法给予临时政府以财政援助，即现政府②也同样不会获得任何支援。相反的，一旦民军建立一个为全国所接受并得到列强承认的合法政府时，他们对于在财政上之帮助革命党，将不表反对。

轮到我向孙提问：阁下向我肯定表示，民党必可获得最后胜利，但一省所举之共和义旗是否同样为其他各省所追随响应？各省之间的歧见，是否会导致全国的分崩离析？

孙逸仙回答说，不必担心这个可能性。从全国各地革命势力的蓬勃发展及其

---

① 孙文于一九一一年十一月二十一日自伦敦抵达巴黎，二十三日与东方汇理银行（Banque del' I'ndo-Chine）总裁西蒙（M. Stanislas Simon）举行会谈。该行设分行于上海，当时亦有称为法兰西银行者。会谈以英语进行，会谈记录中西蒙用第一人称，孙文用第三人称。

② 指清政府。

响应的快速，可见这不是一个局部性的叛乱，而是一种事先经过长期准备，且有完善组织，旨在建立一联邦式共和国的起义。成功是可以确定的。袁世凯的机灵狡猾虽可能推迟革命行动，但决无法阻止革命的胜利。再者，正因为袁世凯的手腕表现太过灵活，反而自损清望。他在革命开头的犹豫，他的坚持想维系清廷于不坠，即便削弱自己的权力至于有名无实的地步亦在所不惜，凡此均使他与中国的开明精神乖离。

（二）孙逸仙发问，阁下是否同意进行一项借款谈判，俾中国付清庚子赔款？因为赔款的偿付，除了使我们蒙受汇率的损失外，又令我们回想起一段早想抹掉的屈辱历史。

我回答说，从这样的运作，我看不出你们将会得到何种实质上的好处。但无论如何，关于这一点，我们毫无异议愿给你们以满足。当然，问题在于所提供的贷款抵押条件必须完全满意。

（三）阁下本人或贵国政府是否反对以其他相当的担保，来取代目前作为贷款抵押的关税？

我回答说，你所指者是否为最近用以抵押贷款的厘金？

孙逸仙告诉我，不是。我们想取消厘金。对于抵押保证的更换，以使我们的债权人充分满足这一点，我并不认为有何困难！但我要提的是海关，为俯顺全国舆情的要求，我们想重新掌握海关及其税收，并拟以其他抵押品，例如矿权、土地税等取代关税。

我提请他注意，这一点绝对不可能！即使有约关系之银行团和他们的政府同意遵照临时政府的办法，但大众认购债票时系基于某种契约承诺，此项承诺任何人不得随意更改。将来一旦中国的信用稳固建立，足可进行一次与其债务问题有关的谈判，届时为了偿还前述之借款或可贷予新借款，并改用关税以外的东西作为抵押品，甚而呼吁大众仅以中国的预算作为一般性抵押。但截至目前，对于现正进行的贷款条件，实不便做任何修正。

这段立场的表明，似乎带给孙逸仙很大的失望！

（四）孙逸仙继续说，假使我能和贵国政府中的阁员之一取得联系，并请您充当翻译，我将请求贵国政府尽其一切影响力劝阻盟友俄国不与日本沆瀣一气。

我们对这两个国家之结为亲密同盟深具戒心！相反的，我们深信日本单独一国目前不会找中国的麻烦。关于这一点，我们还获得美国某种承诺。我们深信，当我们一旦与日本有纠葛时，我们可以信赖此种保证。而如果美国所面对的是一个与俄国结盟的日本，我们就无从获得类似之保证了。为此，我们希望法国的行动能够对俄国产生影响，于中国有益。我们也希望与俄人在充分了解下保持友好关系。

我回答孙逸仙，关于这一点，我无法作任何答复。这完全是一个绝对超越我职权的问题。依个人所知，俄国由于在满洲和蒙古曾耗费巨大的人力和物力，很想在此两地区维持现状。

孙逸仙回答说，在俄人的野心并不逾越目前所已取得的地区之情况下，我们对此不表任何异议。

我回答说，在此情况下，你们应尽力让俄国人相信，你们并无意改变现状；我也看不出，你们有什么理由怀疑俄国的诚意。

（五）最后，孙逸仙表示，他本人与朋友们均对未来中国借款谈判所可能引起的种种危险深感忧虑，他们担心在各国政府支持下，又出现一个如同四国银行团那样强而有力的财团，而此一财团的目的，只不过想强迫中国接受某一种已议定的财政政策，而与中国的真正利益相冲突，且可能演变成为控制中国财政和债务的工具。

对此，我设法平息他的疑虑。我表示，今后中国为求改善装备与整理善后所需款额为数将甚可观，而需各国相助之处亦大，将来进行的不再是小型借款，而是规模甚大的大借款。为此，各国政府事先成立一个集团，分摊其重要性，将不足为奇。

听完这一番表示，孙逸仙稍微放心。我们的会谈系以英语进行，其英语之流利令人赞叹。会谈最后以日常相互的客套恭维话作为结束。临别，孙逸仙向我表示，希望法国政府当局能够撤销他在法属越南居留的禁令。

据 Entretien dc M. Stanislas Simon, et Sun yat-sen, *Archives du ministère des Affaires Étrangères*（法国外交部档案：《西蒙与孙逸仙会谈记录》打字稿）（陈三井译）

与《铁笔氏报》记者谈话[①]

（一九一一年十二月十三日刊载）

子欲穷诘我华人，何以素富于革命思想，而屡发难乎？今吾语汝，使居文明政治下之英人，得一时所未闻之奇事，使知我数万万同胞，现居于清政府之下，与夫数千之志士，遁迹外国者，均不喜清政府，亦非一朝之愤，有以致之，实二百余年之专制毒有以孕成也。

试举一事以言之。满人之数不及一兆，而我神明之贵胄不下四百兆余，而满人秉大权居高位者，竟占多数。然此以逸仙视之，亦不过无关紧要。而最难明者，即清廷并无正式政府，所颁行政令无一不苛，且公行贿赂，无正式律例。每省设一督抚，各自定律以颁行，无论如何之不公，如何之残虐，均不能将之上控。至若税饷一项，则又与各国不同，只得其虚名，并无实际，且花样翻新，诸般勒索，言不胜言。凡督抚莅任之初，其第一政策，即调查属员，谁与之善，谁与之不善。善者私庇之，不善者则择肥而噬之。民间之被害，有至倾家破产、典妻鬻子者。但是督抚是处，肥饱私囊，虽经意横行，平民终亦莫奈之何也。且律无上控之人，亦无律师以为之辩护，只信一方面之词，五毒齐施，致不能堪而诬伏。而所谓不法者，亦不知何为不法，其令人百思不解也。只平民之与执法官善者，其狼狈为奸之毒手段，则亦与官无异。每与人因鸡鹜之争、雀鼠之忿，则任意加罪，出票械之，请执法惩治。而听讼者以获重赂，故听一面之辞。若不认罪，笞杖之加，有连用三数日，而仍不止者。倘其人始终矢口不承，执法官惟赂是图，或重惩之，或调和之，案遂结。凡平民之犯窃案以上者，无不可以枉杀，一则借以省囚犯之费，一则借以讨原告之好。如斯种种，因无一定律师例，故无从纠正之。

尤怪者，则清廷之委任大臣，无不以贿赂阶进。故大臣之下，其得一言一职者，亦莫不舍贿赂而无门。彼此遂通同一气，朋比为奸，官官相卫。引而伸之，人亦类聚，物以群分，凡官场之所与交游者，亦不过此类人物而已。不特此也，

---

① 这是武昌起义前孙文在英国的一次谈话。

每因一案，动用私刑，卒只被杀，犹自谓大公无私，德政素闻，以多为掩饰。所谓犯人者，即备五刑，尚不伏罪，即恩准三天，以待觅人证明其非，实则仍暗中严防犯人与其亲友交谈，不过徒袭得恩准之美名，而掩人之耳目而已。至若不堪其苦，大呼无罪，执法官即曰：无罪不入公堂，入公堂便是有罪。似此惨无人理，至犯人仅存一息时，始行松刑。吾侪游历欧美，目击文化，回顾祖国之专制黑暗，宁忍置诸脑后，而漠然视之乎？且今年欧风美雨，渐被亚洲，睡狮已醒，四百兆民，居于苛政之下，宁立以待毙乎？仰府（俯）首贴耳以待变迁乎？将要立宪以改革乎？由此观之，毋怪乎革命潮流日盛也。逸仙所探望者，则他时一旦功成，拯同胞于水深火热之中，共处于文明政治之下，则平素之志愿，始可谓之大偿云云。

据《孙逸仙与〈铁笔氏报〉记者言政治革命理由》，
载一九一一年十二月十三日《香港华字日报》第四版

借外债以谋新政府之建设

与邓泽如等谈话[①]

（一九一一年十二月十六日）

因迟迟而归国者，要在欧洲破坏满清之借外债，又谋新政府之借入。此次直返上海，解释借洋债之有万利而无一害，中国今日非五万万不能建设裕如。船行匆匆，限于时刻，尚未得图快晤，俟抵沪后当再为详知。

据邓泽如：《中国国民党二十年史迹》，
上海，正中书局一九四八年六月出版

① 是日晨邓泽如登上泊于新加坡的邮船与孙文晤谈，张永福、林义顺等在场。邓泽如，马来亚华侨。

与胡汉民廖仲恺谈话[①]

（一九一一年十二月二十一日）

以形势论，沪宁正在前方，不以身当其冲，而退就粤中以修战备，此为避难就易。四方同志正引领属望，至此[②]其谓我何？我恃人心，敌恃兵力，既如所云，何故不善用所长，而用我所短，鄂既稍萌歧趋，宁复有内部之纠纷，以之诿敌，所谓赵举而秦强，形势益失，我然后举兵以图恢复，岂云得计？朱明末局，正坐东南不守，而粤桂遂不能支，何能蹈此覆辙？革命军起，有不可向尔之势，列强仓猝，无以为计，故只得守其向来局外中立之惯例，不事干涉。然若我方形势顿挫，则此事正未可深恃。戈登、白齐文之于太平天国，此等手段正多，胡可不虑？谓袁世凯不可信，诚然；但我因而利用之，使推翻二百六十余年贵族专制之满洲，则贤于用兵十万。纵其欲继满洲以为恶，而其基础已远不如，覆之自易。故今日可先成一圆满之段落。我若不至沪宁，则此一切对内对外大计主持，决非他人所能任。子[③]宜从我即行。

据《中山先生借款谈》，载一九一二年
一月一日上海《天铎报》

附：另一记录

君[④]知其一，未知其二。夫今日人民及党人所望于我者，非望我有坚强之兵力也，乃在能收拾残破之局以拨乱反治也。今如君之言，不径赴中部应民众收拾时局之望，而遄返故里从事养兵，人其谓我何？且今日中国如能以和平收革命之

① 孙文与胡汉民廖仲恺的谈话地点是在是日上午十时半“乘坐来港迎接之‘江固’兵轮”上。

② 至此：指往广东。

③ 子：即胡汉民。

④ 君：即胡汉民。

功，此亦足开世界未有之例，何必以兵？今之大患即在无政府，如能创建政府，则满清之政府固必倾覆；即袁世凯亦未必能支，必不足以为患于新政府，不宜预防他人之不服，而一意谋以武力争天下为也。

据胡汉民：《朱执信别纪》，载南京《建国月刊》第一卷第六期，一九二九年十月出版

委托山田纯三郎向三井会社借款的谈话①

（日 译 中）

（一九一一年十二月二十一日）

孙先生一见我就问说："山田先生，你现在在做什么事？"

"在上海的三井物产株式会社弄张桌子，推销满铁的抚顺炭。"

"是吗？我现在需要钱，你能不能替我想想办法？"

"要多少钱？"

"愈多愈好。"

起初我以为他要的是些零用钱，而再问他，他却说："一千万也可以，两千万也行。"

"孙先生，我是个三井的推销炭的学徒，哪里能够借到这样多的钱。"

孙先生说："我们还在船里。你连试都没去试，怎么就说不可能？你如果这样想的话，任何事情都将做不成，何况我们正在革命呢！上岸以后，请马上去跟三井的经理商量商量。干革命工作，任何事都不能有所踌躇。"

据山田纯三郎：《シナ革命と孙文の中日联盟》，载嘉治隆一编：《第一人者の言叶——同时代人と次代人とに语る》（山田纯三郎：《辛亥革命与孙文的中日联盟》，载嘉治隆一编：《魁首之言——说与同时代和下一代人》），东京，亚东倶乐部一九六一年二月出版（陈鹏仁译）

① 十二月二十一日午后，孙文在轮船上接见日本友人宫崎寅藏、山田纯三郎等，此系对山田所说的一席话。文中对孙文使用第三人称，"我"为山田自称。

以真精神真力量与困难战

与上海《民立报》记者谈话[①]

（一九一一年十二月二十五日）

武昌举师以来，即由美旅欧，奔走于外交、财政二事。今归海上，得睹国内近状，从前种种困难虽幸破除，而来日大难尤甚于昔。今日非我同人持一真精神、真力量以与此困难战，则过去之辛劳将归于无效。

据《访问孙中山先生》，载一九一一年
十二月二十六日上海《民立报》第六页

革命之成败不在金钱而在热心

与上海《大陆报》主笔谈话

（英　译　中）

（一九一一年十二月二十五日至二十六日间）[②]

主笔：与君同来之日本人，果系何人？

孙：我不能举其名。吾有书记池君[③]者，彼尽知之。

主笔：此辈皆陆军中人乎？

孙：不尽军人。

主笔：君带如许日本人，外间得毋有私议质问，待君之说明者乎？

---

① 是日孙文抵上海，中外记者纷纷登门采访。此为谈话报道之一。

② 底本未说明日期。上海《时报》于同月二十八日刊载同一谈话内容（文字稍有出入），谓译自英文《大陆报》，并称谈话时间在《大陆报》发表消息的前一天。据此当为二十五日或二十六日。《大陆报》（*The China Press*）为美国人在上海所办英文报纸。

③ 池君：即池亨吉。

孙：否。吾亦有英美人做伴，俱〔惟〕书记池君为日人耳。

主笔：君所带日人，与革命运动有关系乎？

孙：何意？

主笔：吾言此类日人，与组织民主政府有关系否？

孙：我不能言。要之，日人与我辈交谊，固自不薄。

主笔：君与日本政府有关系否？

孙：吾辈将与各国政府皆有关系。吾辈将建设新政府，岂不愿修好于各国政府？

主笔：君是否中国民主国大总统之候补者？

孙：我不能言。

主笔：郝门李君告我，君由十四省代表请至中国作大总统，其说然否？

孙：既李君如是相告，我不赞一辞。

主笔：君带有巨款来沪供革命军乎？

孙大笑：何故问此？

主笔：世人皆谓革命军之成败，须观军饷之充足与否，故问此。

孙：革命不在金钱，而全在热心。吾此次回国，未带金钱，所带者精神而已。

主笔：革命军中有内讧否？

孙：吾辈从无内讧之事。《大陆报》中或有言内讧者，吾党中无此事也。黎都督①曾派代表十人来此致欢迎之意，各省亦然，更安得有内讧之事？

据《孙中山归国始末记》，上海，
景新书社一九一二年石印本

附：另一译文

访员问：日本何人与君偕来？

孙曰：我已记不起许多人名，惟日本书记某君知之。

访员曰：军人乎？

---

① 黎都督：即黎元洪。

孙曰：亦有非军人者。

访员曰：君带如许日本人，岂不惹起旁观之评议，须求君解释。

孙曰：不然。我所携有英人有美人，惟我书记为日本人耳。

曰：然则君所携日本人与革命军有何关系？

孙转问：君意云何？

访员曰：我问君，彼等究竟扶助共和政府否？

孙曰：此不能说。日本于我狠示友爱。

访员曰：公与日本政府有交涉否？

孙曰：吾人如造成新政府，将与各国均有交涉，岂独日本？深愿与各邦格外敦睦也。

访员曰：君为中国共和政府之候补总统耶？

孙曰：此又是一问题，我不便答。

访员曰：郝门李君告我，谓公因十四省之请而归者，然乎？

孙曰：郝门李君如此说，我亦不便多加一语。

访员又问曰：君携款来耶？

孙每听访员一问恒微笑，此时忽大笑，转问访员曰：君何以忽问及此事？

访员曰：大众意见以为，欲求胜利须得金钱以为后援，故两边必互相辅助也。

孙曰：革命不须金钱在热心，我未携金钱来，所携来者革命之精神耳！

访员曰：民军有意见不和之处否？

孙曰：意见不和，中国字典中无此字也。吾人决不致意见不和。或《大陆报》记载中有此字，吾人决无此事也。

据《孙逸仙之言论》，载一九一一年
十二月二十八日上海《时报》（二）

个人利益必须服从共同利益

在上海与莫耐斯梯埃谈话①

（一九一一年十二月二十六日）

总编辑表示了对革命成功的祝贺，用英文对孙中山说：我们并不是来对你采访的。我们知道你现在很忙，我们仅仅为了立即向你转达，你们的事业在法国人中产生的极大热情。

孙中山答道：谢谢。我十分了解你们对我们事业的真挚感情。我刚刚离开法国，对在那里所受到的欢迎感到十分高兴。我知道，在那里，会有许多人支持我的事业，我同时也希望伟大、美丽的法兰西共和国将成为第一个承认中华民国的国家。法兰西共和国一定会热诚地向在远东诞生的一个姊妹共和国表示祝贺。

又问：你对所建立的那种共和体制有明确方向了吗？

孙答：我个人赞同汲取美利坚合众国和法兰西共和国的各自长处，选择一种间于二者的共和体制。我们很想鉴借其他民族的经验，我们希望，你的到来将平息存在着的某些内部争吵，使共和阵营重新协调起来。大家必须目标一致是重新协调的条件，我将尽心尽力地为这一事业奋斗。否则，我们将看到的是互相诽谤的情景。如此情况，我宁愿离开国土。而现在，我们已经胜利在望。所有的个人利益必须服从共同利益。

又问：你打算提出社会政治纲领吗？

孙答：有这打算。但必须先提交给为我们铺平道路的军事权力。哟！你看看，黄兴先生来了。他会和你们谈谈他的计划的。

说到这里，孙中山起身告辞。他连声致歉，耽误了大家时时〔间〕，便迈着军人的步伐离开大厅。

据莫耐斯梯埃（Monestier）著，王国浄译：《孙中山采访记》，载《近代史资料》总六十八号，北京，中国社会科学出版社一九八八年一月出版

---

① 十二月二十八日，该报以头版一个版面的篇幅，刊登《孙中山采访记》（Une Visite Chez Sun Yat-sen）。莫耐斯梯埃为《中法新汇报》总编辑。

在上海与姚雨平谈话[①]

（一九一一年十二月二十七日）

孙问：广东军有多少兵员枪弹？

姚以实告，并请设法补充。

孙勉励说：革命军队有这样的实力，可算是很充裕的了。

孙举出欧美各国革命史实，说明都是以少胜多的，指出部队要训练得好，提高作战能力。

据简单：《姚雨平传略》，载中国人民政治协商会议广东省委员会文史资料研究委员会编：《广东文史资料》第三十八辑，广州，广东人民出版社一九八三年六月出版

在上海与马君武等谈话[②]

（一九一一年十二月二十七日）

代表：代表团拟举先生为临时政府大元帅，先生之意如何？

孙：要选举，就选举大总统，不必选举大元帅，因为大元帅的名称在外国并非国家之元首。

代表：在代表会所议决的临时政府组织大纲，本规定选举临时大总统，但袁世凯的代表唐绍仪到汉口试探议和时，曾表示如南方能举袁为大总统，则袁亦可赞成共和，因此代表会又决议此职暂时留以有待。

孙：那不要紧，只要袁真能拥护共和，我就让给他。不过，总统就是总统，

---

① 广东北伐军总司令姚雨平由南京赴沪，首次与孙文会面。

② 十二月二十五日孙文自海外抵上海，南京各省代表会议派马君武等代表于是日到达上海，谒孙于静安寺路（今南京西路）斜桥总会，首由马申述欢迎之意后，即谈组织临时政府问题。

临时字样可以不要。

代表：这要发生修改组织大纲问题，俟回南京与代表会商量。

孙：本月十三日（农历十一月）为阳历一月一日，如诸君举我为大总统，我就打算在那天就职，同时宣布中国改用阳历，是日为中华民国元旦，诸君以为如何？

代表：此问题关系甚大，因中国用阴历已有数千年的历史习惯，如毫无准备，骤然改用，必多窒碍，似宜慎重。

孙：从前换朝代，必改正朔，易服色；现在推倒专制政体，改建共和，与从前换朝代不同，必须学习西洋，与世界文明各国从同，改用阳历一事，即为我们革命成功后第一件最重大的改革，必须办到。

代表：兹事体大，当将先生建议报告代表团决定。

据王有兰：《辛亥建国回忆》，载丘权政、杜春和选编：《辛亥革命史料选辑》下册，长沙，湖南人民出版社一九八一年九月出版

应在中国广为鼓吹社会主义

在上海与江亢虎谈话①

（一九一一年十二月三十日）

江君略陈中国今日鼓吹社会主义之必要，及社会党成立之历史。

先生垂询党中近况甚详，并言：余对此主义必竭力赞成之。此主义向无系统的学说，近三五年来研究日精，进步极速，所惜吾国人知其名者已鲜，解其意者尤稀，贵党提倡良可佩慰。余意必广为鼓吹，使其理论普及全国人心目中；至于方法，原非一成不变者，因时制宜可耳。

---

① 孙文于十二月二十五日抵达上海，二十九日被十七省都督府代表联合会会议选举为中华民国临时大总统，三十日下午在宝昌路寓所晤见中国社会党本部长江亢虎（后改称该党主任干事）。谈话时胡汉民、蔡元培等在座。中国社会党成立于是年十一月上海光复后次日，自称为中国最初的、惟一的社会主义团体。

江君言：前读先生民生主义、平均地权、专征地税之说，实与本党宗旨相同。

先生言：不但此一端而已，余实完全社会主义家也。此一端较为易行，故先宣布，其余需与贵党讨论者尚甚夥。余此次携来欧美最新社会主义名著多种，顾贵党之精晓西文者代为译述①，刊行为鼓吹之材料。一俟军事粗定，吾辈尚当再作长谈②。

据《大总统与社会党》，载一九一二年一月一日上海《民立报》第五页

组织新政府等问题

与上海《大陆报》记者谈话

（一九一一年十二月三十日）

孙：初十日南京选举大总统，鄙人几得全票。今已接受大总统职，日间将赴南京举行接任式，并组织新政府。

访员：中国此后尚须几时能恢复旧观？

孙：只需数月而已。国会将必赞成民主，固不容疑。现在伍、唐两君③之会议，已非议和，盖满廷必须完全服从民军地。全国商务即日可望恢复，尤以外国商务较为神速。

访员：新政府成立后，外国商务可望加增否？

孙：至少可望加增百倍。

孙：鄙人苦心经营革命事业，盖已二十余年于兹矣。其始无甚效果，至三四年后始渐有眉目。三年前已商定广州、武昌、南京等处同志起事，旋以北京

① 两天后即孙文赴南京就任临时大总统之日，他托人将外文书籍《社会主义概论》《社会主义之理论与实行》《社会主义发达史》《地税原论》四种送交中国社会党本部。另附一函，建议该党创办一座研究社会主义的学校。

② 一九一二年二月三日，孙文在南京再度接见江亢虎；四月卸任临时大总统后，又与江及中国社会党其他负责人会晤数次，商议为该党党员讲演社会主义学说等事。

③ 伍、唐两君：即伍廷芳和唐绍仪。

兵士尚未通声气，遂展期起义。迄至甲午中日战后，北京政府自知兵力衰落，决计整顿陆军，派遣学生出洋学习陆军；吾党自问若不与此项学生联络，必不能达到吾党之目的，遂即设法连合，以便日后回国通连一气。吾党固已定期起事，然本不欲如武昌之急促。广州今、前两年，曾两次起事。故吾党不得不乘机起义，不然恐无机会，是以有今日之现象。倘若待吾党布置完备，依时崛起，即一呼可得广州、武昌、南京三巨镇，并可联合大军直捣黄龙，不费战争可定大局。

访员：新政府拟颁行何种新政？

孙：请待内阁组成后，自有明文。

孙：南京新政府无庸建设华丽宫殿，昔日有在旷野树下组织新政府者。今吾中华民国如无合宜房宇组织新政府，则盖设棚厂以代之，亦无不可也。

访员：李哈麦①君之名望如何？

孙：李君大抵可称为天下最大之陆军专学家，欧美军界均极尊重李君。

据《革命风潮别报》，载一九一二年一月一日
上海《天铎报》（译自英文《大陆报》）

腐败的满洲政府

与《芝加哥星期日观察家报》记者谈话

（英　译　中）

（一九一一年十二月三十一日刊载）

为就整个问题求得令人满意的解决之道，我们需得探究所有这些困境之根源。只需对亚洲事务稍有粗浅了解便可得知根源在于满洲政府的软弱腐败，其软弱亦成扰乱世界政治均衡现状的威胁。

虽然矛盾，却并非毫无根基。以日俄战争为例证。若非满洲政府在满洲②的

---

① 李哈麦（Homer Lea）：通译咸马里，是美国军事研究家。

② 中国东北地区的旧称。

完全无能，或本无此战。此战不过为极可能在垂涎中国问题的几大势力中爆发的一系列冲突之开端。

我们特意称之为满洲政府，而非中国政府。中国目前尚无自己的政府，因此若“中国政府”之谓用于现任中国之政府，是为用之不当。对不熟悉中国事务之人而言，似乎骇人听闻，然而这就是事实——一个历史事实。

……

据 Sun Yat-sen Asks for Help. *Chicago Sunday Examiner* (U. S. A.), December 31, 1911, Page 1.（《孙逸仙求助》，载一九一一年十二月三十一日美国《芝加哥星期日观察家报》第一页）（许瑾瑜译，高文平校）

英文原文见本册第 524—525 页

在上海与宫崎寅藏谈话

（一九一一年十二月三十一日）

宫崎：今天你不觉得寂寞吗？

孙：哪里！大家都到南京去了，只剩下我一个人。

孙：能否借给我五百万元。

宫崎：你明天就要走了，我又不是魔术师，一个晚上去哪弄这么多钱。

孙：明天身无分文也关系不大，但你如不保证在一周内给我弄到五百万元，我当了总统也只好逃走。

宫崎：临近年关，明天就是元旦了，难肯定是难的。姑且让我找三井的藤濑（政次郎）商量一下，看有无办法。

孙：那就劳驾你去跑一趟啦。

宫崎：藤濑的英语十分好，索性你跟他直接说好了。

藤濑马上来了。我们说明了用意后，藤濑回答说：一周时间太紧了。眼下是正月，那些绅士们因为这里吵闹都避到乡下去了，叫做什么“近县旅行”；而且也不一定有希望，不过我尽力而为吧。

后来，藤濑拿到了五十万元钱便马上给孙送去。孙说：暗地里借钱用，会遗留恶例的。好意我心领了，不胜感谢。所以，钱还是还给了藤濑。

据魏育邻译：《宫崎滔天谈孙中山》，载中国人民政治协商会议广东省委员会文史资料研究委员会编：《广东文史资料》第二十五辑（孙中山史料专辑），广州，广东人民出版社一九七九年十月出版

废除厘金及取消领事裁判权

与驻沪外国记者谈话

（一九一一年十二月下旬）①

记者：列强对中国革命之态度如何？

孙：余深望全球各国予中国革命以同情。

记者：对于满清政府之官员，将来如何处置？

孙：满政府属下之原有官员，除实在不堪录用之外，其余拟酌予保留。

记者：革命计划其关于税制者如何？

孙：厘金须立即废除。币制之改革亦当于最短期内实行。

记者：关于治外法权如何？

孙：各种改革完成时，政府当立即取消领事裁判权。

记者：现今政府训练一共和军队，但所募之兵俱属上海下流人物，纯系生料，果能有战斗力否？

孙：广州现有军队十万人，虽未久经训练，然均若殖居南非洲婆尔人②之善战。

记者：日本之态度如何？

孙：英国或不至追随日本之后。余深信日本不久反将追随英国，对于中华共和政体表示友谊。

据《〈总理全集〉补遗初辑》（一），油印本，一九三一年

① 底本未说明日期。应在是月二十五日（孙文抵沪）至三十一日（次晨赴宁）之间发表的谈话。

② 婆尔人（Boer）：今译布尔人。

中国革命爆发始料未及

与美国《基督教科学箴言报》记者谈话

（英译中）

（一九一一年十二月底）[①]

在被各省代表推选为临时大总统后，孙逸仙显然觉得公开谈论革命党之奋斗目标更无顾虑。

孙先生一开始就告诉记者将于几天后赴临时首都南京就职，他宣称国家将会在三个月后不久恢复正常状态。

孙先生说，“国会必将通过建立某种行式的未来国家政府。和平磋商不再成为问题，清政府亦将无条件投降。商贸即将复苏，外贸尤其如此。”

孙总统接着描述了革命是如何筹划起来的。革命运动始成形于十五、十六年前，虽然他很久以前便对此产生兴趣了。三年前革命者们已备实力占领武昌、广州和南京，然而他们按兵不动以待控制北京部队。

革命军曾一度通过学生进行运作。在中日战争之后，北京政府开始组建新军，选派学生留洋受训以管理军队。革命者们立即预见，若清政府组建并掌控一支现代军队，权势地位必将大大巩固。于是革命运动领袖着手化解危机。他们做通了学生的工作，因此当学生归国到军队就位后便成为革命者了。

起义爆发之时，孙总统解释道，早于革命军的预期。经过去年广州的两次初步起义之后，武昌起义已箭在弦上不得不发，否则当局早已解除同情革命军的武装。北京政府把在广州的支持革命力量分散到全省各部，因此难以集中军力。若能按原计划执行，战斗数量便可大大减少。广州、南京和武昌本应和平交接，若有需要，所有部队即可集体北上。半数北京部队已与革命者保持同一战线。

---

① 底本未说明日期。据文中第一、二段内容，推测当为孙文被选为临时大总统到就任之间。

孙总统拒绝披露改革计划。兹事体大，现在还无从谈起。他说不久后便会发布声明。

据 Revolution in China Began Unexpectedly, Says Dr. Sun. *The Christian Science Monitor* (Boston, U. S. A), February 20, 1912, Page 14.（《孙博士称中国革命爆发始料未及》，载一九一二年二月二十日美国波士顿《基督教科学箴言报》第十四页）（许瑾瑜译，方露校）

英文原文见本册第 525—526 页

关于被中国使馆侦探监视

在纽约与《华盛顿邮报》记者谈话

（英 译 中）

（一九一一年）①

他②有过多次死里逃生的经历，有一些可谓九死一生。他的一举一动都被中国使馆雇用的侦探监视着。去年正是在这儿，纽约，他坐在一间高级会所里平静地说起几次暗杀他的企图。

“即便是现在，”那晚他说，“我也被监视着。往窗外看你会看到一个面相凶恶的中国人鬼鬼祟祟地躲在街对面的阴暗处。他关于我出现在这个会所的报告明早就会传到华盛顿，还记录了我从何处来，离开这里后去往哪里以及谁和我一起。”

据 Career of Dr. Sun Yat-sen. *The Washington Post*, February 4, 1912, Page 4.（《孙逸仙博士之事业》，载一九一二年二月四日《华盛顿邮报》第四页）（许瑾瑜译，方露校）

英文原文见本册第 527 页

---

① 底本未说明日期。查孙文于一九一一年一月十九日至三十一日间、四月十九日至二十八日间、十月中旬、下旬等时间段皆在纽约活动，该次谈话发生的具体时间尚不清楚，兹暂定于一九一一年。

② 指孙文。

催促山田纯三郎联系三井会社借款的谈话[①]

（日 译 中）

（一九一二年一月一日）[②]

就职典礼结束后，正想跟滔天等去喝酒的时候，孙先生却对我说："请你坐夜快车到上海去听候三井支店长[③]的消息，已经一个星期了。"

"孙先生，您虽然这样说，但商人的话是不会那么准确的。"

"山田，你又在说这种话。不管它总社有没有回电来，这是我们的约定。"

孙先生那聪慧的脸，在静中亦有其威严。我遂不得不跟同志们分手而单身前往上海。结果，三井方面说，愿意以汉冶萍铁矿所得先付款五百万元。

据山田纯三郎：《シナ革命と孙文の中日联盟》，载嘉治隆一编：《第一人者の言叶——同时代人と次代人とに语る》（山田纯三郎：《辛亥革命与孙文的中日联盟》，载嘉治隆一编：《魁首之言——说与同时代和下一代人》），东京，亚东俱乐部一九六一年二月出版（陈鹏仁译）

预见和平将至

在南京与某报记者谈话

（英 译 中）

（一九一二年一月一日）

孙逸仙博士，新成立的中华民国总统，对战后重建工作抱乐观态度。他说：

---

① 本文对孙文使用第三人称，"我"为山田纯三郎自称。

② 底本未说明日期，但称在"就职典礼结束后"。按"就职典礼"系指一九一二年一月一日晚在南京举行的孙文担任中华民国临时大总统的就职典礼，故酌定为是日。

③ 藤濑政次郎时任三井物产株式会社上海支店长。

“中国不日将迎和平。目前仍需军政府，然预计几周以内可见国家恢复秩序，民法可行。自休战协议生效，全体清军实已归附共和，因而吾等困境锐减。现仅余两部仍效忠旧序，且极可能不日亦将归附。”

孙总统听闻共和军已开始炮击汉口的讯息，深表遗憾。他认为若非军队鲁莽行事，与清王朝之拉锯本已终止，不至更有流血。或将立即传达命令叫停炮击，直至召开国会确定将来政府之形式。

据 Sun Sees Early Peace. *The Daily Reflector*（Indiana, U. S. A）, January 3, 1912, Page 1.（《孙预见和平将至》，载一九一二年一月三日美国印第安纳州《每日反映报》第一页）（许瑾瑜译，高文平校）

英文原文见本册第 527—528 页

为四万万同胞感谢诸君光复之功

与镇江欢迎者谈话[①]

（一九一二年一月一日）

孙：此次光复，均赖诸君之力，本总统敬为四万万同胞致谢。

问：内阁何时可成？

孙：日内即可发表。

又问：何时宣告万国？

孙：万国已承认，宣告亦数日间事耳。

据《欢迎总统志盛》，载一九一二年一月四日上海《民立报》第五页

① 孙文由沪赴宁就任临时大总统，车至镇江时与迎送者镇江军政使等人谈话。

决意献身中国革命

与查尔斯·埃尔默·邦德谈话①

（英译中）

（一九一二年一月一日后）

“孙博士开口就问我美国人民对于中华民国的看法。同时，他表达了对美国的喜爱。”

“我相信美国会在我们重建国家之时予以援助。”孙先生说道。

“他简单说起曾在檀香山度过的那段时光——既为革命事业艰苦奋斗，亦品尝过胜利的滋味。他说他的惟一心愿是为中国及中华人民服务。”

“‘但是，总统先生，’我说道，‘您这样林肯或华盛顿式的人物，为亚洲带来了曙光，肯定不会辞职吧’。”

他若有所思地转向我并说道：

“年轻人，我已将生命完全献给了中国，此后亦将如此。你难道没有看到，艰苦奋战多年后，正如你们华盛顿的看法，见证一个自由民族迎来解放的曙光，是比任何职务都要无上荣耀的事情！”

“请转达美国人民，除了汉口一役，中美之间鲜少有军事冲突。满洲人如今已放下武器，归附了新中国。”

“请回国之后代中华民国向美国人民问好。同时敬告美国人民，五湖四海的兄弟都将成为自由之子。请向夏威夷人民传达我诚挚的谢意，感谢他们在中国陷入困境之时伸出援手。愿上帝保佑中国。”

据 Sun Yat-sen Sends Message to the People of the United States. *Hawaiian Gazette*（U. S. A.），February 20，1912，Page 2.（《孙中山问候美国人民》，载一九一二年二月二十日《夏威夷公报》第二页）（方露译，许瑾瑜校）

英文原文见本册第 528—529 页

---

① 查尔斯·埃尔默·邦德（Charles Elmer Bond），纽约图片资讯社代表。

在南京与宫崎寅藏等谈话[①]

（日　译　中）

（一九一二年一月二日）

在与大总统谈话中，给我们留下印象特别深的是，有人提了一个要求："日本的电影摄影师现在到了南京，想拍摄您在总统府工作的场面，能否得到您的许可？"

对此，大总统笑着摇头回答说："这不行，现在还不是时候，要拍的话，也希望等到北伐完成时，拍摄进入北京城时的情形。"

据白巾道人：《新建國側面の寫生》（六）"新大總統を訪う（下）"［《新生国家的素描》（六）"访问新大总统（下）"］，载一九一二年二月五日《大阪每日新闻》（一）（蒋海波译，安井三吉校）

日文原文见本册第589页

女子将有完全参政权

与林宗素谈话[②]

（一九一二年一月五日）

林先陈述该党组织情形及女子参政同志会成立情形。

孙面允曰：将来必予女子以完全参政权，惟女子须急求法政学知识，了解平等自由之真理。

---

① 一月二日下午，日人宫崎寅藏、末永节、尾崎行昌、山田纯三郎、柴田麟二郎、福田镇夫、吉田亲一、宫泽军治及署名为"白巾道人"的记者等人前往南京总统府访问孙文。此是谈话片断。

② 中国社会党女党员林宗素由沪至宁，代表女子参政同志会向孙文要求承认女子有完全参政权。是日下午二时谒孙。

林言：本会现正办理法政讲习所，拟为将来要求地步，但此事总统虽极力赞成，仍恐不免有横生阻力者。

孙曰：我必力任排解保护之责。

林谓：本党女党员若联络上书要求参政，能否有效力？

孙曰：我甚承认贵党可以为全国女同胞之代表而尊重之。

林言：总统既承认，我将宣布此言，为他日之证据。

孙曰：甚善。

据《女子将有完全参政权》，载一九一二年一月八日上海《申报》第七版

临时政府内阁人选与对外关系等问题①

在南京与上海《大陆报》记者谈话

（一九一二年一月六日）

《大陆报》访员于是日在南京晋谒孙大总统，孙谓：组织新政府近已日渐进步，内阁诸员除伍博士②及王宠惠两君外，其余均已受任，昨日已开第一次会议，分别办事矣。

访员告以伍博士之简为司法卿，外间颇为错愕。

孙谓：此不足异，外人皆以伍博士为外交之才，而自吾人视之，其律学更优于外交也。伍博士前曾编订新律，今将略加修改而采用之。余意伍博士此职实处内阁最要地位，夫外务卿诚关系重要，然吾人如得一卑斯麦或拿破仑为外务卿，也非俟修订法律之后，不能有所作为。盖修订法律为第一要举，必有良美之法制，而后外务部始能有所成就也。

孙总统对于内阁诸员极为满意，一一举其名氏，并称述各人之所长。

---

① 是日孙文在南京接见上海《大陆报》记者，就临时政府内阁人选、改革、厘金、币制、废除领事裁判权、南北议和、对外关系等问题发表谈话。

② 伍博士：即伍廷芳。

既而讨论新政府之事业，孙谓：目下正在简举人员，惟并无大更动，必须旧任官员确不能胜任者始易之，余则仍将照旧也。

访员又问以改革之政策。

孙谓：今日谈此似犹过早，吾人应为之事甚多，其政策将由内阁决之。

访员又问厘金如何？

孙曰：裁矣！

又问：币制改革如何？

孙曰：稍缓也将实行，今日最要之事，以改良法律为第一也。

访员又问：领事裁判权其将撤废乎？

孙曰：自当撤废，一俟改革既定，即须实行此事。

又问：今将如何而可永远和平乎？

孙笑曰：上海已开议媾和矣。既而复谓：民军如不得已，仍将续行开战耳。

又问：能战之军共有若干？

孙曰：我有十万之众，现驻广东。

访员曰：君非谓有十万已练之师耶？

孙曰：不必已练，但须能战，此辈皆能战者，昔南非洲特人，一旦身临疆场，则扫敌如摧枯矣。

访员告以日政府恐引起本国之革命，故颇反对中国建共和政体。

孙总统笑而不答，既而还问访员：各国对于承认共和之态度如何？

访员曰：据外间谣言英、日两国似稍有不愿承认之意。

孙曰：余信此说必不确。余知英已预备承认共和，从前虽有英国将从日本所为之说，惟此已为过去之事；今则日本将从英国之所为矣，且日本政府与吾人颇有友谊，必不反对也。

孙总统复谓：南京将作为永远之都城。

访员曰：或谓各国政府在北京置有产业，今将反对此议。

孙笑曰：其费无几，如各国反对此事，吾人偿之可也。

据《纪孙总统之谈话》，载一九一二年
一月八日上海《申报》第六、七版

附：另一记录

孙：内阁今已组织完善，各部大臣①均一律受职，且昨日已开首次会议。除伍、王②两君在沪有要公外，全体阁臣皆到会。

孙：本政府派伍博士为法部总长，并非失察。伍君固以外交见重于外人，惟吾华人以伍君法律胜于外交。伍君上年曾编辑新法律，故于法律上大有心得，吾人拟仿照伍君所定之法律，施行于共和民国。夫外交本为一国最重要政策，第法律尚未编定，虽有俾斯麦、拿破仑之才，掌理外交亦将无用。中华民国建设伊始，宜首重法律，本政府派伍博士任法部总长，职是故也。

据一九一二年一月八日上海《天铎报》

关于新政权的运作问题

与上海《大陆报》记者谈话

（英 译 中）

（一九一二年一月六日）

就相关问题，孙总统回应道目前新政府的形成工作一切进展顺利。

“新内阁所有成员均已接受任命，”他说，“首次内阁会议已于昨日召开。内阁成员除伍廷芳博士及 Mr. Wong③外悉数出席，一些事务已下发着手处理。”

孙博士听闻了外界普遍对于伍廷芳博士任命为司法部总长而非外交部总长的惊讶。

---

① 临时政府各部主管人均称总长，“大臣”、“阁臣”系记者误用。

② 伍、王：即伍廷芳、王宠惠。

③ Mr. Wong：指王宠惠。

伍博士之任命

“那并非疏漏，”大总统说，“伍博士或久以外交官而非法学家身份闻达于海外，然吾国更视其为卓绝法学家甚于外交人员。他已着手起草系列条法新制，预期稍加修订即予采用。伍之任命，文视为内阁之重。有铁腕巨子出任外长固然重要，然即便坐拥俾斯麦或拿破仑为外长，无律法改革亦一事无成。此为改革大计之首要，先有健全法律体系，方能成事于外交。良法奠定之前，吾等无以成事。”

孙总统对其内阁颇为满意。他逐一列举内阁成员姓名，对每位部长加以称赞，在听闻国外普遍认为此届内阁强大有力后表示满意。

当论及新政府工作，总统说下级官员的任命正在进行，总体没有改变。“我们将依旧任命之前的地方官和其他官员，”他说，“除非现任官员显然不称其职。”

孙总统之方案

“您的改革方案为何？”他被问道。

“言之尚早，”他说，“仍有诸多事务待办，政策问题将由内阁决定。”

“厘金①问题如何？”

“已废除。”

“货币改革如何？”

“将延后进行。律法改革为首要。”

“您是否希望能够废除治外法权？”

“自然。一旦改革完成。”

“您现在对长久和平的希望为何？”他被问道。

“和平谈判正在沪进行，”总统先生微笑着评论道，然后就进一步问题答复道若情势需要共和主义者随时准备为之奋战。

“可否告知可上战场的共和主义者人数？”

孙总统再次微笑以示回应，然后说道：

---

① 旧时中国的一种商业税，主要由水陆交通要道的关卡征收。

“在广州有十万人。”

“您并非指有十万训练部队吧。”

“无需是训练部队，”他说，“而是战士。他们皆是战士，譬如南非之布尔人①，倘上战场当横扫千军。”

日本之态度

孙博士的注意力被转到近日发表的舆论，称日本政府反对中华民国，因惧怕民国政府会牵涉进日本国内的类似运动。当时他只是微笑，不予置评。过了一些时候，他反客为主向采访者发问，依记者所见对于立即承认民国外国势力的态度如何。

“有传言指，”记者说，“英日最不愿意承认民国。”

“我并不认为如此，”孙博士说。“据我所知英国将乐于承认民国。英国在此问题上确曾追随日本立场，但彼时已过，现在我认为日本将会追随英国立场。然而，我相信日本政府对我们是友好态度。”

使馆之迁移

孙博士称永久首都将选址南京。

“有人建议，”记者告诉他，“一些在北京购置了高昂使馆产业的外国政府会反对迁都。”

对此建议孙博士笑了。“对于外国政府来说这笔开支是一笔非常小的数目，”他说，“但若他们反对，我们将会对他们做出赔付。”

“您预计何时将就位开始支付赔款？”总统被问道。

“我们现在正在支付，”他答道，“通过海关税收。中国留美学生因缺乏资金被强制退学乃北京政府之过。”

孙博士，尽管期望能定居南京，表示他目前暂不打算将槟城州的家人接回，

---

① 指居住于南非的荷兰、法国和德国白人移民后裔形成的混合民族，反抗英国统治，于一八八〇年十二月三十日宣布独立，一八九九年八月与英国殖民者爆发布尔战争（The Boer War）。

因暂无住处。

……

据 Propagandist Sunk In President. *The China Press* (Shanghai), January 7, 1912, Page 1, 2.（《宣传者角色没于总统身份》，载一九一二年一月七日上海《大陆报》第一、二页）（许瑾瑜译，高文平校）
英文原文见本册第 529—532 页

对日本的态度

与古川岩太郎等谈话

（一九一二年一月七日）

孙中山在会见日参谋本部派遣来华的古川岩太郎中佐和本庄繁少佐时说：“实际上……倘不依靠日本，最终难以成功”，并说要修正以往从英、美、法等国招聘军事顾问的计划，以后的军事指导将完全委任给日本。

据俞辛焞：《孙中山与日本关系研究》，北京，人民出版社一九九六年八月出版

设法接济江北

与陶芷泉等谈话①

（一九一二年一月十日）

陶君力陈江北困难情形，月内非有八万金，江北大局必不堪问。

孙即允通电苏、沪都督及张季直、李平书设法接济。且云：现在各事，须合

① 江北财政部长陶芷泉偕顾问官席子佩、秘书员张春抵宁，是日下午二时往谒孙文，要求维持江北大局。

群策群力以济之，仅恃一二人之力，必难有济。

据《江北财政部长筹款记》载一九一二年
一月十二日上海《申报》第五版

在南京与冯又微等谈话[①]

（一九一二年一月十二日）

孙：听说你们来，我很高兴。欢迎！我们是同乡，又是朋友，希望不要拘束，随便谈谈。

孙：如果和议破裂，我就要北伐，你可以同我去吗?

冯听了惟诺未答。

孙：你从事军务多年，北方的军情应该很清楚，可以谈谈吗?

冯：出京以前，我为了查核，曾将北军的防务画了个地图。到上海后，在代表办公处也知道一些北方军队调动的情况。袁世凯在南军起义后，将大军聚集在各铁路沿线及黄河、淮河前线，以阻止南军北伐的部署。

孙：一旦和议破裂，重新开火，照你的推测，结果将会如何?

冯：我要直言奉告，你们南军的装备、武器都很差，这样隆冬气候，士兵连棉大衣都没有，如果大批军队渡过黄河，长途行军，谈何容易。如果南北对阵，以实力论，北强南弱，一经接触，我预测北军必得初胜，而南军内部变化亦甚可虑。我看您应当深思熟虑，谋定后动。

据《南北议和内幕》，载一九八四年
十月十三日北京《团结报》

① 冯又微系北方议和代表，由于和议进行得不顺利，唐绍仪派冯又微、章宗祥二人前往南京向孙文作解释。

汉冶萍借款问题

在南京与陈荫明谈话①

（一九一二年一月十五日）

孙：民国于盛宣怀并无恶感情，若肯筹款自是有功，外间舆论过激，可代为解释。惟所拟中日合办，恐有流弊。政府接认，亦嫌非妥当办法，不若公司自借巨款，由政府担保，先将各欠款清偿，留一二百万作重新开办费，再多借数百万转借于民国。原借还期、利息等统由民国正式承认，与公司订合同，依期付息还本于公司，于公司一无所损，更得民国维持，两皆裨益。

陈：王、盛来电云："无人肯借"②。

孙：乃外人恐政府干涉之故。今政府允借，且允担保，必有人肯借，英美人现有欲借款者，只需公司出面。

陈：要求将公司产业及盛宣怀私产已充公的一律发还。

孙：动产已用去者恐难追回，不动产可承认发还，若盛宣怀回国可任保护。

据吴相湘编撰：《孙逸仙先生传》，台北，
远东图书公司一九八二年十一月出版

---

① 陈荫明是汉冶萍上海公司经理。

② 王：即王勋，字阁臣，系王宠惠之兄，任汉冶萍上海公司商务长，时在日本。一月十四日，南京临时政府在日借款代表何天炯接孙中山来电：欲汉冶萍筹款，王勋将此意告盛宣怀。盛即言"无人肯借。或如来电所云，华日合办，或可筹借"。

询问尚侠女学堂反满情况

与张馥祯辛素贞谈话①

（一九一二年一月十九日刊载）

面谈之时，即由二女士袖呈新政条陈五事。孙大总统展阅之下，极其赞成，谓“俱切中近事，言言透彻”，允即交议实行。

并闻孙大总统曾问二女士云：“闻贵女士在沪曾建设尚侠女学堂，能实行‘尚侠’两字，年来四方豪俊每至贵学堂参观，所以革党中人至以贵学堂为党人往来之机关。贵女士所知遗逸之士，请举以告。”

两女士因历举诸贤以对。孙大总统即一一笔之于日记簿，谓“当派人招聘录用，以副求贤之素愿”。

又问：“闻贵学堂前曾编有课本，于数年前即提倡种族主义、暗杀主义等事，然否？”

两女士②云：“提倡种族绝学〔主义〕之大家如某某等，实行暗杀主义之大家如王某、张某等，皆敝学堂之至友。”

据《大总统敬礼女侠》，载一九一二年
一月十九日上海《民立报》第五页

---

① 一九一一年爆发辛亥革命，一九一二年元旦孙文在南京就任中华民国临时大总统后不久，于总统府接见来自上海尚侠女学堂的张馥祯（亦名张馥真）、辛素贞。有关史料或称此二人为尚侠女学堂创办者，或称为该校学生，待考。张馥祯之胞姊张雪（亦名林宗雪）系该校教员，曾组织女子民国军随同江浙联军攻克南京。张馥祯则早于一九一一年四月创建女子进行社，作为《民立报》等上海革命报纸发行机关。同年十一月上海光复后数日，辛素贞邀约张馥祯及尚侠女学堂学生多人发起组织女民国军，并经沪军都督陈其美批准拨给军费军械。民国成立后，她们积极参与各种社会政治活动。

② 此处删一衍字“曾”。

关于时局的谈话

（一九一二年一月中旬）

一俟接到北京最后消息，始能知大局之将来。民国军舰之至烟台[①]，系保护该处以免为北军所侵袭。该处为民国所管地，此次派舰守护，非背休战公法。

据《西报译电》，载一九一二年一月十八日上海《民立报》

关于首都问题

与弗雷德里克·哈斯金谈话[②]

（英 译 中）

（一九一二年一月中旬）[③]

孙逸仙当选为总统第十二天后，曾公开表示："那些后来变得强大的政府都需要一个逐步成长的过程。如有需要，我们可以一步一步建立中华民国。"接着他宣布了在南京建造一个模范都城的计划——一个专注于政府事务的首都，一个广厦万千亦和谐统一的耀眼之都，一个终有一天会令华盛顿之美黯然失色的首都。

据 What Chinese Revolution Means in Chinese Life. *The Evening Telegram*（Utah，U. S. A），March 21，1912，Page 6.（《中国革命之于中国民生之意义》，载一九一二年三月二十一日美国犹他州《电讯晚报》第六页）（许瑾瑜译，方露校）

英文原文见本册第 533 页

① 一月十二日孙文委任蓝天蔚为关外都督，率北伐之沪军暨"海容"、"海琛"、"南琛"三舰北上，十六日抵达烟台。

② 弗雷德里克·哈斯金，美国《电讯晚报》记者。

③ 底本未说明日期。据文中"孙逸仙当选为总统第十二天后"酌定。

关于中国时局

与美联社记者谈话①

（英　译　中）

（一九一二年一月二十二日）

孙逸仙总统在今日的一次长谈中，解释了最近共和主义者与清王朝的谈判，以及认真地讨论了中国局势。他言谈中充满信心，并显示了真切关心，未免对华南真实局势缺乏了解误导北京的外国公使鼓励清朝政府继续顽抗，已是目前局面之必然结果。

“若说我们现今未能确保和平，建立一个稳定政府，”孙博士说，“应归咎于北京。清朝廷最近接受了我们的条件，袁世凯内阁总理是如此向我们保证的。因此两方重新签订了休战协议。为保和平，我说服了各省都督，同意一经宣布清帝退位即选袁世凯为民国总统。犹豫再三后他们表示同意。袁世凯完全知晓这个计划。”

“我同意北上与袁磋商最终安排。又收到北京来电称，南京临时政府应于清帝退位二日内即行取消。”

“显然，袁决意要在北京建立自己的政府，并得到了外部支持的保证，他于是意欲忽视民国政府，违背之前同意的协议。”

“各省都督，在南京的国会代表与军方领导自然拒绝了。因此我们更改了要求，袁世凯必须放弃君权，同时各国使馆必须在袁被选为民国总统前承认民国政府。”

“双方议定如袁氏不欲俟列强承认，则我当前往北京一行，或袁氏南来亦可，以磋商办法。北上我无所畏。若袁氏南来，亦将保其无虞。”

“此安排是为优惠条款，当然有利于保障和平与中国之未来福祉。当下的拖延

① 本篇系美联社所发通稿，供美国各报采用。

牵涉到国家的进一步动荡，带来更多牺牲与苦难。”

“类似条款将不再开予清政府。现在想止戈戢武、退守以奴役人民，为时已晚。”

“我们绝不屈服于清王朝或袁世凯控制。共和运动现已有十五省，代表三万五千万中国人民与共和民国同心同德，坚决反对清统治。剩余的三个省——河南、山东与吉林——也必然是我们的拥护者。清军中的新军，本应听命于袁世凯，确属共和主义者，时机成熟即会转向我们。”

“除天津及牛庄①外所有通商口岸均在我们控制之中，现在均已封锁。民国实际上正保护着绝大部分的外国人士及财产安全。是则何以西方列强不应立即承认民国？中国人民正有此疑问，同时对于北京某些人士挑起的外国干预的担忧，给本国及外国人士都同样蒙上了一层阴影。”

“西方列强，尤其是美国，一直言及对中国之友谊。我们承诺善意及遵守所有清政府与外国签订的条约。我们将履行中国开放之各项义务。”

“现有中国人民或有误信外国人士仅为清朝廷友人及支持者之危险。北京之氛围非代表中国之风，然我感觉前者正盛行于欧美大臣之间。”

据 Premier Yuan Fails to Force Abdication. Missionaries in Politics. *New York Daily Tribune*, January 23, 1912, Page 1.（《袁总理未能逼清帝退位；政治中的传教士》，载一九一二年一月二十三日《纽约每日论坛报》第一页）（许瑾瑜译，高文平校）

英文原文见本册第534—536页

须得切实保证方可让位于袁世凯

与上海《大陆报》记者谈话

（英译中）

（一九一二年一月二十四日）

就中国政治形势进行分析时，孙逸仙总统关于对他认为已是公开清晰的行动

① 后改名为营口。

所产生的误解表示惊讶。

“自我返华，谈判始末，”他说，“我均同意只要袁世凯承认民国我即卸任临时大总统。现我依然决意如此。”

“在我最初作此承诺后，袁世凯即着手劝引清朝退位。后来收到唐绍仪发电，称接受我方条件，询问临时民国政府是否能在清帝逊位后两日内解散，以免两个临时政府冲突。自然，我们强烈反对，如此势必剥夺我们中央政府对各省的管辖权。”

必须让位共和民国

“对袁世凯已明确表示，清政府应退位支持共和民国政府，而非支持袁世凯，当其时我即卸任。只要袁世凯同意继续推进民国政府形式，我随时乐意让位。”“但若袁世凯以清政府捍卫者身份自居，我无法卸任。我方此等行为不仅为愚蠢，亦将违背选举我为总统之众省信任。我受托身负十五省之逾三亿六千万人民希望，冀盼共和民国政府创立得以成功。我希望能和平实现目标，愿为此作一切个人牺牲。”

他说袁世凯接受条件

“袁世凯欣然接受了我的条件，但或因为他自欺欺人地认为我会贸然双手奉上一切，而不对我们一直为之战斗、最终必须实现之目标作出规约。共和民国乃由人民军队创立，由大众努力组建，牵涉到无数牺牲与钱财投入。”

“在这些代价面前，若袁世凯无将继续推进此开局良好之大业之保证，我无权任性盲目地移交民国事务。”

“若他打算继续保持目前的态度，我怎么可能会去滥用人民交之于我的信任，天真地将他们赢取的一切奉送给敌人吗？因我们必须仍然视袁世凯为清政府方人，接受了朝廷给予的利益，除非他保证自己支持共和。”

袁世凯的态度

“袁世凯的行为值得谨慎。起初他提出政府形式须由国民议会决定。此提议也收到唐绍仪与伍廷芳签字同意。与此同时十七省选举我为临时大总统，组织临时政府，考虑本应考虑的事务，尽力维持稳定，直至固定政府产生。”

“当即袁世凯便称我已被选为总统，他解聘了唐绍仪，拒不履行先前的所有承诺。我们向其保证这次选举对我们先前和他谈判的条件没有影响，并指出组织民国政府是以统一和平为目的。我个人发电给袁氏，表示只要他加入我们，我愿意立即将总统职位让与他。对此他表示接受，同意恢复谈判，并奇怪地通过他先前解聘的代表半官方地进行谈判。”

希望稳定各省

“我们同意了这种未有先例的程序，以表明我们保持先前承诺的愿望。顺利谈判的结果将为在他与我方联盟后我会卸任总统职务，他促成清帝退位，但在不考虑国民议会的情况下无疑他可更快获得总统职位。”

“看到我们不会盲目愚蠢地落入陷阱之后，他现在正努力混淆视听。他想要清朝廷解散政府，我们也解散临时政府，惟有他大权在握。在一次谈判中袁氏问道，能否在退位昭告发布后两日内选举他为总统。他想一石二鸟，一次解散两个政府。但看穿他的意图后，我们自然尽力使我方态度更清晰，以防在我们支持共和的省份中产生任何误解。”

不能解散民国

“关于为何不能胡乱解散我们的政府，有一个强有力的理由。共和各省的事务都需以恰当方式进行。我曾不得不克服众多反对让人民同意选举袁氏为主席，但我以迫切需要停止敌对行动为由成功做到了。自然除非袁氏和我们一起维护共和政府，否则不能选其为总统。我们并无改变目标；它们依然如故。但我们想要袁氏做出保证，他会全心为遵循共和路线的健全政府而工作。”

据 President Sun Gives Version of Deadlock, Must Secure Republic. *The China Press* (Shanghai), January 26, 1912, Page 1 -2.（《孙总统提供意见解决僵局；必须确保共和》，载一九一二年一月二十六日上海《大陆报》第一、二页）（许瑾瑜译，高文平校）

英文原文见本册第536—539页

望袁世凯归从民军实行共和政体

在南京与上海《大陆报》记者谈话[①]

（一九一二年一月二十四日）

余自抵国后，对于和议常望袁世凯归从民军，而以总统推让之，此心此志至今未尝稍渝。

余既与袁氏约，袁氏即劝令满人逊位后由唐绍怡[②]交来电音承认我人之条款，并请南京临时政府于清帝逊位后两日内解散，以免两临时政府互起冲突，惟此举我人不能不反对之，盖将失去中央权力所治之各省也，且临时政府早向袁明白声明，满人当赞成共和而逊位，非赞成袁世凯而逊位，则余始退任。袁如实行共和政体，则余亦退让之。若袁世凯仍为满人效力，则余未便轻让，盖余如轻出此举，不特受愚，且辜负十五省三万六千万众之付托也。

袁世凯之慨然允许，以为余将贸然以总统授之，而不复约定履行我人所争之目的，此为其一时之惑。须知共和政府为国民军各将士所造成，流几许热血，费多少金钱，始购得此"共和"两字，其价值之大，殆可想见。故余实无权可以贸然授与，而不得不要求实行之保证；如袁坚持目下之态度，则余何能辜负国民之信托，以彼等得之于敌人之手者，而妄献之于袁氏乎，现在我人非俟袁氏切实声明维持共和，则必仍视袁为满人之忠臣。

袁氏初议由国会解决政体，民军允之，由唐绍怡、伍廷芳签订条约。同时十七省选余为总统，组织临时政府，此不过为整顿秩序，以待永远政府之成立。讵袁因总统已定，即解唐绍怡之职，而取消其议约。民政府乃告以选举总统与议和并无关系，临时政府之组织，系为联合预备起见。余复亲电袁氏谓，如翻然来归，余仍愿退任相让。袁始承允续行交涉，一面由唐君办理一切，一面运动满人逊位，

---

① 是日下午《大陆报》记者晋谒孙文，谈及《大陆报》所载中国政局之要略，孙深以记者之误解为憾。

② 唐绍怡：即唐绍仪。

而以国会问题置之不顾。袁之出此举，殆欲由捷径以获总统之任耳。

据《孙总统之言论》，载一九一二年一月二十七日上海《申报》第三版

袁世凯承认民国即举其充大总统

致上海《字林西报》[1] 等书面谈话

（一九一二年一月二十五日刊载）

余所倡议者，系清帝一经退位，即辞职举袁世凯为大总统，而各省都督暨临时内阁均极力反对。旋经余再三劝解，始允承认。于是吾辈即磋商最后办法。忽袁氏电称："南京临时政府应于清帝退位后二日内即行取消。"吾人以袁氏前既有可疑之状，今又有此举，莫不为之惊讶，决定不允照准。余于是又与各都督暨内阁磋商，议定如袁氏一人或列强承认民国，即举其充大总统。当将此意电达袁氏，且声明如袁氏不欲俟列强承认，则余当亲往北京一行，或袁氏来南京亦可，以磋商最后办法，一面仍以袁氏为大总统。余辈所不欲者，惟袁氏不承认吾人所立之临时政府，及不照吾人所定办法，任意私举代表而已。袁氏之举动，即欲反乎此。果袁氏欲余北上，余无所畏；若袁氏南来，余亦保其无虞。

据《西报之是是非非·孙大总统复向多西报表明》，载一九一二年一月二十五日上海《民立报》第四页

与顾复生谈话[2]

（一九一二年一月二十八日）

此时正在密电往返磋商重要问题，至二十九号（即今日）当宣布最后之解

① 《字林西报》（*The North-China Daily News*）为一八六四年七月英国人在上海创办的英文报纸，当时又称《字林报》。

② 是日下午上海《申报》记者顾复生晋谒孙大总统，叩问议和近况。

决，届时并希各报馆登载俾众周知，毋任盼望。

据《且待和议最后之解决》，载一九一二年一月二十九日上海《申报》第三版

在南京与同盟会同志谈民生主义

（一九一二年一月）①

总理在南京就职临时大总统，当时便有些同志对总理说："如今民族、民权主义都达到了，民生主义外招列强之嫉视，内惹社会之疑忌，还是慢些说的好。"

总理听了，艴然说道："我如果不讲民生主义，我便不必革命！"

据汪精卫：《我们怎样实行三民主义？》（民国十五年四月二十一日），载《汪精卫先生演讲集》（又名《汪党代表讲演集》），广州，中央军事政治学校政治部宣传科一九二六年十月出版

须使工界早日受福

与徐企文谈话②

（一九一二年二月二日）

须努力进行，使工界早日受福。

据《公电·南京工党支部电》，载一九一二年二月四日上海《申报》第三版

① 底本未说明日期。据文中语气，似在建立民国初期，故酌为一月。

② 徐企文是上海工党总部副领袖。

满洲问题与革命政府之前途

与森恪谈话①

（日 译 中）

（一九一二年二月三日）

森：阁下相信我能接近日本政治的中心吗?

孙：我与黄兴估计你应该能接近井上侯，但最后能否打动〈井〉侯之心，尚有疑问。但你抵东京后不仅要打动井侯，而且应打动迄今为止不愿与余等通信之山县、桂两公，你抵京活动以来，与日本关系凡是实际问题都包括进去了，余等对你表示感谢，相信你背后之力量，加强了完全信赖你的念头。余等对你的立场如何理解，皆根据已采用之事实来判断你所说的话。

森：虽然如此，但我说的事如在某种程度上有问题，是因多少为我分外之事，故相信与否悉听阁下裁夺。现在，若与阁下之心相符则愿用其决心；若不相符合，则请完全忘记。

孙：好。若与我的心相符则予以确切答复，否则就一定忘记。

森：诚如阁下所洞悉，当今世界乃黄色人种与白色人种之战场，为制止充当白人势力先锋的俄罗斯南下，使我日本能安全生存，保证东洋的和平，日本认为有必要由日本之势力去保全满洲，日本为此不顾赌国运、牺牲许多性命与资财，但因俄国企图南下，德国控制青岛，故满洲始终有必要由日本之手保全。根据中国今日之局势，由中国政府之力恐难独力保全满洲，虽阁下亦确信如此，况且若据日本立场明确认识到，满洲仍一切由中国政府单独治理，不仅危险至极，而且

① 是日孙文与三井物产上海支店职员森恪会谈，在场有临时政府秘书长胡汉民、宫崎寅藏、山田纯三郎等人。此件系二月八日森恪致函三井财阀益田孝，详细汇报和孙会谈的情况。临时政府成立时府库空虚，财政穷乏，军队日有哗变之虞，急需巨款以支持浩大的军费开支，并筹划北伐。日本财阀乘机以借款为钓饵，特派森恪赴南京与孙谈判，诱使孙同意租借满洲。但此事遭日本军部的反对，他们认为“满洲是日本的势力范围，没有必要用金钱收买”。

满洲迟早难由中国政府独力保全，这一事实应是双方共有认识。满洲之命运既定，又考虑到革命政府有许多困难，无疑需要在地理上、历史上有特殊立场的日本援助才能完成。假如阁下舍去命运既定之满洲，决心完全将其置于日本势力之下，作为其代价以取得日本的特种之援助以完成革命大事，日本将立即答应其要求，并立即采取必要之手段，作为为保全满洲敢于冒第二次战争之险的日本。今由于与阁下私下合作，得以解决国家悬案的大问题，毋宁说是以小的努力得到避免第二次战争的大利益，不知阁下决心如何？若阁下所想与小生相同，应从速判断。实际是由桂公对益田氏泄露这种秘密，假如阁下有实行之意，请二位中之任何一位，与我同赴日本与桂公相见，在阁下方便地点乘返日之军舰直航三池港，再改乘专列至京都，与促使由东京来的桂公相会，预计往返日数约在两周间为宜。

孙：难得桂公有如此决心。我本人长期以来为中国苦心，为黄色人种担忧，考虑东洋的和平……而日本疏远，不愿我等接近。我发动之初，希望能置身日本而日本不许我入境，如此我逐渐想到日本政治家没有接纳我等的度量，于是去了美国。然而中国由于地理上、人种上之关系，若得不到日本之同情与援助，则将一事无成。因此我煞费苦心用各种方法谋取日本同情，其结果日本有志者中有许多人为革命政府尽力，至于政府，则一如既往，尚未支持。我等日夜担心日本之态度，假如本人在从欧洲返回途中，至少在香港能得知桂公的意向，我将立即绕道日本以决定此问题。但时至今日，业已丧失时机。当其时，凡革命军之事皆可由我与黄兴决定方针。今则不然，各省均赞成我等之说任意揭出我等之旗号加入我等行列，对缺乏兵权、财权之我等而言，不能任意实行其主义，大事须由众议才能决定，特别是最近，革命政府的财政穷乏到了极点，假如军队财源不能尽快解决，将完全到达破产境地。万一此数日内没有足够资金以救燃眉之急，则即将陷入许多军队离散、革命政府瓦解之命运。如此紧急之际，倘若我等在数日内不显露姿态，恐将造出我等因穷困而出逃的流言。以上述实际状况，至年底无论采取何种手段，一定要筹够足以维持军队之资金。进行汉冶萍中日合办可取得五百万日元是为此，用招商局担保筹措一千万日元也是为此，尽管进行如此费力，但交涉徒费时光，并无顺利解决希望。另一方面，军队穷困日迫，作为最后的手段，在军队离散、革命政府崩溃之前，与袁世凯缔结和议，以抑制天下大乱，然后徐图筹措军资之供给，以图大举，以武力一扫北京方面，定出革新天下之方针。近来与北方不断进行和平协议谈判，与袁谈判逐渐成熟，双方条件也略趋一致。今南方之决心是何时南北皆可休战，宣布和平统一。我等现在尚苦心追求对取得财源存一线希望，若有幸在此时筹得防止军队离散之足够资金，则我等将把与袁之和议延期到明年，更筹资金，然后排除袁等，按最初计划以兵力彻底扫除南北异分子，完全铲除他日内争之祸根，建立共和政体。从迄今为止的过去事实来看，望能得到金钱。若不幸在此五日间即至九日为止，在旧历年底前未能筹齐一千五百万日元资金，则万事皆休，在革命政府垮台之前，作为先发制人，完成南北和议，只能暂时将政权让袁，政权一旦落入袁手，今后之事即难逆料，而与日本之密约就几乎是无可指望之事。

要之，我等言及要求之事，均颇迫切。日本方面了解事情本质后如何行动，端在日本的义气。原来根底薄弱之我等仓猝之间举事，至有今日穷状之出现，早在意料之中。因无接触日本政权中心之机会，轻轻一试徒然暴露内情之结果，犹豫之间终于陷入今日悲惨境地。事已至此，夫复何言！

机会虽已失去，但万一桂公认清我等之心事，有推行其为日本之所志，无论如何，为防止革命军队离散，供给至急之现金。我等现在之情况，如有金钱则安心可得军队之信赖，军队问题能确实解决，则如贵方所望，我或黄兴中之任何一人赴日，与桂公会见商定满洲问题与革命政府前途之大计。此事早就是我等决定的方针，现在是何时，若还有机会，则立即着手解决问题。然而，今日之事则是虽感到此事之必要，但不能离开南京一步，其理由已如前所述，甚感麻烦，现在惟恨君之衔命来迟。

森：和议达成后，毁之不易。若一边进行和平谈判，另外选派阁下与黄兴的代表赴日本，如何？

孙：像如此根本的问题选取代表者极难，只能由余等两人中之一人担任之。且和议一旦成立，政权移交袁氏，民心再一变，或如满洲问题突然决定恐不可能。

森：五日之内即至八日晚上，如资金不解决，是否会决定和议？

孙：然。

森：和议案已完成否？

孙：彼、我之条件已经决定，惟发表前送参议院已足矣。

森：时间已迟，日本亦无良策，而为慎重此事起见，我将会把阁下之意致电益田氏。万一日本方面决定订立满洲问题之密约，会秘密通知立刻提供军资贷款之援助，若五日之内有消息，则阁下当延期和议，处理军队方面之事后立即赴日一行。

孙：当然。如能立刻得到贷款，我将马上着手整顿军队，重振军心，处理后即出发。

森：马上交款之事，事实上不可能，故五日之内无付款之意，年内能否提供款项，五日内用电报通知阁下，如决定提供资金，会尽快交款。

孙：就这样，虽说期限是年底，但如真正到年底才提供，也可能会失去提供援助的意义。

森：如果可以，马上起草电文。

据藤井昇三著，李吉奎译：《辛亥革命时期有关孙文的资料——森恪关于“满洲问题”的书信》，载《孙中山研究论丛》第七集，广州，中山大学学报编辑部一九九〇年二月出版

亟须输入社会主义新著翻译以供研究

与江亢虎谈话①

（一九一二年二月三日）

社会主义虽人类共同之思想，实西洋最新之学说，亟须输入新著，使一般人可解宗旨为入手第一义。自苦政务太烦，不能躬任主持，拟令长子新自美洲回国者，赞佐其事，俾多译西籍以供材料，缘渠研究有年，且西文、汉文均能畅达也。

据《大总统与社会党》，载一九一二年二月六日上海《民立报》第六页

① 中国社会党湖南支部来电谓谭延闿都督禁止社会党开会，该党特举代表江亢虎由沪赴宁谒孙文，面谈湘事。孙极不以谭之禁止为然，允电饬维持。

俟袁世凯宣布共和即行辞任

与南京访员谈话

（一九一二年二月四日）

一俟袁世凯宣布共和，即将辞任，且将呈请南京参议院选袁为总统。惟清帝逊位之后，尚须设立临时政府一年，此一年中，盖专为选举国会代表，并组织永久之新政府。

袁世凯提议再将停战期限展长七日，此举似可不必，盖关于停战问题之一切计划，早与清军从战之各将领议定也。袁世凯今有全权承认民军之条款，观于今日彼之来电可以知之。至将来都城设于何处？南京、北京皆甚合宜。惟我[1]之意，以为全国大概皆赞成设于南京。

据《西报记磋商逊位问题》，载一九一二年二月七日上海《申报》第三版

列强承认与民国前途

与麦考密克谈话[2]

（英译中）

（一九一二年二月八日）

麦考密克：十一年来我一直对你们所要解决的一切问题都很感兴趣。你和协助你的人完成了世界上最需要完成的事业——在中国推翻了满清统治，这是世界上以后还要做的事。

现在你想知道别人对你所要解决的重大问题——扫除满清，建立你自己的国

① 底本为“总统”，今改为“我”。

② 麦考密克是美国记者。

家，与别国并立——如何看法。满清统治者在国外说有朋友，列强并不是因为他们而不承认民国。至于我们美国政府，可能最后才能承认你们。美国政府的政策是以这样的方式行事，即为中国的利益尽最大的努力与列强周旋。最近的葡萄牙新共和国，美国就是最后一个承认的。

孙逸仙：不过，美国在三天之内就承认了巴拿马。

麦：中国与巴拿马不同。中国是列国竞逐的对象，为外事纠纷所困扰。美国过早的承认，可能会使你们的这种外事纠纷增多。我们的政府为我们的这种立场而骄傲，但也有它的困难。我们的人民不大了解中国，他们也为我们对中国的这种立场和主张而骄傲；虽然如此，政府还是走在人民的前面。美国政府不能冒在国内丧失影响的风险而比这走得更远，更不用说这样做要冒对其他各国丧失影响的风险了。所有说英语的国家肯定都对你们友善，同时你也知道，他们都急欲知道中华民国的稳固性。

孙：但我们是不合法的。我们有三亿六千万人民，我们在十五个省份行使权力——远达缅甸边境。我们有政府，但不合法，我们不能继续这样下去。人民已在督责我们，他们不了解列强为什么不承认我们，他们不了解我们的外交问题。你知道，排外的情绪到处都是，它可能爆发，我们无法阻止它——我们无法向那些督责我们的中国人解释。世人都很友善——欧洲人都够朋友——我们到处都有朋友。但我们需要的是承认，你们应该承认我们。

麦：假如中国能表现出治理自己的能力，以它内部分歧的解决来保障外人的利益，外国的承认是无问题的。照目前的情形，我们若承认民国并借款给它，或者借款给北京政府，这都是偏袒。另一方面，假如你们与北方协议把国家划分为二，每边各自建立一个政府，你们就会得到承认。

孙：不，那不行，我国人民的感情是一致的。所有的人都反对满清，都站在我们一边。北京并没有政府。

当我们在总统官邸交谈的时候，外交部长王宠惠和美国特使邓尼博士（Dr. Tenney）正在另外的地方，同样讨论着承认民国和中国的国际地位等问题。

临时大总统最焦虑的似乎是两件事，其一是日本，其二是中国人民是否会不再支持南京政府。清廷的退位诏已经写好，只因南北双方的态度尚待协调，延迟未发。袁世凯赞同君主制，并保证支持清廷。假如民国归了现在的袁世凯，其目的将丧失；假如民国归了一个维护“中华民国”的袁世凯，其目的将可达成。

孙：“你对袁世凯的判断如何？”临时大总统问我，“他将依哪一方面的考虑行事呢？”

麦：我认识他已有几年，我对他的印象十分良好，与对其他许多人的印象一样。他是个能干的人。而且自他做了山东巡抚和直隶总督以来，我认为他是为国家的最高利益行事的。他的确一直献身于他对革新的信念。

孙：你认为他现在的行动是为了改革，还是为了清廷？

麦：他不得不为清廷谋求最佳的条件，但他真正的利益必定是全帝国的利益——即国家本身，而不是任何个人。我认为他不可能只为其自身的利益行事。

孙：如果我能拿得准他是如此，我就没有什么焦虑了。

秘书和部长们都在等着临时大总统，将近一个小时的访问就此结束。临时大总统要去与临时参议院议长会商了。

据麦考密克：《中华民国》，纽约，一九三一年出版

日本应尽早承认南京临时政府

与铃木[①]谈话

（一九一二年二月十一日）

孙中山问：“各国对承认共和国的意向如何？”

铃木避而不答，反而问道：“阁下对此究竟有何期望？”

孙中山答道：“现在共和国政府在南方掌握实权，但各国尚不承认。我认为这是由于各自互相观察对方态度的结果，实为不必。”并透露美军中国舰队司令已向自己表示愿意承认共和国，暗示日本应尽早承认南京临时政府。

据俞辛焞：《孙中山与日本关系研究》，
北京，人民出版社一九九六年八月出版

---

① 铃木是日本驻南京领事。

关于清帝退位

（英 译 中）

（一九一二年二月十二日）

“帝国政府颁令宣布退位恰逢美国伟大解放者亚伯拉罕·林肯诞辰，我们视其为一大吉兆。”孙逸仙总统今日说道。

据 Manchu Dynasty Has Passed into History：Imperial Family Issues Edict of Baby Emperor's Abdication. *The Evening Times*（Maryland，U. S. A），February 12，1912，Page 1.（《满清王朝已成历史：皇室颁令宣布幼帝退位》，载一九一二年二月十二日美国马里兰州《晚间时报》第一页）（许瑾瑜译，方露校）

英文原文见本册第540页

在南京与王宠惠谈话[①]

（一九一二年二月十五日）

王：今日为参议院议决推选之期，大总统或须出席，请以他日祭告何如？

孙：我正因此命全师而出也。今日之事，闻军中有持异议者，恐于选举之顷有所表示，其意不愿我辞职，又不满于袁世凯也。且此案如下通过，人必疑我嗾使军队维持个人地位，故特举行祭告，移师城外，使勿预选事也。

据王宠惠：《追怀总理述略》，载上海《逸经》第二十五期，一九三七年三月出版

① 是日十一时孙文率各部及右都尉以上将校、军士数万赴明孝陵行祭告典礼。

关于内政与外交

与斯宾塞・托尔伯特谈话①

（英　译　中）

（一九一二年二月十七日）

胜任后即享选举权

“兹事体大，我无法决定，”他说，“但一经开议我必将尽力争取。若中国女子欲获投票选举权，须当使自身合格。女子急需求法政学知识，尤以选举法为重。中国男子在今后几年尚需努力求学，此为女子提升自我之大好时机。当女子具备资格，必予女子以完全参政权。”

……

内阁已定

“您的内阁情况现在如何？”他被问道。

“除了 Mr. Wong② 认为伍廷芳博士理应继续担任外交部总长之外，所有成员均已接受任命。首次内阁会议已经召开，除了伍博士及 Mr. Wong 外全部列席，

---

① 孙文在接受美国《盐湖城论坛报》记者斯宾塞・托尔伯特（Spencer Talbot）采访前，正在接受中国女子参政同志会林宗素女士（Miss Lin Tsung Su）的访问，斯宾塞・托尔伯特记录了这一采访情形：“我的名片在递送到元首手上之前前至少经过了十二位军事和秘书要员之手。当我终于被领进总统办公室时，我发现在我之前的那位采访者正与孙总统聊得起劲。这位林宗素女士是中国女子参政同志会的工会代表。她是一位很有魅力的年轻女子。女子参政同志会委任她来拜访新总统是很明智的选择。此次她的使命是尝试让孙博士公开表态支持中国妇女享有投票权，而她已经极其接近目标了。孙博士表示很高兴会见她；她所争取的亦是一个很好的目标，对此他倾向于持赞成态度。”

② Mr. Wong：指王宠惠。

会上我听取了许多有益建议。”

外界普遍对于任命伍廷芳博士为司法部总长而非外交部总长深感意外，孙博士已知悉此事。

“那并非疏漏，”总统说，“伍博士或久以外交官而非法学家之身份闻达于海外，然吾国更视其为卓绝法学家甚于一位外交人员。他已着手起草系列条法新制，预期稍加修订即予采用。伍之任命，文视为内阁之重。

有铁腕巨子出任外长固然重要，然即便坐拥俾斯麦或拿破仑为外长，无律法改革他亦一筹莫展。此为改革大计之要务，必以健全法律为基，才可在外交领域建功立业。良法奠定之前，吾等无以成事。”

“您的改革方案为何？”他被问道。

“言之尚早，”他说，“仍有诸多事务待办，但内阁必须讨论并制订方案。”

“厘金（likin）问题如何？”（这里要解释一下，厘金是一种商品运输税，已给在中国经商的外国洋行造成无尽的麻烦与花销。某些方面来说相当于美国一些地区的旧关卡收费系统，只有一小部分税收会最终上交到政府）。

“业已废除。”

“那货币改革呢？”

“那是我们预计要处理的要务之一。”

租赁体制改革

“您是否希望能够废除治外法权？”（指的是中国一些地区的管理权租借给了外国政府。譬如在上海，许多国家如美国、英国和法国都有九十九年的特许租赁权。这些特权已经纳入英美法德和其他法庭参议的国际问题解决会议的条款中。一个美国人犯了罪由美国法庭审判；美国人和中国人之间发生的民事诉讼由一位美国法官和一位中国官员组成的混合法庭审判。治外法权过去存在于日本，但近年来日本政府已将其废除。）

“倘若国家自立、和平、繁荣，依现代有效良法统治，我们希望能够废除此治外法权之怪事。”他答道。

“您现在对长久和平的希望为何？”他被问道。

和平磋商

“和平磋商正在沪进行，伍博士在上海与身居北京的袁世凯举行磋商。这也是伍博士没能出席内阁会的原因。共和党人随时准备出战，然仍祈望不至迫使我们走到那一步。”

“可否告知可上战场的共和主义者军队人数?”

“我们在广州有十万人。”孙总统微笑着说。据悉共和主义者在武昌有两万三千人，这里有大约五万人。过去两周，广东一万两千人的精锐部队已乘船抵达此处。这个部队装备精良、军容整洁、斗志昂扬。若无战事即令其返回广东，他们应该会大感失望。

“您并非指在广东还有十万训练部队吧。”

“并非都是受过训练的，但他们皆是战士，譬如南非之布尔人，一上战场他们将横扫千军。”

日本的情况

孙博士的注意力被转到近日所发表的言论，称日本政府之所以反对中华民国，实因惧怕民国政府会牵涉进日本国内的类似运动。当时他只是微笑，不予置评。过了些时候，他反客为主向采访者发问，“依记者之见，外国势力对于立即承认民国政府究竟持何种态度。”

“有传言称，”记者说，“英日最不愿意承认民国。”

“我并不这样认为，”孙博士说。“据我所知英国将乐于承认民国。英国在此问题上确曾追随日本立场，但彼时已过，现在我认为日本将会追随英国立场。然而，我相信日本政府对华持友好态度。”

定都南京

孙博士称共和国之永久首都将定于南京。

“有人建议，”记者告诉他，“一些在北京购置了高昂使馆产业的外国政府会反对迁都。”

对此建议孙博士笑了。“对于外国政府来说这笔开支是一个非常小的数目，”他说，“但若他们反对，我们将会对他们做出赔付。”

“您预计将于何时领导赔款事宜?”总统被问道。

“我们现在正在支付，”他答道，“通过海关税收。中国留美学生因缺乏资金被强制退学乃北京政府之过。”

孙博士拒绝透露更多计划，只是说正在任命下级官员，多数情况下如果现任官员称职将会继续留任。采访结束时他与我握手道别，并承诺给我签发通行证，从而可以使我在革命区更加畅通无阻。

据 Chinese President Plans Reforms, Women Want Electoral Franchise. *The Salt Lake Tribune* (Utah, U.S.A), February 18, 1912, Page 1.（《中国总统计划改革；妇女想要选举权》，载一九一二年二月十八日美国犹他州《盐湖城论坛报》第一页）（许瑾瑜译，方露校）

英文原文见本册第 540—545 页

拒收藤濑正次郎赠予五十万元的谈话①

（日　译　中）

（一九一二年二月中旬）②

以前，南京革命政府决定把政权交给袁世凯的第二天，当时的三井支店长藤濑政次郎君，曾经携带汉冶萍借款的余数五十万元到南京，造访孙君于总统官邸，但却被孙君当面拒绝。

起初，藤濑君对孙君这种态度非常气愤，后来知道孙君把政权交出的事实，藤濑君的气愤遂变成同情，于是又托人劝孙君说：“明天您将是一无分文的人，

① 南京临时政府成立后，曾谋求向日本三井物产株式会社贷款，洽谈对象即是该社上海支店长藤濑政次郎。

② 底本未说明日期。藤濑或其代表与孙文晤谈不止一次。按首次晤谈，文中所说“南京革命政府决定把政权交给袁世凯的第二天”，当指孙文向临时参议院请辞临时大总统职并荐袁世凯以自代的次日，即二月十四日，而托人再次晤谈或距此不久。故酌为是月中旬。

请笑纳这五十万元吧。以后的一切责任由我来承担。”对此，孙君挥泪说：“深谢他的厚意。不过作为革命家和首任总统的我，不忍诒留此种恶例于后世。”藤濑君闻言，益发敬仰和信赖孙君，所以他俩的友谊因此而更加深厚。

据六兵卫（宫崎寅藏）：《广东行》，连载一九二一年三月七日至四月九日日文报纸《上海日日新闻》（陈鹏仁译）

在南京与马林谈话①

（一九一二年二月）

孙曰：我们很喜欢交朋友，外国朋友也一样，只是交朋友要从心里头交，不能嘴里心里不一致呵！

马林曰：可不可以这样理解，大总统怀疑我会见您的目的，是探听情报呢？

孙答：我不过一般地作这样设想，你的来意你自己最清楚。好，我们继续随便谈谈吧！

据郭汉章：《南京临时大总统府三月见闻实录》，载中国人民政治协商会议江苏省委员会文史资料研究委员会编：《江苏文史资料选辑》第一辑，南京，江苏人民出版社一九六二年八月出版

① 马林是美国传教士，当时马林任南京鼓楼医院院长。孙文在总统府西花园石舫内接见他。

对“北京兵变”深感震惊

与加拿大《梅迪逊哈特新闻报》记者谈话

（英 译 中）

（一九一二年三月二日）

孙逸仙总统今日收到北京发生兵变①的急电后，深感震惊。他认为这显示了北京当局已完全丧失了对于时局的掌控力，然而仍坚信忠于共和政府的将领和军队能够很快镇压此次兵变。陆军部今日通电北京将领，要求他们维持秩序。

孙总统曾在一次有趣的访谈中提到：“南京政府能够恢复及维持北京与全国的秩序，能够且必将保卫外国人士的生命财产安全。”

据 Sun Yat-sen Shocked. *Medicine Hat News*（Alberta, Canada）, March 2, 1912, Page 1.（《孙逸仙深感震惊》，载一九一二年三月二日加拿大艾伯塔《梅迪逊哈特新闻报》第一页）（许瑾瑜译，方露校）

英文原文见本册第 545—546 页

政府在采取有效措施应对兵变

与《纽约时报》记者谈话

（英 译 中）

（一九一二年三月三日）

孙逸仙博士为北方的消息感到极度烦扰。他说南京政府准备承担全部责任。

---

① 一九一二年二月十五日，孙文辞去临时大总统职务。二十五日，南京临时参议院正式选举袁世凯为临时大总统。二十七日，临时参议会、临时政府派蔡元培为专使，宋教仁、汪精卫为专员，到北京迎接袁世凯南下就职。二十九日袁世凯与专使团举行茶话会，是日晚，驻京北洋军曹锟之第三镇兵变，肆行焚劫。迎袁专使蔡元培等走避得免。兵变蔓延至保定、天津。

"我对袁世凯有绝对的信心和信任，"孙大总统今日表示。"我相信他有能力控制局面。共和主义者会恢复秩序并保卫外国人士的生命财产安全。目前本政府正在采取有效措施。绝大多数人民与南北方士兵都是忠诚的共和主义者。"

孙博士说若起动乱余波，他预备北上协助袁世凯。

据 Troops Reach Peking, Tien-Tsin Is Sacked. *The New York Times*, March 4, 1912, Page 4.（《军队抵京，天津遭洗劫》，载一九一二年三月四日《纽约时报》第四页）（许瑾瑜译，方露校）

英文原文见本册第 546—547 页

关于北方兵变问题

在南京与上海《字林西报》记者谈话

（一九一二年三月六日刊载）

此次北方兵变，颇为关心。前此北省之事不与南省涉者，今则不然。深信袁大总统有弹压方法，外间虽有恐慌谣言，不足以阻信任。民国政府必设法维持北方秩序，保护外人生命财产。南省现正筹备协助袁大总统。此次之事非袁无弹压之力，实因叛兵勾结土匪而起，北方军士暨人民皆忠向共和。

据《字林报载孙大总统对访员宣言》，载一九一二年三月六日上海《民立报》第六页

与胡汉民等谈话

（一九一二年三月十日）①

孙中山偕胡汉民、孙科等往紫金山狩猎。他四面回顾说：你们看，这里地势比明孝陵还要好，有山有水，气象雄伟，我真不懂当初明太祖为什么不葬在这里！

① 底本未说明日期。所标日期系据上海《申报》一九一二年三月十二日报道："孙总统以星期日停办公事，偕公子等往各山游猎。"

胡：这里确比明孝陵好，拿风水讲，前有照，后有靠，左右有沙环抱，加以秦淮河环绕着，真是一方大好墓地。

孙：我将来死后葬在这里，那就好极了。

胡：先生怎么想到这个上面来？

据郭汉章：《南京临时大总统三月见闻实录》，载中国人民政治协商会议江苏省委员会文史资料研究委员会编：《江苏文史资料选辑》第一辑，南京，江苏人民出版社一九六二年八月出版

关于定都等问题

与《大阪每日新闻》记者谈话

（日　译　中）

（一九一二年三月十六日）

中央政府预定最终迁往湖北武昌，但眼下在新共和国政府未得到列强的承认以前，暂时设于北京。另外，虽然共和党领导人都热诚地希望黄兴能担任新政府的要职，但黄兴却最终决定不入阁。另外，南京的有关重要事务仍需在今后两周内处理完毕。

据《孫逸仙を訪ふ》（《采访孙逸仙》），载一九一二年三月十七日《大阪每日新闻》（一）（关伟译）

要坚忍耐劳以求达到女子参政的目的

与唐群英等谈话①

（一九一二年三月二十日）

此事未有一经提议即能通过者，倘能坚忍耐劳至再三，将来或能达此目的，

① 唐群英是中国同盟会女会员。是日唐群英、蔡惠二人被推为女子代表谒见孙文，并上第三次请愿书，求孙提议于参议院，孙婉言劝诫。

幸毋为无意识之暴举，受人指摘。否则，殊非本总统赞成女子参政权之始意。

据《女子以武力要求参政权》，载一九一二年三月二十四日上海《申报》第三版

关于汉冶萍中日合办问题

与铃木谈话①

（日 译 中）

（一九一二年三月二十三日）

在舆论激烈反对的今天，欲期合办之实行绝不可能，而且在股东大会上既已遭到否决命运，则合办案只能视为业已取消，已无计可施。

我自己早已认识到合办之利，不久将在广东举办中外合办事业，由我和我的代理人直接经营，对合办反对论者将以事实显示其利害得失，对他们作启蒙工作；我相信今后在中国合办事业将会不断出现。同时，汉冶萍合办一事，我有特别重大责任，一俟唐绍仪来宁后，当告以事件经过，怂恿其由新政府接办，今后并将充分努力促使合办得以实现。

据《日驻南京领事铃木致外务大臣内田第十九号机密函》，外务省调查部编纂：《日本外交文书》第四十五卷第二册，东京，日本国际协会一九六三年发行

① 汉冶萍中日合办草约废除后，日本驻南京领事铃木多次向孙文讹诈。

谈汉冶萍中日合办事

与铃木谈话

（日　译　中）

（一九一二年三月二十六日）

唐①来宁没有多久，公务很忙，还没有时间谈到合办事情，日内当选择适当时机，与唐商谈，力劝其接办，然后派密使去尊处报告结果，并商议今后之措施。

据《日驻南京领事铃木致外交大臣外田第二十一号机密函》，外务省调查部编纂：《日本外交文书》第四十五卷第二册，东京，日本国际协会一九六三年发行

振兴女学

与吴木兰等谈话②

（一九一二年四月二日）

此次身虽返粤，而心仍不忘民国。望贵会极力振兴女学，以期与男子并驾争雄，共维中国前途。

据《女同盟会饯总统》，载一九一二年四月五日上海《民立报》第八页

① 唐：即唐绍仪，时为国务总理。

② 是日下午七时孙文偕胡汉民等前往四象桥女子同盟会话别。事前因未通知，该会吴木兰等仓猝间略具肴酌为之饯行。

拟在中国发起和平方式之社会革命

与上海《文汇报》记者谈话①

（英 译 中）

（一九一二年四月四日）

政治革命今已告成，余更拟发起一更巨之社会革命，此社会革命之事业不用兵力，而用和平办法。中国之富源大都未曾开辟，此固与欧美各国不同者也。现新政府决欲行此革命，盖以政治革命与此较，则政治革命虽告成，犹未能谓余之目的已达也。

余实为社会党人，颇信亨利・佐治②所操之主义。余固一热心之社会党人，且深信新政府之必置此策于实行。然余所欲为之事非一年所能告成，至少需一百年也，且余欲使我改革之策普及于全国。

孙君末又言及资本制度，谓中国今尚无之。中国无须与大资本团抵抗。中国今日殊无钱，所有之钱均人民之钱耳。然铁道国有、运河国有、航路国有以及大商业国有各制，则必能行于中国也。

据《西报记孙逸仙之革命谈》，载一九一二年四月五日上海《时报》第二版（二），译自上海《文汇报》③

① 孙文于四月三日自南京抵达上海，次日下午接受《文汇报》（*The Shanghai Mercury*，或作 *Wen Wei Pao Daily News*）记者访问。该报为英国人在上海所办英文报纸。

② 亨利佐治（Henry George），后篇《论社会主义》亦作卓尔基亨利，今译亨利・乔治，美国人；代表作为《进步与贫困》（*Progress and Poverty*），其学说被称作“单税社会主义”。

③ 发表该谈话的英文《文汇报》未能找到。另见同日上海《天铎报》第二版《外电》译载，及同月十五日出版的上海《社会世界》第一期所载《孙中山将从事社会革命》，此两者内容与底本基本相同而译文有异，如底本中孙文谓“余实为社会党人”，《社会世界》作“我实一完全之社会党”，《天铎报》则自称“极端之社会党”。

附：另一译文

“我已完成政治革命，现即将领导史上最伟大的社会革命。”孙博士随后补充道：

“满族退位仅是谋求更大的发展路径，民国将循社会主义方向发展前进。

“我乃亨利・佐治（Henry George）的忠实追随者。其学说在中国这片处女地大有运用空间，但若置于欧美等惟金钱马首是瞻的国度，将不具备实际效应。”

孙博士称他完全赞成政府即刻对佐治学说予以宣传，由此使铁路、煤矿及类似实业收归国有。政府亦将启用单税制并最大限度地开放自由贸易。

据 Socialism for China. Dr. Sun Says Great Revolution Is About to Begin. *The New York Times*, April 5, 1912, Page 4.（《中国社会主义：孙博士称大革命即将开始》，载一九一二年四月五日《纽约时报》第四页）（许瑾瑜译，方露校）

英文原文见本册第 547 页

附：另一记录

记者问：先生退职后将何所从事？

先生曰：政治上革命今已如愿以偿矣，后当竭力从事于社会上革命。社会革命比诸政治上革命愈属重大，且非兵力所能援助，必须以和平手段从事。中国现有无数荒野地段，未经开垦，故社会革命事业比诸欧美各国较易达到目的。

又谓：余乃极端之社会党，甚欲采择显理佐治①氏之主义施行于中国。中国无资本界、劳动界之竞争，又无托拉司之遗毒。国家无资财，国家所有之资财，乃百姓之资财。民国政府拟将国内所有铁路、航业、运河及他重要事业，一律改为国有。

据中国国民党中央委员会党史史料编纂委员会编：《总理全书》之八《谈话》，台北，“中央文物供应社”一九五四年三月出版

① 显理佐治：今译亨利・乔治。

意欲奉献余生以促进中华民族之福祉

与纽约《太阳报》记者谈话①

（英 译 中）

（一九一二年四月四日）

前中华民国临时大总统孙逸仙博士今日宣称，他意欲奉献余生以谋中国民生福祉，单税论者亨利·佐治之学说将成其改革方案之基。

“我意欲奉献余生以促进中华民族之福祉，”孙先生说。“近三百年的鞑靼暴政（Tatar tyrannya）宣告终结后，一个伟大的民族终获自立，且将最大限度地利用所获机遇。贵国的单税论者亨利·佐治之学说，将成为吾国改革方案之根基。”

“吾等将欣然接受亨利·佐治之所有学说，并将自然垄断行业收归国有。”

据 China Ready to Adopt George's Single Tax. *The Sun* (New York), April 5, 1912, Page 3.（《中国准备采取佐治之单税制》，载一九一二年四月五日纽约《太阳报》第三页）（许瑾瑜译，方露校）

英文原文见本册第 548 页

今后中国将采行社会主义

与上海《大陆报》记者谈话②

（英 译 中）

（一九一二年四月五日）

孙云：余生平事业悉在革命，今幸告成功，此后中国将采行社会主义，使国

① 纽约《太阳报》（*The Sun*）于一八三三年由本杰明·戴创办于纽约，其口号是：“照耀所有人（It Shines for All）”，发行至一九五〇年停刊。被认为是美国第一份成功的便士报，成为美国商业刊物的发轫。该报每份售价一分钱，并且首创街头出售。

② 是日孙文在客利旅馆接受上海《大陆报》记者访问。

民生计优裕。故筑造铁路，使内地与各口岸航线联接，实为入手要图。现中国财力尚能兴办，惟将来推广须待外国助力。政府当优订条款以招人投资，而不受制于资本家。若各项实业均将以私款兴办，满若干年后即归国有，并按此计画编订法律。至各处之骚乱，仅系少数军士不守纪律。今所急者，生计是也。余不日将赴广东，邀合富商集资发达天然利源。

记者问：将赴海外运动外国资本家投资实业否？

孙曰：此殊不必。吾人有团体，可以筹款也。

记者复问曰：兴造铁路将兼及航业乎？

孙曰：然。

记者问：将来组织商轮公司，将中外合股乎？

孙曰：届时可组织联合公司，定一期限，若干年后归共和政府。

据《孙中山与西报记者之问答语》，载
一九一二年四月六日上海《申报》第三版①

中国之前途

与新加坡《海峡时报》记者谈话

（英 译 中）

（一九一二年四月六日）②

感兴趣之广东富商

“民众之首要需求，”他称，“先为能使其维生。一些地方尚且饿殍遍野，实为痛心。我不久将赴粤。广东已有大批富商赞成开发国内自然资源之计划，惜我

① 此系译自英文上海《大陆报》，原文迄今未见。

② 底本未说明日期。按原报谓“依据《大陆报》五日报道，以上为中国第一任总统孙逸仙博士昨日下午在凯乐酒店（the Kalee Hotel）接受记者采访时所说的原话，语调坚定无疑，回答简洁切题”确定。

们尚未形成明确执行方案。我们要再一次进行实地勘察并首先决定铁路线如何连接最为有利。在英属海峡殖民地①和荷兰殖民地的华人都渴望回归故国，我们也会筹措足够资金予以启动。然而随着建设事业逐步推进，我方需要更大数额。届时发展势头将更加明显，外国投资者会受吸引前来投资。”

当被问及是否考虑出国游说外国金融家投资中国实业时，孙博士说他以为并无。

“我们有联系，”他补充道，“通过联系即可筹措资金”。

“在进行铁路线计划时轮船航线是否同时开通？”孙先生被问道。

“是的，”他说，“须得同时开通”。

对于“会否邀请外国人一道参与商船队组建抑或单独利用外资”这一问题时，孙答道：“可以建立合资公司。在特定的三十年或更长时期内建立合资公司，之后将由民国政府接管。中国将成为第一个社会主义国家。你是否对此感兴趣？我生平事业悉在革命，今为社会改革。”

新实业之优惠条件

“一切实业及铁路将由私资开创，几年后将转公有。我们需要资金，却不需资本势力。我们会提供优惠条件吸引投资，制定公司法以准确界定公司地位。”

当被问及对创建中美轮船公司表明兴趣的罗伯特·大莱（Robert Dollar）先生是否正在美国寻求进一步合作时，孙博士说：“我与大莱先生在南京碰过面。这片领域向所有人开放，我们乐于抓住机会。”

“我们乃从一片白地起家，故无旧法桎梏之干扰。法律制定将适应发展需求。”

孙博士强调他极其关注中国教育，然赋人民以谋生之机当为要务。“于饥肠辘辘几死之人，教育无法立即减轻他的痛苦，”他说。但是孙提倡建立技校，配以机械教授中国年轻人生产之道，并称一旦启动更紧急的计划，他将致力于解决教育问题。

---

① 指马六甲海峡上作为英国远东主要商站的殖民地，包括槟城、马六甲和新加坡。

这位前总统期望定居广东，但他又说，他的关注范围将促使他许多时候都在国内四处奔波。

……

据 The Future of China, Dr. Sun Yat-sen's Plans for the Future. *The Straits Times* (Singapore), April 18, 1912, Page 9.（《中国之前途：孙中山先生的未来计划》，载一九一二年四月十八日新加坡《海峡时报》第九页）（许瑾瑜译，方露校）

英文原文见本册第 549—551 页

在武昌与牟鸿勋等谈话①

（一九一二年四月十一日）

中山先生在谈话中示以八大政纲：一、搜罗人力。二、建设议院。三、订办选举。四、绘制服图。五、研究官制。六、改编军队。七、厘定饷章。八、振兴利源。

据《孙中山先生莅临武汉五日记》，载中国人民政治协商会议武汉市委员会文史资料研究委员会编：《武汉文史资料》（选辑）第四辑，武汉，一九八一年八月内部发行

在黎元洪欢宴席上的谈话②

（一九一二年四月十二日）

中山先生对客倾谈，着重关怀四件大事：

外交——民国共和，略有头绪，但国际外交，相形见绌，应当好好研究。俟返

① 是日上午十时孙文准备从武昌赴汉口，湖北政要牟鸿勋、李四光、熊继贞、曹伯勋等来访，孙就当前局势发表谈话。

② 是日黎元洪在湖北都督府举行盛大宴会，宴请孙文及其随员，还邀请同盟会湖北支部的一些主要成员。

粤后，即当亲赴欧美，到海牙，进行外交活动，研究、拟订新的条约，确保国权。

兵工——汉阳兵工各厂，为国家军事的重要依靠，素来制造精良，成效卓著，必须恢复、扩充，将访晤华侨巨商，募招巨款，力争迅速开办。

商场——清军纵火，汉口市区被毁，损失严重，商业停，流通阻滞。应由商会推派代表赴京，要求赔偿。还要电促中央政府，即成规划，帮助建设，恢复繁盛。

女学——湖北女界多才，应当注意培养，拟创设鄂州方言学堂，并嘱咐曾毕业于美国加州大学的次女孙婉帮助办学，俟回粤小留，再行来鄂。

据《孙中山先生莅临武汉五日记》，载中国人民政治协商会议武汉市委员会文史资料研究委员会编：《武汉文史资料》（选辑）第四辑，武汉，一九八一年八月内部发行

鼓吹社会主义为一己之责任

在上海与江亢虎谈话

（一九一二年四月十八日）

对于社会主义深以流动鼓吹为一己之责任，仍申前说拟编辑讲义，定于六月一号来沪驻党逐日讲演，务期发阐社会主义之真理。此种社会主义学说甚多，不若普通演说数小时所可竣事。

据《孙先生之社会主义》，载一九一二年四月十九日上海《民立报》第十页

出席耶教欢迎会时的谈话

（一九一二年四月二十一日）

此次革命，虽与宗教无甚关系，然外人来华传教，殊能增进道德观念，使吾人尽具纯净之爱国心。此后同胞尽力造成良善政府，则民教相安，中外感情愈厚，世界或

即基此永保和平。且今日民国建设伊始，尤赖诸同胞注意道德，而后邦基可固。

据《孙前总统莅闽记》，载一九一二年
四月二十七日上海《民立报》第六页

宜请陈炯明都督回任

在广州与军界代表谈话①

（一九一二年四月二十六日）

军界代表：陈督无故赴港，现拟请孙先生推荐继任之人。

孙先生言：昨尚与陈督谈论要政两小时许，并未提及离粤，今忽有此举动，真为可骇！余现已退为国民一分子，以个人意见，宜仍请陈督回任。

据《广州电报·孙中山先生欲改良广东为模范省》，
载一九一二年四月二十八日上海《民立报》第三页

外国如不助我华人必将发愤自助

在广州与香港电报公司代表谈话

（一九一二年四月二十九日）

倘四国②利用中国现今财政困难而阻中国之进步，则国人必将发愤自助，设法在国中募集公债，以济目前之急。盖中国并非困穷，惟筹款之机关不完备耳。

据《孙前总统借款谈》，载一九一二年
五月一日上海《民立报》第六页

---

① 陈炯明因枪杀报人陈听香，受广东省议会弹劾，引起粤省政潮。陈炯明出走后，众举胡汉民继任，孙文赞成之。

② 四国：指英、法、德、美四国银行团。

民生问题须从税契入手

与广州记者谈话①

（一九一二年五月五日）

孙中山先生谓：民生问题须从税契入手。实行税契似乎多取于民，其实不然。税契实行，各税可免，外债不举，息款不需。故表面虽属增税，而内容实是减税。

朱民表曰：生计学说固有如是之例者。

孙先生又曰：实行税契，全国每年可得四十万万，今日支出之数不过四万万。度支既足，可以兴筑铁路、开采矿山，计两种实业税二十年后亦可得四十万万。尔时国家不患其贫，且患其富，盖富无所支销，亦甚难耳。至时乃将所入支作教育费，年八岁至二十皆令入学，饮食、衣服一切供备；又支作养老费，年五十以上皆令归休，饮食、衣服亦一切供备。

王秋湄曰：至此不患行政官自肥耶？

孙曰：议会有监理财政之权，可以稽核也。此种问题须耐研究，甚愿报界诸君设一谈话会讨论其事，可以随时问答。

据《孙中山与报界记者研究民生问题》，载
一九一二年五月十三日上海《申报》第二版

附：另一记录

孙先生曰：民生问题，须从税契入手。实行税契，似乎多取于民，其实不然。税契实行，各税可免，外债不举，息款不需。故表面虽屡增税，而内容实是减税。

朱民表曰：生计学说，固有如是之例者。

孙先生又曰：实行税契，全国每年可得四十万万，今日支出之数不过四万万。

---

① 是日下午，孙文约请广州记者朱民表（兼任广州报界公会主任）、邓慕韩、王秋湄三人至其财政公所行馆晤谈。

度支既足，可以再筑铁路、开采矿山两种实业。计两项税，二十年后亦可得四十万万，尔时国家不患其贫，且患其富。盖富无所支销，亦甚难耳。至时乃将所入支作教育费，年八岁至二十皆令入学，饮食衣服一切供备，又支作养老费，年五十以上皆令归休，饮食衣服亦一切供备。

王秋湄曰：至此不患行政官自肥耶？

孙先生曰：议会有监理财政之权，可以稽核也。此种问题须耐研究，甚愿报界诸君设一谈话会，讨论其事，可以随时问答。

据《孙先生演说辞汇志》，载一九一二年五月十三日上海《民立报》第六页

关于借款等事

与香港《士蔑西报》记者谈话

（一九一二年五月上旬）

访员问：此国借款若何？

孙曰：现因四国反对，恐不能成议。

访员问：然则无从借款以应急需乎？

孙曰：予可以与华人资本家借款。若为四国所迫，则宁借本国人之款。华人一旦明白政府财源困乏，需财行政，则其热诚之心，立即发生，自愿将资财输出。中国之资财极大，不过无完善之机器以取集之，而又未能遽与列国经历多年之机器互相比美。试将中国与别等商业之国比较，则中国凡事皆在幼稚时代。吾侪未尝因经济缺乏之故，自缩其志，其问题是求资于本国人，而不求自外人。本国之人姑愿循其旧习，完全拒绝外人，自闭门户，或杜绝外人资本及外国品物。吾侪革命中人，〔后〕见为国民所信任，及革命军起义后，局面亦变，故今日愿取外国资财，以开放中国原有之大财源。现在政府初成立，取财于外国，较易于本国，故吾侪乃乐设法以求外国之财。惟外国欲握我国财权，及多生阻力，倘仍不转机，吾侪不得不另筹别法。彼等在北京停止交款已有两星期，当初虽订定每星期交款若干，然因北京小有风潮，遂不交款。内阁总理然后向比国借款，列强又多方阻止。倘四国自认误会，吾等亦将领受其款。若不能调停及不能销其阻力，则惟有

与本国人借款之一法。昔粤汉线路集股时，转瞬间集巨款四千万元，于此可见国人之热心矣。

访员曰：然则先生信中国之多财矣。

孙曰：诚然，中国隐藏资财当多，惟中国之交通不如外国耳。

访员曰：国民何时方识革命之益？

孙曰：现在亦觉共和之益。此次革命非在于战，是由国民醉心共和所致。

访员曰：先生让总统之位与袁世凯，是由于个人之意乎？抑以为如此更换更有益于国家乎？

孙曰：两者皆是，因袁君鼓动共和久矣。

孙君又论借款之事曰：倘四国乘我财政薄弱之时，阻我通行，则国民将受其激刺，必奋然应我之求，敢信政府之所需，定能容易满足。本国人一知为外人挟制，必出维持之矣。

访员又问：蒙古之事若何？

孙曰：料蒙古无甚大事，不久可停妥。最好是将蒙古改为行省，与中国各省平等。内蒙古极赞成共和，外蒙古则尚未知其益处，彼等一明白后，必绝对赞成。彼等教育未足，未易明白此问题，惟逐渐开导之而已。

据《孙中山先生借款谈》，载一九一二年五月七日上海《民立报》第六页

施行平均地权以预防将来出现土地托拉斯

与朱民表谈话[①]

（一九一二年五月十二日）

先生曰：民生问题，兄弟主张实行税契及平均地权之法。其平均之法，一照价纳税，二土地国有，二者已向贵报界诸记者详言之矣。但有一二报馆记者仍未深悉平均地权之法，以为不善，而主张累进纳税之法。凡理以辩驳而愈明，某某

---

① 是日上午，孙文再次约请广州报界公会主任朱民表至其行馆晤谈。

报记者之能研究此问题，我颇甚乐闻之。惟彼所言之累进法，即我所言之平均地权法①。彼以我所为不善，是之谓知二五而不知一十。盖累进之法，地价愈高，其税愈重，我之所谓平均之法亦然，非一律加税也。

彼报又谓："地方〔税〕应定多少之值，须设一衙门以为主裁。"不知英国因地税设有两衙门，一定价者，二以定价为不合而上控者，然仍不能无争。今我听其自定地价纳税，但以土地国有权以限制之。若其自定地价为轻，国家可收为国有，则不必设裁判衙门，而民自不致与国家兴讼矣。

彼报又谓："平均地权之法，今日不宜行之。"不知正惟今日乃宜行，将来恐行之不得。何则？因今日中国尚无有如欧美之大资本家富有土地者，土地国有无害于人。若至如欧美之时，其富人必出死力以抵抗。君不见今日欧美之托辣斯②乎？一国之需皆取于数托辣斯，一国之民生权遂为数托辣斯所握。凡物供过于求则贱，求过于供则贵，自有托辣斯则物有贵而无贱矣。盖供过于求，彼可藏而不沽也。此等世界，谓之经济界之无政府。

夫煤铁等物质之托辣斯小焉者也，若土地之托辣斯则最大者也。故我预防新造之民国，将来不至生出土地之托辣斯。且土地可以世袭，其子孙食税衣租，无所用心，适以窒塞其智慧，谚所谓"蛀米虫"者，国家亦何贵有此等人？此等人多，大为国家之害。然世界日日进步，托辣斯实亦进步之阶，潮流所趋，夫岂能免？至此中之害，亦当思所以制之。譬如粤省有报二十家，分之则各需〈资〉本三万元，各用机器一架。苟合而用一大机器，则用人必少，资本必省，获利必多，人莫不乐为之。然使其利归于一家，则只见其减人之害，而不见其获利之利。若利仍均于二十家，岂不〈只〉见其利，而不见其害乎？今我平均地权之法，亦以其利还之大众，而不使利归于数托辣斯耳。

朱民表问曰：土地之税可以从轻否？

孙先生曰：太轻不得。地税太轻，则资本家可以多购，听其荒废，欲其兴盛甚难，岂不阻障〔碍〕进步？

朱又问曰：年纳地税，平民恐不能供。

---

① 据下篇辨正，此处乃系误记。孙文原谓累进税与照价抽税无异，而非等同于平均地权。

② 托辣斯（tuolasi），后篇《论社会主义》又作托拉斯，今译托拉斯。

孙先生曰：村落之地，每亩不过值银四五十元，百分税二不过一元八毫。田园庐舍之地税，计尚少于今日之赋粮也。

据《孙先生复演民生问题》，载一九一二年五月十三日广州《民生日报》第三页

附：另一记录①

先生曰：民生问题，兄弟主张实行税契及平均地权之法。其平均之法：一、照价纳税，二、土地国有。二者已向贵报诸记者详言之矣。但有一二报馆记者，仍未深悉平均地权之法，以为不善，而主张累进纳税之法。凡理以辩驳而愈明，某报记者之能研究此问题，我甚乐闻之。惟彼所言之累进法，即我所言之平均地权法。彼以我所言为不善，是知二五而不知一十也。盖累进之法，地价愈高，其税愈重，我之所谓平均之法亦然，非一律加税也。

彼报又谓地税应定多少之值，须设一衙门以为主裁。不知英国因地税事，设有两衙门：一、定价者，二、以定价不合而上控者。但仍不能无争。今我听其自定地价纳税，但以土地国有权以限制之。若其自定之地价太贱，则国家可照价收为国有，如此，则不必设立裁判衙门，而人民自不致与国家兴讼矣。

彼报又谓平均地权之法，今日不宜行之。不知正惟今日，乃宜施行，将来恐欲行而不得。何则？因今日中国尚无有如欧美之大资本家富有土地者也，土地国有，无损于民。若至如欧美之时，其富人必出死力以抵拒。不见今日欧美之托拉斯乎？一国之需要，皆取给于数托拉斯，一国之民生权，遂为数托拉斯所握。凡物供过于求则贱，求过于供则贵，自有托拉斯，则物有贵而无贱矣。盖供过于求，彼可藏而不沽也。此等世界，谓之经济界之无政府。

夫煤铁等物质之托拉斯，其小焉者也，若土地之托拉斯，则最大者也。故我

---

① 底本原标题为《平均地权乃以土地之利还之大众》。另有胡汉民编《总理全集》第二集所收《续论民生主义之实施》一文，不用问答形式，内容与本篇“先生曰”以下至“某君问”前的文字基本相同。仅在“此等人多，为国家之大害”之下，多“然世界日日有进步，托拉斯实亦进步之阶，潮流所趋，夫谁能免？”而少两问两答。

预防新造之民国，使将来不至生出土地之托拉斯。且因土地可以世袭，其子孙食税衣租，无所用心，适以窒其智慧，谚所谓“蛀米虫”者，国家亦何贵有此等人？此等人多，为国家之大害，亦当思所以制之。譬如粤省有报二十家，分之则各需资本三万元，各用机器一架。苟今而用一大机器，则用人必少，资本必省，获利必多，人莫不乐为之。然使利归于一家，则只见其减人之害，而不见获利之利。若其利仍均于二十家，岂不只见其利，而不见其害乎？今我平均地权之法，亦以其利还之大众，而不使利归于数托拉斯耳。

某君问：土地之税可以从轻否？

先生答：太轻不得。地税太轻，则资本家可以多购，听其荒废，欲其兴盛甚难，岂不阻障〔碍〕进步？

某君曰：年纳地税，平民恐不能供。

先生曰：村落之地，每亩不过值银四五十元，百分税二，不过一元八毫。田园卢〔庐〕舍之地税，计尚少于今日之赋粮也。

据中国国民党中央委员会党史史料编纂委员会编：《总理全书》之八《谈话》，台北，“中央文物供应社”一九五四年三月出版

在广州农林试验场谈话①

（一九一二年五月十五日）

孙先生畅谈农务，其主旨在改良道路，免肥料入口税，以利农民，改良种植，选取品种，并奖励园艺果树业等。

余于二十年前，创办一农学会为革命之秘密机关。今睹此殊增今昔之感。

据《农林试验场之少憩》，载一九一二年五月十七日广州《民生日报》第四页

---

①　是日孙文主祭黄花岗烈士毕，归途顺道到农林试验场稍憩，畅谈农务。嗣后参观陈列室，审阅关乾甫呈上的《农学会章程》及会员名册。

关于秋山定辅

与今井忍郎谈话[①]

（日 译 中）

（一九一二年五月十八日）

问：我的朋友秋山定辅曾有言："革命成功之后的孙先生和落魄江湖多年的孙先生之间，人格上不会有分毫之差。"我相信他说的话。

答：正是。秋山君与我堪称知己。知我者，秋山君也。

问：您在南京任职期间，我常听秋山君讲："能够将日本政府的真意传达给孙先生的人，除我之外，别无他人。然而，我是否有决心将确信无疑之事转告给他呢？"他说："孙先生如果听了我的话，两人除了互相搏斗身亡之外不会有其他结果。"您以为如何？

他莞尔一笑，答曰：我深知秋山君的人格。他言而有信，言而能行，绝不空言。

而后他更加强语气曰：中日两国之关系，当从相互了解着手来做，而这个了解又须从个人开始做。我其实最了解秋山。

卑职曰：秋山君希望这个冬天在香港渡过，卑职出发前他曾经跟我约好前来游玩逗留。

孙答曰：我将赴北京，两三个月后返回广东，冬天肯定在广东，我非常高兴在香港跟他交换意见。希望你能够将我的意思预先转告秋山君。另外请告诉他，我预定明早（二十二日）[②] 赴澳门，一两日后直接去广东，在那里逗留三星期后，再前往北京。

（他前往澳门一事对所有新闻记者都秘而不宣，惟独对卑职却公言不讳，陆庆

---

① 孙文于四月十八日自上海抵达香港。当晚，日本驻香港总领事今井忍郎邀陆庆南（孙之翠亨童伴）陪同他前往香港饭店拜会孙文。秋山定辅系日本众议院议员、《二六新报》创办者，与孙文私交甚笃，孙曾亲书"得一知己可以无憾"的题词见赠。文中问者为今井忍郎，答者为孙文；"卑职"乃今井忍郎自称。

② "二十二日"似为十九日之误，因五月二十日至二十二日期间孙文在福建。

南认为这堪称奇事。关于他前往澳门一事，根据赤塚①总领事来电及卑职的回电七四号以及机密第二九号推测，可能是为了说服孙眉、王和顺等。已安排陆庆南跟随他秘密前往澳门。）

据日本外务省档案《各国内政関係雑纂/支那ノ部/革命党関係（亡命者ヲ含ム）》［《各国内政关系杂纂·中国部分·革命党方面（含流亡者）》］第六卷，一九一二年五月二十一日日本驻香港总领事今井忍郎致外务大臣内田康哉报告《孫逸仙ト面談ニ関スル件》（《关于与孙逸仙之晤谈》）原件，东京、日本外务省外交资料馆藏（赵军译）

日文原文见本册第590页

南北统一后之政治与外交方针

与威路臣②谈话

（一九一二年五月十九日）

问：北方电请到京与袁总统会商要事一节，尊意如何？

答：此常事也。约三数星期，余将北上。

问：胡汉民氏其人如何？

答：胡君汉民乃余之旧参赞，现为都督，最是人地相称。

问：先生对于时局之意见如何？

答：余当初返粤省，大局未靖，今则事事和平，秩序井然，各党融和，可期逐渐振作。昨礼拜六日，南清报刊有美国人来论一则，谓共和势力恐难耐久（该论乃美国记者所著，谓革命之结果，将分为两国，北为君国，南为共和，而以长江为界线）。此诚为无意识之谈，世人岂无耳目闻见乎？彼造此说者，不独定为中国之仇敌，且为慈善之对家〔象〕。惟是人各有见，安能自视，故此等卑劣之言，无事鄙人之辩驳。彼言南北不能联合，终成南为共和、北为君国之说，乃属

① 赤塚：即赤塚正助，是日本驻广州总领事。

② 威路臣是香港《南清早报》记者。

美人之意见，非华人之意见也。彼作者诚不知中国之情形，其所谓南北两方未能同情一节，全不真确。因中国并无种族之恶感，边外地方，虽或有滋乱，然其关系何如，可以想见。共计华人有四百兆，尽属同种同心，而蒙人不过百万，满人二三百万，并藏民五百万，及别族总共不过一千五百万，互相比较果何如耶？设使伊等果有种族之嫌疑，此亦不过甚小之数，未足以鼓动结实之势力。

问：北边地方有不欲共和者，果属真确否？

答：试问美洲南省黑人有不欲共和者否？吾以此相答，反问足下可以明白。夫各种无知之人，虽有多少意见之不同，而非反对。然有识之人，断不若是。况自共和成立以来，各可独立，更可自由，而无压制之苦。

问：先生言通商口岸定必裁去，此何故也？

答：然此乃华人之志意，谓吾人必要独立者，更不愿在中国而归洋人统辖也。然吾人将必开放中国各方，以为酬偿。目下洋人只可囿于通商口岸，若果裁去各口岸，则洋人将可到通国各地，由太平洋以至西陲。果尔，吾料欧洲甚欢迎，因洋人所得利益甚大也。虽然，此事非欲即行，吾人将必先行自立妥善，使欧洲诸国满意，然后请其裁去口岸；时机一到，料各国无有抗拒者。因各国对于日本、暹罗，既不相拒，岂独拒于中国乎？洋人欲拓上海租界，惟吾人不允，此乃当然之理也。譬如别国今居中国之地位，岂不亦如中国之所为乎？足下为英人，抑美人乎？若为英人，则必不欲有德人租界于伦敦也明甚。

问：先生对于世界各方限止华人入境之事，感想如何？

答：各国设法保护自己工人，甚合道理。惟此等保护，不久可以不须。中国地方甚广，而不知开垦，此是自误。将来一经开拓，则吾国工人无庸出外。其实余意中国若兴农、矿、制造，则十年之间，可以自养其民也。

问：黄祸之说何若？

答：欧人多恐中国他日之侵犯，此诚所见不远。若中国被逼而为此，则将成水师强国与武力强国。惟吾意中国无侵略志，因吾人志尚和平，吾人之所以要水陆大军者，只为自保，而非攻人。若果欧人势逼吾人，则吾人将以武力强国。果尔，将来事势所趋，则难预言。

据《南北统一后之政治与外交方针》，载胡汉民编：《总理全集》第二集，上海，民智书局一九三〇年二月出版

借外款办实业兴教育与取消租界等问题

与香港《士蔑西报》记者谈话①

（英译中）

（一九一二年五月二十日）

孙答词中，自谓初六日②往澳门。

访员谓：近日香港华商劝省城③商人不可用洋人资本，以免瓜分之祸。此说是否？

孙答以“涂说”两字。

问：中国不得不用外款乎？

答谓：然。此乃旧日之政见，用于今日者也。吾侪将劝导商人，使彼等知借用外款乃为互相利益起见。

谓：将款作何用法？

答谓：用以办各种实业，如建设新城邑、开通全国及建筑铁路等，皆为要政。

问：兴农业用款多否？及能仿效英、美两国开恳〔垦〕如许之田亩否？

答曰：予不能料，然此固要政。

访员又谓：华人谣传英国欲扩张新界④，方肯承认民国。

孙笑曰：予不理此等言语，予知其言之不确。以我意见而论，敢信英人不至如此自利。予素知英国人，别等华人或不知之，有意识之人断不理会其言。

问：孙君是否欲隐居澳门？

答曰：否。

---

① 孙文于五月十八日自广州至香港，二十日在下榻的英皇大酒店接受《士蔑西报》（*The Hongkong Telegraph*）记者访问。

② 四月初六日，即公历五月二十二日。

③ 广东省省会，即广州。

④ 香港新界，即清朝根据一八九八年所订《中英拓展香港界址专条》“租借”给英国的九龙半岛北部及其附近岛屿。

问：人传孙君在澳门建屋，此说是否？

答曰：此是兄[①]居，非予居也。

问：孙君现在对于中国之设施，是否尚未告竣？

答曰：予已卸却政治上之事业，专办振兴工艺及改良社会之大设施。

问：注重教育否？

答曰：然。

问：从何处入手？是否先办学堂？

答曰：予将从根本上入手，先使每乡皆有蒙学校，由蒙学校而至高等〈学校〉，由高等学校而至大学堂[②]。

问曰：然则欲仿英、美之法矣？

答曰：然。

问：既如是，则先生定以此次革命为促进中国社会之教育、道德矣？

答曰：然。

孙先生言次又谓：中国政府将取消各口岸〈之租界〉。

访员问曰：如此则沙面[③]亦归中国政府管辖权内矣。

答曰：吾侪将扩张沙面，与共和国全境无异。

问曰：英人在中国之权限，将与中国人之在英国者同乎？

答曰：必然。

曰：此是数年后之问题。

曰：吾人将取法日本。日本所有之外国人皆受日本管辖，而吾人之政见又欲极力保存国体。

孙又言：中国人进步极快。

访员问曰：其快捷如日人乎？

答曰：然。此次革命即为明证。

---

① 兄：即孙眉。

② 另据胡汉民编《总理全集》第二集（上海、民智书局一九三〇年二月初版）所收《与士蔑访员谈话》，此句作“由高等学校而至书院，由书院而至大学堂”。

③ 沙面濒临珠江，系广州的租界区，外国领事馆多设于此。

问曰：五六十年后则与日本相等乎？

答曰：甚似。

据《孙先生与西报记者谈话》，载一九一二年五月二十八日上海《民立报》第六页

附：另一记录①

访员谓：近日香港华商劝省城商人不可用洋人资本，以免瓜分之祸，此说是否？

孙答以“涂说”两字。

问：中国不得不用外款乎？

答谓：然。此乃旧日之政见用于今日者也。吾侪将劝导商人，使彼等知借用外款乃为互相利益起见。

谓：将款作何用法？

答谓：用以办各种实业，如建设新城邑、开通全国及建筑铁路等，皆为要政。

问：兴农业用款多否？及能仿效英美两国开垦如许之田亩否？

答曰：予不能料，然此固要政。

访员又谓：华人谣传英国欲扩张新界，方肯承认民国。

孙笑曰：予不理此等言语，予知其言之不确。以我意见而论，敢信英人不至如此自利。予素知英国人，别等华人或不知之，有意识之人断不理会其言。

问：孙君是否欲隐居澳门？

答曰：否！

问：人传孙君在澳门建屋，此说是否？

答曰：此是兄居，非予居也。

问：孙君现在对于中国之设施，是否尚未告竣？

答曰：予已卸却政治上之事业，专办振兴工艺，及改良社会之大设施。

---

① 据一九一二年五月二十一日《民立报》电讯报道：“孙中山先生到港，现寓英皇大酒店。”孙文于五月十八日自广州至香港，二十日在下榻的酒店接受香港《士蔑西报》记者访问。

问：注重教育否?

答曰：然。

问：从何处入手，是否先办学堂?

答曰：予将从根本上入手，先使每乡皆有蒙学校，由蒙学校而至高等，由高等学校而至大学堂。

问曰：然则欲仿英美之法矣。

答曰：然。

问：既如是，则先生定以此次革命，为促进中国社会之教育道德矣。

答曰：然。

孙先生言次又谓：中国政府将取消各口岸〈之租界〉。

访员问：如此则沙面亦归中国政府管辖权内矣。

答曰：吾侪将扩张沙面，与共和国全境无异。

问曰：英人在中国之权限，将与中国人之在英国者同乎?

答曰：必然！此是数年后之问题。吾人将取法日本。日本所有之外国人，皆受日本管辖，而吾人之政见，又欲极力保存国体。

孙又言：中国人进步极快。

访员问曰：其快捷如日人乎?

答曰：然。此次革命，即为明证。

问曰：五六十年后，则与日本相等乎?

答曰：甚似。

据《孙先生与西报记者谈话》，载一九一二年五月二十八日上海《民生报》

在视察香洲时的谈话[①]

（一九一二年五月二十四日）

我华人建筑事业之首屈一指者。将来定然提倡航海业、铁路、工艺等事，为

① 是日上午孙文在随行人员陪同下由澳门往游香洲（今珠海市），登山临海，遍游埠场。

之速〔促〕其完全，夺回外溢之利权，巩固民国之领土。

据《孙中山游观香洲埠》，载一九一二年五月二十七日广州《民生日报》第四页

决心收复台湾

与罗福星谈话①

（一九一二年五月）

台湾是中国领土，决心收复。但为大局着想，必须讲求方法。基于种种原因，自己不使出面，亦不宜直接过问。可以去见闽督孙道仁，将来如需军火，可电告闽、粤两省都督，自会全力支持。

据范启龙：《辛亥革命时期台湾人民要求回归祖国的抗日战争》，载东北地区中日关系史研究会编：《中日关系史论集》第二辑，长春，吉林人民出版社一九八四年出版

谈赴京目的

与某君谈话②

（日　译　中）

（一九一二年六月中旬）③

据孙逸仙本人直接讲述，他将由上海前往北京，逗留一段时间后再返回上海。

① 罗福星是热爱国家民族的革命者。是月罗由胡汉民陪同向孙文请示，孙对其解救台湾的决心表示同意。一九一三年罗在台湾举义，不幸在淡水被捕下狱，一九一四年三月就义。

② 孙文于六月十五日自广州赴香港，十八日再往上海。底本称本篇第一段内容系孙文离开广州前所谈，而第一段内容则系十八日由他人转述。

③ 底本未说明日期。据上注可知此为两次谈话，一次在六月十五日之前，一次在六月十八日之前，均日期不详，故酌情标为是月中旬。

此后，八月前后考虑前往日本。今后并无关于政治上之考虑，此次北上的主要目的，是为了和袁世凯商谈实业问题。

十八日，兼任孙秘书之胡都督属下廖财政司长①亦云，孙认为发展交通和振兴实业乃当今之急务，此次北上之目的均与此相关。

据日本外务省档案《各国内政関係雑纂/支那ノ部/革命党関係（亡命者ヲ含ム）》[《各国内政关系杂纂·中国部分·革命党方面（含流亡者）》] 第六卷，第六十号（密码电报），一九一二年六月十九日日本驻广州总领事赤塚致外务大臣内田康哉报告原件，东京、日本外务省外交资料馆藏（赵军译）

日文原文见本册第 591 页

铁路事业欲以十年期其大成

与上海《民立报》记者谈话

（一九一二年六月二十二日）

孙先生六月二十二日由粤至沪，《民立报》记者往访，问以粤中近事。

承答谓：日前少有谣言，近已敉平无事。

记者复问：关于政界近情之意见何若？

先生谓：此时不欲发表。现拟专办铁路事业，欲以十年期其大成。目下正与黄君克强商议一切，俟过数日，当可发表计划。

记者问：是否到京？

答谓：铁道计划定后，当赴京商诸政府，促其实行。

记者因先生不欲问政界事甚为投机，乃言曰：北京政界近颇险恶，南方人心因之摇动，若得先生一言，国民当可知所遵守。

先生闻此笑谓：时局虽少混沌，然亦无大变动。此时余以别有所图，故不欲干预时事。鄙意欲握政权者即大有人，似尽可使之肯负责任。设时局竟不可为，

① 胡都督：即广东都督胡汉民；廖财政司长：即廖仲恺。

余固不能坐视，惟目前则小小争执耳，不足虑也。

据《孙中山先生一夕话》，载一九一二年六月二十三日上海《民立报》第七页

黄色的希望

与美国《每日金融报》记者谈话

（英 译 中）

（一九一二年六月二十三日前）①

孙逸仙博士回应了自辞任临时大总统以来新共和国的成长过程中所遇到的种种问题。

在旧政权的统治下，孙博士承认他确实认同中国是世界的威胁。满族的统治方式形成一种持续威胁，它带来外国列强伺机干涉中国内政的后果，当然也不乏干涉各方利益冲突所带来的附带威胁。孙逸仙补充道，不仅如此，满族的落后与它的治国无方使在国土上的谋生的国人饱受折磨，而最终它必然失道寡助。那么，在东方必然会有无法制止的人口外溢——即西方政治家近年担忧的“黄祸”。

“但是，革命以来国家的发展已成事实，”孙博士说道，“十年后即会见证中国的充足能力，届时，国家不仅能满足人口十年之后的生活需要，而且能够满足千秋万代的国民需求。除非国民水深火热，否则不再需要移民，因为中国人比其他任何国家的人民都更喜欢自己国家的土地，甚至一有机会，侨民便执意回归祖国。”

“革命使得‘黄祸’消失。世界甚至可称今天的中国是‘黄色的希望’，代表着一个伟大国家不断发展以迈入现代国家之列的希望，它将只会为地球上每一个国家带来即时好处。”

据 China Is No Longer Dangerous. *The Daily Capital Journal*（Oregon，U. S. A.），July 23，1912.（《中国不再危险》，载一九一二年七月二十三日美国俄勒冈州《每日金融报》）（邹尚恒译，高文平校）

英文原文见本册第552页

① 底本未说明日期。兹据电文中“香港，六月二十三日讯”酌定。

冀望中国社会党鼓吹社会主义

在上海与沙淦①谈话

（一九一二年六月二十四日）

孙曰：此次来沪所事甚多，常期演讲，俟诸异日。

沙曰：请临时演讲。

孙答：有暇即行约期通告。人权报已否出版，言论鼓吹尤为要事，是不得不冀望于〈社会〉党中诸君。

据《社会党与孙先生》，载一九一二年六月二十五日上海《民立报》第十页

铁路大计与借债等问题

与上海《大陆报》记者谈话

（一九一二年六月二十五日）

先生曰：粤东以及各省，均并无乱象，有之，只见于报纸上，或发于数西人之心意中而已。倘有兵士一时病狂，轰放空枪，报纸即捕风捉影，指为又起政治革命矣。

记者问：先生对于袁世凯及现在政府能否信任？

先生答：余深信不疑。我知袁世凯实能斡旋大局，必不至有变动。中国人情性和平，为天下最易治理之民。试观香港，以英国寥寥数人，即可管辖数万华人。顷者，吾方潜心规划铁路大计，将使中国全境四通八达，此诚发展中国财源第一要策。此事告成，则中国虽有一千兆之外债，亦不患无力偿还矣。外国不允借债中国则已，苟信任中国，而借之以债，则不应过问中国作何用途。假使中国将款

---

① 沙淦是中国社会党本部干事。

投弃于海，亦系自由权。中国于财源发展时，无论债款如何浩大，必有力以如数清还也。

记者问：先生反对政府商借外债否？

先生答：中华民国成立伊始，固不得不借外债，惟各国资本家不应要求监督财政权。

记者问：先生曾与黄克强君筹商招募国民捐办法否？

先生答：吾现居黄君寓所，固曾与黄君商及其事。粤省已认捐三千万元，惜各省不若粤人之踊跃耳。鄙人来沪之宗旨，在于筹办铁路之大计划，大约须留沪两阅月。但顷尚未组织公司，亦未开办其事。吾拟先〈与〉国人筹商一切，然后晋京，并赴各省，与袁世凯及各都督熟商开办章程。建筑之路，拟全归国有。一俟各路告成，则货物流通，苦乐可均，而饥馑之灾亦可免矣。惟所需经费极巨，非一国之资本家所能应借。

记者问：外间传先生在南京任临时大总统时，收受贿赂一百万始允让位于袁世凯。此种诬蔑之词，亦闻之否？

先生答：此款我实未见，大抵传播此种谣言之各报纸，应给余此数也！南京政府所有款项，悉归财政部收支，一切余不过问，故余闻此谣言，即驰电向唐绍仪诘问，第电未抵京，而唐已出走天津矣。

据中国国民党中央委员会党史史料编纂委员会编：《总理全书》之八《谈话》，台北，“中央文物供应社”一九五四年三月出版

交通为实业之母而铁道又为交通之母

与上海《民立报》记者谈话[1]

（一九一二年六月二十五日）

余问：先生对于近日北京之政争，胡为一若不甚措意也者？

---

① 六月二十一日，孙文自广州经香港抵达上海。二十五日在黄兴寓所接受《民立报》记者的访问。文中，该记者发问时称“余”。

先生微笑曰：我国之现象，时人之意皆隐隐以为缺乏人才，故未能一致进行。以吾观之，颇不为然。吾觉现在无论政府、议会及各处政界、军界，皆有极有本领之人主持其间，尽足以奠安吾民国而有余。所以意见纷歧，有才莫展者，皆为经济问题所窘，间接直接遂生困难。因困难而督过，因督过而参差，甚而至于因参差而诟讥。局外之人又因部分之诟讥，而生全局之恐怖，始成最近不静稳之现象，其实多有所误会也。故我国之经济问题若不解决，甚难得一致进行之效果。惟经济问题每当急迫之时，止能舍本而图末，因本务每乏近效，而末法可以应急，此亦处于无可如何之势。然非本末俱举，将永无手足宽闲之日，必继续而陷于应急之地矣。我政府近日所居之地位，即日夜迫促，止能使用末法聊以应急，此最为可悯者。吾人悠然处于民间，若复从而议其后，即或言之成理，恐不免于隔靴搔痒。

我国一般之舆论，能作务本之谈者，皆以为振兴中国惟一之方法止赖实业。果其此说而信，胡为吾人皆骑马寻马，并不十分注意于实业，仍一意乞灵于不得已之政府？故吾既居国民之地位，应追逐国民之后，力任不计近效之本务。所谓振兴实业者是其旨，暗助我政府渐自拔出于应急之漩涡，还而力助吾国民实业之进行，本末并举，循环相救，此官民协力之道也。且与吾人注重于民生一方面，亦为循序而进，当然必至之手续。

实业之范围甚广，农工商矿，繁然待举而不能偏废者，指不胜屈。然负之而可举者，其作始为资本；助之而必行者，其归结为交通。今因从事于资本之企画，银行财团之组织随在有人，而谈论交通者稍寡，热狂留意于交通事业中之重要所谓铁道者尤鲜。盖承前清扰乱于铁道事业之后，而厌倦中之，亦当然之趋势也。

虽然，铁路顾可冷淡视之，以为置之于实业中仅占区区部分乎？请问苟无铁道，转运无术，而工商皆废，复何实业之可图？故交通为实业之母，铁道又为交通之母。国家之贫富，可以铁道之多寡定之；地方之苦乐，可以铁道之远近计之。仆之不敏，见识浅薄，然二十年来每有所至，即收其舆图，虽用意颇杂，适用于舆图之计画甚多。但留心比较世界之铁道，实偏有所嗜。故在戊戌[①]以前，国内虽知铁道之利者已多，然能大气包举，谋及于内部重要之干路者卒少。仆曾首绘

① 戊戌，即一八九八年。

学堂应用之中国地图，精神所最注射者为内部之干路，幸而亦有助于变易时人耳目之小效，于是京汉、津浦、粤汉、川汉等之干路问题，人人视为重要矣。

独是此仍为腹地狭隘之计画，屈于前清孤儿寡妇①愚弱政府之下，得此苟且聊以自足而已，尚非通筹全局，诚得完全强固、捷速振兴之要图者也。以吾策之，沟通全国之真干路则有三条：一、南路起点于南海，由广东而广西、贵州，走云南、四川间，通入西藏，绕至天山之南；二、中路起点于扬子江口，由江苏而安徽，而河南，而陕西、甘肃，超新疆而迄于伊犁；三、北路起点于秦皇岛，绕辽东，折入于蒙古，直穿外蒙古②以达于乌梁海③。论者必对于北路尤有难色，且谓张家口至库伦④之直线为更要，余则以为北路更急。北路乃固圉之要道，亦破荒之急务，殖边移民，开源浚利，皆为天然之尾闾。张库直线虽亦当并作，但彼尚不过连续俄路，依人篱下而已。然三路次第进行，缓急自有斟酌，非与君今日对谈时可毕。故比较上之论争，今可暂置。

……余问于先生曰：先生之筹此三干路者，其为过屠门而作大嚼之希望乎？抑竟有所把握耶？

先生笑应曰：此曾无袁大总统⑤建设中华民国之难也。

又正色曰：仆虽不敏，以为策此而无难。……⑥建筑此三路之计画，吾已思之审且详。虽然今不暇语君，恐简言之有所误会，仆当择暇详言之。

惟吾有求于一般国民之注意者，先当知振兴实业，当先以交通为重要；计画交通，当先以铁道为重要；建筑铁道，应先以干路为重要；谋议干路，尤当先以沟通极不交通之干路为重要。盖交通尚便之地，人见僻远之干路正在兴筑，而投

---

① 寡妇指慈禧太后，孤儿指光绪帝。

② 内蒙古泛指大漠之南，外蒙古泛指大漠之北，蒙古为两者统称，清代以迄民国设置蒙古特别区。外蒙古原属中国版图，于一九一一年宣布“自治”，一九一九年撤销“自治”，至一九二四年成立蒙古人民共和国，今名蒙古国。

③ 乌梁海（Tannu-Ola），今译唐努乌梁海，清代乌梁海三部之一，位于唐努山（今译唐努乌拉山）地区。该地区原属中国领土，清时大部分领地被俄国所侵占，小部分归今蒙古国版图。

④ 库伦（Urga），在外蒙古境内，今改名乌兰巴托（Ulaanbaatar），蒙古国首都。

⑤ 袁世凯，时任临时大总统。

⑥ 此时有客人来访，谈话暂停。

资相应起营稳便之内部干路者必多。故吾人能放大目光，用全力注意于其所难，是不啻四面包围，适促全国人群起而竟㓸画之内线，是难之适以易之也。

更有进者，货之弃于地必荒僻为多，荒僻之足以移民，为世界公认。生齿之繁，至吾国而极矣。仅以内部容吾民，恐即交通便利，而谋食仍艰。即兴矿务，尚有工不应人之虞；农产无可加辟，早有食不应工之患。世界惶惶然，日夜止有一争点，致糜其倾国之财以扩张军备而不惜者，则开辟殖民地之问题是也。吾有天然固有之殖民地，置而不经营，则以患贫之国，又自重过庶之困，乃所谓大愚不灵者也。

据本社记者速记：《孙中山先生之谈话》，载
一九一二年六月二十六日上海《民立报》第六页

附：另一译文

“除了在报纸上与外国人的想象中之外，广州或者中国其他地方没有出现任何的动乱。”

“只是一名士兵因精神错乱使得枪支走火，而报纸则把此事改编成了革命运动。”

被问到对袁世凯大总统及其内阁有没有信心的时候，他说，“有，十分满意。总统能够处理当前状况。不会有问题的。中国人是世界上最容易管理的种族。他们不容易被激怒。和平是他们的天性。在香港，仅仅是几位英国人便可统治成千上万的中国人了。”

孙博士宣布，他正全心全意投入到一个庞大的铁路计划中。作为开发共和国资源的核心计划，他试图把这个国家的每一部分都连接起来。“当计划完成时，”他兴奋地说道，“中国将能还款十亿美元。如果外国列强有信心为中国提供贷款，那么他们不应该问她如何使用这些资金。权当做她把资金投入到海里，开发了它的资源，那么她将能以丰厚的报酬还贷。”

反对监督

在问到他是否反对外国贷款时，他说：“不，但我不认为列强应要求监督。中

国的起飞必须要借助外国贷款。”这次，孙逸仙是在同孚路二十一号接受采访的。有问题问：“针对为国库凑集资金而在国人中间组织相关运动一事，您是否托付给了黄兴先生呢?”他回应说：“这里是黄兴先生的家。是的，我跟他聊过了。”回应让中国打下稳健的财政基石而筹集充足资金一事的前景，孙博士断言：“广东已经准备好捐献三千万元了，但是其他大部分省份还没有回应。”

这位前总统解释他在上海的任务就是围绕他的铁路计划，而此事将会使他停留两个月。“暂时还没有成立任何的公司来执行我预想的计划，但我会使人们对此感兴趣的，当我去北京的时候，我会跟袁世凯大总统和国会议员商谈，并且与各省长见面。这将会是一个国家计划，而且最终政府会控制所有的交通系统。当铁路连接全国，中国将不会有一方饥荒，而另一方却享受着富余的粮食。不过，这个计划需要一大笔资金，而这笔钱会从外国借入。而总价是任何一个国家都不可能单独提供的巨款。”

百万元贿赂

对他在任南京临时大总统时受贿百万元的报道，孙博士报以大笑。他说：“我从来没看过这笔钱。我认为说我受贿的记者应该给我那笔钱。所有的资金都是通过财政部支出的。”他解释道，“而且我个人跟这笔钱没有任何关系。当我听到这百万元故事的时候，我发了一封电报给唐绍仪总理，请他去解释此事。不过在接到电文之前，他已经到了天津”。

据 Dr. Sun Here, Works on Plans for Gigantic Railway System: Declares There Is No Trouble in Canton or At Any Other Place in China. *The China Press* (Shanghai), June 25, 1912, Page 1.（《孙博士在此地主持庞大的铁路系统计划——断言在广州以及中国任何其他的地方没有出现动乱》，载一九一二年六月二十五日上海《大陆报》第一页）（邹尚恒译，高文平校）

英文原文见本册第 553—555 页

寻求更为理想的民主制度

与纽约《独立》杂志记者谈话

（英译中）

（一九一二年七月二十一日刊载）①

作为中国政治革命的精神动力和新共和国的第一任大总统，孙逸仙博士告诉《独立》杂志，他为什么如此理所当然地离职，进而肩负更伟大的社会解放的任务。在新的政体能够脱胎成为一个英式、法式或者是美式民主制度之前，孙博士将寻求塑造国家体制，使之能够更完全地实现比过去都要理想的民主制度。在这些先行的、自我管治的民族中，他发现一种深深的社会躁动，与之伴随的是对革命的失望与怨恨。但是他在所有的这些先进的文明中还发现，蓬勃发展的工业、根深蒂固的特权和既得利益三者都不可避免。中国还没到达那一阶段。资本家和既得利益者，孙博士称，还没出现在这个国家之中。他认为中国现在很可能可以轻易控制财富的来源，然而渐渐地完成同样的事情却只能以危及国家的方式来实现。地税引起了他特别的注意。“我们必须未雨绸缪，确保财富的自然增值是属于人民的，而非那些恰好拥有土地的私人资产家，”他说。“如果我们未能在建国之初为未来设想，那么，渐渐地当资本主义发展起来，它的剥削性可能会比我们刚刚推翻的暴政更要糟糕。”而对于新革命，凭借纯粹的爱国之心、永不磨灭的激情和对理想的信心，孙逸仙博士全身心投入其中，以至于在国人的心中，他已占据一个无与伦比的地位。

据 A Christian Chinese Leader. *The Washington Herald* (U. S. A.), July 21, 1912, Page 6.（《一位基督徒式的中国领导者》，载一九一二年七月二十一日《华盛顿先驱报》第六页）（邹尚恒译，高文平校）

英文原文见本册第 555—556 页

① 指美国《华盛顿先驱报》刊载时间。

与李佳白谈话①

（英译中）

（一九一二年七月下旬）②

目前，我对我们中国的社会革新，比党务与政治问题更有兴趣。政治革命的任务已经完成，现在我正集中我的思想与精力于从社会、实业与商务几个方面重建我们的国家。对于西方国家劳资间的不协调以及劳工大众所处的困境，我所见已多，因之，我希望在中国能预防此种情形的发生。由于实业的发展，生产必将增加；而此种情形的变化，必将有加深劳工阶级与资本所有者之间分野的危险。我希望看到人民大众的生活状况获得改善，而不愿帮助少数人去增殖他们的势力，直至成为财阀。中国迄今尚没有形成大的中产阶级，我们没有欧美产业发达国家社会上的那些缺点，我们今天所需要的是开发自己广大的资源，对数量上占优势的农民灌输新观念，建立有助于资本成长与流通的新实业，并准备对水灾及其他灾害的受难者，迅速提供救济。这些问题，乃是我目前所关注的，我希望能够完成一些有益于我们民众的事。

我被问及，关于共和政体是否真正适合于中国人民这一问题，我是否反对阐明自己的意见？

那一直是我的计划的一部分，我不但要推翻满清政府，并且要建立共和政体。民主的观念在中国一向颇为流行，没有理由要以君主政体来妨害这种民主观念。中国人民不但爱好和平，遵守秩序，而且也浸染了选择自己的代表管理自己事务的观念。我们所需要做的，只是把这种民主观念付诸实行。为此，人民须有自己选出的全国的及各省的代表，他们为人民所选，代表人民，将为人民的最高利益

① 李佳白（R. G. Reid）是纽约《独立》杂志（*The Independent*）特约代表、美国长老会在华发言人。该谈话发表于一九一二年九月九日出版的纽约《独立》杂志，署名孙逸仙。

② 底本未说明日期。据李佳白在该文后的“注记”说，这篇谈话“发表于北京因党争而致否决了陆征祥总理所提内阁阁员名单之时”。陆征祥在七月十八日出席参议院提出议员名单，次日为参议院投票否决，则李佳白访问孙当在七月十八、十九日之后。故时间酌定为七月下旬。

而工作。我们现在为建立一种最能适应我们广大国土与众多人口的共和政体，所遇到的困难，是不可避免的，但我确信没有其他的政体再会在中国建立。中华民国将永久存在。

对于一个政党政府是否构成共和政体的主要部分此一问题，我的答复是：中国和其他所有国家一样，不管政府是民主的或是君主的，政党总是存在的，而且政府的指导权也总是从此一党转移到彼一党的。中国也已开始有了自己的政党。事实上，中国的党、社已经太多，最好他们能联合成两三个有力的大党。每一政党的明确的政策将会随着时间的推移而确定下来。

鉴于目前临时政府时期就有若干政党并存的危险，以及对于人们将热心于其所属的党，而忽视共和以致减弱建立共和政体的努力一事所生的忧虑，我个人的希望是：所有各方均应集中全力于组织新政府，并获得其他国家的承认。临时政府结束之后，民国的首任总统被推选出来，那时组织政党将是安全的。我赞成由行政官员对国民议会负责，犹如几乎所有欧洲国家所采行者。在此种制度之下，政党必须有存在之地位，而且政党间的竞争也无可避免。目前，我以为我们都不应计较彼此间的分歧，共同致力于全国各方面的团结。自从我为让袁世凯出任民国总统而退职以来，我已尽全力支持他并建议一致行动。我深知不和将为国家带来危险，因之，我将运用我所有的影响力以努力于国家的统一、人民的福利和我们资源的开发。

（前大总统孙逸仙有保留地发表了如上意见，他不愿意于此时将其意见公布出来。正因如此，他的观点更有特殊重大的价值。

孙前大总统的上述意见，发表于北京因党争而致否决了陆征祥总理所提内阁阁员名单之时，尤其具有重要性。激烈分子似乎有意要把他们为之奋战而建立的共和制度毁掉，孙前大总统意在缓和紧张气氛的论调，令人从纷乱的政局中看到了一线希望。他的谦抑值得人们赞扬。孙先生是革命的领导者，他的希望一向为所有革命党人——同盟会的会员们所尊重。革命党人对袁世凯及其国务总理的政府行动的阻挠，将不会形成灾难，因为孙逸仙的意见才是决定性的力量。举例来说，在我们的简短谈话中，孙先生提议说，临时政府副总统兼湖北都督黎元洪将军，乃是出任国务总理并负责组阁的最佳人选。而黎元洪将军乃是不同于孙博士及其友人的政党的另一个党的领袖。我个人愿意推荐孙逸仙为国务总理——至少是在黎元洪不能担任时，我愿推荐孙先生。

今后数月内，大家的注意力将集中于临时政府的结束，与第一届真正国会及第一任正式总统的选举。在这次足以发展个人雄心的机会中，孙博士仍然保持他谦逊的性格，他将以温和但决非无效的手段，帮助他的国家实现共和的理想，他本人则以继续保持一个普通公民的身份而感到满足。——李佳白，上海，中国。)

据陈福霖《美国〈独立〉杂志所刊孙中山先生的三篇著作》所录李云汉的译文，载黄季陆等编：《研究中山先生的史料与史学》，台北，“中华民国”史料研究中心一九七五年十一月出版，并对照英文原文校订

为守信而北上

与送行者谈话①

（一九一二年八月十八日）

欢送孙公诸人中，登船后尚有劝孙公勿往者。大致谓：公世界伟人，历经艰阻，岂怯于民国成立之后。惟此行以有益、无益为断。观北方情形，似即行亦无大裨益。

孙公谓：无论如何不失信于袁总统，且他人皆谓袁不可靠，我则以为可靠，必欲一试吾目光。

据一九一二年八月十九日上海《民权报》

① 孙文和黄兴应袁世凯一再邀请，准备北上时，袁根据黎元洪的密电，捕杀了湖北革命党人张振武与方维，京津同盟会员电阻孙、黄北上。但孙坚持进京，在沪同盟会员劝阻无效，为策安全，决定孙行黄止。这是孙登上招商局“安平”轮船后，与继续劝阻他北上的人谈话。

北上是我的责任

与从者谈话

（一九一二年八月十八日）

从者说道：不要去，他①请你去，要用对待张将军的手段杀害你的。

中山说道：去是我的责任。因张振武的无故被杀，内战可以因此而起。我们必须保持中华民国的统一。倘使我不到北京去，国民都要以为我惧怕袁氏。倘使我去，国民都要想我是保护他们利益的。

据林百克著，徐植仁译：《孙逸仙传记》，
上海，三民公司一九二六年二月出版

不怕危险坚持北上

离沪前在“安平”轮上的遭遇②

（日　译　中）

（一九一二年八月十八日）

许多送行的友人鉴于北京情况危险，相继劝说孙文取消北上。但是，孙认为既然与袁有约，“无论如何失信于袁总统”是不合适的。他说：“他人皆谓袁不可靠，我则以为可靠”，承蒙其厚意，无论如何北上之决心毫无动摇。

正当众人相劝之际，突然有一妙龄少女，梳革命式发型，戴着强度近视眼镜，斜视着惊恐的众人，走近孙说道：“公为共和之代表、民国之坚城，身负重任。

---

① 他：即袁世凯。

② 八月十八日，孙文乘“安平”轮离沪赴京。因二日前发生袁世凯应黎元洪电请捕杀张振武、方维事件，原拟偕行的黄兴遂取消赴京计划，而孙中山则坚持前往。本文系日本记者在“安平”轮上所见的报道摘录。

今入虎穴，我誓死反对。”随即拔出手枪，抵在自己的咽喉上。

这时孙……毫无惊恐之意，从容说道：“我会随机应变的，请姑娘放心。”少女应道：“那就好。”随即将手枪装进口袋里，迅速离去。

此刻，袁的特使张芳惟恐少女的话动摇孙的意志，连忙跪在孙的面前说：“黄克强先生已取消北上，现在先生又要停止前往，鄙人会受到总统怎样的严厉惩罚，真是不堪设想。既然两公要杀我，不如我自己投江了此长痛。”不知是真是假，他边声泪俱下边做欲投江状。此举同少女的行为一样，并未使孙惊讶，结果是毫发无损，黄留下，孙决定北上。

据《安平号上の喜劇——孫去黄留》，载一九一二年八月二十七日《大阪每日新闻》（三）（关伟译）

北上之目的是为调解南北争端

在天津与《芝加哥检查者报》记者谈话①

（英译中）

（一九一二年八月二十三日）

我来到北方的目标是试图平息南北的争执。我并没有意愿去竞选总统。我正努力推进物质福利和国家发展，特别是建设用于开辟新土地的铁路主干线路。

据 Dr. Sun as Peacemaker: Trying to Settle Dispute between North and South China. *Chicago Examiner* (U. S. A.), August 24, 1912, Page 3.（《孙逸仙肩负调解重任——试图平息中国南北部之间争端》，载一九一二年八月二十四日美国《芝加哥检查者报》第三页）（邹尚恒译，高文平校）

英文原文见本册第556页

① 一九一二年八月二十三日下午，孙文在宋庆龄陪同下抵达天津，暂住在英租界的演员之屋。

铁道政策为中国近日最紧要问题

在塘沽与某报记者谈话[①]

（一九一二年八月二十三日）

记者问：先生在津可稍住否？

先生曰：然。

记者问：先生北上之用意。

先生曰：予此次来北之意，不外调和南北感情，巩固民国基础。至于外交、财政、内政各事，若袁总统有问，余必尽我所知奉告袁总统，以期有所裨补。如袁不问及，余亦不便过问。

记者又问：先生之铁道政策如何？

先生云：余之来意尤在振兴实业，但欲振兴实业，必自修造铁道入手。余意全国铁道当有全国大计划，但此计划须俟政府之政策决定及得参议院之同意，始能决定。余意如国民全体不尽赞同，得数省同意，亦可就数省开办。

记者又问：资本金之筹划政策。

先生云：如国民有力担任，自应由国民兴办；如国民无力担任，只好大借外债兴办。但借债必须有最良之条件，不至如前清时之损失权利。总之，铁道政策为中国近日最要问题，无论政府、议院意见如何，余必尽力提倡此事。

据一九一二年八月二十八日上海《太平洋报》

---

① 是日孙文抵塘沽，回答某报记者提出的问题。

铁道协会各省支部务期早日成立

与章锡和谈话①

（一九一二年八月二十四日）

中国铁道方在萌芽，辅助机关万不可少，务期各省支部早日成立。

据《专电·天津电报》，载一九一二年八月二十五日上海《民立报》第三页

北上宗旨在谋国利民福之政策

在北京与施愚等谈话②

（一九一二年八月二十四日）

此次北来，惟一宗旨在赞助袁大总统谋国利民福之政策，并疏通南北感情，融和党见。本拟即时进见大总统，面商一切，因路途困顿，须暂休养。祈将此意转袁总统，并订明日相会，畅谈一切③。

据《孙先生对于招待员之宣言》，载一九一二年八月二十六日北京《民主报》

谈张方事件

在北京与某君谈话

（一九一二年八月二十四日）

目下大局极有希望，且信张、方一案之风潮，可以即息，日内拟赴参议院参

① 是日孙文在天津接待铁道协会北京支部代表章锡和，询问该会情形，并发表谈话。

② 是日下午孙文经天津抵北京。施愚是招待员。

③ 当天晚上，孙文即拜访袁世凯，进行了长时间的谈话，改变了原来的安排。

观议事，我意黎都督由武昌致袁总统之电，非其一人独负责任，大约必尚有他人令黎都督为此。如在武昌拘捕张、方二人，则事可更妥。

据一九一二年八月二十六日上海《天铎报》

对中央政府用人的意见

与袁世凯第一次谈话①

（一九一二年八月二十四日）

孙问：你为什么置张振武于死地？

袁惟惟，软软地答道：因为黎氏给我一个电报，说张振武不但图谋反对黎氏，且图谋反对政府。所以，因为他图谋反对政府，似乎应当处死刑的。

孙说：无识之徒，你相信你的恐惧心可以辩护你的行为是对吗？

袁表示悔意后，孙提出委任官吏的事情。

袁说：你对于中央政府用人的意见怎么样呢？

孙答：我所要的第一是诚实的官吏。但是中国官吏诚实之外还需要别种美德。中国需要有创造新事业才能，使中国人从事实业以生利的官吏。我不管谁任命为中央政府的官，只要人民自身在立法上面有全权对于任命官没有否认。我不注意于置我的朋友于职位，因为我并不要与我已经退位的执行大权有所冲突。我的事业现在是建设的，我不要干涉你的职务上的自由。倘使我干涉你的自由，我就要照我干涉的程度而负失败的责任。我并不要干涉你的执行职务，也不要别人干涉我的建设职务。倘使我要任用我的朋友，我可以用在我自己的地方。所以我不注意官吏的任命。我的志愿是愈急速愈好开始我的建设事业，开始建筑我所计划的中国铁路统系。我们有了铁路统系发达于全国，就可以为了人民的利益以开辟工商业的道路。农业的中国要变成工业的中国了。为取不正当利益而找官做的人，就要改变从赋税上取利的法子而向更有利的服务的路上了。

---

① 孙文进京后，与袁世凯进行多次晤谈。

袁问：你怎么样可以做这种事情呢？

孙答：铁路是开发新地的企业第一件需要的事情。私人组织建筑受政府管理的办法须经议会通过。这个是同美国建筑铁路计划相符的。倘使铁路归政府所有，就给谋官的人以牟利的机会。倘使是归私人公司所有，不能得外国投资。倘属私人组织，仍归政府管理，就可脱离政治势力，且有政府管理的益处。

据林百克著，徐植仁译：《孙逸仙传记》，
上海，三民公司一九二六年二月出版

与袁世凯第二次晤谈[①]

（日　译　中）

（一九一二年八月二十四日）

袁世凯对黄兴未能同行表示遗憾，并称：刻下时事日非，边警迭至，世凯识薄能鲜，尚望先生台教。

孙逸仙答称：我年少时久居海外，中国之事非能熟知，然于国家有利之事，自当贡献。革命以来，各地商工业颓废，民不聊生，金融滞塞。挽救之术，惟有兴办实业，开垦拓殖，然皆恃交通为媒介。故当筑全国铁路，尚望大总统全力支持。

据《孫袁會見詳報》，载一九一二年八月
二十七日《大阪每日新闻》（一）（关伟译）

宣布北上宗旨和政见

（一九一二年八月二十五日）

孙中山先生宣布自己宗旨及政见：一、男女平权。二、大铁道计划。三、尊重议院。四、南北万不可分离。五、大局急求统一。六、报界宜造成健全政论。

---

① 孙文于八月二十四日下午赴总统府拜会袁世凯，晤谈后由总统府秘书长梁士诒、国务院内务总长赵秉钧、陆军总长段祺瑞等陪同共进晚餐。

七、决不愿居政界，惟愿作自由国民。

据一九一二年八月二十九日上海《民权报》

撤除军警护卫俾得出入自由

在北京与傅良佐等谈话①

（一九一二年八月二十五日）

鄙人虽系退位总统，不过国民一分子，若如此尊严，既非所以开诚见心，且受之甚觉不安，应即将随从马队及沿途军警，一律撤去，俾得出入自由。如大总统坚执不肯，则鄙人小住一二日即他去矣。

据《两雄各有不同·孙中山屏除护卫》，载一九一二年九月二日上海《民立报》第七页

时局借债与满蒙等问题

在北京与上海《大陆报》记者谈话

（一九一二年八月二十六日）

孙：此次北来，与袁总统相见如故，交谊颇笃，将于正式选举时助袁氏得总统之选。近来现象甚佳。

记者：袁氏之外有候补总统之资望者为谁？

孙：未必无其人。

记者：外间谣传南北有分裂之说如何？

孙：此种举动，不敢谓其必无，或未必竟有耳。

孙氏深信彼与袁等各党之领袖见有此等举动，必能力阻其进行也。

---

① 傅良佐、王赓等为袁世凯所派的招待员。是日晨，孙文由行馆赴同盟会欢迎会，见途中并无行人，深为诧异。回行馆后即询之招待员，傅、王电禀袁世凯，遂饬令将军警撤去。

论及银行团要求监督财政之说，孙氏极为反对，谓何论监督之界限如何，决不赞成。且言监督一节，并非必须者。

记者：倘无监督一层，银行团决不肯允许借款。

孙：可于国内筹集巨款。

论及满、蒙大局问题，孙氏云：中国今日势孤无助，未便兴兵，满、蒙实有不可收拾之势，目下不得不暂待时机。数年之后，兵力充足，领土自可恢复。设此四万万人于数十年后不能恢复领土，则华人无保存国家之资格。孙氏以为恢复已失之领土而求助于邻邦，似不甚可靠。

孙氏尝劝其参议院中之友人勿因张振武之案起骚动，故参议院对于此案将有始无终。

据《西报译电》，载一九一二年八月
三十日上海《民立报》第六页

巩固民国不外整顿内政及联络外交

与陆征祥谈话

（一九一二年八月二十六日）

八月二十六号，陆总理①扶病晋谒孙先生，寒暄数语，陆即请示巩固民国之手续。

先生谓：巩固民国，不外整顿内政及联络外交。能维持现状，实践约法，即为现时整顿内政之要着。至联络外交一项，最要之问题，即系承认民国。此事关系过巨，甚费手续，非得一二国单独承认，难收效果。

陆总理因请先生亲往日、美一行，俟经日、美承认，各国不待要求，自可一律办理。

① 陆总理：即国务总理陆征祥。

先生慨然允诺。并劝陆总理以国家为前提，万勿再存退志①，致使国基摇动云。

据《中山先生旅京记（四）·经国远谟》，载一九一二年九月四日上海《民立报》第七页

练兵与筑路等问题

与汤漪谈话②

（一九一二年八月二十六日）

袁总统才大，予极盼其为总统十年，必可练兵数百万，其时予所办之铁路二十万里亦成，收入可决每年有八万万，庶可与各国相见。至铁路借款，须向欧美大银行直接议借，不必由在京银行团经手。袁总统意欲中美联盟，予不谓然。至首都地点，宁、鄂两处最好，无已，则宜在开封。容当与袁力商。

据《专电》，载一九一二年八月三十日上海《时报》（二）

劝勿破坏袁世凯政策

在北京与同盟会各报主笔谈话③

（一九一二年八月二十六日）

孙先生甚为推许袁总统，力劝各主笔对袁之政策不可破坏。即其政策或有不合法理之处，皆因袁总统未尝游学外国，非法政专门所致。然其人甚能办事，诸

---

① 陆征祥时因张振武案，参议员拟对他提起弹劾，故一再提请辞职。实际上陆并未参与谋划张振武案。

② 一九一二年一月，汤漪任临时参议院议员，孙文卸任临时大总统职后，四月临时参议院议决临时政府迁移北京。是月二十四日孙应袁世凯之邀赴北京，二十五日上午十时孙出席同盟会举行的欢迎仪式，下午召开同盟会、统一共和党、国民共进会、国民公党、共和实进会五党联合组成的“国民党”会议。汤为同盟会代表出席会议。是日，孙单独会见汤。

③ 八月二十六日晚，在京的同盟会派系各报主笔二十余人往谒孙文。

君应原谅、指导，不宜苛绳，致碍大局。

据《孙中山对于同盟会报馆主笔之忠告》，载一九一二年八月三十日《北京新报》第三版

与袁世凯第三次谈话

（一九一二年八月二十六日）

袁询及中山迹遍欧美，各国政治学术，其本源如何？

中山历述所见。

中山询袁总统现在财政、外交情形。

袁亦略述梗概。

据《专电·北京专电》，载一九一二年八月二十八日上海《民立报》第三页

关于铁路计划与外国资本

与新加坡《自由西报》记者谈话

（英 译 中）

（一九一二年八月二十六至八月三十日间）①

"我现在的计划并不涉及政治，"孙逸仙博士说，"我打算将我的时间投放在中国铁路的建设当中。就目前而言，此次北京之行没有任何政治涵义。我是应袁大总统的邀请访问北京，并会向他咨询政府的政策"。

记者直截了当地问，孙逸仙说他不会在到来的选举中参选总统，他对北京政府的进步很满意，并会支持袁世凯。

① 底本未说明日期。该报道开头提及孙文接受《大陆报》记者采访，而此次访谈时间为一九一二年八月二十六日。谈话时间据此酌定。

……

一个十年计划

……

当孙逸仙听到有报道称他只会用中国资金建造全部的铁路时，他大笑道："我们并没有足够的中国资金去建设这些铁路。"他说。"我们希望利用外国资金。我们会号召很多的国家为这些事业提供资金，特别是开始的五万里的铁路。完成这些之后，中国的经济得到发展，有了更多的财富，到那个时刻，我们应该能够以中国资金完成这个系统，而不是在那之前。"

反对外国资本

"现在我们的计划正因国人反对外国资金而延迟，在我们克服这个问题之前，我们不可能继续我们的计划。发展国家需要外国资本，但是国人并不理解。虽然，我们现在已经收到针对计划的几个融资提案，但是，冒着各省人民反对的声音继续前行是愚蠢的。或许只要花费一点时间就可以克服这个问题，或许是两年，然后我们将继续前行。"

孙逸仙也关注到在铁路的"特权"的存在，而这种特权拜清政府所赐，而到现在依然突出。他说，这并不会成为计划的障碍，正如他会与外国特权所有者合作一样。

据 Dr. Sun Yat-sen; Railway Plans; Foreign Capital To Be Used. *Singapore Free Press and Mercantile Advertiser*, August 30, 1912, Page 4.（《孙逸仙；铁路计划；将会使用外国资金》，载一九一二年八月三十日新加坡《自由西报》第四页）（邹尚恒译，高文平校）

英文原文见本册第557—558页

国民勿迫袁总统为恶

在北京与某君谈话

（一九一二年八月二十七日刊载）

袁总统可与为善，绝无不忠民国之意。国民对袁总统万不可存猜疑心，妄肆攻讦，使彼此诚意不孚，一事不可办，转至激迫袁总统为恶。

据《专电·北京专电》，载一九一二年八月二十七日上海《民立报》第三页

蒙藏消息宜由政府统一分送各报登载

与袁世凯第四次谈话

（一九一二年八月二十七日）

以此次蒙、藏离叛，达赖活佛实为祸首。若能广收人心，施以恩泽，一面以外交立国，倘徒以兵力从事蒙、藏，人民愚昧无知，势必反激其外向，牵连外交，前途益危，而事愈棘手矣。

现在蒙、藏风云转瞬万变，强邻逼视，岌岌可危，凡我国人，莫不注目。虽近日报纸所载蒙、藏情形，多不免得之传闻，故间有毫无影响之谈。须知蒙、藏如此危急，国人又如此注意，若以误传刊登报章，引为事实，使人心恐慌，外人将必乘此时机直来谋我，当以何法对付。故文主张此后蒙、藏消息，责成各该处办事长官逐日报告政府一次，由政府再分送各报登载，既免误传，且得真相。

据《孙先生之蒙藏谈》，载一九一二年九月四日上海《天铎报》

袁总统练兵我造铁道

在北京与国民党员谈话

（一九一二年八月二十七日）

国民党有多数人访问孙先生，谈论之间有以练兵与造铁路之事询问。

先生云：袁总统于练兵一道很在行的，彼作十年总统必能为中国练五百万雄兵。我与〔对〕造铁道之事，颇有研究，使全国人民赞成我的政策，我十年之内必能为中国造二十万里铁道，以统一中国。

又问以借款之事。

先生云：借款之事，系政府的事件，无庸我管。但是政府若无有法子时，我亦可帮助他们解决此问题。

据《孙中山先生旅京记（三）·党员访问》，载一九一二年九月二日上海《民立报》第六页

在北京答各国记者问[①]

（日 译 中）

（一九一二年八月二十七日）

孙逸仙氏就余所提之问题，答曰：我可在京滞留约一个月。黄兴如接到邀他来京之电报，应可于二周内至京。若六国借款条件苛刻，我将反对。

余曰：北方各省虽贫困，而若南方各省富裕，是否无需依赖外债?

孙曰：诚然，最近我广东省已向中央政府补助数百万两。

又曰：设立国会日期未详。至少在十年内，我不做大总统之候补者。余之理

① 八月二十七日下午，孙文在北京贵宾馆接受日、美等国记者采访，用英语交谈。文中提问者“余”系《大阪每日新闻》特派员自称。

想仍未实现，今不做大总统，仍有诸多事业可为。君居中国已二十余年，我亦曾久居日本，日本是我之第二故乡，甚为想念。

…………

另一位美国记者问孙：阁下是否与袁世凯合作？

答曰：当然。

又问：然则先生之上海机关报英文版①，为何攻击袁世凯？

答曰：我不管理该报。

并询及此消息从何而来。

据《孫逸仙と語る》（《与孙逸仙的谈话》），载一九一二年八月二十九日《大阪每日新闻》（三）（关伟译）

时局多艰望勿存退志

与陆征祥谈话

（一九一二年八月二十八日）

现在时局多艰，专赖政府振作精神以维持之。若一因风潮即藉病求去，是置大局于不顾，视民国为儿戏。总理素称明达，谅不出此。

据《孙中山先生旅京记（四）·慰留陆总理》，载一九一二年九月四日上海《民立报》第七页

① 此指上海的英文晚报 *The China Republican*（中文名《民国西报》），系孙文所创办，以马素为发行人兼主笔。

余无干涉言论自由之权

在北京与某君谈话

（一九一二年八月二十八日）

该报[①]虽系余创设，而余无力干涉其言论自由之权。

余对于余之机关报其政见如何？不问也。

据《西报译电》，载一九一二年八月三十日上海《民立报》第六页

筑路练兵等问题

与北京《亚细亚日报》记者谈话[②]

（一九一二年八月二十八日）

问：先生来京，各界认为于政治上、社会上皆有莫大之影响。今日特竭诚访问先生，可容许若干时间之谈话？

答：刻有要事出门，但可腾挪三十分钟。

问：见各报传载，先生近主张铁路、练兵两策，欲以十年工夫筑铁路二十万里，练兵五百万[③]，有之乎？

答：事诚有之。惟两策以铁路为先，工商、教育可一呼而起。若路不成，有兵亦无所用。中国政府与社会向来做事因循，以区区数千里铁路，往往数年不成。此后应积极进行，必须年筑二万里，方可奏效。不过，国民刻尚反对外资输入，将来或须加以开导功夫为费手耳。

---

① 该报：指上海英文《民国西报》，为孙文创办，孙在北京与袁世凯会谈，而《民国西报》则大肆攻击袁，有人以此事询问孙。

② 是日下午，孙文在下榻的宾馆接受记者访问。

③ 此处删一衍字“里”。

问：二十万里铁路兴筑费须六十万万，我国焉有此巨款？先生所谓外资，是否仰给外债？

答：但能兴利，又无伤主权，借债自不妨事。我现在已筹有绝好法子，将来借款筑路，有利无害。

问：此项铁路归国有乎？抑民有乎？

答：初办宜定为民有，便于竞争速成，国家予以保护，限四十年后收为国有。盖与以四十年期间，民有铁路已获利甚巨，国家可以不须款项，以法律收回。无害于民，有益于国。

问：路归民有，将由国家借债，抑任人民自行借债？

答：二十万里铁路，可分为十大公司办理，得各以公司名义自行借债。

问：以民有铁路公司名义借外债，能否达到目的？且以四十年之久，此十大公司得毋为托辣斯乎？

答：民有铁路公司借外债，必能达到目的。彼外国银行惟恐我不借债，借则皆争先恐后。至托辣斯亦可预防。若国家见某路获利最多，亦可于未至限期前，随意择其尤者，用款收买之。

问：先生铁路、练兵二策，既以铁路为第一着手，对于练兵若何主张？

答：练兵五百万，系二十年后事，刻下焉有此巨款。且所谓五百万，指常备兵言。如依征兵制，练兵百万，二年一退伍，有十年工夫，即可得常备兵五百万。再者，练兵乃专指陆军言，海军需款过多，我国纵不能不兴海军，要只先办到防守一方为止。但使铁路贯串全国，有常备兵五百万，即不虞外人欺侮。

问：然则练兵从缓，铁路居先，先生此后将专从事于开导人民及借外债事乎？

答：然。

问：先生专从事社会事业，实令人钦佩！但第二期大总统选举为期不远，恐国民不许先生专从事社会事业奈何？

答：我有我之自由权，国民不能相强也。

问：先生既不欲重当政局，第二期总统恐难得其人。

答：仍以现总统袁公为宜。依我所见，现在时局各方面皆要应付，袁公经验甚富，足以当此困境，故吾谓第二期总统非袁公不可。且袁公以练兵著名，假以事权，军事必有可观。

问：现在一部分议论，对于国体、政体颇有怀疑者，以先生高见，以为民国国体、政体，现在已确定稳固否？

答：何待多疑，民国招牌已经挂起，此后无足虑者。

问：记者亦知民国招牌已经挂起，但如买货者，既问招牌，更必考查所卖之货物。此问题甚大，敢望先生明白赐教。

答：此语予颇不解，是否谓政体与国体恐有不相符者？此在国民心理如何，国民既欲共和，非当局之人所能强以所不欲。彼拿破仑之为皇帝，非拿自为之，乃国民皆欲其为皇帝。否则，虽有强力武功，不能为所欲为。故吾谓此在国民心理。我国民心理既造成共和，即将来绝无足虑，彼外间一部分舆论特虚报恐怖耳。

问：先生铁路、练兵两策，既得闻教，惟皆系将来问题。刻下国家尚未完全统一，若不迅速解决，恐铁路、军事皆无从说起。先生对于现在统一问题之主张，可得闻否？

答：今日国家已经统一矣。

问：中央政府法令不行于全国，各省意见尚未化消，军民分治及省官制争议不决，其他各种权限问题，皆悬搁停滞。先生所谓已统一者，果何所见？

答：此固为现在待决问题。但予以为无难。将来军民分治后，兵权全收归中央，都督可由中央任命。其他交通、财政、外交、司法，皆为中央独占之大权，余则可放任地方。至民政长则以民选为宜。非谓中央任命者皆非好官，以各省人心多趋向民选，若任命则必群起反对，恐更调撤换，政府不胜其烦耳。再者，国家统一，各有限度，如英殖民地坎拿大①、濠大利亚②等，尚有自练海军及与外国结条约者，然亦终不妨其统一也。

问：先生此项政见，欲在北京发挥之，见于实行乎？

答：予亟欲从事社会上事业。政治上问题，颇拟从缓。

---

① 坎拿大，今译加拿大。

② 濠大利亚，今译澳大利亚。

问：对张、方事件[1]，先生之意云何？

答：据我观之，张、方不得谓为无罪。但在鄂都督，似当就地捕拿，诛之于武昌，即不生此问题。假手于中央，未免自无肩膀。而民国草创时代，法律不完，中央政府即接电报，若无依据，以致惹起反对。吾谓中央政府当日应将张、方拿获，解去武昌为上策；否则，亦当依法审判。而中央政府又不在行，故吾谓鄂、京两方皆有不当处。

问：此案误似在于北京，鄂督并无违法。盖鄂督恐张、方党羽众多，杀于武昌，难保不致糜乱，故不得已假手中央。案各省有犯罪者，电请中央拿捕，事理似不为过，在法亦无违背。特中央接电后欠审慎耳！先生谓民国初创，无法可据，难道《约法》[2]上人民身体非依法律不得逮捕、拘禁、审问、处罚之条文，政府亦未之注意乎？故此案误在政府不在行，于鄂督不相干。

孙中山闻言默然点首，时已至约定时间，遂握手而别。

据《孙中山先生之政谈》，载一九一二年
八月二十九日北京《亚细亚日报》（二）

关于借款与满蒙大局

在北京与上海《大陆报》记者谈话

（一九一二年八月二十八日）

记者问：现在政局大势如何？

先生答：余已与袁世凯开诚布公，面商一切。倘公举袁世凯为正式总统，余亦愿表同情。至于大局，较前颇有进步。

---

① 张振武，武昌起义领导者之一，湖北军政府成立后任军务部副部长；方维，军务部参议，南北和议后任鄂军“将校团”团长。副总统兼湖北都督黎元洪对此二人诬以谋反罪，电告袁世凯，由袁于八月十六日凌晨将之在北京枪决。当时舆论哗然，对袁、黎颇多责难；惟该事件刚发生不久，孙文对其内情尚缺乏充分了解。

② 此指《中华民国临时约法》，通常简称《临时约法》，一九一二年三月由南京临时参议院制订通过，孙文以临时大总统名义公布。

记者问：除袁世凯外，尚有他人谋任总统否？

先生答：容或有之。但未能指定何人。

记者问：外间风传南北分离，果有此事否？

先生答：此等事亦未可断必无。但以现在时局而论，此事断不至有。若万一有之，余与袁世凯亦可以有能力阻止之。

记者问：关于银行团要求监督借款用途一节，先生之意见若何？

先生答：此事余极端反对。盖银行团无须要求监督，中国自有措置之方。倘银行团以不得监督而不允借款，则中国政府便在国内自筹款项。

记者问：满、蒙现状若何？

先生答：中国方今自顾不暇，一时无力控制蒙古。惟俟数年后，中国已臻强盛，尔时自能恢复故土。中国有四万万人，如数年以后，尚无能力以恢复已失之疆土，则亦无能立国于大地之上。余深信中国必能恢复已失之疆土，且绝不需要外力之帮助。

据中国国民党中央委员会党史史料编纂委员会编：《总理全书》之八《谈话》，台北，“中央文物供应社”一九五四年三月出版

附：另一记录

孙君宣称：目下袁总统与彼感情，颇为融洽。彼当赞助袁氏，使得为正式总统。现下大局景象颇好。

访员问：将来举行选举时，有无其他候选总统？

孙君答称：或者有之。（然未指出何人）

访员又问：近日外间风传南北两方面仍有罅隙，果有其事否？

孙君谓：或有此风说，然实际上并无此事。

据孙君之意，有袁君与彼两人在，此种风说必不能见诸事实。关于银行团要求监督中国财政一层，孙君极端反对，谓彼未尝见监督之必要。

访员复问：若无监督，奈银行团不肯贷款何？

孙君谓：若然则国内未尝无款可筹也。

访员又问：满、蒙大局毕竟如何？

孙君谓：中国目下势力薄弱，欲声罪致讨，戛戛乎其难哉。数载之后，国势强健，当不难复我故土也。若今后四万万人民不能达此目的，何以国为？若中国不自振奋，欲借助他国，以恢复已失之土地，彼实未见其可也。

据一九一二年八月三十日北京《中华民报》

今日宜政党抑超然内阁由袁世凯裁夺

与袁世凯第五次谈话

（一九一二年八月二十八日）

袁总统以陆总理决计辞职，势难挽回，欲用赵秉钧，恐不得参议院之同意；欲提出宋教仁，则非政党内阁不可。于是问计于中山先生，中山初惟惟。固请之，中山曰：国家本无政党内阁之必要，但各视乎其时，时而宜乎政党内阁，则政党之。时而不必政党内阁，则超然之。今之时宜政党内阁欤抑超然欤，请君裁夺之可也。

据《孙中山之各种政见》，载一九一二年
九月七日上海《申报》第三版

谈张振武案[①]

与某访员谈话

（一九一二年八月二十九日刊载）

此事之详细原因，予并未深悉，不敢妄加评断，亦不能干预。

据《孙中山绝口不谈张振武案》，载一九一二年
八月二十九日天津《大公报》

---

① 八月十六日，黎元洪借袁世凯之手，以莫须有之罪名，在北京枪杀辛亥功臣张振武，举国震惊。二十四日孙文到北京后，曾有某访员叩问关于张振武案的意见，他作此回答。

非从速迁都不可

在北京与神田谈话[①]

（一九一二年八月二十九日）

神田起首即问：先生到北京后有如何之感想？

中山答谓：我见使署卫兵及城楼上之大炮种种不快之意，以非从速迁都不可。

神田即问：将迁往何处为宜？

中山云：只需离开北京，无论何处皆可。

据《记者眼光中之中山君（三）》，载《要闻》，一九一二年九月八日上海《时报》（二）

答袁世凯特派来人问[②]

（一九一二年八月二十九日）

确有此电，但此必谣言，不足深信。……忘记言者为总统府秘书，抑陆军部秘书，但系一颇有地位之人。坚不肯言此人名姓，谓俟后来便知。

据《北京三十日专电》，载一九一二年八月三十一日上海《时报》（二）

---

① 神田是日本记者。

② 八月二十八日黄兴致电袁世凯质问，“孙文自津去电谓：有总统府秘书云，张振武死时搜得遗书，言与黄兴共谋杀黎副总统事”。是日晨袁特派人问孙。

访欧与迁都等问题

在北京与《德文报》记者谈话

（一九一二年八月二十九日）

孙称：拟于三星期内取道满洲、日本前往欧洲。孙君主张迁移都城，因洋兵驻扎京城以内，实为中国之辱。豫望万〔六〕国借款能早日成立。且言中国经过之时代，从未有比今日更荣耀者。

据《译电》，载一九一二年
八月三十日上海《申报》第二版

附：另一译文

《德文报》访员往见孙逸仙，据言于三星期内，将离中国取道满洲、日本赴欧。

孙氏又言：深望政府迁都他处，盖北京城中今驻有外国军队，殊足为中国羞。

孙氏又望六国借款能于日内成议。

又傲然言：今日诚为中国自古以来最有荣光之时代。

据《北京专电》，载一九一二年
八月三十一日上海《时报》（二）

迁都与练兵及筑路

与袁世凯第六次谈话

（一九一二年八月二十九日）

中山见袁总统，谈及迁都问题，谓：北京不足为永久国都，将来或武昌、或南京，否则开封。

中山又曰：中国此时外交别无可办，此十年内君当为大总统，专练精兵五百万，始能在地球上与各强国言国际之平等。至我当于十年内筑铁路二十万里，此路告成，年可获八万万，以之练兵及作中央地方行政经费，不患无钱〈作〉筑路费。拟用公司名义借外款六十万万，分四十年还清。自任前往外洋担任借债事件。

据《专电·北京电报》，载一九一二年八月三十一日上海《民立报》第三页

关于铁道与外交等问题

与袁世凯第七次谈话

（一九一二年八月三十日）

第一，铁道问题。孙君之所进陈于袁谓：将以此连络欧亚，如蒙古铁道则直通至莫斯科及中亚细亚；中英铁道则直由西藏以通至印度、阿富汗；中德铁道则直通至小亚细亚；中法铁道则直通至印度支那之类。此等皆为列强之夙谋，欲自其殖民地达我边防，以贯彻吾内地之铁道固有政策。

第二，外交问题。孙君问袁以联美历史。袁君乃告以如此如此，孙君即席嗟叹谓：远谋。然二君当即取消联美之政策。

第三，实业问题。孙君谓：自己当从事于社会事业，且从事如此，当较袁君更为适当。

袁君谓：我虽系历来做官，然所办之事，欲以实业为第一大宗。从前在北洋，即立意专派实业学生。至于政法学生，实在因为不得已而后派者。

孙君又力驳之谓：我做此等事，必较君更能取信社会。

第四，党派问题。袁君因历诉党派竞争之苦。

孙君一力担任谓：此等之调和，我优为之。

第五，集权、分权问题。孙君之意，则颇主张有限的中央集权，其意谓：司法、交通、外交、军事、财政则宜归之于中央；其他则宜由地方自理。

据《记者眼光中之中山君（二）》，载《要闻》，一九一二年九月六日上海《时报》（三）

迁都问题

在北京与某君谈话[①]

（一九一二年八月三十日）[②]

以中国已有之地不能自由行动，此皆根于庚子条约之失败。迁都之事，其容缓乎！

据《孙中山先生旅京记·日使质问》，载
一九一二年九月二日上海《民立报》第六页

谈借款诸事[③]

与袁世凯等谈话

（一九一二年八月三十一日）

财政事宜为行政上之大端，文到京之初即已声明此来断不干预政事，未便直接担任。惟事关重要，如有所见，亦当详抒意见，用备采行，绝不安于缄默。

据《袁孙会商财政重要事项》，载
一九一二年九月三日天津《大公报》

① 八月二十九日孙文因事过东交民巷，卫队多人荷枪挂刀而过，往返两次，各国均不过问。惟日公使以个人名义照会外交部，以中国军人无荷枪入租界之权利。孙乃与人谈话。

② 底本未说明日期。八月三十一日孙在参议院欢迎会上演说谓："兄弟此次来京，前日至东交民巷……次日外人即有公文到外交部，责我违背条约。"谈话时间据此酌定。

③ 八月三十一日，孙文至总统府与袁世凯、财政总长周学熙等就借款等事交换意见。

访欧与迁都等问题

在北京与各报记者谈话

（一九一二年八月）

记者问：先生此次来京，约有几日勾留？

先生答：约三四星期，即须他往。

记者问：先生离京之后，尚往何地游历？

先生答：当由东三省往日本，并须赴欧洲一行。

记者问：闻前清隆裕太后欢迎先生，有此事否？

先生答：未闻此说。

记者问：黎氏于张、方案，先生意见若何？

先生答：黎氏办理张、方案件，实属过当，若张振武有罪，尽可迳由鄂省办理，不必移至京师也。

又，先生极主张迁都，其地点或在南京，或在武昌，或在开封均可。谓北京乃民国首都，而东交民巷乃有大炮数尊，安置于各要隘，殊与国体大有损辱。且北京乃前清旧都，一般腐败人物，如社鼠城狐，业已根深蒂固，于改良政治颇多掣肘。又以地势衡之，北京地点偏于东北，当此满、蒙多事之秋，每易为外人所挟制。故迁都问题，实为目前之急务。

据中国国民党中央委员会宣传部编：《总理谈话新编》，南京，一九三〇年三月十二日印行

关于借款军民分治西藏问题

与袁世凯第八次谈话

（一九一二年八月）

袁氏问：国人对于借款，多不满意，现在借款已决裂，影响所及，究竟如何？

先生高明，幸有以教我。

先生答：目下财政困难，势不能不出借款之一途。但用途宜加详审，数目不可太多耳。现大借款已决裂，其影响于国内，必有以下之数端：一、各省自由借款，恐引起外人无穷之干涉。二、地方自由借款，中央失其统一能力，财政愈觉紊乱。三、中央财政困难，则惟恃盐税等为补苴，对内外之信用，不易确立。四、中央恃地方协济，则必力撙节行政经费，人才必不愿入新政府任事。

袁氏问：先生对于军民分治问题，有何意见？

先生答：军民分治，法美意良。惟须规定一妥善之法，务使分治得宜，两方俱有完全之责。然军权亦不可尽归都督，须由军长与兵士分掌之，庶免仍蹈专制故智。故消纳军队，实为分治之要着。文意莫如俟国会开时，乃行讨论，较为妥善。

袁氏问：西藏独立，近有主张以兵力从事者，先生以为然否？

先生答：余极端反对以兵力从事，一旦激起外响，牵动内地，关系至大。故余主张两事：一、速颁待遇西藏条例。二、加尹昌衡宣慰使衔，只身入藏，宣布政府德意，令其自行取消独立。

据中国国民党中央执行委员会宣传部编：《总理谈话新编》，南京，一九三〇年三月十二日印行

关于财政外交等问题

与袁世凯第九次谈话

（一九一二年八月）

对于财政问题孙认为“目下财政极端困难，势不能不借外债，以济眉急，惟不可借多，致启政府侈肆之心”。外交问题，孙主张“视理之曲直，定交涉之强硬与否。至于承认问题，则不必着急，我内政果能实行统一，各国自同时正式承认”。蒙藏问题，孙提议“当以激烈手段解决，一面派深于蒙藏文者前往宣导，化其顽梗，而启其内向之心”。裁军问题，孙提出“南北同时举行，但须行之以渐”。

据《孙先生之政见》，载一九一二年九月一日北京《正宗爱国报》第二千〇四十六号（二）

在北京与许学源谑谈[1]

（一九一二年八九月间）[2]

余至外交大楼欢迎先生，先生与章先生太炎定行期。见余服西服，而下衣之纽自脱解，乃笑曰："君不惯服西服耶？何纽解之不自觉也？"随以双手代结之。

小子惊且喜，因戏曰："归当如真乃大和尚，绣一龙于僧衣矣！"

先生笑，余亦笑，太炎先生笑不止。

据《许学源祭文》，载《哀思录》第二编卷三"祭文"，北京，孙中山先生治丧处一九二五年十二月编印，线装本

谈财政等问题

与袁世凯第十次谈话

（一九一二年九月一日刊载）

财政问题，孙谓：目下财政极端困难，势不能不借外债以济眉急。惟不可借多，致启政府侈肆之心。

外交问题，谓：宜视理之曲直，定交涉之强硬与否。至于承认问题则不必着急，我内政果能实行统一，各国自同时正式承认。

蒙藏问题，谓：当以激烈手段解决，一面派深于蒙、藏文者前往宣导，化其顽梗而启其内心之心。

---

① 许学源乃系中央新闻社记者，在参加采访活动时出现衣冠不整的尴尬场面，孙文为之善意解困，且互以谐语交谈，此事令许终生难忘（许后为孙作祭文时任旅顺工科大学教授）。文中许用第一人称，"小子"亦其自称。

② 底本未说明日期。今据孙文在北京居留月份标出。

消纳军队问题，谓：宜南北同时举行，但宜行之以渐。

据《孙中山对于四问题之意见》，载
一九一二年九月一日天津《大公报》

关于筑路与蒙藏问题

与袁世凯第十一次谈话

（一九一二年九月一日）

袁颇虑筹筑铁路款巨无着。

孙则谓：此系车产的事业，但能得外人信用，而不丧失权利，有此条件尽可输入外资。且此外筹款方法甚多，断不能因噎废食。

谈及蒙、藏近况，袁氏当即请问整理蒙、藏办法。

孙云：蒙古不欲取消独立者，西藏为之臂助也。如欲使蒙古取消独立，必先平西藏，以为取消库伦独立之预备。西藏平，则蒙古之气焰息矣。西藏之向背，关乎蒙古之独立与否。蒙古不独立，则边警息矣。

据一九一二年九月三、四日上海《天铎报》

关于铁路政策

与蒋翊武等谈话①

（一九一二年九月一日）

当决意借债筑路，拟将全国铁路分为四大干线。

……各省会、商埠，均宜筑建铁路。惟款项难筹办，可与各国订约，令其代为建筑，四十年后收回。权限宜划清，免致损失主权。

① 是日晚，武昌首义元勋蒋翊武、邓玉麟等在北京六国饭店设宴欢迎孙文等，出席作陪的有北京政府各要员。

现就中国本部十八省形势而论，则以湖北汉口为中心点，就全国而论，则以甘肃兰州为中心点，将全国铁路告成。以汉口为本部之铁路为中心，以兰州为全国铁路之大中心点，又以各省之中枢各自为一中心点，使全国铁路布置若蛛网。然后交通便利，当可与世界各国争雄。

据《孙中山之铁路计划》，载一九一二年九月十一日广州《民生日报》第七页

在北京谈迁都西藏等问题

（一九一二年九月二日刊载）

一、关于迁都事

予不至北京已二十年，此次重来，未改旧观。惟国都有外兵驻扎，城头安置各国巨炮为可慨耳！试思举一国之首都，委之他国人代为守护，是可忍孰不可忍？所以予有迁都之建议也。

二、关于达赖背叛事

达赖背叛，纯系外人运动所致，我如诱以爵位，饵以重金，或可就我范围。若专恃正式讨伐，微特无济，恐益坚其外向之心。

三、关于张、方案

弹劾大可不必，盖于事实毫无补救，徒费良好时光。

据一九一二年九月二日北京《中华民报》

化除党争共扶危局

与袁世凯第十二次谈话

（一九一二年九月二日）

袁氏以现在各省皆有暗潮，如直隶、山东、吉林、奉天、广东等省之省议会与都督屡生冲突，值此国势阽危之时，此等险象实非所宜，应如何设法维持？

中山则以通电各省，使遵守约法，勿越权限，为解决争竞之办法。

孙、袁连日会谈，皆以边患日急，政党互争意见，非国之福，乃协议约同黎元洪发起一救国社，专以求国利民福为前提。无论何党党员，皆可入社为社员，即借此以化除党争，共扶危局。

据一九一二年九月六日上海《天铎报》

维持现状与规划将来

与某君谈话

（一九一二年九月三日刊载）

维持现状，我不如袁；规划将来，袁不如我。为中国目前计，此十年内，似仍宜以袁氏为总统，我专尽力于社会事业，十年之后，国民欲我出来服役，尚不为迟。

据一九一二年九月三日上海《民立报》

实业发达铁路大通后可成极富之国

在北京回访四国银行团谈话

（一九一二年九月三日）

鄙人此次北来，深欲与列邦诸友携手以联中外之欢，并愿贵银行诸君有以扶助之。盖吾国现虽财政困难，不得不求助于列邦，然使实业发达、铁路大通，则十年后未尝不可成为极富之国也。更冀世界各国共进大同，永不至再有战事。

据一九一二年九月十一日上海《民国新闻》

附：另一记录

孙中山前日答拜银行团，纵论所抱铁道政策，云：设此策实行，中国不二十年将成一最富国。并愿贵银团诸君有以扶助之。

据《专电·北京电报》，载一九一二年九月五日上海《民立报》第三页

关于迁都问题

与袁世凯第十三次谈话

（一九一二年九月三日）

孙当晚往谒袁总统提及迁都问题。

袁云：此时因尚未完全统一，外交上关系动多掣肘，且目今财政困难，尤为一大阻碍，恐数年内此种问题不易解决。

中山云：如政府果能抱定迁都之义，则将来即可达此目的。

据《孙中山京游之鳞爪》，载一九一二年九月十一日上海《申报》第二版

附：另一记录

孙中山向袁总统力主迁都开封。

袁谓：我本河南省人，岂有不愿？特此着为事实上所万不可能行者。

据《北京十一日专电》，载一九一二年九月十二日上海《时报》（二）

南北统一等问题

在北京与某记者谈话

（一九一二年九月四日）

余（访员自称）昨午七时访孙中山。据云：袁总统苟略为迁就，南北即可调

和统一。

余问迁就之法，则云：都督由民选及军民不分治，俟五六年后行征兵制度，旧兵或死或改警察，此时都督无兵权，则可分治矣。五六年不统一并不要紧，至对外则仍系内外一心，即如广东现可出兵三万自行筹饷助中央征剿也。

又云：袁总统绝无野心，甚有肩膀，民国此时最难得之人，虽未到过外国，而新思想甚富。党人中虽有猜疑者，然闹过几年自然明白。中国决不会亡，蒙藏事自有办法。

询以办法如何，则云：外交秘密。因及铁道事，谓已经总统允许，条件甚宽，参议院通过后便可与各省筹办。借债事非到其时不能豫言，现在湖南已有电请我帮忙。地价税必须先办，则造路、买地乃不吃亏。但试办之时，尚不能尽废他税作为单一税也。

又云：精卫、孑民现在出洋求学，并非悲观消极。

据《北京专电》，载一九一二年
九月六日上海《时报》（二）

中国今日非借债万难立国

与袁世凯第十四次谈话

（一九一二年九月四日）

孙先生与袁氏讨论借债问题，中山云：中国今日非借债万难立国，盖公债、国民捐输入有限，而民力实已告竭。且借债之受害莫如丧失利权，其次则投于不生产的事业，两弊去，又能借得轻息外债，则较诸举办公债利益何止倍蓰，故不当空言拒债，以自促灭亡。

袁云：现在财政困难，借债非易。

孙云：现今国体共和，人民均有负担之责，可将预算，决算颁布国内，然后再将国民公债及国民捐进行办法议妥，庶可集腋成裘。文现欲在北方提倡此事。

民国成立，财政困难已达极点，不速筹生财之道，其涸立见。为今日计，宜令外交部开通商埠，工商部广开矿产，农林部伐采森林，交通部推广路电，尤在财政部开源节流，综挈大纲，次第发办，富强可期。

据一九一二年九月十日上海《天铎报》

附：另一记录

孙先生于四日晤袁总统时，袁曾提出国民捐问题。

孙先生谓：上海承认之国民捐已及百万，可电饬随收随汇，不必俟收齐全数始行起汇，以济眉急。至于各省所得之国民捐，即为各该省解散兵队之用，亦令随收随遣，早遣一名即早减一名之饷。如此办法，已省往来兑汇许多周折，而为利益更进一层。

据《孙先生旅京记》，载一九一二年九月十一日上海《民立报》第七页

在北京与黄远庸谈话[①]

（一九一二年九月四日）

问：先生之政见，已经各处发表，大都领悉。惟闻先生竭力推举袁总统，以为可以救治中国，但袁总统与参议院之多数党及各省都督，尚未能诚信相孚。长此迁延，国家必无统一之望，先生有何法以维持之？

答：袁总统尚未言及此事。然此事却不甚难，只需袁总统略为迁就，便可互相了解矣。

问：所谓迁就者，于法律上减少中央权限乎？抑用别种方法乎？

答：并非于法律上。即如各省都督，多半主张民选也，有主张中央派的（中山君随将手中所持电报示曰：此即贵州来的电报，他们是主张中央派的）。然欲由中央派去，即于中央不利。

记者急问之曰：即是有主张民选，也有主张简派，然则欲求调和之法，必愿

① 黄远庸是上海《时报》记者。

意民选者即任其选举，愿意简派者即由中央简派乎？

答：照原理上，总是民选的好。何以说中央简派反于中央不利呢？此话须得解释。第一，中央派人，不见得尽是好的，而且难得见好。若都督与地方冲突起来，则地方人民抱怨中央，反生地方与中央之恶感，而且中央往往无相当之人可派。譬如我们广东，中央不晓得情形，派哪个去才好？若由民选，则即都督不好，他们只能由少数党埋怨多数党，说他不应该选出这种都督，就埋怨不到中央了。第二，都督既由民选，则地方上有不满意都督之处，他就来京依重中央的势力去牵制他。都督恐怕他们牵制，也就不能不借重中央。中央之权力，反能因此增大。譬如我们广东，前有少数人不满意于现在都督，就来京想法子推倒他，即是先例。

问：军民既未分治，则所谓民选者，由军人选举出之耳。先生既主张民选，是否主张军民分治？

答：五六年内，军民分治的事情，也是办不到的。因为不主张分治的人，中央未必能派兵去打他。

问：然则有何方法以处之？

答：此必等待兴征兵制度，将此等的新兵，尽归中央管理。而地方老兵，或归天然淘汰，或改归警察。地方上无兵权，自然渐渐可以分治矣。

问：然则如先生所定，五六年之内，中国必无统一之望矣。

答：五六年不统一，有甚么要紧，何必如此心急。美国到如今还没有统一。

问：美国之统一，似应比中国更难。因为中国向来是统一的，美国却原是联邦的雏形。

答：美国革命之后，乃是联邦，其先并非联邦也。

问：若是国内可以自立，照现在情形，本没有什么要紧。但现在外蒙之乱，已及内蒙。西藏原有驻军，已自大吉岭送归，而四川征藏之兵，又不能前进。外患情形，如此逼迫，国内四分五裂，何以对外？

答：对外一层，是与这个问题没有关系的。若是现在要打仗，我们广东尽可出兵三万，自行筹饷。说到外国的事情，我们中国的人心，人人是一致的。

问：现在蒙、藏情势如此，外交紧急，全体皆动，先生以为中国有亡国之忧否？

答：决无，决无。

问：先生政策，记者向颇研究，也有懂的，也有不懂的。自先生到京后，记者深佩先生为中国第一之乐观派。但全国人心多半是消极悲观，有一部分人对于先生乐观之说，颇怀疑义。以为人已快死，你还是那里说种种高兴的说话。故记者之意，以为先生必须将蒙、藏诸紧要问题，设法与袁总统解决，令全国人心恍然大悟，中国之必不至于亡，而后对于先生所说种种事业，亦必异常踊跃。

答：这个是关系外交很复杂的很秘密的法子，是有不能宣布。

问：记者决不发表，先生作为个人的秘密谈话何如？

答：决不可以，决不可以。

问：先生的铁路计划，定于何时切实发表，真正实行？

答：这个我已经与政府商议。政府答应的条件是很宽的。只要外国人肯借，没有十分损害主权，就会答应。将来看参议院怎么样通过，我就按照所定条件，去募债，去造路。

问：铁路计划既是先生发起，别人不能十分明白，将来光景是要由先生一个人承办的。

答：那个我总得要同各省商量，即如湖南现在就有电报请我去帮他们的忙。

问：先生所开三条路线，内有好多已归外人承办，此等如何办法？

答：本来是外国人办的，原是归他们办，我们不过辅助他们，并无妨碍。

问：先生将来必须还要到外国直接募债罢？

答：募债的事情，非到临时不能豫计，将来或是直接募债，或是与外国工程师订立合同，共同办理。

问：究竟先生对于袁总统之批评何如？

答：他是很有肩膀的，很喜欢办事的，民国现在很难得这么一个人。

问：他的新知识、新思想恐怕不彀么？

答：他是很清楚的。像他向来没有到过外国的人，能彀这么清楚，总算难得的。

问：他有野心没有？

答：那是没有的。他不承认共和则已，既已承认共和，若是一朝反悔，就将失信于天下，外国人也有不能答应的。除非他的兵不特能彀打胜全国，并且能抵抗外国，才能办到。这是怎么能彀的事情？况且现在已经号令不行于地方，他若改变宗旨，于他有什么利益呢？

问：这种说话，都是由各政党生出来的，于国家有种种不利，究竟先生看看现在中国政党之弊病在什么地方，有何方法可以救正？

答：这个一时是没有甚么法子的。让他们自己闹闹，闹过几年，自然明白。

问：先生向来主张地价单税，这就是国家社会政策之一种，就是先生向来所提创〔倡〕民生主义之最要政策，究竟现在要实行不要实行？

答：这是要从速实行的，因为地价不定，地皮一天贵一天，将来造办铁路购买地皮时，异常不利。现在英吉利、纽锡兰均已实行了。

问：地价单税法，系专按照地价收纳租税。此税一行，则其余租税是应该一律停办的。先生既欲实行地税，则其余租税，一概停办乎？

答：一时试办，是不能停办一切的。等待有把握之后，再想办法。

问：先生之乐观说，我们是很佩服，但是先生的老同志，如汪精卫、蔡孑民，个个都上西洋，似乎又很消极。就此看来，似乎乐观派的人不很多。

答：他们都是很乐观的，所以上西洋求学，不然他们就不去了。

问：先生从北京就要往东京、欧洲，有此说乎？

答：现尚未定。

据黄远生著，林志钧编：《远生遗著》卷二，上海，商务印书馆一九二七年出版

关于蒙古新疆西藏问题

与袁世凯第十五次谈话

（一九一二年九月五日）

袁氏以连接蒙、新[①]警电，即询孙先生如何设法？

孙先生云：蒙、新地方离京不下万里，所接警电不能确实，恐有外人假造。应饬内务部特派侦探专员四人，前往确实探明，以便防筹？对待之策，不致临时

---

① 新：指新疆。

惊惶，毫无把握。

对于蒙、藏独立，余实主张用激烈之武力解决蒙、藏问题，藉儆反侧，兼以杜外人狡启。俟一大致解决，再派善于词令深悉蒙、藏语言者前往宣慰，较单纯用剿者似易收效。

据一九一二年九月九日上海《天铎报》

咨北京政府建筑铁路计划文

（一九一二年九月五日）

此策实行将见中国为世界上最大之国。惟照其计算必须筹赀本六十亿元，始能实行其计划。

据《西报译电》，载一九一二年
九月六日上海《民立报》第三页

访逊清摄政王载沣谈话[①]

（一九一二年九月十一日）

孙先生以载沣在辛亥革命时期，代表清政府逊位，和平交出政权，致以慰勉之意，并希望今后在五族共和的基础上，共跻富强。

为了达成南北统一，已辞去正式大总统的候选人，自己将以在野之身，致力于社会建设工作，拟于十年内实现修筑二十万里铁路的愿望。

据金友之：《孙中山先生会见逊清摄政王载沣小记》，
载一九八二年十月十六日北京《团结报》

---

① 是日上午孙文到后海北河沿醇亲王府，作礼貌上的拜访，当由载沣迎入至宝翰堂会晤，并面赠亲笔签名相片一帧，还写着：醇亲王惠存孙文敬赠。下午，载沣由北京步兵统领江朝宗陪同，到孙文行馆答拜，双方晤谈一小时。

对处理西藏问题的意见①

与袁世凯第十六次谈话

（一九一二年九月上旬）

自尹司令②进藏迄今数旬，虽无失利，然伤人耗财，究属得不偿失。且达赖背叛之原因，大半受外之〔人〕之运动。故收拾西藏，亦须由运动着手，施行种种政策，如诱以高爵，饵以重币等类。若徒恃征伐，不惟无济，且恐坚其外向之心。

据一九一二年九月九日上海《太平洋报》

土地问题及币制方策

在北京与梁士诒谈话③

（一九一二年九月上旬）④

中山问曰：我与项城⑤谈话，所见略同。我之政见，彼亦多能领会。惟有一事，我至今尚疑，君为我释之！

梁问：何也？

中山曰：中国以农立国，倘不能于农民自身求彻底解决，则革新非易。欲求解决农民自身问题，非耕者有其田不可。我说及此项政见时，意以为项城必反对。孰知彼不特不反对，且肯定以为事所当然，此我所不解也。

---

① 这是孙文与袁世凯谈及西藏问题时所表示的意见。

② 尹司令：即尹昌衡。

③ 孙文于八月二十四日至九月十六日访问北京期间，曾先后与袁世凯举行十五次会谈，每次会谈时总统府秘书长梁士诒均在座。此系其中一次会谈后，深夜梁送孙回下榻处迎宾馆，两人在该馆交谈。交谈内容为梁生前提供底本给编者。底本原称梁士诒为“先生”，本书收录时俱改作“梁”。

④ 底本未说明日期。据孙文、袁世凯十五次会谈时间酌定。

⑤ 项城：即袁世凯。

梁曰：公环游各国，目睹大地主之剥削；又生长南方，亲见佃田者之痛苦，故主张耕者有其田。项城生长北方，足迹未尝越大江以南，而北方多属自耕农，佃农少之又少；故项城以为耕者有其田，系当然之事理也。

中山大笑，复语梁曰：曩夕府中谈及改革全国经济，闻君伟论，极佩荩筹。我以为硬币与纸币均为价格代表，易重以轻，有何不可？苟以政治力量推动之，似尚非难事。而君谓必先取信于民，方法如何？愿闻明教！

梁曰：币制为物价代表，饥不可食，夫人知之。惟中国数千年来币制之由重而轻，由粗而细，皆以硬币为本位；若一旦尽易以纸，终恐形隔势禁，未易奉行。故必先筹其所以取信于民之方法。夫以中国之大，人民之众，发行四十万万纸币，似不为多。今者卑无高论，先从政府组织一健全之中央银行。试行统一币制方策；如发行纸币五千万，先将现金一千五百万镕化，制成银山，置于中华门外之丹墀，以示人民曰：此国家准备库也。所发行之纸币日多，所积之银山愈大。信用既著，习惯自然，假以时日，以一纸风行全国，又何难哉！愚见所谓必先取信于民者以此。

中山称：善。

据凤冈及门弟子编：《三水梁燕孙先生年谱》（又名《梁燕孙先生年谱》），上海，家印本一九三九年十二月发行①

竭力为国共图国事

与梁士诒谈话②

（一九一二年九月上旬）

革命数十年，今幸始得共和成立，又值满、蒙不靖，于心有愧。大总统既为同胞谋幸福，敢不竭驽力，以国家为前提，共图国荃〔事〕。

据一九一二年九月十七日上海《太平洋报》

---

① 梁士诒，号燕孙，编者岑学吕，因少年时曾入三水县（今佛山市三水区）凤冈书院师从梁士诒，故自称“凤冈及门弟子”。该书发行时间据“编者识”。

② 袁世凯指使梁士诒和孙文密谈大局。

与刘揆一等谈话[①]

（一九一二年九月上旬）

刘揆一某日谒见孙中山。孙当面夸奖他谓：毫无党见，能以国家为前提。

刘闻孙中山语后，愧疚退出。

孙复对党员谓：刘君与我相知有日，其人性情真诚。外间近有微言，不足为训。

据《刘揆一之惭汗》，载一九一二年九月十一日广州《民生日报》

与某国民党员谈话

（一九一二年九月上旬）[②]

某国民党员谒先生时谓：中国自光复以来财政其窘，为世界所少见，竟至借贷无门，大有民穷财尽之势云云。

先生不同意某君看法。谓：非也。中国地大物博，矿产丰富，虽不能驾于全球，亦可与列国相等。现在财政困难，不过一时耳。试问当年兵兴以来，南北军费之消耗，商民财产之损失，宁不影响全国耶？但求政权统一，商民安谧，则概算所出所入，有盈无绌，兼以实业大兴，为裕国之根基。管理除却私略，中国宁不富耶！但望努力前进，请观十年后之中国。

据《孙先生之财政谈》，载一九一二年九月十一日广州《民生日报》第七页

① 刘揆一是中国同盟会本部的主要负责人之一。他从一九〇七年二月至一九一一年十月一直代理东京同盟会本部执行部庶务干事职。一九一二年三月同盟会公开活动后，他又是本部十干事之一。同年八月，刘被袁世凯任为北京政府工商总长后申明脱离同盟会籍。外间及部分党人对他的这种做法多有批评或议论。

② 底本未说明日期。按广州《民生日报》载“昨有国民党某君谒孙中山”，酌定为九月上旬。

政党竞争当以国家为前提

与某君谈话①

（一九一二年九月上中旬）②

某君问：先生对于近来党争，将如何调和，以维持大局？

先生答：政党竞争各国皆然，惟当以国家为前题〔提〕，不当以党派相倾轧。且各党尤当互相磨励③，交换意见，否则固守私见，藉政党之名，行倾轧之实，报复无已，国家必随之而亡。余为调和党派，一言以蔽之，愿各以国家为前题〔提〕而已。

某君问：先生解决南北所争特〔持〕之种种问题，其意见可得闻否？

先生答：南北所争持之问题，解决之法有三："一、中央政府务须开诚布公。二、取决于国民公意。三、组织强有力之政府。"至于进行之手续，则一言难尽。

据《政党竞争当以国家为前提》，载中国国民党中央执行委员会宣传部编：《总理谈话新编》，南京，一九三〇年三月十二日印行

谈整顿海军问题

与袁世凯第十七次谈话

（一九一二年九月上中旬）④

日昨孙先生会晤大总统时，谈及整〈顿〉海军问题。孙先生谓现在欲言整顿海

---

① 孙文在其下榻处北京迎宾馆与人谈话，姓名不详。谈话录中"先生"指孙文。

② 底本注出谈话时间为一九一二年九月，但无日期。按孙文于九月十七日离开北京，取道山西、直隶、山东三省进行访问后返上海。则谈话当在离京之前，故酌定为九月上中旬。

③ "励"通"砺"，磨励与磨砺同义。

④ 底本未说明日期。文中谓孙文于"日昨"会晤袁世凯，按常理而言则当距该刊出版日期不远。而据其他史料记载，孙袁在京晤谈十八次均未叙及海军问题，但九月一日至五日、十六日仍有见面。兹酌定为九月上中旬。

军，良非易事。一由于海军良港尽丧失于外人，将欲收回，又难筹此巨款；二由于海军人才之缺乏，前清时虽有数海军中学校，然皆有名无实，派员赴欧美留学又缓不济急。现惟有双方并行，一面就前清所有之海军认真整顿，一面筹集巨款图扩张之办法。至于一切进行手续，宜先从搜罗人才入手，或者借才于外，亦无不可。

据《孙中山之海军谈》，载北京《海军杂志》
第一年第二期，一九一二年九月二十日出版

兴造铁路计画与对外开放中国本部

在北京与英国路透社记者谈话[1]

（一九一二年九月十一日）

路透访事今日[2]谒见孙中山君。据谓：中政府议每月付银三万两，由交通部筹拨，以供其进行中国铁路计画。中政府并准其组织一铁路总公司，归其督办，政府已予以筹画全国铁路全权。将来一切事务，当由参议院议决及政府批准。

孙君又谓：今将请参议院正式赞成其开拓实业之计画。第一为筹借外债兴造某某数线铁路。第二为准许外国公司兴造某某数线铁路，订定年限，期内所获之利归于造者，期满即以该路交与中政府。第三为组织公司，或全系华人资本，或中外合资兴造铁路，订定租期若干年。第一计画拟施于边界一带，第三计画拟施于户口稠密之处。

孙君又主张开放中国本部全土供外人营业，无须复用护照。惟须订明寓于通商口岸以外之外人，应服从中国之治权，并设立特别法庭以审关涉西人之案件。

或谓外人投资中国之后，华人商业大兴，必将祸及全世界之商业。孙君对于此说颇非笑之，谓：中国果能日臻发达，则全世界之境况均可藉以进步云。

据《特约路透电》，载一九一二年
九月十二日上海《民权报》第六版

---

① 英国路透通讯社（Reuters，或 Reuter's News Agency），文内“路透”为其简称。

② 本文为九月十一日北京电，“今日”指十一日。

附：另一记录

路透社访事今日谒孙中山君。据谓：政府议每月付银三万两，由交通部筹拨，以供进行中国铁路计划，政府准□□其组织一铁路总公司，□其督办，政府已予其筹划全国铁路全权。将来一切事务，当由参议院议决及政府批准。

孙君又谓：今将请参议院正式赞成其开拓实业之计划。第一为筹借外债与〈兴〉造某某数线铁路。第二为准许外国公司兴造某某数线铁路，订定年限，期内所生之利归于造者，期满即以该路交还中政府。第三为组织公司，或全系华资，或中外合资，兴造铁路，订定租期若干年。第一计划，拟施于边界一带。〈第二〉第三计划，拟施于户口稠密之处。

孙君又主张：开放中国本部全土，以供外人营业，无须复用护照。惟须订明寓于通商口岸以外之外人，应服从中国治权；并设立特别法庭，以审关涉西人案件。

或谓外人投资中国之后，华人商业大兴，必将祸及全世界之商业。孙君对于此说颇非笑之，谓：中国果能日臻发达，则全世界之境况均可借以进步。

据《特约路透社》，载一九一二年九月十二日上海《民立报》第六页

筑路之办法

与上海《大陆报》记者谈话

（一九一二年九月十三日）

孙中山君昨日（十三日）与中国报馆记者谈话铁路计划，谓彼意照其办法，决不致如报界等所云，以中国权利送与外人。彼拟游历各省，以中国无力自行筹款，实行其计划之情形，详为国民开示。彼拟先将各省私团所筑之铁路，已成未成者，尽为政府购入，付以相当之价值，以为入手第一办法。并解释如何筹借外债，则可无碍中国利权之理由。游历之后，尚拟赴外洋亲自调查路政，向外国资本家商订借款。交通部今虽拨款助其铁路公司，然是否以外国资本造路，或以筑

路之权许与外人若干年，或由中外组织公司合造，此项问题，政府均不干预。须俟以该路归与政府后，政府始行过问。

据《特约路透社》，载一九一二年
九月十六日上海《民立报》第三页

不愿担当借外款事①

与袁世凯第十八次谈话

（一九一二年九月十三日）

鄙人任总统不过具一公民资格，并无政治之关系。虽出为担负其事，亦恐外交团之未必确能承认。

据《孙中山不愿参预借款事》，载一九一二年
九月十四日天津《大公报》

不接受袁世凯授予特别勋位②

与梁士诒谈话

（一九一二年九月十四日刊载）

此次革命未建争城血战之功，遽受特别勋位，实多惭愧。且此后即当投身铁路事业，原无须此荣衔。请大总统另择有功民国之人分别核与。

据《孙中山不受大勋位》，载一九一二年
九月十四日天津《大公报》第二张

---

① 九月十三日，袁世凯与孙文再次商谈向外国借款问题，袁力邀孙担当其事，遭拒绝。

② 袁世凯拟授予孙文特别勋位，特派总统府秘书长梁士诒向孙提出，遭婉拒。但后来袁仍强授孙以特别勋位。

与各报记者谈话

（一九一二年九月十四日）

何君问：中山先生谓借款与包工二者，将来究竟如何办法？请先生说明。

先生答云：鄙人主张最好是批给外人包办，借款由外国银行，使与政府相涉。其次即组织中西合股公司，准外人入股。然此层办法，终不如批给外人包办为妥善。此种办法，在外国甚普通，惟中国人则不知此中利益。鄙意以为三项皆须利用外人：（一）我无资本，利用外资。（二）我无人材，利用外国人材。（三）我无良好方法，利用外人方法。且铁路专门人材，全地球未必能有百人，故美国一铁路公司顾问，月薪十余万，较总统多至数倍，其公司总理诸人更无论矣。我国包工修路，其专门人材始能受其利益。

黄君问：（一）将来与外人订立批办合同，将用我国政府名义，抑用政府委任孙先生之全权名义？（二）我国从前已修未修之铁路，多半已与外国人订有条约，动辄关系外交关系问题。如上年我国拟自修张恰铁路，俄国即不承认，且声明中国如修此路，必用俄国资本；又如我国拟修锦瑗铁路，日俄又出而干涉。此种问题，皆甚困难。将来我若修办全国铁路，势不能不修边省铁路；若修边省铁路，即不能不引起外交问题。此事当如何解决？（三）现在内地铁路已有川汉、粤汉、京汉、京奉、津浦各路，将来再修二十万里铁路，其路线当如何计划？请略为宣布。

先生答谓：将来批定包修合同，自应由公司出名与外国资本家交涉，不用政府名义，以免引起国际交涉。至于边地铁路，恐起外交问题，可以先从内地修起。若取开放主义，即准日、俄投资，亦未尝不可。不过关系主权之事，不能丧失，即如保路兵应由我自派。但求主权不丧失，无论何国包修，皆未尝不可。又全旧路线计划，曾拟有一图，现在交通部未取回，大致系分数条干线：（一）从广州到成都。（一）从广州到云南大理。（一）从兰州到重庆。（一）从长江到伊犁。（一）从大沽到广东、香港。（一）从天津到满洲各处，其大概如此。

据《孙黄两君旅京记·迎宾馆报界招待会》，载
一九一二年九月二十日上海《民立报》第六页

在北京招待报界同人时谈话

（一九一二年九月十四日）

记者问：修筑全国二十万里铁道，此等伟大事业，非伟人不能办，先生之所主张，敬闻命矣。惟鄙衷不能无疑惑者有三：（一）先生主张批拨外人承办，是否由政府批拨，或径由公司批拨？（二）满洲、蒙古在日、俄势力范围之下，如批归日、俄承办，适中日、俄之计，中国前途，益形危险。如另觅他国，而不归日、俄承办，日、俄又必干涉，先生将用何法避去此种困难？（三）南北各干线如京汉、津浦，均已修竣，粤汉正在兴工；先生现在计划之路，是否与各干线并行，有无冲突？请将路线规划大略说明。

先生答：第一问，自以径由全权组织之公司批拨为善。盖批拨之权既在公司，则外国资本家只能与我公司交涉，而不能与我政府交涉，此即兄弟欲脱离政治上种种关系之作用。

第二问，满蒙外交不免棘手，但有一避其冲突之方法。现在兄弟所拟之路线，内地十五万里，满蒙不过五万里，尽可先从内地各省之路筑起，暂留满蒙路线，以待最后之解决。若以兄弟眼光视之，日俄国内，均甚空虚，无大资本家，即欲承办满蒙路线，亦须自英、法各资本家转借巨款，始能兴工建筑。如兄弟计划已成，则英、法各资本家已投巨资于我国内地各路，必无余资再借于日、俄两国，此可悬揣而得者也。将来日、俄因此或不能要求承办满蒙路线，亦未可知。即令日、俄用各种方法，筹得资本，坚请承办，只要合同上之条件订立妥善，亦无不可以允许之处。何也？东清铁道主权，所以全属俄人者，以沿路各站保护之兵，均系俄兵，俄人自由行动，中国不能过问故耳。盖当时订约，允许俄人以置兵保路之权，则毋怪俄人之自由行动。今兄弟主张请外国资本家包办中国铁路，将来订约，必不许外人有置兵保路之权，沿路之兵，均由我国设置。主权在我，操纵自如，即日俄承办，亦无不可。

第三问，京汉、粤汉均系贯串南北干线，兄弟所计划者，则均系贯通东西干线，既不与原路并行，亦不与原路冲突。兄弟日前已将路线绘画送往交通部，其路先从西北筑起，大略分为三线：一、由广州经广西、云南，接缅甸铁路。二、由广州经湖南、四川，达西藏。三、由扬子江口经江苏、安徽、河南、陕西、甘肃、新疆，迄于伊犁。若使此等干线全体告成，则全国交通便利，调兵运饷，攸往咸宜，日、俄亦不敢出头干涉矣。又此次政府因兄弟筹划铁道，动需经费，月拟拨款三万元，兄弟暂拟收用。将来公司成立，此项垫款，仍须归还。大约此项借款，兄弟须往欧洲一行，能否成立，两月之内便可分晓。万一此事难成，亦可由兄弟赔偿。因前在南京政府时，兄弟曾向华侨筹得洋银六十万，已为政府用去，尚未归还，将来即在此项扣除，亦无不可。恐不知者误会其事，故为诸君言之。

据《批修铁路及东西干线之规则》，载中国国民党中央委员会党史史料编纂委员会编：《总理全书》之八《谈话》，台北，“中央文物供应社”一九五四年三月出版

在袁世凯饯别宴会上的谈话

（一九一二年九月十六日）

袁世凯急欲刺探孙中山的意志，佯作酒醉拊孙曰：“方今革命克告成功，先生奔走数十年之目的已达，中华革命于是告终矣乎？”

孙中山莞尔从容对曰：“满清幸已推翻，如云国中革命从此告终，恐未必然。”

袁闻语失色，孙仍坦然。

据《孙中山轶事集》，上海，三民公司一九二六年五月编纂出版

五族团结共和之目的乃可达到

在北京与旗人谈话

（一九一二年九月十七日）

先生曰：共和事业，虽势力拓展于南方，但旗人于北方，协力同心，故收效

甚速。若所展施者能一如南方国民之筹设共和事业，则两方可受同等之荣誉。

某君问：关于旗人生计，民国有救济之方法否？

先生答：现在五族一家，各于政治上有发言之权。吾意对于各种工业，应即依次改良，使各旗人均有生计，免致失业。苟起冲突，国必倾危。凡我国民，均应互相团结，以致共和政治于完善之域。人人之志愿，均应为人民求幸福，为国家求独立，而国家乃进于强盛，共和之目的乃可达到。

据中国国民党中央执行委员会宣传部编：《总理谈话新编》，南京，一九三〇年三月十二日印行

在赴山西途中与梁上栋谈话[①]

（一九一二年九月十七日）

孙问：你是学工程的，你对于正太路用窄轨有何意见？

梁答：除非万不得已，仍是用标准轨为宜。

孙又问：你对于我的建筑铁路计划有何意见？

梁答：我还不很清楚先生的计划。

孙乃略述其十年建筑二十万里的铁路计划，称：我国版图广阔，物产丰富，非求开发，不足以言富强。开发之道，舍兴筑铁路而莫属。若以十人筑路一年，可成一里，则二十万人，一年可成两万里，二百万人，一年可成二十万里，以我国人口论，用二百万人筑路，当无问题，若期以十年更无论矣。惟需款约六十万万元。当兹革命初期，民穷财困，何堪肩负如此巨任，倘能利用外资外力，实乃惟一成功之捷径也。次就国防军事而言，兴筑铁路，尤感迫不及待。譬如我国有二百万兵，分布二十余省，平均每省不过十万，敌人以三十万兵，即可制我而有余，盖敌人三十万兵敌我十万，非敌我二百万也，其制胜可断言。故名为二百万兵，因交通运输不便，实与无兵何异！反之，若助以铁路之输运，看〔有〕兵百

① 梁上栋，毕业于英国伯明翰大学工科。一九一〇年在伦敦加入同盟会，后返晋工作。一九一二年孙文莅晋巡视，梁至京恭迎。这是孙在赴晋途中与梁的谈话。

万即足矣。

据梁上栋：《总理民元视察太原追忆》，载王云五等著：《我怎样认识国父孙先生》，台北，传记文学出版社一九六七年出版

与梁上栋张继谈话[①]

（一九一二年九月十七日）

我们应想法子劝他们，内部先统一，同心努力革命。现在既已公认阎[②]为都督，就应该支持他，倘若内部再发生事故，岂不给袁氏以可乘之机。

据杜彦兴辑：《孙总理民国元年视察太原经过》，载一九八七年十二月五日北京《团结报》

在太原与阎锡山谈话

（一九一二年九月十八日）

孙：你原与我约革命军到河南后，山西出兵接应。你提早在太原起义，对革命之影响很大。

阎：我早动作，是出于不得已。山西巡抚陆钟琦命令山西新军两标，一标开平阳府，二标开代州，另调巡防队七营接太原防务。我认为这是反革命的布置，开拔之日，不得不于一标弹药到手之后，即冒险发动。

孙：我与清廷议和时，最后争执的，就是山西问题。我坚持一定要将山西包括在起义省份之内，和议几陷僵局，但因我必争执此点，最后他们不得不同意我的主张。

据梁上栋：《总理民元视察太原追忆》，载王云五等著：《我怎样认识国父孙先生》，台北，传记文学出版社一九六七年出版

---

① 孙文询及山西军政情形，颇觉焦虑，于是有此次谈话。

② 阎：即阎锡山。

在太原临行时的谈话

（一九一二年九月二十一日）

孙对阎说：北方环境与南方不同，你要想尽方法，保守山西这一块革命基地。

据《阎锡山早年回忆录》，载《近代史资料》总五十五号，北京，中国社会科学出版社一九八四年出版

在火车上谈山西前途

（一九一二年九月二十一日）

孙在火车上再三地说：山西以素称闭塞的省份，革命竟能如此神速。今所见者，都是新气象，且有天赋之煤铁富源，山西前途，诚不可限量。

据梁上栋：《总理民元视察太原追忆》，载王云五等著：《我怎样认识国父孙先生》，台北，传记文学出版社一九六七年出版

即将赴沪组织铁路总公司

在天津与英国路透社访事谈话

（一九一二年九月二十三日）

自游历北部各省后，确信其铁路政策可大受国民之赞助，而各处官员亦无不渴欲发达利便之交通方法。不日即将赴沪勾留一月，从事组织铁路总公司。

据《天津二十三日专电》，载一九一二年九月二十四日上海《时报》（二）

拟修铁路及所谓分权篡权

在济南记者招待会上谈话

（一九一二年九月二十七日）

孙先生谓：今日演说，度必有速记，恐记录有失真者，可将稿出阅，俾免误会。

先生复言：日间所言推行铁路三政策，借资开办、中外合资二层，尚不如批归外人承办，与国家较为有益。例如借资外人，而我国人材不足，材料不足。外人应募而来，惟计力受值，对于我本无甚感情，工程上求其适可而止，已属万幸，安望其竭尽心力。且购买材料，折扣殊多，收利不可知，而彼已坐获六厘安稳之保息。至合资开办，以中国现在状况，即半数合资，亦非易言，反不如直接批归外人承办，限年无偿收回。则此限期内，以彼之资本，彼之人材，营彼之事业，自无不竭尽所长。而我于一定年限后，不啻坐获资财。惟此事对于人民现时之心理，颇难通过。但此事并非将主权送之外人。从前外人造路，路之所至，兵即随之，故路一经外人承修，不啻割地，此则所宜注意者也。至归外人批办，仍宜用私人名义交涉，不牵外交问题。

《齐鲁报》记者王君乐平、蔡君春潭提出四条款，请先生宣布政见：一、集权分权之得失。一、铁路政策利用外资，能否不用国家名义。一、现在之外交。一、省长民选简任问题。

先生答曰：第一问题，实无所谓分集，例如中央有中央当然之权，军政、外交、交通、币制、关税是也。地方有地方当然之权，自治范围内是也。属之中央之权，地方固不得取之，属之地方之权，中央亦不得代之也。故有国家政治、地方政治，实无所谓分权集权也。第二问题，若用第三政策，当然可以办到。第三问题（略）。第四问题（先生转询各记者以本省所主张），我系主张民选者。但现在之都督，带军事性质，当然任命。至省长问题，以现在人民数目调查未能确实，以言选举，亦有为难。

某记者谓：现在领事裁判权尚未收回，铁路骤归外人承办，外国法人不受我国制裁，得勿有流弊否？

先生谓：开放门户，正所以为收回法权地步。开放正所以保全领土，如满洲开放过晚，即为日本所干涉。至将来收回裁判权，自应先从内地法庭著〔着〕手，次第推及商埠。

据《孙先生东行记》，载一九一二年
十月四日上海《民立报》第七版

在青岛与瓦尔德克谈话①

（一九一二年九月二十九日）

据孙逸仙博士所言，彼甚恋慕青岛，且惊将青岛进步之速。如森林港埠以及街道敷设等事业，不但令人赞许，足可为中华全国嗣后治事之模范也。

据《孙中山游历青岛记》，载上海《协和报》②
第三年第二期，一九一二年十月十二日出版

中德关系及对当前局势之看法

在上海接受萨尔曼访问③

（德 译 中）

（一九一二年十月四日）

时孙中山君方由青岛返沪，故萨尔曼氏先询孙此次赴青岛，对于青岛一切有

---

① 孙文于九月二十八日自济南至青岛（时称青岛地区为胶澳），次日与德国驻胶澳总督瓦尔德克（Alfred Meyer-Waldeck）以私人身份进行互访。

② 《协和报》系德国人在沪所办中文周刊。

③ 孙文在青岛参观访问后于十月一日乘轮离埠，三日返沪，四日上午在法租界寓所接受德国记者萨尔曼（Erich von Salzmann，今译扎尔茨曼）的采访。据该访谈录文前介绍："然萨尔曼氏之所以能启孙君之议论者，亦自有故也。盖萨尔曼氏为柏林大报驻北京之一特派员，平素深悉中国情事，上月又亲游南方一次，以广见闻而资考证。且萨尔曼氏畴昔并非寻常人，乃在非洲受伤之一武官，其博学宏材，远非仅游历国外考察条约或海港铁路者所可比。……此次南游方毕，适值孙中山由青岛返沪之际，萨尔曼氏得此消息，乃连日结联沪上流行人物并党派中之有势力者，于十月三号孙中山返沪之第二日投刺进谒，畅论时势。"萨尔曼在文中用第一人称，对孙文用第三人称。

何意见。孙君闻言不急不随，从容而答之曰：

“吾此次游历青岛，心中现一种非常愉快者，诚以青岛种种设施，可作中国将来省会之模范也。倘我中国人人深明此义，由每五百县内选出十人，亲来青岛学习其政务、街道、船坞、海港、高等大学以及森林、城池的计划与政府若何，企图归而仿效，为我中国造莫大之幸福，可断言也。况青岛巡抚麦牙瓦尔氏①之为人，其政治则从稳健上着手，其措施则又聪明果敢，而对于吾人更和蔼可亲，毫无逼人之气象乎。惟罕引希亲王（Prinz Heinrich）② 适因检阅军队外出，吾人未能亲见颜色，殊为憾事。”

中山言至此，遂罢谈。余乃按其所谈者之基础与其余极有关系之事而向孙君问：“阁下对于中德条约期届九十九年③，中国鼓吹收回青岛之事有何主见？”孙君曰：

“处今日建设新国家时代，对于此等期望，虽不能有若何确证，然以愚见所及，亦不虞将来收回此模范国家土地时，我好友德国不给我中华以极敦睦极相宜之一证据也。至其收回方法，中华必须将德国一切用费偿还，然德国在今日之中华已占特别地位矣。借债内容，其尤著者也。他若德国商业与夫种种制造品，莫不有意外之良果，所以然者，中国欲振兴实业，而工厂与建筑之质料，德国为现世界之翘楚也。是以吾之意，中国人所当留心者，非只派遣人员、学生等来青岛见习殖民事务，且须望德国重要官员尝辱临我华，交换两国人民之知识，以建他日优美之事业。何也？德国为我中华最有益之良朋也。论收回青岛一事，以我之眼界所视察，目下虽不能速然办到，然十年或十五年或二十年后，必能见诸实行。至以世界观念论，吾则以为现在一切的交涉，德国不惟为吾华之友，直我岿然在座之良师也。德国无论如何事业，与英美等国皆立于反对之地位，如凡人欲在英国做一件事业，所言论所建造苟能见之于新闻或法律中，即可成事，此等区处，久在香港、星加坡者皆能道及。而德国则不然，抒谋发虑，纯从学识基础上认真

① “青岛巡抚麦牙瓦尔”，即指德国驻胶澳总督瓦尔德克。

② 罕引希（Albert Wilhelm Heinrich），今译海因里希，德皇威廉二世之弟、海军上将。

③ 青岛地区是中国北方海防要塞，一八九八年三月德国胁迫清政府签订《胶澳租界条约》，租期九十九年。

办理，且必务底于成而后已。吾人当此百废待举之时，欲消除一切困难，安可不急以德人为法哉？此外，以吾之意，雅不欲我国人倚外宾为长城，惟中华之裁判权尚未收回，此层安能做到？但外人之在我国百计营求，无非欲握特别权利，冀达其自私之目的，吾人又安能任听其所为？由此观之，此层现在虽不敢，必将来如何解决。然届时德人必有特别的感觉，辅助吾人臻于完美之境。夫吾之所以出此言者，非无见也，诚以德国向来之宗旨，绝不似其余诸列强好利用我国目前微弱，肆无忌惮而饱其贪欲也。”

言至此，余又按其意见而询问中国之情事，曰：“今日之人，是否鉴于极险恶之巴尔干风云，知欧洲列强按诸天然形势，在亚东将取开放主义而不畏惧日本?”孙君曰：

“观于现势，吾绝不相信日、俄、英三国实行并吞满、蒙、藏之土地，不过乘我微弱注意该处之特别权利，使吾人不能拒绝之而已。至于中日特独之关系，倘欧洲有一普通的战云，即能减轻列强在东自由之趋势。列强一有忽略，日本亦不敢作何举动，虽然日人之手段吾人甚不能明悉也。是以吾人虽亦不相信日本有并满之举动，但微窥其意已久，欲乘我不备而行无理之自由。然以愚之眼光视察，东三省决不能如外间所传之危急。夫吾固知日本之势力可于念四小时内可□占有北京，十日内可全占直隶，且亦知于吾人回避冲突事件中，日人竭力预备，以便将来不惟可以并吞满洲，且可以勒勤吾人之赔偿。而一切攻击者又咸谓日本必能占领我国之北京，而吾人主张迁都之议乃于是乎起，然吾人之迁都非主张于南京暨武昌，乃主张在河南之开封或陕西之西安，独是此等问题，行之非易，目下断难办到。于此而进一步言，倘日本果甘为为戎首也，吾人之军队现在虽不能与伊并驾，然亦必能拼命，与伊相见于锋镝之下。观吾国军队与人民，于革命时咸能舍身祖国可知矣，倘不幸而战事果起，吾亦必能组织一国民团体以对外也，况日本现在之实力，数星期或数月、数年之战斗力亦不能担负，遑论其能占领我北方大省哉？且吾亦深知日本国民甚惧以弹丸贫弱之国而担负重大之军费，如万不得已，亦必俟十年或五年后，或者有庶几之望乎。”

予复询及中国陆军之改革如何？孙君曰：“吾东洋日本的文明，陆军之有战胜成绩者实基于德国之教练，吾亦甚悉，故吾深愿我中华民国之陆军新基础亦建筑于德国之上，亦如他国战争上之资料大半皆出自德国焉。何也？旷观今之世界，中国所处之地位，莫要于有最强健之陆军。是以深望德国在此时会中不特助我以教练之方法，且望以教欧洲军队之武员赠我。成全吾人最大之事业。盖以此不第于东方边境上有极大关系，倘能灭俄国之势力，直有益全世界之和平也。”

孙君言至此，予即将我素稔改革陆军之大有功效者数人一一介绍于孙君，孙君立刻执笔登记于簿中，记毕，向予曰：“予将亲往德国，以礼延聘。”

予又询及其借款之情形、铁路之计划以及最近形式上发表之规模，孙君曰：“借款一事，予近所得之消息，最优北京当局不日将与六国银行代表结局焉。至铁路的计划，予第一建筑的方针，即在地大物博之版图内有极优美的路线，而由腹地直达西藏、蒙古、新疆之路线则为第二，予俟此事计划妥帖，即赴欧洲一游，藉以聘请大铁路家暨对此事有发达之能力者而为自己之顾问，好长自己之经验。”

复又言：“予游欧洲原因虽甚复杂，而至贵国（德国）询问其组织与管理暨设立工艺制造厂等，手续尤为至要，所以然者，吾视贵国在一切界中诚为我良好之模范也。为此，吾深愿阁下在代理之报章上将鄙人所欲为之事一一宣布，俾鄙人之目的一路平安，则不胜感激之至矣！”

据《中国政治观——萨尔曼与孙中山之谈话　中德两国真实之关系》，连载上海《协和报》第三年第六、七期，一九一二年十一月九、十六日出版

附：另一版本①

（德译中）

我首先问他对青岛的印象，他就说了下面的一段话，尽管我本人对此并不赞同，但它出自孙之口，极有意义，我就尽量如实陈述：

“青岛太让我喜欢了，它是未来中国的榜样城市。假如我们的五百个县城，每个县能有十人前来青岛，研究它的管理，研究它的城市街道和乡村道路，研究它

① 萨尔曼在访谈录中用第一人称，对孙文用第三人称。

雄伟的船厂、海港，研究它的高校、城市及政府设施，这就会给中国带来无尽的好处。青岛的总督瓦尔德克十分友好地接待了我，他是一位非常明智而友善的人，在这样一个显然不是很轻松的岗位上，他无疑是称职的官员。我没有见到海因里希亲王（Prinz Heinrich），因为我在那里逗留的时间太短，他正好出城去视察部队了。”

在这次采访之前，我已经与很多有影响力的中国人进行过交谈——包括新闻界的同行，所以我就请教孙对青岛于九十九年租约满期之前回归中国的看法，孙回答道：

“在中国这一崭新的国家正在建立的时刻，若德国给予我们这样的前景，即未来会归还这一榜样城市，这将是对中国表示友好的最有力的证明。不管是以现金的形式，或者以贷款的形式，中国将补偿德国归还青岛的费用。中国会把德国列于首要的位置，这将会给德国的工商业界带来丰硕的果实，即将要建设发展的中国需要技术和原料，德国肯定会被优先考虑。首先我本人保证，将把学生和官员源源不断地输送到青岛，学习各方面的经验；同时我也希望，大量的德国官员来到中国，通过互相学习来促进彼此的良好关系。现在我们已经把德国当作中国无私的朋友。我在想，没有必要立即就完全彻底地归还（青岛），在十年、十五年甚至二十年以后再办也不迟。就我在世界各地的观察，无论从哪个方面来说，德国都是我们现成的老师。德国与英国、美国和其他国家的不同之处在于，它把任何事情都做成了系统，并且是建立在科学的基础之上，特别认真敬业。英国则是各人想怎么干就怎么干，可以举几个行业来说明，比如报刊业，比如法律界，比如香港和新加坡的城市建设，德国明显要先进得多。德国把一切都纳入科学制度，而这正是我们眼下突破传统所需要的。

“当然有很多巨大的困难需要克服。我们很愿意将整个国家不加保留地向外国开放，但是现在外国人还享有治外法权，相对于我们自己的国民，他们具有优先权利，而有些外国人还在为一己的目的利用这种特权。因此目前我自己都不太清楚，该如何面对这一问题。但是德国给予我们这样的印象，它至少采取的是中立的立场，不会利用我们眼下的虚弱，像其他国家那样毫无顾忌地趁机获利。”

我接着请教他对当前中国政治形势的看法，是否因巴尔干战争（The Balkan

Wars）[1]而对日本的威胁感到担忧，日本算准欧洲列强无暇顾及亚洲？

孙对我说："我不认为英国和俄罗斯会吞并西藏、蒙古和北满洲，他们只会坚持索取某些特权，这是我们目前难以拒绝的。

"关于日本，当然还无法看出它会对我们怎么做，假如欧洲陷入战事，列强在亚洲的控制力将会减弱。尽管如此，我还是不相信，日本会卑鄙（他用了很长时间才找到这个合适的词语）到如此程度，吞并满洲。我也不认为福建省处于非常危急之中。我知道，现在日本人可以在四十八小时之内轻取北京，在十天之内占领整个直隶；我知道，他们已经做好准备，等待着突发事件的到来，不仅夺走我们的满洲，而且还压榨我们付出高额的战争赔款，这样我们将长期陷入无法发展的境地。我们要竭力避免这种情况的发生。正因为每个进犯者都以为，占领现在的首都就拥有了整个中国，所以我赞成迁都，不是迁往军事战略上不易防守的、对健康不利的南京，也不是迁往武昌，而是类似于开封府或西安府这样的地方。但是此事很难实行，因为费用太大。假如今天日本进攻我们的话，我们将会应战，尽管我们没有日本那样的军队。我们的士兵和我们的同胞在革命中已经展示出自己的意愿，他们会为祖国付出生命。如果开战，我会尽一切努力组织起民族抵抗。与日本的战争将不会是几周，而是几个月，甚至好些年。占领几个北方大城市并不能使战争结束，我相信日本人对此也很清楚，他们也怕很穷的国家要负担起高昂的战争费用。日本如今负担不起一场至少持续五年的战争。"

我又问起军队改革之事。孙回答："我知道，日本军队的辉煌和他们所取得的战争成就要归功于德国式的基础。为此我也希望，我们的军队也能建立在这种德式基础之上，其实现在国内的军事装备大多已是来自德国。一支强大的军队对于中国是极其重要的，我希望德国能在这个领域给予我们帮助，特别是给我们提供军事教官。德国人是否明白，一个强大的中国，对德国意味着减轻东部边界的负担，因为这不仅会牵制俄国的军力，而且能平衡全球的局势。"

---

[1] 巴尔干战争，即发生于一九一二年至一九一三年间，为争夺频临崩溃的奥斯曼帝国在巴尔干半岛的属地所引起的两次战争。此处系指第一次巴尔干战争，时在一九一二年三月至八月，已经独立的保加利亚、塞尔维亚、希腊和门的内哥罗四国先后结成巴尔干同盟，十月在俄、英、法支持下对奥斯曼宣战。

我表示同意，并提到几个人的名字，都是德国军队改革的有名人物。孙博士立即记下了名字，他对我说，他到德国时将亲自与他们联系。

然后我又问起借款、他的铁路规划和不久前公布的庞大的纲要。对此他说：“我这里有好消息，在北京，马上就要与六国谈判小组达成协议了。在铁路方面，我首先要修建经过富裕地区的能盈利的线路，通往西藏、新疆和蒙古的长途线路则将放在第二位。这里手头的工作结束之后，我准备前往欧洲旅行，届时我自己与大的铁路公司联系，从专家那里获得发展可能性方面的数据，然后再做决策。”

最后孙对我说：“我的欧洲之行的主要目的地就是德国，详细了解德国的基础设施、管理和工业情况。我把德国看作一切的榜样，如果贵报能为我的这一目的提供方便，铺平道路，我将不胜感激。”

据 Erich von Salzmann, *Aus Jung-China*, *Reise Skizzen nach der Revolution*, Tientsin: Tageblatt für Nord-China, 1912.（扎尔茨曼：《来自新生的中国：革命后的旅途见闻》，天津，北华日报社一九一二年出版。译文见王维江：《孙中山与德国》，载中兴大学国际政治研究所等编：《二〇一三年孙文论坛学术研讨会——主题：孙中山先生的政治思想与实践》，台中，二〇一三年出版

外人承造铁路与六国债款

与上海《大陆报》记者谈话

（一九一二年十月五日）

孙中山君谓：日前所传政府允许法比银公司建筑铁路，自兰州达开封，并自河南府至西安府一节，不但与其铁路政策不相抵触，并足为其计划之臂助。政府与外国银公司磋商，渠亦经政府告悉。且谓：尚有二处路线，各长九十英里，正在与外人商订承造。惟此等代建铁路合同，政府业已允准与否，目下尚未能悉耳。

孙君又谓：渠愿招各资本家而品评其条件，或应许其半，或另筹他法。渠近接表同情之消息及电报颇多，深信关于铁路事务者，对于其计划，莫不深为注意。

孙君又谓：观今中国工业现状，凡兴造铁路，除资本外，如建筑管理等事，

亦需外人助力。

随提及六国借款停顿事，孙君深望政府速与银团重开借款谈判，并双方互为让步，庶使大借款即行告成云。

据一九一二年十月七日上海《大共和日报》

关于铁路建设计划

在上海与日本记者谈话

（日　译　中）

（一九一二年十月八日刊载）

据说此次法兰西白耳义集团从中国政府获得一份铁路建设权，这不仅不会破坏我的铁路建设计划，反而会有利。目前我正忙于有关铁路建设的视察工作，尚未决定将铁路建设本部设在北京或是上海。在完全制定此项铁路计划后，或将会赴欧美，以探询欧美资本家的借款条件。

自从发布了我的铁路建设计划以来，据各方报道，在铁路建设及行政管理方面希望得到外国资本集团援助的人们，都表示赞成我的计划。此外，我认为应该发展中国工业并须引进外资。

据《孫の鐵道計畫案》，载一九一二年十月八日《大阪每日新闻》（二）（关伟译）

北上感想及铁路计划

与有吉明谈话①

（日　译　中）

（一九一二年十月上旬）②

北上之感想

义和团以后的京津地区与南方不同，表面上有各国军队驻扎并确能显示其威力，但如看内部情况，则未能脱离专制政府的遗风，不少普通人民在认识上仍只有袁大总统，却不知共和政府为何物。虽然专制遗风不能马上清除，但自今春清帝退位以来，新思想日益普及，近来各地官员及大部分士绅渐知共和之大势不可抗拒。我此次所经北京及天津、直隶③、山西、山东等地，均存在上述现象的事实。

进京后，屡次与袁世凯交换意见，其本意如何不得而知。总之袁在表面上赞同我的意见，即南北统一和五族同心合作，对于我在此次北上期间所提议之铁路计划亦乐意听取，并立刻委任我以全权。今后上述计划的实行，就看他果真能否衷诚予以协力帮助。虽然稍有可疑之处，但袁现时所处地位及其与我之关系，不可不听取我的意见并诚心帮助我的计划。假若袁作为一时权宜手段而仅是漫然赞同我的提议，并显现出对我进行之事不予帮助，则我亦有应付办法。

---

① 孙文结束北方之行，于十月三日自青岛抵达上海，住法租界宝昌路第四百九十一号小形洋馆。为谋求赴日本考察铁路设施，与日本驻上海总领事有吉明晤谈。此系有吉明给日本外务大臣报告中的孙文谈话要点，全文分成三部分，小标题为其所加。各部分起首的“孙曰”及小标题前的“孙”字，本书收录时予以删略。

② 底本未说明日期。有吉明的报告发自十月八日，报告中称此次晤谈系于孙文自青岛抵沪之后，则当在该月三日至八日间。

③ 直隶省于一九二八年改名河北省，其辖区与今不尽相同。

此外，在北京期间与袁会谈的话题，除政治之大纲外，大多是关于实业及社会事业，而尽量回避政治问题。故诸如政党内阁及其他问题，乃为黄兴进京后也即我将要离京时所发生之事。最近国民党主张组织政党内阁，我在报纸上才首次得知，并非由我干预所致。

铁路计划

我的中国铁路计划，原起念于十多年前。其实我在日本流亡期间，亦曾暗中进行该项计划，但因一向为革命运动到处奔波，没有着手计划的闲暇。为使整个中国文明得到实际发展，通过移民、振兴产业及开凿矿山等以能举国家富强之实，最为紧急之务即是修筑铁路计划。由于满清时代的腐败并且采取姑息手段，便不可能付诸实施。幸而藉此满清政府被推倒之际，国家面貌一新之机，欲望贯彻我平生夙愿。上述计划，首先拟从东西贯通线开始，作为目前研究中的干线。

一、蒙直线：即蒙古直隶线，约五千五百华里。

二、伊沪线：即伊犁上海线，约五千五百华里（此或变更为伊犁江苏北部线，难以预料）。

三、新闽线：即新疆福建线，约八千五百华里（此或变更为与第二线的伊沪线合并，难以预料）。

四、藏粤线：即西藏广东线，约八千华里。

此三线或四线，另与边境线、内地南北贯通线及各支线合计，共约二十万华里即六万英里，亦相当于美国现有铁路约四分之一的里程。

上述线路，或许对在满清时代与各国所签订条约有触犯之点，亦有各国认为此乃各自势力范围之线，或有二三个国家因其互订协约等而对修筑范围暗加分管之部分，故若通过借款等以获得资金，实行时亦颇为困难。此为我所自知，但如因害怕困难而使中国自身并无计划，则最后只会留下亡国的祸根，因此不可不设法为之进行。

然而，通观现时各国对华政策，无论何国均以自国利益为主义，所谓辅助中国只是徒有其名。但是，日本固然要伸张自国权利，另一方面从东亚的大局而言，则须具有相当能力的中国之存在，因有此与他国不同的一种特别密切关系，中国为实行此项计划便务必求助于日本。况且日本是维新之后四十年来煞费苦心经营的实际模范，因而大有学习之必要。上述计划虽尽量先行内地铁路，后行边境铁路，但现今俄国对蒙古的压迫日益紧迫，故有一部分人士倡导应先行蒙古铁路，而此问题非得有日本充分援助就难以实行。（孙如此说着，一边拿出标有俄国在蒙古之预定线的地图，并表示愤慨。）

上述六万英里铁路，估计在二十年乃至二十五年间修筑，将之分成几个地区，以各地区作为承包工程，同时开始工程之筹划。资金在今日，除了外债别无他法，或可将六国银行团借款的一部分移用于此，或以修筑铁路为抵押借款，或采用其他适当办法。目前计划中的几个地区承包工程，须在二十年乃至二十五年间修筑完成，此后二十年间的经营可委托给承包者，从其营业中所得利益偿还本利资金，而于四十年至四十五年之后将各线归还给中国政府。现在虽有采取这一方针的打算，但其借款办法等尚未确定。至于在中国所出产材料如轨枕等，应尽量使用本国产品。像云南、贵州、伊犁、蒙古的大森林，大可利用于轨枕出产，但因交通不便，难以立即采伐运送，关于铁轨等亦存在同样困难。铁路计划期间的前五至七年内，工程进展可能迟缓，但约于十年后起便当谋图工程速进。从经济上考虑，铁路工程想尽可能招聘日本工程师。

不过对于上述计划，有一些中外人士视之为理想乃至空想而加以嘲弄。尤其在中国人中间，认为把本国各地利权送给外国人而表示反对者并不乏人，但这不过是没有看清中国前途之短见。实际上，在四川、广东、云南、贵州、广西、湖南等省，对我的计划颇表赞成。铁路总公司究竟是在上海或北京设立，尚未确定。假如不设在北京的话，因为当地还是中国经济及交通中心，故打算设置特别机关。目前上述计划所需临时经费，虽经袁世凯承诺，从北京财政部每月开支三万两，但这笔钱乃是暂时由财政部代垫，今后借款成立之际，拟用存款向财政部退还。

今后行动之预定

我的铁路计划概要有如上述，作为实行的次序，一方面要对预定线试行更为详细的研究，另一方面须谋求着手方法及筹措资金的借款办法。关于着手及借款方法，因为中国以往多有最终失败之虞，如上所陈，则务必先赴日本，对于自明治维新以至今日积累种种经验所经营的日本铁路，进行充分的实际视察并加以研究。

我本有大约于下月上中旬度日之打算，问题是日本能否真正欢迎我，并对视察等活动充分提供方便。我当然希望得到其帮助。预定在日本约停留两三周之后回到上海，随后暂返广东，在明年一二月间周游欧洲及美国，主要进行铁路视察，同时亦试作借款交涉（铁路借款交涉虽已有一二应征者，但据说其条件等尚未形成任何具体方案）。又若日本对我度日之举不会表达善意，就只好暂回广东，预计明年春初登上欧美视察之途。

据日本外务省档案《各国内政関係雑纂/支那ノ部/革命党関係（亡命者ヲ含ム）》［各国内政关系杂纂·中国之部·革命党关系（包括流亡者）］机密第八七号，一九一二年十月八日日本驻上海总领事有吉明致外务大臣内田康哉的报告《孫逸仙皈滬後ニ於ヶル鐵道計画　其他二関ヶル内話ノ件》（孙逸仙返沪后之铁路计划及其他有关内部谈话）原件影印件（加藤实译，罗福惠校）

日文原文见本册第591—595页

在吴淞检阅炮台时的谈话

（一九一二年十月十八日）

各炮老式的居多，尤其是四尊八百磅的英制炮，太老了，不能远射，似无大用。但目兵操演，极有精神，而且动作熟练，在各地炮台之上，可见平时训练认真。

据周南陔：《中山先生检阅吴淞炮台的那一天》，载一九五六年十一月十二日上海《新民报晚刊》

在镇江与李敬之谈话[①]

（一九一二年十月二十日）

李敬之请求孙先生为镇江向程都督[②]说项，免派特别捐，以减轻地方负担。

先生答以此系行政官权限，未便越俎代谋。况共和时代，每事须由省议会议决，方能实行，将来议会必能主持公道。

李又谓：镇江自津浦开车，商业大受影响，非赶筑瓜清铁路，不能挽回一二，先生总理全国铁路，敢请先生提倡。

先生曰：此议愿竭力帮助。

据《孙先生西行记》，载一九一二年十月二十四日上海《民立报》第七版

办一种事业须拿一种宗旨

在南京与倪贻荪等谈话[③]

（一九一二年十月二十二日）

办一种事业，须拿定一种宗旨，不苟且，不畏难，务达目的而后已，如是庶不负社会之企望而不失国民之义务。凡事非一人所能做成，天下之事甚夥，岂能尽料到。诸君既能发起此会，为社会造福，鄙人自当维持，还望诸君克尽义务，冀收完善之效果。鄙人本欲来会参观，适因事冗未果。

据一九一二年十月二十六日上海《民权报》

---

① 一九一二年十月二十日下午二时，孙文抵镇江。赴欢迎会时与镇江商会总理李敬之谈话。

② 程都督：即江苏都督程德全。

③ 倪贻荪、沈铁铮是中华实业筹进会发起人。是日下午倪、沈在南京江苏都督府进谒孙文。

批修铁路问题

在南昌与欧阳魁谈话①

（一九一二年十月二十六日）

欧阳魁问：铁路批与外人，战时运输，平时赁金，恐有防碍。

中山答谓：此不成问题，清国前曾以铁路批与英国，西班牙现曾以铁路批与法国，我仿行之，何害开放门户。须先收回治外法权，法权收回，战时有军令，平时有法律为范围，可无虑也。

据《孙中山在赣演说迁都》，载一九一二年十一月一日上海《时报》（四）

访日的目的

与秋山定辅谈话②

（一九一二年十一月上旬）

孙很高兴地欢迎秋山来访，并问他来意。

秋山答："我是来劝您暂时不要到日本的。"

孙说："那是不行的。这事早已决定，并且已经订好了船位。"

秋山说："但日本的大臣都决定不跟您见面。"

孙听了觉得很意外，并答说："我不是因为有事找大臣而才要到日本去的。我

---

① 是日晚孙文于中国国民党赣支部发表迁都演说后，又在谈话会上答复欧阳魁提出的问题。

② 秋山定辅曾四次当选众议院议员，对孙文的革命活动表示同情与支持。一九一二年，"孙中山拟于十一月望日前赴日本考察"（一九一二年十一月八日上海《民立报》），秋山定辅专程来上海劝止后，东京人士突然接到孙通知"中止"的电报，因有报道"孙中山因事展缓赴日，东京人士大为抱憾"。

的目的是想去谢谢我知心的朋友。”

孙以此为开场白，就其对日本的看法和对朋友的感情谈了足足三个小时，结论说：“就是所有的日本人不跟我见面，我也有对日本和日本人道谢的义务。那时，我将向富士山鞠躬回来。”

秋山说：“我听过您的义务了，听了三个小时。今天我不说什么，但我明天有讲三个小时的权利，您也有听的义务。可以吗?”

约好明天见面的时间后，秋山遂告别。

据陈鹏仁译：《论中国革命与先烈》（宫崎滔天：《桂太郎与孙逸仙——介绍者秋山定辅》，译自《宫崎滔天全集》第一、五卷，此文自一九二一年一月二日起在《上海日日新闻》连载），台北，黎明文化事业股份有限公司一九八二年十二月出版

给上海《民立报》的电话[①]

（一九一二年十一月十一日）

并无其事，恐有人在外处借名招摇，嘱为更正。

据《中山并无在各省社招股处之说》，载一九一二年十一月十二日上海《民立报》第九页

附：另一记录

并无其事，系外间误传，不足信也。

据一九一二年十一月十二日上海《民权报》

① 报载孙文在日本东京、南洋、美洲及国内汉口、天津、北京等地设立铁道招股处，孙乃打电话给《民立报》有此声明。

与黄芸苏张承樵谈话[①]

（一九一二年）

你们到美洲办党，应特别注意联络华侨中的领袖人物，使发生核心作用，要使一般侨胞了解现在是中华民国，不是昔日满清帝国了，中华民国是人人有权，人人是国家的主人翁，以激发其政治兴趣与爱国心情，更要使他们注重本身与子弟的教育，授予中外基本学识，以启迪其智慧。

据张承樵：《纪念国父回忆往事》，载王云五等著：《我怎样认识国父孙先生》，台北，传记文学出版社一九六七年出版

新国会与临时大总统选举

在上海回答宗方小太郎的提问[②]

（日 译 中）

（一九一三年一月二十九日）

余问：此次众议院议员选举，足下统帅之国民党取得优胜，得到大约议员过半数的议席。因此，在今春将召开的议会上，大总统之选举当然会如贵党之意愿，从以往的经验因缘来看，足下亦必众望所归，当选应无疑问。请问您果能奋起而承当此重任否？

孙答：议员之选举虽由我党取得胜利，大大超过半数，但总统选举时是否会推举余尚不可知。而余断然不会接任总统，惟望暂时在民间培植势力，做些实事。担任民国大总统其实并不容易。

---

① 一九一二年八月二十五日国民党在北京正式成立后，孙文委任黄芸苏、张承樵为特派员，办理改组美洲同盟会为国民党事宜。这是孙文对他们的训话。

② 一月二十九日下午，宗方小太郎前往上海英租界五马路三十六号中国铁路总公司拜访孙文，次日将访谈录交给日本驻沪总领事有吉明。文中提问者“余”为宗方自称。

余问：足下若不欲任此职，则势必推举黄兴君出任，不知黄君有此意否？

孙微笑曰：黄亦未必应允，当总统实为难事。

余曰：足下和黄君若不愿出任，国民党中别无适任之才。不得已时，岂非又要推举袁世凯？

孙曰：余个人相信，袁为最稳妥之人物，故推举他出任第一届总统方为上策。若袁落选，则军队之统领将成难事，甚至可酿成大乱。眼下不通晓我国事势之人，才会排斥袁世凯。

余曰：现在有人从事运动，欲将国会开设地点移往南京，足下对此持何意见？

孙曰：目前之情势不允许这样做，依然置于北京较为稳当。

据日本外务省档案《各国内政関係雑纂/支那ノ部/革命党関係（亡命者ヲ含ム）》［《各国内政关系杂纂·中国部分·革命党方面（含流亡者）》］第六卷，机密第一〇号，一九一三年二月一日日本驻上海总领事有吉明致外务大臣宗方小太郎报告《孫逸仙問答送付ノ件》［《呈送与孙逸仙问答之件》］原件，东京、日本外务省外交资料馆藏（赵军译）

日文原文见本册第595—596页

附：另一记录

宗问：在此次众议院议员选举上，属足下领导之国民党占有优势，约得议员之过半数，然则在今春将要召开之议会上，大总统之选举当然可能如贵党之意。由于足下之精力、功绩、威望种种关系，定为众望所归，当选无疑。君能勇承此重任否？

孙答：议员之选举虽然胜利归于我党，议员数目占有过半数之优势，而于总统之选举，是否选余，尚未可知。惟余断不肯担任总统，拟暂在民间为培养势力之事，要真实的担任民国总统非易事也。

宗问：足下若不欲为总统，则势必推黄兴君，不知黄君有意于此否？

孙微笑答曰：黄君亦可，然当总统实难事也。

宗曰：足下与黄君均不愿当总统，则国民党中别无适当人才，不得已，则至于再举袁世凯乎？

孙曰：余个人相信袁乃最稳妥之人物，故第一期总统以举彼为得策。设袁若落选，则军队难于统驭，恐将成为大乱之阶。目前排斥袁世凯者，乃不懂我国事态者之所为也。

宗曰：有人活动拟将国会之设置地点迁至南京者，足下对此高见如何？

孙曰：目前形势不容许，仍以设于北京为妥。

据陈明译：《孙中山就选举大总统问题答日本宗方小太郎》（译自外务省调查部编纂：《日本外交文书》第四十五卷第二册，东京，日本国际协会一九六三年发行），载中国人民政治协商会议广东省委员会文史资料研究委员会编：《广东文史资料》第五十八辑，广州，广东人民出版社一九八八年十一月出版

访日目的在图两国亲交

在日本下关答记者问[①]

（一九一三年二月十三日）

记者问：此次来游目的？

孙答：图中日两国亲交，并访旧友。

据《孙中山先生日本游记》，载广州《民谊》第六号，一九一三年四月十五日出版

在长崎车站与北川信从谈话[②]

（日　译　中）

（一九一三年二月十三日）

北川市长通过磯田翻译，用英语对孙文说："市民对孙氏的来访盼望已久，这

① 二月十一日，孙文以筹办全国铁路全权名义，乘“山城丸”自上海启程赴日本考察，十二日晚五时至门司，即乘船渡下关，至山阳楼小憩，受到门司、下关二市市长及新闻记者等二十余人的欢迎。

② 孙文于十三日上午在长崎登岸，随后乘火车前往东京。启程前在车站贵宾室受到长崎市长北川信从欢迎，双方进行短暂交谈。

次路过这里，本想用一些方式来表示一下真心诚意，但是没有空余时间，非常遗憾。希望在归国途中能够悠然视察本地。”

孙文听后，通过戴天仇的日语翻译回答说：“对于市民诸君的好意，不胜感激，请向市民转达。我在东京大概逗留两周，回国时一定在此留宿一夜。从现在起，我就很高兴地期待着这一天的到来。至于访问市长府上一事，虽然我也知道不登门致意是失礼的，但无奈没有空余时间。”

据《孫文一行寄崎——直ちに東上す》（《孙氏一行途经长崎——即刻东行》），载一九一三年二月十三日长崎《东洋日之出新闻》（蒋海波译，石川祯浩校）

日文原文见本册第596—597页

访日目的与选举大总统

在长崎车站与日本记者谈话

（日　译　中）

（一九一三年二月十三日）

访日的目的在于感谢革命爆发之际日本的好意，在政治和实业两个方面与日本交换意见。作为大总统，袁世凯或黄兴要比我更能胜任。但是如有多数国民推荐，我也许不会拒绝。

据《孫逸仙氏着（長崎）》（《孙逸仙氏抵达长崎》），载一九一三年二月十四日《大阪朝日新闻》（三）（蒋海波译，石川祯浩校）

日文原文见本册第597—598页

对当前中国局势的意见

在长崎驶往福冈列车上与日本记者谈话

（日 译 中）

（一九一三年二月十三日）

在大总统选举中，国民党多数人欲选举我作候选人的谣传，当然不是确切之事。万一被推荐，我也仅谢其好意，必让位于其他更合适的人选。就眼下的局势而言，毕竟还得有劳袁世凯君。大总统确定后，我的希望是引导政党，图其发达；与列国温和交流，谋求实业的充实。如果我辞退大总统的推荐，国民党大概会推荐黄兴，而黄兴本人可能也将辞退吧。

我确信六国借款当然能够成立。虽然眼下有一些波折，也不过是列强之间的小争议而已。而且交涉仍在继续，至于万一交涉不成功该怎么办的问题，在这里一时也很难回答。按照中国的现实来看，放弃借款的方针并非得策之举。

对于地方官制，我认为在现今的制度下没有必要作出明显改变。到目前为止，主要是废除总督、巡抚而改为都督，并新设民政署。过去的官制改革，新易其名而不改其实者甚多，我殷切希望此事能不重蹈前辙。

关于制定宪法一事，目前北京方面正在调查制定之中，想必会与国会同时产生。要之，其精神在于保障我国的国体。

对于蒙藏问题，并非没有意见，因为我的意见若经发表，恐怕要关系到国际问题，所以即使对亲信者也从未谈起过我的意见。

据《孫氏車中談（福岡）》，载一九一三年二月十四日
《大阪朝日新闻》（三）（蒋海波译，陈来幸校）
日文原文见本册第 598—599 页

重到神户的感慨与中国未来政策

在姬路驶往神户列车上与《神户新闻》记者等谈话

（日 译 中）

（一九一三年二月十四日）

我最早来日本时，正好是二十年前①。往来神户有十多次。我记得最后一次就是从神户离开日本的。那是明治四十三年六月二十五日的事，我搭乘“安艺丸”，变装更名，流亡至星加坡。与我同行的是三上商会的经理西川庄三。有传闻说我是在神户最早剪去辫子的，这是讹传。我在离开家乡香山时就下定决心，要做新世界的先驱，就剪掉了辫子。现在快要接近神户，想起这些往事，不禁感慨万千。本次访日将在东京逗留两个星期左右，然后经名古屋、京都、大阪再到神户，到那时就可以再相会了。此次来日本的目的：第一是与久别的旧友相会，畅叙久阔之情；第二是考察实业；第三是调查铁道状况，考究其沿革和发展的途径。往返各地预定为四十天，不会有什么意外的情况。

这次日本政变②实在意外。虽然是非正式的，但和桂首相、加藤外相、后藤递相③都有会见的约定。如果是这样的话，这些约定也许就没着落了。但旧友犬养先生④是民党第一位健将，想到他依然英姿飒爽地站在第一线的经历，就有一种春雨一过，花蕾就会开放的感觉。将来日本政界如何变动，这次访日也可以说是观察的奇缘。

---

① 一八九五年十一月，孙文在策动广州起义失败后初次来到日本，距今尚未及二十年。

② 这次政变以护宪运动为号召，导致桂太郎第三次内阁于一九一三年二月二十日倒台，史称“大正政变”。

③ 即总理大臣桂太郎、外务大臣加藤高明、递信大臣后藤新平。孙文抵达东京后，曾分别于二月十八日、十九日、二十四日出席加藤高明、后藤新平、桂太郎三人的欢迎宴会；三月二日桂太郎再次宴请孙文，并就发展中日关系及国际问题进行密谈。

④ 犬养先生：即犬养毅，立宪国民党创建者兼领袖，在当时推翻桂太郎内阁中发挥了重大作用。

往年流亡日本时是一个落魄的江湖之人，居所不定，犹如浮萍飘叶。故乡山水徒在远方，无法叩访家门。国籍虽然是中国，家居却在日本，不无遗憾。现在革命的大变局已经过去，创建民国的事业这一多年的愿望已经完成，有了作为中华民国国民的自我感觉。现在到第二故乡日本游历，回忆往昔，重温旧情，是何等的快事呵。有传闻说，大总统选举就在眼前，我却外出悠游，这是不尊重我意见的说法。我对华南的全体国民党员已经发出声明，决不当大总统，任何人也不会投我的票。虽然从人物的角度来说，黄兴也无疑是合适的，但在今日的情况下，再次选举袁世凯是妥当的，这也为一般人士所承认。可以无所忌惮地明言，在未来的大选中波澜将是很少的。

关于将来中国的根本政策，我相信，从政治、财政、教育等方面来看，将语言、习惯、风俗、教育等不尽相同的南北两地统一起来是第一个必要条件。所以比外交内政任何事情都重要的是，对充实交通机构应该付出更多的注意。因此，我确信延长和改良铁路是刻下的第一急务。但是如何才能使铁道得到发展，如何改良铁道，这要在调查各国的详细状况之后才能明言。

关于六国借款的问题，据传闻交涉有一些不畅通。这是各国提出的条件不够统一和协调所致。因为是局外人，所以自己不想多插嘴。据我观察，虽然会经历多重难产，但无疑是会成立的。作为我个人的根本政策是绝对反对借款的，不用说反对六国借款，就是连对其他的独立借款也要竭力回避。但在实际工作的过程中，不得已的时候可以作为弥补性的借款，但也应限制在少量款额的范围内。至于借款的利息，如果作为永久性的利息列出，那么终究是毫无益处的。比这更重要的是推行充实的币制改革，在岁入的限度内发行纸币，扎扎实实地防止现金的散逸。与此同时实行完整的税收制度的整理，这样就可以不必向外借款，何必徒劳地以辛苦承袭辛苦呢？

桂公①访问俄国，产生了日俄协商的风说。桂公的组织内阁引起了一部分中国的鲁莽人士对日本的疑虑，这也是无疑的事实。近来误解渐渐有点趋向缓和。像我们这样立场的人应该极力指正、教导这些人士，这才是中日亲善的第一步。

① 桂公：即桂太郎公爵。下同。

同时对于人文、人种都相同的先进国所怀的敬意，应该予以表彰。特别是要保障东亚和平的话，如果没有中日两国从根本上的握手是不行的。我本人欲以此次来访为契机，努力沟通两国国民的感情。

俄国在外蒙古的势力及其野心难以置之不理，而且近来显然带有破坏性的倾向。但是从《俄蒙条约》缔结后的态度来看，逐渐恢复了其稳健状态，我想将来俄国的对蒙方针一定会发生变化吧。

据《孫氏と語る》（《与孙氏的谈话》），载一九一三年二月十五日《神户新闻》（三）（蒋海波译，石川祯浩、陈来幸校）
日文原文见本册第599—601页

民国的外交内政问题

在姬路驶往神户列车上与《大阪朝日新闻》记者谈话

（日　译　中）

（一九一三年二月十四日）

以访问旧友为目的来访的孙逸仙和随员及宫崎滔天，将于十四日上午九点通过大阪站东行。记者为欢迎这位远方的稀客，特意到姬路迎接。孙氏身着黑色大衣，与前来欢迎的人们一一握手，在表示感谢之后，回答了记者的提问。

白人的日华离间计策　有人说桂公在俄国访问之际，就满蒙问题达成默契，其结果一定是导致满蒙的分割；关于俄蒙问题，日本不进行任何的干涉正证实了这一点。这一传闻不仅是外文报纸，就是中国的报纸也有报道，因此挑起了中国人对于日本的恶感，这也是事实。不用说，这是白人野心家的诡计。贵国是民国的兄弟，无论到什么地步，都应该互相帮助。

借款与民国　接着记者问起了对于六国借款的意见，孙氏说道：如果让我承担六国借款谈判的话，我早就中断这个谈判了。因为六国借款是一种有政治意味的借款，正如提出颇为苛刻的条件就足以证明这点一样。暂且不提现时中国的状况混乱，即使没有六国借款，也并不是到了无法运行的程度。解决民国现状的方法决不是金钱，以金钱为国运惟一基础的是西方。六国无理的要求是我们无法容忍的。而且日本在这个六国借款团里，这无疑成了外国人更加强硬地主张其要求的原因。

民国宪法　即使有许多纷繁复杂的情况，在今后六个月以内，民国政府也必将宣布成文宪法。这个宪法如今在北京起草，其特色是以民国的现状为基础，酌情参考了法、美两个共和国的宪法。也就是说，大总统是以一般选举法为依据，由一般有权者选举出来的，其任期是六年，不得连选。议院由上下两院构成，下院由各州选出的代表议员六百名组成，具有立法权限，其任期为四年。而且各州又设州议会，具有制定发布地方特种法律的权限，各州知事也由选举产生。陆海军由政府统辖，官吏任命权也属于政府。但是目前还难以预测在议会中会有何种改动。

我的全国统一方针　在选举大总统，召集议会，制定宪法以后，我想首先应该改革币制，促进产业发展。建设贯通全国的铁路，普及教育，统一国语。同时制定统一全国的计划。像以《俄蒙协约》为基础的蒙古独立是我们决不能承认的。满、蒙、回、藏都是民国一部分。

据《孫逸仙氏を迎ふ》（《迎接孙逸仙氏》），
载一九一三年二月十五日《大阪朝日新闻》
（一）（蒋海波译，石川祯浩、陈来幸校）
日文原文见本册第601—602页

中日关系与内外政策问题

抵神户车站后在列车中与日本记者谈话

（日　译　中）

（一九一三年二月十四日）

第一故乡　人们常说第二故乡，就我个人而言，日本却是第一故乡。二十年前初次来日，特别是神户这个地方，往返十数次。今日宿愿终得实现，重游因缘深厚的故山旧水，何等的快意呵！回想当年，身为亡命之客，放浪江湖，明治四十三年六月二十五日，隐身于“安艺丸”之中，离开神户码头，奔赴星加坡。这是最后一次离去充满回忆的日本，如今真是令人不胜感慨。现在我称中国为第一故乡，而日本作为第二故乡，永远留在脑海里难以忘怀。所以今日重见旧知的青山流水，与有多年交情的旧友们相见，不亦乐乎？这就是我来日本的目的，除此以外，在于学习日本实业界特别是交通设施及其政策。

中日两国的提携　必须不断助长唇齿相辅、同文同种的中日两国愈加亲密的交往。桂公此次访俄与桂内阁的倒台，确实引起中国的误解，这虽然是无可否认的事实，但不能因此就断定有识者阶层都陷入这种误解之中。当然，疑团误解即使限于无知阶层，终究也不是可喜的现象。使之冰释溶解很有必要，也是我们的责任。若能在近期内得到冰释，对双方来说是同样值得庆贺的。日本是东方的先进国家，作为友邦，不仅要亲善友好，对其指导援助的期待也是很大的。

第一位是交通政策　对民国现在及将来，依我所见，其发展的第一要素在于完善交通机构。拥有广阔四百万平方里的土地，交通依然甚不方便。首先要铺设四通八达的铁路，补其缺陷，是为最紧要的事。交通机构整备成形后，才能期待政治、教育及经济事业的振兴。现在尚在计划之中，有待他日向各位请教。

对本次政变的看法　对日本的这次政变，我没有什么观察的眼力，亦非我所能谈论。然而对于民间舆论的威力及国民的奋斗，确实感到很大的兴趣。

俄国之对蒙政策　俄国对蒙古的行径显现出其破坏的锋芒。最近，也感到其对蒙政策的变化。原来俄国在蒙古专事排除中国人，现在这一倾向渐趋减少。这或许可以看成是俄国对蒙政策变化的一个征兆。关于蒙古的将来，我想指出库伦仅是蒙古的一部分而非全部这一事实，来作为我的回答。

大总统选举　议员选举的结果，胜利已归国民党，而作为正式选举的大总统，即使大家推选，我也辞之不就。关于此事，当时在国内已经言明，国民党也不会作出推选我的决定，而且应该选举谁，党内尚未作出决定。

借款无必要　现今的一个问题，即六国借款是否能成立，其实没有必要过分重视。即使不依靠六国银行团，借款的途径也会很多。但借款是有利息的，所以借款的成立，也不是没有徒使国民负担其必须支付利息的义务，最终导致民国破产的可能性。在改革财政、币制、税制的基础上，增加岁入并非难事。在应得岁入的范围内作财政的运作才是最安全的。

据《孫氏の車中談》，载一九一三年二月十五日《神户又新日报》（二）（蒋海波译，石川祯浩、陈来幸校）
日文原文见本册第603—604页

回忆初到日本时的感受

在神户驶往东京列车上与泽村幸夫谈话①

（日译中）

（一九一三年二月十四日）

火车开动后，孙文望着窗外说："二十年前我曾经在这里靠山的地方住过，具体地点记不起来了。人说第二故乡云云，但那时我连第一故乡也没有。我来日本是因为被驱逐出了故乡，是一个漂泊者，即所谓天涯孤客。而且日本警察不管我去哪里都会尾随跟踪，令我感到心烦不痛快。遇到太过分的警察，我就会迁怒于他，喝令他即时走开！"

据澤村幸夫：《孫文送迎私記》②，载东京《支那》第二十八卷第八期，一九三七年八月发行（马燕译）
日文原文见本册第605页

① 清末泽村幸夫曾到湖北留学并任职于中国机构，熟习汉语，被《大阪每日新闻》聘用为临时记者，随同孙文赴日本各地访问（后于一九一六年被正式聘为该报专职记者）。

② 泽村幸夫长期在大阪每日新闻社任职，此时为该报社东亚通信部顾问，在其前言中说，本文乃为纪念孙文辛亥革命后三度访日所撰，撰写时采用他当年笔录的相关内容。

在日本国府津答记者问

（日 译 中）

（一九一三年二月十四日）

记者问：平生崇拜者何人？

孙中山答：予所崇拜者平民。

据澤村幸夫：《孫文送迎私記》，载东京《支那》第二十八卷第八期，一九三七年八月发行（马燕译）

在日本冈育造之主持的宴会上的谈话①

（一九一三年二月十九日）

中国日本两国有数千年亲密关系，种族、文字相同。两国之外交，不宜依随世界列国之共同行动，当恢复古来亲密之关系。中日两国宜取一致行动，以保障东亚之利益。

据《孙中山先生日本游记》，载广州《民谊》第六号，一九一三年四月十五日出版

在东京与桂太郎谈话②

（一九一三年二月二十日）

日本击败帝俄之后，如其南向海洋，协助中国国民革命，解除不平等条约的

---

① 大冈育造时任日本众议院议长。

② 桂太郎于一九一二年十二月组阁，为日本首相兼外务大臣。孙文与桂太郎会晤密谈两次，当时仅秘书兼译员戴季陶参加，故中日资料中也只有戴的忆述。

束缚，共同阻截英国的霸权于亚洲之外，亚洲民族由此获得自由平等；惟有中日两国互相信赖，共同努力，方才能够达到这远大的目的。

据陶希圣：《五四运动的历史位置与时代意义》

在日本铁道协会欢迎会上的谈话[①]

（一九一三年二月二十日）

古市公威询问孙先生办铁道筹款方法，孙答：用公司名义，由政府担保借外资。

据《孙中山先生日本游记》，载广州《民谊》第六号，一九一三年四月十五日出版

在东京与内田良平谈话[②]

（一九一三年二月中旬）

孙：现在实质上的革命已经成功了，还是请诸位帮助我们。

内田：我们不是已经在帮忙吗？

孙：这时虽说不能完全取消不平等条约，不过在最近无论如何要关税自主，因为这样我们对于国民才有信望，所以仍请大家继续帮忙。

内田：这是重大问题，最好先问犬养、头山[③]两位前辈，我们当然愿意帮助。

据《追怀孙中山先生座谈会》，载丘权政、杜春和选编：《辛亥革命史料选辑》上册，长沙，湖南人民出版社一九八一年九月出版

---

① 是日午日本铁道协会于精养轩设宴欢迎孙文。会长古市公威询问孙办铁道筹款方法，孙即席谈话。

② 一九一三年二月，孙文赴日本考察，在东京住在帝国旅馆内，约见内田良平、宫崎寅藏、尾崎行昌等谈话。

③ 头山：即头山满。

谈竞选总统事

在东京与日本记者谈话[①]

（一九一三年二月二十五日刊载）

正式大总统选举在迩，外间有不知鹿死谁手之言，故有发疑问者。然以余观之，正式大总统仍非袁莫属，盖袁在政界多年，阅历、威望、魄力三者俱备，足以统一南北而悦服中外。今中国破坏已终，建设方始，非法、美已成之共和国可比，为大总统者非有威服中外之人不可，故此时之大总统袁最合格。至若吾辈虽有理想与热诚，而办事实力远不逮袁，故余早决心投身实业界办理铁路以贡献于国家，至于大总统地位固非余所望。设有大多数国民属望于余而选为正式大总统，余决不就。

据《孙中山之选举正式总统谈》，载一九一三年二月二十五日天津《大公报》第一张

向山田良政遗属致谢的谈话[②]

（日　译　中）

（一九一三年二月中旬至三月上旬间）[③]

此行在东京时，孙先生曾经从我的故乡弘前（在青森县）请我双亲和嫂嫂到帝国大饭店来，而对之说："对于良政先生成为为辛亥革命牺牲的第一位外国人这件事，我谨代表中国全体的人民表示谢意。"同时，题赠家父浩藏以"若吾

---

① 当时国内正处于选举正式大总统的前夜，孙文为避与袁世凯竞争之嫌，乃往日本访问。

② 山田良政因参加一九〇〇年惠州起义在战地牺牲，此次孙文到日本访问，特地通过其弟山田纯三郎邀请其父亲山田浩藏、母亲及良政之妻到东京会晤。本文对孙文使用第三人称，"我"为山田纯三郎自称。

③ 底本未说明日期。此据孙文在东京逗留时间酌定。

父——孙文”的牌匾。

据山田纯三郎：《シナ革命と孙文の中日联盟》，载嘉治隆一编：《第一人者の言叶——同时代人と次代人とに语る》（山田纯三郎：《辛亥革命与孙文的中日联盟》，载嘉治隆一编：《魁首之言——说与同时代和下一代人》），东京，亚东俱乐部一九六一年二月出版（陈鹏仁译）

在日本各地屡向记者表述之意见①

（日　译　中）

（一九一三年二三月间）②

即使余被推举为大总统，亦将辞退不任。与之相较，余更希望倾注全力于现在业已开始的铁道建设。全国铁道，在开通干线粤汉铁路之后，将顺次扩及其他各线。

民国首要应着手者为币制改革，余对此深具信心。民国现时之岁入约三亿元，若加整顿可达二十倍，此实乃显而易见之事。

据澤村幸夫：《孫文送迎私記》，载东京《支那》第二十八卷第八期，一九三七年八月发行（马燕译）

在东京与桂太郎谈话

（一九一三年三月二日）

就大亚细亚主义精神言，实以真正平等友善为原则。日俄战前，中国同情于日本；日俄战后，中国反而不表同情。其原因：在日本乘战胜之势，举朝鲜而有

① 底本说明，孙文在访日期间每至大的车站码头，常向新闻记者阐述本篇之意见。

② 底本未说明日期。孙文此次访日起讫于二月十三日至三月二十三日，据上注所言，乃标为二三月间。

之。朝鲜果何补于日本？然由日本之占领朝鲜，影响于今后之一切的，不可以估量。此种措施，为明智者所必不肯为。

据《胡汉民先生遗教辑录》，广州，中国国民党中央执行委员会西南执行部一九三六年印行

日本侵占朝鲜违背大亚细亚主义精神

在桂太郎宴会上谈话①

（一九一三年三月二日）②

孙先生语桂太郎云：就大亚细亚主义精神言，实以真正平等友善为原则。日俄战前中国同情于日本，日俄战后中国反而不表同情，其原因，在日本乘战胜之势举朝鲜而有之。朝鲜果何补于日本？然由日本之占有朝鲜，影响于今后之一切的不可以估量，此种措施为明智者所必不肯为。

桂太郎闻言悚然，语孙先生云：余此次受命组阁仅三阅月，使余能主政一年，必力反所为，有以报命！

据《胡汉民先生遗教辑录》，广州，中国国民党中央执行委员会西南执行部一九三六年印行

---

① 孙文应邀出席日本前总理大臣桂太郎在其府邸举行的晚宴，随后两人就今后发展中日友好关系及共同抗击英、俄等问题进行长时间密谈。孙文的这段谈话内容为随员胡汉民事后追记。

② 底本未说明日期。因上次二月二十四日晤面时间甚短，故酌定为本次长谈的日期。

讨论中国兴业公司计划书

在东京与涩泽荣一等谈话①

（日　译　中）

（一九一三年三月三日）

涩泽：这宗旨和计划书是益田、大仓两位先生之外，加上七八个人内部商量好的，如果真正实行起来，日本方面的人将会尽力而为的。现在跟您直接来商量，是打算由三四个人，像平日朋友之间的谈话那样，和您极为融洽地来商谈的，望孙先生听取。因为像那些外交官的谈判那样来谈是不可能彻底表达衷情的，所以希望像亲友那样来说。

孙：中国兴业公司这个名称，从汉字来说是好的，但从英文来说，我觉得China Exploitation Co. 不妥当，不如用 Develepment 这个字为好。其次，对于第二条组织的意见，我始终认为还是以根据中国方面的法律为好。理由是：第一，如今在中国已经有了关于公司的法律，即从清代起已经有了叫做公司律的，当然它还不是完全的法律，但属于公司的法律，大体上，是没有错的，而且现在国会也快要开会了，所以目前正在实行的公司律即公司法，现在仍然实行是没有妨碍的，何况在国会开过会之后，所改正的法律，短期内就会实行的，此其一。其次，现在国会议员里面，国民党是第一多数，过了半数。所以，国民党议员所主张的就是我们所主张的，因此，对于这次关于全部法律怎么样制定才妥当这回事，国民党握有全权。由于这样，关于法律：怎样才算妥当的问题，可以做到从总的方面同自己所考虑的一样的措施。再一点是，如果根据现在中国的法律来办的话，要进入内地营业是容易的，如果不是这样而是根据外国的法律来办的话，虽然在上海、南京那样的通商地点可以进行营业，但想进入内地是困难的，因为这是所谓

① 是日涩泽荣一约山本条太郎、益田孝、大仓喜八郎至三井物产会社与孙文逐条讨论中国兴业公司计划书。

国家的主权问题。根据现在各国的法律，公司、个人都不能进入内地从事营业的。如果它是根据本国的法律的，那就由本国的法律来管理，我想这样的问题，尽量根据中国的法律，就可以进入内地从事各方面的营业。再一点是，例如在从事各种各样的营业时，如果是根据外国的法律，则在遇到特别的事件时，非得到政府批准不可，如果是根据中国的法律，则只要总的方面不涉及法律上的问题，即使没有得政府的批准，仍然是可以付诸实行的，这样就方便了。所以，对于这个组织，我想仍然是以根据中国的法律为好。

益田：对于所从事的那些事业，如果是由别的公司来经营的话，那是不错的。但现在和您商量的公司，我们只不过就它作为研究的媒介来谈罢了。所以，对于刚才阁下所说的所从事的事业，不消说，是哪个国家的事业，就要根据哪个国家的法律来办事，我们都是这样主张的。但是现在所商量的公司，就它向内地从事的事业来说，没有什么要紧，只不过限于进行调查的事业罢了。那么，虽然并没有单只允许贵国的人从事的意见，但既然已经把日本人引为同伙来一起商谈，那就不根据贵国的法律，也不一定会有什么障碍的。既然日本人参加了，毕竟还是要根据日本的法律来办事的。至于今后办的事，像您现在说的那样的方法是便利的。尽管这样，如果非完全根据中国的法律不可的话，我想日本人也会踌躇起来的。就这个公司来说，我想还是以根据日本的法律为好。

孙：如果根据贵国的法律，目前在中国，根据贵国法律的公司已经有很多了，例如三井的公司，大仓物产的公司，都是根据贵国的法律的，我想，那跟我们所说的公司就没有什么区别了。

益田：那个区别不是别的，就是必须在日本的领事馆举行登记。因此，随着贵国国会的开会，就裁判法和其他作总的准备，可以说公司是在它的法律之下首先建立起来的，甚至连跟日本人合办的公司也仍然有根据日本的法律的，或者是已经向香港政府登记了的，在工作上并没有遇到障碍，加上这个公司资本的筹集，大多不得不由本人来张罗，我以为只要根据日本的法律来组织，也就不会有障碍的。我们创办的日法银行也是根据筹集资本多的一方的国家法律来办事，是便利的。所以，由此而产生的事物虽然有区别，但单就这个公司来说，可以根据日本法律，而且，我们这并不是说贵国的法律怎样怎样，我们的主意并不是说贵国的法律担当不了因而想要根据日本法律，所以，希望对这个不要产生误解。

孙：那么，现在只进行调查，到将来开始实际工作的时候，总会改为根据日本法律的。

益田：这个公司不会改的，还有，将来由这个公司的援助所产生出来的事物，对贵国所办的事业，可以根据贵国的法律，但是这个公司并不举办那样的事业，它是提供援助的公司，没有进入贵国内地的必要。

孙：现在即使马上根据日本的法律来确定，但将来回国以后，国民对这件事会怎样考虑，实在有些担心，或者至于被误解也未可料，因此，现在想把这个问题暂时除外，改谈别的问题。

涩泽：那么改谈第三条吧。

孙：对第三条没有别的意见。

涩泽：第四条虽然没有写明资本的最高额，但是考虑过怎么说法，已经说明是五百万日元，两国人各持半数这个情况了，因此，暂时缴纳这个数目的四分之一即六十二万五千日元，并在这里说明，经过股东大会的决议，可以增加资本，所以，股票是记名式的，非经董事的同意不能转让，虽然在日本的普通法律里，如果随意转让而申报了是可以的，但是因为这个是特种公司，我想经过董事的同意才能转让是妥当的，所以特别这样写下来，这对董事是否妥当，会不会不够方便，这是需要考虑的事。

大仓：总公司一定要设在上海。

益田：设总公司在上海，从我们这方面一个一个前去能行吗？又所说的第一次缴纳四分之一，民国的商法是怎样的呢，不清楚，如果合适的商法没有完成，那是弄不清楚的，所以，我想大体上以依照日本的法律为好。

孙：关于资本，一千万日元怎么样？一千万日元资本，最初缴纳多少是另一个问题。大体上的意见是，资金金额定为一千万日元，缴纳五百万日元，剩下来的一半，是股东的责任。例如，假若没有全部缴纳的必要，不缴也是可以的。这样一来，从一千万日元的资金中可以节省一半的钱的做法，我想是可以的。因为现在所说的组织合办公司，如果资本金额少了，我想信用就会低些，如果稍为增大些，在保证信用上，我想不是会更为有利吗？

涩泽：阁下的想法已经领会了，但我们的意见和孙先生的意向稍为不同。这个公司倒不是拿自己收集了的资金着手去直接办工业啦，采矿山啦，搞运输啦，开银行啦等等这样的事，而是进行所谓策划开发事业，调查物资，和进行以这样所说的方法立案，作为媒介来组织别的公司的。对于这个公司，是以提供日本或其他国家的资本为目的的，因此，虽然相当的信用不能不有，但积存了过多的资金也是不必要的。所以，资本额也不要那样大的资本，最大五百万日元左右就可以了，我以为三百万日元也是可以的，就进一步定为五百万日元吧。因此，虽然说是一千万日元而缴纳五百万日元，倒不如五百万日元而缴纳其四分之一，剩下的四分之三，按照阁下的方案，始终是股票持有者的责任，事实上，是不需要把五百万日元全部缴纳的。

孙：资本和股份，我想大体上像阁下所说那样是可以的。那末营业所又怎样呢？

涩泽：虽然写上了营业所设总公司在上海，分公司在东京，但因为对于第二条组织，如果按照益田君所细致地和阁下谈过的那样，位置是不能不改变的，所以这也和第二条的问题一起来确定吧。其次，第六条的干事，从中日两国股东里在大会上选出董事十名、监事四名，在董事中选出总裁一名、副总裁一名、常务董事两名，这样是为了处理日常的事务的。

大仓：中国的合办公司，都是设两名叫做总办的，没有副总裁，我们开办的木材公司等，也都是两个人的。

山本：愈是根据中国的法律，就愈是设置两个人为妥当。

益田：这个问题，是从议会所产生的法律的惯例来说的，实际上倒不是两个人的意思吧。

孙：我是这样考虑的，设总办两人毕竟也许会导致工作上的困难也未可知，会导致权利上的冲突也未可知。因此从工作上的便利来考虑，我想设一个人的办法是妥当的。

大仓：无论哪一个办法妥当，我想还是设两个人的办法为妥。

孙：从事实上来考虑，我想设一个人的办法为妥。

木〔大〕仓：这会妥当的，如果不是根据中国的法律，是实现不了两个人的。

涩泽：其次，股东大会的事，连同营业所一起，如果是根据日本的法律的话，那不改变是不行的。而且，定期大会在总公司的所在地召开，临时大会在总公司或分公司的所在地召开，我想是可以的，但这样不知营业所是否违反了按照组织的协定呢?

孙：这个问题，从完成这样的事情来考虑是妥当的。

涩泽：关于第八条的债券，根据兴业公司董事的决议，发行中国兴业公司债券，但中华民国政府应准许本债券之发行，并尽力承担努力保护其利益，日本的资本家在债券发行时尽其努力购买债券；我想如果公司是根据日本的法律来决定的话，那末这一条条文怎样来处置呢?

山本：这是根据中国法律办事的情况下的问题了。

涩泽：根据第二条组织的变更，债券的条文也非得修正不可。

孙：所以说中国政府准许本债券的发行并保护其利益云云，是因为不知道今后怎么个说法，但现在并没有所说的例子，因此，这怎么办才妥当呢?

涩泽：阁下提问得好，我也是那样想。合起来说，因为这二者对于中国兴业公司的兴起来说，是所谓希望所在，所以我们不能够说贵国政府要服从它或者不必服从它，这只不过是我个人的希望吧了。

孙：现在铁路总公司是得到国家的许可的，但并不是所有的铁路总公司的规章都非得到国家的许可不可的。还有，就将来而言，做什么事情也都不得不一一得到政府的许可，或者，即使是规章以内的事也好，超出了规章之外就一定要取得政府的许可，总之，政府就可以进行干预。因此，怎么样说然后才是呢?现在，有关全国的铁路干线都是由总公司办理的，因此需要大量的资金，它向国外发行的债券，如果在发行时没有得到政府的保证，就难以筹借到，因此实际上是得到政府的许可和保证的。这样，一方面来看，虽然是得到了政府的许可和保证的利益，一方面却又由政府的干预而带来不便。

大仓：那末，这里虽然写上了债券的事，但也一定要得到政府的许可才能付之实行的。

涩泽：债券的问题即使是写上去了，但也有光只是股东所不能确定得了的事，仅仅从希望出发来写上去是没有用处的，既然说写上去也确定不了，那倒不如除去为妥。

孙：我想这样办妥当。

涩泽：第九条是资本的介绍，这可区别做三方面的来往，即本公司对日本的或外国的资本团实行供给资金的介绍，例如，对于拥有日本的银行聚会所那样的公司，这是一个所谓具有介绍限于从募集资本来提供帮助方法的公司，在以上场合，本公司向日本的或外国的资本团，根据内外市场情况，以债务者即要求资本的人所愿意接受的比率的方法，努力筹募资金，所以，说是日本的资本团，意思即是包括了在东京和大阪的有实力的银行，计划书概要上面就是这样写的。

孙：第九条这样会是妥当的。

涩泽：这个事业，过去多次说过，那末，对于贵国实业的发展，例如建造铁路、矿山、钢铁厂啦，或者建设为铁路服务的工场啦这样的场合是不少的，这些都看得出是中国要发展未来的事业时所不得不应当首先投入力量的工作，而且，郑重地仔细思考一下，对于某些不得不请求政府许可的事，经过一定程序得到政府的许可，例如，作为公司也好，在贵国由贵国或和日本人合办的也好，都一定要有资本，而由于两国国民拿不出所许可的资本，为此，资本的介绍就成为必要，从程序来说，方法的调查（就是对于经营所采用的方法进行查核），当局的许可，资本的介绍等程序的建立和执行等，真正的事业就产生了，这样，我想这个公司的本能就发挥出来了。

孙：第九条我想这样大体上是妥当的。

涩泽：其次，如果有幸由孙先生在贵国竭力办事，而在日本方面则不止我一个人，这里就有三个人，我想不用写三个人的名字，就写我一个人的名字作为总的代表会是妥当的吧？

孙：这样妥当。

涩泽：那末，再回到原先的法律问题怎么办吧。在我们早几天过目的时候，或者从贵国的法律来看，想来是没有妨碍的了，现在虽然没有说一定要绝对地根据日本的法律，但益田先生已经多次和您谈过，办公司的事倒并不是从事于进入内地的工作，既然看得出来这个公司有幸由孙先生来考虑实行，那末我想就按照益田先生的话来办吧，我不知道如果有了大的妨碍时是否一定要再考虑一次，但作为个人的希望，是想根据日本的法律来成立的，而且孙先生如果这样做的话，那岂不是三井、大仓也已经有过的吗？说到选择哪一种呢并不知道，而且那倒不是合办的，这一回则完全是合办而特别成立的，我想对于贵国全体来说，既然所谓三井、大仓是性质不同的事，所以是不必担心的，同时，如果依孙先生的考虑，对贵国的人怎样想法十分担心的话，我是不希望先生这样的。

孙：道理上怎么说且不谈它，因为我不得不把计划书带回去和资本家当面商量，然后决定。

涩泽：如果那样，作为原案，是否以根据日本的法律为妥呢？

孙：我想目前以不写为妥。

涩泽：如果这样，那就不写吧。我想可以把计划书誊正，各存一份，将来共策进行。我方除了这里的三个人之外，还有二十个信赖得过的人，如果这事办得成的话，可以一起商量怎么做。由于那些人都是和贵国有关系的有实力的银行或其他公司的人，我方希望，如果贵国认为妥当的话，就立即把它办成。

孙：现在还有一个问题，从这里把计划书拿回去，虽然立即和对手商量，但到那个时候来处理目前的状态，或者拿出全部资本会稍有困难亦未可知，这个不要一定说是这样做，或者这样说了能否办成是不知道的，到了那个时候怎么办呢？

涩泽：这在前几天曾经说过，例如对于一方面承担半数第一次交款六十二万五千日元，一方面其中百分之三十虽然认了数，但没有拿出钱来啦，或者虽然认了半数的款，但拿出的不到三十万日元啦，或者再多一点都交纳不了啦等等的情况是会有的，假如这样的话，那我自己来筹画贷款吧。

孙：对于这件事我是这样来考虑的，由于目前处在十分困难的情况，如果要在中国立即推销股份，或者是困难的也未可知，所以，如果对这个可以通融的话，由我一个人来承担四分之一的款吧。

涩泽：这样一来，由于贵国的人没有一个，我想所谓合办实际上就成为不存在了。

孙：然后在公司办成之后，那时再来卖股份怎么样呢？

涩泽：即使在贵国可以这样做，但如果暂时根据日本的法律的话，合办公司的多数股东是会有的。至于说到一个人承担，当公司成立的时候，由于只有孙先生一个人成为股东，那所谓两国合办公司岂不是成了有名无实吗？希望孙先生在实业家中物色十个或十五个适当的人作为同事而组织起来，即主办者系孙先生和孙先生所信赖的十至十五人的集合体，我想这样是妥当的。

孙：说是一个人承担，并不是一个人把股份都承担了。例如，现在回国虽然可能把十到十五位资本家集合起来，但是目前要拿出现金大抵是十分困难的，因此，由十到十五个人集体来承担股份，然后，交纳短期的现金，我之所以这样说，是因为如果贵方或者可以通融的话，则由我自己将债务承担起来。

涩泽：这样就没有抵触了。

孙：然后，如果到了说的那个时间，若一年则一年后，若半年则半年后，到那时如果上海其他所有商业上、金融上到了恢复的时间的话，当从那时改为交纳股金。

涩泽：中国方面的承担，在这个计划里是二百五十万日元，而交纳股份的四分之一的金额则是六十二万五千日元，我之所以说如果贵国方面不可能一次交清（例如由于虽然交纳了百分之二十或百分之三十而未有交清）而提出了贷款的话，是因为我不论如何筹画，都要从日本通融到资金，但因为把交不清的都全部由日本人来承担会变成不是合办，所以，承担金额的交纳不足部分，贵国以分担适当的比例为宜，以免股东们感到为难。

孙：目前的处理虽然尚未明确，但总而言之，现在的情况是拥有不动产的人多，由于通融现金非常困难，可以把这些人集合起来，由我来抵押不动产，然后，如果我们拿得出钱来，我就从旁来劝他们买股份，股东可有十人或十五人。

山本：总之，这是我们的商议得到通过的意思。

涩泽：所有这些事情一定尽力办理。

孙：总之，如果这样办的话，我希望立即办成，但或者这样办不成或者稍为迟一些也未可知。

涩泽：大体上，您说的解决了问题了，因此希望在这计划书中把要抽的抽出来，把原有的写上去，把彼此之间进行过的这些商议全部确定下来，我十分盼望这件事的实行，前几天的强调，决不是劝告的意思，既然我想的并不是利益，我恳切地希望不出差错，既然完全是为了两国的事业着想，让我们从这件事实开始努力，把精神放到目的上去，我想孙大人也一定有这个心意的，因此，彼此之间把这次全部商谈过了的都写成书面保存起来的方法，我想是妥当的吧。

孙：请把第八条删去。

据《事项九：关于中国兴业股份公司设立之件》，外务省调查部编纂：《日本外交文书》大正二年第二册，东京，日本国际协会一九六三年发行，载广州《岭南文史》一九九〇年第二期（陈明译）

在大阪市肝付市长午餐会上的谈话[①]

（日　译　中）

（一九一三年三月十二日）

现在，敝国仅仅完成了在政治上的革命，迎来了专心谋求经济进步的时期。听说大阪是日本工商业的中心，日本的中心也就意味着是东方的中心。此次来大阪受到如此欢迎，希望两国在经济上也能互相提携，以此来强固敝国的根基。

据《在阪中の孫氏》（《在大阪的孙氏》），载一九一三年三月十三日《大阪朝日新闻》（三）（蒋海波译，石川祯浩校）

日文原文见本册第605—606页

增进中日贸易关系和互学对方语言

抵神户后与日本记者谈话之一[②]

（日　译　中）

（一九一三年三月十三日）

此次访问贵国，所到之处都受到热烈的欢迎，不胜感激，也非常高兴。在东

① 孙文于三月十日下午自奈良抵达大阪。十二日下午应邀往市役所出席肝付市长的午餐会，席间进行友好交谈，并向市港湾课田川课长详细了解大阪港口的建设情况。

② 孙文于三月十三日上午自大阪抵达神户，受到以鹿岛市长为首的日本官绅及华侨商学界千余人的热烈欢迎。随后来到下榻处欧里因多旅馆，接受日本记者的采访。

京、大阪等地还见到了多年来的老朋友，甚感欣喜。此次访问对所有见闻都留下深刻的印象，特别是我曾多次来到本港，感慨也特别深。

贵国与中国同文同种的关系应该是最密切的，但在事实上往往有与此相反的事情发生，这是我最感遗憾之处。在东京以及其他地方，我都明确表达过这一意见。我痛切感受到，作为两国亲善的一个手段，就是两国国民要互相学习对方的语言，增进通商贸易。特别是贸易关系，有助于密切两国交往，促进两国语言普及，以及了解对方国民性，也应是今日两国的最大急务。

民国的铁道铺设是我的任务，希望能尽快完成。关于现在敝国的铁路铺设，虽然固定资本不足还不明显，但是流动资本有所不足。就眼下的事业经营而言，第一要准备做的便是振兴工业和实施金本位制。

贵国不仅在物质方面，在思想、教育等方面也有很多值得我们参考之处。我主张，无论是基督教还是孔教，举凡世界上人道的宗教，都应该把主要着眼点放在国民教育上面。

据《來神せる孫氏歡迎會と其の演説》“孫氏の談”（《来神户的孙氏欢迎会及其演说》“孙氏的谈话”），载一九一三年三月十四日《神户新闻》（三）（蒋海波译，陈来幸校）

日文原文见本册第606—607页

欧美友人与读书爱好

抵神户后与日本记者谈话之二

（日 译 中）

（一九一三年三月十三日）

孙氏接见到访的记者们并一一握手，通过戴天仇翻译致谢辞道：“自上月十三日到长崎以来，所至之处都受到贵国官民无尽的欢迎优遇，使我深感无上光荣和衷心喜悦。对于诸位的好意，我想请报界向贵国官民表达满腔的谢意。”

…………

当有记者问起英国大恩人康德黎先生的动向时，孙氏眉眼间浮现出回忆和怀旧的神色，回答道："与国手夫妇经常通过书信联系。国手现在已经年近古稀，精神矍铄，仍操刀做手术。他们还经常给我一些有益的忠告。"

话题转移到军事顾问荷马李将军，孙氏回答道："可惜他不幸短命去世了。我对他为中国革命做出的功劳，非常感谢。但是否对其家属发给抚恤金，现在尚未决定。"

记者询问孙氏的日常习惯和至今为止最喜欢阅读的书籍时，他微笑回答道："我是基督教徒，但能喝一点酒，不抽烟，起床很晚。说到游戏吧，就是打打桌球，但不入迷。喜欢读书，但并没有对自己生平特别有帮助的书。卢梭的《民约论》、弥勒的《自由论》、斯密尔的《自助论》、斯宾塞的《社会论》等，都比较喜欢阅读。我会较多地把关于社会主义、社会问题的书籍放在身边。"

最后，当问及日中两国关系时，孙氏提到了唇齿相依论，以及英国谚语"血浓于水"。并指出，两国利害一致，没有什么东西能够超越同文同种的关系。邻邦有像贵国这样的师友存在，在政治、经济、军事和思想上，对于中国的现在和将来都是有益的。

据《孫逸仙氏一行來る——意氣旺盛の一行、華々しき歡迎振》"孫氏一行の著神"、"孫氏英語もて語る"（《孙逸仙氏一行来了——意气风发的一行 豪华的欢迎阵式》"孙氏一行抵达神户"、"孙氏也用英语交谈"），载一九一三年三月十四日《神户又新日报》（一）（蒋海波译，陈来幸校）

日文原文见本册第607—609页

访神户川崎造船所答谢词

（一九一三年三月十四日）

本日始视察贵厂，惊叹其规模之宏大与进步之显著。今日于我东洋得目睹斯业之发展，诚为余辈所欣喜不能措也。庶几将来社运益隆昌，为东洋平和有有事之际，均寄予多大之贡献，是为至祷。

据品川仁三郎：《孙文先生东游纪念写真帖》，神户，日华新报社一九一三年出版

视察铁道是访日目的之一

在日本下关答新闻记者问①

（日　译　中）

（一九一三年三月十六日）

连日来到处受到盛大欢迎，除宴会外，几无余暇。视察铁道，本来是我此次来日视察目的之一。然而除在东京中央车站视察外，其他仅在往返火车途中走马观花而已，无可谈者。

据《孙氏欢迎余话》，载一九一三年三月十七日《福冈日日新闻》

关于中日友好邦交

与某报记者谈话

（英　译　中）

（一九一三年三月中下旬）②

孙逸仙博士返回中国的前夕，在东京朋友举办宴会上，他谈到，在此次日本之行中，他十分感谢日本当局以及热情接待他和他的党派的朋友们。他说，他只能怀着特殊的喜悦之情来欢迎那一晚到访的宾客，因为他们全部都是为中华民国提供重要帮助的公众人物。

他接着说，现在中华民国已经在他们的帮助下和中国人民的努力中建立起来

① 是日晨孙文抵日本下关。孙在山阳饭店休息时，新闻记者询其视察日本铁道的感想，他笑着作答。

② 底本未说明日期。孙文访日期间获悉宋教仁被刺不治身死后，悲愤异常，于三月二十三日由长崎乘“山阳丸”启程回国。谈话时间据此酌定。

了，不过基础仍不是永久的。为了使革命工作尽善尽美，中国现在比任何时候都更需要日本朋友的帮助。他诚心诚意地祈求在目前的状况下，为了实现充满诚意的中日友好邦交，两个邻邦团结起来，而这将会有利于增进两国的共同利益。

据 Dr. Sun Yat-sen Thanks Japanese. *The Christian Science Monitor*（Boston，U. S. A），May 15，1913，Page 8.（《孙博士感谢日本》，载一九一三年五月十五日美国波士顿《基督科学箴言报》第八页）（邹尚恒译，高文平校）

英文原文见本册第 559 页

自日本归国的痛言①

（一九一三年三月二十五日）

不意海外归来，失此良友，为党为国，血泪皆枯。此事务须彻底根究，惟吾人对于此案尤当慎重，一以法律为准绳。

据《宋先生在天之灵·中山先生之痛言》，载一九一三年三月二十六日上海《民立报》第十页

暗杀宋教仁出自袁世凯主使决意在议会上弹劾袁

与有吉明第一次谈话

（日 译 中）

（一九一三年三月二十六日）

暗杀宋教仁事件，事关重大。昨晨返沪以来，根据所收到之报道，其数虽少，而出自袁世凯主使之证据，历然在目。但袁一派有将事件指为国民党员所为之打

① 三月二十日，国民党代理事长宋教仁在上海沪宁车站遭袁世凯派的凶手暗杀，二十二日凌晨逝世。时孙文在日本，闻耗，即中止访日，于是日上午抵上海，晚至黄兴寓所商讨对付宋案方法。

算，据数日来部分报纸之报道，可以知之。幸而既然暗杀凶手已被逮捕，证据文件已被搜获，则真相大白之日，当为不远。本人素来排解他人对袁之责难，对袁世凯予以十分之同情与援助，此阁下所知者。但袁以大总统之高位，尚用此种卑劣手段，实所不能容忍，就本人而言，亦早已一步亦不退让。昨日以来与党内之得力者协商，决意无论如何按正当之手段诉之于世界之公议，而将袁排斥之。即考虑使议会按照预期集会，一开头即弹劾袁之丧失立场。而假若我党所主张之政党内阁方针得到贯彻，则陈述大总统乃一“figure head（傀儡）”而已，任何人均可当之。依此理由，则为国家着想而自当之。国民党之势力，在北方不易受到欺压。本案不独系南北分裂之原因，且亦使北方之形势不免于动乱。不论何时召集议会，当选举大总统之际，可能出现更堪忧虑之现象。恳切希望日本国政府于此时予以十分注意，加强警戒，频频以时局为虑。

据一九一三年三月二十六日上海有吉总领
事致牧野外务大臣电，第三〇号，载南京
《民国档案》一九八八年第三期（陈明译）

在上海与钟工宇谈话[①]

（一九一三年三月二十六日）

钟说：上海广东商人埋怨你失信。他说：一九一二年革命甫告成功，孙中山派胡汉民在上海向他的广东富商友人中借款，允付给高利清还。这笔借款当时南京政府需要至急。此款不但没有利息，也没有还本，孙中山和他部下这帮人如此没有信用，将使孙中山很难得到他在上海的朋友的援助。

孙很惊奇此事尚未处理，说：袁世凯曾答应归还所有的革命债款，而上海的这笔借款是指定在清还债款之内的。那时是处于困境，我被任为全国铁路督办，

① 钟工宇为孙文在檀香山意奥兰尼学校同学。一九一三年三月二十五日，孙与钟同船自日本返沪。一位广东商人知钟与孙的交情后，告以孙失信等情。翌日，钟将这些怨言转告孙。

只拿到一个月的薪金，同时在工作推进中，深感经费困难。

据钟工宇：《我的老友孙逸仙先生》，载丘权政、杜春和选编：《辛亥革命史料选辑》上册，长沙，湖南人民出版社一九八一年九月出版

坚决采取光明正大的手段在议会上弹劾袁世凯

与有吉明第二次谈话

（一九一三年三月二十八日）

有吉转达了牧野外相的意见：现在中国是最需要避免动乱、保持平静的时候，请孙叫党员切勿轻举妄动。

孙中山否认国民党党员进行暗杀活动，表示：坚决采取光明正大的手段，在议会上弹劾袁世凯；如果袁世凯用武力对付议员，我方也用武力与之对抗，南方已有这一决心。

据俞辛焞：《孙中山与日本关系研究》，北京，人民出版社一九九六年八月出版

尽可能谋求用和平手段解决宋教仁案

与有吉明第三次谈话①

（一九一三年三月三十日）

孙中山对时局表示忧虑，对有吉明说：如有可能，自己则站在南北双方的中间，用和平的方法收拾局势；但当地情况，如你所知，热衷于同北京的对抗，如

① 孙文对国会能否弹劾袁世凯产生了怀疑，进而有避开南北冲突去日本的想法，并在是日会见有吉明时谈了这一想法。当时孙夫人因在日本东京车祸负伤入医院，孙拟借看望或接回夫人的名义，于四月初再赴日本，将来自南北双方的情报及自己的看法转告日本当局。他准备隐姓埋名，还说如不能赴日，便改赴其他地方。

被卷进这一旋涡，从大局来说甚为不妙，因此希望暂时离开此地，旁观南北双方的局势，予以注意和忠告，尽可能谋求用和平手段解决的方案。

据俞辛焞：《孙中山与日本关系研究》，北京，人民出版社一九九六年八月出版

对日本政府不同意孙赴日的意见表示理解

与有吉明第四次谈话

（一九一三年三月三十一日）

有吉拜访孙中山，转达了日本政府不同意孙赴日的意见①。

孙中山表示理解，并说：同志们也劝自己暂留此地，即使赴他地，也暂时推迟。如不能赴日，则赴广东或香港。

据俞辛焞：《孙中山与日本关系研究》，北京，人民出版社一九九六年八月出版

若袁世凯不退让则与袁对立

与有吉明第五次谈话②

（日　译　中）

（一九一三年三月三十一日）

有吉问：如希望各国对袁施加“pressure（压力）”，则是否与希望各国干涉内政具有同一意义？

---

① 日本外相牧野伸显不同意孙文赴日的理由是：孙访日期间及回国后鼓吹“亲日”。在宋教仁被暗杀、举世瞩目上海的时候，他再次来日，“不可避免地引起内外的误解和猜疑”。

② 三月三十一日有吉明与孙文会餐时，党人透露，当前各国对“宋案”之态度，可能逐渐有和平解决时局之意，即由各国对袁世凯施加“pressure（压力）”使其退让是也。于是是日有吉明再访孙，向孙提出反问。

孙答："Pressure"虽迄未施加，而由列强"hand（插手干预）"则十分可能。怯懦之袁世凯，或可能直接透露退让之意，然则允诺予以十分之荣誉，使之退却而获圆满之解决，此在具有半独立国外观之中国而言，殆不属于干涉内政也。

孙更再三谓：袁奸谲不足恃，尤以近来鉴于袁愈益讲求收揽权力之策，若现时不能敌彼，则他日彼之势力愈益巩固，势将难以抗衡。本人向来亦深信确实制度之必要，但如袁世凯之从来采用其方针而反对其才干之人，竟完全委之以国家，此乃国家之大不幸，不知何时更可能招来动乱。相信于此次事件发生之时机，将迅速除去国家弊端，宁不值得庆幸。而于现状观之，难期保全中国本部，今欲□□□刺激人心，当今之际，欲建立稳固之政府，应先筹谋建设中国本部，即如并非不重要之蒙古问题，亦不得已暂时闲置之。且据来自北京之情报，袁日益加强戒备，在议会开会前后，其必加以暴力镇压之意，显然可见，亦有可能杀害在议会上提出弹劾案之议员等人之虞。为此，弹劾案将不克提出，或可能虽提出而不能成立。不论如何，不能在议会上获得满意之结果，将至南方一带之都督，一时起而对抗。只要袁不退让，则不论如何亦与袁对立。意志之坚定，与曩昔会见时多少异趣矣。且在北京，除一部分军队外，对袁不服，利于讨伐。

据一九一三年四月一日上海有吉总领事致牧野外务大臣电，第四三号，载南京《民国档案》一九八八年第三期（陈明译）

在上海会议独力主张立即兴师讨袁①

（一九一三年三月下旬）②

当时中山先生主张立即兴师讨袁。他认为"宋案"的发生，是袁世凯阴谋消灭国民党革命势力，以便帝制自为，全党同志对此极为悲愤，必须乘机立即调集各省兵力一致声罪致讨。并认为袁世凯就任正式大总统为时不久，对于各方面的

① 孙文、黄兴电召各省同志到沪开会，磋商"宋案"的对策，周震鳞自湖南应召出席。这是他忆述孙、黄在会上发表意见时的不同主张。

② 底本未说明日期。该会在一九一三年三月举行。按孙文自是月二十五日返抵上海后，连日来与国民党内同志频频磋商"宋案"的对策，故标为三月下旬。

阴谋布置还未妥帖，推翻较易，切不可延误时机。克强先生则认为袁世凯帝制自为的逆迹尚未昭著，南方的革命军又甫经裁汰，必须加以整备才能作战，因而主张稍缓用兵，以观其变。各省领兵同志多同意黄的意见。中山先生格于众议，只好从缓发动。

据周震鳞：《关于黄兴、华兴会和辛亥革命后的孙黄关系》，载中国人民政治协商会议全国委员会文史资料研究委员会编：《辛亥革命回忆录》第一集，北京，中华书局一九六一年十月第一版

关于去袁方针与美国承认中国问题

与有吉明第六次谈话

（日　译　中）

（一九一三年四月六日）①

孙言：赵秉钧电报之被发现，不独法庭之所意外，吾人亦甚感惊异云。主张会审衙门应自人道上考虑将该等文件公开发表。自始即不能免袁之罪。对如此卑劣小人，竟不了解而努力推其为大总统，余亦不能免其责。今事已至此，余当以坚强之决心，作去袁之先驱。其方针，第一着可在议会上弹劾。由于袁向来之镇压，若无成效，南方当暂告结束，先以副总统黎元洪管理大总统事务。余亦当以电报等劝袁退让，若袁不肯，余决心亲率北伐军讨袁也。各地都督之意向亦明确，不仅南方反袁，北方亦有大致相同之意见。如陕西、山西，已经表示同意。袁原来怯懦，若情势至于如此，彼或可能退让，果然则事情可望容易到手。假如列强或其他三数国家，根据南方形势之实际如何，从人道问题与时局大势，认为袁之退让为得策而“hand（插手干预）”，则袁必退让，大局上之幸运，当无过于此。根据来自北京之密报，英美公使馆多少有此倾向。对于日本政府，亦烦请考虑之。

关于美国承认中国问题。孙认为，若新闻电报确系事实，则不过系美国未有

① 底本未说明日期。此件所标时间系上海有吉致牧野电的日期。

了解目前真相之结果而已。本日美国总领事曾访黄兴，黄兴亦多少实言相告，使彼逐渐了解情况，纵令有承认计划亦当至于停止执行云。在对黄明确与美国总领事之对话上，余对本问题过于无所作为，特别对于内幕亦未提及。关于就承认谣传征求余之意见时，余感谢其好意而奉承之。

据一九一三年四月六日上海有吉总领事致牧野外务大臣电，第四七号，载南京《民国档案》一九八八年第三期（陈明译）

国民党对“宋案”之方针

与有吉明第七次谈话

（日　译　中）

（一九一三年四月九日）

两三日前，美国驻华使馆曾派专人前来调查“宋案”经过，可以认定美国代理公使必已开始了解事件真相，并已向其本国政府提出报告。据本人观测，纵令美国政府从前有意宣布承认，此时亦必稍缓执行。如在此时宣告承认，只能为美国政府日后贻一笑柄，对于我党方针绝不会产生任何影响。我党今后之方针，将使十二日开幕之国会尽量拖长会期，直至“宋案”之审理结果判明，以便掌握充分材料对袁进行诘责，至少赵秉钧为“宋案”之元凶一事，已成为不可动摇。根据情况，法院或将拘传赵秉钧出庭对质，用以确定证据。关于弹劾问题，须有全体议员四分之三以上出席和三分之二以上之多数通过，如果万不得已，则在选举时或将排除袁世凯而另以他人充任总统。具体如何进行，刻下正在探讨中。袁世凯似亦正在秘密整军备旅，但慑于南方形势，似亦不敢甘冒不韪，日前九龙山有土匪蜂起，袁曾计划派张勋南下剿讨，刻下已经停止进行。由此观之，当不敢贸然采取露骨行动；而我方亦不准备首先发难，故事件之解决，恐将延宕时日。

袁如怯懦，自当退让；否则兴动干戈，反可乘机锄除元凶，对国家前途，堪称幸事。最近以来，袁氏每日数电前来，一则为其本人之立场开脱，二则乞求予以推举，本人尚未复其一电。

据一九一三年四月九日上海有吉总领事致牧野外务大臣电，第五五号，载外务省调查部编纂：《日本外交文书》第四十五卷第二册，东京，日本国际协会一九六二年发行（邹念之译）

对中国兴业公司问题的意见

在上海与森恪谈话①

（日 译 中）

（一九一三年四月十八日）

对于中国兴业公司问题，向森恪提出三点意见：一、在第一次缴纳之资金中，由先生②自身所承担的四十二万五千日元，希望日本方面能代为垫出③。二、同意暂依日本法律创立该公司，但将来中国新法律制定后，必须立即根据中国法律而更改之。三、至该公司正式成立时为止，中国方面应由先生负其全责，必要时可推王宠惠代理之。

据彭泽周：《中山先生与中国兴业公司》，载外务省调查部编纂：《日本外交文书》大正二年第一册，东京，日本国际协会一九六三年发行

附：书 面 文

（一九一三年四月十八日）

创办中国兴业公司当开办之始，中国各种法律尚未完备，自可暂时适用日本

① “宋案”发生，南北决裂势难避免。孙文乃乘是日森恪来访时，对于中国兴业公司问题，向他提出三点意见。这是上海三井物产公司支店长藤濑致函日本财阀涩泽汇报孙的谈话。

② 先生：指孙文。

③ 据《山本条太郎传记》载，这笔垫款经山本裁定后，暂由横滨正金银行上海支店长儿玉谦次垫出。

法律，以便公司之成立，而资事务之进行。至将来中国民律、商律及诉讼律等公布后，即宜同时适用，不宜再适用日本之法律。

据外务省调查部编纂：《日本外交文书》大正二年第一册，东京，日本国际协会一九六三年发行

袁世凯是决不肯自行退位的

在上海与柏锡福[①]谈话

（英 译 中）

（一九一三年四月三十日）

柏说：中国看来正被拖进内战。

孙答：如果发生内战，那将是短暂的，并将以袁的下台而告终。

柏力图说服孙通过选举的方法来反袁。

孙答：袁是决不肯自行退位而让别人当选为总统的。

据“一九一三年四月三十日”条，《柏锡福日记》第四十二卷，载《辛亥革命史丛刊》编辑组编：《辛亥革命史丛刊》第三辑，北京，中华书局一九八一年八月出版

与上海汇丰银行交涉的谈话

（一九一三年四月下旬）

袁总统必不能再被选为总统，请于袁总统任内万不借款。大借款未经国会通过，政府之借款实系违法举动，请贵行注意。要求贵行速行电北京总银行阻止签字。

据一九一三年四月三十日上海《亚细亚日报》

① 柏锡福是美国传教士。

袁世凯必须对凶杀案负责

在上海与来访者谈话①

（一九一三年五月一日）

孙肯定，袁世凯必须对凶杀案负责。……孙说：可以立刻投入三十万人到战场上去，而且这场战争在六个星期之内就可以结束！

来访者：万一发生内战，日本可能突然袭击满洲。

孙：满洲并非整个中国。

来访者：俄国届时将完成对于蒙古的接管。

孙：留下来的地方才是真正的中国。

来访者：法国将攫取云南，德国将吞噬山东。

孙：届时，中国人民会起来抗争的。

据韦慕廷著，杨慎之译：《孙中山——壮志未酬的爱国者》，广州，中山大学出版社一九八六年十月出版

南北融合的必要条件是袁世凯下台

与有吉明第八次谈话

（一九一三年五月十五日）

有吉访问孙中山，谈了南北融合、收拾时局的好处。

孙中山表示："自己也希望圆满地加以解决，南北融合的必要条件是袁世凯下台。"但袁不肯，我们"不能坐以待毙，除决一雌雄外，别无他法"，"现在动干

① 美国驻上海总领事怀尔德获悉是日来访者（未举姓名）与孙文会晤的详情，向美国驻华代理公使威廉斯报告。

戈是时间问题，是立即举事还是暂时忍耐，正在考虑之中”。

据俞辛焞：《孙中山与日本关系研究》，北京，人民出版社一九九六年八月出版

袁世凯引退为和平解决之惟一方法

与横滨正金银行上海支店职员谈话[①]

（日 译 中）

（一九一三年五月十九日）

本支店同人与孙逸仙会面，彼谈及和平解决之惟一方法，乃是袁世凯引退，以黎元洪为大总统。为达此目的，请在北京说服袁世凯[②]。有国家始有胜负。

据其本人谈话之气氛及欲购往广东船票诸事观察，目前尚不会发生何等事件。

据日本外务省档案《各国内政関係雑纂/支那ノ部/革命党関係（亡命者ヲ含ム）》［《各国内政关系杂纂·中国部分·革命党方面（含流亡者）》］第六卷，第四七〇号，一九一三年五月二十日横滨正金银行副总裁井上准之助致外务大臣牧野伸显报告《上海支店来電 孫逸仙談話平和的解決方ニ関スル件》（《上海支店来电 孙逸仙关于和平解决方法之谈话》）原件，东京、日本外务省外交资料馆藏（赵军译）

日文原文见本册第609—610页

---

① 自“宋案”发生后国内局势顿形紧张，横滨正金银行上海支店职员为试探孙文对当前局势的态度，于五月十九日前往拜访，并在当天致电横滨总行汇报与孙文晤谈情况，而该总行则于二十日接到来电后即向日本政府提出报告。

② 此句之意，系请日本方面设法说服袁世凯辞职。

国民党去袁方针

与有吉明第九次谈话

（日译中）

（一九一三年五月二十日）

与唐绍仪昨日会谈处，党人均佯作因家务关系，于北上途中顺道过访者，与袁无任何关系，且为使袁终归退让之必要，表示与我完全相同之意见。但果出自其真意否，甚为可疑。今晚当继续会见。唐尚将停留两周左右，其间如有任何具体决定，将直接奉告。但为使党人之使命终于告成，本人广东之行，暂告延期。此与唐之停留，绝无任何关系。实则袁世凯有将兵力集中于武汉向江西对岸武穴附近推进之模样，继又命李都督①作出交代。因此等事接踵而来，何时揭开南北冲突之炮衣，亦难预料。就此形势，当有直接赴南京之必要。因暂时未能前往，若江西方面多少缓和，当直接出发，但日期尚未预定。我方无论如何以继续在议会上力争之计划，等待由袁发动之方针，但到底除诉之干戈外，别无有效之策。在和平手段方面，到底难敌彼之阴谋。且黄兴作为军人，专事战争之人也，尚以其深刻注意，宁为慎重论调。余从大局打算，持更为“desperate（决死的）”态度，其间虽在计略上有多少意见差异，但在主义上则素无何种扞格。

据一九一三年五月二十日上海有吉总领事致牧野外务大臣电，第九三号，载南京《民国档案》一九八八年第三期（陈明译）

① 李都督：即李烈钧。

日本为年轻共和国的朋友

与某报记者谈话

（英 译 中）

（一九一三年五月二十三日刊载）

孙博士继续说道，当中国从事革命理念宣传时，很多外国朋友暗示，考虑到外国的侵略性，革命只会为这些侵略者提供罕有的机会，令他们可以实施利己的政策，因此应当采取其他和平的手段去实现改革的目标。然而，中国没有采纳他们的意见，而且对最终成功的信心也没有被动摇。他完全清楚他可以利用日本帝国的影响力。有这么一个邻居，她是同族，拥有相同的文字，之间历史关系是如此之紧密，因此，他自信地进行他的事业。把中国和土耳其比较是一个错误。后者在革命后大不如前，沉沦到更低的地位，这是因为她没有像中国人民那样拥有一个友邦。

在过去二十年期间，孙逸仙博士总结说："我一直十分珍惜我们能自信地把日本当做支持我们国家复兴的朋友。今天，我十分高兴能够有机会在你们面前展露我的想法。"

据 Dr. Sun Yat-sen Calls Japan Friend Of Young Republic. *The Christian Science Monitor*（Boston，U. S. A），May 23，1913，Page 3.（《孙博士称日本为年轻的共和国的朋友》，载一九一三年五月二十三日美国波士顿《基督科学箴言报》第三页）（邹尚恒译，高文平校）

英文原文见本册第 560—561 页

国民党不会先动干戈

与有吉明第十次谈话

（一九一三年五月二十四日）

有吉访问孙中山进行劝诱①。

孙说：我方不会先动干戈。但除动干戈外，别无其他有效方法。

据俞辛焞：《孙中山与日本关系研究》，
北京，人民出版社一九九六年八月出版

反袁是破坏与保卫共和制的问题

在上海与山座丹次郎谈话②

（一九一三年五月二十五日或二十六日）

反袁不是私怨，而是破坏与保卫共和制的问题，如有不排斥他而能保持共和政权的妥协方法，请赐教。

和平方法终究不能抵抗袁，不求日本援助，只要日本尽力不让其他国家援袁就满足，希望日本牵制列强。

据俞辛焞：《孙中山与日本关系研究》，
北京，人民出版社一九九六年八月出版

---

① 五月二十日，日本外相牧野电训有吉明，让黄兴提醒李烈钧劝戒部下，预防事端发生。是日有吉访问孙文进行劝诱。

② 五月二十五或二十六日，将接替伊集院任驻华公使的山座丹次郎专程来沪，劝孙文不要以武力抵抗袁世凯。

敦促日本政府破坏袁世凯借款

在上海与加藤高明谈话

（一九一三年五月三十一日刊载）

日本加藤男①此次来华，道经上海，往谒孙中山。中山语以此次大借款成立，实不啻为袁项城添虎翼，盖项城得各国援助，必以武力凌虐南方。项城若第二次被选为总统，与本党（指国民党）宗旨大相反对。贵国政府（指日本）何不出而牵制破坏借款，示天下以大义。

据《孙中山反对大借款之阴阳面》，载一九一三年五月三十一日上海《时报》（四）

袁世凯有压迫扫除我方之意图

在上海与加藤高明谈话②

（日　译　中）

（一九一三年六月一日）

本人等最初虽未出于何等积极之考虑，然而征之最近袁之态度，无论如何，似可认为有压迫、扫除我方之意图。若袁得如愿统一，即使不问本人等之立场如何，人心实不服袁。不能想像将来到底以太平无事而结束。且袁此次当不考虑只能遵循和平手段，而有可能按照免除江西都督职务等之动机行事。事之突发，必

① 加藤男：即加藤高明男爵，日本前外务大臣，一九一三年二月曾宴请在东京访问的孙文。他此次将往北京，在上海时与孙文晤谈。

② 是日加藤高明经过上海，孙文、黄兴要求会见。双方见面时，加藤告知他在北京与袁及其他人谈话的情况，劝告孙等此时应十分忍耐，以讲求永远和平解决时局之策为得计。对此，孙、黄作了回答。

难为也。

据一九一三年六月一日上海有吉总领事致牧野外务大臣电，第一〇五号，载南京《民国档案》一九八八年第三期（陈明译）

附：另一译文

孙反问：如南方发生革命，日本采取什么态度？

加藤答：作为个人同情革命派，但政府一贯和列强协调，为确保袁政府的安定而努力。

据臼井胜美：《日本与中国——大正时代》，原书房，一九七二年出版，载俞辛焞：《孙中山与日本关系研究》，北京，人民出版社一九九六年八月出版

将以冒进主义一举去袁

与有吉明第十一次谈话①

（日　译　中）

（一九一三年六月十一日）

本人无论如何将以冒进主义一举去袁，此种考虑始终不变。借款成立以来，袁之财力及于各省（如江西），亦有三数有力军队之首领已被收买之形迹。袁亦承认，于该地有可靠之处置。李烈钧此时或已至不得已而退让。虽尚未接该地确报，李之态度，当以部下之意见为转移。总之，数日间当见分晓，昨日已派专人观察形势矣。李之交替虽多少影响我党之势力，然征之世间之同情，反有渐归我党之倾向。即令假若再在议会失去势力，而本人所操纵之傀儡线，乃似系推翻清廷以外之意外也。再从内部发生之意外事件而言，易于出乎意料，袁之衰落，可

① 江西都督李烈钧被袁世凯免职后，有吉明走访孙文、黄兴，就赣事进行交谈。

作如是观。

据一九一三年六月十一日上海有吉总领事致牧野外务大臣电，第一一四号，载南京《民国档案》一九八八年第三期（陈明译）

决不举袁世凯为正式总统[①]

与程德全谈话

（一九一三年六月十七日刊载）

孙中山前此语程都督，谓决不主举袁。

程谓若国会举之如何？

孙云：我即带三千兵到国会。

程云：如四万万人承认何？

孙云：我即不承认四万万人。

据《北京专电》，载一九一三年六月十七日上海《时报》（二）

谈筹办铁路等事[②]

与香港《孖剌西报》访员谈话

（一九一三年六月二十三日）

孙文于二十日由沪到港，无人欢迎，随即往澳门视其女，病已危笃。前晚复回港，寓香港大酒店。孖剌西报馆访员往见，询问国事。

孙云：“自政府主谋暗杀宋教仁，予已灰心，不涉国事。现专筹办铁路事宜，欲将全国铁路交与外人承筑，准其收利，若干年即行收回。政府虽极力反对，而

① 此为孙文在上海与江苏都督程德全的谈话。

② 此据“廿五日亥刻香港专电”，为孙文在港接见《孖剌西报》访员时的谈话。

予意已决，势必达此目的而后止。”

又谓“胡汉民拨款偿还同盟会及华侨垫借革命运动费，而人民群起反对，实属不公”等语。

据《北京专电》，载一九一三年六月二十六日上海《时报》（二）

关于中国时局

在香港与《士蔑西报》记者谈话

（一九一三年六月二十四日）

孙中山接见访员颇为欢洽，惟谈及中国时事，则甚缄默。故访员迭次提及北方及广东政治情形，中山即答不知情形，因谓已不与闻时事也。

迨后访员问曰：北京之时局，阁下能略言之否？

孙曰：吾之政治手续，业已完竣，故现在情形若何，吾不能相告。且自宋教仁被杀事表暴以来，吾不复闻问。然吾敢谓从前已竭力为袁总统经营，吾常言袁氏最合为总统，吾不独在中国为伊经营，即在世界各方亦然。

宋教仁被杀一案，吾甚恶之。意谓北京政府干连该案，殊属不公。然吾非谓袁总统自有干连也，不过系其总理与有干连也，故袁总统定必略有所知。是以此事吾深恶之，且心殊不悦。

中山复曰：何时公举总统，未能逆臆。然非为宋教仁一案，则选举已久矣。

既而又曰：或者将来不复有选举之事。

访员又提及：广东情形如何了？

中山又曰：此次吾未到省，故情形如何，闻知鲜。

访员问及：胡汉民氏现在何处？

孙曰：胡氏现在港，并无秘密。前夕伊乘“宝璧”兵轮到港。

访员又提及：本港华人报纸刊登愤激新闻，关于胡氏拨款偿还华侨一事者。

中山即声明曰：此尽胡说也。其实反正后，省城需银，故由香港及外埠筹借，其商人之款，已经归还，加息五分。现在胡氏预备支还外埠华侨，然只系还本，遂被反对。此事最属无理，不公之甚。据伊等自言，省城现在无银，然此非其意，其银系借与胡督者。现胡须要清理支还。

至是访员复有所问。

中山又曰：胡汉民现派为西藏宣抚使。至将来吾之行止，殊未有定，或者不久将往英国，惟目下复行北上，注意吾之铁路大计划。虽说吾现在反对政府，未免有所阻碍计划之进步〔行〕，惟吾亦必尽力而为之。吾初时本欲将铁路权利畀于外人建筑，并由其管理，以若干年为限。若果如此办理，则铁路遍布中国，乃为最捷之方法。吾计约十年间，即可敷设六七万咪里之铁路。查由西历一千八百七十年至一千八百八十年，美洲建筑之铁路约有八万咪里。自此以后，建筑之方法更快。中国现无资本自筑，若得洋人资本，即敷吾等所需。吾之所以劝将权利畀外人者，即此之故。可惜，吾国人所见与余不同；虽然，就吾将来亦必尽力进行。

访员谓：恐不得政府帮助，恐难将计划进行。

中山曰：惟政府必不阻吾之前途。

据《孙先生与西报访员谈话》，载一九一三年六月二十五日广州《民生日报》

选举大总统问题[①]

与今井忍郎谈话

（日　译　中）

（一九一三年六月二十五日）

现在这时候，国民党应该做的手段是争取议会，但选举大总统的时候，比平时比较容易变节的议员多，结果我党之胜算极少。但袁世凯如果没有金钱的话什么也做不到的，而我党虽然贫乏，但志在千里，最后之胜利归于我党。

据邵雍：《孙中山对今井的谈话》，载一九八九年二月十一日北京《团结报》

---

① 是日孙文在香港乘“巴拿马”号船返沪之前，会见今井忍郎。

观望时势以俟他日之机会

与有吉明第十二次谈话

（日 译 中）

（一九一三年六月三十日）

广东方面陈炯明虽鼓吹强硬论，但部下军队干部之三数有力者，已为袁所收买。且本人自去年以来所鼓吹之袁中心主义深入人心，今一旦使其产生反对之观念，实属至难，多数希望和平，结果难图大事。昨日返沪①后，于李烈钧处会面，党人亦正与南昌通声气，观望机会，虽无不洽之处，而江西孤立，徒生乱耳，殆属无谋之举。除暂时在议会上相对峙外，别无他策，无非先仍按照现状观望时势，以俟他日之机会而已。本人等势力之衰落，统归之于五国借款，袁之巧妙笼络手段，已伴随来自该借款之资金，及于地方，实属可惊。与南下前不同，对于我派势力完全悲观。惟党人在议会上仍比地方多几分希望，因而对于议员中之有力者如张继等南下之事实，正计划使彼等逐渐返回北京。又事实上，李烈钧等在江西将不可能作出何等筹划。在地方上殆已不足以左右形势矣。

据一九一三年六月三十日上海有吉总领事致牧野外务大臣电，载南京《民国档案》一九八八年第三期（陈明译）

① 六月十八日，孙文自上海抵澳门，与陈炯明在军舰上会面，促陈同意“四省独立，广东同时宣布”。二十九日返抵上海。

将赴南方处理事务

与美国《每日邮报》记者谈话

（英 译 中）

（一九一三年六月下旬）①

孙逸仙宣称他将会在数天内离开并前往南方处理事务。据记者所言，孙博士并不关心对他的驱逐令的威胁。他说他认为伍廷芳的和平任务是毫无希望的。

据 Shanghai On Fire by Bombardment. *The New York Times*, July 30, 1913, Page 3.（《上海在炮击中燃烧》，载一九一三年七月三十日《纽约时报》第三页）（邹尚恒译，高文平校）

英文原文见本册第 561—562 页

江西独立后各省动向②

与有吉明第十三次谈话

（日 译 中）

（一九一三年七月十五日）

十五日于孙逸仙面谈处，不似平日，甚有忧色。彼为江西之变辩护，谓此系由于袁之极端强压而自然发生者。而事至如今，江西乃其试金石也。无论如何，惟有奋斗。黄兴在南京，可策划诸事。该地形势完全按预期发展，大约可于本日

① 底本未说明日期。该电讯是《每日邮报》于一九一三年六月三十日发出。兹据内容酌定。

② 七月十二日，李烈钧在湖口起兵，"二次革命"爆发，十四日黄兴抵南京。十五日有吉明访孙文面谈。孙不似平日，甚有忧色，就江西独立事发表谈话。

宣告独立，程德全①恐将依附我方云。不论江西之形势如何，广东、福建亦预定不日独立。在进行上，临时政府暂设于南京，若长江沿岸一带形势不佳，则将不得不设于广东。责任余自担当之。至于将来之打算，彼亦似有十分自信，将江西、江苏、浙江、福建、广东、湖南、山西、陕西等算入。在军队数目上，预计可能南北相当。至于军费及武器方面，甚为悲观，虽设办法，但无机会。江西之局势，电报完全不通，有多少忧虑之状。关于此次事变，彼似顾虑日本方面之意见及各外国人之感情，频频询问及此。

诸如处置在江南机器局之北军，尤应慎重从事。彼谓对此实为苦心，并谓将来似不可能发生由领事团劝告北军撤退之情况，谓前年亦有将租界附近作为中立地带之方案，而领事团中赞成者少，方案不被采用。

据一九一三年七月十五日上海有吉总领事
致牧野外务大臣电，第一三五号，载南京
《民国档案》一九八八年第三期（陈明译）

希望日本劝告袁世凯辞职

与有吉明第十四次谈话

（一九一三年七月二十一日）

孙中山意气昂扬，非常得意，谈了各省相继独立的大好形势。孙断言，如果袁不辞职，则不能期望和平；今天致电袁促他辞职，如其不从，就向全体国民发出促令袁辞职的宣言。

孙中山公然批评日本和列强说，在五国借款成立之际，我向各方预言此项借款必成为内乱的原因，但哪个国家也不听，假借中立之名，都采取了对己有利的政策，即暗中援袁的方针。南方上下都信赖日本，对日本抱很大希望，但日本却和列国一起，依然采取利己的中立态度，使日本失去了大家的信赖和希望。希望

① 程德全是江苏都督。七月十五日，黄兴与程会晤后，江苏宣布独立。十七日，程潜离南京，向袁世凯输诚。

日本劝诱一两个国家，率先给袁以辞职的友好劝告，如其他国家狐疑，可由日本单独劝诱他。孙断言：袁仰赖于外国，如外国进行此种劝告，袁将格外迅速地服从，立即实现和平。

孙坚持己见说：袁始终以外援为生命，终于以蒙古为诱饵，依靠俄国。外国的插手和干涉，鉴于现状，事实上难免。在我们希望的时候，不如由日本掌握主动是有利的。

据俞辛焞：《孙中山与日本关系研究》，北京，人民出版社一九九六年八月出版

关于反袁斗争的坚持

与《华盛顿邮报》记者谈话

（英 译 中）

（一九一三年七月二十四日）

“在今天晚上，前任临时大总统孙逸仙博士发表了一篇宣言，毫不含糊地支持叛乱。他发出了三个呼吁，第一个给袁世凯，复述了来自南方地区的积怨，并宣称对不可忍受的暴政的正义抵抗不是叛乱。他总结道：如同反对满族一样，我坚定地反对你。在当前的危机面前，退位绝对是你惟一的道路。

“另外的两个呼吁是针对官员和国民的，并且用了同样的腔调。

“孙逸仙博士私下告诉我：‘这场斗争将会继续下去，哪怕是花上十年。我把我的性命赌上了。’”

据 Chinese In Battle. *The Washington Post*, July 24, 1913, Page 1.（《战斗中的中国》，载一九一三年七月二十四日《华盛顿邮报》第一页）（邹尚恒译，高文平校）

英文原文见本册第562—563页

离沪前与西田等谈话①

（日　译　中）

（一九一三年七月底八月初）②

彼尚未失去成功之自信，欲赴南方与先期出发的张继等人汇合，共同辩明真相，彻底教育民众。

据日本外务省档案《各国内政関係雑纂/支那ノ部/革命党関係（亡命者ヲ含ム）》［《各国内政关系杂纂·中国部分·革命党方面（含流亡者）》］第六卷，三九二〇暗，第二二二号，一九一二年八月四日日本驻上海总领事有吉明致外务大臣牧野伸显报告原件，东京、日本外务省外交资料馆藏（赵军译）

日文原文见本册第610页

驳斥上海《字林西报》造谣

答上海《民立报》记者问③

（一九一三年八月一日）

此种令人齿冷之谣言，殊为可笑。查哈佛毕业生，并无具名。

Wan-Jes-Ting者，余秘书中亦未尝有此名。既系大学校毕业生，何以事前不知军械之作用，及事后始告密。至幽禁一说，更令人可笑；租界何地，非北京可

---

①　鉴于讨袁军事受挫，上海租界又下驱逐令，孙文乃接受胡汉民、朱执信建议，于八月二日晨乘轮离沪赴粤。本篇为启程前对日人的一次谈话，文中“彼”指孙中山。

②　底本未说明日期。仅谓在“孙逸仙出发之前”，故酌为七月底八月初。

③　当时，《字林西报》刊登消息说，有自称哈佛大学毕业之吴某向赵秉钧告密，称：曾任孙文及陈其美两先生秘书，知平日来往函件，颇多道军械事者。并言应夔丞入狱后，常与孙通消息。并应之逃，系孙得贿释放。及讨袁事起，为孙幽困，不能早日通告政府等。《民立报》记者以此事关系甚大，特谒孙文询问本末。孙驳斥这种谣言。

比，而能行此不法之举乎？虽然，俟吾人讨贼事毕，“宋案”终有水落石出之一日也。

据《血战后至上海·西报造谣言》，载一九一三年八月二日上海《民立报》第九页

在马尾舟中与饭田谈话①

（日 译 中）

（一九一三年八月三日）

本月三日，饭田书记生受派前往该船停泊的马尾港，悄然传达有关情况。彼云：广东形势危急乃始料未及，现在与胡汉民停靠此处，目的在于共赴广东，似无轻易更改目的地之意。

经过种种劝说……彼等最初持半信半疑态度，后来则似渐知本国人之好意，颇表感谢之意，而观其神情或会亡命日本。当劝告彼等从周边情况来看最好改赴其他地点时，则曰：暂且先经基隆赴神户，拜访住于东方饭店的友人宋君(Song)②，再决定今后行动。

据日本外务省档案《各国内政関係雑纂/支那ノ部/革命党関係（亡命者ヲ含ム）》[《各国内政关系杂纂·中国部分·革命党方面（含流亡者）》] 第六卷，机密第一八号，一九一三年八月五日日本驻福州代理领事土谷久米藏致外务大臣牧野伸显报告《孫逸仙一行亡命ニ関スル件》[《关于孙逸仙一行亡命之件》] 原件，东京、日本外务省外交资料馆藏（赵军译）

日文原文见本册第610—611页

---

① 八月三日下午，孙文偕胡汉民、李朗如、梅光培等乘德轮“约克”号自上海抵达福建马尾。先是，日本驻香港总领事今井忍郎受张继、马君武之托致电福州领事馆，谓广东局势对革党不利，香港又禁止登岸，故在孙文到福州后请告其勿来粤，可换乘“抚顺丸”前往基隆再定行止。于是，在“约克”轮进入马尾港不久，日本驻福州领事馆书记生饭田即登轮与孙文晤面。文中“彼”指孙文。

② 指宋嘉树。

在马尾舟中与多贺宗之谈话[①]

（日 译 中）

（一九一三年八月三日）

一九一三年我正在福州。是年夏季，孙中山先生在上海起事未成，拟在广东再起。黄兴先赴广东，一切准备就绪，便电请孙先生前往。此时我得到八月二日孙先生将搭乘德国轮船“约克”号从上海出发，预定八月三日抵达福州马尾的情报。与此同时，我也获悉广东方面的情况突然发生变化，黄兴已经离去，如果孙先生到广东的话，或会有生命危险。我觉察到孙先生的危险，便于三日到马尾等候德国轮船进港后，即时造访孙先生，时为下午三点正。

我被导至船内的会客室，孙先生穿着白色的竖领西服。我向他自我介绍，并说拟请他考虑有关广东方面的情报，故特地来访。我对他所说的话大致如下：

根据昨天我所接到的情报，广东方面的情势突然发生大变化，黄兴有生命危险，故已逃离。先生如果去广东，无异自陷危境；此时不如变更计划，改赴他地以暂观情势。刚好在马尾有一艘日本商船明晨将开往台湾，劝先生赶快换乘此船到台湾。到了台湾以后，如发现广东的情势并不如所说，而对先生确有利的话，就从台湾再到广东也不迟；如果广东的情势仍然不利，则请先生到便于进行将来计划的地方去。

此时孙先生否定我的说法，并说：他之所以决定到广东去，不只接到黄兴的通知，而且已与陈炯明有约定；不仅如此，他说他离开上海时，广东的情况对他们非常有利，因此他不能想像在一两天之内广东会有这样的变化。

我说：广东的独立已经被彻底破坏，而香港政府不许先生上岸是决定了的；请先生赶紧下船方为上策。我会考虑保护先生的方法，先生想到那里去？

---

① 八月三日下午，日本驻福州武官多贺宗之少佐亦登上“约克”号拜会孙文，说服其变更计划，不去广东而改往台湾。当夜孙文在多贺护送下改登“抚顺丸”，翌日上午赴基隆，再往日本。文中孙文用第三人称，多贺宗之用第一人称。

孙先生沉思片刻之后，随即翻开在他身边的世界地图册。我问他到新嘉坡去怎么样？他说他能去的只有日本。到日本跟同志们商量后，再决定到什么地方去。

我说：日本政府对于中国的时局完全采取不干涉主义，会不会准许先生登陆，我不清楚。不过，我认为到台湾去，避免目前的危境，应是先生的第一要务，我将为先生打电报给台湾当局。

孙先生再次默思片刻，说：谢谢您的好意，容我再考虑考虑。”

我说：已经没有再考虑的余地了，请尽快决定吧。为了迎接先生，我早已准备好了日本商船会社的小汽艇，停在这艘船的旁边备用。”

孙先生说：还须再考虑的必要。今天晚上九点钟烦请您再来一趟，那时我将作最后的决定。

我只好回到商船“抚顺丸”去等。

是夜九时以前，我又乘小汽艇到那艘德国轮船去候消息。当时孙先生似已做好了下船的准备，便转乘我们的小汽艇，同时先生的随员也把他的几件行李搬到小汽艇上来。

此时这艘德国轮船正在装载茶叶，船侧情况很复杂，需要注意行刺者。因此，“抚顺丸”船长也随我同时上船，始终持手枪监视该船的四围，以保护孙先生的安全。而我则指挥孙先生的随员查点行李，搬完行李后便令小汽艇开动，终于安全地让孙先生转乘“抚顺丸”前往基隆。

据多贺宗之手记：《福州より孙文を日本へ亡命せしめたる颠末》（《在福州敦促孙文亡命日本始末》），见萱野长知：《中华民国革命秘笈》，东京，帝国地方行政学会一九四〇年七月发行（陈鹏仁译）

附：另一版本[①]

下官昨晚在马尾秘密会见孙，孙云：因广东状况不利，欲在此地换乘“抚顺丸”于今日前往基隆再转赴神户。彼欲与先期到达该处东方饭店之宋某磋商，以

---

① 八月三日多贺宗之曾两次登轮会晤孙文，晚上是第二次。当夜孙在多贺护送下改登“抚顺丸”，翌日上午赴台湾基隆。文中“彼”指孙文。

决定今后行止，将来有可能前往美国或法国。

据日本外务省档案《各国内政関係雑纂/支那ノ部/革命党関係（亡命者ヲ含ム）》[《各国内政关系杂纂·中国部分·革命党方面（含流亡者）》] 第六卷，福第二二号（新聞揭載ヲ禁ス）[（禁止报纸刊载）]，一九一三年八月四日少佐多贺①致参谋总长②报告（电报）原件，东京、日本外务省外交资料馆藏（赵军译）

日文原文见本册第611页

在马尾舟中与梅光培等谈话③

（一九一三年八月三日）

君由美洲万里归来，志切革命，今不幸失败，去国日久，回来人地生疏，钱财不可不多带。

据邓慕韩：《孙中山先生轶闻》，载南京《建国月刊》第二卷第一期，一九二九年十一月出版

① 多贺宗之少佐，其职务为日本驻福州武官。

② 参谋总长，其姓名为长谷川好道。

③ 孙文于八月三日下午分别晤见饭田、多贺后，决定先到台湾再谋进止。孙乃在船上嘱李朗如、梅光培等赴港，独与胡赴台，并尽以所存六百元赠梅。

关于赴日目的与中国内政问题

与纽约《太阳报》记者谈话

（英 译 中）

（一九一三年八月八日）①

不想声名狼藉

“我的确是以假名从台湾而来，那是我的美国老师的名字，因为我不想张扬，从而为我带来更多的恶名。”在从码头到酒店的路上，孙逸仙解释道。他试图表现出快乐的感情，但是很明显，他极度紧张。对于那些在一年多前见过他的人，他显得萎靡不振，毫无精力。

“不，我并不介意就此谈论我的国家的境况，”孙博士说，接着他迅速补充道，“当然，我指的是中国，我这样说是因为对于我的‘美国精神’这个问题，已经有太多的说法，以至于有些人认为当我说‘我的国家’时，指的是美国”。

他一边大笑，一边小声重复道，“我的国家，我的国家”。

当他被问到，中国的叛军领袖是否已经把他免职时，他惨白而顺滑的面容因愤怒而变得通红，并用官话含糊地说：“诅咒那些从始至终都针对我的撒谎者。”

……

“为什么您离开中国了？”孙逸仙被问道。

“这并不是一个好问题，因为我被认为是一个革命者。”他回答说。“你看，如果我把我的事务公之于众，发布到媒体上，我的朋友会对我失去信心。正是如此，采访已经使我多言了，我一如既往地忙着否认各种归结于我的声明。然而，我会回答你的问题的。我到日本纯粹是个人事务。这些事情可能会把我带到美国，

---

① 底本未说明日期。据日本外务省档案，孙文于一九一三年八月八日抵门司港，该报道中有“Moji，Japan，Aug. 7”字样，或有误。今据档案酌定谈话日期。

不过我蛮怀疑的；实际上，我不知道这几天会做什么。”

此行目标

“那么，出于纯粹的个人目的的日本之行，与中国的叛乱一点关系都没有?”

“我宁愿完全不去讨论这件事，”孙逸仙博士面带怒气地回答。“我在香港需要处理的政治事务，而这些事把我带到台湾。接着私人事务催促我来日本，而我现在就在这里。”

这位中华民国前任临时大总统看起来并不完全满意自己的解释。

当被问到在中国的叛乱的成功率时，从他的语气变化和他的眼睛如火焰般闪闪发亮可以看出，孙博士第一次表现出活力和热情。

“叛乱到今天为止并没有成功，”他说，“但是一定会胜利，最后光荣地胜利，正如我们现在在日本一样。这样的事业——一个民族反对暴政的事业——一直以来都胜利了，也将一直胜利下去。中国人民的叛乱也不会是一个特例，因为有一个伟大、公正和无所不能的上帝在天堂赐予我们以打败敌人的力量!”

公开承认信仰基督

虽然孙逸仙在很长的人生里面都享受着基督教老师们的指导，然而他告诉记者这是他第一次公开承认他的基督教信仰。

“我并没有在中国这样表示过，”他解释道，“因为我认为当我国事务处于危机之际，引入宗教问题并不明智。到目前为止，我们手头上已经有足够多的麻烦了”。

当这位叛军首领被问到他是否在某程度上已经被解除革命党委员会的职务。

“我想知道，除了中国人民之外，谁还有这样的权力把我从你所谓的革命党的中央委员会中解除职务?”他大声说道。“我曾被任命为共和国临时大总统……即使有一位贵族主义者和君主主义者在北京使用着临时大总统的头衔!”

“您不介意我问吧，孙博士，您与袁世凯的分歧的原因是什么?”

孙博士迟疑了数秒才回答。他深思熟虑和缓慢的回答是这样的：

“袁世凯和我本人并无个性差异。我的意思是，在平常的环境下，我们会是热忱的好朋友。但是袁世凯是纯粹的旧政权的代表，他会使共和国窒息——假如他敢这样做的话。当然，他不会这样做，因为他足够聪明，知道国民不会屈从。但是，在共和国的伪装下，他希望持续当政直到最后，以至于他的帝王朋友可以通过他来统治这片土地。”

无法驱逐袁世凯

“中国的共和主义事业的第一个严重失败是被迫选择袁世凯为临时大总统。但是他是一位拥有强大的个人影响力、大量财富和这个国家历史上最精良的部队的人。应该这样说，他扎根在北京，无论是君主主义者还是共和派人都从来没有强大到可以驱逐他。在北方，在每一方面他都是最强，他十分了解自己，他从最开始就为迁都至南京作理所应当的斗争。

“王朝的旧党羽还留在北京、在他的身边，他真的建立起了一套如美国所言的‘机器’，政府操作这台机器不是为了顺从人民的意志，而是为了顺从袁世凯的意志。他今日是中国无冕之王——一个统治共和国的皇帝。而这就是我对他发动战争的原因，一场护法战争。但是他和他的顾问把我的行为诠释为叛乱，因此我被迫采取其他的方法。然而说我领导军队对抗政府，这是不真实的。不过，毫无疑问地，我真心地同情那些在南方反对帝王总统的人。”

孙逸仙称袁世凯通过他在上海和广州的朋友发表了“最荒谬的故事”，即孙逸仙博士与日本银行家进行了谈判，希望谋取资助叛乱的资金。

朋友离他而去

“那令人愤怒的假话、邪恶的谎言在中国中部和南部传播，使我失去了成百上千的忠实好友，”他用其他时候没有出现的悲愤交杂的声音说道。“他们”——他没有指代某一个具体的人——“把我看成这么一个革命者，不仅我的雄心壮志只是为了个人进步，而且为了私利我会出卖国家的自由并用以交易个人荣誉。他们会受到这样或那样的损失。至少，我的美国朋友们将永远会相信和认同我，而在我很多的人生目标中，其中一个从来就是而且也将一直是改良我所热爱的祖国和她的人民。”

这是孙逸仙博士亲自首次提及他与曾任驻美公使伍廷芳博士断绝关系一事。

“比其他所有的事，”孙逸仙说，“我都要更为惊讶，而且——不，我并没感到痛苦——就伍廷芳博士的态度而言。从争取自由的革命的最开始，伍博士跟我既是亲密的私人朋友也是政治同伴。然而，我知道他是被胁迫而作出当前对我的表态，因为从很早之前，我们就知道他强烈支持建都于南京，这个古老的政府选址，以及他认为相比于去世的慈禧太后，袁世凯更是一个独裁者和君主主义者。”

称伍廷芳被胁迫

“我并没有此事的直接消息，但我了解到，在袁国王（Emperor Yuan）发布了一个呼吁逮捕我的命令之前，他写了一封威胁信给伍廷芳。在信中，他强烈地恐吓，称如果伍博士考虑把我作为政治同伙的话，那么政府进而指控他密谋和叛国。因此，伍廷芳写了一封长信给袁世凯，斥责我并秘密地指控我与某个身份未名的资本家达成了交易。伍博士的这封信在香港和广州刊登出来，而当我读下字字句句的指控——称我愿意向日本人牺牲国家以完成我自己的雄心壮志时，我的心几乎被碾碎了。

“当这封信广为人知，我的嫌疑被四处讨论，在多个日日夜夜我可能就是全中国最可怜的人。当然，有成百上千的人认识我，并知道一刻也不能相信我会向日本寻求叛乱的帮助。在这个国家里，我一直都被好好地接待和友好地照顾，这个是事实；但是，没有日本人有那么一刻认为我不是一个真诚、可靠和至死忠诚的中国儿女。”

虽然，孙逸仙没有这样说，但可以从他的对话中推断的是，他此次日本之行是为了获得在过去五个月中所有他写给日本银行家以及其他人的重要信件，并把它们带回南京，因为他承认他写过很多信件给在东京、长崎和神户的著名资产家，他暗示，这曾是为了中国国家贷款和在湖北和广西的大型企业。

“我也给华盛顿、纽约、伦敦和巴黎的朋友写信了，”孙逸仙说。“我能不能被合理地指控为试图获得美国、英国或法国的革命资助呢？”

多次在访谈中，这位中国革命者反复提到伍廷芳的信件，每一次都是深情地讲述被这些信件笼罩着的生命的视野是如此的黑暗和不幸。有一次，在两三分钟的心神不定的沉默中，他突然间说道：“我并不相信，不能相信伍廷芳博士写过这样的信件给袁世凯！我不能相信他会称我为叛国者和背叛原则的人！无法相信——如果这是真的，这很可怕——如果是虚假，那是多好啊！”

关于伍廷芳的另外一个看法

在几分钟后，另一段的沉默后，他对这件事持完全不同的观点，称：

“没有人会否认伍廷芳博士是一位爱国者、能人、出色的中国人，但是即使他曾长期住在美国，他打心底一直都是一位君主主义者。理所当然，他在华盛顿代表朝廷，而且他所有的荣耀、提拔和头衔全都来源于皇家。很自然的，他应该有保皇的倾向，而且作为一个有文化和政治造诣的人，作为一位与他上海的邻居相比更熟悉北京内部圈子的人，是不能期待他会对人民变得过于热情。但是在很多场合中，他让我认识到他是充满热情并全心全意地反对袁世凯和他的政策。而现在，如果他真的写了这么一封出人意表的信，一定是他在最后被迫或者被恐吓，让他放弃他爱国的事业，并借他的口舌和影响力以保持建基于‘共和国王座’的袁世凯王朝。”

胜利的信心

孙逸仙博士向记者保证在九周内他绝对从未与伍廷芳博士有过私人通信，而且假如后者曾给他写过谴责信，那么他也从未收到过。但是，他说，中部和南部的中英文报纸出版了大量声称是这位前任公使执笔的文章，并直指孙逸仙博士。而后，他被迫相信，与他的意志相悖的是，伍廷芳曾至少发表过针对孙逸仙与叛军的联系一事的不明智的——如果不是不真实的——评论。

“我将要反驳在任意地方发表的每一份虚假声明。我将要回到中国，并凭借中国人的双眼去证实我的清白，而且，甚至在某一天，我必定会被选为共和国——一个真正的共和国——的领袖，前往那个北方的首都。”孙逸仙的结语就是如此了。

据 Wu Coerced, Says Dr. Sun: Chinese Rebel Leader Accuses Yuan Shih-k'ai of Despotism. *The Sun*（New York）, September 7, 1913, Page 5.（《孙博士称伍廷芳遭到胁迫——中国叛军领袖指控袁世凯施行暴政》，载一九一三年九月七日纽约《太阳报》第五页）（邹尚恒译，高文平校）

英文原文见本册第563—571页

抵神户后在“信浓丸”上与山上丰夷谈话[①]

（日译中）

（一九一三年八月九日）

山上判断，孙此时还是以赴美为上策，因此携孙当天先至和田岬洋面，确认孙之意向。

孙答曰：不欲会见一切新闻记者及中国人等。并同意暂时藏匿于船长室中。

众多往访者皆被告知，孙将在卫生检疫结束后乘坐小艇登陆，乃返回。

据日本外务省档案《各国内政関係雑纂/支那ノ部/革命党関係（亡命者ヲ含ム）》[《各国内政关系杂纂·中国部分·革命党方面（含流亡者）》]第六卷，兵发秘第二八九号，一九一三年八月十日日本兵库县知事服部一三致外务大臣牧野伸显报告《孫逸仙ノ渡来ニ就テ》（《关于孙逸仙之到来》）原件，东京、日本外务省外交资料馆藏（赵军译）

日文原文见本册第611—612页

论讨袁军失败之积极意义

在神户与萱野长知谈话[②]

（一九一三年八月九日至十五日间）[③]

成败非所计也。所谓民主立宪国，决不容有如袁之行为者。然而国会无能，

---

① 孙文于八月八日独自乘“信浓丸”自基隆到达门司。九日抵神户时，多位旧友登轮来晤，其中包括山上丰夷（山上合资会社社长）。兵库县知事服部一三因接日本政府关于不希望孙文、黄兴在日居留的训令，乃嘱山上丰夷探询孙文文今后意向。本篇即为山上告知服部与孙会晤的情况。而经犬养毅、头山满在东京努力斡旋，日本政府终于同意孙、黄在日居留。当晚，孙文乃在萱野长知（奉犬养、头山之命专程自东京来迎候孙者）、松方幸次郎（川崎造船所所长）、山上丰夷等陪同下秘密登岸，前往诹访山温泉之常盘花坛别墅匿居。

② 孙文抵达神户后，萱野长知对讨袁军的失败表达慰藉之意。这是孙文的答语。

③ 底本未说明日期。按孙文自八月九日抵神户至十六日凌晨赴东京的这段匿居日子，每天都与萱野长知在一起，谈话时间即据此酌定。

法律无效，舆论无识，袁亦若居之不疑，于此而举国胁从，无有反抗，则民国之精神澌灭殆尽，此吾人所以声罪致讨，伸大义于天下也。今兹虽破，而讨袁军之名义终不遽灭，我国人之心理必非无所感触。袁此时倘欲白其无罪于民国，则尚不能遽撕去其假面具，而帝制之复活犹有所踌躇。如其不然，欲乘战胜之威，嗾其部下黄袍加身，则国民必多不服者。故促国民之自觉，使为民国宪法之拥护，努力于方来政治之改良，讨袁军虽败亦将收其效果云。

据萱野长知《讨袁军之真相》，萱野家藏中文原稿（日文稿以“支那无名氏”署名载东京《支那と日本》第一年一号，一九一三年九月发行），载久保田文次编：《萱野長知·孫文關係史料集》（日文版），高知市民图书馆二〇〇一年三月发行

愿以一个旅游者身份暂留日本

在神户与某君谈话①

（日 译 中）

（一九一三年八月十二日）

我谢绝会见新闻记者，并非担心刺客行刺，而是担心若与中日两国人士频繁来往，会引起外界误解我仍像从前那样要以日本为根据地密谋革命，所以我愿以一个旅游者身份暂时停留日本，以避免国际上对援助革命党的日本人士和日本政府妄加罪名。这是我对日本政府殷勤地保护我表示的一点心意。

据赵宗颇译：《二次革命失败后孙文再度到神户》（下），载一九八九年六月二十七日北京《团结报》

① 八月九日晚，孙文抵神户，在山上丰夷、松方幸次郎、萱野长知等人照顾下，从川崎造船所码头登陆，到诹访山麓的常盘花坛别墅。孙极力避免会见外人，也不外出。有人认为这是为了躲避刺客，孙否定这种说法。

拟暂留日本以观察中国局势

在神户与服部一三密谈[1]

（日　译　中）

（一九一三年八月十四日）

昨晚下官秘密访问孙，就种种问题交谈，告以长期逗留日本并非上策。

该人则如同此前答复三上君[2]一样，答曰：中国南方局势尚有恢复之望，故愿暂留日本观察，而后始决定自身之进退。

随后下官嘱咐该人，彼若使日本成为邻邦敌对势力之策源地，势必会酿成困难局面，尚望充分留意。

据日本外务省档案《各国内政関係雑纂/支那ノ部/革命党関係（亡命者ヲ含ム）》[《各国内政关系杂纂·中国部分·革命党方面（含流亡者）》]第六卷，四二三四密电，一九一三年八月十五日日本兵库县知事致外务大臣牧野伸显报告原件，东京、日本外务省外交资料馆藏（赵军译）

日文原文见本册第612页

附：另一记录

服部说明久居日本并非上策之意。

孙答：中国南方形势尚有恢复之希望，故想暂居日本观察中国时局，然后决定自己之进退。

---

① 八月十四日晚，兵库县知事服部一三至常盘花坛别墅密访孙文。文中“该人”、“彼”皆指孙文。

② 三上君：即山上丰夷。

服部：如你将日本作为敌视邻邦之策源地，自然会招致困难，请充分注意。

据一九一三年八月十五日兵库县知事致牧野外务大臣电，第四二三四号（密），载俞辛焞、王振锁编译：《孙中山在日活动密录（一九一三年八月——一九一六年四月）》，天津，南开大学出版社一九九〇年十二月出版

在东京往访辻村[①]

（日 译 中）

（一九一三年九月二十一日）

这二人还会见了陆军经理局局长辻村氏。孙君对该局长询问曰：日本对于中国南北之舆论，民间舆论与政府方面互相矛盾。据闻，政府内部亦并非完全无视民间舆论，只是认为时机未至。日本陆军在不久的将来，是否会迎来与民间舆论相一致的时机呢？

该局长如何答辩，不得而知。

据日本外务省档案《各国内政関係雑纂/支那ノ部/革命党関係（亡命者ヲ含ム）》［《各国内政关系杂纂·中国部分·革命党方面（含流亡者）》］第八卷，乙秘第一三四八号，一九一三年九月二十六日《孫文ノ動静ニ關スル件》（《关于孙文之动静》）原件，东京、日本外务省外交资料馆藏（赵军译）②

日文原文见本册第612—613页

① 九月二十一日晚，孙文偕池亨吉前往拜访日本陆军经理局局长辻村。

② 自日本政府允许孙文及其追随者在日居留后，曾指令各有关部门密切监视其行动，并将获得的情报上报。外务省所得情报，大多由东京警视厅及各县市警察机构提供。

附：另一译文

孙对辻村说：日本对中国南北的舆论，民间和政府虽然相反，但据闻，政府也不全然无视民间舆论，只认为不合时宜。

孙问：日本陆军和民间舆论相一致的时机在不久的将来是否会到来？

辻村只是听而未答。

据日本外务省档案乙秘第一三四八号，载俞辛焞、王振锁编译：《孙中山在日活动密录（一九一三年八月——九一六年四月）》，天津，南开大学出版社一九九〇年十二月出版

解答对中华革命党誓约上规定服从本人及盖指模之质疑

在东京与党内同志谈话[①]

（一九一三年秋）[②]

总理制定入党誓约……就中有人提出两点：一、对誓约上“服从孙先生再举革命”，表示谓革命系服从主义，不应服从个人。孙先生系属个人，对个人服从有违共和民主。二、对盖指模，表示系命犯人所为，对同志不应有此。当时经总理一番解释，剖析详明，犹忆其言如左：

---

① 孙文组建中华革命党之初，即仿照同盟会做法亲拟入党誓约书，惟其内容更详，要求更严，且有“服从孙先生再举革命”之语，并规定党员署名后须加盖左手中指指模。部分同志对此提出质疑，孙文逐一予以解释，但终亦考虑其意见，将“服从孙先生”改为“附从孙先生”。本篇忆述者居正，中华革命党本部成立后任党务部部长，所记对孙文采用第三人称。

② 底本未说明日期。称孙文的谈话“在组党之初”，亦未说明是一次谈话或多次谈话。按：在一九一三年九月最早使用的誓约书上已写作“附从孙先生再举革命”，但初期入党者仍有人对盖指模的做法表示怀疑。故谈话之时以一九一三年九十月间较妥，标为是年秋。

一、革命必须有惟一崇高伟大之领袖，然后才能提挈得起，如身使臂、臂使指，成为强有力之团体人格。

二、革命党不能群龙无首或互相〔争〕雄长，必须在惟一领袖之下，绝对服从。

三、“孙先生”代表是我，我是推翻专制、建立共和首唱而实行之者。如离开我而讲共和、讲民主，则是南辕而北其辙。忠心革命同志不应作“服从个人”看法，一有此想，便是错误。我为贯彻革命目的，必须要求同志服从我。老实说一句，你们许多不懂得，见识亦有限，应该盲从我。我绝对对同志负责任，决不会领导同志向专制、失败路上走。我是要以一身结束数千年专制人治之陈迹，而开亿万年民主法治之宏基。

四、再举革命，非我不行。同志要再举革命，非服从我不行。我不是包办革命，我是毕生致力于国民革命，对于革命道理有真知灼见，对于革命方略有切实措施。同志鉴于过去之失败，蕲求未来之成功，应该一致觉悟。我敢说除我外无革命之勇气，除我外无革命之中心，而且除我外无革命之导师。如果面从心违，我尚认为不是革命的同志。况并将“服从孙先生再举革命”一句抹杀，这是我不能答应，而无退让之余地的。

……其次对于指模，亦有剀切指示：

一曰昭信誉。歃血为盟，如啮指割臂皆古时所引用。现今不用血印而用指模，是要本人于盖指模之顷，将誓约印入脑际，历久不渝。

二曰验诚实。我国人习气专好假面子，或客气用事，结果弄成虚伪，国几不国。革命党应反其所为，以赤裸裸出之。倘犹吝惜一指，以为与面子攸关，或以为太不客气，则是不诚实之极了。所以必令盖一指模，破除积习。

三曰重牺牲。人人畏惧革命党是能不惜牺牲的，革命党自负也是自我牺牲的。倘对盖指模而怀疑，而畏葸，还说得上牺牲吗？故必以盖指模重视其牺牲精神。

四曰明团结。我们为了革命，失败由于涣散，欲求成功，必须团结。我虽不尚结为死党之说，而总要求同志一心一德，贯彻始终，不要中途脱节。有了指模凭证在党，自然记在心上，毋敢或违。

据居正《中华革命党时代的回忆》，载重庆《三民主义半月刊》第五卷第十期，一九四四年十一月十五日出版①

① 该期封面原误排为十一月一日出版。此处已改正。

盼说服日本军政当局支援再举讨袁计划

在东京拜访涩泽荣一的谈话①

（日　译　中）

（一九一三年十月六日）

孙曰：“冯将军②攻击南京横渡扬子江之际，德、英两国之态度极为暧昧。”而后又从当前国际关系谈及袁世凯五国借款之利害所在。

其后又反复述说：“现时中国③盛衰直接关系贵国之浮沉，即就东亚问题而言，贵国亦不能隔岸观火。我等同志怀卧薪尝胆之志，假如军费能够逐步落实，则准备再度举兵讨袁。今晚前来拜访，亦在希望借助阁下之力说服贵国政府尤其是陆海军省，支援我等之再举计划。”

据日本外务省档案《各国内政関係雑纂/支那ノ部/革命党関係（亡命者ヲ含ム）》［《各国内政关系杂纂·中国部分·革命党方面（含流亡者）》］第八卷，乙秘第一四一五号，一九一三年十月七日《孫文ノ行動》原件，东京、日本外务省外交资料馆藏（赵军译）

日文原文见本册第613页

① 涩泽荣一男爵系执日本实业界牛耳、对政界亦颇具影响力的人物。据外务省掌握的情报，孙文到东京后曾两次拜访他，惟未能查出其谈话内容。十月六日晚前往涩泽荣一别邸拜访是第三次。底本仅有孙文谈话部分，而无涩泽的回应。但据后来外务省得到的情报称，涩泽对要求说服军政当局支援讨袁一事表示反对。

② 冯将军：即冯国璋。

③ 原误作“清国”，现改为“中国”。

附：另一译文

孙反复强调：现今中国①的衰盛，直接关系到贵国的沉浮。即东洋问题，贵国也不能隔岸观火。我们这些同志，准备卧薪尝胆，如果军费的筹集能获解决，则图再组讨袁军队。今晚来访，是希望借助阁下之力，说服贵国政府，尤其是陆海军省，对此次行动给以援助。

涩泽说：关于阁下目前计划的再举讨袁军，本人不赞成。贵国目前虽然不完备，但形式上已是立宪国。如议会机关完备，则不战自胜之日不久就会到来。这就是再举兵不合时宜，我不表赞成之所在。在此之前，要先隐忍持重为上策。

据日本外务省档案乙秘第一四一五号，载俞辛焞、王振锁编译：《孙中山在日活动密录（一九一三年八月—一九一六年四月）》，天津，南开大学出版社一九九〇年十二月出版

介绍当前国内武装讨袁之有利局势

在东京与某君谈话②

（日　译　中）

（一九一三年十一月八日报告）③

孙逸仙谈话大要：

中国在三个月至六个月内必有大乱发生。中国十八行省，原本就有哥老会、三点会（或称三合会）存在。此原为免受满洲朝廷压迫而在各省形成之秘密结

---

① 底本为“清国”，此改为“中国”。

② 谈话对象“某君”，据底本仅知为与孙文关系最亲密者，姓名不详，估计是日本人。文中对孙文采用第三人称。

③ 底本未说明日期。估计在十一月上旬。此处据情报提供者的报告日期酌定。

社，成立至今已有二百六十余年之历史。他如中国同盟会等团体乃后来成立者，孙文对其握有实权。

孙文煞费苦心，使该同盟会与各地哥老会、三合会等建立联系。中国近时的革命，各省皆有竞相仿效而使动乱蜂起之倾向，即因此故。哥老会员等原指望满洲朝廷倒台后孙文能成为大总统，赋予人民诸多之自由，孰料事与愿违，袁①辈压迫者继之而起，孙反沦为他国亡命客，众人皆甚沮丧。

尤其是近日来对该国国民党采取残暴且毒辣之手段，更暴露出袁压迫者之面目，因而思念孙文之情日益高涨。因此，孙文一旦回国举事，各省哥老会员等必定翕然响应。上海有哥老会和三点会员等组成之共进会，孙现与其已有联络，且与在香港之同伴团体互通声气。此外，孙还采取秘密手段同隐居中国国内各地之豪杰保持联系。孙的支持者中，以湖南、浙江、江西、广东等省为最多。如湖南之谭人凤者，即为最热心之一人也。

据日本外务省档案《各国内政関係雑纂/支那ノ部/革命党関係（亡命者ヲ含ム）》[《各国内政关系杂纂·中国部分·革命党方面（含流亡者）》] 第八卷，乙秘第一五九四号，一九一三年十一月八日《孫逸仙ト最モ親密ノ関係アル某氏談話ノ大要》（《孙逸仙与关系最亲密之某君谈话大要》）原件，东京、日本外务省外交资料馆藏（赵军译）

日文原文见本册第613—614页

在东京接待大井宪太郎来访②

（日 译 中）

（一九一三年十二月八日）

大井宪太郎云，以日华实业协会为目标，欲发起某种事业，希望得到孙的帮助。

---

① 袁：即袁世凯，下同。

② 十二月八日上午，日本原自由民权运动领导人之一大井宪太郎到访。

但孙仅答以目前这个问题值得考虑，并承诺给上海实业家写介绍信而已。

据日本外务省档案《各国内政関係雑纂/支那ノ部/革命党関係（亡命者ヲ含ム）》［《各国内政关系杂纂·中国部分·革命党方面（含流亡者）》］第八卷，乙秘第一七二九号，一九一三年十二月八日《孫文ノ動静》原件，东京、日本外务省外交资料馆藏（赵军译）

日文原文见本册第614页

拟采取革命方针[①]

在东京与饭野吉三郎谈话[②]

（日　译　中）

（一九一四年一月四日）

孙对饭野曰：本年拟变换方针，尊意如何？

饭野反问曰：阁下所说变换方针，是指革命否？

答曰：然。

饭野乃恳切述说革命之不利等。

孙当日无言而回。

嗣后的六日（七日已有内部报告），〔孙〕再访饭野，曰：有违阁下的愿望虽然并非本人之情愿，但已到了同志们不得不牺牲之关头。最短一、两周以内，最长两个月以内即准备离开贵地。因此，同阁下之间的誓约（大正二年九月十三日孙交给饭野之誓约书，其内容为支那若有外交及经济上须与外国（除日本外）交涉时，必得先与日本国或者精神团的代表协商云云）亦无非孙某个人的誓约，不

① 一月四日，孙文前往日本精神团总裁饭野吉三郎寓所祝贺新年并进行交谈。饭野与一些军方要人关系颇为密切，孙文曾寄望于通过他购得讨袁武器。

② 饭野吉三郎和军部要人有密切关系。孙文为了获得军械，于一九一三年九月十三日向饭野立约。后来据孙秘书某某谈，“孙未能得到购置军械之资金，饭野也未积极活动，故与饭野分手，退回当初交换之誓约书”。

得不随之取消。言毕退出。

据日本外务省档案《各国内政関係雑纂/支那ノ部/革命党関係（亡命者ヲ含ム）》［《各国内政关系杂纂·中国部分·革命党方面（含流亡者）》］第九卷，乙秘第二三号，一九一四年一月八日《孫文其他ニ關スル件》（《关于孙文其他各事》）原件，东京、日本外务省外交资料馆藏（赵军译）

日文原文见本册第614—615页

在东京嘱萱野长知通告报界辟谣

（日译中）

（一九一四年一月六日至十日间）①

六日发行的朝日、报知②两报称，孙给袁发电报祝贺新年，孙对萱野长知说明此乃毫无事实根据，嘱其向该两报社通告。

据日本外务省档案《各国内政関係雑纂/支那ノ部/革命党関係（亡命者ヲ含ム）》［《各国内政关系杂纂·中国部分·革命党方面（含流亡者）》］第九卷，一九一四年一月十日《孫文が袁世凱への祝電は事実無根》附記（《孙文给袁世凯发贺电毫无事实根据》附记）原件，东京、日本外务省外交资料馆藏（赵军译）

日文原文见本册第615页

① 底本未说明日期。兹据报载该事至孙文嘱咐辟谣之间的日期酌定。

② 即《东京朝日新闻》《报知新闻》。

附载：孙文秘书某君在东京的谈话[1]

（日译中）

（一九一四年一月十八日报告）[2]

孙并非信赖饭野吉三郎而接近他，乃因饭野作为精神团负责人且在陆军内部重要人物中有知己，故欲利用此种关系而更易获得待处理之武器。然而孙无法筹得购买武器之资金，饭野亦未积极运动，故终于要求饭野退回当初交换之誓约书（中国凡有关于外交、财政等事项，须先与精神团协商等等）。孙此次欲发动“三次革命”，但资金却未从他国筹得。南洋棉兰老苏门答腊地方有一革命俱乐部，孙与之气脉相同，相信不得已时可使该俱乐部成员出资，然而此次亦无出资迹象。

对于此次举事是否确有把握？孙被问及此事时则答曰：不成问题，请放心。此外，赴义亡命者中也有人劝本人同往，但我不敢去。此次举事，在华“浪人”亦未参与。孙已明白这些浪人完全无法信赖，故未向彼等透露秘密。甚至对我，最近亦采取保留某些机密的态度。日前，似是宫崎滔天或其他人对孙表示不再信任。此后孙便不仅怀疑日本人，对日本政府亦十分怨愤，认为政府以保护为名，命警察对亡命者一行加以束缚，故在需要离开日本之日，必须小心摆脱警察的视线，秘密离去。

据日本外务省档案《各国内政関係雑纂/支那ノ部/革命党関係（亡命者ヲ含ム）》［《各国内政关系杂纂·中国部分·革命党方面（含流亡者）》］第九卷，一九一四年一月十八日《孫ノ秘書タレシ某氏ノ談》（《孙秘书某君之谈话》）原件，东京、日本外务省外交资料馆藏（赵军译）

日文原文见本册第615—616页

① 时任孙文秘书者除宋霭龄外，尚有日人池亨吉。他不仅帮助孙文制订精神团誓约书，而且在本文中谈及孙决定举事、不信任日本人等之语气来看，谈话者似即为池亨吉。

② 底本未说明日期。此据外务省情报提供者的报告日期酌定。

对满洲的行动方针

在东京对陈其美等的指示①

（日译中）

（一九一四年一月中旬）②

据说孙逸仙之意见，所持方针是：及至南方广东、云南、广西等省养成实力之际，不在满洲着手进行。而今若贸然在满洲轻率举事，非但会带来不利，且有徒然给日本制造麻烦之虞。因此应力劝不要轻举妄动，等待时机到来后再采取行动。

据日本外务省档案《各国内政関係雑纂/支那ノ部/革命党関係（亡命者ヲ含ム）》［《各国内政关系杂纂·中国部分·革命党方面（含流亡者）》］第十卷，一九一四年一月二十七日，大连民政署警官田中电话报告《陳其美等ノ言動ニ關スル件》（《关于陈其美等之言谈举动》）原件，东京、日本外务省外交资料馆藏（赵军译）

日文原文见本册第616页

附：另一译文

在南方的广东、云南、广西等省尚未备足实力之际，满洲暂不着手进行。如目前在满洲轻率举事，反而造成不利局面，并有给日本带来麻烦之虞，故切忌轻举妄动，待时机到来后再断然实行之。

据日本外务省档案民高警秘收第六〇九号，载俞辛焞、王振锁编译：《孙中山在日活动密录（一九一三年八月—一九一六年四月）》，天津，南开大学出版社一九九〇年十二月出版

---

① 奉孙文之命前往中国东北考察反袁武装力量的陈其美一行，于一月二十六日抵达大连。同行中的中华革命党日籍党员山田纯三郎，将行前孙文关于行动方针的指示透露给当地警方。

② 底本未说明孙文指示的日期。按陈其美等系于一月十九日离开东京，故酌定为是月中旬。

日本政府利用警察束缚亡命者

与秘书某君谈话①

（一九一四年一月中旬）

某问及孙第三次革命是否已有成功之把握？

孙答：不要紧，放心吧！

孙不但怀疑日本人，而且非常抱怨日本政府，说政府以保护为名，利用警察对亡命者一行加以束缚。

据日本外务省档案，载俞辛焞、王振锁编译：《孙中山在日活动密录（一九一三年八月——一九一六年四月）》，天津，南开大学出版社一九九〇年十二月出版

在东京与黄兴谈话

（一九一四年春）

黄曰：如果在誓约内写明附从孙先生再举革命，这是等于附从一个人帮助一个人来革命了；如果在誓约内印上指模，这是等于犯罪的人写供状一样。前者是不平等，后者是太侮辱人了，所以这两件事不愿意做到的。

孙答：要知道过去革命所以失败最大的原因，就是不肯服从一个领袖的命令。我们现在要做革命能够成功，以后党内的一举一动，就要领袖来指导，由全体党员去服从。至于哪一个人来做领袖，这是没有关系的。假使你黄先生愿意当领袖，我们就可以在誓约内写明“附从黄先生”，我个人当然也填誓约来服从你的。如果你不愿意当领袖，就由我来当领袖，那末你就应该服从我。至于誓约上要打指模，完全是表示加入革命的决心，决不是含侮辱的意思。

据邵元冲口述，许师慎笔录：《中华革命党略史》，载南京《建国月刊》第一卷第二期，一九二九年六月出版

---

① 此件无档案号，亦无日期，底本置于一九一四年一月中旬内。

解答对中华革命党总章中规定训政时期及党员分级之非难

与党内同志谈话①

（一九一四年春夏间）②

提起组织，离不了《中华革命党总章》……引起当日之争论者记于左。

一曰“三时期”。总章第四条，本党进行秩序分作三时期。……在此三时期中，对军事〔政〕、宪政不闻多所异议，而对训政，则有如下之见解或非难：

一以为革命不应分时期，即分时期亦只有军事〔政〕与宪政，何必又要一个训政时期？

二以为训政是皇帝时代把戏，以皇帝来训小百姓，革命党既不作皇帝，那里说得上训政？

总理生平无疾声遽色，闻言莞尔而笑曰：“你们太不读书了。《尚书》‘伊训’不是说，太甲是皇帝，伊尹③是臣子，太甲年幼无知，伊尹训之不听，迁放于桐宫。我们建立民国，主权在民，这四万万人民就是我们的皇帝，帝民之说，由此而来。这四万万皇帝，一者幼稚，二者不能亲政。我们革命党既以武力扫除残暴，拯救无知可怜的皇帝于水火之中，就要行伊尹之志，以‘阿衡’自任，保卫而训育之，使一些皇帝如太甲之‘克终允德’，则民国之根基巩固，帝民亦永赖万世无疆之休。是不仅‘训’字有根据，且‘训政’名词是比同盟会‘约法’名词用

---

① 孙文于一九一四年四月在东京亲拟《中华革命党总章》，六月修订定稿。在制订过程中，部分党员曾对其内容有所质疑或非难，主要是针对本党进行秩序包括训政时期，以及按入党时间先后区分为首义党员（元勋公民）、协助党员（有功公民）和普通党员（先进公民）提出不同意见。孙文据此予以解答。本篇忆述者居正，所记对孙中山采用第三人称。

② 底本未说明日期。据上注所述情况，酌为是年春夏间。

③ 伊尹，一说名伊而商朝官职称“尹”，一说姓伊名挚字尹。据《尚书》所载，当成汤之孙太甲继王位时，伊尹作《伊训》以教之；又因其暴虐无道而放逐之，三年后悔过始迎归。当时称辅佐朝政、监护幼主的重臣为“阿衡”。

得庄典而恰当了。若说到不必由军事〔政〕经过训政就进入宪政，则简直是自欺欺人，不要建立民国了。过去元年临时政府之失败，虽由于语杂言庞，实由于我们同志不能自信执行同盟会政纲政策，分期布治，譬如建屋于沙丘之上，经风一吹即便倒塌。故二次失败，不是袁世凯能打倒我们，实在是我们自己打倒的。我们痛定思痛，再举革命，不但要惩前毖后，且要脚踏实地，一步一步的建筑牢固根基，确乎其不可拔，革命才有成功希望，国家才有安定可言，人民才有福利可享。这个训政时期，是革命时期中必不可少略的过程，革命成否全于此时期卜之。今日你们不大相信，异日当思吾言。”

二曰“三阶级”。总章第十一条……因此一条规定，又复私议纷纷，谓革命党分了阶级，一级如何，二级如何，三级又如何。即唱“三阶级”话头以问。

总理笑而不答，既而曰：“文义既明，毋庸多议。抑今日之非难，焉知不为异日之悔悟？恐以元勋自居者，反堕落求为普通公民而不可得也。须知作事要有秩序，论功要有次第。辛亥革命，政府成立，有以加入同盟会为荣，或藉此招摇撞骗，大损同盟会之声誉，是漫无区别之过。我今对于入党党员区别其先后，因而奖励之，亦深寓训练党员之意。”

据居正：《中华革命党时代的回忆》，载重庆《三民主义半月刊》第五卷第十期，一九四四年十一月十五日出版

第三次革命的军用资金还未筹集到手

与田桐等谈话[①]

（一九一四年六月二十三日）

孙说：第三次革命所必不可少的军用资金，至今还未筹集到手，这一点请谅解。

田桐等说：我们有决心实现这一夙愿，务望先生[②]也要按既往方针，在国内

---

① 是日上午十时五十分，孙文偕王统一徒步至民国社，召集田桐、居正、胡汉民、杨庶堪等人，秘密商议至中午。

② 原文为“阁下”，此改为“先生”。

国外都负起指挥监督之任。

孙未作答。

据日本外务省档案乙秘第一二五六号，载俞辛焞、王振锁编译：《孙中山在日活动密录（一九一三年八月——一九一六年四月）》，天津，南开大学出版社一九九〇年十二月出版

在东京与董必武等谈话①

（一九一四年七月）

在失败后不要灰心短气，要再接再厉地努力去干，革命不是侥幸可以成功的，只要在失败中得到教训，改正错误，想出好的办法来，继续革命，胜利的前途是有把握的。

据《回忆第一次谒见中山先生》，载《董必武选集》，北京，人民出版社一九八五年三月出版

暂不召回黄兴

与陈其美谈话

（一九一四年八月二十二日）

陈其美申述萱野长知、王统一等人于宫崎寅藏宅集会商议、策划使孙逸仙发电召回黄兴。

孙称：流亡者之有今日，并非黄兴参与而才有力量，我意是无召回黄兴之必要，但可征求犬养毅意见。

陈访犬养毅后，将犬养暂不妨召回黄兴的意见转告孙。

① 董必武和张国恩经居正介绍谒见孙文。

孙称：此事暂可搁置不理。

据日本外务省档案乙秘第一五七三号，载俞辛焞、王振锁编译：《孙中山在日活动密录（一九一三年八月——一九一六年四月）》，天津，南开大学出版社一九九〇年十二月出版

此时乃举兵讨袁良机请帮助筹措资金

在东京与来访之犬养毅谈话①

（日　译　中）

（一九一四年八月二十四日）

孙首先对犬养谈起世界大势及东亚问题，其结论认为：东亚问题之解决，不外归结于人种问题。黄色人种须团结一致，以抵挡白色人种。眼下欧洲之战乱②，对中国革命而言乃空前绝后之良机。近来调查中国内地及南洋、美国等方面之局势，到处都是革命气势昂扬，乃相信此际揭起义旗十分有利。已决定举事，眼下正在准备之中。

再观欧洲战乱之形势，英、法终归不是德国之敌手，对德国而言，只有俄国才是强敌。最后胜利将属德国。战火熄灭，日、德两国实现和平光复，日本在对德、对华外交上又将惹起复杂之局面。当此之时，中国内地如果发生动乱，则对日本外交上将带来极大好处。因此，此时甚望革命能够得到日本政府之援助，此事又甚望得到阁下之帮助。

现在已同驻扎各省的一部分军队取得联络，惟关于起事之资金筹措尚不如意。在南洋方面虽已筹得相当之资金，但由于目前银价下跌，故已告其暂不汇款以等待通知。日前已派遣在东京一位同志赴南洋，命其妥办筹款汇款。这些资金如果仍然不足，则愿与阁下磋商，看能在何等条件下通过阁下在日本筹得资金。

---

① 孙文先于八月十三日曾派菊地良一为使者，就中国革命问题前往征询犬养毅的意见。二十四日下午，犬养到孙文寓所拜访并进行交谈。

② 时称“欧战”或“欧洲战争”，即爆发于一九一四年七月的第一次世界大战。

犬养君对于上述要求并未明确表态，只答以此时确为举起革命义旗之良机，至于筹措资金一事，须待与头山翁①商议后再作答复。

据日本外务省档案《各国内政関係雑纂/支那ノ部/革命党関係（亡命者ヲ含ム）》［《各国内政关系杂纂·中国部分·革命党方面（含流亡者）》］第十三卷，乙秘第一六五一号，一九一四年八月二十七日《犬养毅卜孫文会見ノ件》（《犬养毅与孙文会见》）原件，东京、日本外务省外交资料馆藏（赵军译）

日文原文见本册第617—618页

附：另一译文

孙文首先向犬养谈起世界大势，兼及东亚问题，作结论道：东亚问题之解决，归根结蒂在于人种问题，故黄种人应团结对抗白种人。并称，刻下欧洲战乱确为中国革命之空前绝后之良机。据最近对中国内地以至南洋及美国等地之形势调查，革命声势愈加高涨。相信此时乃举旗之大好时机，遂决定起兵举事，目前正在准备之中。至于欧战形势，英法两国终非德国敌手，惟有俄国堪称德国强敌，欧洲战局胜利终归德国。战争平息，日、德两国恢复和平之时，日本将在对德、对华外交上面临复杂情况。此时若在中国内地发生动乱，必给日本外交带来极大好处。为此日本政府务必支援中国革命。此点请阁下予以关照。再者，刻下我党员已同各省部分军队取得联系，惟军事行动所需资金迄今尚未如数筹得。南洋方面来信通知，目前虽已筹得相当资金，但白银行情下跌，故暂缓汇款。日前已派一名在京同志前往南洋办理筹款及汇款事宜。如若此次仍不能筹足所需资金，即便附加任何条件，也靠阁下在日筹款。

犬养对此未表任何意见，仅称：我意如周围条件允许，现正是举革命大旗之大好时机。关于筹款一事，待与头山氏充分商议后答复。

据日本外务省档案乙秘第一六五一号，载俞辛焞、王振锁编译：《孙中山在日活动密录（一九一三年八月——一九一六年四月）》，天津，南开大学出版社一九九〇年十二月出版

① 头山翁：即头山满。

在东京与郡司成忠谈话[①]

（日　译　中）

（一九一四年九月二十三日）

郡司曰：我早已知道孙先生到此地，但因此前没有什么大事，故至今始来会面。今天前来，想请先生谈一下对欧洲战乱的感想。

孙文答曰：感想之类谈不上。但感到日本政府对我们的运动似乎抱有恶感，敢问阁下可有耳闻？

郡司曰：自己与政府方面人士久未交谈，无从判断。

孙文曰：敢问郡司先生对我们的革命运动有何看法？

…………②

嗣后，两人继续谈论革命。当谈话行将结束之际，孙文谈到，本月上旬陈中孚欲在本溪湖和奉天发动革命，却遭到日本官方之干涉被勒令离去，举事遂告中止，意甚不平。

据日本外务省档案《各国内政関係雑纂/支那ノ部/革命党関係（亡命者ヲ含ム）》[《各国内政关系杂纂·中国部分·革命党方面（含流亡者）》] 第十四卷，乙秘第一九一九号，一九一四年九月二十五日《孫文ト郡司大尉》（《孙文与郡司大尉》）原件，东京、日本外务省外交资料馆藏（赵军译）

日文原文见本册第618页

附：另一译文

郡司：知道先生住在这里，但因没有特别要紧的事，所以一直未来访问。今

① 九月二十三日下午，日本海军大尉郡司成忠拜访孙文并进行交谈。

② 随后郡司傲慢地发表了长篇评论，如说“第一次革命”时斗争双方表现幼稚，革命一方缺乏人才、方法不完善；“第二次革命”时不采取暗杀袁世凯的手段而导致失败；现今之“第三次革命”，应在国内建立根据地和招募人员，为筹款而奔走乃是极愚蠢的做法；如此等等。此处将这些评论全部删略。

日想来听听先生对近来欧洲战乱有何感想？

孙：我没有什么特别感想。不过日本政府对我们的运动似乎总是怀有恶感，请问有何耳闻？

郡司：我许久没有和政府人员交谈了，所以难以判断。

孙：那么郡司先生对我们的革命运动有何感想？

郡司：如果说对孙先生的方针有什么疑义的话，我们的想法是，第一次革命之时，革命者和镇压者虽然都是幼稚的，但导致革命最终没有成功的原因之一，就是缺乏人才，且方法也不完善。这是谁都承认的。第二次革命时也想光明正大、堂堂正正地起事，因此没有采取暗杀袁世凯的手段。如果不是这样，是会达其目的的。不知没有那样做的真意何在。第三次革命虽然已经有了种种计划准备，但我考虑，有必要改变以往的手段。总之，为了发动革命而在目前的情况下奔走于借款之事是极为愚蠢的。必要的是选择合适的根据地和人才。

孙谈及本月上旬陈中孚在本溪湖及奉天想发动革命，但遭受日本官宪干涉被迫撤离，不得不中止，并且表示不满。

对此，郡司没作任何答话。

据日本外务省档案乙秘第一九一九号，载俞辛焞、王振锁编译：《孙中山在日活动密录（一九一三年八月——一九一六年四月）》，天津，南开大学出版社一九九〇年十二月出版

与秋山定辅谈话

（一九一四年十二月二十九日）

孙问：选举结果如内阁更迭，是否由寺内正毅任首相？如寺内任首相，其对华政策如何？

秋山答：无可奉告。

据日本外务省档案乙秘第二七五九号，载俞辛焞、王振锁编译：《孙中山在日活动密录（一九一三年八月——一九一六年四月）》，天津，南开大学出版社一九九〇年十二月出版

与谢持谈话

（一九一五年一月三十日）

孙谈论各省情形，嘱谢持查考有的确需款者，可将所需款项数目列一清单，便酌量办理。

谢报告云：永平、承德一带须着手。

孙云：如有可考之人，则派往办理。

据谢持：《总理嘱件记录》，载罗家伦等主编，黄季陆增订：《国父年谱》增订本上册，台北，中国国民党中央委员会党史史料编纂委员会一九八五年出版①

在东京谈日华交涉及四川动乱问题②

（日　译　中）

（一九一五年二月三日报告）

中国革命党首领孙逸仙谈及日华交涉问题及其他事项如下：

一、关于目前报纸上所传日华交涉问题，余固不知其内容为何，然以报纸显著位置刊登各种报道来看，余以为此次日本政府采取之态度，在于确保东亚和平及日华亲善，其措施大体得当。待欧战告终，欧洲之压迫日甚，则中国益发举步维艰，政治、外交绝非今日之可比。然袁世凯惟知阿附列强，亲近德国，仰赖美国，贪图一时之苟安，而不思中国百年长治久安之计，不愿与最应亲善之日本相提携。如此，余不但为支那忧，更为东亚忧也。

袁政府之根基础极为孱弱，内讧殆无宁日。此次外交总长之更迭，即起因于内部之真相。然此次日华交涉是否会因外交总长之更迭而易于着手，亦未可知。

① 以孙中山故居纪念馆逸仙图书馆藏该册图书校对版本及内容。

② 孙文于何日、何种场合、与何人作此谈话，底本均无交代。

余惟望能早日获得圆满解决而已。

二、眼下四川省发生之动乱，袁政府似乎过多关注。然据余所得之情报，情况不容袁政府过度乐观。余等同志亦在步步推行既定之计划。袁政府之命运已无法维持太久，即便听凭其自然发展，不远之将来亦必倒无疑。此乃稍为通晓中国之国情者所熟知之事也。余等同志隐忍至今而不轻易举事者，主要亦是出于此一原因也。

据日本外务省档案《各国内政関係雑纂/支那ノ部/革命党関係（亡命者ヲ含ム）》［《各国内政关系杂纂·中国部分·革命党方面（含流亡者）》］第十五卷，乙秘第一八二号，一九一五年二月三日《孫逸仙ノ日支交涉問題ニ対スル感想及其他ニ就テ》（《孙逸仙对日华交涉问题之感想及其他》）原件，东京、日本外务省外交资料馆藏（赵军译）

日文原文见本册第618—619页

革命党人“归顺”袁世凯问题[①]

在东京与《大阪每日新闻》记者谈话

（日　译　中）

（一九一五年三月十三日刊载）

本次归服袁氏之革命党员者，主要是军人派[②]。他们不清楚世界大势，对未来的必然结果缺乏考察的目光。因此对于日本的对华要求过分夸大，认为对中国

---

① 当时在日本风传袁世凯对各地革命党人采取拉拢收买政策，已有不少人表示“归顺”，甚至包括著名党人黄兴、李烈钧、柏文蔚、陈炯明、熊克武、李根源、李书城等。《大阪每日新闻》记者就此问题在东京访问孙文，请他发表意见。

② 被日本舆论界指称“归服”袁世凯者虽然多为前革命将领，但皆系欧事研究会重要成员。欧事研究会与孙文领导的中华革命党意见不合，大多数成员并未加入该党。一九一五年二月中日进行“二十一条”交涉时，黄兴等联名通电主张暂停讨袁、一致对外，被认为有对袁世凯示好之意，更加引起孙文的不满。事实上，他们始终都没有“归顺”或“归服”过袁世凯，后来更是投身于反对袁复辟帝制的斗争中。

会带来不利。因为有这样的误解，终于作出与吾等分手之举。然而参加二次革命的流亡军人，都是因为临阵胆怯才导致失败。真正的军人，虽是无名但意志坚强者仍然遍布在本国。吾人在达到将来目的这一点上，毫无担心之处。对于变节者，就私情而言亦有可同情之处。但我相信，今日与如此意志薄弱之徒分手，对于他日达成大目的而言反而更好。本来作为立国于亚洲的两个国家，中日若不提携，就难于在列强的竞争场上立足。中国离开日本将会亡国，而日本离开中国也将陷入孤立的困境。现今世界大势，在于促进日华提携以确保东亚之永久和平。对他们一派的离散，不足介意。

据《革命黨續々歸順——殘るは孫逸仙一派のみ》（革命党人陆续归顺——留下的仅有孙逸仙一派），载一九一五年三月十三日《大阪每日新闻》（一）（蒋海波译，安井三吉校）

日文原文见本册第619—620页

最近时局①

在东京与波多野春房谈话

（一九一五年四月七日）

孙说：一、在日中交涉问题上，袁世凯为敷衍中国国民并为自己的立场辩解，正极力煽动国民掀起排日运动。因为国民舆论和态度益加强硬，袁进退维谷，处境愈益窘迫，予将乘此时机，以遂平生素愿。目下正通过某日本人（姓名秘而不宣）谋求日本政府之援助，正在活动中。倘若日本政府不应允予之要求，予当赴美求援，那时将用一年余时间在美国各地游说，以赢得其国民之同情，并筹备好军资等事宜。然后赴英国、再去欧洲各地游说，继而举事。到那时，时机上虽稍迟些，但既然得不到日本的援助，只好如此。二、美国对日本交涉的态度，表面装作平静，实则非常反感。据予所闻，美国对袁政府有好感，决定提供五十万挺

① 是日下午孙文对来访的日本太阳通讯社社长波多野春房发表关于最近时局的谈话。

枪支及相应所需弹药，已送去二十万挺，其余三十万挺将在今后两个月内送到。美国态度如此，日本□□。

波多野问孙：风传阁下接受了德国巨款，事实如何？

孙说：若有如所传之事实，就太好了。说得模棱两可，未作确切回答。

据日本外务省档案乙秘第六五九号，载俞辛焞、王振锁编译：《孙中山在日活动密录（一九一三年八月——一九一六年四月）》，天津，南开大学出版社一九九〇年十二月出版

袁世凯终必承认二十一条

与谢持谈话①

（一九一五年四月九日）

袁世凯原与大隈重信友善，故大隈组织内阁，袁氏大喜（此于吾国新闻可征者也），遂以二事要求日置益公使还国与大隈商议，求其赞助。二事者何：一、渠欲称帝；二、代平内乱是也（此事西文新闻纸言之颇详）。及日置还国，大隈赞成。然日本元老虽亦希望中国仍为帝国，而实存以朝鲜视我之心，而又深恶袁世凯，于是强大隈先提出此次条件（即二十一条）。故日置公使于开始交涉之初，面见袁世凯，即申言日本国人皆谓足下系排日者，足下今日欲与日本亲近，而求其助，不能不有所表示。足下能将此次二十一条完全承认，则日本国人皆信足下而即助足下云云。袁世凯本欲承认，而其左右如段祺瑞、汤化龙及外交总长陆征祥诸人皆大反对。渠不得已，乃有此次抗议。然综观前后局势，袁终必承认也。

据谢持：《总理嘱件记录》，载罗家伦主编，黄季陆增订：《国父年谱》增订本上册，台北，中国国民党中央委员会党史史料编纂委员会一九八五年出版

① 是日孙文嘱谢持将中日交涉黑幕通告中华革命党各支部，并提示要义。

与谢持谈话

（一九一五年四月十五日）

孙中山将海外来函三束交于谢持，嘱清其可存者存之，不必存者焚之。但清理之人，须择其永久可靠者，不然恐将来熟习后既知内情，而赴海外捣乱也。

据谢持：《总理嘱件记录》，载罗家伦主编，黄季陆增订：《国父年谱》增订本上册，台北，中国国民党中央委员会党史史料编纂委员会一九八五年出版

与东京大学某教授谈话

（一九一五年六月五日）[①]

东京大学教授邀请孙中山演讲民族问题毕，某教授进而质疑谓：欧美列强同一侵掠〔略〕中国，其程度不减于日本，何以近者中国人对于同文同种同洲之日本排斥独甚，其故亦可闻欤？

孙曰：中国民族已日不堪外力压迫之痛苦，而日本帝国主义乃后起而益甚，中国人不能不首先抵抗，谓其遂已忘情于他国者，非也。其有时恶日本过于他国，则正以同文同种同洲之故，譬如一家有兄弟二人，其长者，因于种种关系，久受邻里之欺侮掠夺，其少者，初时亦同受欺凌，幸而奋发有为，独立门户，乃不惟无救于乃兄之受欺，且追逐强邻之后，一如其所为，以为兄家以至于破产，其家

---

① 底本未说明日期。底本仅标“民国四年”（一九一五），未署月日。据日本外务省档案“孙文动静”乙秘第一二六五号，一九一五年六月五日下午六时，波多野春房来访，约孙文至同气俱乐部演讲。参加此次演讲会有松浦伯爵、福冈秀猪、渡边千冬等七人。另说参加者除松浦、波多野外，有建部遯吾、金井延、中村进午、吉野作造、立作太郎、山川义太郎、和田吴松、福冈美井。后八人为文学及法学博士，共进晚餐。晚八时，孙站着作了一个半小时的演说，由戴季陶翻译。后闲谈，谈的是外交问题。谈话人物及内容与此件相吻合。谈话时间据上述史实酌定。

人子女生计无足顾惜，予取予求，毋失时会，则其兄之家人子女恨此恶弟过于强邻。况此恶弟犹日以同胞亲爱之名词夸称于众，则谁能堪之！君等于此岂犹未悟耶？

闻者皆爽然自失。

据“中华民国”史料研究中心编：《胡汉民先生遗稿》，台北，台湾中华书局一九七八年印行

谈有志者事竟成①

（一九一五年七月以前）②

吾党不患无才，而患无志；不患革命之无成，而患立志之不坚。精卫可以填海，愚公可以移山，有志者事竟成，天经地义，不可没也。

据居正祝文，载邓家彦编：《中国国民党恳亲大会始末记》，三藩市，中国国民党总支部一九一五年十二月八日发行

谈革命党人宜尊德性

（一九一五年七月以前）

吾之革命，盖吾良知也。吾致吾良知，主张革命，不舍己以求人，不枉道而干誉，即吾人所以尊德性也。党人从予革命，须知为国民先知先觉，以先知觉后知，以先觉觉后觉，不容稍自贬损，亦即所以尊德性也。

据居正祝文，载邓家彦编：《中国国民党恳亲大会始末记》，三藩市，中国国民党总支部一九一五年十二月八日发行

---

① 本篇和下篇谈话内容，引自中华革命党本部党务部长居正为美洲中国国民党恳亲大会所作的祝文，该祝文于一九一五年七月二十五日在美国三藩市举行的大会开幕礼上宣读（孙文建立中华革命党后，美洲革命组织仍继续使用国民党旧名）。谈话对象可能是转述者居正。

② 本篇和下篇谈话，底本未说明日期。今据上注酌定。

在东京对同志的声言[①]

（一九一五年十月二十五日）

我爱我国，我爱我妻。

我不是神，我是人。

我是革命者，我不能受社会恶习惯所支配。

据《孙中山轶事集》，上海，
三民公司一九二六年出版

关于租让满洲问题

在东京与上原勇作谈话[②]

（日　译　中）

（一九一五年末或一九一六年初）

为了立即打倒专制横暴的袁世凯，确立为全体国民所支持的革命新政府，收到中日结合的实际效果，希望日本至少以预备役将兵和武器编成三个师团，支援中国革命军，中国新政府可以东北三省满洲的特殊权益全部让予日本。

日本人口年年增多，东北三省的辽阔原野适于开拓。日本本来资源贫乏，而满洲，则毋庸讳言，富于重要的资源，日本瞩目斯土，乃当然之国策。对此，我等中华革命党员能予充分谅解，故可以满洲作为日本的特殊地区，承认日本移民和开拓的优先权。

但孙中山明确声明：东北三省是中国的领土，吾等坚决维护固有的主权，虽

① 是日孙文与宋庆龄在日本东京结婚。有同志反对孙再婚，于是孙对同志发表声言。

② “二次革命”失败，孙文亡命日本，曾秘密会见日本陆军参谋总长上原勇作，要求日本支援中国革命，以“满洲特殊权益”让与日本，但主权还是属于中国。

寸土亦不容侵略。

孙中山并说：不仅满洲，中国本土的开发亦惟日本的工业、技术、金融力量是赖。

倘日本真能以互助的精神，诚心实意地援助中国的革命统一，相互提携，为亚洲的独立与复兴通力协作，则中日两国的国界难道不也可以废除吗？

据杨天石：《孙中山与“租让满洲”问题》，
载北京《近代史研究》一九八八年第六期

对中国前途抱乐观态度

在东京与某君谈话①

（一九一六年四月）

先生慨然曰：君亦有与仆同一之乐观乎？

余曰：惟。请闻其说。

先生曰：约法与国会，共和国之命脉也，命脉不存，体将安托？明达之士，当袁世凯破坏约法、解散国会之时，当早知其必有称帝之一日，而能烛其先机、大声反对者，乃绝无其人。余于此时实抱无上之悲观，乃以“革命”二字，供献于吾同胞，俾为根本解决。吾同胞心直手软，谓袁世凯未必至此，余因是不得不听良心之主张，组织中华革命党，冀尽愚忠于祖国，成则民国赖之，败则少数人殉之。

天佑吾国，自筹安会发起，国之豪俊，恍然警醒，群起义师，讨袁世凯破坏约法、解散国会之罪。罪首诛，则约法复；约法复，则民国苏，此余所以对于始误终醒之同胞而为中华民国抱无上之乐观者也！

先生言至此，状至愉穆，余因进而问先生对于今后中国之观感。

先生笑曰：辱君下问，余惟有以简括之辞答君曰：中国有此义勇无双、感觉灵敏之人民，实为中国不亡之福音，故余实为纯粹抱乐观主义之一人。

---

① 本文记述者自署为“东京归客”。谈话当在孙文归国前。

余曰：然则，将来建设之术如何乎？

先生曰：至诚相向，无难不破。国民今后自当一心一德，共任艰钜。君行矣！愿各奋前程，早置中华民国于巩固之域也。

据《中山先生之乐观》，载一九一六年
五月六日上海《民国日报》第六版

对于时局之意见

在上海与某记者谈话

（一九一六年六月八日刊载）

吾对于今日之时局，颇具乐观，惟不识多数国民之意志，能如予之所要求否？一般执权武人之自持，能如予之所希望否？在二次革命失败以后，云贵义军未起以前，袁逆之爪牙腹心多散布一种流言，谓非袁则乱。国民之无识者，亦畏袁逆及其爪牙腹心之武力，以为非袁真乱也，遂种种拥护袁逆，一若袁去而中国即陷于不可收拾之境者然。外国人之不悉中国情形，皆亦视袁逆为中国惟一之人物，不惜尽力以助之，于是袁逆得以维持其地位以至今日。是“非袁则乱”一语，几成为内外无知识者之口头禅。今云贵义师起后，响应者达六七省，拥护共和之声遍于全国，而袁逆乃不幸于未明正典刑之日，见绝于天。今后国内无袁逆，国内国外之无识者所倡非袁则乱之谬说，至此随袁以俱灭。但是袁死之后，中国果然可以大治否？果然可以不乱否？若今后南北各执权者能一秉至公，尊重约法，拥护共和，去其争权夺位之私心，革其武人干政之恶习，以爱国之真诚，和平之精神，致力于奠定国基，建设国政之事业，则袁死而中国真可大治。此实吾国民在历史上世界上之惟一光荣，使世界各国认识我中华民族，为爱国的文明民族，使国内政治上执权者，皆知为恶必无善果，而树一国民道德、政治道德之轨范，更为中国永久的幸福也。但是现在已起义各省之执政者，征其数月以来之行事，吾可信其为诚意拥护共和。而未独立各省之执政者与乎伪内阁之人物，彼等于袁逆既有皇帝逆谋之今日，尚不能明白表示其态度，与之断绝关系，举而置诸法，犹拥护之为总统，则今日袁虽死，而彼等苟非今后表示其爱国护法尊重民意之真诚，则予万不敢信其真正忠于人民。故今日予十分注意，倘各执政者皆能表示其诚意之所在，则予愿与国民共助之；倘不然者，则予愿奋起而与国民同尽挞伐之责。此予对于今日时局之意见也。

予更有一语为执政诸公暨国民道者。中国地大物博，而属现在物质文明达发之今日，合中国之人力与地力，可为的事虽终日孜孜，亦有不逮，那争权夺利的事稍为有一点识见、一点胸襟的，绝不肯为，亦绝不必为。现在一般反对共和之逆党，大家都说争总统不好，所以要主张帝制复活，今后这争总统的事实，万不能再有。不然，则使国民心里存一个疑惑也。

据《某民党首领之谈片》，载一九一六年六月八日上海《民国日报》第六版

支持黎元洪段祺瑞稳定局面

在上海与《大阪每日新闻》记者谈话①

（日　译　中）

（一九一六年六月十四日刊载）

依照民国元年的约法任命总统是当然之事，余甚表赞同。段祺瑞努力维持秩序，于大局最有裨益，其功甚大。值此之际，亦有持派遣护国军至北京护卫意见者，但因段既已努力维持秩序，承担困难，人民已可安心，现今实无需再派护国军，这只会伤害北军之感情。我首先向国人明示，绝不会采取如此引起不信任之手段。

据《康孫の對時局意見》（康有为孙逸仙对时局之意见），载一九一六年六月十四日日本《大阪每日新闻》（一）（蒋海波译，安井三吉校）

日文原文见本册第620—621页

① 六月六日袁世凯在北京突然病死，次日副总统黎元洪依法继任大总统；段祺瑞原为袁世凯政府国务卿，此时表现平静，不久改称国务总理。《大阪每日新闻》记者于中国政局发生重大变动之际走访在沪社会名流。此系孙文接受采访时发表的意见。

时局未易解决民军未能息肩

与徐朗西[1]谈话

（一九一六年六月十五日刊载）

目下时局，尚未敢骤言容易解决。因袁党依然盘踞要津，国会议员尚未正式集会；完全责任内阁又未成立；斯时之民军，正未能从此息肩，而即云国是已大定也。故予昨日致广东、山东、福建诸军电文中，不过请其暂时停止进行，息肩一层尚未易语及。段祺瑞虽为反对帝制派之一，然渠能从此真能拥护共和与否，维持秩序与否，此时段之态度尚未明了，不能妄加臆断。曩者段曾为逆党所不容，此时或能与民军相互提携，亦未可料。维持秩序，目前更未可断定。报载予深信段氏能维持秩序，或即指此事而误传耳。总之，予对于时局之主张，曾有两次宣言，是即予对于最近时局之意见。除宣言及其他通电，外间所传闻者，予概不能负责任。

据《本报记者与孙中山先生之谈话》，载一九一六年六月十五日上海《民意报》

对于时局的谈话

（一九一六年六月三十日）

余对于时局无甚乐观，旧约法虽有旦晚恢复之说，而上海所谓一般政治大家，除发空言打电报外，滞留沪上，不敢进京，致使黎大总统孤立无援，一切政令仍为帝制党所把持。欲望大局之进步，安可得乎？

据《某要人之时局谈片》，载一九一六年七月一日上海《民国日报》第七版

---

① 徐朗西是上海《民意报》记者。

关于南北和谈问题

在上海与美联社记者谈话①

（英　译　中）

（一九一六年八月十六日前）②

为和谈而努力

“是的，我正为和谈而努力。我希望南北能坐下来议和。双方应该互相让步，求同存异。我也希望中国与周边国家成为友邻。我主张现阶段国内与国际事务都应该通过和谈解决。

“我希望看到中国能够稳定局面，投资者愿意帮助中国开发巨大资源。我们需要建厂和发展所有实业。我们需要工人而非士兵。”

孙博士不满足只是被采访，他同时以采访者身份发问。

“在华北的外国人如何看待南方运动和南方领导？”他问道。

外国人期待太多

通讯记者回答道在北方的外国人无法理解南方人拒绝合作而采取的行动，尤其在袁世凯去世之后拒绝和谈而作出的针对北方的大范围军事部署。孙博士回应道：“呃，你们期待得太多，期待短时间内发生太多变化。其实中国已经取得了很大成就。”

“在中国发生更加美好的变化需要时间。很多省份非常遥远，通讯也不发达。

---

①　文在上海法租界环龙路寓所书房内会见美联社记者。

②　底本未说明日期。按孙文于一九一六年八月十六日至二十日在杭州游历，此次谈话当在他出发赴杭州前进行，日期据此酌定。原报道中有“SHANGHAI，China，Aug. 20”等字样，为刊载日期。

请多给些耐心。”

记者问孙逸仙博士是否期待赴北京参加政府重组的审议。

这位革命领袖答道：他也许会迟些去首都，但没有确定日期。

青睐日本

在中国的外国通讯社，也包括本地更加保守的中国通讯社，似乎对国会接受孙逸仙博士颇有微词。因考虑到孙博士在日本长期居住，且对日本对华政策所持的同情态度，他们在中国的报道中对孙博士并不看好。

孙博士坚持中国利益在他心目中至高无上的地位，同时他也倾向与日本发展更友好关系，两国之间更深刻的理解将会为中国带来极大裨益。

据 SunYat-Sen Is in Favor of Japan. *Reno Evening Gazette* (Nevada, U. S. A.), September 12, 1916, Page 8.（《孙逸仙青睐日本》，载一九一六年九月十二日美国内华达州《里诺晚报》第八页）（高文平译，许瑾瑜校）

英文原文见本册第 572—574 页

整修西湖为世界观光胜地

在杭州谈话①

（一九一六年八月十六日）

前此到杭，道路及各项设备尚多简陋，今则焕然一新，深佩当局布置之得宜。

西湖之风景为世界所无，妙在大小适中，若瑞士之湖水嫌其过大，令人望洋兴叹。日本之芦之湖则又嫌其过小，令人一览无余，惟西湖则无此病，诚为国宝，当益加以人工之整理，使世界之游客咸来赏其真价。

据《孙中山先生游杭记（一）》，载一九一六年八月十八日上海《民意报》

---

① 孙文于是日抵杭州，曾与浙江军政界会晤。

浙人保障民国有功

游西湖时谈话[1]

（一九一六年八月十六日）

孙先生自采荷花，笑曰：“中华民国当如此花。”

旋至纪念碑，孙先生摩挲读之，顾为同行诸君曰：“辛亥之役，可为纪念者大抵为袁氏毁灭无遗，而此碑矻然独存，可见浙人士保障民国之功矣。”

又至秋墓，孙先生唏嘘凭吊曰：“光复以前，浙人之首先入同盟会者秋女士也。今秋女士不再生，而‘秋雨秋风愁煞人’之句，则传诵不忘。今日又风雨凄其，得勿犹有令人愁煞者，抑亦秋女士之灵爽未昧耶？”

据《孙中山先生游杭记》（二），载一九一六年八月十九日上海《民国日报》第三版

杭州乃地灵人杰之胜地

游览杭州时谈话

（一九一六年八月十七、十八日）

一

十七日早，孙先生至葛岭，登楚云台，见削壁临空，奇峰突屹，曰：皆人工所致，想浙省在昔不知为何种建筑用石至多，故凿山为石，而山成壁，未必天然也。

据《孙中山先生游杭记（二）》，载一九一六年八月十九日上海《民国日报》第三版

---

① 孙文由浙江督军吕公望所派的参谋长周凤岐、警察厅长夏定候、民政厅秘书陈去病陪同，从督军署过湖至公园游览。

二

十七日午后三时，孙先生赴六和塔观钱塘江潮，谓同人曰：“子胥实死于钱江，人谓其怒气所凭，故钱塘之潮甲于江海，为一大观。余意人之精神不死，虽躯体不存而精神犹能弥漫天地，此即浩然之气也。”徘徊久之。嘱陈去病君赋诗以记之。又曰：“余昔在欧洲曾游一塔，值薄暮闭门，几不得出。”乃下塔由南山后趋别径，至虎跑寺，先生亲掬泉水饮之曰：“味甚甘美，天之待浙人何其厚耶。”

十八日，孙先生谒张苍水墓，叹曰：“张公乃吾人之先觉者。”入石屋洞，纵观造像，登其高处，历览乾坤、青龙等洞，笑曰：“天地之间，乃设此许多幽雅之境，以供吾人休养，而无暇消受之，不亦辜负造化耶。”

据《孙中山先生游杭记（三）》，载一九一六年八月二十日上海《民国日报》第三版

绍兴地利应加开发

游览绍兴时谈话[①]

（一九一六年八月二十日）

二十日辰刻，孙先生登望海亭时对周围的人说：绍兴地大物阜，确系富饶之所，惜乎实业未曾讲求，使有用之地，而竟成为废弃。譬彼高山，胡不栽森林；譬彼旷地，胡不种桑茶棉果。

据《孙中山先生越游记》，载一九一六年八月二十三日上海《民国日报》第三版

① 孙文于是日自杭州到达绍兴。

在绍兴与秋壬林谈话[①]

（一九一六年八月二十一日）

秋壬林：民国成立后，我曾担任过一年绍兴电报局局长，以后又去萧山任茧捐局局长，自感阅历尚浅，“二次革命”失败后卸任，至今还待业在家。

孙中山：我知道你们秋氏是书香人家，秋瑾本人，国文基础就很不错。你还年轻，应当潜心深造，学好了本领，才能继承先人的革命遗志，继续为国家出力。你们绍兴有一位蔡元培先生，对培育青年成材非常热心。你可去信，就说是我推荐来的，请他设法安排。

据秋仲英：《孙中山关怀秋瑾后代》，
载一九八七年三月七日北京《团结报》

在余姚与王嘉谈话[②]

（一九一六年八月二十二日）

孙问：余姚有多少人口？

王茫然答：不知道。

孙又问：余姚有多少土地面积？

王仍答：不知道。

孙又说：凭你所知道的可否告诉我一点？

王毫不思索地说：余姚钱粮共有七万两[③]。

---

① 秋壬林为秋瑾后裔。一九一六年八月十九日孙文一行到绍兴，二十一日特邀秋壬林从漓渚到兰亭会晤。是年十二月，蔡元培就任北京大学校长，蔡根据秋壬林来信，邀他进北京大学法律系学习，并安排助理会计职务。

② 是日孙文从绍兴乘火车去宁波，途经余姚，余姚县知事王嘉率众在车站欢迎，孙在车厢接见了他。

③ 当时田赋以银两计算。

孙：吓！的一声之后说：你们做县知事的只知向人民要钱的事情。

据辛得：《孙中山关心市政文明》，载一九八三年三月十一日上海《新民晚报》第六版

舟山宜开商埠

游览舟山群岛时谈话

（一九一六年八月二十五日）

中山先生谓：得此地自开商场，必胜过宁波矣。

据《孙先生象山群岛之俊游》，载一九一六年八月二十七日上海《民国日报》第三版

在上海与高炉文谈话[①]

（一九一六年八月）

革命事业虽有希望，惟大改革中国为时尚远。中国政事无所谓失望，惟我等或无生命见此。从根本上之大变政，实有此日也，因国民爱国精神已甚为发达矣。民众已了解此事，犹之种子已布，必有发生结果之日也。

据陆灿遗著，黄彦、李伯新整理：《孙中山公事略》，载广东省孙中山研究会主编：《孙中山研究》第一辑，广州：广东人民出版社一九八六年六月出版

① 高炉文全名为“富列度力高炉文”，地理学家。是月他往谒孙文，在上海法租界寓所谈论革命之将来，约有两小时。

关于不任铁道协会会长的谈话[1]

（一九一六年九月二十二日刊载）

余于路政，曩曾有所规划，但该会经中止而恢复，情势已变，会长一席，余并未承认。现会中一切设施，余未尝闻问，故绝对不负责任。余此次归来，对于往年各种团体之曾举余为会长者，亦绝对不承认有继续之效，非只铁道协会为然也。甚望将此意转致国人周知，免致误会，实为感谢！

据《孙中山先生与铁道协会》，载一九一六年九月二十一日上海《民国日报》第十版

讨袁善后应由政府办理

与旅沪党人总事务所代表谈话[2]

（一九一六年十月二十日）

此次善后，虽由自己发起，但既由政府办理，自己不能再行干涉。且甚望各党员早日领款得所。至致函护军使缓发，此时万难答允。若商会肯出款项，我自然乐予承认，但我并不要求商会发款。

据《孙中山不干涉党人善后》，载一九一六年十月二十一日上海《民国日报》第十版

---

① 中华民国铁道协会为民国元年于右任等所组织，“二次革命”后人员星散，袁世凯死后渐谋恢复，准备仍推孙文为会长。

② 袁世凯死后，中华革命党人滞留沪者众，要求善后拨款安置，商会已允出款帮助。因款项不足以安置，党人总事务所代表求见，请致函护军使署要求暂缓拨款。

附载：胡汉民代表孙文接见自由党代表[1]谈话

（一九一六年十月二十日）

上海自由党总务部提议恢复　昨由该部代表王树谷偕同鲁定格大律师及总翻译金文彪等至环龙路晋谒孙中山，征求对于本党意见。中山适有他客，遂由胡汉民代表接见，大致谓：

中山先生此时诚不愿预闻政事，然对于有道德在野党会极表欢迎。并言及主持党务及党员资格，以最简略言之，须有下列资格：一、具有道德心，有裨民生国计，不可因党务希冀猎取官职；一、党员资格须有正当恒业及自立能力，不可因入党之故放弃自有职业，有此方足言党，党纲须严。

据《孙中山对于党会之意见》，载一九一六年十月二十一日上海《时报》（七）

俟商会交出款项即出面维持

与旅沪党人代表谈话[2]

（一九一六年十月二十二日）

一、各省能否一致停款不领？

一、各省代表能否担任维持现状？

一、各省代表能知各省究须若干款方可解散？

一、各省党员除中华革命党外，有无混淆？

一、商会款项可否应允？俟以上各端一一询明，乃允俟商会交出款项，准即

---

① 一九一二年孙文曾任自由党正主裁，次年该党被袁世凯取缔。今图恢复，故派代表谒孙征询意见。

② 袁世凯死后，滞留上海的中华革命党人要求善后安置，上海商会已允出款帮助。各省党人中之不愿领者，公举代表晋谒孙文面求维持，孙垂询各情。

出面维持。

据《孙中山询问商会是否允款》，载一九一六年十月二十三日上海《民国日报》第十版

在上海与程潜谈话

（一九一六年）

革命之成败，主要的是靠主义，就是要有政治纲领；和主义相联的就是靠人民拥护，至于要倡大义于天下，就是靠得战略要点，设立政府，明目张胆地揭举旗帜。

据程潜：《纪念伟大的革命先行者——孙中山先生》，载尚明轩、王学庄、陈崧编：《孙中山生平事业追忆录》，北京，人民出版社一九八六年六月出版

谈近期计划①

与《大阪朝日新闻》记者谈话

（日　译　中）

（一九一七年一月一日刊载）

近期内将有赴北京计划，但未有再次进入政界的打算。眼下为提供给少壮议员们参考，正在频繁调查搜集各国议会的法规及则例，同时思考哲学方面和中国改革问题。较之政治领域，将来更想考虑进入实业界，为谋求发展实业而尽力。

据孙文《日支亲善の根本义》按语，载一九一七年一月一日《大阪朝日新闻》（十一）②（马燕译）

---

① 本篇原为《大阪朝日新闻》发表孙文《日支亲善の根本义》一文（本集第三册另译录）所加按语的一部分，内称此系孙文在上海接受该报记者访问时所谈意见。

② 本文在《东京朝日新闻》（*The Tokio Asahi*）同日发表。

关于中日关系

在上海与《东京朝日新闻》记者谈话①

（英 译 中）

（一九一七年一月二十七日刊载）

“在日本几乎每一位政治家、学者或商人都在热议中日友好关系出现的问题，这是件好事。但我必须指出两国之间的友好关系不可能实现，除非我们完全触及现存问题的根本原因，探究两国人民基本思维方式，以及两国政府外交政策的意愿之异同。

如果做不到这一点，实现两国人民之间的实际友好关系是没有希望的。事实上，两国人民所尊崇的伦理原则几乎出自同一基础，所以两国人民没有理由无法理解对方的外交行动。既然事实并非如此，很明显双方之间关系所出现的误解或摩擦源自人为因素。而这一人为因素包括两个民族之间立场的不同，或实力之差异。

五十年前日本推行明治维新之后，日本在文明及国力方面取得了极大进步，可与欧洲强国比肩。但日本的邻国，中国，却走了截然相反的道路，原因在于政治腐败。结果，中国正面临被列强瓜分的威胁。

各国列强不断侵占中国领土，打着利益、机会平等的幌子，掳掠灾难深重的中国。当欧洲列强入侵中国时，日本以维护自身在中国的利益为名，被迫（obliged）采取同样行动。

因此日本采取的行动或许可从日本的安全可能受到威胁的角度来解释。但凭日本利益就入侵中国是无耻行径，而同时中国却在期待日本对邻国的同情，而非构成威胁。事实上，在中国希望日本给予同情与援助之时，日本却采取威胁手段，

① 一九一七年一月一日，孙文在《东京朝日新闻》发表《中日亲善的根本意义》，希望中日亲善，并向日本公开表明修正不平等条约的希望。

与其他侵占中国的列强一样无情瓜分中国领土。这就是中日友好问题的难点。

“毫无疑问日本或中国的发展是各自国家自己的问题，但从另一角度来看，两国的发展事关黄色人种在现代世界庞大组织中的地位问题。日本帝国在维新中的改革模式可以成为中华民国改革效仿的楷模。中华民国之变法要比日本开始维新时遇到更多的阻力，且面临列强更多的领土要求。因此，我诚挚希望日本当局考虑到以上事实，这些事实是横亘在中日两国关系之关键，也是日本处理与中国关系之关键所在。”

据 Japan May Act As Model For China's Reform. *Christian Science Monitor*（Boston，U. S. A.），January 27，1917，Page 2.（《日本可以成为中国改革的楷模》，载一九一七年一月二十七日美国波士顿《基督教箴言报》第二页）（高文平译，许瑾瑜校）

英文原文见本册第 574—576 页

谈帝制复辟问题

与原田万治[①]谈话

（日 译 中）

（一九一七年二月下旬）

原田就听到各地关于复辟的评论，询问孙的意见。

孙谓：复辟必可实现，其时间当在日内，而本人对其可能实现，出自衷心盼望。

原来之帝制问题虽由于袁之死去而一旦消灭，但当时拥护帝制之余党仍然残存，且对议会憎恶之横暴者，又岂只张勋、倪嗣冲，各省督军莫不皆然。尤以官僚派之首要人物，认为处于中国目前之国势，若非实行专制，运用充分实力，则难以维持。苟一旦时机成熟，则彼等均切望破坏现状。且此时机正在逐渐成熟，如陆宗舆之度日，亦正出于此一目的。今年之内，不管如何，此方面之策划，当

① 原田万治是日本驻上海代总领事。

可见其有巨大进展。而此运动，如上所述，由于乃是目前具有实力的官僚派之所最盼望者，故必能成功。即如冯国璋，虽然最初或不赞成亦未可知，及至形势逐渐有望，必至于赞成，而一旦果然如此，则复辟定必成功。现时作出预言虽感踌躇，而其维持之时间则颇短。盖作为中国根基之真正民情，终究不能容忍，因此必倾覆之而后止。如此则今日之所谓官僚派等其他帝制余党，必至于全部消灭，世上可能出现真正的理想的共和时代，此所以欢迎一时复辟之成功也。

原田反问：如目前欲驱逐形成此似共和而非共和状态之官僚系，何以不早日迅速积极行动，扫除为实现所谓理想的共和国之障碍耶？

孙答：如上所述，帝制之拥护者目前不少在表面上系共和之拥护者，正与本人同一方向前进，现时缺乏特别攻击彼等之适当口实，且彼等均拥有具有实力之私党，而本人仅有二三督军之援助，在实力上不可同日而语，将徒使彼等反抗，只有无谓牺牲而已，故所以待其自灭也。

又关于升允，彼对于本人及主义虽正相反对，但有之牢固之信条，比之无主义，无节操如冯国璋等者，相去何止霄壤，只因欠缺实力，故难于采取行动耳。

据一九一七年二月二十六日上海原田代总领事致本野外务大臣，机密第一二号，载广州《岭南文史》一九九一年第三期（陈明译）

在上海与章炳麟谈话[①]

（一九一七年二月）

孙曰：复辟果成，则聚而歼旃耳，养寇可也。

章曰：不然。冯国璋方欲倾黎公[②]，必怂恿张勋为此，而己不与焉。勋事成，则己又出师讨勋，然后以副总统继任。公何不了也。

孙曰：不然。冯国璋北洋老军，清主果立，彼得一王封足矣，安敢望继任。

---

① 是年初，康有为、劳乃宣、刘廷琛、郑孝胥等在上海散布复辟揭帖，讼言无忌。熊希龄、章炳麟将此情况告诉孙文。

② 黎公：即黎元洪。

章曰：不然。冯平日固非有大志者，今为副总统，则觊觎之心自起，岂以王封自满乎？

孙终不悟。

据汤志钧编：《章太炎年谱长编》上册，北京，中华书局一九七九年十月出版

知行观及《会议通则》①

与邓家彦谈话

（一九一七年二月）②

余访中山先生沪滨，叩其志。

于时先生……从容谈笑而道，曰："居！吾语汝，吾方创一学说，愿闻之耶？"

余曰："敢闻何谓也？"

先生曰："古人有言曰：'知之匪艰，行之维艰。'吾易其辞，更窜其旨曰：'行之匪艰，知之维艰。'盖不行者，坐不知耳！"遂为繁征博引以诠释之，其言率精覈绝纶，继而曰："他日当著书问世也。"

逾旬余又谒先生，则以《会议通则》相示，谓余曰："集会自由者，民权之至尊贵者也。虽然，吾民罔识会议之道，兹书盖其模范耳。子盍为我序之。"

据孙文《会议通则》序二——邓家彦序，上海中华书局一九一七年四月发行，线装本

---

① 笔记者邓家彦在文中称孙文为"先生"，自称"余"。

② 底本未说明日期。邓家彦称他于一九一六年冬出游后返沪第一次访问孙文，过十日后再次访问时《会议通则》已成书，而该书自序作于一九一七年二月二十一日，邓家彦为该书作序亦在二月。谈话时间据此酌定。

谈西方文化之吸收

与杨庶堪谈话

（一九一七年二月）[1]

凡吾所诵远西文化，皆行之彼邦数年或数十年已故而效者，而后乃今敢以贡于国人。而国人顾遽怵以新异，浸且谓为理想、为大言而忽之。甚矣！其自封也。

譬无政府主义在欧陆，其陈义非不高，持之有故，而言之非不成理。而吾卒未尝倡道其说于吾国者，以孟晋若彼尚未皇证诸施行，而吾民智德奚若，安在其能骤企而幸获也。而世不察，猥以傅吾民生之说，则谈者之过也。

据孙文《会议通则》序三——杨庶堪序，上海中华书局一九一七年四月发行，线装本

附载：章炳麟记孙文撰《会议通则》之动机[2]

（一九一七年二月）

民国既立，初建国会，龙奇无统，至于攘臂以为吏民鄙笑，横恣者骎骎欲解散国会，返于独裁。故临时大总统孙公有忧之，以为今之纷呶，非言之罪，未习于言之罪也。夫倡乐优戏犹有部曲以制其越，非是则不能成节奏，况国论乎？今中国议会初萌，发言盈庭，未有矩则，其纷扰固宜，因是称国会不宜于中国，则悖矣。于是采摭成说，断以新意为《会议通则》，以训国人。

据孙文《会议通则》序一——章炳麟序，上海中华书局一九一七年四月发行，线装本

---

① 底本未说明日期。按孙文嘱杨庶堪为《会议通则》作序当在一九一七年二月。谈话时间亦酌定于是时。

② 章炳麟于一九一七年二月为《会议通则》作序。所记含有孙文言论的大意。

反对参加欧战的谈话

（一九一七年三月）

欧战实一争商场之战争，争殖民地之战争，中国不当参加，对于列强之间而有所好恶者尤为可笑可耻。中国民众非善忘，不应仅记忆侵掠胶州之德国而忘其他。在中国此时立场，何不向列强收回一切侵占地与一切权利。

据“中华民国”史料研究中心编：《胡汉民先生遗稿》，台北，台湾中华书局一九七八年印行

关于参战问题的谈话

（一九一七年四月十一日）

中国不宜加入战团。请其于入京之后转告政府，务须审慎。

据《孙中山不愿中国加入战团》，载一九一七年四月十四日上海《申报》第十版

再现复辟反会导致永久杜绝复辟

与平川清风谈话①

（日　译　中）

（一九一七年六月六日）

观察此次督军等的计划，其结局必然会弄到复辟的地步。眼下国民厌恶混乱，

① 当时黎元洪与段祺瑞的“府院之争”日趋激化，在北京的督军团（由十多省督军组成）以武力要挟黎元洪解散国会未果，乃相率离京赴津，于六月四日设立督军团总参谋处，宣告各省独立。《大阪每日新闻》驻上海特派员平川清风闻讯，立即在六日走访法租界洋泾浜五十五号孙文寓所，请他发表对当前政局的看法。果如孙文所料，督军团的倒行逆施终于酿成七月一日张勋复辟，拥戴废帝溥仪登基，然仅十二日即告夭折。

其所希望的惟有“无事”二字。政体如何、统治者如何之类的问题，均非其所想过问。在这种状况下，趁此人心存在空隙，实现复辟决非难事。如果此时督军策动复辟，则其成功也很容易。我对此等复辟的出现，反而认为是可喜的现象。世人或以为因复辟而共和会被根本覆灭，但我绝不相信此说，反而确信此乃共和之幸。何以见得？因为复辟的实现即是旧弊之复活，前朝弊政的再现。也就是说，在国民面前再现这些弊端，使国民重新感受到帝政之患。也使得那些曾经随声附和“复辟、复辟”的人，当看到复辟再现时便会觉悟到自己的大愚之处，就再也不提及复辟之事了。由此可见，此次督军等倡导复辟，必将成为今后永久杜绝复辟的根由。在这个意义上，我觉得反而应该为督军等实现复辟感到高兴。事实上，革命事业尚有一半未完成，在这个过程中，遇到复辟之事并不足以惊骇，重要的是，这也是为达成共和进步的一个阶梯。我等只要静待他们失败。寺内①内阁无需对复辟发出警告，这对我等不会成为任何问题。我等鉴于时势，本来就会乐观处置，准备不怠。作用与反作用就像今日一样，虽然将来也还要持续下去，但我确信会取得最后的胜利。

此时记者问：“准备不怠是何意？复辟成功之际，宗社党和帝政派的余孽必然会反目，是否抓住这个机会？”对于这一深层提问，孙君笑而不答。记者又问：“冯国璋②现在好像和督军一伙的态度靠拢，这样下去的话，他会不会出卖民党？”孙君笑呵呵回答说：“因为冯是滑头的。”

据《民黨首領孫唐兩氏と語る》“寧ろ復辟を喜ぶ（孫逸仙）”（《民党领袖孙逸仙唐绍仪两君之谈话》“对复辟应感到高兴（孙逸仙）”），载一九一七年六月十一日《大阪每日新闻》（二）（蒋海波译，安井三吉校）

日文原文见本册第621—622页

① 寺内：即寺内正毅，时任日本总理大臣。

② 当时北京政府副总统。

希望美国能够援助新政权

与某记者谈话

（英 译 中）

（一九一七年七月六日刊载）

中国的南方非常强盛、统一，将会坚决支持共和到底。我们曾经期待过日本伸出援手，未能如愿，希望美国能够援助我们。

据 May Ask Aid Of Uncle Sam. *New Castle News* (Pennsylvania, U. S. A), July 6, 1917, Page 1.（《或请山姆大叔提供援助》，载一九一七年七月六日美国宾夕法尼亚州《新堡新闻》第一页）（高文平译，许瑾瑜校）

英文原文见本册第 577 页

与莫擎宇谈话[①]

（一九一七年七月十日至十六日间）[②]

孙曰：在粤组织政府一节，在沪时商诸各巨公，均认为正当，海军全体亦已赞同，佥举渠为总司令。

粤督陈炳焜〈于〉督军团之事发生日，以筹备出师之空言哄骗吾辈。其实则与段氏暗通。此次举事自须首先去陈，免为腹心之患。将军督军一缺，须以君乘乏。

据《孙中山与莫擎宇》，载一九一七年八月五日长沙《大公报》第三页

① 莫擎宇是广东省潮梅镇守使。

② 底本未说明日期。此据孙文从上海乘“应瑞”舰南下广州途中在汕头停留的起讫日期酌定。

对中国内政外交的看法

与麦克唐奈谈话①

（英 译 中）

（一九一七年七月十五日刊载）

孙先生是这样总结中国现状的：辛亥革命推翻帝制，为民国的建立扫清了道路。革命使中国人民从过去的苦难中解放出来，并将他们团结在一起。然而，中国根深蒂固的保守思想阻碍着我们积极改革，在中国缓慢推进改革是必要的。

孙先生说，中国人民过去无法参与政府决策。民国政府给予前朝官员一些高级职位是权宜之计，因此帝制时期的旧式官僚保留了从前的权利。例如，袁世凯就属于帝国旧制人物。袁世凯大量举债，其中很多钱都流入了他自己的腰包。袁世凯还图谋复辟帝制，建立袁氏王朝。袁世凯的继任者黎元洪和袁相比，有更多的新思维，一直试图联合旧式官僚和新派官员建立联合政府，但这就像将油和水混合在一起，造成中国现在的乱象。中国被敌人重重包围，如果不尽快采取措施，就将灭亡。

孙中山先生接着说，中国正在清扫屋子。旧官僚阶层已证明自己的无能，必须交出政权。土豪劣绅是旧时代的余孽，他们应该遣散仆人，过普通市民的生活。这两类人都意识到他们的末日即将来临。因此，当新政府决定抛弃他们，并力图建立起法律和秩序时，他们进行着绝望的斗争。中国必须依照人民的意愿重建政府，消除歧视和治外法权，作为一个现代国家真正行使自己的主权。中国应该认真规划国内的发展，并以其理性和智慧赢得其他国家的尊重。

麦克唐奈先生请孙中山先生谈他对中国对外关系的看法。孙先生回答道：“过去这些年里，由于政府软弱，也没有明确的外交政策，我们不仅割让领土，还出

① 麦克唐奈（A. Masters MacDonell）是纽约一位进出口商人，在中国有不少朋友。他刚到中国进行四个星期的访问，在这期间拜会了孙文。拜会地点和具体时间不详。

让了宝贵的国家资产，如铁路权和采矿权等。我们并不反对外国在中国采矿，但是外国不能控制我们的煤矿。因为政府无能，中国主权受到威胁却无力抵抗列强提出的无理要求。我一直反对中国参加世界大战。我向北京政府和全世界陈述了我的理由。我个人愿意相信所有交战方公开发表的官方声明，他们宣称这次战争不是征服战争，而是为了维护弱小国家的主权。如果说战争是为了维护比利时、塞尔维亚和波兰的主权独立，那各国更应该尊重中国的独立和主权完整。”

据“Prospect of Dr. Sun's Return to Power in China”. *The New York Times*, July 15, 1917, p. 52（《孙博士在中国重新执政的前景》，载一九一七年七月十五日《纽约时报》第五十二页）；译文见郑曦原等编译：《共和十年——〈纽约时报〉民初观察记（一九一一——一九二一）政治篇》，北京，当代中国出版社二〇〇七年一月第二版

英文原文见本册第577—579页

凭吊黄花岗时的谈话[①]

（一九一七年七月二十二日）

无论如何，必将先烈坟墓整理。

据《广东大事记·陈督军大宴要人》，载一九一七年七月三十一日上海《民国日报》第三版

欲图巩固共和不能不倚重南方

与广州某报记者谈话

（一九一七年七月二十五日刊载）

某报记者询问时局，孙云：此次变乱，可分两种问题，倪杨之变，关于政体

① 孙文由沪到广州后，与许崇智前往黄花岗拜祭先烈坟墓，见黄花岗荒芜孤凄状况后作此谈话。

问题；张康之变，关于国体问题。复辟取消，国体问题虽已解决，国会仍未恢复，政体问题尚须争执。若共和政体任其蹂躏，则共和国体已丧灵魂，民国何以生活。我国人不欲谋巩固共和则已，欲谋巩固共和即不能以张康之败亡，即谓晏然无事也。

记者又问事在必为，势固不能罢手，然而事关大局，究属谁之仔肩？孙曰：中国四千万方里，长江实划南北之界，君主专制之气在北，共和立宪之风在南，此因形势气候之不同，故文明进化有迟速之异，乃自然之区分，非吾人一朝一夕之意见，所强为畛域也。故南人有慕君主专制之风者，必趋附于北方；北方人有慕共和立宪之风者，必趋附于南方，自然之势也。今日欲图巩固共和，而为扫污荡垢，拔本塞源之事，则不能不倚重于南方。我南方人遂因地理关系，而负莫大之责任。南方重要之区，厥为粤省。我粤人更因地理关系，而负莫大之责任。所以兄弟主张在粤聚集国会议员，组织统一机关，请陆幹卿[①]速出主持大计，电邀全国要人贲临，以共筹大局，务使真正共和实见，以固民国之基础。

据《孙中山先生之伟论》，载一九一七年七月二十五日上海《民国日报》第三版

与陈炳焜谈话[②]

（一九一七年八月四日）

陈督军述去年进兵湖南、逐走汤芗铭等种种计划。

孙答之曰：吾人甚愿督军以去年护国讨袁之精神对付今日之北方。

据《广东黄埔公园之宴会》，载一九一七年八月五日上海《申报》第六版

---

① 陆幹卿：即陆荣廷。

② 是日，孙中山于黄埔公园宴请广东部督陈炳焜，省长朱庆澜、林虎，省议会议长谢已原，国会议员张继等。

关于中美关系

与海因策尔曼谈话①

（一九一七年八月十四日）

孙中山向美国驻广州总领事海因策尔曼领事透露了与美国一道向德国宣战的意向。还说：前参议院议长张继已被派遣赴日，说服日本人不要借款给北方政府；张继正在努力使一笔日本借款成功，以便用来为南方的舰队购买军火。

孙又说：财政援助，军火装备以及外国政府（对南方政府）的承认，是他的经济十分拮据的政党最迫切的需要。孙断言：纽约的朋友们正在资助革命运动，但是，由于在香港的英国检查制度，使得他不可能和这些朋友接触。

孙建议美国人在中国建立军火工厂并在改善内政的各个方面进行帮助，而且向海尔策尔曼保证，新政府将给美国人以优惠权利，即使美国人能够得到工业天然资源开发利用的特让权利。

据韦慕廷著，杨慎之译：《孙中山——壮志未酬的爱国者》，广州，中山大学出版社一九八六年十月出版

关于组织政府

在上海与某报记者谈话

（一九一七年八月十八日）

记者问：组织政府现在是否进行？国会议员来粤可否达法定人数？

孙曰：国会议员总数共七百余人，除依附官僚者外，来粤人数至少可达五百人。连日接津、沪各处函电，均称陆续启程来粤，大抵两星期内即可齐集开会。至南方政府，鄙见主张提前成立，现与督军、省长等赶速筹备，务先成立以为根

① 海尔策因曼是美国驻粤总领事。

据，吾敢信南方政府成立各，省风势当为之一变，譬如风扇一动，则室内空气尽为转移。至组织南方政府固当以南方各省为要素，纵或南方诸省未能十分联络坚固，即以两广势力单纯组织之。

据《西南组织政府之近况》，载一九一七年八月十九日上海《申报》第七版

对第一次世界大战的态度

与河上清谈话①

（英　译　中）

（一九一七年九月十五日）

这次欧战如果以德国的溃败结局，也就是说事实上受英国控制的协约国获胜，那对亚洲将毫无裨益，对中国和日本更是如此。因为那种局面一旦形成，它必将导致英国加紧对亚洲的控制，尤其是对中国的控制。这次战争如果能以平局结束，那对我们亚洲更为有利。

当然，我们对德国，也和对英国一样，并没有什么好感。不过从我国的国家安全考虑，我们不愿看到德国被彻底打败，不再成为英国在远东推进的制衡力量。这就是我们——南方的共和主义者为什么不要对德宣战，为什么要和以段祺瑞为首的，加入协约国一方参战的北方派斗争的主要原因之一。

从世界政治、广泛的国际关系的角度来看，在目前这一关头，日本在中国应该走的道路是显而易见的。日本应该以金钱武器援助南方的共和主义者。假使贵国政府立刻借给我们几百万美元，送给我们几船武器，我们就可以轻而易举打败北方派。等我们取得对我国政治的决定性影响力以后，我们将以最有利于保卫亚

① 河上清，早年加入社会主义协会，并组成社会民主党。一九一七年九月十五日访问“著名的南方分离主义者”的“领袖”人物，记述孙文和他的谈话。作者认为孙的谈话“会失去那些西方朋友”，他的名声在海外会受到沉重的打击。因此，“还是以缄默不言为好”，由于上述原因，孙文的这次谈话至今几乎不为人所知。

洲的利益为目的明确表示我们对这场战争的态度。

在今天的中国人里面，只有南方的我们对复杂的国际政治真正有所了解。北方那些老朽政治家们，如段祺瑞、冯国璋之辈，对二十世纪政治一窍不通，只不过是盲目追随英美而已。日本作为亚洲公认的领袖，不应该跟他们一样去为白种人火中取栗。

欧美人在中国设立的学校，现在全都被人用作在中国青年中煽动反日情绪的地方，这您知道吗？日本人应该去看看这些学校。现在已经到了日本应该和中国的正当的一方、进步分子的一方达成一个明确的协议的时候了。

据河上清：《日本与世界和平》，纽约，麦克米公司，一九一九年出版，载广东省孙中山研究会主编：《孙中山研究》第二辑，广州，广东人民出版社一九八九年十月出版（禹昌夏译）

附：另一译文

孙中山先招呼河上清和他隔桌相对坐下，然后就问候犬养毅的健康，称他为"庄严的老人"。孙还告诉说，他和他的革命同志亡命东京的时候，犬养毅是如何帮助他们的：让他们住在自己的家里，和他们分享自己的衣服、食物甚至金钱，尽管他并不富有。

问候故旧、回忆往事之后，孙随即以与众不同的激烈言词痛斥西方"帝国主义"列强，谴责日本在这次血腥的欧战中支持他们。……①

然后，孙开始猛烈抨击日本。孙说："贵国目前的行为恰似一个受英国操纵的木偶。贵国本来不必因日英同盟之故而对德宣战的。贵国本来应该等待时机，同时对我们给予援助，而不是去援助北京那些惟协约国之命是从的奴才。因为只有我们南方派才是中国真正的爱国者，只有我们才了解世界政治，并真诚希望我们两国为了共同致力于复兴亚洲的事业而达成友好的谅解。"

孙接着又说："贵国政府应该做的是：向我们提供武器弹药和大笔贷款，好让

① 此处所谈"这次欧战如果以德国的溃败结局……"一段与前文相同，故略。

我们向长江流域进军，把政府迁到华中某一个战略要地，然后向北京推进。”孙说，一旦上述任务得以实现，他还有一个计划：为了中国和西南诸邻国的最终解放，他将与日本结成同盟，宣布实行“亚洲人的亚洲”主义。

孙说，一旦他掌权，他将乐于让日本控制满洲。他进而解释道：当然，我们很想自己保留满洲；但是我们不像日本那么非要它不可，因为我们承认日本庞大的、日益增长的人口迫切需要有一个活动的余地。中国在南方还有充分的发展余地，数千万中国人已经前往并且还将有人不断前往苏门答腊、爪哇、苏拉威西群岛、婆罗洲、海峡殖民地、法属印度支那、暹罗、缅甸等地；他们发达以后寄钱回家，每年可达数百万美元之多。那些广大的土地理所当然是属于亚洲人的；那些地方才是中国的乐土福地，远远胜过满洲。

据河上清：《孙中山的大亚洲主义》，载广东省孙中山研究会主编：《孙中山研究》第二辑，广州，广东人民出版社一九八九年十月出版（禹昌夏译）

募债与任议员为参议

对国会议员谈话

（一九一七年九月二十二日）

军政府并非定要借外债，如国债应募者踊跃，则可以无须外债。本府求才向无畛域，倘四方有志之士，不弃此险阻艰难之军政府，来相辅助，军政府正欢迎之不暇。至于任议员为参议，亦因此次政府与国会，本系休戚相关，议员等皆富于政治学识，又为人民代表，故拟陆续请为参议，共襄大计，不可视此为笼络敷衍之具。

据《募债之大集议》，载一九一七年十月一日上海《民国日报》

帝孽提倡复辟事

与驻广州各国领事谈话①

（一九一七年十月十六日）

徐世昌、梁士诒诸帝孽，一日留存于中国，则提倡复辟之事，不能保其必无。愚早已料及，亦早经筹备对待方法，但事关秘密，现在未便宣布，请贵领事安心。

据《军政府大事记·各领事谒大元帅》，载一九一七年十月十七日上海《民国日报》第三版

与蓝天蔚谈话

（一九一七年十月二十六日）

西南方面已一致进行，北方曹锟等及直系军人为孙洪伊所联合，急切待人声援，现欲任君为关外招抚使兼任司令之职，请君即日北行。

据《军政体大事记·蓝天蔚任招抚使》，载一九一七年十月二十七日上海《民国日报》第三版

不干涉粤政

与军政府陆海军各要人谈话

（一九一七年十一月九日刊载）

粤省早经自主，舜卿②亦一时人杰。督军一席关系重要，现有省议会及各军

① 驻广州各国领事因接到北京公使馆消息，以近日北京又有第二次复辟之传闻，所以急赴大元帅府聆听孙文的意见。

② 舜卿：即陈炳焜。

官，又有陆巡阅使[①]近在咫尺，自有尽善尽美办法，非我军政府之所可问，余前已宣言不干涉粤政矣。

据《广东督军问题（二）·军政府之会议》，载一九一七年十一月九日上海《民国日报》第六版

若彼此相见以诚自无隔阂

与莫荣新谈话

（一九一七年十一月二十二日）

莫：因闻大元帅政躬违和，特来奉候，望勿过于焦劳，宜为国自重，自后凡有重大问题，开诚布公，凡可协助进行者，必尽力为之。

孙：今承惠临，甚谢厚意。大局之事，果至彼此相见以诚，自无隔阂矣。

据《莫代督往谒孙大元帅》，载一九一七年十二月二日上海《民国日报》第七版

政变发生之原因

在广州与某君谈话

（一九一七年十二月十二日刊载）

民国成立以来，几次政变，皆系少数私人争权夺利之所致，言之痛心。

据《大元帅代表秦广礼君之谈话》，载一九一七年十二月十二日上海《民国日报》第七版

---

① 陆巡阅使：即陆荣廷。

国会未恢复前北方一切设施皆属非法

在广州与苏赣督军代表谈话①

（一九一七年十二月十六日）

余只知有共和，不知有他；余酷爱和平及和平之热诚，想为天下人所共见。惟余酷爱之共和，不但须有共和之名，且须有共和之实。共和国之精神寄托于国会，国会为共和政治之源流，无国会共和精神无由表现，则名虽共和，实系专制，其流弊之所及，更有甚于专制。故余酷爱如生命者，名实相符之共和也。余自信为中国最爱和平之一人，惟余所酷爱之和平非一时的乃永久的。除去一切共和之障碍及为乱之种子，使国家大法得能确定，人人受此大法之支配，永久的和平之基础方能确定；不然迁就言和平，非余所乐闻也。余与西南各省之希望最简单，依法恢复国会而已。国会恢复，其他诸问题不难迎刃而解。再余非不慊于叚〔段〕氏，恶其假托加入战团平张勋等复辟之乱为名，攫取政柄，以遂其报复主义，对友邦、对国民，皆无忠信。继任之人，国会未恢复以前，继叚〔段〕者不能谓为合法内阁。总之，国会未恢复以前，一切设施皆非法。此余此次约同国会及海陆军及西南各省将帅，护法卫国之大意也。

据《苏赣两督代表抵粤记》，载一九一七年十二月二十三日上海《民国日报》第六版

在广州与刘成禺谈话

（一九一七年）②

凡纲领，命语愈简单，人愈明了，运动无不成功。予忆在广州乡间，与人言

---

① 苏督李纯、赣督陈光远为解决大局重要问题，特派赣南镇守使李廷玉、苏军署秘书白坚武为代表到粤磋商，孙文接见了他们。

② 底本未说明日期。据谈话中有“今来广州，以护法为号召”，一九一七年九月十三日孙文任命刘成禺为大元帅府参议，当一九一七年间在广州的谈话。

反清复明，尚有不了，然予举制钱，示正面某某通宝，问曰：汝识此字乎？曰：识。举反面两满洲文示之，曰：不识。乃历举满人入主中国之事告之，遂恍然于反清复明之大义，如知汉高祖约法三章，曰：杀人者死，简单明了，可定天下也。凡民众相信，在凭据，不在理论。不观索士比亚戏曲乎？罗马凯撒演说，民众归凯撒，而呼杀布鲁特。及布鲁特演说，民众又归布鲁特，而呼杀凯撒。民众之从违无常，在能举简单事实证据，使群伦相信耳。今用排满口号，其简单明了，过于反清复明矣，故革命甚速。至若三民主义，五权宪法，为立国之根本，中人以上能言之，大批中下民众，甚难解释。行之恐周章时日，不若排满口号，推倒满清之易。民国成立以来，民国无皇帝，民众一说即知，故反对帝制，袁世凯八十三日而崩溃。今来广州，以护法为号召，所护何法？法如何护？难为一般民众详尽告之，恐此事难结良果。故予今以革命努力树口号，所谓一切不良有害民众者，较易成功耳，必改易之。

据刘成禺：《先总理旧德录》，载南京《国史馆馆刊》创刊号，一九四七年十二月出版

附：英文版本

HE IS A HONOLULU BOY

Chinese but a Leader Feared by a Great Government

Sun Yat-sen's Work and Adventures

Kidnapped in London—His Mission—A Student at Iolani College

[…]

Both last year and this year, Sun Yat-sen visited Hawaii as a member of the highest council of the Revolutionary Society of China, which proposes to oust the Manchu Dynasty, overthrow monarchy and set up a Republic. His mission was known here in Honolulu to the prominent Chinese and to many white men. Among the latter was an attache of The Star, to whom Sun explained the plans chosen by himself and associates to supplant the Chinese monarchy.

Sun Yat-sen stated that the revolution had been fomented in a number of provinces of China and that it was rapidly being promoted in other provinces. When the opportune time arrived, those in sympathy with such a movement would rise up and make a determined fight against the monarchy. Asked when he thought that time would be, Sun replied sometime during the latter half of 1897.

The young man was familiar with every form of government existing in the world today. While in Honolulu he gave out the statement that the plans of his new government for China were formed on the lines of Hawaii's government. "Yes," said he, "we prefer a government similar to the one adopted by this Republic. The administration of the Revolutionists will give the great common people of China more consideration than ever dreamed by them. One of the reasons that the movement is so popular throughout China and the prejudice so intense against the Manchu Dynasty is because the members are usurpers. They are northern men and barbarians. There are a great many other advantages to be obtained under a free government and the Chinamen are rapidly awakening to this fact."

[…]

He is a Honolulu Boy.
The Hawaiian Star (U. S. A.),
November 21, 1896, Page 1

The Prisoner's Story

His Message to the Outer World

What Tang Told Him

Threatened with Death

A representative of "The Daily News" writes:

Hearing that Sun Yat-sen had been released, it naturally occurred to me to go and see him. But where was he to be found? His lodgings were at 8, Gray's-inn-place, and thither I repaired. But I only saw his landlady. The evening newspapers had told her that her lodger was a free man, but more than that she did not know. This lady was very indignant at the suggestion that "Dr. Sun" was a conspirator. A more gentlemanly foreigner she did not know, and he had been introduced by persons whose recommendation must be accepted as final. For the rest, he had been at Gray's-inn-place for a week, he was engaged in "seeing London", and he had told her he intended soon to visit Paris. The crucial question, "Where was he at that moment?" she was unable to answer. The inspiration took me that Sun Yat-sen was at Dr. Cantlie's, and straightway I journeyed to 46, Devonshire-street W. The boy in buttons was intelligent and communicative.

Dr. Cantlie was in, and so was Dr. Sun, but the latter at the moment was engaged. The next minute Dr. Cantlie met me in the hall and took me into the dining room. Dinner was over—a meal of which Sun Yat-sen had partaken—and the air was yet aromatic with the mingled suggestion of pineapple, port, and cigars. After so protracted an experience of confinement and a meagre diet, Sun Yat-sen must have enjoyed his evening.

The door opened, and there entered a young Chinaman of small stature, with a handsome, smiling face, and dressed as Englishmen dress. "This," said Dr. Cantlie, "is Dr. Sun;" and we were introduced. His is the frank, open countenance to which one is immediately attracted. Some young Chinamen indeed are very pleasant to look upon. It is only when the roundness of youth wears off, and the cheek bones become prominent, that a harshness is imparted to the features. Those who saw Li Hong Chang will agree that an elderly Chinaman is not always personally attractive.

There was no sort of doubt in Sun Yat-sen that I looked upon a happy man. He was tired, and fain would rest; yet I could not forebear to ask him for his story. At this he interposed with a question.

"I beg your pardon, but Dr. Cantlie did not say what paper you represented."

"The Daily News."

"Then," said Sun Yat-sen, smiling, "I will certainly tell you all you wish to know."

As he spoke, he took up half a newspaper page, across which, in a bold band, the following words were written in ink:

"This will inform the public that I, Sun, was kidnapped by the Chinese Legation for seven days, and shall be smuggled out of England into China for execution. Whoever picks up this paper, please show it to Dr. James Cantlie, 46,

Devonshire-street, for rescue." On the back of the paper these words had also been written, "Please read next side."

"And that was what you wrote while you were a prisoner?"

"Yes, and I threw it out of window. But you want to hear the story from the beginning. On Sunday morning, at eleven o'clock, I met a Chinaman in the streets, and he asked me whether I was Japanese or Chinese."

"It was in or near Portland-place?" interjected Dr. Cantlie, "but he did not know where he was because he is almost a stranger in London.

"I told him," pursued Sun Yat-sen, "that I am a Chinese. 'Oh,' he said, 'We are countrymen'; and he began to talk with me and we walked together. We talked about China and so on. Then we came to a house, and another Chinaman came up and the first Chinaman introduced me to him. He said 'This is our countryman,' and we shook hands together, and said a few words. Then another came up and we shook hands the same; and one was standing on one side of me and one on the other side. They asked me to go into the Legation with them. I began to look for the first man and he had gone, and I could not see him. They asked me to come in for a talk. I went with them, and immediately the door was locked, and I knew something was wrong. I began to call, and I called 'Tang!' —which was the name of the first man I had spoken to—for he told me. But it was no good, and I took notice that I was caught in a trap. They wanted me to go upstairs with them, and because I could not resist I thought I had better go with them. They put me in a room, and immediately Macartney came in."

"You refer to Sir Halliday Macartney?"

"Yes. The first word he spoke to me was, 'You are in China now. Here is China.' I did not understand what that meant, and I intended to ask him, but he put me a second question, and asked me, 'Is your name Sun Wen?" I answered, 'My name is Sun.' He said the Chinese Minister in America had been sending a telegram, and said, 'Sun Wen came over by the Majestic,' and asked him to have me arrested here. Then he said some time ago there was a memorial sent to what is the Foreign Office of China, asking for reforms, and he said I may think it very good, but the Foreign Office want me. He said 'Now we have sent a telegram to the Foreign Office in China, and you must stay here waiting for the reply.' I asked him how long that would be, and he said eighteen hours. Then he went away, and I never saw him again until today."

"And now as to your subsequent experiences?"

"The door was locked immediately after he went out, and two or three men were set to watch me day and night."

"Inside the room?"

"No, just outside the door. I began to attempt to send some notes by the English waiters, but they all kept away. Then I threw the paper out of the window."

"Was the room in the front or side of the house, so that the paper would fall into the road?"

"No; it was at the back, and I wanted the paper to go on the roof of another house. This was found out, and the window was screwed up. Then everything was taken from me—pen, ink, paper, all things. The next night, at midnight, Tang came to me and he said, 'What I did yesterday was my duty, but tonight I come in to speak to you as a friend.' Then I asked him what he could tell me, and he said, 'My being here means life or death,' and he said everything was decided by the Minister, and if I had anything to say I had better tell him about it. I said, 'Why, I am in England. I thought I had a full protection from the English Government.' He told me the same thing that Macartnety had told me—that Legation is China, and that the English Government cannot do anything. I asked him what they were going to do with me, and he said they intended to smuggle me out from here and have me bound up and put a gag in my mouth, and put me in some sort of box or bag, and take me by night to a steamer which would be chartered for that purpose. I said to him, 'It is risky to do such a thing and I might find some help on the voyage.' He told me I could not do that, because I should be kept in a room locked up and guarded like I was there, and that there would be no chance for me to communicate with any one on the way. I asked him, if the Legation failed to do that, what was the next thing they were going to do. He said it would be impossible for me to smuggle myself out, and that perhaps they would kill me in the Legation and have my body embalmed, and sent back to China for execution."

"Execute a dead body?" I exclaimed.

"Oh, yes,' was the reply. "In China punishment is extended to the dead. Then I said to him, 'You come as a friend. Can you do anything to rescue me?' He promised me he would try to let me out, and then he went away. I don't know what else happened until this afternoon, when Tang came up and told me that Macartney wanted to see me. I went downstairs, and when I saw Dr. Cantlie and one or two other gentlemen that I know, I knew it was my salvation."

And that was the end of his story. But there were a few points on which I wanted information.

"Are you a member of the White Lily Society?"

"Oh, no; that is quite a different body. Our movement is a new one, and is confined to educated Chinamen, most of whom live out of China."

"Was your movement started before the war?"

"Yes, some little time before the war."

"Some of your party have been executed?"

"Yes, about a dozen. They take heads off in China for all sorts of offences."

I wished him good-night.

At the Legation

Interview with Sun's Captor

All about the Arrest

An Invitation to Breakfast

Our representative who visited the Chinese Legation…

Declaration by Sir Halliday Macartney

Sir Halliday Macartney, conncillor of the Chinese Legation, was early yesterday afternoon interviewed by a newspaper representative…

Statement by Dr. James Cantlie

The following statement has been signed by Dr. James Cantlie…

The Prisoner's Story.
The Daily News (London),
October 24, 1896, Page 5

THE POLITICS OF SUN YAT-SEN

WHY HIS HEAD IS IN PERIL

CHINA OF TODAY AND TOMORROW

[···] TO THE SANDWICH ISLANDS.

[···]①

"But are there no right of improvement in China?"

"No," was the [···] reply. "China is going down."

"And how will you tell me how your party [···] to remedy this [···] things?"

"The Reform Party," he replied, "was formed to educate men of intelligence, who want to have a better Government. At [···] we could get returns by youthful ways—by··· and··· to the Emperor and the···. We tried···"

"But that is no slight matter to undertake. The Manchu Dynasty has been in un···?"

"Yes, but that is nothing. A revolution would be easy. We are a large party, and the people are with us, and so are the troops. Even some of the officials are members of the Reform Party. We decided to seize all the officials of··· and make them our··· of operations, but," he added pathetically, "the plan was··· on."

"How?"

"Everybody knew what was coming and the··· were told. Then some··· were

① 最后一条标题及正文第一竖栏内容无法辨识。——译者注

… and I had to escape. Several members of the party were executed." He was lost in thought for a moment and then added, "The… is that when a man is found guilty of…, all his family and friends are executed…"

"Had your family and friends escape?"

"Yes, they all got out of the country, and… go back"

" [...] what sort of government do you wish…?"

[...]

Once more I changed the subject.

"Are the marriage laws respected?"

"The marriage customs are," he said, drawing a distention. "You know we have polygamy in China, though in the great majority of cases a man has only one wife."

"Does the tyranny of the ruling classes over involve a violation of the sanctity of domestic [...]①?"

This was enlarging the scope of the interview with a ②[...], but the question elicited an interesting answer.

"Such a thing could not occur," he said, "the people would rise at once, and the offender would instantly lose his life."

"Then now we have at least one redeeming feature in the gloomy picture you have painted."

"Oh," he exclaimed, "the nature of the people is good enough, but under the present system they don't have a chance. How expert my countrymen are in telling untruths—how smoothly and easily they come from their lips!"

---

① 原文此句最后一个单词无法辨识。——译者注

② 原文此句最后一个单词无法辨识。——译者注

This was… indeed.

Next we fell to talking of tortures. I asked him if it were the fact that, after a poor fellow has been bastinadoed, he prostrates himself before the… and returns thanks for the […] "Yes," he said: "they are ought to be grateful for all kin is of punishment. Even when a man is shout to be executed, he expresses his gratitude to the Emperor." Sun assured me that nothing I might have heard of Chinese tortures—from the application of the "cang" to awful experiences with boiling oil—was likely to be exaggerated.

I asked Sun if he were married.

"Yes, and I have a son and daughter. They and my wife are at present in the Sandwich Islands, and I am looking forward to joining them there."

There remained the question of religion. […]

"May I ask whether you are a Confucian?" was my first and last question on the subject.

"No," Sun Yat-sen sweetly replied: "I am a Christian."

The Politics of Sun Yat-sen. *The Daily News* (London), October 26, 1896, Page 3

SUN YAT-SEN

THE PRICE OF A LIFE

ENGLISHMAN'S STARTLING ALLEGATIONS

We understand that there will be a rather sensational sequel to the recent case known as the kidnapping of a Chinaman. An action has been entered in the High Court which cannot fail to be of interest. At the trial of the action, George Coles—who was at one time in the employ of the Chinese Embassy—will tell a very exciting story. He has been interviewed by a representative of *The Echo*. He says that on and off for seven years he has been employed by the Chinese Embassy in various capacities. On the morning of the 11th of October he was sent for by two gentlemen very prominently associated with the Embassy. When he entered the room…

"DO NOT LET THIS MAN ESCAPE"

[…]

THE ALLEGED PROMISE

Coles says that Sun Yat-sen's words were— "I will give you £ 20 now, and will mention in my note that he (mentioning his friend's name) is to take care of you, and within two or three days of being a free man I will give you £ 500. I will also promise you that my friends in both America and China will make you a subscription and work will never trouble you again." The note was duly delivered, and then followed the period of suspense during which all the London and provincial papers persistently called upon the Government to liberate the imprisoned Chinaman, who frequently, says Coles, in the notes he wrote to his friends, spoke of his fear that his life was in jeopardy. The sum of £ 20 was paid to Coles in two notes of £ 10 each, but he declares that the other part of the contract has not been fulfilled, and he has entered, or is about to enter, an action for the recovery of it. …

Sun Yat-sen. *The Echo* (London),
December 15, 1896, Page 2

CONCERNING SUN YAT-SEN

LITERARY LABOURS

A LETTER FROM HIS COMRADES

THE MAN WHO SAVED SUN'S LIFE

[…]

Sun Yat-sen is writing a book. I met him in the Strand, and he told me so. … To be strictly accurate, Dr. Sun is writing two books. One (the material for which may first appear in a magazine) will tell of his perilous adventures in China and Portland-place. The other volume, designed to be of greater bulk, is to reveal in detail the evil state of the Celestial Empire, and how Sun and his associates propose to put matters right. The inspiration for the latter book appears to have been derived from the interview that appeared in "The Daily News" under the title of "The Politics of Sun Yat-sen."

"That interview," he was pleased to say, "must have done much good. The English people do not know how badly China is governed, and that would help to teach them. Our party are very active, and I do not think it will be very long before matters are ripe for further action. But we are more afraid of interference on the part of England, due to misapprehension, than of the defensive power of the Chinese Government. Great Britain is so enlightened in her own institutions that I am sure, if she appreciated the situation, she would not seek to defeat the efforts of another nation to obtain similar boons. Do you think she would?"

Not wishing to compromise the foreign policy of my country, I coughed in a non-committal sort of way.

"So," he went on, almost with enthusiasm, "though I am debarred from spreading knowledge among my fellow-countrymen, I think I can assist the movement by telling the people of this country how the case stands."

"But how about going to the Sandwich Islands to see your wife and child?" I asked.

"Oh," he replied, "I've decided not to leave England for the present."

We had reached the corner of Wellington-street, and I paused to take my leave of the "kidnapped Chinaman." But he had a request to make.

"I have just received," said Sun, "a letter from my friends in America. They wish to thank the Press of this country for what it did at the time of my arrest, and they have asked me to choose which paper I will send the letter to. If you will come to my lodgings I will give it to you, and perhaps you will put it in 'The Daily News.'"

We accordingly set off for Gray's-inn-place, talking of divers matters by the way. I asked if he had heard anything more concerning his imprisonment at the Legation.

"The other day," he replied, "the Public Prosecutor came to me and took down a long statement of what happened. I should think something is going to be done, but I don't know what. I believe they are still shadowing me. At any rate Dr. Cantlie received a telegram the other day warning him that I was still being watched."

In reply to a further question, he said: "No, I don't venture to the East End, where unscrupulous Chinamen might kidnap me. Consequently my knowledge of London is very one-sided. I begin to know the West End pretty well, and I have been most of the sights, though not, of course, the Tower of London."

[…]

As I was about to leave, Sun mentioned a matter that is greatly troubling him.

“The man who saved my life,” he said, “is suffering in consequence. When I was a prisoner at the Legation I threw some writing out of window, which you saw. But, as I told you at the time, that was not the means by which I succeeded in communicating with my friends. An English servant at the Legation, named George Cole, in response to my earnest prayer, consented to take a note to Dr. Cantlie. He saved my life, but he lost his situation, for his employers learnt of the part he had played, and at once dismissed him, though he had served them honestly and diligently for seven years. He was a storekeeper, and he is a smart man. Though I am by no means wealthy, I gave him 20*l*. in gratitude for what he had done. Mr. Cole came to me yesterday, and asked me if I could find him another situation, as it was difficult to get one without a reference from employers he had served for seven years. I went round to where he lives, 36, Little Albany-street, Regent's Park, and found he has a wife and children dependent upon him. I would do anything to help him, but,” added Sun, with a pathetic expression of helplessness, “what can I do in such a matter? Do assist me, please.”

Concerning Sun Yat-sen.
The Daily News (London), December 1, 1896, Page 4

SUN YAT-SEN TELLS HOW THEY ARE REARED

“In China there is positively no scientific thought at all about the bringing up of children, and absolutely no knowledge of what is good for them. They live to grow up,” says Dr. Sun Yat-sen in an interview in “Baby,” “as Nature permits, and all the conscious care they get is really injurious. The children of the poor in China are, as a rule, very healthy, and the infant mortality among them is very small, except, of course, during epidemics. Among the rich, on the other hand, the infant mortality is very great—much greater. I should think, than in England—and the children that survive are often sickly and weak. This is because the poor bring up, or, rather, let their children grow up, naturally, which the rich take too much care of theirs. The Chinese have no scientific principles to guide them. Wealth, therefore, cannot assist in any way except in enabling the parents to provide useless, and, generally, injurious, luxuries and adjuncts, that the children of the poor are, of course, better without.

"In feeding, for instance, the poor always suckle their own children when physically able to do so; the rich never. Nor do they know anything of what Europeans would call artificial feeding, but invariably employ wet nurses. These wet nurses are very often unhealthy, and transmit their ailments to their nurslings. Even, however, when the nurse is a healthy woman, she has generally suckled her own children for a year or more before taking a situation, and it is, of course, most injurious for a new-born child to have milk that is older. I disprove of wet nurses altogether, as I do not believe it to be healthy for a child of one woman to be suckled by another.

"There is," continued Dr. Sun, in reply to further questions, "very little artificial feeding of any kind, except in the case of the children of the poor when the mother dies. Then they generally feed the children with rice-starch boiled into a kind of jelly, with sugar. There is, however, a very curious and, I think, objectionable custom practically universal among both rich and poor. During the first three days, before the mother's milk comes, it is customary to feed the young baby with small cakes. These cakes are called buk, beng-chai ('small white cake'), and are made of rice-starch and sugar, each one being about the size of a shilling. I have done my utmost to prevent these cakes being given to the new-born babies; but it is a national custom, general, I think, all over China, and certainly in the whole of the Canton province."

We then went on to discuss the crushing of the feet of female children. "This," said Dr. Sun, "is a universal custom, and is horribly cruel. It is one of the essential parts of the programme of the Reform party, of which, as you know, I am a member, to abolish this custom altogether. The cruel operation is performed when the child is from five to ten years old. It is done with a bandage, the toes being drawn under the foot, and the forepart of the foot bound up to the heel. It causes fearful suffering, and the girl cannot even attempt to walk again for at least four years.

"There are only two classes in China who do not crush their girls' feet; these are the Hakas, or highlanders, of China, so called because they originally came from the mountain districts, and the boat people. These do not inter-marry with the other Chinese. Among the Reform party, of course, the practice is dying out. A niece of mine had had her feet bandaged before her parents joined our party. Since then her feet have been released, and are now well and almost entirely natural in shape." — "The Morning."

Sun Yat-sen Tells How They Are Reared.
The Western Mail (Cardiff, Wales), April 17, 1897, Page 7

Dr. SUN YAT-SEN COMES

A BOMBSHELL FOR LOCAL BOW WONGS

The Famous Chinese Revolutionist Tells Them Their Society is a Mistake and a Waste of Money

Dr. Sun Yat-sen [sic], the exiled Chinese revolutionist, arrived in Honolulu last night on the steamship Nippon Maru. Dr. Sun was born in Hawaii and graduated from Oahu College. He was the leading spirit in the attempted revolutionary coup d'tat at Canton in ' 94, since which time he has been an exile from China with a price on his head. His views of the Chinese situation and of the Bow Wongs or reform society, which is said to have nearly 10,000 members in Hawaii will be a bombshell to many local Chinese who have been led to join the organization and support it.

Dr. Sun says that the Bow Wong Wui is useless and will end an ineffectual career amid internal dissensions that have already begun. Already some of the millionaire members in Singapore have withdrawn their support from K'ang Yu Wei, and members are asking what there is to show for the millions that have been subscribed to the society.

The revolutionary party has the real strength of the reform and progressive element in China, according to Dr. Sun. Its membership extends throughout China in secret societies that are waiting their chance. Instead of striking for the return of the emperor Kwang Hsu to power and trying to induce him to issue again the reform edicts that are supposed to have caused his dethronement, the revolutionary party wants absolute abolition of the Manchu dynasty and establishment of a republican form of government in China.

"China is far more fit for republicanism that the average foreigner thinks," said Dr. Sun, "Europeans and Americans think that the country is an absolute monarchy, but as a matter of fact it is very democratic in its system of management of public business. The people manage their own affairs. The public activities of the official class consist of simply collecting all the money they can and they leave the people to manage the details of government. The people therefore are far more ready to manage a Republic than is generally supposed."

Leung Chi-tso, the exiled reformer who organized the Bow Wongs here and is now doing similar work in Sydney, is spoken of very highly by Dr. Sun, but the latter thinks that Leung's policy is a mistake. He also is inclined to think that Leung will desert the standard of reformer K'ang Yu Wei and become a revolutionist.

"The revolutionary party is doing nothing now," said Dr. Sun, "and will not attempt to do anything while the present troubles in China are unsettled. When treaties of peace are made the time to act may come. But if we were to make a move now to overthrow the government and establish a republic, the powers would undoubtedly step in at once and partition China. By its methods of organization and its work the Bow Wongs society is made helpless in China. The imperial government has lists of all its members and none of them can go back to China while the imperial government lasts. The punishment for joining the society would be execution."

Dr. Sun's opinions will command great respect among the Bow Wongs and other Chinese here. He has attained international repute as a leader in the movement to modernize China and is a man for whose capture at any time for some years past the Chinese government would have given a large reward. The leaders of the Bow Wong society here are his personal friends, Ah Mi, the head of the society on Maui, being his brother. The fact that Dr. Sun is opposed to the Bow Wong plan will greatly reduce Bow Wong power locally, though he says he is working for the same ends as the Bow Wongs. In the end the reform society's object is to reform and modernize China and such is also the aim of the revolutionary party. But the Bow Wong's wealthy supporters all over the world have been putting up immense sums of money for no purpose, says Dr. Sun. They have nothing to show for it and the imperial government knows all they have done or are doing. Their method is in direct contrast to that of Dr. Sun's party. The latter is absoluely secret and as a result it has managed to honeycomb China with secret organizations that will strike when the time comes, while the Bow Wong Wui, with millionaire supporters and contributors in Singapore and other places outside of the empire, has done nothing and can do nothing to bring about any results in China.

Dr. Sun Yat-sen Comes: A Bombshell For Local Bow Wongs—The Famous Chinese Revolutionist Tells Them Their Society is a Mistake and a Waste of Money. *Hawaiian Star* (U. S. A.), April 19, 1901, Page 1

AVOIDED DOLE AND ESTEE

SUN YAT-SEN TALKS OF HIS HONOLULU VISIT

An Interview in Japan About China's Future—Wanted to be Secret While Here

The Japan Gazette published the following interview with the well known revolutionist, Dr. Sun Yat-sen:

Among the arrivals in Yokohama on Sunday by the America Maru was Sun Yat-sen, the well-known Chinese reformer. He came immediately from Honolulu, where he has been visiting his family for some months. According to a telegram, which appears elsewhere in our columns, Sun Yat-sen stated in Honolulu that he aimed at the overthrow of the Empress Dowager and her Mandarins and is backed by a strong force.

In conversation on Sunday, however, while not denying the truth of this statement and indeed confirming its substance, Sun Yat-sen stated clearly that he did not wish to talk about politics.

"Things will be worse in China before they are better," he said oracularly, "I think before very long." Just now everything is unsettled and I have not had time to inform myself thoroughly since my arrival of the latest news from China. I do not think the Chinese Court has any sincere intention of returning to Peking, but will probably take up its position at some other point than Sian, where it will have closer communication with the Yangtze.

"As to the claims of the rival nations in China, it is clear that England and Russia both profess friendship from interested motives. Russia wants an outlet for her railway and England wants to increase her trade. Germany has also trade interests. Of course Russia is closer ethnologically than other nations, but I would not advise China to trust to her professions of friendship. England's attitude is more above-board and the opening of China to trade would be mutually beneficial. I think that Japan could have great influence in China by the friendly introduction of modern methods through the similar language and customs of the two countries.

"But radical reform in China can only come through the sweeping away of the Manchu dynasty and its corrupt officials and the adoption of European methods in business and government administration. The Emperor is probably a good man but weak. I was on the same steamer as United States Minister Conger and he agreed with me that the Emperor was weak—a very child, he said. Li Hung Chang is an able man, but too much infected with Manchu Ideas. Chinese reform will come through others."

Mr. Sun Yat-sen expressed admiration for American methods and told of the increased volume of business in the Hawaiian Islands since their annexation. He was not informed as to the latest phases of the Indemnity Question, but maintained that no movement could be ripened in China until after the withdrawal of the international troops and the conclusion of the session of the Peace Commissioners. He denied all knowledge of one Mr. Homer Leas, an American student, who was stated to have visited China in the interest of a reform movement, such as Mr. Sun Yat-sen is credited with leading, and politely changed the subject when it was brought up. He said that he had had no intercourse with leading Americans in Honolulu—he had not seen Governor Dole or Federal Judge Estee—as for obvious reasons he wished to keep his plans and himself as "secret" as possible. "You see," he explained, "I did not wish to make the Chinese Government uncomfortable unnecessarily."

Avoided Dole and Estee-Sun Yat-sen Talks of His Honolulu Visit. *Hawaiian Star* (U. S. A.), July 10, 1901, Page 7

STABBING ON HONG KONG①

JAPANESE FIREMAN ASSAULTS A PASSENGER

Latter Remonstrated With Jap For Appearing in Indecent Garb Before the Female Steerage Passengers

[…]

SUN YAT-SEN

Writing of Dr. Sun Yat-sen, the Chinese revolutionist, Mr. Lynch is quoted in the Japanese papers as saying:

"It will be remembered he reappeared in Canton last September as the organizer of rebellion. It did not succeed, for his followers ran short of supplies, but not before they had in twenty days won six battles and taken possession of five towns.' [sic] When Mr. Lynch saw him, Sun Yat-sen was once more absorbed in his studies-this time in Yokohama. He is there devoting himself to the problem of how 'to Japanese China.' The man who solves that problem, and carries it out, will profoundly alter the destinies of the Far East, and perhaps even of the world.

① 本文所在栏目有三个部分，只有第二部分与孙中山有关，第一部分是关于发生在香港的伤人案，第三部分关于演员的新闻。——译者注

When once the work begins, it will be over, Sun Yat-sen bids us know, in no time, for ‘the Chinese are much cleverer than the Japanese, and belong to a higher order of intelligence.’ He is convinced that there is no chance of doing this otherwise than by doing away with the present dynasty, and deposing the present Emperor, although he quite admitted the desire for reformation which had been manifested by the Emperor some time before, yet he believed that he was too much handicapped, too powerless, surrounded as he was by conservative influence, ever to accomplish anything. Even should the powerful influence of the Dowager Empress be withdrawn, in whose presence is focussed and concentrated the very convergence of conservative influence, he feared that it would be of no avail. When an imperial despot turns reformer, he is apt to go too fast. And this was the fault committed by the young Emperor, according to Sun Yat-sen. Nothing but a republic on [the] most democratic basis will satisfy them. So in ‘Japanesing China’ he proposes also to Americanize her. It is a safe prediction that Sun Yat-sen will pursue many ‘studies’ and learn a good deal more than he yet knows before he becomes President of the United States of China.”

SAMSONS AND SCHELEY

[…]

Sun Yat-sen. *Hawaiian Star* (U. S. A.),
August 20, 1901, Page 6

Dr. SUN YAT-SEN IN TOKYO

Tokyo, December 21.

Dr. Sun Yat-sen, who is staying in Tokyo, has been interviewed and said "China is China for the Chinese and must be governed by the Chinese." He pointed out that the Russians were constantly approaching the Court at Peking, and concluded by saying "we reformers exert an influence not only on China but on Japan also."

Dr. Sun Yat-sen In Tokyo. *The China Mail* (Hong Kong), December 28, 1906, Page 4

WOULD MAKE REPUBLIC OF CHINA IN THREE YEARS

NOTED CHINESE DETAILS PLAN

Sun Yat-sen Says Emperor Will Be Deposed

The nominal leader of the rebel army is a Chinese named Soon Wen, who was educated in Japan. The real leader, the genius of the revolution is Sun Yat-sen, who was educated at Harvard and who is now believed to be in Japan. The government has a price of $50,000 on his head.

Sun Yat-sen has traveled extensively in the United States, Canada, and Europe. He is well known in London, where a few years ago the Chinese embassy sought to make him a prisoner.

In a recent interview, Sun Yat-sen told of his plans for overturning the Manchu dynasty and establishing a republic in China. He added:

"We have plenty of money. We have rifles and we have more than 100,000 men ready at any moment to take up the attack. You ask me where is our artillery. My reply is that at present it belongs to the Chinese government, but as soon as our movement is in action that artillery will be ours, as in all branches of the army officers are our brothers, and after the first small success the Chinese army will most certainly join us and overthrow the people who for over 260 years have bullied China and her people.

SPIES ARE AT WORK

"I have spies in every town and village in China, and our doctrine, 'China for the Chinese,' is quietly but definitely preached each day throughout the empire.

"As for the emperor—a weak but well meaning young man—no harm will be done to him at all; he will be simply deposed and sent back to Manchuria, whence his ancestor came. Her majesty the dowager empress will also accompany him.

"All China wants is peace, and I hope to be the medium to lead her to peace, to stop these perpetual internal disturbances, to put an end to these wholesale executions, and, above all, to introduce into the country Western ideas, which will help not only to develop the people themselves, but the wonderful natural resources of the country.

"Within three years I hope the world will know China as the 'Chinese republic.'"

Would Make Republic of China In Three Years: …

Noted Chinese Details Plan. *Oakland Tribune* (California, U. S. A.), June 9, 1907, Page 25

SUN YAT-SEN

The following is an interview related in the "Illustrated Weekly Magazine". (America)

It was in 1896 that Sun Yat-sen first sprang into the limelight as a result of being kidnapped by the Chinese Legation in London. Reports has been received from China that he had been instrumental in inciting the natives against the Chinese government, and was implicated in a conspiracy to kill the Viceroy of Canton. One day as he was passing the Chinese Legation in London, two or three Chinese inveigled him into the place and forcibly detained him for ten days, awaiting a favourable opportunity to send him back to China for execution. Several of his countrymen, who had participated with him in the uprising in China, had previously been beheaded. But the methods used by the Chinese Legation officials in London brought down the wrath of the British government, and a peremptory demand of Lord Salisbury for Sun Yat-sen's release secured his freedom. He had let the outside world know of his predicament by writing the story of his capture on a newspaper and throwing it out of the window.

Education

He was educated at Iolani College, Honolulu, subsequently going to Harvard. At one time he practised medicine in Hongkong. During the unsuccessful Boxer rebellion in China, a few years ago, he led an army of his countrymen whose purpose was to overthrow the government. Physically the Chinese revolutionary leader was unimpressive. He was scarcely five feet tall, rather narrow-shouldered, with a slight stoop, small-limbed, boyishly built, with a well-moulded head, a short, thin moustache, and closely cropped hair. His forty-five years rested lightly on his shoulders; you would not have surmised he was past thirty-five.

Two Political Parties

"In China, we have two political parties, the reform party that supports the reign of the Manchu, and the revolutionists, whose object is to overthrow the foreign dynasty and set up a republican form of government. I say foreign dynasty, because the Manchurians are not Chinese, properly speaking, but a race of usurpers who, while they are not able to govern their own country, are trying to rule a huge nation like China. During the past ten years there has been a reawakening in China of which people in foreign lands know nothing. But since there have been rumours of a division of China among the powers of the world, in the breast of every loyal Chinese has been aroused the determination to prevent such a thing from occurring. We, who have studied and are familiar with the conditions in China, know that the Manchus are working with the selfish end in view of establishing firmly their family line at the head of their imperial government. In order to do this they are weighting the people down with taxes in every form."

"What do the Chinese revolutionists advocate?"

"The revolutionists advocate, first, China for the Chinese, and second, a republican form of government that will prevent the division of China. With a republican form of government we could in time assume our rightful place among the powers of the world. The revolutionists have the support of what the Americans know as the 'common people'. The reform party is backed by the wealthy merchants, who derive immense profits from the favouritism shown them by the Manchu rulers."

Object of Revolutionaries

Questioned as to the object of the revolutionists, he repeated the above statement. When asked the names of his associates, he replied that he preferred to die rather than disclose them. He further said: ‘Death will be a pleasure to me. My blood only will flow, and my comrades will pursue their great task. From what I have learned of European revolutions, plenty of blood must be spilled before success is attained. I am not the first to die for the cause; many have died for it already. I will carry my ideas to the grave with me. I refuse to answer any more questions. Execute me as soon as possible!’

“The publication in the Chinese papers of these heroic expressions will do more to popularize the movement than the broadcast distribution of a million pamphlets.” Sun Yat-sen's face was grave as he spoke the words, and in his voice was the earnestness of deep conviction. “Kot's attitude,” and Sun Yat-sen rose from his chair, “is sure to command admiration and he will doubtless be regarded worthy to rank with the patriots of all countries who have died as martyrs in the cause of liberty.”

Sun Yat-sen. *The Hongkong Telegraph*,
May 26, 1911, Page 3

SUN YAT-SEN IN NEW YORK

Revolutionary Leader “More than Gratified” at Chinese News

By Telegraph to The Tribune

Philadelphia, Oct

The capture of Peking and the defeat of the imperial troops by the revolutionists in China was today predicted by Dr. Sun Yat-sen, leader of the Chinese revolutionists in China, who is attending a secret meeting in New York City tonight. The statement was made by the Chinese leader, upon whose head his government has placed a price of $50,000 to the Rev. Dr. Frederick Poole, a prominent missionary in the Chinese section of this city, just returned from a trip to China.

In his statement to Dr. Poole Dr. Sun, who says he expects to return to China almost at once, declared:

"The success that has attended the efforts of the revolutionary party has surpassed my most sanguine expectations. Together with all the leaders of the movement here, I will have been more than gratified at the rapidity of the movements of the revolutionary army, and yet it is what we expected, because of the ability of the leaders of the movements.

"The capture of Wu Chang, Hankow and Hanyang has given us the key to the west and to the north. We control the Yangtse River at this point by virtue of the strongly fortified position that we now have in the forts of Wuchang, which command the river.

"The most important movement which is now to happen and which will, in all probability, decide the fate of the empire is a meeting between the imperial troops and the revolutionary army. This, it is expected, will take place within the next two days about 150 miles north of Hankow. The revolutionaries anticipate a sweeping defeat of the government troops by reason of the strategic position which they have secured in the railroad pass through which the imperial Army must travel to reach Hankow.

"The revolutionaries are waiting until the imperial troops reach this point, when the signal will be given to the Chinese garrisons situated north nearer Peking, and whose sympathies are with this new movement, and the capital itself will then be invested."

Dr. Sun Yat-sen showed Mr. Poole a translation of the proclamation to the people of China which is to be issued to the empire. It is a document of the human feeling and it sets forth the honesty of purpose of the movement. The keynote, of the paper is that the people rid themselves of the autocratic government under which they have suffered for centuries and assure themselves of a freedom which can only be enjoyed under an enlightened form of republican government such as that of the United States.

Sun Yat-sen in New York. *New-York Daily Tribune*, October 23, 1911, Page 3

Rising in China?

[…]

Discussing the question of a possible Chinese Republic, Mr. Diosy says it is the firm resolve of the revolutionaries to establish the United States of China on American lines. In many conversations Sun Yat-sen has explained to the writer, who enjoys his firm friendship, the reasons that have prompted him to select the republican form of government, and especially a Confederation of almost autonomous States, as most suitable for China:

The great differences in natural conditions, in local interests, in economic needs, in the language, in some cases in the religion, in others in the race, of the inhabitants, that exist between one province and another, the very large measures of autonomy already enjoyed by each of the Eighteen Provinces, the proven impossibility of a satisfactory centralization in the governance of such a huge empire, and, above all, the notable capacity of the Chinese for managing their own affairs, commercial or philanthropic, by associated efforts, guided and controlled by deliberative assemblies and executive boards, all these points indicate that China would flourish as a Confederation. The revolutionaries, influenced, no doubt, by the numbers amongst who have studied in America, have taken the Constitution of the United States as their model, with this important exception, that their sound common-sense has made them determined to avoid the glaring defects in that antiquated, inelastic charter. They intend to lay before the Constituent Assembly a draft of a Federal Constitution, providing for the management by a National Congress and a Federal Administration of all interests common to the whole nation. Foreign relations, national defence, national finance and fiscal policy, international and inter-State communications, inter-State commerce, matters affecting the national health, the constitution of a Supreme Court, all these matters would be considered subjects for Federal legislation and administration. In every other respect each State would, by its own Legislature, elected according to its own Constitution, enact its own laws and carry them out by its own elected Executive. What are the chances of such a scheme of government, so startlingly novel, being accepted by the people of China? The reply must be that the nation, weary of the effete and corrupt misrule that has so long drained its life's blood, stunted its growth, and frittered away territory and resources, is ready to accept any form of government recommended to it by its delivers from the yoke.

The question naturally arises whether the character of the leaders is sufficiently high, their influence over their followers sufficiently great, to warrant the assumption that China will benefit by their eventual victory. Those are not wanting who are of opinion that corruption is ingrained in Chinese official life, that even the much increased salaries advocated by the Reformers will not keep the majority of Chinese officials honest. The only one of the Revolutionary leaders for whom the writer can vouch personally is Sun Yat-sen, but he concludes if the revolutionaries have other leaders of the type of Sun, their cause is safe. The events of the immediate future will show.

[…]

Rising in China? *The London and China Telegraph*, November 6, 1911, Page 1082

SUN YAT-SEN INTERVIEWED IN AMERICA

The *Matin* publishes from its New York representative a long interview with SunYat-sen.

Questioned as to the manner in which he was led to organize his compatriots, SunYat-sen replied: "By being present as a youth at capital executions. Then I got into communication with the families of victims, and everywhere found revolutionary aspirations. Hatred of the Manchu corruption and administrative exactions is innate in the Chinese people. My voyages and studies in Europe and in the United States strengthened my desire to deliver China from tyranny.

"The discipline among the Chinese in the United States is most admirable, and those who at first thought my doctrine too advanced are now completely converted. Even the poorest bring generous offerings for the revolution. I shall go to China when the moment is ripe."

With regard to future developments in China, SUN YAT-SEN said: "The new men who will control China well know their responsibilities. They are not ignorant of how much they owe to western civilization. They know Paris, London, and America, and they will borrow from these directions their constitutional ideals as well as their individual liberties. The movement will remain purely anti-dynastic. Foreign affairs will not be disturbed by the advent of Young China.

REPUBLICAN AIMS

We shall endeavour gradually to establish a confederation of the Chinese Provinces based on free popular consent. Two Chambers will deliberate upon the general interests of the country, and the economic development of China will no longer be subjugated to the interests of greedy functionaries. The public schools will be multiplied, and our national programme included also municipal reforms, the reorganisation of the army, and the suppression of class privileges.

"If a Republic be proclaimed a state of siege will necessarily follow, but a regime of liberty will succeed it. Women will be given a legal status, family life will be entirely changed, and the true era of renaissance will open on the day on which the revolutionary flag flies over Peking."

Sun-Yat-Sen, in conclusion, expressed the hope that the Powers would maintain a strict neutrality, and thus permit the Chinese Republic to prepare a new destiny for the Far East.

Sun-Yat-Sen Interviewed in America. *Hongkong Daily Press*, November 20, 1911, Page 2

SUN YAT-SEN'S PLANS FOR CHINA REPUBLIC

Sails for Shanghai to Form a Provisional Government—

Reform Schemes of New Regime

YUAN CAN'T RAISE LOANS

Ministers Decide to Increase Legation Guards—

Bandits, Not Rebels, Attacked Shen-si Missionaries.

Special Cable to THE NEW YORK TIMES

ARIS. Nov. 24. —After four days spent in Paris in the strictest incognito, the Chinese revolutionary leader, Sun Yat-sen, who was accompanied by the American,

Gen. Homer Lea, sailed today from Marseilles on the liner Marta for Shanghai, where, after meeting the republican leaders, he will form a provisional Government for the Chinese Republic.

The Courrier d'Europe, a political weekly, will tomorrow publish a resume of Sun Yat-sen's political programme for the first Cabinet, which the periodical received from him while in Paris.

"China as a federal republic," he says, "will draw inspiration from the young democracies of America and Europe, without, however, abandoning the fruits of her experience of several thousand years.

"The republic will maintain its ancient language, but for the study of sciences, which will play a large part in the programme of the new regime, English will be added as an auxiliary to a simplified form of ideological writing. Just as she will have a common tongue, China will have a federal army and federal finances.

"As the Chinese Republic will be wide open to foreign commerce and enterprise, its first step will be to remove the limitations imposed on its trade relations with other nations. The republic will claim the right of regulating its customs and tariffs according to its own interests, and not those of foreign countries. This, of course, will be effected by an agreement with China's creditors, whose rights will be scrupulously respected.

"A profoundly pacific Chinese Republic will respect all engagements undertaken by the Manchu Government, even those entered into with Japan and Russia under pressure of force. Penetrated by the sentiment of national unity and dignity, the republic intends to command respect by the prestige of its Government, supported by the entire nation. Though free of imperialistic ambitions and military pretensions, the republic will, if menaced, find in the self-sacrificing spirit of its people the means for irresistible action. ”

Sun Yat-sen's Plans for China Republic. *The New York Times*, November 25, 1911, Page 5

Sun Yat-sen Asks for Help

Wants Lafayettes From U. S.

“China to See World Fight”

BY Dr. SUN YAT-SEN

The new President of the new republic of China gave the following interview to the correspondents of *the Chicago Examiner* on landing from Manilas.

MANCHU GOVERNMENT CALLED CORRUPT

In order to arrive at a satisfactory solution of the whole question, we must find out the root of all these difficulties. The most superficial knowledge of Asiatic affairs will convince anyone that this lies in the weakness and corruptness of the Manchu government, which threatens by the very fact of its weakness to disturb the existing political equilibrium of the world.

Paradoxical as it is, it is not without foundation. As a proof of this, we would only mention the Russo-Japanese war. Had it not been for the utter inability of the Manchu government in Manchuria, the war might have been avoided. And it is but the beginning of a long series of conflicts which are likely to arise between the different powers interested in the Chinese question.

We say the Manchu government, and not the Chinese government, with intention. The Chinese have at present no government of their own, and the term

"Chinese government," if applied to the present government of China, is a misnomer. This seems to be startling to one who is not well acquainted with Chinese affairs, but it is a fact—a historical fact.

…………

Sun Yat-sen Asks for Help. *Chicago Sunday Examiner* (U. S. A.), December 31, 1911, Page 1

REVOLUTION IN CHINA BEGAN UNEXPECTEDLY, SAYS Dr. SUN

Representative of Suffragette Union Has Satisfactory Interview With Sun Yat-sen

[…] after the delegates of the provinces had elected him to the exalted position of President he apparently felt free to speak of the aims of the revolutionary party.

Having at the outset informed the reporter that he would proceed in a few days to the provisional capital of Nanking in order to assume office, he declared that the country would resume its normal condition in about three months.

"There is no doubt," he said, "about what the national convention will decide as to the future government of China. It is not a question any longer of negotiating for peace, for there will be an unconditional surrender of the Manchus. Trade will revive at once, especially foreign trade."

Proceeding, President Sun described how the revolution had been planned. The movement began to take definite shape about 15 or 16 years ago, though he had been interested in it for a longer period than that. Three years ago the reformers were ready to take over Wuchang, Canton and Nanking, but they waited in order to gain control over the Peking soldiers.

For some time they had been working through the students. Following the war with Japan, the Peking government began to organize its new army, sending students abroad to be trained to take charge of the army. The reformers saw at once that if the Manchus were able to control and organize a modern army, it would greatly strengthen their position. Accordingly, the leaders of the reform movement set to work to counteract this. They worked through the students, so that when they returned to China to take positions as officers in the army, they came as revolutionists.

The outbreak, President Sun explained, occurred before they expected it. After the two preliminary outbreaks at Canton last year, it was impossible to postpone action when the outbreak occurred at Wuchang, otherwise the government would have disarmed the soldiers who sympathized with the revolution. At Canton the Peking authorities scattered the revolutionary sympathizers all over the province, so that it was difficult to concentrate them. If the original plan had been carried out there would have been very little fighting. Canton, Nanking and Wuchang would have gone over quietly and then all the troops could have marched to Peking, if necessary. Half of the troops at Peking had always been with the reformers.

President Sun refused to disclose the plans for reform. It was too big a question to discuss now. A proclamation would, he said, be issued very shortly.

[…]

Revolution in China Began Unexpectedly, Says Dr. Sun.
The Christian Science Monitor (Boston, U. S. A),
February 20, 1912, Page 14

Career of Dr. Sun Yat-sen

NEW PRESIDENT OF CHINA RECENTLY SPENT SOME TIME IN AMERICA AWAITING THE CRISIS AT HOME

[…]

He has had many narrow escapes, and a few that were hairbreadth. His every move was watched by sleuths in the employ of Chinese embassies and consulates. Here in New York last year he was in an exclusive club chatting quietly about the attempts that had been made to assassinate him.

"Even now," he said that night, "I am watched. If you look out of the window you will see an evil-faced Chinese skulking in the shadows across the street. His report of my presence in this club will be in Washington tomorrow morning, with an account of whence I came, where I go from here and who are my companions."

[…]

Career of Dr. Sun Yat-sen. *The Washington Post*, February 4, 1912, Page 4

Sun Sees Early Peace

Nanking, Jan. 1. —In an interview today Dr. Sun Yat-sen, the president of the new republic of China, took an optimistic view of the work of rehabilitating. He said: "China will soon be peaceful. A military government is necessary at this time, but within a very few weeks I expect to see the country in such a condition that civil rule will be possible. Our difficulties are being greatly simplified because practically the entire imperial army has become republicanized since the armistice went into effect. There are now only two divisions which remain loyal to the old order of things, and it is likely that these will come over with us soon.

President Sun expressed regret over the news that the republican soldiers had begun a bombardment of Hankow. He believes that had not the soldiers been hasty in acting, the struggle with the dynasty would have terminated without further bloodshed. It is likely that orders will be sent at once to call off the bombardment until after the national convention can convene for the purpose of definitely settling the future form of government.

Sun Sees Early Peace. *The Daily Reflector* (Indiana, U. S. A), January 3, 1912, Page 1

Sun Yat-sen Sends Message to the People of the United States

People of Honolulu Are Sent Heartiest Thanks for Their Help

Office Holds No Inducements

"His first words were to ask me how America looked upon the new Republic and to express his great love for this country."

" 'I trust America will give us aid in our time of reconstruction,' he said."

"He spoke briefly about old times in Honolulu and the struggle and final dawn of victory before the Republicans. He expressed only a desire to serve China and its people."

" 'But, President Sun,' I said, 'a man like Lincoln or Washington, who has brought the dawn of Asia, surely would not resign.'"

"He turned to me, with his face illuminated, and said:

"'Young man, my life has always been for China and always will be. Cannot you see that to have struggled so long for liberty and then to see, as your Washington saw it, the dawning of a free people is more than the honor of any police!"

"'Tell your people there has been of China to the Republic of America very little bloodshed in all the battles except that of Hankow. The Manchus have laid down their arms and have come over to young China."

"'Go back to America and take a message of goodwill from the Republic. Tell the American people that all brothers of the Four Seas will soon be sons of liberty. Give the people of Honolulu my heartiest thanks for their great help in our hour of need, and may God keep China."

Sun Yat-sen Sends Message to the People of the United States.
Hawaiian Gazette (U. S. A), February 20, 1912, Page 2

Propagandist Sunk In President

He was dressed in this costume this morning when he consented to see a CHINA PRESS correspondent and tell of progress of formation of the new government. ……

In answer to questions, President Sun said everything was moving smoothly in formation of the new government.

"All members of the Cabinet have accepted their appointments," he said, "and the first sitting of the Cabinet was held yesterday. All were present except Dr. Wu Ting-fang and Mr. Wong, and some business was transacted."

Dr. Sun was told of the general surprise which had been expressed at the appointment of Dr. Wu Ting-fang to the Ministry of Laws instead of the Ministry of Foreign Affairs.

Appointment of Dr. Wu

"That was not a mistake," said the President. "Dr. Wu is probably better known among foreigners as a diplomat than as a lawyer, but we consider him a better lawyer than a diplomat. He has been drafting a new set of laws, which we expect to adopt, with alterations. I consider his appointment the most important one in the Cabinet. Of course it is very important to have a strong man as Minister of Foreign Affairs, but if we had a Bismarck or a Napoleon as Minister of Foreign Affairs, he would be able to accomplish nothing until our laws are reformed.' That must be the first thing on the reform program, and then, with a good legal system, we will be able to accomplish things in the Bureau of Foreign Affairs. Until we do get good laws, we can do nothing."

President Sun expressed great satisfaction with his Cabinet. He named them over, one by one, and said something complimentary about each Minister, and expressed satisfaction when told that foreigners generally looked on the Cabinet as a strong one.

In discussing the work of the new government, the President said the appointment of minor officials was going forward, but there would be little change. "We shall appoint the same magistrates and other officers," he said, "except where the present officials are manifestly unfit for their duties."

President Sun's Program

"What is your reform program?" he was asked.

"It is too early to go into that," he said. "We must do a great many things, but the policies are to be decided by the Cabinet."

"What about likin?"

“That is already abolished.”

“And currency reforms?”

“They will come later. The reform in the laws is the first and most important thing.”

“Do you hope to be able to abolish extra-territoriality?”

“Certainly. As soon as the reforms have been completed.”

“What are your hopes now for permanent peace?” he was asked.

“The peace negotiations are being carried on in Shanghai,” remarked the President with a smile, and then in answer to further questions said that the Republicans would be prepared to fight if it was necessary to do so.

“Can you tell me the number of men the Republicans would be able to put in the field?”

President Sun smiled again in answer to this question, and then said:

“We have a hundred thousand at Canton?”

“You don't mean that you have a hundred thousand trained troops.”

“Not necessarily trained troops,” he said, “but fighters. They are all fighters, like the Boers of South Africa, and if put in the field will sweep everything before them.”

The Attitude of Japan

Dr. Sun's attention was called to the statements which have recently been published to the effect that the government of Japan was opposing the formation of a Republic in China because of the fear that it would involve a similar movement there. At the time he merely smiled and made no comment. A little later in the interview, he turned the tables on the interviewer by asking what he thought the attitude of the foreign Powers would be toward immediate recognition of the Republic.

“The rumor is,” said the reporter, “that England and Japan are least likely to be willing to recognize the Republic."

"I do not believe that is true," said Dr. Sun. "I know that England will be ready to recognize the republic. Time was when England followed Japan in questions here, but that time has passed and now I believe that Japan will follow England. However, I believe that the Japanese government is friendly to us."

Dr. Sun said the permanent capitol would be located at Nanking.

"It has been suggested," he was told, "that some of the foreign governments which have bought expensive legation property in Peking will object to the removal of the capital."

Removal Of The Legations

Dr. Sun laughed at the suggestion. "The expense would be a very small item to the foreign nations," he said, "but if they object to it, we will reimburse them."

"When do you expect to be in position to begin paying the indemnities?" he was asked.

"We are doing it now," he replied, "through the Customs service. The fact that Chinese students in America have been compelled to quit school because of lack of funds is the fault of the Peking government."

Dr. Sun, although he expects to make his permanent home in Nanking, said he did not expect to bring his family here from Penang for the present, because of the lack of accommodations.

…………

Propagandist Sunk In President. *The China Press* (Shanghai), January 7, 1912, Page 1, 2

WHAT CHINESE REVOLUTION MEANS IN CHINESE LIFE

BY FREDERIC J. HASKIN

[…]

About Change of Capital

Long before the Manchus came into China, Nanking was the capital of the country, and it is evident that southern republican will resist all efforts of Yuan and the northerners to retain the capital at Peking. It is said that the conservatives will have the support of the foreign nations in favor of Peking, because of the great amount of money invested in grounds and legation buildings at the Manchu capital.

But the republicans are concerned with other things. When Sun Yat-sen had been president twelve days, he said:

"Governments that afterwards became great have been started under the trees of a forest. If necessary, we can start the republic of China in a mat shed."

He then announced his plans for the building of a model capital city at Nanking, a capital to be devoted especially to the business of government, a capital to be graced by many commodious buildings of harmonious architecture, a capital destined one day to eclipse the beauties of Washington.

[…]

What Chinese Revolution Means in Chinese Life.

The Evening Telegram (Utah, U. S. A), March 21, 1912, Page 6

PREMIER YUAN FAILS TO FORCE ABDICATION

Empress Dowager, Loath to Go

Accepts Advice of Reactionary Manchu Princes

MISSIONARIES IN POLITICS

American Legation Indorses Strong Protest Against Foreigners Attempting to Influence Events in China

[…]

Nanking, China. Jan. 22—President Sun Yat-sen, in a long interview today, explained recent negotiations between the republicans and the imperialists and discussed earnestly the situation in China. Hespoke with the utmost confidence and appeared genuinely solicitous lest ignoranceof the true situation in the south of China had misled the foreign legations in Peking into encouraging the imperialist government in Peking to resist what President Sun firmly believed to be the inevitable outcome of the present state of affairs.

"If we fail to secure peace and a stable government now," said Dr. Sun, "the responsibility must rest on Peking. The Manchus recently accepted our terms. So Premier Yuan Shih-kai assured us. Consequently, the armistice between the two forces was renewed. With a view to securing peace I persuaded the governors of the republican provinces to agree to elect Yuan President of the republic when the abdication of the throne should be announced. After much hesitation they consented. Yuan Shih-kai fully understood the programme.

"I agreed to go to Peking to discuss final arrangements with Yuan. Later on we received a telegram from Peking demanding that the republican government should be dissolved within two days after the abdication of the throne.

"Evidently, as Yuan was determined to establish his own government at

Peking and was being assured of the support of outside influences, he intended to ignore the republican government and break the agreement to which he had assented.

"The provincial governors, the national assembly at Nanking and the military leaders absolutely refused. Hence our changed demand that Yuan Shih-kai must surrender the Sovereign powers of the throne and that the legations must recognize the republican government before Yuan can be elected President of the republic.

"It was agreed that if Yuan found himself unable to await the recognition of the republic by the foreign powers, I should proceed to Peking and discuss a settlement with Yuan, or that Yuan should come to Nanking. I do not fear molestation in Peking, while Yuan would be welcomed and assured of his safety in Nanking.

"This arrangement appeared to be a liberal one and certainly tended to secure the peace and the future welfare of China. Delay now involves further unsettlement of the country, with much sacrifice and suffering.

"Similar terms will never again be offered to the Manchus. It is too late now to disarm and send back to bondage the whole people of this country.

"We will never submit to the dictation of the Manchus or of Yuan Shih-kai. The republican movement is now represented by fifteen provinces. Three hundred and fifty million people in China are heart and soul with the republic, and are implacably opposed to Manchu rule. The three remaining provinces—HoNan, Shan Tung and ChiLi—are certainly our adherents. The Chinese troops in the imperial army, who are now supposed to be loyal to Yuan Shih-kai, are really republicans and will join us at the proper time.

"We control all the treaty ports except Tien-Tsin and Nu-Chwang, and these are now icebound. The republic, in fact, is protecting the vast majority of foreigners and foreign property. Why, then, should not the foreign powers promptly recognize the republic? This question is already being asked by the people of China, while the dread of foreign intervention, which is invited by certain persons in Peking, hangs like a pall over the country and over natives and foreigners alike.

"The foreign powers, especially the United States, have always spoken of their friendship for China. We pledge good will and the observance of all treaties made by and with the Manchus. We will discharge every obligation of the open door in China.

"There is danger now that the conviction may be forced upon the people of China that the foreigners are merely friends and supporters of the Manchus. The atmosphere of Peking is not the atmosphere of China, but we feel that the former is now pervading the chancelleries of Europe and America."

…

Premier Yuan Fails to Force Abdication, Missionaries in Politics. *New York Daily Tribune*, January 23, 1912, Page 1

PRESIDENT SUN GIVES VERSION OF DEADLOCK

Says He Agreed to Resign in Favor of Yuan on Conditions

MUST SECURE REPUBLIC

Willing to Yield Office Only When the Republic is Recognized

[…]

Nanking, January 24. —Interviewed this afternoon in regard to the analysis of the political situation in China which appeared in THE CHINA PRESS, President Sun Yat-sen expressed surprise at the misconstruction which he says has been placed upon what he considers to have been open and obvious actions.

"From beginning to end of the negotiations, since my arrival in China," he said, "I have agreed to resign as president provided Yuan Shih-kai will come over to the republican side. That I am still determined to do.

"After I originally made that promise, Yuan Shih-kai commenced his work of inducing the Manchus to abdicate. Ultimately a telegram came from Tang Shao-yi accepting our terms and asking if the provisional republican government would dissolve within two days after the abdication of the Throne, so as to avoid a collision of two provisional governments. Naturally, we strongly objected to take that course, which would have deprived the provinces under our jurisdiction of a central authority.

Must Abdicate To Republic

"It was clearly enough indicated to Yuan Shih-kai that the Manchus should abdicate in favor of the republican government, not in favor of Yuan Shih-kai, and then I would resign. I would in that case have been prepared to resign, and in fact still am ready to do so provided Yuan agrees to carry on the republican form of government.

"I could not resign while Yuan Shih-kai stands in the position he now occupies as champion of the Manchus. Such an act on my part would not only be foolish, but would constitute a breach of trust with provinces which have elected me president. I have in trust fifteen provinces with a population of more than 360, 000, 000 people. These people want me carry to successful issue the establishment of a republican government. I wish to attain that object peacefully, and by any personal sacrifices I can make.

Says Yuan Shih-kai Accepted

"Yuan Shih-kai readily accepted my offer, but perhaps he has deluded himself into thinking that I would blindly hand over everything to him without stipulating that objects for which we have been fighting must be carried out. This republic was created by the people's army, by the efforts of the generals, and with much sacrifice of blood and money.

"I have no power in the face of this cost to now wilfully and blindly hand over the affairs of this republic without some guarantee on the part of Yuan Shih-kai that he will continue the work that has been so well commenced. If he intends to maintain his present attitude, is it possible, would it be correct for me to abuse the trust the people have placed in me by innocently placing what they have won in the hands of their enemies? For we must still regard Yuan as the Manchus distinct and accepted champion until he pledges himself to uphold the republic.

The Attitude Of Yuan

"The conduct of Yuan is worthy of inspection. At first he proposed that the form of government should be decided by a national convention. That was agreed to, signed by Tang Shao-yi and Wu Ting-fang. About the same time seventeen provinces elected me president to form a provisional government and to give their affairs the consideration they should have, and so secure as much stability as possible. Until permanent government is formed.

"Immediately that Yuan say that I was elected president he dismissed Tang Shao-yi and repudiated all his previous agreements. We assured him that the election had actually no bearing upon our negotiations with him, and pointed out that the republican government formed for purposes of unity and prepare the way for peace. I personally wired Yuan that I would willingly give him the presidency immediately after he joined our movement. This he accepted, and permitted negotiations to go on, taking the curious step of countenancing them by semi-officially conducting them through his previously repudiated envoy.

Wish To Keep Provinces

" Our desire to maintain our previous promises was manifested by our consent to this unprecedented procedure. As a result of these negotiations and by positive assurance that I would resign upon his association with us, he worked for abdication of the Manchus, but dropped out of consideration the question of the national convention, no doubt thinking he could get the presidency in a quicker way.

"Seeing that we would not blindly, foolishly fall into a trap, he now endeavors to throw dust in the eyes of the world. He wanted the Manchus to dissolve their government, we to dissolve ours, and leave him alone in power. In one of the negotiations Yuan asked if he could be elected president within two days after the issue of the edict of abdication. He wanted to kill two birds with one stone, to dissolve two governments at once. But seeing his intentions, we naturally endeavored to make more clear our position and prevent any misunderstanding from arising in our provinces.

Cannot Dissolve Republic

" There is a strong reason why we cannot promiscuously dissolve our government. It is necessary for the proper conduct of affairs in our provinces. I had to overcome great opposition to have people agree to elect Yuan as president, but I succeeded on the plea of urgent need for a cessation of hostilities. Naturally Yuan cannot be elected unless he joins with us in upholding republican government. We have not changed our aims. They still stand. But we want a guarantee from Yuan that he will not do other than work for sound government on republican lines. "

President Sun Gives Version of Deadlock. Must Secure Republic. *The China Press* (Shanghai), January 26, 1912, Page 1-2

MANCHU DYNASTY HAS PASSED INTO HISTORY

Imperial Family Issues Edict of Baby Emperor's Abdication

Immediate Extensionof Power to Chinese Republic to Provinces,
Which Had Remained Loyal to the Throne, Now Expected
—Premier Kai Agrees to Render Material Assistance in Formation of New China.

[…]

Nanking, Feb. 12— "The fact that the imperial government issued the edict of abdication on the birthday of Abraham Lincoln, America's great emancipator, we look upon as a great omen for good," said President Sun Yat-sen today….

Manchu Dynasty Has Passed into History:
Imperial Family Issues Edict of Baby Emperor's Abdication.
The Evening Times (Maryland, U. S. A), February 12, 1912, Page 1

CHINESE PRESIDENT PLANS REFORMS WOMEN WANT ELECTORAL FRANCHISE

Representative of Suffragette Union Has Satisfactory Interview With Sun Yat-sen

By Spencer Talbot
Special Cable to The Tribune

NANKING, China, Feb. 17. —Your correspondent has just been given the privilege of interviewing Sun Yat-sen, the first president of the provisional republic of China. ……

My card was handled by no less than twelve military and secretarial dignitaries before it reached the chief executive, and when I finally was ushered into the presidential office I found another interviewer ahead of me who was engaging President Sun in most earnest conversation. This person proved to be Miss Lin Tsung Su, walking delegate, business agent or whatever you are of mind to call her, of the Chinese Suffragettes' union.

She is an attractive young girl. That Suffragettes' union knew what it was doing when it picked her out to interview the new president. Her mission on this occasion was to attempt to put Mr. Sun on record in favor of the ballot for Chinese women, and she came very close to doing it. He told her that he was glad to see her, that her object was a good one, and that he was inclined to view it with favor.

Suffrage When Qualified

"This important matter is not in my hands," he said, "but I will have a good deal to do with it when comes to be dealt with. If the Chinese women hope to gain the vote, they will have to qualify themselves. They will have to educate themselves in regard to the laws and the government, and especially as regards the election laws. Chinese men are going to be doing this for some years to come, and it will be a good opportunity for the women to do so. When they are qualified, there is no doubt in my mind that vote will be given them."

…

Cabinet Is Formed

"What about your cabinet?" was asked, the interviewer having in mind Yuan Shi-Kai's experience when he was appointed.

"All have accepted, with the exception of Mr. Wong, who feels that Dr. Wu Ting-fang ought to be retained as minister of foreign affairs. The first sitting of the cabinet has been held, at which all the members were present excepting Dr. Wu and Mr. Wong, and I received many helpful suggestions."

Dr. Sun was told of the general surprise which had been expressed at the appointment of Dr. Wu Ting-fang to the Ministry of Laws instead of the Ministry of Foreign Affairs.

"That was not a mistake," said the President. "Dr. Wu is probably better known among foreigners as a diplomat than as a lawyer, but we consider him a better lawyer than a diplomat. He has been drafting a new set of laws, which we expect to adopt, with alterations. I consider his appointment the most important one in the Cabinet.

It is very important to have a strong man as Minister of Foreign Affairs, but if we had a Bismarck or a Napoleon in that office he would be able to accomplish nothing until our laws are reformed. "That must and will be the first thing on the reform programme. With a good legal foundation, we will be able to accomplish things in the bureau of foreign affairs. Then, until we do get good laws we will be able to accomplish nothing."

"What is your reform programme?"

"It is too early to go into that. We must do a great many things, but the cabinet must discuss and formulate the programme."

"What about likin?" (This, it should be explained, is a tax on goods in transit which has given no end of trouble and expense to foreign hongs doing business in China. It is in a way comparable to the old toll-gate system in some parts of the United States, but in China it results in an enormous revenue, only a small portion of which ever reaches the government.)

"That is already abolished." was his answer.

"And currency reforms?"

"We intend to get to that among the first things."

Reform in Lease System

"Do you hope to be able to abolish extra-territoriality?" (This refers to the government of certain parts of China which have been leased or coded to foreign governments. In Shanghai, for instance, there are concessions to various nations, including America, Great Britain and France—a lease for 999 years. These have been merged into an international settlement, in which there are American, British, French, German and other courts. An American committing an offense in tried in the American court. A civil action between an American and a Chinese is tried in what is known as the mixed court before an American judge and a Chinese magistrate. Extra-territoriality formerly exisited in Japan, but the Japanese government in recent years has been able to abolish it.)

"As soon as we can get the country on its feet, peaceful and prosperous, governed by good, modern, effective laws, we hope to be able to abolish this strange thing called extra-territoriality." he replied.

"What are your hopes now for permanent peace?"

Negotiations for Peace

"The negotiations are in progress at Shanghai between Dr. Wu, who is there, and Yuan Shi Kai, who is in Peking. It was these negotiations that kept Dr. Wu from attending the cabinet meeting. We are prepared to fight, but hope that such a course will not be forced upon us."

"Can you tell me the number of troops the Republicans would be able to put in the field?"

"We have 100, 000 at Canton." President Sun smiled as he said this. It is known that the Republicans have 23, 000 at Wu-chang and close to 50, 000 here and north of here. In the last two weeks 12, 000 of the pick of the Cantonese troops have arrived here by steamer. They are a crack lot of troops, well equipped, smart looking and full of fight. They will be bitterly disappointed if they are ordered back to Canton without a fight.

"You don't mean that you have 100, 000 trained troops left in Canton."

"Not all of them trained, but they are all fighters, like the Boers were in South Africa, and if put in the field they will sweep everything before them."

Situation in Japan

Dr. Sun's attention was called to statements which have recently been published to the effect that the government of Japan was opposing the formation of a republic in China because of the fear that, if it proved successful, it would lead to a similar movement there. ……

Dr. Sun did not comment on the Japanese government's position at this time, but a little later in the interview he turned the tables on the interviewer by asking what he thought the attitude of the foreign Powers would be toward immediate recognition of the Republic.

"The rumor is," I said, "that England and Japan are the least likely to recognize the republic."

"I do not believe that is true," said Dr. Sun. "I know that England will be ready to recognize the republic. Time was when England followed Japan in questions out here, but that time is past and now I believe that the Japanese government is friendly to us."

Capital at Nanking

Dr. Sun said the permanent capital of the republic would be Nanking.

“It has been suggested,” he was told, “that some of the powers who have bought high-priced legation property in Peking would object to the removal of the capital.”

Dr. Sun laughed at the suggestion. “The expense would be a very small item to the foreign nations,” he said, “but if they object to it, we would be willing to reimburse them.”

“When do you expect to be in a position to begin paying indemnities?”

“We are doing it now, through the customs service. The fact that the Chinese students in America have been compelled to quit school because of lack of funds is not our fault. It is the fault of the Peking government.”

Dr. Sun refused to go further into his plans at this time, except to say that the appointment of minor officials was proceeding and that in all cases where the present office holders were worthy they were being reappointed. He shook hands as we parted and promised that he would issue a passport to me which would enable me to go about more freely in revolutionary territory.

Chinese President Plans Reforms. Women Want Electoral Franchise, *The Salt Lake Tribune* (Utah, U. S. A), February 18, 1912, Page 1

Sun Yat-sen Shocked

When he Received the News of the Outbreak at Peking

—Order Must be Restored

Nanking, Mar. 2.—President Sun Yat-sen was shocked today when he received a despatch from Peking concerning the outbreak there, which he considered to indicate an entire lack of control by the authorities. He believed however, that the outbreak will be brought under control by the generals and the troops who are loyal to the republic. The war office today telegraphed the generals in Peking demanding that they maintain order.

President Sun in an interesting interview said: "The Nanking government can restore and maintain order in Peking and throughout China and also it can and will protect the lives and property of foreigners."

[…]

Sun Yat-sen Shocked. *Medicine Hat News* (Alberta, Canada), March 2, 1912, Page 1

TROOPS REACH PEKING, TIEN-TSIN IS SACKED

[…]

Dr. SUN AGAINST INTERVENTION

Has Faith in Yuan and Will Go to Aid Him, if Needed

Nanking, Mar. 3. —Dr. Sun Yat-sen is greatly disturbed over the news from the north. He says the Nanking Government is prepared to accept full responsibility.

"I have absolute confidence and good faith in Yuan Shi-Kai," said the provisional President today. "I believe in his ability to control the situation. The republicans will restore order and protect the lives and property of foreigners. Effective measures are under way and a vast majority of the people and soldiers of the north and south are loyal republicans."

Dr. Sun said that in the event of unexpected disturbances he was ready to proceed to the north to assist Yuan Shi-Kai.

[…]

Troops Reach Peking. Tien-Tsin Is Sacked,
The New York Times, March 4, 1912, Page 4

SOCIALISM FOR CHINA

Dr. Sun Says Great Revolution Is About to Begin

LONDON, Friday, April 5— "I have finished the political revolution and now will commence the greatest social revolution in the world's history," said Dr. Sun Yat-sen, the ex-Provisional President of China, in an interview at Shanghai yesterday, according to a dispatch from that city to The Daily Telegraph. Dr. Sun adds:

"The abdication of the Manchus is only the means to greater development, and the future policy of the republic will be in the direction of Socialism.

"I am an ardent follower of Henry George, whose ideas are practicable on the virgin soil of China, as compared with their impracticability in Europe or the United States, where the money is controlled by the capitalists."

Dr. Sun said he had the full consent of the Government to start a propaganda immediately, whereby the railroads, mines, and similar industries would be controlled by the Government. The single tax system and, as far as possible, free trade would be adopted.

Socialism for China,
Dr. Sun Says Great Revolution Is About to Begin.
The New York Times, April 5, 1912, Page 4

CHINA READY TO ADOPT GEORGE'S SINGLE TAX

Dr. Sun, Who Believes in Reforming While Reforming Is Good

Makes Prediction

Marconi Wireless and Special Cable Despatches to THE SUN

SHANGHAI, April 4—Dr. Sun Yat-sen, the former provisional President of China, declared today that, he intended to devote his future life to the welfare of the Chinese people and that the teachings of Henry George, the single taxer, would be the basis of his programme of reform.

"I intend to devote my future to the promotion of the welfare of the Chinese people as a people, said Dr. Sun." Afternearly three centuries of Tatar tyrannya great people has come into its own and it will make the most of its opportunity. The teachings of your single taxer, Henry George, will be the basis of our programme of reform.

"We will embrace all of the teachings of Henry George and will include the ownership by the national Government of all natural monopolies."

[…]

China Ready to Adopt George's Single Tax.
The Sun (New York), April 5, 1912. Page 3

The Future of China

Dr. SUN YAT-SEN'S PLANS FOR THE FUTURE

Social Reform First

"My life's work was the revolution. That is accomplished. China is going to be the first country to adopt socialism. Social reform is my life's work from now on. The people must first be enabled to live. Industrial development will have to lead. Railroads connecting the interior provinces with the ports and steamship lines are the initial requirements. There is enough Chinese capital available to start, but foreign financial assistance will be needed as the movement expands, and this will be readily obtained through the liberal terms which will be extended to all who seek investment. We want the capital without the capitalists' power. All industrial enterprises will be started with private funds and after a period of years will be turned over to the Government. Laws will be framed in accordance with this plan. Chinese abroad are anxious to employ their wealth in home enterprises now that they may have the protection which the Manchu Government never afforded. The revolution is complete. The country will soon be pacified. There is no reactionary movement. The disturbances here and there are only sporadic, a few soldiers getting out of hand."

These concise statements were made by Dr. Sun Yat-sen, the first President of China, in an interview with a reporter at the Kalee Hotel yesterday afternoon, says the China Press of the 5th inst. He spoke in most decisive tones. He was brief and to the point in his answers to questions, but did not discuss his plans in detail, because, as he said, they were not sufficiently developed at present along any definite lines. He expressed great confidence, however, and asserted positively that the country was settling down and that there need be no fear of counter-revolutions or reactions.

Wealthy Cantonese Interested

"The first need of the people," he declared "is to be enabled to live. In some places they are starving from famine. That is very bad. I am going to Canton very soon. There are a large number of wealthy Chinese there who are already interested in the plans to develop the natural resources of China, but we have not yet formulated any definite program. We are going to look the ground over together and decide first where railroad connections would be of greatest advantage. The Chinese in the Straits Settlements and in the Dutch Colonies are anxious to come back to their own country, and we will have capital enough with which to begin, but as the development progresses much larger sums will be required. The possibilities will then be more apparent and foreign investors will be attracted."

Asked if he contemplated going abroad to interest foreign financiers in Chinese enterprises, Dr. Sun said he did not think it would be necessary.

"We have connections," he added, "through which the money may be obtained."

"Will steamship lines be inaugurated at the same time that the railroad projects are carried out?" he was asked.

"Yes," he said, "that will be necessary."

Then to the question, "Will foreigners be invited to participate with Chinese in the organization of a mercantile marine or will foreign capital be employed separately?" he replied— "They may form joint companies. These will be organized for a fixed period of thirty years or longer, after which they will be taken over by the Republican Government. China is going to be the first to adopt socialism. Are you interested in that? My life's work has been revolution, now it is social reform."

Liberal Terms for New Industries

"All industries as well as railroads will be started by private capital and after a certain number of years will come into the possession of the public. We want the capital, but we don't want the money power. Liberal terms will be offered to attract investment and corporation laws will be framed under which the status of the companies will be exactly defined."

Asked if Mr. Robert Dollar, who has already interested himself in the formation of the Sino-American Steamship Company, was seeking further co-operation in the United States, Dr. Sun said: "I met Mr. Dollar when he was up in Nanking. The field will be open to everybody and opportunities will be readily seized."

"We have a clear field here to begin with. No obstructive laws to interfere. The laws will be drawn up to meet the requirements."

Dr. Sun declared with emphasis that he was very much interested in educational work in China, but to give the people the opportunity of earning a living had first to be provided. "To people who are starving education will not bring immediate relief," he said. He advocated, however, the establishment of technical schools, completely equipped with apparatus to teach young China how to produce, and declared that he would devote himself to educational problems as soon as the more urgent projects are under way.

The ex-President expects to make his home in Canton, but his interest, he said, would keep him travelling about the country a good deal of the time.

[…]

The Future of China, Dr. Sun Yat-sen's Plans for the Future.
The Straits Times (Singapore), April 18, 1912. Page 9

CHINA IS NO LONGER DANGEROUS

Hong Kong, July 23. —The "yellow peril" is a thing of the past, according to Dr. Sun Yat-sen, in an interview given out here in response to numerous questions asked him in the course of the tour he has been making of the new Chinese republic since his retirement from the provisional presidency.

Under the old regime, the doctor admits that he thinks China was a peril to the world. Manchu methods were such as continually to threaten the necessity for intervention by the foreign powers in Chinese affairs, with the incidental danger of clashes among the intervening interests. More than this, Dr. Sun adds, Manchu backwardness and mis-government rendered it barely possible for the Chinese to wring a living from their country's soil, ultimately it must have fallen short of supporting all of them, and then there must have followed an overflow which the Occident would have found it hard to check-the "yellow peril" concerning which western statesmen have worried so much in recent years.

"But with the development which has already begun since the revolution has become an accomplished fact," Dr. Sun said, "another ten years will see China amply able to support not only its own population of ten years hence, but for many generations to come. There will be no need of immigration, for the Chinese prefer their own country to any other in the world and have never left it except under the spur of dire necessity, and even then with the determination of return at the earliest opportunity."

"With the revolution the 'yellow peril' passed. The world may even speak of China today as the 'yellow hope' for the development of so great a nation along modern lines cannot but be of immediate advantage to every other nation on earth."

China Is No Longer Dangerous. *The Daily Capital Journal* (Oregon, U. S. A.), July 23, 1912.

Dr. Sun Here, Works On Plans For Gigantic Railway System

Declares There Is No Trouble In Canton Or At Any Other Place In China

"THERE is no trouble in Canton nor in China outside of the newspaper and the minds of some foreigners," declared Dr. Sun Yat-sen in an interview with a CHINA PRESS reporter yesterday. "A soldier goes crazy and shoots off his gun and the newspapers, make a political revolution of the incident." Asked if he had confidence in President Yuan Shih-kai and the present administration he said "Yes, perfect. The President is quite able to handle the situation. There will be not trouble. The Chinese people are the easiest people in the world to govern. They are not inclined to agitation. It is their nature to be peaceful. In Hong Kong a few Englishmen govern thousands of Chinese."

Dr. Sun is devoting his energies exclusively, he declared, to a gigantic railroad project, which comprised the linking up of every section of the country as the first essential in the development of the resources of the republic. "When this is accomplished," he exclaimed, "China will be able to pay off a billion dollar loan. If the foreign powers have the confidence in China to loan her money they ought not to ask her what she is going to do with it. Suppose she throws it into the sea, with her resources developed she will be abundantly able to repay any amount that she may borrow."

Is Opposed to Supervision

Asked if he was opposed to the foreign loan he said "No, but I don't think the powers should ask for supervision. China must borrow from abroad to start with." Dr. Sun was interviewed in the residence at No. 21 Yates Road. To the question— "Have you conferred with Mr. Huang Hsin in regard to the organization of a campaign to raise national funds among the Chinese by subscription?" he responded, "This is Mr. Huang Hsin's home. Yes I have talked with him." As to the prospects of raising sufficient money in this way to put China on a sound financial basis Dr. Sun asserted, "Canton is ready to contribute $30,000,000, but other provinces are not responding liberally."

The ex-President explained that his mission in Shanghai was in connection with his railroad project and his business might keep him here for a period of two months. "No company has as yet been formed," he said, "to undertake the scheme I have in mind, but I am getting the people interested and when I go up to Peking I am going to talk with President Yuan Shih kai, the members of the National Assembly and I am going to see the governors of all the provinces. It is going to be a national undertaking and eventually the government will have control of the whole transportation system. With the entire country connected by rail there can be no famines in one section while others are enjoying plenty. The project, however, will require a vast amount of capital and the money will have to be borrowed from abroad. The sum required will be a great deal more than any one country can furnish."

The Million Dollar Bribe

Dr. Sun laughed at the reports that he had made a million dollars out of the provisional government at Nanking while he was President. He said "I never saw it. I think the newspapers that said I did ought to pay me the money. All the money was disbursed through the financial department," he explained, "and I had nothing, personally; to do with it. When heard the story about that million I made I sent a telegram to Premier Tang Shao-yi in explanation, but I guess he had gone to Tientsin before the despatch reached him."

Dr. Sun Here, Works on Plans for Gigantic Railway System: Declares There Is No Trouble in Canton or At Any Other Place in China. *The China Press* (Shanghai), June 25, 1912, Page 1

A Christian Chinese Leader

Dr. Sun Yat-sen, who was the energizing spirit of the Chinese political revolution and the first President of the new republic, tells in the Independent why he laid down that office, so richly merited, that he might take up the far greater task of social emancipation for his people. Before the new institutions should have crystallized into a democracy of the British type, the French, or the American, Dr. Sun would seek so to mold its institution as to make it realize more fully the ideal democracy than any of these have done. In these older, self-governing peoples he finds a deep social unrest, with bitterness and rankling thoughts of revolution. But he finds in them all an advanced civilization, a flourishing industry, an intrenched privilege, difficult to dislodge. In China that stage has not been reached. Capitalists and vested interests, Dr. Sun says, have not yet appeared. It is possible, he thinks, for the Chinese to get control of the sources of wealth easily now, while by and by this can be accomplished only through great danger in the state. The taxation of land values particularly attracts his attention. "Let us take time by the forelock and make sure that the unearned increment of wealth shall belong to the people and not to the private capitalists who happen to be the owners of the soil," he says. "If we do not in the beginning of the republic take thought for the future, by and by, when capitalism is developed, its oppression may be worse than the despotism we have just thrown off." To this new revolution Dr. Sun Yat-sen is dedicating himself with the same pure patriotism, unwearied zeal, and faith in the power of the ideal that have won for him a supreme place in the heart of his countrymen.

A Christian Chinese Leader. *The Washington Herald* (U. S. A.), July 21, 1912, Page 6

Dr. SUN AS PEACEMAKER

Trying to Settle Dispute Between North and South China

TIENTSIN, China, Aug. 23. —Dr. Sun Yat-sen arrived here today and he staying at the Actor House in the in the British concession. He is accompanied by his wife.

"My object in coming north," said Dr Sun, "is to try to settle the difference between the North and South of China. I have no desire to become a candidate for the Presidency. I am endeavouring to promote the material welfare and development of the country, especially by the construction of a trunk railroad which will open up land in a new section."

Dr. Sun as Peacemaker: Trying to Settle Dispute between North and South China. *Chicago Examiner* (U. S. A.), August 24, 1912, Page 3

Dr. SUN YAT-SEN

RAILWAY PLANS

FOREIGN CAPITAL TO BE USED

In an interview with a China Press report Dr. Sun Yat-sen declared that he would support Yuan Shih-kai in the forthcoming elections. Dr. Sun will leave Shanghai for Peking on Saturday, accompanied by General Huang Hsing, and will remain there about a month, returning then to Shanghai to resume work on his railway plans.

"My present plans have nothing to do with politics," he said, "and I intend to devote my time to the building of railways in China. My visit to Peking has no political significance, so far as I am concerned. I am going there on the invitation of President Yuan Shih-kai and will consult with him about the policies of the government."

In answer to a direct question, Dr. Sun said he would not be a candidate for president at the forthcoming elections, that he was well pleased with the progress of government in Peking and would support Yuan Shih-kai.

Dr. Sun is willing to talk more freely on his railway plans, than on politics. He is not ready to announce the details of his plans for railway building, but the system he has mapped out comprehends about 200,000 li. It includes the main lines which have been proposed under previous schemes of railway development for China, and, in addition, a number of branch lines which have never before been proposed. It is his plan to develop one comprehensive railway system for the entire country, which will make possible the connection of principal points at once, and leave room for future developments.

A Ten Year Program

However, it is not his plan to attempt the construction of the entire 200,000 li at once. The preliminary system embrace 50, 000 li and he hopes that this part will be completed in the first five years of the ten years which he expects to be occupied by his building program. This preliminary system will take in the principal trade routes, such as the Canton-Hankow line, etc.

Dr. Sun laughed when told of the report that he would attempt to build all of these lines with Chinese capital. "We could not get enough Chinese capital to build the roads," he said. "We expect to construct them with foreign capital. We expect to call on many countries for capital for these enterprises, especially for the first 50, 000 li. After that much is completed and China has advanced in her economic development, and has more wealth, we may be able to complete the system with Chinese capital, but not before."

Opposition to Foreign Capital

"Our plans are delayed now by Chinese opposition to foreign capital, and we cannot proceed until that is overcome. Foreign capital is needed to develop the country, but a great many people do not understand it. We have offers now of capital for our plans, but it would be folly to go ahead with them against the opposition of the people of the provinces. It may take some little time to overcome this, may be two years, and then we will go ahead."

Dr. Sun's attention was called to the existence of "concessions" for the building of railways which were granted by the Manchu government and are still outstanding. These, he said, would not be an obstacle to his program, as he would have the co-operation of the foreign owners of these concessions.

Dr. Sun Yat-sen; Railway Plans; Foreign Capital To Be Used.
Singapore Free Press and Mercantile Advertiser,
August 30, 1912, Page 4

DR. SUN YAT-SEN THANKS JAPANESE

Special correspondence to the Monitor

TOKYO, Japan—Speaking at a banquet, which he gave to his many friends in Tokyo on the eve of his return to China, Dr. Sun Yat-sen said that he really felt thankful towards the Japanese officials and people for the warm reception accorded to him and his party during their stay in the country. He could not, he said, but take special delight in welcoming the guests of the evening, for they were all of them publicists who had rendered good service in the cause of the Chinese republic.

The Chinese republic, he went on, had now been founded through their assistance, as well as the united efforts of the Chinese people, but not as yet on a permanent basis. In order to consummate the work of the revolution China stood in greater need than before of assistance from her Japanese friends. It was his heartfelt desire in these circumstances that the people of the two neighbouring powers should unite their efforts for the realization of a bona fide Sino-Japanese rapprochement, which would be conductive to the enhancement of mutual interests.

Dr. Sun Yat-sen Thanks Japanese.
The Christian Science Monitor (Boston, U. S. A),
May 15, 1913, Page 8

Dr. SUN YAT-SEN CALLS JAPAN FRIEND OF YOUNG REPUBLIC

Special to the Monitor

TOKYO, Japan—Speaking at a reception at Tokyo during his recent [⋯] to Japan, Dr. Sun Yat-sen made an eloquent appeal for a greater [⋯] between the two nations. Japan and China, he said, were the only two countries [⋯] that [⋯] the hemisphere recognized by the world to have a place in the [⋯] of [⋯]. It was, therefore, the responsibility of these two countries to maintain [⋯] peace in the far east, but in fact Japan was the only country which was able to fulfil that obligation.

In the last 40 years, Dr. Sun said, Japan has made rapid [⋯] in the [⋯], and western civilization [⋯] into every department making [⋯] strong and powerful as she is today. It has been fortunate for Japan that she could carry on her reform undisturbed, because the pressure of the western [⋯] was not then so intolerable as it is today. If Japan had not availed herself of the opportunity which was offered to her, judging from the present circumstance, the fate of Asia would have been sealed. China did not [⋯] herself, and only a few years ago she began to mend her pace, but none of her endeavors were viewed with satisfaction.

When he was engaged in propagating the doctrine of revolution, Dr. Sun continued, many foreign friends hinted that in consideration of the foreign aggression the revolution would only afford these aggressors rare opportunities to enforce their selfish policy, hence other peaceful means should be employed to obtain the object of reform. He did not, however, take their advice, and his confidence in final success was not shaken. He knew full well that he might rely upon the influence of the Japanese empire. Having a neighbor who was of the same race and of the same literature and whose historical relations with this country were so close, he went on with his labor confidently. It was a mistake to compare China with Turkey. The latter after her revolution had sunk lower than her former state. The cause was that she did not possess a friendly neighbor like they had.

During the last 20 years, Dr. Sun remarked in conclusion, "I have cherished a very strong confidence in Japan as a friend of our national regeneration, and I am very glad that today I have the opportunity to express this thought before you."

Dr. Sun Yat-sen Calls Japan Friend Of Young Republic.
The Christian Science Monitor (Boston, U. S. A), May 23, 1913, Page 3.

SHANGHAI ON FIRE BY BOMBARDMENT

The Native City Burning in Three Places—A Long War is Expected

HU-NAN JOINS THE REVOLT

Hostilities on the Border of Tibet and Mongolia Continu—Wu Ting-fang Blames Both Sides

LONDON, Wednesday, July 30. —The Daily Telegraph's Shanghai Correspondent says the native city there is on fire in three places as a result of the terrific cannonading of the arsenal.

The correspondent reports a most critical situation at Chapei. The police, he says, refused to permit the foreign guards to remain. Late in the afternoon the foreign volunteers, who had returned to Shanghai, marched backed to Chapei, and were met by armed native police. Several shots were exchanged between the volunteers and the police, but the foreigners were uninjured, and after disarming a small number of natives the expedition returned to Shanghai.

The correspondent had an interview with Dr. Wu Ting-fang, ex-Minister at Washington, who thinks President Yuan Shih-kai's uncompromising policy dangerous, but blames both sides for rejecting proposal for a compromise.

In another interview with the correspondent, Dr. Sun Yat-sen declared that he would leave for the South in a few days on business. He was quite unconcerned, according to the Correspondent, with the threat of expulsion against him. He said he regarded Wu Ting-fang's peace mission as hopeless.

"The Southerners, profiting by their earlier mistakes, are repairing defects and getting in large supplies of ammunition," says The Daily Telegraph's Peking correspondent. He adds:

"A long and wearisome war seems certain. I understand that 100 Japanese officers will join the Canton army, which consists of 40,000 good troops."

The outstanding feature of the revolt, says The Times's Peking correspondent, is the failure of the Southerners to obtain any success or increase of support calculated to render the movement a serous military danger to the Government.

Shanghai on Fire by Bombardment.
The New York Times, July 30, 1913, Page 3

CHINESE IN BATTLE

Rebels Repulsed at Shanghai and Hundreds Killed

NO FOREIGNERS INJURED

Barricades Erected at Approaches to Their Settlement

Dr. Sun Yat-sen, the former provisional president, issued a manifesto tonight, irrevocably backing the rebellion. He makes three appeals, the first to

Yuan Shi Kai, recounting the southern grievances, and declaring that just resistance to intolerable tyranny is no rebellion. He concludes: ‘I am determined to oppose you as firmly as I did the Manchus. Retirement is absolutely your only course in the face of the present crisis.’

“The other appeals are addressed to the official and the people, and are in the same tone.

“Dr. Sun Yat-sen said to me personally: ‘This fight will continue if it takes ten years. I stake my life on the issue’”

Chinese In Battle. *The Washington Post*,
July 24, 1913, Page 1

WU COERCED, SAYS DR. SUN

Chinese Rebel Leader Accuses Yuan Shih-kai of Despotism

IS STILL CONFIDENT

I Will Go to Peking as Chief Executive One Day, He Declares

TELLS HIS RELIGION

Revolutionist Admits for First Time His Belief in Christianity

Moji, Japan, Aug. 7—When the coasting steamer Uding came into Moji harbor from Formosan ports this morning, the rumor quickly spread that Dr. Sun Yat-sen, the Chinese revolutionist, was aboard, and a large crowd of sampans gathered about the little freighter anchored out in the roadstead.

At first the captain of the Uding denied that he had any passengers aboard, but when the customs inspector visited the vessel the Emigrant Commissioner ashore was notified that “a man claiming to be an American but of decidedly

Mongolian face," as the message ran, was aboard the Uding.

The Emigrant Commissioner immediately put out to the Formosan coaster in his launch and fetched the passenger ashore. In the commissioner's office the man was registered as "H. Damon of San Francisco, U. S. A., otherwise Sun Wen, M. D., of Nanking and Macao, China."

Sun Wen is the Chinese name of Sun Yat-sen, first provisional President of the Chinese republic.

Sun Yat-sen made no attempt to deny his identity after leaving the Commissioner's office.

Don't Want Notoriety

"I did come from Formosa under an assumed name, that of an old American teacher of mine, because I desired no demonstration that would bring more notoriety." Dr. Sun explained on the way to the hotel from the landing stage. He attempted to appear jovial, but it was evident that he was extremely nervous. To those who saw him in Japan a little over a year ago, he appears to have failed considerably in health and to have lost much of the energy he then displayed.

"No, I do not care to speak just now upon the situation in my country," said Dr. Sun, and then he added quickly, "of course, I mean China, for there has been so much talk about my 'Americanism' that some people would assume that the United States was meant when I said 'my country.'"

He laughed and repeated in a whisper, "My country, my country."

His pale smooth countenance became flushed with anger when he was asked if the Chinese rebel leaders had deposed him and he blurred out in mandarin: "Cursed liars have been at work against me from the beginning."

Japanese Acclaim Him

About the hotel many hundreds of Japanese assembled after it became noised about the city that the famous Chinese revolutionist had arrived, and many banzais and kelungs were uttered, for Sun Yat-sen is not only popular among the Chinese in Japan, but the Japanese have a liking for the man who defied the Peking authorities. Furthermore, the opinion has gained ground in this country that the former President hopes for some sort of aid from Japan in the overturning of the present regime in China. This Dr. Sun vehemently denied in the course of an interview this afternoon.

Dr. Sun was found seated upon the little wooden veranda which reaches out from the second story of the hotel, giving a view overlooking the Inland Sea and the island of Shimo where "samurai" trees were planted in honor of General and Mrs. U. S. Grant. Dr. Sun referred to the fact and to the further curious one that each of the trees had died at about the time of the deaths of those in whose memory they had been planted.

"Why have you left China?" Dr. Sun was asked.

"That is hardly a fair query, as much as I am considered a revolutionist." He replied. "You see if I were to tell my business so that it might be published broadcast my friends would not have very much confidence in me. As it is, the papers have made me say altogether too much, and I have been busy denying statements which have been credited to me. I will answer your question, however, I am in Japan on a purely personal mission. It may take me to the United States, but of this I am doubtful; in fact, I will not know myself for a few days."

Object of His Trip

"Then your trip to Japan, being purely personal has nothing to do with the rebellion in China?"

"I would rather not discuss this matter at all," replied Dr. Sun with a show of irritation. “I had political affairs to look after in Hong Kong and these brought me to Formosa. Then personal matters urged me to Japan and I am here.”

The former provisional President of the Chinese Republic did not seem entirely satisfied with his own explanation.

When asked about the possibility of the success of the rebellion in China, Dr. Sun for the first time displayed the animation and enthusiasm for which he is noted and his fine eyes flashed fire as he spoke.

“The rebellion is not a success—up to date,” he said, “but that it is bound to win and win gloriously in the end is as certain as that we are in Japan at the present time. Such causes—the cause of a people against despotism—have always won and will always win. The rebellion of the Chinese people cannot be an exception, for there is a great and just and powerful God in heaven that will give us the strength to overcome our enemies! [···] the God of China and of America and of all nations—and Jesus Christ was his [···] upon earth!”

Professes Christianity

Though Dr. Sun enjoyed the tutelage of Christian teachers during the greater part of his life he informed the correspondent that this was the first time he had made public profession of a belief in Christ.

“I have not done so in China,” he explained, “because I have not thought it wise, at this crisis in the affairs of our country, to introduce any question of religion. We have enough other troubles on our hands just now.”

When the rebel leader was asked if he had in a sense been deposed from his place in the chief councils of the revolutionary party he started quickly from his [···] and faced the interviewer.

“I would like to know who has the authority other than the people of China, to depose me from the chief councils, as you call them, of the revolutionary party," he exclaimed. "I was made provisional President of the republic at one time, was I [···] I am today really the executive of republican China, although there is an autocrat and monarchist at Peking who bears the title of provisional President!"

"Do you care to state, Dr. Sun, the causes of the differences between yourself and Yuan Shi-kai?"

Dr. Sun hesitated a few seconds before relying. What he said, slowly and with much deliberation, was this:

"There are no personal differences between Yuan Shih-kai and myself. By this I mean that we would, in every day circumstances, be good and cordial friends. But Yuan is the representative, pure and simple, of the ancient regime, and would throttle the republic if he dared. He will not do this, for he is wise enough to know that the people of the nation would not submit to it. But, under the guise of a republic, he hopes to continue in power, to the end that his friends of the monarchy may still rule the land through him."

Can't Dislodge Yuan

"The first serious setback to republicanism in China was the forces selection of Yuan Shih-kai as provisional President. But he was a man of tremendous personal influence, great wealth and having the best trained troops that our country has known. He was intrenched, so to speak, at Pekin, and neither monarchist nor republicans were or have been strong enough to dislodge him. In the north he is strongest in every way, and knowing this very well himself, he has fought from the very start the movement for the removal of the capital to Nanking, where it rightfully belongs.

"The old clique of the dynasty is still about him at the northern capital, and he has really built up a 'machine' as it is called in the United States, that runs the government to suit not the will of the people but the will of Yuan Shih-kai. He is the uncrowned emperor of China today—an emperor ruling over a republic. And that is why I have made war, constitutional war, upon him. But he and his advisers construed my acts as rebellion and I was forced to adopt other means and methods, and yet it cannot truthfully be said that I led forces against the government, though without question I was in hearty sympathy with those who opposed this emperor-president in the South."

Dr. Sun stated that Yuan Shih-kai through the friends of the latter in Shanghai and Canton, started "the most absurd story" that Dr. Sun was engaged in negotiations with Japanese bankers with the hope that funds might be obtained to finance the rebellion.

Friends Deserted Him

"This outrageous falsehood, this evilish lie, travelled throughout the central and southern China and cost me hundreds and thousands so stanch friends," said he with a show of sadness mingled with anger in his voice that was absent at other times. "They" —he did not designate them otherwise— "are making me appear not only as a revolutionist whose only ambition is for personal advancement but as one who for personal gain would sell my country's liberty and barter my own honor. They will suffer one way or other for all this. At least my friends in America will always believe and know that my one aim in life has been and will continue to be the betterment of my beloved country and her people.'"

It was Dr. Sun Yat-sen himself who first mentioned the matter of his repudiation by Dr. Wu Ting-fang, one time Minister of China to the United States.

"More than all else," said Dr. Sun, "am I surprised and—no, I am not pained—at the attitude of Dr. Wu, who has been a close personal and political friend from the very beginning of the agitation for a free China. But I know that he has been coerced into his present attitude toward me, for it has long been known that he strongly favored the establishment of the capital at Nanking, the ancient seat of government, and that he regarded Yuan Shi-kai as more of dictator and monarchist than ever the late Empress Dowager dared to be.

Says Wu Was Coerced

"I have no direct knowledge of this, but I understood that Emperor Yuan just before he issued an order calling for my arrest wrote a threatening letter to Wu Ting-fang in which he strongly intimated that if Dr. Wu considered me as a political associates the Government would proceed against him on charges of conspiracy and treason. Thereupon Wu Thing-fang wrote a long letter to Yuan Shih-kai denouncing me and covertly accusing me of having had dealings with certain unnamed Japanese capitalists. This letter of Wu's was published in Hong Kong and Canton, and my heart was almost crushed when I read the words that practically accused me of being willing to sacrifice my country even to the Japanese in order to accomplish my own ambitious ends.

"When the letter was known and talked about everywhere, the finger of suspicion was pointed at me, and for many nights and days I was perhaps the most wretched man in all China. Of course there are hundreds and thousands who know me, and knowing, never could believe that for a moment I sought Japanese aid for the rebellion. It is true that I have always been well received and kindly treated in this country; but no Japanese thinks for an instant that I am anything but a true, tried and faithful unto death son of China."

Though Dr. Sun did not say so, it could be inferred from his conversation that his present visit to Japan is for the purpose of obtaining and taking back to Nanking all the important letters he has written to Japanese bankers and others during the past five months, for he acknowledges writing many letters to prominent capitalist of Tokyo,

Nagasaki and Kobe for the purpose, he intimates, of interesting then in the Chinese national loans and in some large enterprises in Hupeh and Kwangsi.

"I wrote also to friends in Washington, New York, London and Paris," said Dr. Sun. "Could I not be just as reasonably accused of attempting to get American, English or French money for revolutionary purposes?"

Several times during the interview the Chinese revolutionist referred again to the Wu Tang-fang letter, each time with a depth of feeling that told how dark and ominous that epistle loomed up on his life's horizon. At one time, after some two or three minutes of abstracted silence on his part, he suddenly broke out with: "I do not believe, cannot believe, that Dr. Wu Ting-fang wrote such a letter to Yuan Shih-kai! I cannot believe that he would call me a traitor to my country and my principles! It is unbelievable—it is terrible if true—it is glorious if untrue!"

Another View of Wu

And in a few minutes after this following another period of silence, he took a wholly different view of the matter, saying:

"No one will deny that Dr. Wu Ting-fang is a patriotic, able and brilliant Chinese, but despite the fact that he was for long a resident of the United States, and therefore in close view of a republican people and republican institutions, he always had been a monarchist at heart. Of course he represented the court at Washington, and all his honors, promotions and titles came from the royal houses. It was quite natural that he should have royalist leanings and tendencies, and being a man of culture and politic attainments, a man who was more at home in the inner circles of Peking than he was among his neighbors of Shanghai, it was not to be expected that he would become overenthusiastic with the populace. But he gave me to understand on many occasions that he was vehemently and wholeheartedly opposed to Yuan Shih-kai and his policies. And now, if he really has written the remarkable letter attributed to him, he has at length been forced or frightened into forsaking the patriotic cause and made to lend his voice and influence to the perpetuation of the Yuan Shih-kai dynasty upon a 'republic throne.'"

Confident of Triumph

Dr. Sun Yat-sen assured the correspondent that he had had absolutely no personal communication in nine weeks from Dr. Wu, and that if the latter had written him a letter of denunciation he had never received it. Nevertheless, he said, the papers of central and south China, both English and Chinese, had published a mass of matter purporting to be from the pen of the former envoy and directed against Dr. Sun, and the later was compelled to believe, much against his will, that Wu Ting-fang had at least made unwise if not actually untruthful comment upon Sun's connection with the rebellion.

"I shall disprove every untrue statement that has been made in any quarter. I shall return to China and be vindicated in the eyes of the people, and I shall one day go even to that northern capital as chosen executive of a republican, truly republican, nation." were Dr. Sun's closing words.

Wu Coerced, Says Dr. Sun: Chinese Rebel Leader Accuses Yuan Shih-kai of Despotism. *The Sun* (New York), September 7, 1913, Page 5

Sun Yat-sen Is in Favor of Japan

REVOLUTION CHIEF OF CHINA TELLS HIS VIEWS

Opponent of Yuan-Shi-Kai Is Now Admitted to Councils of Celestial Republic

SHANGHAI, China, Aug. 20— (Correspondence of the Associated Press) Dr. Sun Yat-sen, the most radical of all the Chinese Republicans has returned to Shanghai from Japan and is again sitting in the high council of the more extreme Chinese reformers.

Until the death of Yuan Shi-Kai, Dr. Sun Yat-sen remained in Tokyo as the head of the young China movement which was directed from that city. Apparently, he did not regard it is safe to live in Shanghai, although it is under foreign protection, while his old enemy Yuan Shi-Kai was in power.

Not Supported in 1913

Dr. Sun's part in the abortive revolution won him little favor in China. Chinese of practically all classes were unwilling to countenance another revolution until Yuan Shi-Kai had been given a longer opportunity to demonstrate his efficiency.

His home in Shanghai is a modest house on Route Villon, in the French concession. It stands at the end of a long row of connected houses. He greeted the Associated Press correspondent in a sunny library at the back of the house overlooking a small walled garden.

Although he is 49 years old, Dr. Sun has the appearance of being very much younger. The only trace which his long strenuous years of political agitation in China have left on him, is grey hair. His mustache is also slightly gray. But his round smiling face is without a wrinkle or line. His eyes are bright and youthful, and he speaks with a mildness and placidness, which gives no suggestion of his turbulent career.

For Compromise Now

"Yes, I am for compromise. I want to see the North and South get together and make peace. Both sides should yield and get on common ground. I also want to see China get on thoroughly friendly relations with all her neighbors. I am unqualitiedly for national and international compromise at this time.

"I want to see China get into such a stable condition that investors will be willing to assist her in developing her great resources. We want factories and all sorts of industries. We want workmen to replace the soldiers.

Dr. Sun was not content with being interviewed, but in turn became an interviewer.

"What impression did the foreigners in North China have on the Southern movement and the Southern leaders," he asked.

Foreigners Expect Too Much

When the correspondent replied that foreigners in the North were at a loss to understand the action of the Southerners in not co-operating and showing greater disposition to compromise after the death of Yuan Shi-Kai, against whom their movement was alleged to have been directed, Dr. Sun replied: "Ah, but you expect too much. You expect big changes to come about too rapidly. Really there has been a great deal accomplished.

"It takes time to work the wonderful changes now going on in China. The provinces are many of them so remote that communication is difficult. Have patience."

The correspondent asked Dr. Sun Yat-sen if he expects to go to Peking to join the deliberations which are being conducted there for the reorganization of the government.

The revolutionary leader said he would probably go to the capital later, but did not get any positive date.

Favor Japan

The foreign press in China, as well as the more conservative Chinese press, has been somewhat critical of the action of the ultra Republicans in accepting Dr. Sun back into their council. His long residence in Japan and reports that he is thoroughly in sympathy with the Japanese policy in China, have placed him in an unfavorable light before a large section of the Chinese public.

Dr. Sun, however, is insistent that China's welfare is ever uppermost in his mind, and that he favors better relations with Japan solely because he believes that a better understanding between the two countries will result in great benefit to China.

SunYat-Sen Is in Favor of Japan.
Reno Evening Gazette (Nevada, U. S. A.),
September 12, 1916, Page 8

JAPAN MAY ACT AS MODEL FOR CHINA'S REFORM

Dr. Sun Yat-sen Speaks of Future of Republic in Interview Dealing With the Relations Between China and Japan

Special to The Christian Science Monitor

TOKYO, Japan—Dr. Sun Yat-sen, who has been staying in Shanghai since his departure from Japan last year, has given an interview to a correspondent of the Tokyo Asahi, in which he talked on the relations between Japan and the Chinese Republic. He spoke mainly as follows:

"It is a happy state of things in Japan that almost every statesman, scholar or business man is keenly interested in the problem of friendship between Japan and China. But I must say that the friendship between the two countries cannot be realized unless we fully get to the root of the existing problems by making inquiries into the fundamental ways of thinking of the two peoples, along with their wishes concerning the diplomatic policy of their respective governments.

If, however, this cannot be done, actual friendship between the two peoples would be hopeless. As a matter of fact, the moral principles ruling in both countries are on almost the same basis, and by this it can be assumed that there is no reason why the two countries should not come to an understanding in their diplomatic dealings. But seeing that such is not yet the case, it is apparent that the misunderstandings or collisions that often occur in their relations have their origin in some artificial causes. And the artificial causes I have just referred to in include among others the difference of the standings of the two nations, that is to say, their difference in strength.

"Since the restoration of 50 years ago, Japan has undergone an immense development in the way of civilization and national power, which has placed her on the same footing as the great European nations. But her neighbor, China, has been treading quite in the opposite direction, owing to the demoralization in her political circles. Consequently, she is now in constant danger of being divided by other powers.

"And one nation is followed by another in intrusion into China in order to sack and loot the wretched country. Such practice is carried out under the pretext of equality of interests or equal opportunities. There is one thing in this respect that I must call your attention to, that is, that when other European powers come on their forays into China, Japan is obliged to take the same action by right of her desire to defend her interests in this part of the world.

"The step taken by Japan in that case may be justifiable only because otherwise Japan's existence would endangered. But this way of dealing with China on the part of Japan is most opprobrious to the Chinese, who expect Japan to show greater sympathy, rather than to menace her. This one fact, that while the Chinese people most fervently wish for friendly and sympathetic dealings in behalf of China at the hands of the Japanese, they adopt no less threatening manner and take similar action toward China which is driven to extremities by the ruthless foreign powers. This is a difficulty in the question of Chino-Japanese friendship.

"There is no doubt that the development of either Japan or China is a matter that only concerns each country herself, but looked at from another angle this means the awakening of the yellow race in the vast organization of the modern world. Reformation of the Japanese empire at the Restoration will be made the model of the remodeling of the Chinese Republic when this remodeling is actually effected. The task of reorganizing the Chinese Republic, however, it must be remembered, is attended by more difficulties than in the case of that of Japan on account of the more complex international relations existing today than at the time when Japan started her advancement and the greater foreign interests vested in her territory. It is therefore my sincerest hope that the Japanese authorities will take the above few facts, all essential to the solution of the problems arising between the two countries, into consideration, in their dealings with China in future."

Japan May Act As Model For China's Reform.
Christian Science Monitor (Boston, U. S. A),
January 27, 1917, Page 2

May Ask Aid Of Uncle Sam

International News Service

TOKYO, July 6—Chinese republican leaders may appeal to the United States to help them overthrew the new monarchy and re-establish democracy.

This statement was made upon the authority of Dr. Sun Yat-sen, leader of the present revolutionary movement in Southern China and the first provisional president of the former Chinese republic.

A dispatch from Shanghai today quoted Dr. Sun Yat-sen as making the following declaration to a group of journalists.

"The southern part of China is strong and united and it will uphold the republic until the very end. We hope for Japan's aid, but failing in that we will turn to the United States."

May Ask Aid Of Uncle Sam. *New Castle News* (Pennsylvania, U. S. A.), July 6, 1917, Page 1

Prospect of Dr. Sun's Return to Power in China

American Merchant Returns from Orient Bringing with Him the Positive Impression That Progressives Must Rule the Country

"Dr. Sun's summing up of the situation was about like this: The revolution of 1911 did away with the empire and paved the way for a modern system of republican government. It overthrew the power of the Manchus and made of the Chinese a united people and freed them of many of the abuses of the past. Owing, however, to the ingrained conservatism of the Chinese people, which retards all active measures, actual reform is necessarily slow.

“As in the past, the public has taken no part in the government of China, the old official class of the empire has been able to retain a certain amount of its former power, and it was expedient to give members of it high offices of state. Yuan Shi-kai, for example, belonged to the old order. He floated many loans, the proceeds of which he, in many cases, according to Dr. Sun, diverted to his own pocket, and finally, carried away by his own egotism, he tried to restore the empire by founding his own dynasty. Li Yuan-hung, his successor, a man with more modern views, has been trying to have a coalition Government, composed of old-school officials and up-to-date men. Dr. sun said to me : ‘this is like trying to mix oil and water. The result is the chaos of today. China is surrounded by her enemies, and unless something is done, and done speedily, she will succumb.’

“Dr. Sun added that China was at present undergoing a housecleaning. The old official classes had proved their incompetence—they must go, he said. The Tuchuns, relics of the past, must disband their men and retire to civil life. Both classes, he believes, realize that they are doomed; hence their last desperate fight. When China has disposed of them and established law and order, her Government must be reconstructed on civil lines. China must break down prejudices, abolish extra-territoriality—that was Dr. Sun's phrase—and assert her rights as a modern power. She must, he believes, outline a program of internal development that will command the respect of the other great powers by reason of its logic and intelligence.”

Mr. MacDonell put this question to Dr. Sun:” would you mind giving your opinion of Chinese foreign relations?” The Chinese leader replied in the following words:

“For many years past, owing to a weak Government and an absence of a definite program for conducting China's external policies, we have been forced to part not only with territory, but with priceless public property as well—for example, railroad franchises and mining rights. Very few mining rights have been given away. We don't object to foreigners developing mines and railways, but we do object to their control of them. Our very integrity has been threatened, and owing to our impotence, we have been unable to resist many arbitrary demands.

"As you know, I have been consistently opposed to China's entering the war. I have given my reasons to the Peking Government, and to the world at large. I am confirmed in my position, by the official statements of practically all of the belligerents, who solemnly declare that this war is not one of conquest, but is being waged to preserve the integrity of weaker nations. If it is a political necessity to rehabilitate Belgium, Serbia, and Poland, and to protect their independence, it is of greater importance to do the same for China.

Prospect of Dr. Sun's Return to Power in China.
The New York Times, July 15, 1917, P. 52

附：日文版本

三十三年之夢

白浪庵滔天

孙逸仙君の支那革命论

余は先づ問を発せり。曰く、君の支那革命を以て志となすは僕曾て之を知れり。但し未だ共詳を知らず。願くは君の所謂革命の主旨と、之に附帯する方法手段の詳を聞くを得んかと。彼は徐ろに口を開けり曰く、「余は人民自ら己れを治むるを以て政治の極即なるを信ず。故に政治の精神に於ては共和主義を執る。然り、余や此一事を以てして直に革命の責任を有するものなり。況や清虜政柄を執る兹に三百年。人民を愚にするを以て治世の第一義となし、その膏血を絞るを以て官人の能事となす。即ち積弊推委して今日の衰弱を致し、沃野好山、坐して人の取るに任するの悲境に陥る所以なり。心あるもの誰か袖手して傍観するに忍びんや。是吾徒自ら力を揣らず、変乱に乗じて立たんと欲して、而して空しく蹉跌せし所以なり。」

处女の如かりし彼は、何時しか脱兎の如くなり来れり。否、一言は一言より重く、一語は一語より熱し来りて、終に猛虎深山に嘯くの概を示せり。乃ち言を続けて謂て曰く、「人或は云はんとす、共和政体は支那の野蛮国に適せずと。蓋し事情を知らざるの言のみ。抑も共和なるものは、我国治世の神髄にして先哲の遺業なり。即ち我国民の古を思ふ所以のものは、偏へに三代の治を慕ふに因る。而して三代の治なるものは、実に能く共和の神髄を捉へ得たるものなり。謂ふことなかれ我国民に理想の資なしと。謂ふことなかれ我国民に進取の気なしと。即ち古を慕ふ所以、正に是れ大なる理想を有する証的にあらずや。又是将に大に進まんとする兆候にあらずや。試みに清虜の悪政に浴せざる僻地荒村に到り看よ。彼等は現に自ら治むるの民たるなり。その尊長を立てて訴を聞かしむる所、その郷兵を置きて強盗を禦ぐ所、其他一切共通の利害、皆人民自ら議して之を処理する所、岂に是れ简单なる共和の民にあらずや。然り、今若し豪傑の士の起りて、清虜を倒して代つて善政を敷かんか、法を三章に約するも随喜渴仰して謳歌すべし。乃ち愛国心以て奮興すべく、進取の気以て振起すべきなり。」

「且夫共和の政たるや、唯政治の極即たると、支那国民に適合するが為めの故に必要なるのみならず、また革命を行ふ上に便益あり。之を支那古来の歴史に徵するに、国内一たび攪乱の勃興するあるや、地方の豪傑、要所に割拠して互いに雄を争ふ。長きは数十年に互りて統一せざるものあり。無辜の民、之が為めに禍を受くるもの幾許なるを知らず。今の世また機に乗じて自私を営む外強なきを保すべからず。此禍を避くるの道、只迅雷耳を蔽ふに遑あらざる的の革命を行ふにあり。同時に地方の名望家をして其の処を得せしむるに在り。斯くて名声威望ある者をして一部に雄たらしめて、中央政府能く之を駕御せんか、遂に甚しき紛擾を見ずして落着するに至らん。共和政の革命を行ふ上にも便益ありと云ふは是が為めなり。」

彼は一種形容すべからざる悲壮の語気と態度を以て、下の如くに談話を続けり。曰く、「嗚呼今や我邦土の大と、民衆の多とを挙げて俎上の肉となす。餓虎取つて之を食へば、以て其蛮力を振つて世界に雄視するに至らん。道心あるもの之を用ゐば、以て人道を提げて宇内に号令するに足らん。余は世界の一平民として、人道の擁護者として猶ほ且之を傍観すべからず。況んや身其邦土の中に生まれて、直に共痛痒を受くるに於てをや。余や短才浅智、素より大事を担ふに足らざるべしと雖も、今は重任を人に求めて袖手すべきの秋にあらず。故に自ら進んで革命の先駆となり、以て時勢の要求に応ぜんと欲す。天若し吾党に幸して、豪傑の士の来り援くるあらんか、余は正に現時の地位を讓つて犬馬の労に服せん。無ければ即ち自ら奮て大事に任ぜんのみ。余は固く信ず、支那蒼生の為め、亜洲黄種の為め、又世界人道の為めに、必ず天の吾党を佑助するあらんことを。君等の来りて吾党に交を諦せんとするは、即是なり。兆朕已に発す、吾党発奮して諸君の好望に負かざるを努むべし。諸君もまた力を出して吾党の志望を援けよ。支那四億万の蒼生を救ひ、亜東黄種の屈辱を雪ぎ、宇内の人道を恢復し擁護するの道、唯我国の革命を成就するにあり。此一事にして成就せんか、爾余の問題は刃を迎へて解けんのみ。」

東京，國光書房，一九〇二年八月發行

歐洲革命の大勢

懐　仁

新共和主義

露國亡命の客ドクトル、ゲルショニ氏と、支那革命黨首領ドクトル孫逸仙氏との會見の顛末は『危機一髪』と題し、前々號に掲載したる所なるが、兩革命黨首領が各々其自國に行はんとする政治上の意見は、頗る嶄新にして傾聽すべきものあり、其今日現存せる共和政治に滿足せずして更に新らしき發展を企圖せる點に於て、兩首領の意見全然一致せるを以て、暫らく之を『新共和主義』と名けんか。

ドクトル孫逸仙氏はドクトル、ゲルショニ氏の熱心なる質問に答へて曰く、『支那に於て施さんと欲する共和政治は、立法、司法、行政の三權以外に、科擧の制と彈劾制とを存置せる五權分立の共和政治也』と。

ゲルショニ氏は異めり、而して問へり、『彈劾の權は國民之を有し、議會之を行ふに非ずや、支那に於て特に之が制を置くを必要とする所以如何。又た科擧の事は行政の一部として足るに非ずや、別に之を設くるを必要とする理由如何』と。

ドクトル孫氏は聲に應じて答へて曰く『科擧の法は以て國家の人才を採る所以にして、予は此法によりて最も嚴密に且つ公平に人才を拔擢し以て適材をして國務に鞅掌せしめんことを期す。蓋し今日の共和民政の國に於て見る如く、國務を以て政黨の受負事業と爲し、一の國務長官の更迭する毎に、擊柝の小吏に至る迄も悉く更迭するに至つては、啻に其煩に堪へざるのみならず、其弊や勝て言ふ可らさるものあり。又た單に選擧によりて國家の公僕を定むるは、其外見は公平なるが如きも實は然らず、何となれば單に選擧によりて人を採り毫も試驗を用ゐざる時は、往々にして口才の人出でゝ選擧民の間に運動し、以て其地位を占め、之が為に訥辯にして却て學問思慮あるの人を閑却せらるゝの恐あるを以て也。かの米國代議院内に愚物の多き實に選擧の弊を證して餘あり。而して弾劾の制は特に議會の監督以外に專門的に國家の政治を監督せしめ、以て其非違を糺さしめんと欲するが為にして、亦今日現存せる共和政治の不備に鑑むる所ある也。蓋し孰れの國を問はず立憲國に在ては弾劾の權能は議會にありと雖も、國によりて其權能に強弱の差あり。之によりて無數の弊害を生ず。例へは米國の如きは上院に於て往々此權を擅用し、却て行政機關を挾制し、議員專制の實を現するを見る。且つ正理の上より言ふも、人民を裁判する所の司法權は獨立し、官吏を裁判する所の弾劾權は却て他の機關の下に隷屬せるが如きは、正當に非ず。然かもこの科擧の制と弾劾の制は我が支那固有の政治上の二大良制なるも、科擧の制は悪劣政府の爲めに誤用せられ、弾劾の制は久しく眠つて其用を爲さず。これ惜しむべきの至りにして、予は我が共和政治に於てこの良制を復活せしめ、五權分立てふ各國未だあらざる政治上の學説を立て、各國多く見ざる破天荒の政体を創開し、以て各機關をして充分に其効力を發揮せしめんことを期す』と。

東京『革命評論』第八號，一九〇六年一月二十五日發行

支那革命實見記

池亨吉著

附録『嗽巖枕濤録』

君の知る如く、客秋江西省萍郷の乱起るや、風雲忽ち急にして四百余洲為めに震ひ、湖南、会州、江陰、東阿、遼河西等相踵いで恰も響の声に応ずるが如く箪食壺浆して以て革命的赤旗を迎ふる者あり。蚩蚩の民玆に肮脏の怒りを発して義憤の火焔将に愛親覚羅の残骸を焼き尽さんとするの概あり。此機に乗じて起つ無くんば我党又何の日にか国を救ふの陳呉たるを得ん。骰子は投げられたり。我が志既に定まる。即ち羽檄して十八省の秘密党と脈絡を通じ直ちに事を挙げんとする。而して其急先鋒たらんとする者は広東省羅定府の志士団にし

て彼等は同地鎮台の陸軍将校等と秘密の盟を結び戦はずして、既に広東省城を吞めるが如く今や鶴首唯だ一号令の到るを待てり。依て黄興君は先づ我が中華革命同盟会を代表し来る十一月横浜発の便船に投じ、匆皇至り会せんとす。汪兆銘君も亦行を共にすべし。

什うか見物人として行つて下さい。そして君の親しく見聞した処を始めから終まで残らず書いて下さい夫れが僕の願ひです。昔し粤西の洪秀全が義兵を起して大半其目的を達せんとした時不幸にして英国人コルドン将軍の為めに撃破られ終に大逆長髪賊の汚名と共に永遠に葬り去られんとしたものです。処が更に一英国人リンドレ－と云ふ非凡の侠骨が有つて此人が後に珍無類の書物を著はした。そして其親しく見聞せる事実に照して懇ろに洪秀全一輩の人格と其懷抱したる理想及び目的を説明し、翻つて是等の人物を屠る為に殊にゴルドン将軍を貸し與へたる英国政府の没人道また没分暁なるを罵倒した。あ、誰れか其著『太平天国革命史』を読んで泣かない者が有りましやうか。実に洪秀全や李秀成等の豪傑は此書物のお蔭で逆賊の汚名を脱かれ、立派に革命殉国者として後世識者の追悼を受けるやうになつたのです。僕は此の精神を以つて君に囑望します。什うか此際日本のリンドレ一氏を以て任じて下さい。否、僕は夫より更に多く吾がミストル池に望を囑します、什うか吾が革命志士の為めに天下の誤解を開いて下さい又其の殊勝なる点を世に知らせて下さい。

東京，金尾文淵堂，一九一一年十一月發行

孫文ヨリ鶴岡永太郎ニ短時日ナリトモ公然ト日本ニ滞在シタキニ付斡旋方依頼アリシ件

先般欧州ヨリ来リタル鶴岡永太郎カ萱野等ト交アルヲ利用シ孫逸仙ニ密会セシメタルニ孫ハ第一、中央支那ニ於ケル蜂起ハ自分ノ指揮ニ出テタル事第二、此際是非共日本ニ渡航シタク日本国政府ノ内意伺ヒ方宮崎ニ打電シタク処十月二十四日萱野ヨリ返電アリ変名シテ上陸滞在ナレハ差支ナキ由ナレトモ自分ハ短時日ニテモ苦シカラサルニ付公然滞在シタシ左スレハ日本ノ同情アル態度ハ革命軍ノ士気ヲ振作シ同時ニ日本国政府ハ陰然北京政府ヲ庇護スルトノ疑ヲ解キ得へく双方ニ於テ利益アリ第三、近々英ヲ経テ欧州ヘ渡ルヘク旅行ノ目的ハ獨逸ニ在リ在獨逸国清国留学生中ニ革命ノ同志少カラス殊に獨逸国皇帝ハ豫テヨリ内々彼等ヲ通シテ我方ノ運動ニ好意ヲ表シ居ラルルニ依リ此際助力ヲ求メントス第四、欧州ヨリ印度洋ヲ経テ東洋ニ帰ル積リナルモ日本国政府我変名セスシテ上陸スルヲ許サハ再ヒ米国ヲ経テ「シヤトル」経由日本ニ渡ラントス第五、露国官憲ハ意外ニモ寛大ナルニ依リ哈爾賓ニ根拠ヲ設ケテ同志ヲ号令スルノ策アレトモ甚タ不便ナレハ行ヒ難カルヘシ第六、過日華盛頓ニ行キタルハ米国政府ノ内意ヲ探リ好意ヲ求ムル為メニシテ米国政府カ獨逸国政府ニ意見ヲ求メシモ其結果ナリ云々ト語レリ第二ノ件ニ付帝国政府ヘ電稟方在米臨時代理大臣ニ依頼セン事ヲ鶴岡ニ求メタリ孫カ巧ミニ所在ヲ秘シテ何人ニモ面会セサルニ鶴岡ト往復スルニ至リタルハ主トシテ右依頼ヲナサン為メナリト思ハル。

在米大使ニ転電シタリ。

第一六〇号　明治四十四年十月二十六日
在紐育水野総領事ヨリ内田外務大臣宛（電報）

孫逸仙の慷慨談

倫敦チツト、ビツツ記者は首代五萬鎊と詛して孫逸仙との會見談を左の如く近刊誌上に掲げたり

會見の場處はグレース、インの打寂れたる片隅の一室にして室は極めて老く又頗る閑静なり記者の第一に驚きたるは此温和なる支那人が身に洋服を纏ひ英語を流暢に操つるの一事なり談話の間に時々滑稽を交へ浮世を茶にする如く見ゆるも其裡面には鋭利なる観察力と冷然たる勇氣と堅牢不抜の意志とを貯ふ初對頭の挨拶終りて後、孫は記者の質問に答へ

英人の如く善良なる政府を有する國民は支那本國の幾千萬人、亡命の幾千人

が本國に對し革命思想を狹める理由を解するに苦まん予等は多年悪政の爲に全然見離されたる滿朝に對し交戰するものなり滿人の數は五十萬乃至百萬にして漢人は四億あるも價値ある官職の一半は滿人の手に在り然れど是尚些事なり予等の憤恨に堪ねざるは滿朝の秕政なり清國にはや政府らしき政府なし暴横慘虐、腐敗は全國に普及し英人の云ふが如き法律てふものは更になく各省の長官は己に都合の好き法律を造り官吏に何等の非行あるとも之を訴ふる道なく如何なる壓制も之を防ぐに由なし官吏は全國を通じて國民を迫害し人血を搾りて己の嚢中を肥すを能事とす英人の云ふが如き税法は清國には絶無なり税目は只地租に限れるも別に夥多しき誅求苛斂の方法あり總督にまれ巡撫にまれ苟も官吏が着任早々、第一に着手するは其他の富豪調査にて誰は從順に金を出す奴、誰は出さぬ奴の辨別を爲すに在り出さぬ奴には故らに罪科を造りて捕縛し拷問の上、强いて服罪せしめ三日間に服罪せざれば糺命に糺命を加へて死に至らしめ其財産を沒收す而して地方官は不可侵の大權を握り中央政府は之を公認しあり去ば到る所怨嗟の聲高く民政思想は全國を風靡し立憲政府の創立は今や國民の輿論となれり予等の大希望は現朝を顛覆して後、歐米風の教育を國民に授けバイブルの道念を鼓吹し正義の何物たるを知得せしめて文明の化に浴せしむるに在り。

一九一一年十二月六日岡山《中國民報》第三页

白巾道人《新建國側面の寫生（六）新大總統を訪う（下）》

大總統の談話中、殊に我等に印象を與へたのは、誰であつたか「日本の活動寫眞師が今南京に入込んで、貴下の出入の光景を寫眞に撮りたいと望んで居るが、許してやつてはどうか」と云つたに對して、「それはいけない、今はこんな時でない、寫眞ならば、北伐を了へて北京城へ乗込む所を撮つて貰ひたい」と、笑ひ乍ら首を掉つたのであつた、是等の點からも孫の人物が窺はれるではないか。

『大阪毎日新聞』1912 年 2 月 5 日（一）

明治四十五年五月二十一日

在香港

総領事　今井忍郎

外務大臣子爵内田康哉殿

孫逸仙ト面談ニ関スル件

問、革命ニ成功セル孫氏ト多年江湖ニ落魄セル孫氏トハ其間人格ニ於テ寸毫ノ差アルヘキ筈ナントト予ノ友人秋山定輔氏ハ言ヘリ予ハ其然ルヲ信ス。

答、然リ秋山君ハ予トハthoroughly understandセリ予ヲ知ル者ハ彼ナリ。

問、貴下カ南京滞在中秋山氏ハ常ニ曰ヘリ日本政府ノ真意ヲ孫氏ニ伝フル人ハ予ヲ措テ他ニ人ナシ苟モ予ノ確信スル處ヲ彼ニ伝エントト決心セン乎彼ニシテ聞キカスレハ二人互ニ刺殺スノ他ナシト言ヘリ貴下ハ此言ヲ以テ如何トナス乎

彼、莞爾トシテ答ヘテ曰ク予ハ秋山氏ノ人格ヲ知ル彼ノ言フ所放言ニ非スシテ彼ハ必ス其言フ所ヲ実行シ得ル人ナルヲ確信スト述ヘ更ニ語ヲ強メテ曰ク日支両国間ノ関係ハ相互ノ了解ヨリ始マル此了解ハ実ニ個人ヨリ始マル、予ハ実ニ秋山ヲヨク知レリト言ヒタルニ付小官ハ更ニ秋山氏ハ此冬期ヲ香港ニテ暮シ度希望ヲ有シ小官出発前ニ彼ハ予ニ其来遊滞在ヲ約束セリト述ヘタルニ孫ハ予ハ北京ニ行キ二三ヶ月後ニハ帰広シ冬期ハ必ス広東ニアルシ予ハ彼ト香港ニ於テ意見ヲ闘ハスヲ最上ノ楽トス君ハ其意ヲ秋山君ニ序ヲ以テ伝ヘラレタシト述ヘ更ニ彼ハ予ハ明朝（二十二日）ヲ以テ澳門ニ行キ一両日後広東ニ直行シ同地ニ三週間滞在後北京ニ行ク豫定ナリト云ヘリ彼ノ澳門行ハ各種ノ新聞記者ニハ秘密ニセシ處而トモ彼ガ小官ニ之ヲ公言セルハ奇ナリト陸ハ語リ居候　彼ノ澳門行ニ付テハ孫眉王和順等ヲ説服スル為ナルハ赤塚総領事ノ来電及本官ノ往電七四号及機密第二九号ニヨリ推察セラルノ處ナルハ彼ヲ追ヒ秘密ニ陸慶南ヲ澳門ニ送ル筈ニ手順致置候

各国内政関係雑纂/支那ノ部/革命党関係（亡命者ヲ含ム）第六巻

広東発　四十五年六月十九日　前9，0

本省着後2，55

内田外務大臣赤塚総領事

第六〇号

孫逸仙ハ六月十五日当地ヨリ香港ニ至リ十八日上海ニ向ケ出発シタル筈ナルカ当地出発前孫ノ直話ニ依レハ彼ハ上海ヨリ北京ニ赴キ滞在ノ上上海ニ引返シ夫れレヨリ八月頃日本ニ赴ク考エテ今後ハ政治ニ関係スル考ナク今回北上ノ用向ママ〔項〕ハ実業上ノコトニテ袁世凱ト打合ノ為ナリト云フ十八日胡都督並孫ノ秘書タリシ寥財政司長モ孫ハ交通発達並実業振興ヲ以テ今日最モ急務ナリトナシ今回ノ北上ハ全ク之ニ関連スル用向ママ〔項〕ナリト語レリ……

各国内政関係雑纂/支那ノ部/革命党関係（亡命者ヲ含ム）第六巻，第六〇号

機密第八七号

大正元年十月八日

在上海

総領事　有吉　明

外務大臣子爵内田康哉殿

孫逸仙皈滬後ニ於ケル鉄道計画

其他ニ関スル内話ノ件

一，孫北上ノ所感

二，孫ノ鉄道計画

三，孫今後ノ行動豫定

北上中ナリシ孫逸仙ハ随員ト共ニ既電ノ通リ本月三日青島ヨリ当地ニ着シ仏租界宝昌路第四百九十一号ノ小形洋館ニ住居致居矣處最近彼カ当館員ニ内話シ

タル要領ハ孫ノ近況並ニ今後ノ行動ヲ窺知スルニ値スルモノト思考致矣間御参考迄ニ左ニ叙述致矣

一、孫北上ノ所感

孫曰ク義和団後ノ京津地方情況ハ南方ト異ナリ外観ニ於テ各国軍隊ノ駐屯スルアリテ事実ノ上其威力ヲ示シ内観ニ於テハ専制政府ノ余風未タ脱セス一般人民中ニハ上ニ袁大総統アルヲ知リテ共和政府ノ何物タルヲ自覚セサルモノ不少ル有様ナルガ斯ル余風ハ俄ニ除去シ能ハサルモ今春清帝退位以来新思想ハ漸次普及シ最近ニ於テハ各地官憲及紳士ノ大部分ハ遂次共和ノ大勢ニ抗シ可ラサルヲ熟知スルニ至リタリシモノカ予カ今回経過シタル北京天津ハ勿論直隷、山西、山東各地ニ於テモ右現象ノ事実ナルヲ認メタリ袁世凱トハ入京後屡次意見ノ交換ヲ行ヒタルニ彼レノ真意ハイザ知タス兎ニ角外面ニ於テハ南北統一及五族同心協力ノ予ノ意見ニ賛成シ予カ今回北上中提議シタル鉄道計画ニ関シテモ心ヨク聴取チテ直ニ其全権ヲ委任スルニ至リタル次第ナルガ今後右計画ニ基ク実行ニ関シテモ彼レカ果シテ衷心ヨリ誠実ニ援助努力ヲ与フルヤ否ヤニ就テハ聊カ疑ハシキ点アルモ袁カ現時ノ地位ト予トノ関係上予ノ提議ヲ聴キ予カ実行ヲ誠実ニ援助セサル可ラザル境遇ニ在リ若シ袁ニシテ一時ノ権宜トシテ漫然単ニ予ノ提議ヲ賛シタルノニシテ之レガ実行ニ援助セザルノ事実ヲ顕ハサンカ予ハ又之レニ対応スルノ弁法アリ又北京滞在中袁トノ会見話題ハ政治ノ大綱ヲ除クノ外多クハ実業及社会事業ニシテ可成政治問題ヲ避ケタリ従テ政党内閣問題其他ノ如キハ黄興ノ入京後即チ予ノ北京出発間際ニ起リタル事項ニシテ最近国民党ノ政党内閣組織ノ如キ新紙〔新聞紙〕上ニ於テ始メテ知リタル位ニシテ予ノ余リ與関〔?? 関与〕セサル處ナリ云々

二、孫ノ鉄道計画

孫曰ク予ノ支那鉄道計画ハ十数年前ヨリ志シタルモノニシテ現ニ予カ日本ニ避難中ニモ窃カニ其計画ヲ企テタルモ爾来革命運動ノ為メニ各地ニ放浪シタル結果之レカ着手ノ暇ナカリシト元来支那全部ノ文化ヲ事実ニ発展セシメ移民殖産又ハ鉱山ノ開採等ニ便ナラシヲ以テ国家富強ノ実ヲ挙ケシムルニ尤モ急務ナル鉄道計画ノ如キハ清満政府時代ノ如キ腐敗且ツ姑息ナル手段ニテハ其遂行不

可能ナリシニ幸ニモ清満政府ノ推倒ト共ニ一新面ヲ顕ハシタル此ノ好機ニ予ノ素思ヲ貫徹セント欲スル次第ナルカ右計画ハ先ツ東西貫通線ヨリ始メントシ目下研究中ノ幹線トシテ一，蒙直線（蒙古直隷線約五千五百清里）二，伊滬線（伊黎上海線約五千五百清里之ハ伊黎江蘇北部線ニ変更スルヤモ難計）三，新閩線（新彊福建線約八千五百清里之ハ第二線タル伊滬線ト合併変更スルヤモ難計）四，蔵粤線（西蔵広東線約八千清里）ノ三線乃至四線ニシテ此外辺境線、内地南北貫通線及各種ノ支線ヲ合スレバ約弐十萬清里即チ六萬哩ニ当リ米国既成鉄道ノ約四分ノ一ニ相当スル里程ナルカ右ハ清満政府時代ニ於ケル各国トノ条約ニ抵触スル点モアリ又各国ガ各自勢力範囲ト自認セル線モアリ或ハ二三ケ国カ協約其他ニヨリ窃カニ敷設範囲ヲ分轄セル部分モアリ例令借款其他ニヨリ資金ヲ得タリトスルモ之レカ実行ハ頗ル至難タルハ予ノ自覚スル處ナルモ此至難ヲ恐レ支那自身カ何等計画スル處ナケレバ結局亡国ノ禍根ヲ遺スノミナルヲ以テ何トカシテ之レガ遂行ヲ計タサルベカラズ

然ルニ現時各国対支那政策ヲ大観スルニ何レモ自国利益主義ニシテ支那扶助ノ如キハ其好名ノミ然ルニ日本ハ自国権利ノ伸長ハ勿論ナルモ一面東亜ノ大局ヨリ相当能力アル支那国家ノ存在ヲ必要トスル一種特別ノ他国ト異ナリタル密接ナル関係ヲ有スルニ付是非トモ是レカ実行スルハ日本ノ援助ヲ借ルノ要アル可ク又日本カ維新後四十年来苦心経営セル実際ノ模範ニ付キ大ニ学フノ必要アリト述べ右計画ハ可成内地鉄道ヲ先キトシ辺境鉄道ハ後ニセン考ナルモ現ニ蒙古ニ於ケル露国ノ圧迫ハ益々切迫シ居ルニ付一部人士中ニハ蒙古鉄道ヲ先キニス可キコトヲ唱フル者アルモ斯クノ如キハ日本ノ十分ナル援助アルニアラサレバ実行シ難シトテ蒙古ニ於ケル露国ノ予定線記入ノ地図ヲ取出シテ憤慨シ居レリ

而シテ右六萬哩ノ鉄道ハ弐十年乃至二十五年間ニ敷設セン見込ニテ全部ヲ数区域ニ分ケ各区域ヲ請負工事トシ同時ニ工事ヲ開始セン計画ナリ資金ハ今日ノ場合外債ニヨルノ外ナキモ右ハ六国借款団借款ノ幾分ヲ之レニ当ツルカ又ハ敷設鉄道ヲ抵当トシテ借款スルカ或ハ其他適宜ノ弁法ニヨルベキモ目下計画中ナル数区域ノ請負工事ヲ弐十年乃至弐十五年間ニ敷設ヲ終ラシテ其後弐十年間ノ

経営ハ請負者ニ委シ其営業中ノ利益ヲ以テ元利資金ヲ返還シ四十年乃至四十五年後ニハ支那政府ニ各線ヲ返還セシムルノ方針ヲ取ルベキ希望ヲ有スルモ未ダ其借款弁法等ハ何等確定シ居ラス而シテ枕木其他支那産材料ハ可成自国品ヲ使用スベキ考ナルモ雲南貴州伊黎蒙古ノ如キ大森林ハ大ニ枕木ニ利用シ得ルモ何分交通不便ノ為メ俄ニ之レカ採伐運送シ難ク軌鉄其他ニ付テモ同様ノ不便アルニ付鉄道計画期間ノ前五七年間ハ其工事進捗遅々タルベキモ十年後位ヨリハ工事急進ヲ計ルベキ考ニシテ鉄道工事ハ経済上ノ関係ヨリ事情ノ許ス限リ日本人技師ヲ招聘シタシ。

尤モ右計画ニ関シ中外人中ニハ理想乃至ハ空想トシテ嘲リ殊ニ当国人中ノ一部ニハ計画ハ支那各地ノ利権ヲ外人ニ断送スルモノナリトテ反対ヲ唱フルモノナキニアラサレモ皆支那ノ前途ヲ達観セサル短見ニスキス現ニ四川広東雲南貴州広西湖南等ノ各省ヨリハ頻リニ予ノ計画ニ賛成シ来レリ尚ホ鉄路総公司ハ上海ニ設立スベキカ北京ニスベキ未ダ確定セサルモ若シ北京ニ置クトセバ当地ハ支那経済及交通ノ中心タルニ付特別機関ヲ設置スル考アリ而シテ目下右計画中暫時ノ経費ハ袁世凱ノ承諾ヲ経テ北京財政部ヨリ支出スル月三萬両ナルモ該金ハ一時財政部ヨリ立替支出スルモノニシテ今後相当借款成立ノ際ハ預金ハ財政部ニ返還スル筈トナリ居レリ。

三、孫今後ノ行動予定

孫更ニ曰ク予ノ鉄道計画ハ概要上述ノ次第ナルヲ以テ之レカ計画実行ノ順序トシテ一面予定線ニ於ケル一層詳細ナル研究ヲ試ミルト共ニ一面着手ノ方法及資金借款弁法ヲ講ズル必要アリ然ルニ着手及借款方法ニ関シテハ支那従来ノ弁法ニテハ失敗ニ終ル恐レアルニ付前陳ノ如ク是非共日本に赴キ明治維新ヨリ今日マテノ種々タル経験ニヨリ経営シツヽアル日本鉄道ヲ実際ニ十分ニ視察研究センカ為メ場合ニヨリテハ来月上旬乃至中旬頃ニ渡日ノ希望ヲ有スルモ日本ハ果シテ予ヲ歓迎シ視察其他ニ付十分便宜ヲ与ヘラルヽヤ否ヤト問ヒ其援助ヲ希望スト述ベ日本滞在ハ約二三週間ノ上帰滬後一応広東ニ帰リ然ル後来年一、二月頃ヨリ一応欧州及米国ニ巡遊シ主トシテ鉄道視察ヲナシ同時ニ借款交渉（鉄道借款ノ交渉ハ一二申込アル模様ナルモ其条件等未ダ何等具体的案成立シ居ラサル由）ヲモ試ミン予定ナルモ若シ日本ニシテ自分ノ渡日ニ対シ余リ好意ヲ表セサル模様ナラバ致方ナク一応広東ニ皈リ来春匆々欧米視察ノ途ニ上ル筈ナリ云々。

各国内政関係雑纂/支那ノ部/革命党関係
（亡命者ヲ含ム）第六巻，機密第八七号

機密第一〇号

大正二年二月一日

在上海

総領事　有吉　明

孫逸仙問答送付ノ件

……

大正二年一月三十日　宗方小太郎

孫逸仙問答

余問　今回衆議院議員選挙ニ於テ足下ノ統督ニ属スル国民党ハ優勝ヲ占メ大約議員ノ過半数ヲ得タル者ノ如シ果シテ然ラバ今春開カルベキ議会ニ於テ大総統ノ選挙ハ当然貴党ノ意ノ如クナルベク従来ノ経験因縁ヨケスレバ衆望定テ足下ニ帰シ当選疑ヒ無カラン君能ク奮テ此ノ重任ニ当ルヤ否ヤ。

孫答　議員ノ選挙ハ我党ノ勝利ニ帰シ優ニ過半数ヲ占メタルモ総統ノ選挙ニ於テ果シテ余ヲ挙ゲルヤ否ヤ知ル可カラズト雖モ余ハ断ジテ総統タルコトヲ肯ゼズ暫ク民間ニ在テ勢力ヲ養ヒ事ヲ為サント欲ス実際民国ノ総統タルコトハ容易ノ業ニ非ズ。

余問　足下若シ之レヲ欲セザレハ勢黄興君ヲ推スニ至ラン知ラズ黄君此ノ意有ルヤ否。

孫　微笑シテ曰ク黄モ亦可カラン然レドモ総統タルコトハ実ニ難事タリ。

余曰　足下ト黄君ト之ヲ願ハザレバ国民党中別ニ適才無シ已ムノヲ得ザレバ再ビ袁世凱ヲ挙グルニ至ランカ。

孫曰　余ハ個人トシテ袁ハ最モ穏当ノ人物タルヲ信ズ故ニ第一期総統ニハ彼ヲ挙ゲルヲ以テ得策ト為ス若シ袁トシテ落選スルガ如キ有ラバ軍隊ノ統馭困難

トナリ延テ大乱ヲ増ヲ造ルニ至ランコトヲ恐ル目下袁世凱ヲ排斥スルハ我国ノ事勢ニ通ゼザル者ノ為ス所ナリ。

余曰　国会ノ開設地点ヲ南京ニ移サント運動スル者有リ之ニ対スル貴見如何。

孫曰　現下ノ情勢ハ此ノ如クナルヲ許サズ依然北京ニ於テスルヲ穏当ト為ス。

各国内政関係雑纂/支那ノ部/革命党関係
（亡命者ヲ含ム）第六巻，機密第一〇号

孫氏一行寄崎——直ちに東上す

豫報の如く孫逸仙氏を載せたる郵船山城丸が今朝七時女神沖に假泊するを見るや港務部、水上署、三井、三菱並に支那領事舘仕立のランチは李家知事代理竹井港務部長、徐支那領事、工藤造船所副社長、新地在留支那人代表者、新聞記者通信員及び前夜來著の宮崎滔天同じく胡瑛の諸氏を載せて舷側に集まり？關官吏亦た出張して事務を港外に處理し検疫も手間取らず畢竟孫氏一行が午前九時十分の列車にて急ぎ東上せんとするに便せられたり、船のブイに繋らんとする前孫氏起出で來り食堂に於て主なる人々と握手し、終るや港務部のランチ神の島丸に搭乘大波止に上陸して直ちに停車場に向ひ樓上の貴賓室に入りたるが新地在留の同國人及び留學生等は大波止海岸に整列して之を迎へたり孫氏の一行は馬君武、戴天仇、宋夏〔嘉〕樹、何天烱、袁華選、山田純三郎氏にして一行の手荷物卅二個は港務部のランチ男神丸にて迅速に運ばれぬ貴賓室にて孫氏は市内の有志家多數に面會せしが北川市長は『市民は孫氏の來崎を待つこと久しかりしに偶々之を迎ふれば滞在時間の短くして眞意を示す何等の方式に出る餘裕なきを憾む、希くば歸國の途悠々視察されん事を』と挨拶せるを磯田通譯英語に譯せるを聞くや孫氏は戴天仇氏を呼び支那語にて語れるを戴氏が邦語にて述ぶるを聞けば『市民諸君の好意感謝に堪へたり滞京約二週日歸途立寄りて必ず一泊せん事を今日より樂み居れば此旨市民諸君に傳へられたし、市長を其宅に訪ひ挨拶せざるの非禮なるは予能く之を知るも奈何せん其餘裕なきを云々』と云へり此時案内されて入來れるは東亞同志會幹事緒方二三、古莊韜の兩氏にして熊本市にては一行を歡迎すべき大準備成り其發起人を代表して出迎旁打合に來りたりとの事にて胡瑛氏遽に之に出席する事に決す、プラットフォームに見送れる多數の萬歲聲裡に發車せしが鐵道院が特に差廻せる特別列車は倒れし清朝の末世に載洵貝勒殿下が長崎から搭乘せし車なりしは又一奇なりき、昨報の如く東京、橫濱、神戸在留支那人代表者等の出迎へし者多數なりしが其内主なるは夏之時（前重慶都督）中華民國々民黨支部員劉天猛留日學生總會理事長黃申鄉〔?〕、同幹事劉以仁、中華民國共和黨留日支部副部長韓開一氏等なりき、孫氏は支那語より却て英語に巧みなりと聞きしに違はず宋夏〔嘉〕樹氏との對話の如き終始英語を以て一貫し居たり

『東洋日の出新聞』1913年2月13日

孫逸仙氏着（長崎）

孫逸仙氏一行を載せて十日午前二時上海を發したる郵船山城丸は十三日午前七時長崎に入港したり港務部及び水上警察署は特に數隻の小蒸氣を當港支那領事、居留民、東京より出迎へたる胡瑛氏宮崎滔天氏等船上に到りて歡迎の辭を述べ之に對し孫氏は至つて愛嬌好く挨拶をなし直に上陸鐵道院より差廻されたる特別展望列車にて午前九時十分長崎發東上せり一行は孫逸仙、何天炯、袁華選（南京陸軍參謀長）、馬君武、戴天仇、宋燿〔耀〕如の六氏及山田純三郎氏等にして何れも少壯氣鋭の人々なるが同伴すべかりし前法相王寵惠氏は來らざりき一行は東京に直行し大阪方面には歸途立寄るべく東京滯在日數は約二三週間の豫定なりと孫氏は長崎停車場貴賓室にて記者に語りて曰く

渡日の目的は革命亂の際に於ける日本の好意を謝すること、政治實業兩方面の意見を交換することを主要とす大統領としては袁世凱及黃興は余よりも適任なるべしされど多數の國民が余を推薦するに於ては敢て受けずんばあらずと

長崎停車場樓上に於て孫逸仙は北川市長等重なる官民と握手し長崎市民の歡迎に

對し滿腔の謝意を述べ歸國の際は是非一泊すべしと挨拶し一行六名は出迎の宮崎滔天氏並に東京、横濱、神戸在留支那人代表者と特別列車にて萬歳聲裡に出發せり胡瑛氏等四名は見送りの後ジャパンホテルに入れり孫氏は港務部及び水上署の斡旋に對し非常に感謝し居たるが熊本市よりの歡迎代表者二名も當地迄出迎へたり

『大阪朝日新聞』1913年2月14日（三）

孫氏車中談（福岡）

展望車内の孫氏は時事問題に關する談話を避け多くを語らず至極落着きたる態度にて九州沿線の風光を賞し居たるが列車の大村驛を通過する頃最も有力なる大阪朝日新聞の爲にとて列車動揺の裡に紙を展べ『唇齒相依』孫文の六字を記して予に與へ予の質問に對し傍の幕僚を顧みつゝ語りて曰く。

大統領選擧に國民黨の多數が予を推薦すべしとの風説は無論確定したる事に非らず萬一推薦さるゝとも予は其好意を謝するのみに止め他の適任者に譲るべし結局目下の時局は袁世凱君を煩はす事となるべし大統領確定後の予の希望は政黨を誘導して其發達を圖り列國との交情を温め實業の充實を圖るに在り予にして大統領推薦を拒?せば國民黨は黄興を推すならん黄も多分辭退すべし

六國借?は無論成立を確信す目下の行惱は全く列國間に於ける小紛議に過ぎず交渉は矢張り繼續中なり萬一不成立の際如何にすべきやの疑問に付きては咄嗟に答ふるを得ざるも借?方針を拋擲する事は支那の現?に照らして爲し得べき事に非ず

地方官制は今日以上著しく更改する必要を認めず今日迄に改正實行せし官制の重なる者は各省總督、巡撫を廢して都督に改め民政署新設を重なるものとす由來官制改革の如き其名のみ新にして其實改まらざる事多し予は斯る事なからんを切望し居れり

憲法制定に關しては目下北京に於て調查制定中にて國會と同時に現はれ來る

べく要は其精神が我が國體の保障たるに在り

蒙藏問題に關しては意見無きに非ざるも之を發表せるため國際問題に關係し來る虞あるを以て親近の者にも予の意見を語ること無し云々。

孫逸仙氏の日本滯在は往復日數を加へ一箇月の豫定にて東京着後日光、足尾銅山等を見て京都、大阪、神戸に立寄り九州に入りて若松製鐵所を視察し福岡にて革命亂當時の盡力者に謝意を表し熊本より長崎に出で歸國す可し日本滯在中東京始め各地歡迎會に於ては力めて開放的に意見の交換を爲すべく其通譯には日本語に巧なる舊民權報主筆戴天仇氏其任に當るべし東京にては十五日犬養、頭山諸氏十六日東亞同文會主催の歡迎會に臨席す可しと

『大阪朝日新聞』1913年2月14日（三）

孫氏と語る

昨は天涯淪落の人、今は邦禮の大賓として得意滿面、民國創設の首勲を誇りつゝ先づ客旅を首都に進むる香海の俊傑孫逸仙氏を迎ふべく十四日未明記者は姫路驛のプラットフオームに立つ、定刻より約一時間許り遲れたる？車は午前七時三十分轟々の車轢を場の内外に響かしつゝ驀然として火頭を振ひ來る、徐に寢室を離れたる孫文氏は何天炯、戴天仇、馬君武、山田純三郎氏其他三名隨員と共に悠然として展望車中の人となり宮崎滔天子〔氏〕紹介の下に莞爾として來遊の目的より語り出づ

▲自分の初めて日本に來りしは丁度二十年前にして神戸には十數？徃來せしが最後に日本を去りしも神戸よりと覺ゆ、確か明治四十三年六月二十五日解纜の安藝丸に搭乘し姿を變へ名を更めて新嘉坡に遁れしが其際同行せしは三上商會の支配人西川莊三氏なりき神戸にて始めて斷髪せりと傳ふる人あるも是は訛聞にて自分は郷里香山縣を去るに際して斷乎として新世の先驅を期し斷髪をなしたるなり今神戸に近づかんとす、曾遊を想ふて轉た感慨に堪へず、二週間東京滯在後、名古屋、京都、大阪を經て更に下神すべければ其際快よき再會を爲

すべし日本來遊の目的は第一久しく相別れたる舊友と會し親しく久濶を叙せんとするに在り第二は實業上の視察にして第三は鐵道？態の調査及び交通機關發達の徑路及び沿革の攻究にあり無論往復日數四十日の豫定なれば小六つかしき意義のあるべき筈なし

▲惟日本今？の政變は實に意外にして非公式ながら桂首相及び加藤外相、後藤遞相と會見の約ありしに此の模様にては或は覺束なからんかされど舊知犬養氏が民黨第一の闘將として颯爽たる英姿を陣頭に進めたる經過を想ふ春雨一過花漸く綻ぶの感莫くんばあらず將來日本の政界が如何に變轉すべきかの好機會に偶々來遊せしは何等かの奇縁ならずんばあらず

▲往年日本に亡命せし時には落魄の一處士として居住定まらず、徒に水草を趁うて轉々せしも故山空しく遠くして家園の門訪ふに由なく籍を支那に有して家間を日本に有するの憾みありしが今や革命の大變を過ぎ多年の志望たる民國建設の事を終へ中華民國々民たるの自覺あり茲に第二の家郷たる日本に遊び曾遊を偲び舊歡を温めんと欲す蓋し快云ふべからず、大總統選擧を眼前に控へ徒に悠遊をなすと云ふが如きは吾人強ふるまた甚だしきの言にして吾人は南清に於ける國民黨全部に對し斷然大總統たらざるべきを聲明したれば何人も吾人を投票するものあらざるべし、人物本位より云へば黄興氏の如きも無論適任たるべきを疑はずと雖も今日の場合袁世凱氏を再選することの妥當なるべきは一般人士の承認する所なれば來る可べき大選擧の波瀾少かるべきは明言して憚らざる所なり

▲吾人の支那將來に關する根本政策は言語習慣風俗教育を異にせる南北兩地の統一を圖ることが政治、財政、教育のあらゆる方面より觀察して第一の必要條件なりと信ずるが故に外交内治上の何事よりも交通機關の完璧に對し多大の注意を拂はんとするものなり、從つて鐵道の延長及び改良が刻下の第一急務なりと確信す、只如何に鐵道を發達せしむ可きか、如何に鐵道を改良すべきかは各國の委細なる？況を調査したる上ならでは明言することを得ず

▲六國借？の成立に關し多少澁滞を傳へらるゝも此は各國提出の條件に統一及び調和を缺けるがためにして局外者たる自分の敢て容嘴す可きことに非ざるも難産に難産を疊たる後には屹度成立すべしと察せらる、自分の根本政策とし

ては借?は?對に反對にて六國借?は勿論他の獨立借?の如きもなるべく是を避けたき心組なるが行懸り上止むを得ずとすれば彌縫的として少額に止めたきものなり借?に對する利子の如きも是を永久的に計上するに於ては毫も究極の利得を見ず、それより充實せる幣制改革を行ひ歲入の限度に於て紙幣を發行し着實に現金の發散を防ぐと共に完全なる?制整理を行ふに於ては外に借?を求めずとも可なり何を苦しんでか徒らに苦勞に苦勞を襲んとはする

▲桂公の露都行が日露協商説を生み桂公の内閣組織が何の思慮なき一部支那人士を動かして日本に對する疑惑心を惹起せしめたることは疑ふべからざる事實なるも近來漸次誤解を緩和せんとする傾向あり吾人の如き立場にあるものが極力是等の誤謬を指摘し是を教導するは日支親善の第一步なると共に人文人種を同じくせる先進國に對する敬意の表彰ならずんばあらず、殊に東亞の平和を保障せんと欲せば二國々民の根底ある握手に待たざるべからざれば今?の來遊を機として極力兩國々民の感情疏通に努力せんと欲す

▲露西亞の外蒙古に於ける勢力及び野心は殆んど窺?す可からず寧ろ破壞的の傾向を帶ぶるも露蒙條約締結後の態度は稍穩健に復したるものヽ如く將來とても露國の對蒙方針は屹度一轉化すべしと察せらる

『神戶新聞』1913年2月15日（三）

孫逸仙氏を迎ふ

舊知訪問の目的を以て來朝したる孫逸仙は隨員及び宮崎滔天氏と共に十四日午前九時大阪驛通過東上したり記者は此遠來の珍客を姬路迄出迎へたるが孫氏はフロックコートを着けて一々出迎人に對し握手を交換して謝意を表したるが記者の問に對し答へて曰く

▲白人の日華離間策　桂公が露都訪問の際滿蒙問題に付申合せをなしたる結果滿蒙は分割せらるヽに至るべく露蒙問題に就て日本が何等の干涉をなさゞるは此がためなりと云ふ浮説は外字新聞のみならず、支那新聞紙に傳へられ、爲

に日本に對する民國人の惡感を挑發したることとも事實なり、蓋し是は或は白人野心家の詭計なること云ふ迄もなし貴邦と我が民國とは兄弟なり、何處迄も相扶けざるべからず

▲借?と民國　次に記者は六國借?に關する氏の意見を求めたるに氏は曰く余にして若し六國借?商議の衝に當らしむれば余は?に此の談判を斷?したなるべし蓋し此六國借?なるものには一種の政治的意味を有す、頗る困難なる條件の如きは?ち此を證して餘りあり、蓋し支那の現?渾沌たるもされぱとて六國借?なければ立ち行く能はざる程の者にもあらず我民國の現?を解決すべき方法は決して金錢のみにあらず金錢を以て國運惟一の基礎とするものは是れ西洋のことなり六國の無理なる注文は余等の忍ぶ可からざることなり而して日本が此六國團中にあるは外國人をして益其主張を固くせしむる所以なるべし

▲民國憲法　此の如く紛糾したる民國も今後六箇月を出でずして成文憲法を宣布するに至るべし、此憲法草案は目下北京にて起草しつゝある所なるが其特色とする所は民國の?況を基礎とし佛、米兩共和國の憲法を參酌したるに在り即はち大總統は普通選擧の法によりて一般有權者によりて選擧せられ、其任期は六箇年とし再選を許さず、議會は上下兩院より成り、下院は各州より選出の代議員六百名を以て組織し立法の權限を有し其任期は四年なり、而して各州また州議會を設け地方的特種の法律を制定發布改正の權限を有せしめ各知事もまた選擧によるものとす陸海軍は政府之を統轄し官吏任命の權はまた之に屬することゝなり居れり然し議會に於て如何に改竄せらるゝやは圖り難し

▲余の全國統一策　大總統の選擧、議會の召集、憲法の制定完成したる後に於ては余は先づ幣制を改革し、産業の發達を促し、同時に全國貫通鐵道を成就し教育を普及せしめて國語の統一を圖ると同時に全國を統一せしむる計畫なり、固より露蒙協約による蒙古の獨立の如きも決して余輩は承認せず滿、蒙、?、藏皆是れ民國なり云々

『大阪朝日新聞』1913年2月15日（一）

孫氏の車中談

中華民國建設の偉人孫逸仙氏を載せたる特別急行列車は山陽線玖波驛附近に於ける線路故障の爲め豫定に遲るゝこと四十分、十四日午前八時十分神戸驛に着せり一行は何天烱、袁華選、馬君武、戴天仇、宋耀如、山田純三郎の諸氏にして長崎まで出迎へたる宮崎滔天氏亦在り、神戸驛にては在留支那人二百餘名手に手に民國旗翳しつ歡呼して之を迎ふ、孫氏はフロック姿に右手高く絹帽打振りつゝ列車を降りプラットホームに起ちて揖一揖し再び湧くが如き歡呼を浴びつゝ？車中の人となる鵬翼伸ぶるに所なく流離多年なりし氏の得意想ふべし記者迎へて列車を同じうす温頭〔顔〕微笑を堪へ握手を交換する所流石に悠揚迫らず圍繞せる記者團を敵手として談論風發する所亦外交の範疇を出でじ曰く

▲第一の故郷　人多く第二の故郷を言ふ而も予の日本に於ける寧ろ第一の故郷なり二十年前初めて日本に來り殊に神戸の地を往來すること十數？の多きに及べり宿昔の志望漸成り今復來りて因縁深き舊知の山水に接す何物の快か之に如くものなけん憶ひ起す當年亡命の客となりて江湖に放浪し明治四十三年六月二十五日身を安藝丸に托し神所〔戸〕埠頭を去りて新嘉坡に向ふ是れ思ひ出多き日本を去りし最後なり今昔の感眞に禁ず可からず予は今本國に在り之を以て第一の故郷と言はんも而も日本が第二の故郷たるは永く腦裏に印象して忘る能はざる所とす而して舊知の青山流水に接すると共に多年交りを訂せる舊友に對するも亦正に快心事の一たり予が來朝の目的如何と言はゞ此以外更に日本の實業界殊に交通施設と其政策に學ばんとするものあるなり

▲日支兩國の提携　唇齒輔車の關係を有し同文同種なる日支兩國の親交は益々之を助長せしめざる可からず桂公の露都訪問と桂內閣の成立とが支那をして誤解を懷かしめしは否定すべからずと雖も有識者の階級に在りても亦悉く誤解に陥れりとは斷ずべきに非ず疑團誤解が縱し無智の階殿に限らるとするも苟も誤解にして存在するは喜ぶべき現象に非ざるが故に之をして冰釋せしむるは必

要の事にして是は予等當然の任務たらずや而して此等誤解の近く冰釋せられたるは自他同慶とする所なり思ふに日本は東洋の先進國なり友邦として相親むのみならず其指導援助に竢つもの亦頗る大なり

▲第一は交通政策　民國の現下及將來に對する予の所見を語らば民國發展の第一要素は交通機關の完成に在りとするものなり廣袤四百萬方哩、交通甚だ便ならず先づ四通八達の鐵路を布設して、其缺陥を補ふは最も緊切の事にして交通機構の整備成りて初めて政治、教育及び經濟的事業の振興亦期し得らるべきなり而して今尚計畫の半途に在り他日教を乞ふの時來らん

▲今次の政變觀　日本今次の政變に對しては觀察眼を有せざる予の語る能はざる所とす然れども民論の威力と國民の健鬪には多大の興趣を感ぜずんばあらざるなり

▲露の對蒙策　露國の蒙古に對する行動は破壊的鋒鋩を現したるも近時其對蒙政策の變化し來れるを感ぜずんばあらず初め露國は蒙古に於ける支那人を排除せん事に努めつつありしも今や此傾向を減ずるに至りしは露の對蒙政策に一轉化を生じたるの兆證と見るべく若し夫れ蒙古の將來は庫倫が蒙古の一部にして全體に非ざる事を以て之に答へんかな

▼大總統選擧　議員の選擧結果は國民黨の勝利に歸したり正式に選擧するべき大總統として予を推すも辭して敢て就かざるべし之れ本國に在りし當時に於て宣明せし所にして國民黨亦予を推すが如き事をなさゞるべく而して其何人を擧ぐべきかは黨議尚決定せず

▼借？を要せず　現下の一問題たる六國借？の成否は左迄重要視するに足らざるなり六國資本團に依らざるも借？を爲すの途多々益々多し然れども借？には利子を伴ふが故に借？の成立と共に國民が負ふべき利子支拂の義務は遂に民國倒産の因をなさずと謂ふ可からず財政幣制？制を釐革して歳入を講ずるは敢て難事に非ずして之に依りて得べき歳入の範圍に於て財政の運用をなすを最も安全なりとす云々

『神戸又新日報』1913年2月15日（二）

孫文送迎私記

澤村幸夫

東上車中の懷憶

私は二十年も前に、この山の手に住んだことがある。どこであったかは記憶せぬ。人は第二の故郷などといふが、その頃の私には第一の故郷がなかったのだ。日本に来たのは故郷を逐はれた漂泊者としてである。天涯の孤客といふそれであった。それに日本の警官は私の行く先々に尾行して私を嫌がらした。ひどい奴になると出て行けがしに当り散らしたものだ。

…………

東京『支那』第二十八卷第八號，一九三七年八月發行

在阪中の孫氏

在阪中の孫逸仙氏一行は十二日午前十一時自動車にて砲兵工廠に赴き提理村岡少將を訪問し間もなく同所を辭し、直に堺卯に開かれたる肝付市長主催の午餐會に臨席せり席上市長の挨拶に對し孫氏は起ちて

今や弊國僅に政治上の革命を終り鋭意經濟上の進步發達を計るべき時期に際せり、由來大阪は日本に於て商工業の中心地なりと聞く日本の中心は頓て東洋の中心を意味せずや偶大阪に來りてこの歡迎を受く願くは兩國長く經濟上にも相提携し以て弊國の根底を強固ならしむるを得ん

と答へ歡を盡して散會したるは午後二時なり、其れより一行は肝付市長、田川市港灣課長と同乘自動車を驅けて築港に至り市役所ランチ燕丸に搭乘し關門

附近まで徐行し此間孫氏は田川課長に對し頻りに詳細なる質問を試み將來の計畫等をも聽取したる上築港現況報告書數冊を所望して同課を辭し午後四時十分大阪高等醫學校を訪ひ應接室にて小憩の後講堂に於ける歡迎會に臨めり木村校長代理歡迎の辭を述べ孫氏之に對して學生激励の演説をなし去りて本社を訪問し其れより川口なる中華民國商務總會の晩餐會に赴けり次いで午後九時よりは市內對支貿易業者聯合の歡迎會に臨席せり因に一行は十三日午前十時電車にて神戸に向け出發すべしと

『大阪朝日新聞』1913年3月13日（三）

來神せる孫氏歡迎會と其の演説

▲孫氏の談　十三日午前十一時オリエンタルホテルに入れる孫逸仙氏は同ホテル階上の一室に於て記者と握手を交換し微笑を堪へつゝ戴天仇氏の通譯に依り語つて曰く、

今？の貴國訪問は到る處熱誠なる歡迎を受け感謝に堪へず萬事快心の極みなり、而して東京、大阪等各地に於て年來の知己に多く面會するを得たるは是亦甚だ欣幸とする所にて今？の來遊は凡てのものに深甚なる印象を與へられたる心地す殊に當港は曾て？來り遊び若くは通過せる所、感慨特に深からざるを得ず

△貴邦と民國とは同種同文の關係上最も密接ならざるべからずして而も事實往々之に反するの觀あるは予の大に遺憾とする所にて東京初め各地に於ても此の意味を言明し置きたり、予は此兩國親善の一手段として兩國民互に其言語を習得すると通商貿易を增進するの必要を痛切に感ずるものなり殊に貿易關係は兩國の交通往來を密接ならしめ延いて言語の普及國民性の了解を促すものにして兩國今日の最大急務なりと思惟す

△民國鐵道の布設は予の任務として速に完成を期したし今日鐵路布設に就き弊國は其固定資本に不足を感ぜざるも流動資本に不足す而して目下事業經營につきての第一準備事業は殖産工業の振興、並に金貨本位實施に在り△貴邦の物

質的方面のみならず思想教育も予等の參考に資すべきもの多し、予は基督教たると孔子教たるとを問はず世界的なる人道的宗教を國民教育の主眼たらしめんことを欲す云々

『神戸新聞』1913年3月14日（三）

孫逸仙氏一行來る

——意氣旺盛の一行、華々しき歡迎振

▼孫氏一行の着神　客月十四日鐵路此地を過ぎりて東上したる支那民國の建設者孫逸仙氏は昨日午前十一時十分阪神電車にて大阪より加納町停留所に着しぬ是より先華僑歡迎會にては領事王守善、王敬祥及び鄭祝三の三氏之を大阪に迎へ歡迎會長呉錦堂、副會長區伍揃氏を始め一般在留支那人并に同文學校生徒等千餘名は停留所構内及び構外の街路に整列し邦人側にては鹿島市長、乾助役等亦來りて其着車を竢てり軈て着車數分前より新川附近にて打揚ぐる煙火の轟然聲をなす處車頭日本國旗と支那民國旗とを交叉し五色のモールもて装へる特別電車は徐々として構内に駐まれり孫氏は何天烱、袁華選、馬君武、戴天仇、宋耀如氏の一行及び宮崎滔天氏等を随へて降車するや歡迎の群衆は手に手に民國旗を打振りつゝ萬歳を歡呼し孫氏は右手絹帽を捧げて之に答へプラットホームにて鹿島市長及び支那人側の重なる人々と握手し交換したる後得意滿面悠揚として歩を構外に移せば群衆は再び萬歳を歡呼し同文學校生徒の吹奏する喇叭の音勇ましく一齊に棒銃せる前を過て楊壽彭氏と共に自動車に同乗し爾餘の人々も亦自動車若くは馬車にて之に随ひオリエンタル㊣ホテルに入れり孫氏はホテル樓上の一室に於て更に鹿島市長及び華僑歡迎會の重なる人々と接見し訪問の記者團に一々握手し戴天仇の通譯にて謝辭を述べて曰く

客月十三日長崎到着以來貴國の到る處に於て貴國官民より盡さゞるなき歡待優遇を受けしは予の最も光榮とし且つ衷心誠に欣喜に堪ゑざる所なり予は諸君の好意により新聞紙上に於て予が貴國の官民に謝し滿腔の感謝を表せる旨を傳

へられんことを乞ふ

尚氏は此度の日本來遊によりて幾多の好印象を得、殊に往年來朝當時に比し日本百般の事物が進歩の顯著なることを說き日支兩國の誤解を一掃して、同文同種脣齒輔車の關係を有する兩國の將來に一層の親善を加へ來らんことを望むと語るなど例に依りて其說く所外交の範疇に捉はれたり斯くて氏は午餐を終へたる後中華會舘に催すべき歡迎茶話會に臨めり

▼孫氏英語もて語る　昨日孫逸仙氏がオリエンタル・ホテル着後、記者は氏と直接に談話を交ふべく刺を通じた而して此會談に於て記者は將來世界の英雄豪傑傳の幾頁を充さるべき氏が操觚者の禮遇に於ても五分の隙間さへなきを發見した、東洋風に客を待たさない、隨員を遠けてから即時記者一人を其ルームに案内された、初めて見た此支那革命の大立達者は裁り立てのプリンスアルバート・コートにダブル・カラと云ふ頗る瀟洒たる風采にて手を擴げて記者を迎へた、顔色は連日の宴會責に多少蒼白の氣味を帯びて居るが本來お醫者様だから御健康の點は大丈夫でせうと戯語して見ると氏は我意を得たりと云はぬばかりに滴るゝばかりの愛嬌を泛べた、記者は氏を呼びかけるに始終ドクトルの稱號を用ゐたミスター、サンヤト・センでは餘りに平凡過ぎるしサーでは少々固苦しい様に想ふたからだ、坐り給へと椅子を呉れ氏も着坐した、兩足を綺麗に揃へ兩手を膝に載せ端然たるものである、併し談話中は終始莞爾莞爾して四角四面の態度は見たくもない又誰でも應接の際には髭を捻るとか顎を撫でるとか何か一の癖のあるものだが氏には何等の癖を認めない。

氏に向つて今更共和政府の前途は如何の六國借？は如何のと問ふのは野暮の骨頂であるから記者は河岸を變へて罪のない問を發した、之に對し答案する氏の英語は語調が至つて温靜な齒切れの好い、要領を得たる言葉を用ゐ吾々英學社會の所謂ブリーフ、エンド、ツー、ゼー、ポイントの側だ日本の印象はベリー、グードだと單に抽象的に答へる、齊し歸る記憶はベリー、プレザントだと之も同じく抽象的に答へる、氏の人物から云へば下手なお世辭よりも其方が遙に要領を得て居るのであるソレから話は他に轉じ氏の英國の大恩人カンチ一國手の動靜を聞いた時には往年九死一生の追懷がムラムラと氏の腦裏に湧出したりと見え眉宇の間に懷舊の色が髣髴と現れた「國手夫婦とは始終書面の遣取り

をしてるが國手は齢？に古稀に近きも尚矍鑠として刀圭業に從事し時々予の爲になる忠告を與る」と孫氏は答へた氏の軍事顧問たりしホーマリー將軍の話に移ると「渠は不幸短命にして實に惜しい事をした予は渠が支那の革命に助力したる勤勞は確實に認める但し其遺族に對し恩給を與へるや否やは未だ決し居らず」と答へた。

次に記者は氏の日常の習慣と今日迄ドンナ書籍を最も愛讀したかと質すと孫氏は意外の問ぢやと云はぬばかりに少しく大規模の微笑を漏し「予はクリスチャンではあるが酒は少々飲める煙草は一切喫らない、又頗る朝寢坊である、遊戯と云つては玉突きなど弄らぬでもないが之と取留めて云ふほどのものはない、讀書は好きであるが生涯に自分に助力した書籍は別にない但しルーソーの民約論もミルの自由論もスマイルの自助論もスペンサーの社會論なども愛讀はしたが栓ずる所自分はソシアリズム社會問題に關する書籍を多く坐右にした樣に思ふと答へた、最後に日支兩國の關係に言及して例の唇齒輔車論が出で血は水より濃いと言へる英國の諺の如く利害の一致は同文同人種に上越すものなし隣邦に貴國の如き師友を控えたるは政治經濟軍事上及び思想上に於て支那の現在及び將來の利益である」と答へた折しも來客麇集し來つたので記者は氏にボン、ポエージを希望して辭し去つた。

『神戸又新日報』1913年3月14日（三）

第四七〇号

大正二年五月二十日

横浜正金銀行

副頭取　井上準之助

外務大臣男爵牧野伸顕殿

……

上海支店来電

孫逸仙談話平和的解決方ニ関スル件

孫逸仙面会致候処惟一平和解決方法袁世凱引退黎元洪大総統トスルニ在リ此

目的ヲ以テ北京ニ於テ袁世凱ヲ動カシ呉レ候国アラバ仕合ト申居候同人談話ノ模様及ビ広東行キ船切符買求メタルコトヨリ察スルニ当分何事モ起ラズト存候今夕同人唐紹儀ト会見ノ筈ニテ変リタルコトアラバ電報可致

各国内政関係雑纂/支那ノ部/革命党関係（亡命者ヲ含ム）第六巻，第四七〇号

三九二〇暗

上海発　大正二年八月四日　後12，55

本省着後6，20

牧野外務大臣有吉総領事

第二二二号

孫逸仙カ出立前西田等ニ語ル処ニ依レハ彼尚成功ノ自信ヲ捨ラス南方ニ赴キ先発ノ張継等ト共ニ真相ヲ述ヘラ飽迄民心ヲ教唆セン計画ナリト云ヘルモ之レカ出発ハ親近ノ者ニモ極メテ秘密ニシ居ル模様ナリ……

各国内政関係雑纂/支那ノ部/革命党関係（亡命者ヲ含ム）第六巻，三九二〇暗 第二二二号

機密第一八号

大正二年八月五日

在福州

領事代理土谷久米蔵

外務大臣子爵牧野伸顕殿

孫逸仙一行亡命ニ関スル件

本月三日飯田書記生ヲ同船碇泊地ナル馬尾ニ派シ窃ニ夫レトナク伝達セシメタルニ彼ハ広東ノ危急ナルヲ夢想ダモセズ胡漢民ト共ニ同地ニ赴ク目的ヲ以テ寄港シタルモノニテ容易ニ行先ヲ変更スルノ気色ナキヲ以テ種々勧誘ヲ試ミタル結果

彼等ハ始メ半信半疑ノ体ナリシモ漸ク本邦人ノ好意ヲ知リタルモノヽ如ク頗ル感謝ノ意ヲ表シ可相成ハ日本ニ亡命シタキ模様ナリシモ四囲ノ情況ハ他ニ赴ク方適当ナルベキ旨ヲ告ケタルニ不敢基隆ヨリ神戸「オリエンタルホテル」在住ノ知友 Songナル者ヲ訪ヒ将来ノ行動ノ決定スベキ旨語リ

各国内政関係雑纂/支那ノ部/革命党関係（亡命者ヲ含ム）第六巻，機密第一八号

新聞掲載ヲ禁ス

電報　八月四日午後三時零分発

午後九時二十分着

参謀総長宛在福州　　多賀少佐

福第二十二号

小官ハ昨夜馬尾ニテ窃ニ孫ニ会見セリ孫ハ広東状況不利ナルカ為「コカヤン」丸（译者注：这里原来写明的船名被勾去，旁边又用小字注明“抚顺丸”）ニ乗換ヘ今日基隆ニ行キタリ彼ハ先神戸ニ行キテ「オリエンタルホテル」，宋某〔译者注：当为宋嘉树〕ナルモノト協議ノ上今後ノ処置ヲ決ス可ク将来ハ米国或ハ仏国ヘ行カントム云ヒタリ

各国内政関係雑纂/支那ノ部/革命党関係（亡命者ヲ含ム）第六巻，福第二二号

兵発秘第二八九号

大正二年八月十日

兵庫県知事服部一三

外務大臣子爵牧野伸顕殿

孫逸仙ノ渡来ニ就テ

……三上ハ此際孫ノ渡米ヲ以テ得策ナリトスル事判明セルヲ以テ同人ヲシテ当日和田岬沖合ニ先着セシメ孫ノ意向ヲ確カメシメタルニ孫ハ一切新聞記者及

ビ支那人等ニ面会スル事ヲ欲セザル旨ナルヲ以テ一時船長室ニ潜伏スルコトヲ快諾セシメ多衆往訪者ニハ検疫済ノ上孫ハ何レニカ短艇ニテ上陸シタリト告ゲテ引上ゲシメタリ……

各国内政関係雑纂/支那ノ部/革命党関係（亡命者ヲ含ム）第六巻，兵発秘第二八九号

四二三四暗

三宮発大正二年八月十五日前8，55

本省着9，50

牧野外務大臣兵庫県知事

昨夜小官自ラ密ニ孫ヲ見舞ヒ種々談話ヲ交ヘ長ク日本ニ留マルノ得策ナラサルヲ諭シタルニ同人ハ曩ニ三上ニ答ヘタルト同様支那南方ノ形勢今尚恢復ノ見込アリ故ニ暫ク日本ニ滞在シテ之ヲ観察シ其上ニテ己ノ進退ヲ決シタシト答ヘタリ故ニ小官ハ彼カ日本ヲ以テ隣邦ニ敵対スル策源地トナサハ自然困難ヲ醸スヘキニテ十分注意スヘシト諭シ置キタリ

各国内政関係雑纂/支那ノ部/革命党関係（亡命者ヲ含ム）第六巻，四二三四暗

大正二年九月廿七日接受

乙秘第一三四八号　九月廿六日

孫文ノ動静ニ関スル件……

ノ次第ナルガ同夜ハ同人方ニ於テ辻村陸軍経理局長ト会見シ孫ハ同局長ニ対シ支那南北ニ対スル日本ノ輿論ハ民論ト政府側トハ互ニ相反シ居ル様ナレコト〔?〕モ聞ク所ニ依レガ政府部内ニ於テモ全然民論ヲ無視シ居ル次第ニハアラズシテ惟タ時期ニアラズト云フニアリト聞ク日本陸軍ニ於テハ遠カラザル将来ニ於テ民論ト意見合致スル時機到来スルヤ如何ト云フガ如キ意味ノ質問ヲナセリ

ト云フ之ニ対シ同局長ハ如何ナル答弁ヲナセシヤ聞クヲ得サリシガ

各国内政関係雑纂/支那ノ部/革命党関係
（亡命者ヲ含ム）第八巻　乙秘第一三四八号

大正貮年拾月八日接受
乙秘第一四一五号十月七日

孫ハ馮将軍ガ南京攻撃ノ際揚子江ヲ渡リシトキ〔?〕独英両国ノ態度ハ頗ル曖昧ヲ極メラト説キ夫レヨリ現今ノ国際関係ヨリ袁総統ハ〔?〕五国借款ヲナレタル利害ニ説キ及ホンタル後現時〔?〕清国ノ盛衰ハ直ニ貴国ノ浮沈ニ関スル即チ東洋問題ナレバ貴国ニ於テモ之レヲ対岸ノ火災視スルコト能ハズトノ意味ニテ縷々絮説シ吾等同志ハ臥薪嘗胆ノ思ヒヲナシ軍資金ノ如キモ漸ク調達ノ途ヲ得タレバ茲ニ再ビ討袁軍ノ再挙ヲ企画シツヽアリ本夜来訪センハ貴下ノ力ヲ借リ貴国ノ政府及殊ニ陸海軍省ヲ説キ此ノ再挙ニ後援ヲ与ヘルンシに参照して〕事ヲ希望センガ為メナリト云フト説キレニ

各国内政関係雑纂/支那ノ部/革命党関係
（亡命者ヲ含ム）第八巻，乙秘第一四一五号

大正貮年拾月廿五日接受
乙秘第一五九四号十一月八日
孫逸仙ト最モ親密ノ関係アル某氏談話ノ大要

支那ニ於テハ三ケ乃至六ケ月以内ニ於テ大動乱ノ起ルコト疑ナシ元来支那十八省ニハ哥老会、三点会（或ハ三合会トモ云フ）ナルモノアリ此会ハ元満州朝廷ノ圧制ヲ免ルンガ為メ各省ニ起リタルモノニシテ成立後既ニ二百六十年余ヲ経過シ秘密結社トシテ今日ニ至リタルモノナリ其他中国同盟会ナルモノアリ之ハ其後ニ起リタルモノニシテ孫文其実権ヲ有ス。

孫文ハ非常ノ苦心ヲ以テ此同盟会ト各省ニ存在スル哥老会及三点会トノ連絡ヲ計レリ支那近頃ノ革命ニ於テ各省ガ他省ノ動乱ニ倣フテ蜂起スル傾向アルハ

之レガ為メナリ哥老会員等ハ満州朝廷ノ倒レタル後ハ必ズ孫文ガ大統領トナリ人民ニ多クノ自由ヲ与フルナラント予期セシニ事実ハ全ク之レニ反シ袁ノ如キ圧制家ガ其後ヲ襲ヒ孫ハ却テ他国ノ亡命客トナリ一同大ニ落胆セリ

特ニ袁ガ曩日来同国々民党ニ対スル辛辣且ツ苛酷ナル処置ハ益々袁ノ圧制家ナルコトヲ表白シ為メニ孫文ヲ慕フノ念益々熱度ヲ高メタリ故ニ孫ガ一度本国ニ帰リ旗ヲ揚ゲル場合アルトキハ各省ノ哥老会員等ハ翕然トシテ之レニ応ズルノ形勢アリ上海ニ於テハ哥老会員、三点会員ノ有志ヨリ成レル共進会ナルモノアリ孫ハ目下之レト気脈ヲ通ジ且ツ香港ニアル一団ニモ気脈ヲ通ジツヽアリ其他孫ハ秘密ノ手段ヲ以テ支那本国ニアル隠シタル豪傑ニ気脈ヲ通ジ居レリ孫ノ応援者ノ最モ多キ処ハ湖南省浙江省、江西省、広東省等ナリ湖南ノ譚人鳳ノ如キハ最モ熱心ナル一人ナリ

各国内政関係雑纂/支那ノ部/革命党関係
（亡命者ヲ含ム）第八巻，乙秘第一五九四号

大正貳年十二月九日接受
乙秘第一七二九号十二月八日
孫文ノ動静

……

ハ日華実業協会ヲ標目ニ何カ事業ヲ起サン為ノ孫ノ賛助ヲ得ンガ為ノ也然ルニ

孫ハ目下ノ処考慮スベキ旨ヲ答ヘ単ニ上海方面ノ実業家ニ紹介状ヲ送ル□〔「ト」?〕ノ便宜ヲ承諾シタルノ如キ

各国内政関係雑纂/支那ノ部/革命党関係
（亡命者ヲ含ム）第八巻，乙秘第一七二九号

乙秘第二三号
一月八日（大正三年）
孫文其他ニ関スル件

孫文ガ去ル四日千駄ヶ谷穏田ナル飯野吉三郎ヲ訪問セシハ（五日内報）年賀ノ為メナリシガ其際孫ハ飯野ニ対シ本年ハ方針ヲ替ヘントト思フ貴意如何トノ事ナリシヨク飯野ハ貴下ガ方針ヲ替ヘント云フルヽハ革命ノ事カト反問セシニ然リト答弁セシヲ以テ飯野ハ懇々革命ノ不利ヲ説キシ結果当日ハ其儘立去リ

越テ六日（七日内報）再ビ飯野ヲ訪ヒ自分ハ貴諭ニ背キ頗ル不本意ナガラ同志ノ犠牲トナラザルヲ得ザル場合ニ立至リシヲ以テ近クハ一，二週間内遠クハ二ヶ月以内ニ貴地ヲ退去スルニ至ルベク従テ貴下二対スル誓約（大正二年九月十三日ノ日付ヲ以テ孫ヨリ飯野ニ与ヘタル誓約書ニシテ其内容ハ支那ノ為メ外交及経済上ノ事柄ニ付外国（日本ヲ除ク）ト交渉スル場合ハ先以テ日本国又ハ精神団ノ代表者ト相談スベシ云々）モ孫一個ノ誓約ニ過ギザルヲ以テ取消スノ止ヲ得ザルニ至レリト述べ退出セリト云フ而シテ

各国内政関係雑纂/支那ノ部/革命党関係
（亡命者ヲ含ム）第九巻　乙秘第二三号

孫文が袁世凱への祝電は事実無根

（大正2年12月から大正3年1月10日

附記

六日発行朝日，報知ノ両新聞ニ孫ガ袁ニ宛年賀ノ祝電ヲ発セシガ如ク掲載セシ件ニ付孫ハ萱野長知ニ対シ事実無根ノ旨両社へ通告方ヲ依頼セリ

各国内政関係雑纂_ 支那の部_ 革命
党関係（亡命者を含む）第九巻

大正3年1月9日から1月18日

孫ノ秘書タレシ某氏ノ談

孫ハ飯野吉三郎ヲ信仰シテ彼ニ近キシモノニ非ス飯野ハ精神団ノ主催者トシテ且ツ陸軍部内ニモ有力ノ所ニ知己アルヲ以テ之ヲ利用シ容易ニ武器ノ払下ヲ

受ケル為ナリ然ニ孫ニ於テハ払下ノ資金ヲ得ルコト能サルト飯野ガ十分ニ動キ得サルコトヨリ愈々今回飯野ト手ヲ切リ最初取換ハセシ誓書（支那ノ外交財政ニ関スル事項ハ先ツ以テ精神団ニ諮ルヲ要ス云々）ヲ返却セシメタルモノナリ孫ハ今回第三次革命ノ挙ヲ企ルモ資金ヲ他国ヨリ仰キタルコトナシ尤モ南洋ノボルネオスマトラ地方ニハ革命倶楽部ナルモノアリテ孫ハ之ト気脈ヲ通シ居レリ故ニ万已ムヲ得サル場合ニハ該倶楽部員ヲシテ或ハ出資セシムルヲ得ベシト信スルモ今回ハ出資ノ模様ナシ

今回ノ挙ニ付孫ニ対シ確ニ成算ノ見込アルヤ否ヤヲ糺シタルニ孫ハ曰ク大丈夫ナリ安心セヨト尚ホ亡命者中自分ニモ同行ヲ勧ムル者アレトモ余ハ敢テ行クヲ欲セサルナリ今回ノ挙ニ就テハ支那浪人組ハ與リ居ラス孫ハ浪人組ノ全ク頼ムニ足ラサルトヲ悟リ其秘密ヲ明カサス加之自分ニ対シテサヘ近頃ハ十分ニ秘密ヲ打チ明ケサル態度ヲ示セリ之ハ過日宮崎滔天カ何カ孫ニ対シ不信用ノ□〔意?〕アリシガ如ク夫レヨリ孫ハ日本人ヲ疑フノミナラス日本政府ヲ非常ニ怨ミ政府ハ保護ノ名ノ下ニ警察官ヲ以テ亡命者一行ヲ束縛ヲ加ヘ居レリ故ニ日本ヲ出ルノ日ニハ深キ注意ヲ払ヒ警官ノ視線ヲ脱シ密カニ立チ去ルノ要アリシト。

各国内政関係雑纂_ 支那の部_ 革命党関係（亡命者を含む）第九巻

大正3年1月15日から2月2日

大連民政署田中警視電話報告

一月廿七日午後一時受

陳其美等ノ言動ニ関スル件

……

一、孫逸仙ノ意見ニ依ルモ南方、広東雲南広西等ノ各省ニ於テ実力ヲ養成シタル暁ニアラサレハ満洲ニハ着手セサルノ方針ニシテ今軽カロ〔ル?〕シク満洲ニ於テ事ヲ挙ケルカ如キハ却テ不利益ナルノミナラス徒ニ日本ニ対シ迷惑ヲ懸ケルノ結果ヲ生スヘキ虞アルヲ以テ深ク軽挙ヲ怪ママ〔警?〕戒シ時期ノ到来ヲ待テ決行スル方針ヲ以テ計画シツヽアリ

各国内政関係雑纂_ 支那の部_ 革命党関係（亡命者を含む）第十巻

大正参年八月廿八日接受

乙秘第一六五一号八月廿七日

犬養毅ト孫文会見ノ件

犬養毅ガ去ル廿四日午後孫文ヲ其寓居ニ訪問奥座敷ニ於テ会見約一時間半ニ渉リ密談ヲ遂ゲシ件ハ既報スル処アリシガ今其ノ内容ナリト云フヲ聞クニ左ノ如シ

犬養ガ孫文ヲ訪問スルニ至リシハ既報スル処アリタル如ク本月十三日頃孫文ガ菊地良一ヲ使ヒトシ革命ニ関スル犬養ノ意見ヲ乞ハシメタルニ□〔出?〕テタルモノニシテ先ツ孫ハ犬養ニ対シ世界ノ大勢ヨリ説キ起シ□〔キ?〕東亜問題ニ及ビ結論シテ東亜ノ解決ハ詮スル処人種問題ニ帰スルニ外ナラサルヲ以テ黄色人種ハ団結シ白人種ニ当ラサル可カラズ云フトノ冒頭ヨリ目下欧□〔洲?〕ニ於ケル戦乱ハ支那革命ニ採リテハ所謂空前絶後ノ好時機ナレバ過般来支那内地ハ勿論南洋及ヒ米国方面等ノ情勢ヲ調査シタルニ何レモ革命ノ気勢昂々居リテ此際旗ヲ揚クルハ有利ナリト信ジ愈々事ヲ挙クルニ決シ目下其準備中ナルガ

一面欧□〔洲?〕ニ於テ戦乱ノ形勢ヲ見ルニ英仏ハ到底独逸ノ敵ニアラズ只タ露ハ独ニ取リテハ強敵ナレ□〔トモ?〕結局ハ独逸ノ勝利ニ帰スルナラン戦局終熄シ日独両国□〔ニ?〕平和光復ノ上ハ日本モ対独対支ノ外交上複雑ナル事情ヲ惹起スルコトナランガ此ノ時ニ際シ日本ハ支那内地ニ於ケル動乱ノ発生スルコトアラバ外交上至極好都合ナラントト察セラレルヲ以テ此際是非共革命ニ対シ日本政府ノ後援ヲ得タク此点ニ就キ貴下ノ配慮ニ預リタク

又ター八各省ニ於ケル一部ノ軍隊ト聯絡ハ取リ得タレ□〔トモ?〕如何□□〔ニシ?〕動兵等ニ関スル資金未ダ意ノ如ク調達ナラズ南洋方面ニ於テハ相当ノ資金ハ得タレ□〔トモ?〕過日銀相場下落シ居レバ暫ラク送金ヲ待ツベキ旨通知シ来リシ□□〔?〕先日在京同志一名ヲ南洋ニ派遣シ調達送金方ヲ取計ラハシメ居レ□〔トモ?〕之レトテ十分ナル資金ニアラサレバ如何ナル条件ナリトモ付スベキニ依リ貴下ノ手ニ依リ日本ニ於ケル資金ノ調達ヲ得タシ云々ト要請スル処アリシガ犬養ハ之レニ対シ何等ノ意見ヲモ開示セズ只ダ一言四囲

ノ状况相許□〔セ?〕バ此際革命旗ヲ翻スハ好機ナラント思ハルルモ資金調達ノ件等ニ就テハ頭山トモ相談ノ上御答ヲ致リシトテ相別レタリト

各国内政関係雑纂_ 支那の部_ 革命党関係（亡命者を含む）第十三巻

大正参年九月廿六日接受

乙秘第一九一九号九月廿五日

孫文ト郡司大尉

一，本月廿三日午後一時郡司成忠大尉ハ孫文ヲ訪問左ノ問答ヲナセリ

郡司曰ク，当所〔初?〕ニ孫先生ノ居ラルヽ□〔知?〕リ得タルモ前般要件ナキ為メ今回迄対面セサリシ近頃欧洲戦乱ニ対シ先生ノ御感ヲ聞カント欲シテ本日来レリ云々

孫文答テ易々御感ト云フヘキ事ナキモ我々ノ運動ニ対シ日本政府ハ兎角悪感情ヲ持チ居ル模様ナリ何カ耳ニシタルト無之哉伺タレ云々

郡司曰ク自分ハ久敷く政府ノ者ト対談シタルコトナキヲ以テ更ニ判断セズト云フ

孫文我々ノ革命運動ニ対シ郡司先生ノ御考ヲ伺ヘタシト云フニ対シ

其後両名ハ革命ニ関スル談話ヲ為シ午後四時五十分郡司ハ辞去シタリ其談話ノ終リニ際シ孫文ハ本月上旬陳中孚カ本渓湖及奉天ニ革命ヲ挙ケントシタルニ日本官憲ノ干渉ニ依リ退去ヲ命セラルヽノ止ムナキニ至リタル旨不平ラシク話リタルニ対シ郡司ハ何ラ答フル処ナカリシト

各国内政関係雑纂_ 支那の部_ 革命党関係（亡命者を含む）第十四巻

大正四年貳月四日接受

乙秘第一八二号二月三日

孫逸仙ノ日支交渉問題ニ対スル感想及其他ニ就テ

支那革命党首領孫逸仙ハ日支交渉問題及ヒ其他ニ就テ左ノ如ク語レリト云フ

一，目下新聞紙上ニ伝ヘラルル日支交渉問題ニ就テハ余ハ元ヨリ其内容ノ如何ヲ知ラザシ□〔トモ?〕惟タ新聞紙上ニ顕ハレタル諸種ノ報道ニ依リ見ル時ハ今回日本政府ノ態度ハ大体ニ於テ余ハ東洋ノ平和ヲ確保シ日支両国ノ親善ヲ計ル上ニ於テ妥当ノ措置ナリト信ズ欧洲戦乱終局ノ暁ハ欧洲ノ圧迫ハ益々支那ノ国歩ヲシテ困難□〔タ?〕ラシメ□〔政?〕治外交共ニ今日ノ比ニアラサル可シ然ルニ袁総統□〔ハ?〕徒ラニ強大ナル勢力ニ阿附シ独逸ニ寄リ米国ニ頼ミ一時ノ苟安ヲ貪リ支那百年ノ長計ヲ思ハズ最モ親善ヲ計ラサル可カラザル日本ト提携スルコトヲ欲セサル者ノ如シ之レ支那否□〔ヤ?〕東洋ノ為メ最モ憂□〔ヒ?〕ベキ事ナリト信ズ

袁政府ハ□〔根?〕葉極メテ孱弱ニシテ部内内訌常ニ絶ヘズ今回ノ外交総長ノ更迭ノ如キ裏面ノ真相ハ之レニ起因ス外交総長ノ更迭ニ依リ今回ノ日支交渉問題ヲ容易ナラシムルヤ否ヤ不明ナレ□〔トモ?〕余ハ一日モ速ク円満ナル解決ヲ告ケルコトヲ希望ス云フ

一，目下四川省ニ起リ居ル動乱ノ如キモ袁政府ハ余リ注意ヲ払ヒ居ラサル模様ナルモ余ノ手許ニ達シ居ル情報ニ依レバ袁政府ノタメニハ余リ楽観ヲ許サザル者ノ如シ余等同志ノ計画モ着々進捗シ居レルガ袁政府ノ運命モ最早余リ長カラサル□□〔可ク?〕自然ニ任セ置クモ倒ルルノ日ハ必スヤ近キ将来ニアルカリシ之レ多少支那ノ国情ニ通スル者ノ等シク熟知スル処□□〔ナリ?〕余等同志ノ隠忍以テ容易ニ起クサルハ或ハ事情ノ存スルト共ニ亦タ大ニ為ス処□□□□〔アリシザ?〕為メナリ云フ

各国内政関係雑纂＿支那の部＿革命党関係
（亡命者を含む）第十五巻，乙秘第一八二号

革命黨續々歸順——殘るは孫逸仙一派のみ

此度袁氏に歸服することゝなりたる革命黨員は主に軍人派なるが彼等は世界

の大勢に疎く將來來るべき必然の結果を察するの明〔目〕なきため日本の對支要求を過大視して支那に不利なるが如く誤解し終に我等と袖を分つが如き輕擧を敢てしたるものなるべし然れども第二革命に參加したる亡命軍人は何れも卑怯なればこそ失敗したるものにして眞個の軍人卽ち意志の强き無名の士は尚本國に充滿しあれば吾人は將來目的を達する上に於て何等懸念すべきことなし尤も彼等變節せる一派の私情に就ては同情すべきものあるも斯る薄志弱行の徒が今日我々同志と手を切りたることは却て他日大目的を達する場合に好都合なりと信ず元來亞細亞に國するものは日支提携するにあらざれば列强と共に競爭場裡に立つこと難し支那は日本と離れては國亡ぶべく同時に日本も支那と離れては孤立の境遇に陷るべし今や世界の大勢は日支提携を促進し以て東洋永遠の平和を期するにあるなり彼等一派の離散何ぞ意とするに足らんや云々（東京電話）

『大阪每日新聞』1915年3月13日（一）

康、孫の對時局意見

康有爲の意見なりとして發表せられし所に曰く曩に時局俄に變じ野心家群起して爭ひ國家を窮境に陷るべきを恐れ復辟論を唱道せしも是れ固より絕對的主張に非ず黎元洪の總統となりしは民國元年の約法に據るものにして之に依り國の基大に定まれりと言ふべく衷心誠實國民の共に仰ぎ視る所、此の人出でゝ國難に當る最も前途無限の紛爭を免れしむべしと、

又孫逸仙の所說を聞くに曰く民國元年の約法に據り總統を任命するは當然の事にして余は甚だ同情を表す段祺瑞が秩序維持に努め居るは最も大局に裨益す其の功甚だ偉大なり此頃護國軍を北京に送り護衛せしむべしと論ずる者あるも段既に治安維持に努め困難に當り居るゆゑ人民は安堵して可なり今護國軍を送るも何の要なく且徒らに北軍の感情を害するのみ我は先づ人に示すに不信を以

てするが如き事を取らざるなりと

『大阪毎日新聞』1916年6月14日（一）

孫逸仙：寧ろ復辟を喜ぶ—民黨首領孫、唐兩氏と語る

各省独立の報沓至し最後に天津軍事政府の組織成るを報じ來る、依て目下當地に在る民黨領袖連の所感を叩くべく先づ孫逸仙を佛租界の寓に訪ふ、氏は語つて曰く

寧ろ復辟を喜ぶ（孫逸仙）

今次督軍等の計畫を察するに必ず復辟まで漕ぎ付けることゝなるべし、目下國民亂を厭ひ其希ふ所は惟だ「無事」の二字のみ、政體の如何、統治者の如何の如きは其問ふ所にあらざるの狀態なり、從つて此人心に乘ずれば復辟の實現は決して難事にあらず、苟くも督軍にして復辟を策せば其成功實に易々たるのみ余は復辟の實現を以て却て喜ぶべき現象と爲すものなり、世人或は復辟を以て共和の根本的覆滅と云ふ、シカモ余は决して爾く信ぜず、却つて共和の爲めに幸するものと信ぜんと欲す、何となれば復辟の實現は舊弊の復活なり、前朝弊政の再現なり、即ち國民の前に今更のごとく是等の舊弊を繰返すものにして國民をして新に帝政の愚なるを感ぜしむるものなればなり、「復辟々々」の聲に附和雷同して一時は復辟の實現を見んも斯くて後自ら其の太だ愚なりしを悟り復た復辟を言ふものなきに至らん、然らば今回督軍等が復辟を唱ふるは今後永久に復辟の聲を絕つ所以なり、此意味に於て余は寧ろ進んで督軍等が復辟を實現するを喜ぶものなり、實を云へば革命の業は未だ其半に達せず、其中途にして反動的に復辟の實現せらるゝは決して駭くに足らず、要するに是亦共和の完成に進む一階段なり、余等は靜かに彼等の失敗を待たんと欲す、而して寺内内閣は復辟に對して警告を發せざるべし、然れどもコハ吾等に取りて何等問題にあらず、余等は時勢に鑑み固より畫策を怠らず、樂觀して可なり作用反作用

は今日の如くして將來に續くべきも、余は最後の勝利を確信しつゝあり。

此時記者が「畫策とは何ぞや、復辟成りし曉、宗㊣黨派と帝政派の遺孽とが反目するは必定なれば其處を狙へるにや」と突込めども氏は嗤つて答へず、「馮國璋は今や督軍連と態度を齊しうしたるが如し、彼は民黨を裏切るものにあらずや」と言へば、氏は「馮は滑頭（お利口もの）だから」と呵笑す

『大阪每日新聞』1917年6月11日（二）